“十三五”国家重点出版物出版规划项目

◉ 杨立新 著

中国婚姻家庭法研究

中国当代法学家文库

Contemporary Chinese Jurists' Library

中国人民大学出版社
·北京·

前　言

《中华人民共和国民法典》（以下简称《民法典》）第五编是“婚姻家庭”，也是我国的婚姻家庭法、亲属法。在《婚姻法》和《收养法》的基础上，经过反复修订，形成了我国《民法典》规定的婚姻家庭法的新面貌，《民法典》婚姻家庭编成为我国民法典时代的亲属法。

作为全国人大常委会法工委立法专家委员会的立法专家，我经历了从《婚姻法》《收养法》到《民法典》婚姻家庭编的历程。在此期间，立法机关、司法机关、民法学者和专家集思广益，对我国的婚姻家庭法律规范进行了全面整理，形成了婚姻家庭编草案，几经审议和修改，最终通过立法程序，完成了婚姻家庭法向《民法典》的回归，呈现为《民法典》第五编“婚姻家庭”。

我热心研究婚姻家庭法：一是自 1975 年到法院任法官后，就开始审理婚姻家庭纠纷案件；二是在最高人民法院民事审判庭工作期间，曾担任婚姻家庭合议庭的领导工作，参与了几部婚姻法司法解释的起草工作；三是几十年来，一直对婚姻家庭法有关问题予以关注和研究，自己很有心得；四是在《民法典》编纂过程中，积极参与起草工作，积累了立法经验。在这样的基础上，我开始写作这部《中国婚姻家庭法研究》。

婚姻家庭法的法理和规则复杂，但是，立法的条文比较简单，司法解释比较

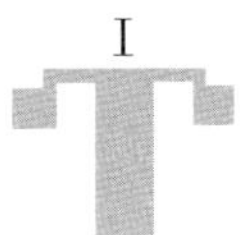

复杂，很难概括婚姻家庭法的规则体系。同时，婚姻家庭法又关乎每一个家庭、每一个个体的身份利益，关乎社会的安宁。因此，在研究婚姻家庭法的理论和规则时，仍然困难较多。我虽然有志于深入研究婚姻家庭法的理论和实践，但是力有不逮，难以实现自己的期待。好在几十年来有所积累，因此，在原有专著、教材和研究论文的基础上，我完成了本书。我只是期待，为准确理解和适用《民法典》婚姻家庭编提供参考，为将来有机会在修订《民法典》、进一步完善我国婚姻家庭制度时提供借鉴。

同时期待热心读者关注本书的见解，对不当之处批评指正。

感谢中国人民大学出版社政法分社的领导和责任编辑的精心编辑、校对和出版，让本书以精致的面貌展现在读者面前。

广东财经大学法治与经济发展研究所研究员
中国人民大学民商事法律科学研究中心研究员　**杨立新**
中国人民大学法学院教授

2024 年 3 月 18 日

目　录

第一编　婚姻家庭法和身份权

第二编 亲属身份的产生与消灭

第三编 身份人身关系

第四编 身份财产关系

绪　论
《民法典》对婚姻家庭法的发展与不足

第一节　《民法典》对我国婚姻家庭法发展的立法成果

《民法典》将《婚姻法》和《收养法》编纂为其婚姻家庭编，使婚姻家庭法终于回归民法，以新的面貌出现在我国的社会生活中。经过 3 年的修改和编纂，我国的亲属法律制度究竟发生了哪些变化？在亲属制度上有哪些创新和发展？对此应当进行检视。这对《民法典》婚姻家庭编的适用具有重要意义，对社会以及婚姻家庭生活的引导具有重要价值。本书以参加立法者和理论研究者的视角，对《民法典》婚姻家庭编进行全面检视，揭示我国亲属制度发展和完善的亮点，对我国婚姻家庭制度的基本法理进行梳理，提出司法操作的指导思想和具体做法。

一、回顾：《婚姻法》中我国亲属制度存在的问题

我国婚姻家庭立法经历了 70 余年，《民法典》之前的最新修订，是在 2001 年进行的，《婚姻法》虽然构建了基本符合当代社会生活需求的亲属制度，但是

还存在较多问题。

（一）法律的名称不科学

在《民法典》之前，我国婚姻家庭法的名称是《婚姻法》，顾名思义，是调整婚姻关系的法律，但是，其实际内容是亲属法，是确定亲属之间身份地位和权利义务关系的法律，婚姻关系仅是其中一种。由于1950年制定《婚姻法》时主要想解决婚姻关系问题，主要的立法思想是反对封建婚姻、包办婚姻、买卖婚姻，与这些传统的封建婚姻制度作彻底决裂，实行社会主义的婚姻家庭制度①，因此才将其称为《婚姻法》。这不仅背离了大陆法系对亲属法的称谓，而且也与苏联的“婚姻和家庭法”的名称有较大差异，不符合立法传统和法律的实际内容。

（二）婚姻家庭法的条文数量过少且规则简陋

在《民法典》之前，我国《婚姻法》《收养法》的条文数量很少。《婚姻法》有51条，《收养法》有34条，共计85条。而《德国民法典》亲属编从第1297条至第1921条，共有620多个条文。《日本民法典》亲属编从第725条至第881条，有157条。1930年国民政府制定的《民法》亲属编，从第967条至第1137条，共有171条。《苏俄婚姻和家庭法典》共有166条。我国这两部法律的条文数量分别是德国法的25.5%、日本法的54.1%、民国民法的49.7%和《苏俄婚姻和家庭法典》的51.2%。

《民法典》婚姻家庭编自第1040条至第1118条，有79个条文，还不如《婚姻法》《收养法》两部法律的条文多。用这样条文数甚少、内容简单的法律来调整复杂的亲属关系，挂一漏万，不能完全满足社会现实生活需求。

（三）婚姻家庭法的法律观念落后

1950年《婚姻法》主要着眼于改革婚姻制度，这无可厚非；但是，一部调整婚姻家庭即亲属关系的法律，将着眼点集中在婚姻关系上，忽略对其他亲属关系的调整，必然形成简单、粗略、不完善的婚姻家庭制度，从而使我国的亲属法规则不能适应当代调整亲属关系的需要。

即使1980年重新制定和2001年修订后的《婚姻法》，也没有解决这些问题，

① 杨大文主编. 婚姻家庭法. 6版. 北京：中国人民大学出版社，2015：34.

没有规定亲属、亲等、亲系等基本制度，使用了缺少立法例借鉴的“近亲属”概念和“世代亲”规则，无法准确认定亲属关系的远近亲疏，无法准确地确定亲属地位和权利义务关系。

（四）婚姻家庭制度不完善、不合理

首先，我国的婚姻家庭制度存在很多不完善的地方，没有形成完整的亲属法律制度。例如，《婚姻法》没有规定非婚生子女认领、婚生子女推定、婚生子女否认和非婚生子女准正制度。由于没有规定，对这类纠纷缺少解决办法，最高人民法院所作相关司法解释，由于缺少法律依据，总是半遮半掩，未形成完整的解决方案。例如，最高人民法院《关于适用〈中华人民共和国婚姻法〉若干问题的解释（三）》就婚生子女否认的问题，第2条只规定“夫妻一方向人民法院起诉请求确认亲子关系不存在，并已提供必要证据予以证明，另一方没有相反证据又拒绝做亲子鉴定的，人民法院可以推定请求确认亲子关系不存在一方的主张成立”“当事人一方起诉请求确认亲子关系，并提供必要证据予以证明，另一方没有相反证据又拒绝做亲子鉴定的，人民法院可以推定请求确认亲子关系一方的主张成立”的内容，并无认定和否认亲子关系的完整规则。至于异性之间的同居、同性之间的性伴侣问题，更是存在立法空白。

其次，我国婚姻家庭制度还存在很多不合理的问题。例如，我国实行的继父母子女关系，规定只要形成抚养关系，就认可其具有父母子女之间的权利义务关系，但是，对于形成抚养关系的条件、时间、后果等都缺少规范，实践中很难准确判断。又如，对于兄弟姐妹之间的扶养关系，规定由兄、姐扶养长大的有负担能力的弟、妹，对于缺乏劳动能力又缺乏生活来源的兄、姐，有扶养的义务。这样的规定似乎很清晰、很仔细，但是，对于没有兄、姐扶养而长大的弟、妹，尽管其兄、姐缺乏劳动能力又缺乏生活来源，其也不负有法定扶养义务。这样的规则，既背离亲情，又不符合道德规范。这一条文与《日本民法典》第877条关于“直系血亲及兄弟姐妹有互相扶养义务”[①]的规定相比较，其缺陷和不合理之处十分明显。

---

① 日本民法典. 刘士国，牟宪魁，杨瑞贺，译. 北京：中国法制出版社，2018：220.

二、完善:《民法典》婚姻家庭编对我国亲属制度的主要修改

(一)《民法典》婚姻家庭编“一般规定”对亲属法制度的修改

1. 删除实行计划生育的基本原则

《民法典》第1041条在婚姻家庭法的基本原则中，删除了“实行计划生育”的内容。这是因为，国家长时间实行独生子女的计划生育政策，限制了人口增长，使后备劳动力大大减少，出现较大的社会问题，需要适当调整计划生育政策，以改变目前的状况。

2. 规定家庭和家风建设

《民法典》重视家庭建设，于第1043条规定，家庭应当树立优良家风，弘扬家庭美德，重视家庭文明建设，把家庭建设好，使之成为社会和谐稳定的基础。

3. 规定亲属、近亲属和家庭成员的概念

《民法典》第1045条规定：“亲属包括配偶、血亲和姻亲。”“配偶、父母、子女、兄弟姐妹、祖父母、外祖父母、孙子女、外孙子女为近亲属。”“配偶、父母、子女和其他共同生活的近亲属为家庭成员。”这是自1949年以来，我国婚姻家庭立法第一次规定亲属的概念和种类，同时还规定了近亲属和家庭成员的概念，具有重要价值。

《民法典》第一次规定“亲属包括配偶、血亲和姻亲”，不仅规定了亲属的概念，而且规定了亲属的种类。亲属是指因婚姻、血缘和法律拟制而产生的人与人之间的特定身份关系，以及具有这种特定身份关系的人相互之间的称谓。①

亲属的含义有：第一，亲属是一种人与人之间的社会关系，这种社会关系因婚姻、血缘和拟制血缘而产生。在这个意义上使用亲属概念，实际上是指“亲属身份关系”，是亲属之间的权利义务构成的法律关系。第二，亲属标志着具有亲属身份关系的人的特定身份。亲属身份是固定的，只要亲属身份关系存在，这种特定身份就不会改变，亲属之间不能相互更换位置而改变身份。这个意义上的亲

① 金眉. 我国“亲属”法律概念的变迁探析. 江苏社会科学，2017 (1).

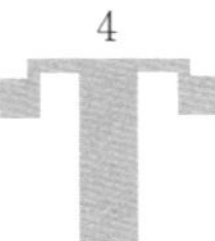

属概念，标志着亲属之间的不同身份地位及亲属身份关系的远近亲疏。第三，亲属是具有亲属身份关系的人相互之间的称谓。在这个意义上使用的亲属概念，实际上指的是亲属之间的特定称谓。其中，配偶是关系最密切的、因男女双方结婚而发生的亲属，是血亲的源泉、姻亲的基础；血亲是指有血缘联系的亲属，是亲属的主要部分；姻亲是以婚姻为中介而产生的亲属，配偶一方与另一方的血亲，包括血亲的配偶、配偶的血亲和配偶的血亲的配偶之间为姻亲关系。①

亲属之间的亲疏远近之别，通常用亲等表示。但是，《民法典》婚姻家庭编仍然使用“近亲属”概念，确认配偶、父母、子女、兄弟姐妹、祖父母、外祖父母、孙子女、外孙子女为近亲属，在他们之间发生亲属的权利义务关系。非近亲属之间不发生亲属的权利义务关系，不受婚姻家庭编的调整。近亲属的概念，相当于“配偶＋三代以内的血亲”。

《民法典》没有规定家和家制，而有家庭的概念，但是没有对它作出界定，仅规定了“家庭成员”的概念，配偶、父母、子女和其他共同生活的近亲属是家庭成员，是组成家庭并共同生活的近亲属。

4. 规定收养应当保障被收养人和收养人合法权益的原则

《民法典》第 1044 条规定了收养的基本原则，即：“收养应当遵循最有利于被收养人的原则，保障被收养人和收养人的合法权益。”“禁止借收养名义买卖未成年人。”《民法典》将《婚姻法》《收养法》统一编纂为“婚姻家庭编”，因此规定了收养子女的基本原则。任何被收养人都是独立的个体，都是具有人格尊严的民事主体，应当受到尊重；由于被收养人主要是未成年人，是祖国的未来和民族的希望，因此送养、收养都必须以最有利于他们的健康成长为原则，使他们的合法权益得到保障。

5. 规定身份权请求权

《民法典》第 1001 条规定了身份权请求权，以保护身份权，救济身份权人受到的身份权益损害。这一条文虽然被规定在人格权编，但是其属于婚姻家庭编

---

① 杨立新. 我国亲属制度改革的进展、问题与对策：《民法典婚姻家庭编（草案・三审稿）》述评. 中国社会科学院研究生院学报，2019（6）.

"一般规定"的内容。当亲属之间的身份权受到侵害时，其可以选择行使身份权请求权获得救济，当然也可以选择行使侵权请求权来获得救济。

（二）《民法典》对结婚规则的创新性规定

1. 将禁婚疾病改为可撤销婚姻的事由

《民法典》第 1048 条只对"直系血亲或者三代以内的旁系血亲禁止结婚"作了规定，删除了《婚姻法》第 7 条关于禁婚疾病的内容，即"患有医学上认为不应当结婚的疾病"者"禁止结婚"。

将疾病作为禁婚事由，过于严厉，限制了当事人的婚姻自由权利，故《民法典》增设第 1053 条，把一方患有重大疾病作为可撤销婚姻的事由，把是否认可婚姻效力的权利交给对方当事人自由决定。

2. 规定完成结婚登记时婚姻关系确立

《民法典》第 1049 条规定，男女双方应当亲自到婚姻登记机关申请结婚登记，"完成结婚登记，即确立婚姻关系"，从而改变了《婚姻法》第 8 条关于"取得结婚证，即确立夫妻关系"的规定。颁证是基于登记行为，在登记之后才能颁证。结婚的效力始于登记行为，而不是颁证行为。这与物权变动登记的情形相似，亲属法律行为与物权法律行为的效力都应当如此。

3. 规定对胁迫婚姻应当自胁迫行为终止之日起 1 年内提出撤销请求

《民法典》第 1052 条规定，胁迫结婚是可撤销的婚姻关系，撤销婚姻请求权的除斥期间是 1 年，被非法限制人身自由的当事人请求撤销婚姻的，自恢复人身自由之日起 1 年内提出，将《婚姻法》第 11 条关于"应当自结婚登记三日起一年内提出"的规定修改为"自胁迫行为终止之日起一年内提出"，能更好地保护被胁迫一方当事人的合法权益。

（三）对亲属身份关系规则进行的新修改

1. 确认夫妻双方对未成年子女享有共同亲权

《民法典》第 1058 条规定了共同亲权原则，确认夫妻双方平等享有对未成年子女抚养、教育和保护的权利，共同承担对未成年子女抚养、教育和保护的义务。亲权，是指父母对未成年子女在人身和财产方面的管教、保护的权利与义务。[①]

---

① 李志敏．比较家庭法．北京：北京大学出版社，1988：227－228.

在共同亲权原则之前实行的亲权原则是父亲专权原则。直至近代，因男女平等观念的兴起，各国立法才以共同亲权原则取代了父亲专权原则[①]，在亲权领域中实现了男女平等。

共同亲权是指亲权的共同行使，即亲权内容的行使应由父母共同的意思决定，父母对外共同代理子女。[②] 父母共同行使亲权，以父母间有婚姻关系存在为前提。在父母离婚后，亲权由与未成年子女共同生活的一方行使；对非婚生子女，亲权由母亲行使，在其被认领后，亲权才由其父母共同行使。

2. 规定夫妻享有日常事务代理权

《民法典》第 1060 条规定了家事代理权，认可夫妻一方因家庭日常生活需要而实施的民事法律行为对夫妻双方发生效力，但是夫妻一方与相对人另有约定的除外。夫妻之间对一方可以实施的民事法律行为范围的限制，不得对抗善意相对人。日常事务代理权，亦称家事代理权，是指配偶一方在与第三人就家庭日常事务为一定法律行为时，享有代理对方行使权利的权利。[③] 日常事务代理权行使的法律后果是，对于配偶一方代表家庭所为的行为，对方配偶须承担后果责任，配偶双方对该行为应当承担连带责任。家事代理权与表见代理相似，适用表见代理的原理，其目的在于保护无过失第三人的利益，有利于保障交易的动态安全。日常家务的范围，包括夫妻、家庭共同生活中的一切必要事项，不包括家庭对外经营活动。配偶一方超越日常事务代理权的范围，或者滥用该代理权，另一方可以因该行为违背其意思表示而予以撤销，但是，行为的相对人为善意且无过失的，则不得撤销。

3. 夫妻一方因受到人身损害而获得的赔偿和补偿为个人财产

法律保护夫妻个人财产，配偶一方所有的财产属于个人财产，不是夫妻共同财产。《民法典》第 1063 条规定，一方的婚前财产、一方因受到人身损害获得的赔偿和补偿、遗嘱或者赠与合同中确定只归一方的财产、一方专用的生活用品、

---

① 林菊枝. 亲属法新论. 台北：五南图书出版公司，2006：312.

② 林菊枝. 亲属法专题研究. 台北：五南图书出版公司，1985：143.

③ 张盛世，舒雯. 日常家事代理权及其相关法律问题探微. 法律适用，2009 (7).

其他应当归一方所有的财产，属于夫妻一方的个人财产。其中《民法典》增加的内容是，一方因受到人身损害获得的赔偿和补偿属于夫妻个人财产，这种人身损害赔偿具有人身性，是救济个人的人身损害赔偿款，不能作为夫妻共同财产。

4. 明确夫妻共同债务的认定规则

对于夫妻共同债务，《民法典》第1064条采用了最高人民法院司法解释的经验，认为夫妻双方共同签字或者夫妻一方事后追认等共同意思表示所负的债务，以及夫妻一方在婚姻关系存续期间以个人名义为家庭日常生活需要所负的债务，属于夫妻共同债务。夫妻一方在婚姻关系存续期间以个人名义超出家庭日常生活需要所负的债务，不属于夫妻共同债务；但是，债权人能够证明该债务用于夫妻共同生活、共同生产经营或者基于夫妻双方共同意思表示的除外。

夫妻共同债务，是以夫妻共同财产作为一般财产担保，在夫妻共有财产的基础上设定的债务①，包括夫妻在婚姻关系存续期间为解决共同生活所需的衣、食、住、行、医，履行法定扶养义务，进行必要的交往应酬、因共同生产经营活动等所负之债，以及为抚育子女、赡养老人、夫妻双方同意而资助亲朋所负债务。夫妻共同债务与夫妻个人债务相对应。

5. 夫妻享有婚内分割共同财产请求权

夫妻共同财产是共同共有财产，在共同共有关系发生的原因消灭前，对共同共有财产一般不能分割，目的在于保持共有关系的基础和稳定性，保护共有人的合法权益。② 但是，在实践中存在婚内分割夫妻共同财产的需求。《民法典》第1066条借鉴最高人民法院《关于适用〈中华人民共和国婚姻法〉若干问题的解释（三）》第4条规定的规则，规定在婚姻关系存续期间，一是一方有隐藏、转移、变卖、毁损、挥霍夫妻共同财产或者伪造夫妻共同债务等严重损害夫妻共同财产利益的行为，二是一方负有法定扶养义务的人患重大疾病需要医治，另一方不同意支付相关医疗费用的，夫妻一方可以向人民法院请求分割共同财产。这符合《民法典》第303条关于“共有人有重大理由需要分割的，可以请求分割”的

① 曲超彦，裴桦．论我国夫妻债务推定规则．求是学刊，2017（3）．

② 杨立新．物权法．北京：法律出版社，2013：160．

规定。在坚持夫妻共同财产原则上不能分割，婚姻关系存续期间一方请求分割共同财产不予支持的基础上，将特别情形作为例外，准许在婚姻关系存续期间分割夫妻共同财产，以保护婚姻当事人的合法权益。

6. 规定亲子关系确认和亲子关系否认的一般规则

《婚姻法》没有规定亲子关系确认和亲子关系否认制度，是立法的漏洞。《民法典》第1073条规定："对亲子关系有异议且有正当理由的，父、母可以向人民法院提起诉讼，请求确认或者否认亲子关系。""对亲子关系有异议且有正当理由的，成年子女可以向人民法院提起诉讼，请求确认亲子关系。"这一条文包含的内容是：

第一，确认亲子关系，也称非婚生子女认领，是指生父对非婚生子女承认为其父而将其领为自己子女的行为。其中任意认领，也称自愿认领，是生父的单独行为，无须非婚生子女或母之同意，以父的意思表示为已足；强制认领，也叫亲之寻认，是指因被认领人对应认领而不为认领的生父，向法院请求确定生父关系存在的行为。强制认领适用于生父逃避认领责任而母及子女要求认领的场合，由国家进行干预，体现了国家的强制力。父不为任意认领时，非婚生子女及其法定代理人得据事实，诉请其父认领。

第二，亲子关系否认，也叫婚生子女否认，是父或者母对被推定为婚生子女的婚生性提供否定性证据，推翻该推定的证明，否定其为婚生子女的制度。否认亲子关系的前提是婚生子女推定，即子女系在婚姻关系存续期间受孕或出生，该子女被法律推定为生母与生母之夫的子女，即凡是在婚姻关系存续期间女方分娩的子女，就直接被推定为婚生子女。确定婚生子女身份不是靠血缘关系，因此有可能出现错误，可以被客观事实推翻。法律允许利害关系人提出婚生子女否认之诉，推翻婚生子女推定。父或者母如果确有证据证明婚生子女的非婚生性，即可提出证据，向法院主张否定亲子关系。法院经审查确认该子女的非婚生性的，即可否定亲子关系，父亲与该子女的权利义务关系不复存在。[①]

① 以上对该规则的说明，见杨立新．家事法．北京：法律出版社，2013：175－186。

（四）有关离婚的新规则

1. 规定离婚协议是双方离婚法律行为的书面依据

《民法典》第1076条在规定离婚条件时，强调离婚双方应当订立书面离婚协议，离婚协议应当载明双方自愿离婚的意思表示以及对子女抚养、财产及债务处理等事项协商一致的意见。这一规定在学理上具有重要意义，意味着《民法典》承认身份法律行为。身份法律行为又称亲属法律行为，是指民事主体实施的对亲属身份关系的发生、变更、消灭产生法律后果的民事法律行为。[①] 换言之，亲属身份行为就是自然人有意识地追求亲属身份法律后果的行为。[②]

从《婚姻法》不认可身份法律行为到《民法典》确认身份法律行为，标志着我国亲属法律制度的进步。

2. 登记离婚的夫妻双方有30天冷静期

我国当前的离婚率偏高，对登记离婚的限制较少是原因之一。宽松的离婚政策给草率离婚创造了机会，对维护家庭稳定、保护子女利益不利，因而，很多人建议规定离婚冷静期，立法予以采纳。

《民法典》第1077条规定，自婚姻登记机关收到离婚登记申请之日起30日内，任何一方不愿意离婚的，可以向婚姻登记机关撤回离婚登记申请。期间届满后30日内，双方应当亲自到婚姻登记机关申请发给离婚证；未申请的，视为撤回离婚登记申请。

登记离婚冷静期，是指婚姻双方当事人协议离婚，依照法律规定，在登记离婚时留出给当事人冷静思考，确定是否必须离婚，以减少冲动离婚、草率离婚的必要期限。[③]

实行登记离婚冷静期制度，有利于防止冲动离婚、草率离婚，保障婚姻关系稳定，维护当事人和子女的合法权益，对社会的良性运转起着重要作用。具体体现为：一是符合婚姻家庭制度的价值取向和基本原则，完善了我国的离婚制度；二是

① 林菊枝. 亲属法新论. 台北：五南图书出版公司，2006：16.

② 杨大文主编. 婚姻家庭法. 5版. 北京：中国人民大学出版社，2012：72.

③ 杨立新. 婚姻家庭继承法. 北京：北京师范大学出版社，2017：122-124.

为行政主管部门在登记离婚中适用冷静期提供了法律依据；三是防止冲动离婚，保障婚姻的稳定，改善社会的不良风气；四是协调当事人和未成年子女的利益，追求实质正义。

有人认为：对离婚自由不得加以任何限制，以冷静期限制离婚自由，违背了婚姻自由原则。离婚自由是离婚权利不受干涉、不受拘束、不受限制的状态。[①]但是，离婚不仅是婚姻双方当事人的事情，还涉及子女、亲属、家庭以及社会问题。设立登记离婚冷静期，针对的是那些冲动离婚、草率离婚，特别是"闪离"的当事人，倡导其考虑清楚之后再下决心离婚。所以，规定登记离婚冷静期并不是要限制离婚自由，而是要保障离婚自由。

3. 经人民法院判决不准离婚后再起诉期间为分居满 1 年

对诉讼离婚，《民法典》第 1079 条在有关离婚理由的规定中，增加了"人民法院判决不准离婚后，又分居满一年，一方再次提起离婚诉讼的，应当准予离婚"的规定。在司法实践中原来通行的规则是，经人民法院判决不准离婚后，又分居满 6 个月，一方再次提起离婚诉讼的，应当准予离婚。本条将这一时间延长了一倍，为 1 年。立法者有意增加离婚诉讼的难度，促使冲动离婚、草率离婚的人有更多的时间冷静下来，使离婚率有所下降，有利于稳定婚姻关系，故可以认为这是诉讼离婚的冷静期。

4. 离婚后自愿恢复婚姻关系的应当重新进行结婚登记

《民法典》第 1083 条规定："离婚后，男女双方自愿恢复婚姻关系的，应当到婚姻登记机关重新进行结婚登记。"对此，《婚姻法》第 35 条曾规定："离婚后，男女双方自愿恢复夫妻关系的，必须到婚姻登记机关进行复婚登记"。恢复婚姻关系的"结婚登记"与"复婚登记"，虽然只有一字之差，却体现了一个重要理念，即复婚也是结婚，应当按照结婚登记的实质要件与形式要件的要求，确认双方是否可以结婚。不符合结婚法律要求的，也不能恢复婚姻关系。

5. 对离婚后未成年子女的抚养遵循最有利于未成年子女的原则

《民法典》第 1084 条特别强调，夫妻离婚后对未成年子女的抚养必须遵循最

① 王歌雅. 变异与矫正：离婚制度的公正抉择. 中华女子学院学报，2017（5）.

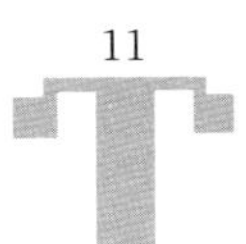

有利于未成年子女的原则，父母与子女间的关系，不因父母离婚而消除，子女无论由父母哪一方直接抚养，仍是父母双方的子女。离婚后，父母对子女仍有抚养、教育和保护的权利和义务。不满 2 周岁的子女，以由母亲直接抚养为原则。对于已满 2 周岁的子女，父母双方因抚养问题发生争执不能达成协议的，由法院根据双方的具体情况，按照最有利于未成年子女的原则判决。离婚的直接法律后果之一，是父母亲权的变更，而不是亲权消灭，只是没有直接抚养未成年子女的一方当事人行使亲权会受到一定的限制。未成年子女随哪一方共同生活，谁是直接抚养人，谁就是亲权人（监护人）。但是，父母对未成年子女仍有抚养、教育和保护的义务，享有亲权的权利，负有亲权的义务。

6. 离婚时夫妻共同财产分割要考虑照顾无过错方

《民法典》第 1087 条规定，离婚时，夫妻的共同财产由双方协议处理；协议不成的，由人民法院根据财产的具体情况，照顾子女、女方和无过错方权益的原则判决。这与《婚姻法》第 39 条规定的主要内容相同，增加的规则是，夫妻离婚时对共同财产的分割应当考虑照顾无过错方，对无过错方适当多分，对过错方适当少分。

7. 离婚时付出较多义务一方对对方享有补偿请求权

《民法典》第 1088 条规定，夫妻一方因抚育子女、照料老年人、协助另一方工作等付出较多义务的，离婚时有权向另一方请求补偿，另一方应当予以补偿。而《婚姻法》第 40 条规定的离婚财产补偿请求权仅限于“夫妻书面约定婚姻关系存续期间所得的财产归各自所有”的情形。本条删除这一限制条件，将离婚财产补偿请求权扩展为一般性规则，使其适用范围扩大。

8. 离婚过错损害赔偿理由增加兜底条款

《民法典》第 1091 条扩大了离婚过错损害赔偿的适用范围，增加规定“有其他重大过错”的，无过错方有权请求对方即过错方承担损害赔偿责任，从而增强了适用的弹性，有利于救济受到损害一方的合法权益。

这种行为，首先，在主观上要有重大过错①，应当将其理解为主观上的故意

① “重大过错”这一概念不准确。因为过失有重大过失，故意没有重大故意，所以，修饰过错不应当用“重大”。对重大过错的理解应当是故意或者重大过失，不包括一般过失。

或者重大过失。其次，在客观上损害了对方当事人的合法权益。符合这样的要求，就可以请求对方当事人承担离婚过错损害赔偿责任。

（五）有关收养的新规则

1. 收养人须无不利于被收养人健康成长的违法犯罪记录

《民法典》第 1098 条，在收养人无子女或者只有一名子女，有抚养、教育和保护被收养人的能力，未患有在医学上认为不应当收养子女的疾病，年满 30 岁的条件之外，增加了一个新条件，即无不利于被收养人健康成长的违法犯罪记录，是保障被收养人合法权益的重要措施。

2. 放宽收养三代以内同辈旁系血亲子女的条件

《民法典》第 1099 条将养三代以内同辈旁系血亲子女的条件予以放宽。收养三代以内同辈旁系血亲的子女被称为"过继"，多是本家族内的近亲属照顾无子女的近亲属，将一方的子女送养给对方作为子女。对此不必限制过多，可以不受生父母有特殊困难无力抚养子女、送养人为有特殊困难无力抚养子女的生父母，以及无配偶者收养异性子女或者有配偶者违法单方收养异性子女，收养人与被收养人的年龄应当相差 40 周岁以上的限制。本条改变的是，收养三代以内同辈旁系血亲的子女，不再要求被收养人不满 14 周岁，超过 14 周岁的也可以被收养。如果华侨收养三代以内同辈旁系血亲的子女，除此之外，还可以不受收养人"无子女或者只有一名子女"的限制。

3. 放宽收养人收养子女的数额

根据计划生育政策的变化，《民法典》第 1100 条规定，将"收养人只能收养一名子女"修改为：无子女的收养人可以收养两名子女，有一名子女的收养人只能收养一名子女。对收养人收养子女数量的限制，是为了防止收养人收养子女过多无抚养能力而损害被收养人的利益，同时也防止出现借收养拐卖人口的情况。

4. 收养异性子女的年龄差距应为 40 周岁以上

《民法典》第 1102 条规定，无配偶者收养异性子女，收养人与被收养人的年龄应当相差 40 周岁以上。《收养法》第 9 条只限制男性无配偶者收养女性子女的年龄差应当在 40 岁以上，忽略女性无配偶者收养男性子女存在的同样问题，有

男女不平等之嫌。《民法典》第 1102 条规定中体现了男女平等的原则，也防止女性收养人对异性被收养人的不法行为，保护被收养人的合法权益。

三、检视：《民法典》婚姻家庭编的立法亮点与规则完善的原因

（一）《民法典》婚姻家庭立法的十大亮点

在《民法典》有关婚姻家庭立法的上述修改和完善的内容中，突出的亮点有十个方面。

1. 第一次规定亲属基本制度

《民法典》婚姻家庭立法的突出亮点之一，是第一次在第 1045 条规定了亲属的基本法律制度。1950 年以来的《婚姻法》等方法，都只规定了结婚和离婚以及家庭成员之间的权利义务关系，从来没有规定亲属制度。《民法典》虽然没有对亲属制度进行详细规定，但是，确认了亲属的概念和基本类型，确认了配偶、父母、子女、兄弟姐妹、祖父母、外祖父母、孙子女、外孙子女为近亲属，构建了由配偶、血亲、姻亲构成的基本亲属体系，将其分为近亲属和“远亲属”①，形成了调整在近亲属之间发生的法定权利义务关系的基本亲属法律制度。这是在以往的婚姻家庭法律中从来没有明确规定的，标志着我国《民法典》的婚姻家庭编就是民法的亲属编。

2. 第一次规定家庭成员和家庭关系建设

《民法典》特别重视家庭成员的规定和家风建设，这是其突出的亮点之一。《民法典》不仅明确规定配偶、父母、子女和其他共同生活的近亲属为家庭成员，而且在第 1043 条专门规定树立优良家风、弘扬家庭美德和重视家庭文明建设。家庭是亲属的基本单位，是家庭成员共同生活的团体。无论是社会发展还是民族进步，抑或是社会安宁和秩序稳定，都必须有稳固的家庭关系为其提供保障。《民法典》通过规定家庭成员和家风建设，实现家庭关系的稳定，为社会进步和

① 法律没有规定“远亲属”的概念，这是一个通俗的说法，相较于近亲属，其是指近亲属以外的其他亲属，但须为五代以内的亲属。

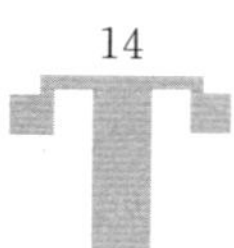

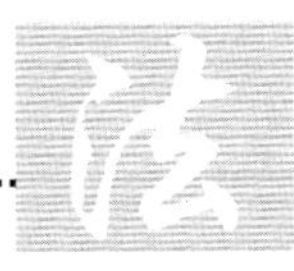

社会发展提供保障，让人民安居乐业，享受幸福安康的生活。

3. 第一次规定亲属法律行为为民事法律行为

亲属法律行为也是民事法律行为。由于《婚姻法》不强调亲属制度和亲属身份权的取得、变更、消灭的原因，因而其从来没有规定过亲属法律行为。事实上，婚姻的缔结和解除，子女的送养和收养，无一不是民事法律行为中的亲属法律行为，都须当事人意思表示一致而达成合意，才能发生或者解除配偶之间和养父母与养子女之间的身份关系。在结婚问题上《民法典》第1046条规定“结婚应当男女双方完全自愿”，就是结婚当事人的合意；第1049条虽然没有规定结婚的行为就是亲属法律行为，但规定了“完成结婚登记，即确立婚姻关系”的规则，当事人的结婚合意须经登记才能发生配偶权法律关系。在离婚问题上，第1076条更进一步明确规定，离婚登记“应当订立离婚协议”，“离婚协议应当载明双方自愿离婚的意思表示以及对子女抚养、财产及债务处理等事项协商一致的意见”。这正说明，离婚的行为是解除婚姻关系的亲属法律行为。《民法典》第1104条规定收养须有收养人与送养人的自愿，第1114条规定解除收养关系应当协议解除，这说明在收养关系中，送养人和收养人只有通过协议的方式才能够建立起收养关系，产生养父母与养子女的身份权，解除收养关系同样如此。这些规定在亲属法律关系中具有特别重要的意义，是《民法典》关于通过民事法律行为确立和解除民事法律关系之规定的具体体现。

4. 第一次确认身份权及身份权体系

在以往的婚姻法律制度中，从来没有强调过亲属法律关系中的身份权，都是在民法理论中强调人身权中包含人格权和身份权，认为人格权与身份权共同构成人身权利体系。① 但是，《婚姻法》并不强调甚至完全不提身份权。随着《民法典》把婚姻家庭法纳入其中，作为民法的组成部分，就必须确认身份权为民事权利的类型之一。《民法典》确认身份权的过程是：第一，《民法典》第112条关于“自然人因婚姻家庭关系等产生的人身权利受法律保护”的规定，虽然没有明确提到身份权的概念，但是，确认了亲属法律关系当事人享有的权利是人身权利，

① 郭明瑞. 人格、身份与人格权、人身权之关系：兼论人身权的发展. 法学论坛，2014 (1).

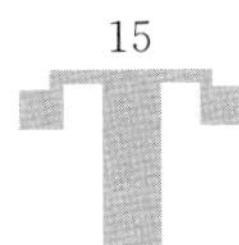

而人身权利中除了人格权，就是身份权，这等于宣告了我国身份权的概念①；第二，《民法典》第1001条第一次明确使用“身份权利”的概念，开启了我国民法使用身份权的先河；第三，婚姻家庭编虽然没有明确使用身份权以及配偶权、亲权和亲属权的具体身份权概念，但是，在该编第三章“家庭关系”的第一节规定的“夫妻关系”，就是配偶权，第二节规定的“父母子女关系和其他近亲属关系”就是亲权和亲属权。《民法典》通过以上这些方法，完整地规定了亲属关系的身份权制度，以及由配偶权、亲权和亲属权构成的身份权体系。

5. 第一次规定夫妻共同亲权原则

共同亲权原则是亲权的基本规则，父母对未成年子女享有亲权，亲权必须由夫妻共同行使。即使离婚后父母一方不能直接行使亲权，也仍享有亲权，仍须由夫妻共同行使亲权。《婚姻法》没有明确规定共同亲权原则。《民法典》规定夫妻共同亲权，首先是在第26条第1款（在总则编）规定“父母对未成年子女负有抚养、教育和保护的义务”，表达了共同亲权原则的基本要求；其次是在第1058条（位于婚姻家庭编）进一步规定这一原则，确立了共同亲权原则的具体规则。

6. 第一次规定家事代理权

我国《婚姻法》70年来没有规定家事代理权，没有明确在夫妻之间因家事方面有代理对方行使权利的权利。这是立法疏漏，会使夫妻一方因家事实施的民事法律行为由于另一方表示不同意而无效或者被撤销，从而使该民事法律行为相对人的权益受到损害。一些法院在司法实践中依据法理逐步承认了家事代理权，以解决这种纠纷，取得了很好的效果，最高人民法院通过司法解释予以确认。②《民法典》第1060条规定了家事代理权，弥补了这一立法疏漏，完善了配偶权的

---

① 杨立新．中国民法总则研究：下卷．北京：中国人民大学出版社，2017：596.

② 最高人民法院《关于适用〈中华人民共和国婚姻法〉若干问题的解释（一）》第17条规定：“婚姻法第十七条关于‘夫或妻对夫妻共同所有的财产，有平等的处理权’的规定，应当理解为：（一）夫或妻在处理夫妻共同财产上的权利是平等的。因日常生活需要而处理夫妻共同财产的，任何一方均有权决定。（二）夫或妻非因日常生活需要对夫妻共同财产做重要处理决定，夫妻双方应当平等协商，取得一致意见。他人有理由相信其为夫妻双方共同意思表示的，另一方不得以不同意或不知道为由对抗善意第三人。”

支分身份权内容[①]，是立法的一大亮点。

7. 第一次规范夫妻共同债务

在夫妻财产关系中，最难处理的是夫妻共同债务问题。1980 年《婚姻法》对夫妻共同债务作了一般性规定，没有规定具体规则，在实践中存在较多的问题。最高人民法院在司法解释中规定了夫妻共同债务的处理规则[②]，引起了社会的普遍关注，妇女界的反对声音比较强烈，甚至组织团体，反对最高人民法院《关于适用〈中华人民共和国婚姻法〉若干问题的解释（二）》。最高人民法院两次进行补充解释，才基本平息了反对意见。在《民法典》编纂过程中，各界也普遍要求规定夫妻共同债务的规则，故在“婚姻家庭编草案二次审议稿”中加进了现在的第 1064 条，借鉴司法解释的有关规则，基本上解决了这个问题，这也成为《民法典》婚姻家庭立法的一大亮点。

8. 第一次规定亲子关系的确认和否认

《婚姻法》专注于对夫妻关系的调整而忽视对其他亲属法律关系的调整，因而在亲子关系中出现较多的立法缺漏，不能满足实际生活的需要。例如，对婚生子女推定、婚生子女否认、非婚生子女认领和非婚生子女准正等亲子关系规则，都没有规定，司法解释也没有相应规定[③]，直至今日，在我国民法领域中这些规则仍然显得很陌生。《民法典》第 1073 条规定了确认或者否认亲子关系的规则，弥补了亲子关系中的制度缺漏，是婚姻家庭立法的一大立法亮点。

---

① 家事代理权是配偶权的支分身份权，身份权的具体内容通常称之为支分身份权。

② 最高人民法院《关于适用〈中华人民共和国婚姻法〉若干问题的解释（二）》第 24 条规定：“债权人就婚姻关系存续期间夫妻一方以个人名义所负债务主张权利的，应当按夫妻共同债务处理。但夫妻一方能够证明债权人与债务人明确约定为个人债务，或者能够证明属于婚姻法第十九条第三款规定情形的除外。”“夫妻一方与第三人串通，虚构债务，第三人主张权利的，人民法院不予支持。”“夫妻一方在从事赌博、吸毒等违法犯罪活动中所负债务，第三人主张权利的，人民法院不予支持。”

③ 对现实存在的这类纠纷，最高人民法院的司法解释曾经就其程序问题，例如否认亲子关系的证据取得，作过相应的规定。见最高人民法院《关于适用〈中华人民共和国婚姻法〉若干问题的解释（三）》第 2 条的规定：“夫妻一方向人民法院起诉请求确认亲子关系不存在，并已提供必要证据予以证明，另一方没有相反证据又拒绝做亲子鉴定的，人民法院可以推定请求确认亲子关系不存在一方的主张成立。”“当事人一方起诉请求确认亲子关系，并提供必要证据予以证明，另一方没有相反证据又拒绝做亲子鉴定的，人民法院可以推定请求确认亲子关系一方的主张成立。”

9. 第一次规定离婚冷静期

鉴于我国离婚数量和离婚率不断增高，影响家庭关系稳定，《民法典》采取冷静期的立法措施进行适当限制：第1077条规定登记离婚的冷静期制度；第1079条规定，在诉讼离婚中，法院判决不准离婚的，将原来在实践中掌握的又分居6个月后再次提出离婚诉讼一般判决离婚的做法，明确规定“双方又分居满一年，一方再次提出离婚诉讼的”，才准予离婚。由登记离婚和诉讼离婚的两个冷静期构成的离婚冷静期制度，能比较有效地控制离婚数量和离婚率的不断攀高，也是婚姻家庭立法的亮点之一。

10. 第一次规定身份权请求权为身份权保护方法

《民法典》规定的身份权，包括配偶权、亲权和亲属权。身份权是具有对内和对外两种不同内容的民事权利，对内是相对的亲属之间的权利义务关系，表现为身份权的相对性；对外是其他任何民事主体对身份权负有的不可侵义务，表现为身份权的绝对性。[①] 无论是身份权的对内关系的义务人，还是对外关系的义务人，违反法定义务，使权利人的权利受到侵害，都产生身份权请求权，权利人可依据该请求权保护自己的权利。[②]

《婚姻法》没有规定过身份权请求权，形成立法缺漏。[③] 当身份关系的义务人不履行义务时，缺少明确的救济方法，只能依靠侵权法的救济，形成了对身份权保护不周的问题。《民法典》第1001条确立了身份权请求权的救济方法，只是其没有规定在婚姻家庭编中，而是规定在人格权编中据此，在身份权义务人不履行义务时，权利人可以依照这一规定，行使身份权请求权保护自己的权益，同时，也使我国民事权利保护请求权的体系得以完善。[④]

（二）《民法典》成功完善婚姻家庭立法的主要原因

编纂《民法典》婚姻家庭编，对亲属规则进行较大规模的修改和完善，是比

① 对这种权利，笔者称之为具有相对性的绝对权。杨立新. 中国民法总则研究：下卷. 北京：中国人民大学出版社，2017：565.

② 杨立新，袁雪石. 论身份权请求权. 法律科学，2006（2）.

③ 杨立新，袁雪石. 论身份权请求权. 法律科学，2006（2）.

④ 杨立新，曹艳春. 论民事权利保护的请求权体系及其内部关系. 河南省政法管理干部学院学报，2005（4）.

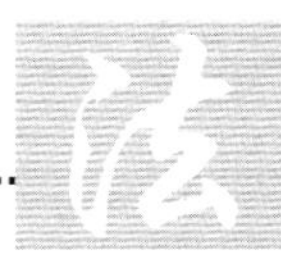

较成功的。归纳起来，主要原因有四点。

1. 立法关注民生

《民法典》想要突出人文主义立法思想，突出人性化的私法规则，最重要的就是要关注民生，规定好广大人民群众急需的亲属法律制度，使亲属之间的权利义务明确，身份地位分明，婚姻家庭关系和睦，更好地生活和参与建设。《民法典》婚姻家庭编是直接关系民生的亲属关系法，更要突出人文主义立法思想。立法者对我国亲属法律制度的修改和完善，体现的正是关注民生，保证人民幸福、和谐生活的立法意旨。

2. 婚姻法回归民法

此前，我国的婚姻法自立门户、脱离民法已经70年了，存在的最大问题，就是使亲属法脱离了民法规则的约束，愈加突出其社会性而削弱其私法性，以社会法的面貌向脱离私法轨道的方向发展。事实上，婚姻家庭法就是亲属法，就是民法的身份权法，调整的是自然人之间的身份关系，当然是《民法典》的组成部分。通过编纂《民法典》，实现了婚姻家庭法回归民法的立法目的，使婚姻家庭法归位于《民法典》亲属法。正是在民法亲属法基本属性的确认下，婚姻家庭立法的规则才更加私法化，突出了私法自治的原则，着重于亲属法规则的建设，强调了对身份权保护的基本方法，实现了婚姻家庭法的私法化。

3. 完善亲属法律制度

自1950年以来，《婚姻法》突出的是对婚姻制度的规范，并非全面规范亲属关系的法律，因而亲属制度的残缺是不可避免、不可否认的客观现实。诚然，婚姻制度是亲属制度的重要部分，但不是亲属制度的全部。婚姻家庭法即亲属法所要规范的，是基于婚姻制度而产生的全部亲属法律关系。《民法典》婚姻家庭编在编纂过程中，突出了完善亲属制度的要求，在尽可能的情况下，补充了亲属制度的立法不足，例如亲属概念、婚生子女确认和否认、家事代理权等，使我国亲属制度有了较大程度的完善，取得了亲属法立法的重要进展。

4. 追求亲属关系稳定

亲属法律制度关乎所有家庭和人口的现在和将来的生活秩序，对制度稳定的

要求是必然的。所以。对亲属法律制度的改变须取谨慎、稳妥的态度。《民法典》婚姻家庭立法遵循这一要求，谨慎从事，没有贸然作出过大的改动，维持了基本制度的稳定性。

四、适用：《民法典》规定的婚姻家庭法规则的司法操作方法

《民法典》在完善我国亲属法规则方面有了重大进展，应当予以充分肯定；不过，也存在规定比较原则化、缺少具体规范、欠缺一些亲属法律制度等不足。因此，在司法中适用婚姻家庭编的时候，应当准确理解法律规定，正确调整婚姻家庭关系即亲属关系。

（一）《民法典》婚姻家庭法规则的司法适用指导思想

在司法实践中适用《民法典》规定的婚姻家庭法，应当遵守五个指导思想。

1. 明确调整婚姻家庭关系的婚姻家庭法的基本属性是私法

婚姻家庭法就是亲属法，不论是配偶，还是其他家庭成员或近亲属相互之间，法律要确定的是他们之间的身份地位以及权利义务关系，要规范配偶和其他家庭成员的身份地位，也要明确其他近亲属之间的身份地位和权利义务关系。在司法适用中，必须明确婚姻家庭编的亲属法基本属性是私法，而不是社会法。

婚姻法长期脱离民法而作为法律的独立部门，逐渐形成了社会法的偏向，应当予以纠正。这一点，在司法实践中似乎问题不大，因为婚姻家庭纠纷案件一直由民事审判庭主管，法官受理论上的影响并不大。在理论上和对法官的培养上，应当加强这一指导思想的养成，坚定亲属法的私法信念，摆脱社会法的影响。

2. 明确亲属法律规则的核心是身份权

婚姻家庭法就是亲属法，《民法典》婚姻家庭编的基本内容就是规定亲属之间的身份地位和权利义务关系，规定身份权，规定身份权的内容，规定身份权的保护方法。

身份权概括的是特定亲属之间的身份地位和权利义务关系，是贯穿于亲属法的核心概念，也是婚姻家庭法的全部内容。《民法典》第 112 条关于“自然人因

婚姻家庭关系等产生的人身权利受法律保护”的规定，说的就是身份权。《民法典》第1001条规定：“对自然人因婚姻家庭关系等产生的身份权利的保护，适用本法总则编、婚姻家庭编和其他法律的相关规定；没有规定的，参照适用本编人格权保护的有关规定。”这一条文明确使用了身份权利的概念。

长期以来，婚姻法学界通常不使用身份权的概念，近年来才逐渐使用，但不普遍。应当看到的是，《民法典》是以民事权利为核心的法律，人格权、物权、债权、继承权分别是人格权编、物权编、合同编、继承编的核心，尽管婚姻家庭编没有以身份权为编名，但是，其实际上就是身份权编，调整的就是亲属身份关系。在司法实践中，适用《民法典》婚姻家庭编规定的亲属法规则，应当突出身份权的概念，以身份权为核心，贯穿于法律适用的全过程，保护好亲属之间的身份权。

3. 明确《民法典》婚姻家庭编之原则性规定的具体适用办法

在司法适用中必须看到，《民法典》婚姻家庭编规定的一些亲属法规则都比较原则，需要有具体的操作规则。例如，《民法典》第1045条第1款规定的亲属类型，第1060条规定的家事代理权，第1073条规定的亲子关系确认与否认规则等，都只是原则性规定，缺少具体的操作规则。

对于类似的规定，在司法适用中，一是对起诉到法院的案件应当勇于应对，以习惯或者法理为基础，作出判决；二是积累审判经验，及时总结；三是在成熟时由最高人民法院作出司法解释，统一适用法律的尺度和规则。

对于这些问题，应当特别重视法理的支持，在《民法通则》实施以来、《民法典》出台前的30多年里，如果没有法理的支持，仅仅靠其156个条文，如何能够实现对所有的民事法律关系的调整呢？对此，各级法院都应当特别注意。

4. 明确规范亲属法律关系须顺应时代发展要求

亲属法律制度必须顺应时代的发展，解决好时代发展带来的亲属关系问题，不能躲避和拒绝新出现的亲属法律问题。对于时代发展和科学技术发展带来的亲属法的新问题，应当依据亲属法的原理和基本规则，作出科学的认定，解决实际问题，对自然人的身份地位和权利义务依据法律作出判定，防止侵害自然人身份利益的问题。例如，人类辅助生殖技术发展带来的人类辅助生殖子女的法律地位

问题，是时代发展的产物，应由法律予以确定。最高人民法院对人工授精所生子女的身份地位，有过明确的司法解释，正确认定其身份地位，保护了这些子女的合法权益。[①] 不过，在有的法院的判决中，对代孕所生子女的身份地位，却违反司法解释的精神，作出了“属于继父母子女关系”的判定，损害了当事人的合法权益。[②] 这是违反亲属法的基本原理的。在适用《民法典》婚姻家庭编的亲属法规则时，应当顺应发展需求，避免出现这样的问题。

5. 明确适用亲属法律规则须满足亲属关系的需求

私法规则主要是对社会生活规则的概括，而非统治阶级意志的体现。亲属法更是如此，其是把社会生活中亲属生活关系的规则加以概括，上升为亲属法律制度和具体规则，而不是想当然或者按照一个预设的框架进行编造。

立法的要求是科学立法、民主立法和依法立法[③]，司法也应当如此，将法律规定的原则贯彻在司法实践之中。在《民法典》婚姻家庭编的法律适用中，关于同居等社会实际问题，尽管立法没有规定，但是司法不能不管，应当有解决实际纠纷的具体办法，而不是放任纠纷发展，酿成严重后果。

（二）《民法典》婚姻家庭法规则司法适用的具体问题

在司法实践中适用《民法典》婚姻家庭编规定的亲属法规则，应当说明的问题很多，下文仅就以下七个问题提出具体看法。

1. 正确理解家庭的民法地位

在亲属法律关系中，家庭具有非常重要的地位，在社会生活中也是如此。《民法典》突出家庭的地位，把规定亲属法规则的这一编称为“婚姻家庭编”。《民法典》在总则编和人格权编、婚姻家庭编的条文中，都规定“因婚姻家庭关系产生的人身权利”、“因婚姻家庭关系等产生的身份权利的保护”和“调整因婚姻家庭产生的民事关系”；在婚姻家庭编的“一般规定”中，特别规定第 1043 条

---

① 最高人民法院《关于夫妻离婚后人工授精所生子女的法律地位如何确定的复函》认为：“在夫妻关系存续期间，双方一致同意进行人工授精，所生子女应视为夫妻双方的婚生子女，父母子女之间权利义务关系适用《婚姻法》的有关规定。”

② 杨立新. 代孕所生子女的亲属身份关系确定. 南方都市报，2016－08－11（AA18 版）.

③ 参见《中共中央关于全面推进依法治国若干重大问题的决定》。

第1款，强调树立优良家风、弘扬家庭美德、重视家庭文明建设，第1045条规定家庭成员的概念。有欠缺的是，在婚姻家庭编的规范中，没有规定“家庭”和“家”的概念，使《民法典》有关家庭的规范没有准确的概念依附，缺少有关家庭的法律规则，例如家庭成员之间的权利义务关系、家庭议事、分家等规则。在司法实践中，一方面，应当特别看到家庭在婚姻家庭领域中的重要地位，其是近亲属共同生活的亲属单位，还应在司法适用中维护家庭的地位和稳定；另一方面，则是对家庭关系出现的问题，采用习惯和法理，用民主的方法处理家庭纠纷，使家庭的地位更稳固，家庭成员之间的关系更和睦，使树立优良家风、弘扬家庭美德、重视家庭文明建设的要求落到实处。

2. 正确适用亲属基本制度的具体应用规则

《民法典》规定了亲属的基本制度，确定亲属包括配偶、血亲和姻亲，这固然是我国《民法典》婚姻家庭编的立法亮点，具有重大意义，但是，其没有对基本的亲属制度作出具体规定，在应对亲属关系出现的具体问题上，需要具体规则作为补充。在司法实践中，一方面应当看到，我国近亲属制实行的世代亲不能准确反映亲属关系的远近亲疏，限制了亲属之间产生权利义务的范围，使超出三代的直系血亲都不具有法定的亲属权利义务关系，如四世同堂的曾祖父母、曾外祖父母与曾孙子女、曾外孙子女之间竟然不是近亲属，不存在亲属的权利义务关系，与人民群众对亲属关系的认知大相径庭；另一方面，应当用习惯和法理对亲属制度作补充，特别是应当掌握好关于亲等、亲系等亲属基本规则，完善亲属基本制度的知识储备，为准确适用《民法典》婚姻家庭编规定的亲属规则打牢执法基础。例如，四世同堂的曾祖父母、曾外祖父母与曾孙子女、曾外孙子女之间，虽然不是法律上的近亲属，但是关系最密切的亲属。当他们因权利义务发生纠纷时，应当比照近亲属和家庭成员的规定，确定他们之间的权利义务关系，而不是因为法律没有规定而无法处理，推出门不管。

3. 认定夫妻共同债务规则须妥善保护债权人的债权

对夫妻共同债务，《民法典》借鉴司法解释的内容，于第1064条规定了对婚姻当事人有利的认定规则：只有夫妻双方共同签字或者夫妻一方事后追认等共同

意思表示所负的债务，以及夫妻一方在婚姻关系存续期间以个人名义为家庭日常生活需要所负的债务，才属于夫妻共同债务。对超出家庭日常生活需要所负的债务，认定为不属于夫妻共同债务，否定这一认定的举证责任由债权人承担，不能承担举证责任的，不认定为夫妻共同债务。这对夫妻中未共同举债的一方显然十分有利，而对债权人明显不利。

在立法过程中，笔者和其他部分立法专家都不建议《民法典》对此作出规定，认为由司法实践来处理比较稳妥。不过，《民法典》既然已经作出了这样的规范，当然应当适用，只是在司法实践中应当注意这个问题，强调保护夫妻债务的债权人的合法权益，不能有太大的偏差，否则，不仅对私人借贷会造成影响，也会给金融机构的借贷增加压力，造成融资困难，影响社会经济的发展。

4. 确认亲子关系或者否认亲子关系的具体规则适用

《婚姻法》从来没有规定过亲子关系认定和否认规则，似乎我国亲子关系不存在这些问题而无须规定，司法解释也仅仅规定了一些程序问题，没有规定实体上的规则。[①] 在实际生活中，这样的问题大量存在，需要法律予以调整。《民法典》增加了亲子关系的确认和否认的一般规则，是很大的进步，只是这个规则是否体系化，以婚生子女推定为前提，需要构建一个完整的系统，包括非婚生子女认领、婚生子女否认、非婚生子女准正等规范，才能解决这些纠纷。体系构建包含三个内容。

第一，应当确立亲子关系确认和否认的必要前提，即“夫妻在婚姻关系存续期间出生的子女，则推定丈夫为其父亲”[②] 的规则，母亲与子女的亲子关系依据出生的事实证明；父亲与子女的亲子关系只能推定，当提出否认亲子关系的时候，才需要举证证明，例如用DNA方法鉴定。没有父之推定的规则，无法建立亲子关系确认和否认规则。

---

① 最高人民法院《关于适用〈中华人民共和国婚姻法〉若干问题的解释（三）》第2条规定：“夫妻一方向人民法院起诉请求确认亲子关系不存在，并已提供必要证据予以证明，另一方没有相反证据又拒绝做亲子鉴定的，人民法院可以推定请求确认亲子关系不存在一方的主张成立。”“当事人一方起诉请求确认亲子关系，并提供必要证据予以证明，另一方没有相反证据又拒绝做亲子鉴定的，人民法院可以推定请求确认亲子关系一方的主张成立。”

② 《瑞士民法典》第255条第1款。瑞士民法典. 于海涌，赵希璇，译. 唐伟玲，校. 北京：法律出版社，2016：87.

第二，亲子关系确认，是指传统民法的非婚生子女认领制度；亲子关系否认，是指传统民法的婚生子女否认制度。关于这些情形在传统民法中都有成熟的规则。《民法典》第1073条规定父或者母以及成年子女的确认或者否认的权利，只是一般性规定，需要具体规则才能适用。这些应当通过实践，借鉴习惯和法理，积累经验，形成具体的操作规范，补充立法规定的规则不足。

第三，对非婚生子女准正，《民法典》第1073条的内容无法涵盖，但该问题也是确实存在的。例如，在男女双方未建立婚姻关系时怀孕生育的子女，为非婚生子女，在双方缔结婚姻关系后，该非婚生子女成为婚生子女，即为准正。在我国事实婚姻关系存在较多，事实婚姻关系当事人生育的子女，由于我国不承认事实婚姻而被认定为非婚生子女，在双方进行婚姻登记之后，该子女即准正为婚生子女。我国亲属法并不认真区分非婚生子女和婚生子女，其亲子关系的内容也没有原则上的区别，因此，在司法实践中，没有特别的要求，但是，需要建立这种观念，不得歧视非婚生子女的身份地位。

5. 正确认定人类辅助生殖技术生育子女的法定地位

如前所述，在亲子关系中，特别值得重视的是利用人类辅助生殖技术生育子女的法律地位。这关系到这些子女的法律地位和权利义务关系。在司法实践中，最高人民法院通过司法解释，规定夫妻共同决定通过人工授精生育的子女为婚生子女。这是正确的，在实践中产生了良好的社会效果。目前急需解决的问题是，通过代孕方法生育的子女究竟具有何种法律地位。司法解释对此没有规定，立法也没有规定。在这个问题上，对于司法实践而言，最大的障碍是部门规章中禁止代孕的规定①，有的法院因此受到限制，作出认定代孕所生子女为继子女的判决②，损害了代孕所生子女的身份地位；也有的法院认为这一部门规章是对医疗机构的规范，法院裁判不受其拘束。③

---

① 《人类辅助生殖技术管理办法》第3条第三句规定："医疗机构和医务人员不得实施任何形式的代孕技术。"

② 杨立新. 代孕所生子女的亲属身份关系确立. 南方都市报，2016-08-11（AA18版）.

③ 无锡市中级人民法院（2014）锡民终字第01235号民事判决书，内容参见杨立新. 一份标志人伦与情理胜诉的民事判决：人的体外胚胎权属争议案二审判决释评. 法律适用，2014（11）。

既然《民法典》对此没有规定，法院应当依照司法解释的精神，认定通过代孕已经出生的子女为婚生子女。其理由是，既然妻子通过人工授精技术接受他人的精子怀孕所生子女为婚生子女，那么，利用他人的卵子/精子和身体所生的子女，当然也应当被认定为婚生子女；否则，将会出现亲属关系混乱的后果。

6. 适用登记离婚冷静期规则的特别要求

《民法典》规定的登记离婚冷静期制度，是一个新规则，主要是对登记离婚的要求，针对的是婚姻登记机构的法律适用，原则上不涉及法院的司法问题。

《民法典》规定的登记离婚冷静期，规则比较简单、单一，虽然容易操作，但是存在特殊情况，需要处理。主要的表现是，只规定了冷静期的两个 30 天，即申请登记之日起 30 天，以及前一个 30 天即规定期间届满后的 30 天。前一个 30 天是冷静期，后一个 30 天是亲自领取离婚证的期间。存在的特殊情况是，对特殊的不能适用冷静期的情形应当不受冷静期的限制，否则，会导致不利后果出现。① 例如，夫妻一方实施家庭暴力，好不容易达成离婚协议，由于存在冷静期而不能马上登记离婚，在冷静期中一方继续实施家庭暴力，或者反悔而不同意离婚，使弱势一方当事人继续遭受侵害而不能解脱。对此，应当借鉴韩国的做法，对特殊情形，即出现“因暴力将会对当事人一方造成无法忍受的痛苦等应予离婚的紧急情形”时，可以缩短或者免除冷静期（熟虑期）的期间。②

① 杨立新，蒋晓华. 对民法典婚姻家庭编草案规定离婚冷静期的立法评估. 河南社会科学，2019（6）.

② 《韩国民法典》第 836 条之二规定：“1. 欲协议离婚者应得到家庭法院提供的离婚咨询，必要时家庭法院可劝当事人接受具备专业知识和经验的咨询员的咨询。2. 向家庭法院申请确认离婚意思的当事人，自接受第 1 款咨询之日起经过以下各项期间后，得到离婚意思的确认：（1）有需要抚养的人时（包括胎内的子女，以下本条亦同）为三个月；（2）不符合第一项时为一个月。3. 因暴力将会对当事人一方造成无法忍受的痛苦等应予离婚的紧急情形，家庭法院可缩短或免除第 2 项的期间。4. 有需扶养的人时，当事人应出具第 837 条所定的子女协议书及第 909 条第 4 款所定的子女的亲权人决定协议书，或第 837 条及第 909 条第 4 款所定的家庭法院的审判正本。5. 家庭法院应当制作确认当事人关于抚养费内容的承担抚养费协议。承担抚养费协议准用《家事诉讼法》第 41 条。”参见《韩国民法典》第 836 条的内容，前四项见韩国民法典 朝鲜民法. 金玉珍，译. 北京：北京大学出版社，2009. 129；后一项根据《韩国民法典（韩文版）》翻译。

7. 对同居关系的法律调整

在当前的社会生活中，男女之间的同居已经成为比较普遍的两性结合方式，既包括青年男女之间的未婚同居，也包括丧偶老年人之间的同居，并不只是在个别地区或为个别人所接受，也不是在整个社会还远未达成共识，相反，这是社会基本接受的两性结合状态。社会生活的现状就在客观上存在，法律承认与不承认都不能改变这一现实。主张法律上对同居制度予以认可，将会对现行的婚姻登记制度形成较大的冲击，且考虑到未婚同居涉及诸多法律问题，比如财产分割、抚养子女等，现在对大多数的问题有不同意见，还没有达成共识，所以从目前情况看，法律上明确规定同居这个问题的时机还不成熟①，理由还不充分。《民法典》第 1042 条第 2 款第二句规定“禁止有配偶者与他人同居”，但是，并没有禁止无配偶者与他人同居，因而，同居是不违反法律的行为。问题在于，法律应当对同居者发生的权利义务关系、所生子女、财产纠纷等如何处理作出规范，使这些纠纷出现时，能够有法律规则予以调整，而不是一律推给法院处理，若法院又推脱不管，就会使这些青年同居者和老年同居者的合法权益无法得到保障。

在司法实践中，无法依据《民法典》的规定确认同居者之间的权利义务关系，对此，应当解决的问题有三个。第一，他们同居期间所生子女的法律地位应当受到尊重，尽管为非婚生子女，根据《民法典》第 1071 条关于“非婚生子女享有与婚生子女同等的权利，任何组织或者个人不得加以危害和歧视”的规定，应当尊重和保障他们的权利。第二，虽然同居男女之间没有身份权，但是，非婚生子女对父和对母均享有亲权，且对父和母的近亲属产生身份权，有确定的权利义务关系。在解除同居关系后，子女的身份权不消灭，双方都对子女负有抚养义务。第三，同居男女在同居期间的财产不能适用共同共有的夫妻共有财产制，在没有约定的情况下，应当为按份共有；当解除同居关系发生财产纠纷时，有约定的应当按照约定处理，没有约定的应当界定为按份共有，无法确定具体份额的，为各占一半的份额。

---

① 全国人大常委会法工委发言人臧铁伟称法律上规定同居制度时机还不成熟。见王春霞.“夫妻共债”有何新规?“未婚同居”能否入法?：人大常委会法工委发言人回应立法热点问题. 中国妇女报. 2019－10－21。

第二节 《民法典》规定婚姻家庭法的不足与继续完善

一、《民法典》规定的亲属制度仍然存在的不足

从总体上看，《民法典》对我国婚姻家庭制度的改革取得了很多进展，但是，还缺少具有重大意义、体现时代特点的完善举措，只是进行了适当改进，其作为新时代的亲属制度还存在诸多不足，还需要继续改革，进一步完善。

（一）名不正

将调整亲属关系的法律称为“婚姻法”是不对的，将其称为“婚姻家庭编”也不准确。

“婚姻和家庭法”的称谓来自苏联。《苏俄婚姻和家庭法典》是世界上第一部名称为“婚姻和家庭法”的法典，其脱离民法典而成为独立的法律部门。“苏维埃婚姻和家庭立法的使命，是要积极促使家庭关系彻底摆脱物质考虑，消除妇女在生活中的不平等地位的残余，建立能够充分满足人民最深刻的个人感情的共产主义家庭。”① 该法典序言规定的婚姻和家庭法典的立法使命，表明这部法典不是亲属法，而是家庭法。在继受大陆法系民法传统的我国，规定亲属法的《民法典》分编不称为“亲属编”，而是继受苏联立法传统称为“婚姻家庭编”，不够顺畅、妥帖。

《民法典》规定的内容就是亲属法规则，这不仅是因为第 1045 条规定了亲属的基本制度，还因为在全部条文中，虽然有家庭成员、家庭关系的称谓，但是没有对家庭的具体界定，超出了亲属关系的范围。既然配偶是亲属中的基本类型，而且亲属特别是近亲属又不是都生活在家庭之中，“婚姻家庭编”的称谓是无法概括亲属法的全部内容的。同理，《民法典》第 1040 条开篇规定“本编调整因婚姻家庭产生的民事关系”，就不如“本编调整因亲属产生的民事法律关系”或者

① 苏俄婚姻和家庭法典. 马骧，译. 王家福，校. 北京：中国社会科学出版社，1978：3.

“本编调整因婚姻家庭产生的亲属关系”准确。

《民法典》的婚姻家庭编应当正名为“亲属编”，只有这样才能使其真正回归到民法典的传统中来。

（二）制度不完善

《民法典》第1045条规定了基本的亲属制度，使我国的亲属制度从无到有。不过，这一规定还是过于简略，不符合我国亲属关系的实际情况，主要表现在以下几个方面。

第一，没有规定亲等、亲系制度。《民法典》规定亲属制度，应该详细规定亲属种类和亲属制度，只规定简单的亲属制度不具有可操作性，没有办法解决实际问题。特别是亲等制度，表明的是亲属关系的远近亲疏，直接关系亲属的身份、地位和权利义务关系。我国历来只使用世代亲的“代”来确定亲属关系的远近，不适用亲等制度，导致计算亲属关系远近、亲疏的方法不准确、不规范。其实这是一个很简单的问题，只要采用了亲等制度就可以解决问题，没有很大的难度。

第二，使用“近亲属”的概念不合情理，且违背实际的亲属关系现状。《婚姻法》长期使用近亲属的概念并且没有对此作出界定，《民法典》第1045条第2款专门对近亲属概念作出定义：一是近亲属包括配偶、父母、子女、兄弟姐妹、祖父母、外祖父母、孙子女、外孙子女；二是视为近亲属，包括共同生活的公婆、岳父母、儿媳、女婿。这一规定存在的问题是：其一，近亲属的概念在传统民法中并不常见，既不科学，也不准确，不利于国际交流。其二，近亲属范围的界定过于狭窄，其直系血亲只是三代以内，就连曾祖父母、曾外祖父母和曾孙子女、曾外孙子女等最亲的直系血亲都被排除在外。传统家庭追求的四世同堂，由于超出了三代直系血亲范围，就不是近亲属，成为没有确定的身份地位、没有权利义务关系的“远亲属”，有违人伦情理。更不要说五世同堂中的高祖父母、高外祖父母和玄孙子女、玄外孙子女了。按照我国传统，应当确认五代以内直系血亲均有权利义务关系，即四亲等内的直系血亲。其三，在一定亲等之内的姻亲是有权利义务关系的，例如，“三亲等内的姻亲”

是亲属[①]，而不是因为共同生活才成为亲属，更不是视为近亲属。

《民法典》将来的亲属编应当全面继受传统民法的亲属制度，而不是另起炉灶，应改变不合理的亲属关系远近的计算方法。在坚持血亲、姻亲和配偶的亲系制度，取消近亲属概念的基础上，确定血亲以亲等为准，例如规定五亲等以内的血亲为亲属[②]，规定三亲等以内的姻亲为亲属。这样确定亲属的亲等、亲系，不仅有利于扩大亲属的范围，符合人伦情理的要求，还扩大了法定继承人的范围。

（三）规则不具体

《民法典》婚姻家庭编的突出问题，是调整亲属关系的规则不足，即使补充规定了新规则，同样存在这样的问题。例如，《民法典》第 1073 条规定了亲子关系的确认和否认规则，但只是一个简单的规定，更近似于一个程序性的规范，赋予法院确认和否认亲子关系的审判权。至于这个制度中究竟包含哪些具体的制度，具体实行要有哪些要件和具体要求[③]，则没有规定，抹杀了婚生子女推定、婚生子女否认、非婚生子女认领（包括强制认领和自愿认领）和非婚生子女准正这四种规则的准确含义，以及相互之间的界限，使当事人行使请求权的基础和法院的判断标准都缺失具体规范，不具有可操作性[④]，留给法院作司法解释的空间过大，这些规则应当是立法的范畴。

诸如此类调整亲属关系的规范，多存在类似的问题，需要在完善《民法典》亲属制度时进一步规定具体的、具有可操作性的规范。

（四）表述不准确

《民法典》婚姻家庭编关于亲属制度的规定，基本上是好的，但是存在表述不严谨、不准确的问题。例如，《民法典》第 1091 条增加规定了“有其他重大过错”导致离婚的，无过错方有权请求损害赔偿。这里使用的“重大过错”不是一

---

① 《日本民法典》第 725 条第 3 项，见日本民法典. 刘士国，牟宪魁，杨瑞贺，译. 北京：中国法制出版社，2018：180.

② 《日本民法典》第 725 条第 1 项规定六亲等以内的血亲为亲属。见日本民法典. 刘士国，牟宪魁，杨瑞贺，译. 北京：中国法制出版社，2018：180.

③ 陈苇. 中国婚姻家庭法立法研究. 2 版. 北京：群众出版社，2010：401－402.

④ 这一点规定，与《民法典物权编（草案·一审稿）》第 117 条规定添附制度的缺点是一样的，该条只规定加工、附合、混合是添附，没有规定具体规则。

个科学、准确的概念，“重大”只能修饰“过失”，而不能修饰故意；而过错既包括故意也包括过失，重大过错这一用语的含义不明确，应当使用“重大过失”，或者使用“故意或者重大过失”的表述才合适。

二、《民法典》改革亲属制度不彻底的表现原因及对策

（一）《民法典》改革亲属制度不彻底的表现

前文列举了我国亲属制度存在的四个主要问题，说明《民法典》对亲属制度的改革仍然存在不足，我国现行的亲属制度还不完全适应时代发展的要求。这些问题集中表现在两个方面。

1. 固守不适当的婚姻家庭制度

1950年《婚姻法》是我国亲属制度的奠基之作。这部最早的亲属法存在先天不足，即着重于对婚姻关系的调整而忽视对基本亲属关系的调整，制度简陋、内容粗疏、规则落后。在1980年改革开放之初重新制定的《婚姻法》，为了适应改革开放的新形势对亲属制度提出的需求，名义上是为顺应时代需求，但制定时仍然坚持“能不改就不改”的方针，并无实质性改变。即使后来2001年的修订，也强调要“小改”而不是大改，导致以《婚姻法》为代表的我国亲属制度一直处于不完善状态。直至在民法实行法典化的今天，将《婚姻法》《收养法》编纂为《民法典》婚姻家庭编时，仍然坚持“维护制度稳定、能不改就不改”的方针，导致《民法典》规定的亲属制度仍然没有根本性的改革。

2. 拒绝时代发展的创新需求

《民法典》的颁布，距离我国亲属法的奠基之作1950年《婚姻法》的颁布已经70年，距离1980年《婚姻法》也已经40年，世界形势和时代发展都有了巨大变化，国家的社会生活完全不同于之前的时代，但是，《民法典》婚姻家庭编仍然拒绝亲属关系的新事物、新形式，将我国不完善的亲属制度继续保持下去。在婚姻关系的形式上，民众已经接受了新出现的两性结合甚至同性结合方式，不仅出现同居、事实婚姻，还出现同性婚姻、同性性伴侣甚至异性性伴侣等，且广

泛存在。其中，承认同性婚姻也是正当诉求，婚姻体现着个人选择婚姻生活方式的自由，同性恋者同样有追求美好家庭生活的自由，法律需要对同性生活伴侣关系给予法律确认，从而保障他们在基本生活方式选择上的自由。[①]《民法典》婚姻家庭编对此没有规定，发生纠纷时没有任何法律规范可以适用，导致法院对此束手无策，甚至拒绝审判。

从我国亲属制度存在上述问题，以及《民法典》婚姻家庭编改革的步伐不大和仍然存在的问题来看，我国的亲属立法没有跟上时代的发展，无法满足人们对丰富多彩的家庭生活特别是性结合方式的需求。其后果是，只要不是立法规定的须以登记结婚为法定方式进行的两性结合的性结合方式，均不是合法婚姻或者性结合方式，法律一律不予承认和调整。这种立法思想不符合科学立法、民主立法和依法立法的要求，不能满足我国社会主要矛盾已经转化为人民日益增长的美好生活需要和不平衡不充分的发展之间的矛盾的要求。[②]

（二）《民法典》改革亲属制度不彻底的原因

我国亲属制度存在诸多问题，在编纂《民法典》婚姻家庭编过程中，也没有加快亲属制度改革的步伐，其主要原因在于以下几个方面。

1. 苏联婚姻家庭立法和理论的影响

长期以来，我国婚姻家庭法深受苏联婚姻家庭法立法和理论的影响[③]，继受落后的婚姻家庭法律制度却误认为是我国亲属法特色而固守之。

在成文民法典的立法传统中，亲属法历来是民法典的人法，是民法典的重要组成部分，而苏联却另起炉灶，坚持认为婚姻家庭法不是民法的组成部分，不是私法而是公法，单独制定《婚姻与家庭法典》，独立于《苏俄民法典》之外，成为单独的部门法。

1950 年我国制定《婚姻法》时，不仅完全采用了苏联的立法思想，而且比苏联走得更远，直接叫“婚姻”法，连“家庭”也不管了。直至今天，在新时代

① 王森波．同性婚姻法律问题研究．北京：中国法制出版社，2012：62．

② 决胜全面建成小康社会 夺取新时代中国特色社会主义伟大胜利．北京：人民出版社，2017：38，11．

③ 杨立新．编纂民法典应当肃清苏联民法思想影响．法制与社会发展，2017（1）．

中编纂民法典却仍然套用苏联的做法，将调整亲属关系的民法分编称为“婚姻家庭编”，延续苏联的立法传统。在内容上，《婚姻法》第 29 条即《民法典》第 1075 条规定的具有“对价”性质的兄弟姐妹之间的扶养权利义务关系，就来源于《苏俄婚姻和家庭法典》第 82 条关于“有足够物质条件的兄弟姊妹，有义务扶养其需要帮助的不能得到父母抚养的未成年兄弟姊妹。对于无劳动能力而需要帮助的成年兄弟姊妹，如果这些成年兄弟姊妹不能得到父母、配偶或子女的扶养，他们也承担同样的义务”的规定。[①] 相比之下，《苏俄婚姻和家庭法典》这一规定的“对价”性还没有这样鲜明，而我国的上述条文却有过之而无不及，走得更远。这两种立法例，都不如《日本民法典》第 877 条关于“直系血亲及兄弟姐妹负相互扶养的义务”[②] 的规定准确。结论是，苏联的婚姻和家庭法是传统民法中的另类，是建立在计划经济基础之上的落后制度。我国《婚姻法》以及《民法典》婚姻家庭编借鉴的就是这样的亲属法制度，没有反映当代市场经济社会的现实要求。

2. 维护制度稳定而固守原有制度不予改革

亲属制度改革进展不快的另一个原因，是主张婚姻家庭制度需要稳定，不宜大起大落，避免造成不必要的舆情和思想波动。

最近 40 年来，我国的婚姻家庭制度远离当代社会生活现实，是计划经济的产物，具有鲜明的计划经济社会和苏联立法的烙印，却认为是自己的传统和特色而予以固守。

如果这些亲属制度是正确的、合理的、符合我国国情和民族习惯的，维护其稳定就是必要的和合理的。但是，对落后、残缺的亲属制度抱残守缺而维护稳定，就不能更好地保障人民的权利，不符合“健全民事法律秩序，就是要加强对民事主体合法权益的保护，更好地维护人民群众的切身利益”[③]的要求。

最简单的事例是，在一部调整亲属关系的法律中，不规定基本的亲属制度，或者只规定简单的亲属制度，将曾祖父母、外曾祖父母和曾孙子女、曾外孙子女

---

① 苏俄婚姻和家庭法典. 马骧，译. 王家福，校. 北京：中国社会科学出版社，1978：27.

② 日本民法典. 刘士国，牟宪魁，杨瑞贺，译. 北京：中国法制出版社，2018：220.

③ 李建国. 关于《中华人民共和国民法总则（草案）》的说明：2017 年 3 月 8 日在第十二届全国人民代表大会第五次会议上. 中华人民共和国全国人民代表大会常务委员会公报. 2017（2）.

都排除在有权利义务关系的所谓近亲属的范围之外，是不符合我国国情的，应当在改革之列。

3. 不顾及民事主体对行使亲属权利的正当诉求

历史在进步，时代在发展，人民在新时代面前，对于权利的行使有新的诉求。曾几何时，未经登记而同居是违法行为，是羞于见人并且应当检讨和受到处分的违法行为；而同性恋不仅曾经被认为是病态，甚至被认定为犯罪行为和流氓行为，是要受到刑罚制裁的。但是在今天，同居被未婚青年以及丧偶、离异老人接纳作为一种选择。对同性恋，不仅不能将之作为违法行为对待，不得认定其为病态[①]，还应认为其是合理合法的权利选择，这被很多国家认定为合法的婚姻形式或者性伴侣形式，应得到法律的认可和保护。

在这样的时代发展面前，我国亲属法拒绝承认同性婚姻或者同性性伴侣，对同居不加任何规范，是对人的正当权利诉求的不尊重。

4. 错误地认为民事权利法《民法典》是管理法

民法是私法，是权利法，是以权利的方法将市民社会利益公平、合理地分配给每一个市民社会成员，使每一个民事主体都享有同等的权利，获得相应的民事利益，使其生活得更美好，只有这样其才被称为社会生活的百科全书。

所以，《民法典》包括亲属编应当坚持人民主体地位，坚持人民立场这一根本政治立场，恪守以民为本、立法为民理念，保证人民依法享有广泛的权利和自由，承担应尽的义务，实现好、维护好、发展好最广大人民根本利益。[②] 这就是民法是权利法的立法基础。

权利法的基本属性是任意法。《民法典》的主要部分作为任意法，应当像苏永钦教授在“第八届海峡两岸民商法论坛”指出的那样，提供民事权利行使的模

---

① 世界卫生组织于1994年将同性恋从精神与行为障碍名单中剔除，2001年我国卫生部科学研究基金编第三版《中国精神障碍分类与诊断标准》，删除了同性恋的病名。杨立新，吴烨. 为同性恋者治疗的人格尊严侵权责任：兼论搜索引擎为同性恋治疗宣传的虚假广告责任. 江汉论坛，2015 (1).

② 李建国. 关于《中华人民共和国民法总则（草案）》的说明：2017年3月8日在第十二届全国人民代表大会第五次会议上. 中华人民共和国全国人民代表大会常务委员会公报，2017 (2).

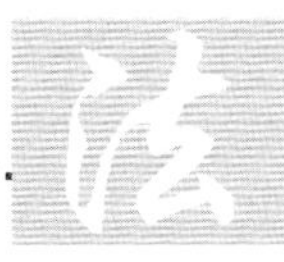

板[①]，应当在其中规定民事主体享有更多的权利，提供更多实现权利的工具和模板，让人民在社会生活中有更多的选择余地，能够得到民法典的规范和调整。

《民法典》不是管理法，不是政府管理人民的法律，因此不能在《民法典》中设置更多的政府权力，并且通过这些权力的行使而使人民的权利受到限制。例如，《民法典》合同编需要列举有关合同的各种方法，但不是强制性的，只要当事人出于双方意思表示一致，不违反法律、法规的强制性规定，合同就发生法律效力。在现实生活中，自然人只要达到法定婚龄，就可以与其喜欢的人，采取不同的方式，实现性结合的目的，享受社会生活的美好和愉悦。所以，亲属法不应当只规定一种婚姻形式，而应当提供数种可以选择的形式，供当事人选择自己认为最合适的方法实现自己的性结合目的。强制人们接受唯一的婚姻形式，不遵循就构成违法，法律对此类行为不予理睬、不予规范、不予调整的态度，体现的就是管理法的模式而不是权利法的立法。例如最高人民法院《关于适用〈中华人民共和国婚姻法〉若干问题的解释（一）》（以下简称《婚姻法解释一》）第5条关于认定事实婚姻时间界限的规定，就是典型的管理法思路，对婚姻自由原则强加了唯一形式的政府管束。

在这样的角度上研究问题，“编纂民法典是全面推进依法治国，实现国家治理体系和治理能力现代化的重大举措”的说法[②]，就值得研究：如果强调国家治理体系和治理能力是为了保障人民的权利，就是正确的；否则，认为《民法典》的目的就是实现对人民的“治理”，体现的就是管理法的思路，违反民法的本质。

（三）进一步完善我国亲属法律制度的应然对策

《民法典》婚姻家庭编在不断完善的过程中，应当采取以下对策。

1. 恪守私法的本质属性和基本逻辑

从罗马法开始就确立了私法的本质，通过将调整私人利益的私法与调整国家

---

① 苏永钦. 新世纪民法典承担的功能：更多的议题还是更多的工具选择//民商法新趋势与民法典各分编一审稿评析论文集. 北京：北京航空航天大学法学院，2018.

② 李建国. 关于《中华人民共和国民法总则（草案）》的说明：2017年3月8日在第十二届全国人民代表大会第五次会议上. 中华人民共和国全国人民代表大会常务委员会公报，2017（2）.

利益的公法相区别，将两大法律分支的区分归因于不同的目的预设，并且据此确立了私法和公法区分上的不可撼动的起点，体现了人类存在的二重目的。①

私法的本质属性是调整私人利益，调整私人利益的根本方法是赋予民事主体以权利，分配市民社会中的民事利益，实现正义。权利法的本质不是管理，而是示范。这是因为民事权利是对法律生活多样性的最后抽象，是实现民事利益的可能性，体现的是民事主体的行为自由，其中，国家的强制性表现在以其保障民事权利的实现，而不是强制力对民事主体行为的限制。②

私法的基本逻辑是规定民事权利，并且提供行使民事权利的示范或者模板，供民事主体在行使民事权利时选择，就像在夫妻财产关系中，除了规定法定财产制之外，再列举多种夫妻财产制模式，供特定的夫妻选择。

长期存在的错误观念是，认为法律就是管理的规范，即使民法典这样的私法和权利法，也是对民事主体行使民事权利的管理，因而什么样的权利应当怎样行使，什么样的权利不能赋予主体，完全是立法者的决策。这不是私法的基本逻辑，而是违背私法的本质要求。应当坚持《民法典》包括亲属编是权利法，遵循私法的基本逻辑要求，规定行使权利的更多方法，真正实现《民法典》作为行使权利工具箱的功能，保障人民行使权利的自由，明确在行使民事权利时，法无明文禁止即为自由的原则，牢记立法为民的宗旨而不是“立法管民”，不要试图在私法领域中强制地管理人民、教育人民怎样行使权利。

2. 排除根深蒂固的苏联婚姻家庭法传统的影响

苏联婚姻和家庭法是建立在计划经济基础之上的非私法，是大陆法系亲属法的异类，反映的是强大的计划经济基础对婚姻家庭关系的强制干预。在《民法典》各分编中，继受苏联民法传统和思想最广泛的就是婚姻家庭编和继承编，而物权编基本上是我国的固有法，合同编主要借鉴国际交易规则，侵权责任编则是大陆法系和英美法系侵权法的融合，受苏联民法影响不深。

几十年来，苏联婚姻家庭法的传统和思想已经深入很多人的骨髓中，成为根

---

① ［德］奥托·基尔克. 私法的社会任务. 刘志阳，张小丹，译. 北京：中国法制出版社，2017：25－26.

② 王利明. 民法总则研究. 2版. 北京：中国人民大学出版社，2012：412－419.

深蒂固的立法指导思想。如果不继续排除苏联婚姻家庭法的传统和思想影响，我国的亲属法无法实行有效的改革，无法继续进步。

改革开放以来，各行各业都在思想上进行了深刻的反思，但是在法律领域，特别是在民法领域却没有进行这样的反思，因此苏联民法思想和传统一直顽固地生存着，甚至被认为是我国民法的特色。对此，应当充分提高警惕，排除其影响，保护好人民的权利。

3. 呼应时代进步和人民行使权利的要求

时代发展和社会进步，必然使人民对其在市民社会享有的民事权利有新的需求。人民的生活并非沿着符合逻辑的路线前行，而是处于各种有生力量的角逐与争斗之中。[①]立法机关不应当依照自己的价值选择和逻辑去确定人民享有什么样的民事权利以及怎样行使民事权利，而应当根据时代发展和社会变化的要求，响应人民的需求，赋予人民应当享有的民事权利，规定好行使民事权利的示范方法，供人民在行使权利时进行选择。

在当今社会，青年男女并非恪守传统的婚姻方式——采取登记结婚的方法进行家庭生活，很多都采取婚前同居或者非婚同居的方式共同生活，法律想禁止是不可能的。而丧偶或者离异老人的同居，是比再婚更佳的选择。对此，法律不能采取不闻不问的态度，而应当根据实际情况，给出示范的方法和纠纷解决的规范，进行法律调整。

4. 建立健全完善的亲属法律制度

面对并不理想的《民法典》婚姻家庭立法存在的诸种问题，应当直接面对批评，依照科学立法、民主立法和依法立法的原则，审视我国亲属法律制度，对照在新时代出现的亲属关系的新问题，正视人民提出的新的民事权利要求，按照上层建筑必须与社会经济基础相适应的基本原理，着眼于社会主要矛盾的调整，不断修改，全面改革我国亲属制度，建立起完整的、符合21世纪中国国情需要的亲属法律制度，使我国的法治建设达到一个新的程度。

---

① ［德］奥托·基尔克. 私法的社会任务. 刘志阳，张小丹，译. 北京：中国法制出版社，2017：32.

三、我国亲属制度亟须进一步补充和完善的内容

在我国亲属制度中亟须进一步改革和完善的内容有十三点。

（一）被宣告死亡人重新出现的备案问题

《民法典》应当规定撤销死亡宣告后原配偶书面声明不愿意恢复婚姻关系的备案制度。《民法典》第 51 条第二句规定："死亡宣告被撤销的，婚姻关系自撤销死亡宣告之日起自行恢复，但是其配偶再婚或者向婚姻登记机关书面声明不愿意恢复的除外。"这一规定是明确的，但该书面声明应当怎样进行尚不明确，《民法典》应当增加规定，予以落实。①建议规定："被宣告死亡的人重新出现，死亡宣告被撤销后，其配偶向婚姻登记机关书面声明不愿意恢复婚姻关系的，婚姻登记机关应当将该书面声明予以备案，并对该方当事人发给不愿意恢复婚姻关系声明的备案证明。""不愿意恢复婚姻关系书面声明的备案证明，具有证明该方当事人与被撤销死亡宣告的人之间的原婚姻关系已经消灭的证明力。"②

（二）规定虚假婚姻关系的处理规则

《民法典》应当增加与第 146 条第 1 款相关的虚假离婚规则。《民法典》第 146 条第 1 款规定："行为人与相对人以虚假的意思表示实施的民事法律行为无效。"在现实中，这种虚假行为大量地表现为假离婚。假离婚就是虚假民事法律行为，属于无效的民事法律行为。假离婚是指婚姻当事人双方为了共同的或各自的目的，约定暂时离婚，待既定目的达到后复婚的违法离婚行为。此外还有骗离婚，是指当事人一方出于某种不可告人的目的，捏造虚假的事实或隐瞒真实情况，向对方许诺先离婚后复婚，从而骗得对方同意离婚的违法行为。因此，通谋虚伪表示的婚姻合意存在瑕疵。③ 不过，《民法典》确立协议登记离婚的冷静期制度，在一定意义上对假离婚、骗离婚可以起到有效的预防和自我纠治作用。④

① 杨立新. 民法总则条文背后的故事与难题. 北京：法律出版社，2017：142.

② 杨立新. 对修订民法典婚姻家庭编的 30 个立法建议. 财经法学，2017（6）.

③ 何剑. 意思自治在假结婚、假离婚中能走多远?：一个公私法交叉研究. 华东政法大学学报，2022（5）.

④ 杨大文，龙翼飞. 婚姻家庭法. 8 版. 北京：中国人民大学出版社，2020：137，138.

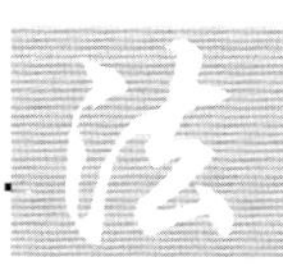

但是，按照一般观念，假离婚经过婚姻登记机关的登记后，就变成了真离婚。正如学者所说，假离婚虽为通谋虚伪表示，但鉴于男女双方已办理离婚登记，故仍为有效。这看似难以成立。婚姻行为欲有效，婚姻合意、婚姻登记两个要件缺一不可。不过，意思自治仍然可能受制于婚姻登记要件背后的其他价值，有效的婚姻登记因此仍有可能补正婚姻合意的瑕疵。①

在假离婚后，如果一方当事人依据《民法典》第 146 条主张经过登记的离婚是假离婚，因而无效，且证据确实的，应当认可其为虚假行为，确认为无效的民事法律行为。在作出上述裁判后，应当撤销原来的虚假离婚登记，恢复原来的婚姻关系。《民法典》应当对此作出规定，以便使总则编和婚姻家庭编的规定相衔接。

（三）应当规定“家”与“家制”

《民法典》虽然规定亲属法为关于“家庭”的法，也规定了“因婚姻家庭产生的民事关系”，规定了“家庭成员”概念，但是没有在条文中规定“家”和“家庭”的概念，没有规定家制。

顺着家庭、家庭成员的逻辑关系推演，《民法典》一定要规定家庭和家制，因为家庭是亲属关系的基本单位，是社会最基本的组成部分，是社会稳定的最重要因素。

规定家制，能够传承中华民族几千年来重视家庭的优秀文化传统和家教、家风，有利于稳定家庭，发挥家庭的基础作用，稳定社会，培育好后代，保证国家和民族的昌盛。②

（四）适当降低法定婚龄

根据各国结婚年龄的惯例以及我国人口生产的实际情况，《民法典》应当适当降低法定婚龄，例如可以实行男 20 周岁、女 18 周岁，或者男女都为 18 周岁的法定婚龄。这一方面可以给未婚男女以更多的自由，另一方面可以增加人口，改变我国目前的人口结构。《民法典》第 1047 条仍然坚持“结婚年龄，男不得早

① 何剑. 意思自治在假结婚、假离婚中能走多远?：一个公私法交叉研究. 华东政法大学学报，2022（5）.

② 具体规则的设想，见杨立新. 修订民法典婚姻家庭编的 30 个立法建议. 财经法学，2017（6）。

于二十二周岁，女不得早于二十周岁”的规定，对结婚年龄限制过高，违反我国自然人的性成熟现状和《民法典》关于民事行为能力的规定，将婚姻行为能力规定为高于民事行为能力，与民法传统相悖。坚持这一规定的主要理由是降低法定婚龄也不会有多少人愿意早结婚，但是，这是权利，不应当予以限制。在计划生育政策已经改变的情况下，应当适当降低法定婚龄，不区别男女在结婚行为能力方面的年龄界限，纠正这种状况。①

（五）规定婚约和解除婚约的财产处理规则

由于我国婚姻家庭制度从未规定订婚和婚约，因而对解除婚约后的财产纠纷处理没有具体规则。虽然婚约并不产生法律上的后果，但是解除婚约通常会发生财产纠纷，需要予以解决。将来应当规定：“无配偶的男女之间可以订立婚姻预约，但其不具有法律效力，解除婚约或者订立婚约后不结婚的，不承担违约责任。”“在婚约期间双方赠与对方的价值较大的财产，受赠与人应当返还；返还不能的，应当予以适当补偿。因解除婚约给对方造成重大财产损失有故意或者重大过失的，应当承担赔偿责任。”② 这样规定，既能对婚约行为予以适当调整，又能为解除婚约提供财产处理规则。

（六）规定同居关系

目前，我国未婚以及离异或者丧偶男女不办理结婚登记而同居的两性结合关系大量存在，立法不予承认是不行的。为了更好地维护妇女和子女的合法权益，保护好同居的老年离异或者丧偶者，应当承认并规范同居关系。③《民法典》规范亲属关系应当具有多元性、开放性、宽容性的时代特征，尊重人们选择生活方式包括两性生活方式的自由，确认非婚同居是一种新型的家庭形态，将其纳入亲属法的调整范围。

---

① 在2017年7月7日全国人大常委会法工委召开的座谈会上，很多专家提出了这种意见。杨立新．修订民法典婚姻家庭编的30个立法建议．财经法学，2017（6）．

② 杨立新．对民法婚姻家庭编（草案·室内稿）的修改意见//中国人民大学民商事法律科学研究中心编．编纂民法典参阅，2017（21）．

③ 王薇．非婚同居法律制度比较研究．北京：人民出版社，2009：438．

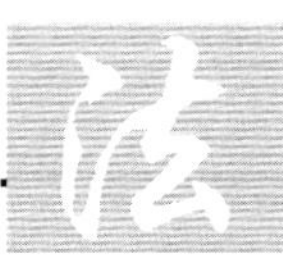

（七）承认事实婚姻关系

社会生活中存在事实婚姻关系是不争的事实。对此，在刑法领域认定事实婚姻是婚姻关系，可以构成重婚罪，而在民法领域不承认是婚姻关系，不发生婚姻效力。

对事实婚姻关系的否认，是 2001 年《婚姻法解释一》确定的，该司法解释第 5 条规定："未按照婚姻法第八条规定办理结婚登记而以夫妻名义共同生活的男女，起诉到人民法院要求离婚的，应当区别对待：（一）1994 年 2 月 1 日民政部《婚姻登记管理条例》公布实施以前，男女双方已经符合结婚实质要件的，按事实婚姻对待；（二）1994 年 2 月 1 日民政部《婚姻登记管理条例》公布实施以后，男女双方符合结婚实质要件的，人民法院应当告知其在案件受理之前补办结婚登记；未补办结婚登记的，按解除同居关系处理。"最高人民法院《关于适用〈中华人民共和国民法典〉婚姻家庭编的解释（一）》（下文简称《婚姻家庭编解释一》）仍然坚持这样的做法。

中国国土辽阔，人口众多，强制所有的人都必须登记才认可其发生婚姻关系，是不现实的。对此，一方面应当加强结婚登记的宣传，另一方面对符合结婚实质要件的，应当实事求是地承认其为事实婚姻关系。

（八）承认同性性伴侣关系

性关系向纯粹关系的演变和婚姻关系社会功能的弱化，以及由此带来的社会控制和婚姻政策的转变，改变了社会看待同性关系的视角。立足于传统社会身份意义和婚姻社会功能的角度而对同性关系的指责，看起来已越来越不合时宜，传统观念所依赖的社会基础已不再存在了。①

我国立法对同性恋采取完全不承认立场，与其他国家对同性结合共同生活诉求采取的宽容态度完全不同。目前已经有许多国家和地区确认同性婚姻关系合法，或者承认同性性伴侣关系的合法性，给他们（她们）以建立家庭、共同生活的法律依据，满足他们的权利诉求。坚持拒绝同性恋合法化的立场，将使我国婚姻家庭制度脱离世界立法的主流，使同性恋者的正当权利受到限制。《民法典》

① 王森波. 同性婚姻法律问题研究. 北京：中国法制出版社，2012：126.

应当对同性恋的结合表明态度，采纳民事性伴侣的做法具有较强的现实性和可行性，比较适合我国国情，也容易为公众所接受。

（九）规定人工生育子女为婚生子女

人工生育子女包括人工授精生育的子女和通过代孕生育的子女。对于前者，最高人民法院司法解释承认其为婚生子女①；对于后者，有关法院根据最高人民法院的意见，认定取得继子女的法律地位。②前一种做法是正确的，后一种做法则没有道理。对此，《民法典》应当统一规定，即在夫妻关系存续期间，夫妻双方一致同意采用人工授精、人工生殖（包括代孕）等医学技术生育的子女为婚生子女，任何一方都不得提出其他证据予以否认，以加强对这些子女的法律保护。

（十）改变继父母子女之间发生亲子关系的认定标准

认定继父、继母与继子女之间是否发生亲子关系，多以双方是否进行收养作为标准，予以收养的，发生亲子关系，否则，不发生亲子关系。③《婚姻法》第27条第2款采用的方法是："继父或继母和受其抚养教育的继子女间的权利和义务，适用本法对父母子女关系的有关规定。"这里用的是双方是否形成抚养教育关系，形成则是，未形成则否。

问题在于，形成抚养教育关系的标准是什么，并无规定，因而难以准确界定，容易发生争议。对此，应当采用通常办法，即以是否收养为标准，收养则形成亲子的权利义务关系，不然则否。

（十一）改变成年亲属之间的扶养权利义务规定

《民法典》第1074条和第1075条规定的成年亲属之间的扶养关系规则，仍然沿用《婚姻法》第28条和第29条的规定，不仅不尽如人意，而且违反生活常理，甚至有将扶养关系形成作为"对价"之嫌，具有片面性，因为只有由兄、姐

---

① 最高人民法院《关于夫妻离婚后人工授精所生子女的法律地位如何确定的复函》认为："在夫妻关系存续期间，双方一致同意进行人工授精，所生子女应视为夫妻双方的婚生子女，父母子女之间权利义务关系适用婚姻法的有关规定。"

② 杨立新. 代孕所生子女的亲属身份关系确定. 南方都市报，2016-08-11（AA18版）.

③ 《日本民法典》第798条："对未成年人的收养，须经家庭法院的许可。但收养自己或配偶的直系卑亲属作为养子女的，不在此限。"

抚养长大的有负担能力的弟、妹，才对兄、姐有扶养义务，如果弟、妹没有被兄、姐扶养长大，甚至只扶养过而没有达到“长大”的程度，都不必负担扶养义务。

《民法典》应当改变这种做法，规定在直系血亲之间、夫妻一方与他方父母同居的在其相互之间、兄弟姐妹相互之间，以及其他成年家庭成员相互之间，互负扶养义务；还应当规定扶养顺序，即负有扶养义务的人有数人时，应以直系血亲卑亲属、直系血亲尊亲属、兄弟姐妹、儿媳、女婿、夫妻的父母为先后顺位的扶养义务人。

（十二）将夫妻财产关系纳入婚姻登记范围

婚姻登记的目的之一，是公示国家予以承认的婚姻关系，同时，对配偶双方财产关系的登记具有重要的公示意义。《民法典》应当规定，当事人在结婚登记和性伴侣关系登记中，同时登记双方采取的财产制形式，并在婚姻登记簿和结婚证上予以载明。在婚姻关系和性伴侣关系存续期间，登记的夫妻财产制进行变更的，应当进行变更登记。

（十三）规定家庭共同财产

《民法典》仍然只规定夫妻财产关系，没有规定家庭共同财产。这是亲属法规则不完整的表现。在现实生活中，家庭共同财产确实存在，在家庭共有财产中包含着夫妻共同财产。《民法典》规定，确定夫妻共同财产范围时，应当先析产，把其他家庭成员的财产先分析出去，再确定夫妻共同财产。这样的做法是承认家庭共同财产的，但没有法律根据。

在离婚中，对家庭共同财产和夫妻共同财产的析产比较复杂，《民法典》应当对此作出具体规定。

第一编

婚姻家庭法和身份权

第一章
婚姻家庭法与亲属身份

第一节　婚姻家庭法概述

一、婚姻家庭法的概念和特征

（一）婚姻家庭法的概念

规定亲属身份关系的发生、变更和消灭，以及夫妻、父母子女和其他一定范围的亲属之间的身份地位、权利和义务的法律规范的总称，就是婚姻家庭法。这个定义，既包括规范亲属身份的变动，也包括规范配偶权、亲权和亲属权基本内容的法律规范。也有学者定义为，婚姻家庭法是规定婚姻家庭关系借以发生和终止的法律事实，以及婚姻家庭主体之间、其他近亲属之间的权利和义务的法律规范的总和。[①] 可见，虽然界定的概念相同，基本内容相同，但是界定的方法并不相同。

---

① 马忆南．婚姻家庭继承法．5版．北京：北京大学出版社，2023：25.

1. 形式上的婚姻家庭法和实质上的婚姻家庭法

婚姻家庭法分为形式上的婚姻家庭法和实质上的婚姻家庭法。

形式上的婚姻家庭法，是指《民法典》婚姻家庭编，是狭义的婚姻家庭法。婚姻家庭编在《民法典》第五编，是在《婚姻法》和《收养法》的基础上编纂而成的，是婚姻家庭法的基本表现形式。

实质上的婚姻家庭法，是指一切规定亲属身份关系的发生、变更和消灭，规定配偶、父母子女以及其他一定范围内的亲属之间的身份地位、权利义务的法律规范。以其他形式表现出来的有关亲属身份关系的法律、法规、司法解释等，都属于婚姻家庭法。

2. 狭义的婚姻家庭法和广义的婚姻家庭法

从婚姻家庭法规定的亲属之间权利义务关系的角度观察，婚姻家庭法还可以分为狭义的和广义的婚姻家庭法。

狭义的婚姻家庭法，仅指规定亲属身份关系的发生、变更和消灭，以及亲属之间在身份上的权利义务关系的法律，也被称为纯婚姻家庭法。

既规定亲属之间身份上的权利义务关系，又规定亲属之间财产权利义务关系的法律，为广义婚姻家庭法，是纯婚姻家庭法加上亲属财产法。

前者如《法国民法典》的人法，仅规定亲属之间的身份关系，亲属财产关系规定在财产法中；后者如《德国民法典》，在亲属法中规定亲属之间的身份关系和财产关系。

采用前一种立法例的弊病是，这种亲属之间在财产上的权利义务，都是基于夫妻、亲子等的特别身份关系而发生的，与普通的权利义务仅基于为人格者或财产上的主体的事实而生，自有不同，而且如果为严格区分，将其置于物权法中，多有不便。[①] 因而，我国的婚姻家庭法既规定亲属之间的身份关系，也规定亲属之间的财产关系，而不是在物权法中加以规定，故属于后一种立法例。

（二）婚姻家庭法的法律特征

1. 婚姻家庭法是规范亲属之间身份关系的法律

婚姻家庭法与人格权法、物权法和合同法都属于民法的组成部分，但婚姻家

① 史尚宽. 亲属法论. 台北：荣泰印书馆，1980：1.

庭法所规范的法律关系是配偶、亲子以及其他近亲属之间，具有一定亲属身份地位的自然人之间的法律关系，是亲属身份关系法。这些亲属身份关系，是配偶关系、亲子关系和其他近亲属之间关系的发生、变更以及消灭的民事法律关系。婚姻家庭法以其所调整的亲属之间的法律关系为特点，区别于人格权法、物权法和合同法等民法部门法。

2. 婚姻家庭法是具有习俗性和伦理性的法律

与其他民法部门法相比较，婚姻家庭法更多的是各国自己的固有规则，各国对本国自然人的夫妻、亲子等亲属身份关系的规制，都受其国家的环境、风俗、人情、习惯的影响，各有其传统，所以，亲属之间的法律关系多随习俗而定，法律规定应当遵循具体国情，不能违背民俗，因而婚姻家庭法具有习俗性。同时，亲属身份关系的伦理色彩极为浓厚，无论何种亲属地位和权利义务关系，都须在必要的伦理范围之内，亲属上的权利必须与义务密切结合，体现纲常伦理，不能只强调权利而忽视义务。因此，婚姻家庭法的规范必须合于伦理的要求，伦理性具有特别的必要性。

3. 婚姻家庭法是具有亲属团体性的法律

亲属身份关系具有团体性，也称作保族生活，是指人类依其本能，承先继后，维护其种族于永远。[①] 这种保族的团体性，是基于自然的血缘关系形成的社团结合。亲属身份关系是以夫妻、亲子、其他近亲属超越个人结合的亲属团体，在其间固定亲属的身份地位，发生权利义务关系。法律对这种法律关系进行调整，就是承认亲属的团体性，维护其团体性，故婚姻家庭法更注重团体关系，重点考虑特定亲属之间的全体成员的利害祸福，因而具有强烈的团体性，个人主义色彩较为淡薄。

4. 婚姻家庭法是强行法、普通法

婚姻家庭法的基本内容是强行法，表现在亲属身份的法律要件以及所产生的法律效力，都为定型的、强制性的，例如结婚确系个人自由，但一经结婚，其效力即按照法律规定发生，不许自由改变。婚姻家庭法也有任意性规定，例如结婚

① 戴炎辉，戴东辉，戴瑀茹. 亲属法. 台北：自版，2010：1.

选择财产制，就依照当事人的意愿而定。婚姻家庭法是为全体自然人所定，除了少数民族自治地区可以规定变通办法之外，其他地区一律适用，因此是普通法。

（三）婚姻家庭法在民法中的地位

1. 不同的立法例

婚姻家庭法在民法中的地位，分为罗马式和德国式（潘德克吞式）。[①]

法国的亲属法为罗马式，民法分为人法、财产法和取得财产的各种方法，亲属法被规定在人法中，与民事主体制度规定在一起。

德国法为潘德克吞式，亲属法为民法典的单独一编，规定在物权法、债法之后，继承法之前，是典型的德国式亲属法。

除了罗马式和德国式，还有苏联式的婚姻家庭法，目前，在俄罗斯、越南、西亚等国家，婚姻家庭法为独立的法律，脱离民法的体系，单独作为一个部门法。我国 1950 年和 1980 年制定的两部《婚姻法》，采取这种立法模式，直至 2020 年 5 月 28 日《民法典》通过，婚姻法才回归《民法典》，成为民法典的组成部分。《民法典》第 1040 条规定："本编调整因婚姻家庭产生的民事关系。"这确定了婚姻家庭法是民法典的组成部分。有学者专门研究婚姻家庭法回归民法的必要性，对婚姻家庭法作为独立的法律部门的理由进行反驳，确认婚姻家庭法即亲属法为民法的必要组成部分。[②] 2020 年 5 月通过的《民法典》第五编以"婚姻家庭"命名，正本清源，统一确立了婚姻家庭法名称，在立法层面正式宣告将结束"婚姻法"名称的使用。自 2021 年 1 月 1 日起《婚姻法》废止。[③]

2. 婚姻家庭法为民法的重要组成部分

婚姻家庭法的性质是私法，调整的法律关系都是民事法律关系，因而是民法的重要组成部分，理由是：

第一，婚姻家庭法调整的婚姻家庭法关系是民事法律关系。婚姻家庭关系的主体是民事主体之间的权利义务关系，不属于公法范畴，是纯粹的私法关系，具

① 胡长清. 中国民法亲属论. 北京：商务印书馆，1936：3.

② 雷春红. 婚姻家庭法的地位研究. 北京：法律出版社，2012.

③ 杨大文，龙翼飞主编. 婚姻家庭法. 8 版. 北京：中国人民大学出版社，2020：41.

有民事法律关系的一切特征。因此，婚姻家庭法的性质是私法性质，是民法的组成部分。

第二，婚姻家庭法调整的亲属身份关系是人身法律关系。民法分为两大部分：一是人法，二是财产法。亲属身份关系属于人身关系，与财产关系相对应，具有截然不同的性质。因此，亲属身份关系是人法的范畴，不属于财产法。

第三，婚姻家庭法调整的因婚姻家庭产生的法律关系是身份法律关系。人法分为人格法律关系和身份法律关系。身份法律关系就是亲属身份关系，是不同的亲属之间形成的权利义务关系，用于确定亲属之间的身份地位。婚姻家庭法与人格权法相对应，与人格权一道构成人法的完整内容，是人身权的内容之一。

我国民法理论长期忽视身份权的研究。事实上，身份权就是亲属之间的权利义务关系的高度概括，研究婚姻家庭法就是要研究亲属之间的身份权，研究亲属之间身份权产生、变更和消灭的内容，研究亲属之间身份权的具体内容，研究身份权行使的规则，研究身份权的法律保护。以身份权为基础研究婚姻家庭法，会使婚姻家庭法的研究更为清晰和简捷。

（四）婚姻家庭法与婚姻法、亲属法

1. 婚姻家庭法与婚姻法

婚姻家庭法是民法的范畴。长期以来，我国不使用或者不常使用婚姻家庭法概念，而是使用婚姻法的概念，因而在我国民法领域出现了两种特殊情形：一是把婚姻家庭法称为婚姻法，二是婚姻法是单独的法律部门而不是民法的组成部分。《民法典》使用婚姻家庭法的概念，肯定婚姻家庭法是民法的组成部分，其性质属于私法。

1949年以来，我国一直用婚姻法代替婚姻家庭法，用“婚姻家庭关系”来代指“亲属身份关系”。婚姻法不等于婚姻家庭法。婚姻法概念的外延是规范婚姻关系的法律，是结婚、离婚法。将婚姻法的内涵界定为“规定婚姻家庭关系的发生和终止，以及夫妻、父母子女和其他一定范围的亲属之间的权利和义务的法律规范的总和”①，超出了这个概念所包含的内容。但在事实上，我国婚姻法的

① 杨大文主编. 婚姻法学. 北京：中国人民大学出版社，1989：52.

调整对象与婚姻家庭法具有同一性，为调整夫妻关系、亲子关系和一定范围的亲属身份关系的法律规范。因此，不应当使用婚姻法的概念，而应当使用婚姻家庭法的概念。

不采用婚姻家庭法的概念而使用婚姻法的概念，后果是制定《婚姻法》之后，连婚姻家庭法的收养问题都要制定一部《收养法》，以至于 2002 年《民法（草案）》把调整婚姻关系和收养关系的规范规定为"婚姻编"和"收养编"两编。

2. 婚姻家庭法与亲属法

我国的婚姻家庭法就是亲属法，是调整亲属关系的法律规范。只是由于 1950 年开始制定有关亲属的法律就称为《婚姻法》，因而一直使用婚姻法的概念。使用婚姻法的概念不当有两个主要理由：一是婚姻法无法涵盖配偶之外的亲属关系，二是完全采纳苏联"婚姻家庭法"的立法称谓，拒绝使用亲属法的概念。20 世纪 20 年代苏联立法时，因列宁认为，在社会主义国家不存在私法，一切都是"公"的，理论上不承认公法与私法之区分，不认私法之存在，所以，立法分别制定了民法典和婚姻家庭法典。苏联的这一立法理念曾深深地影响着中华人民共和国成立以后的我国民事立法。① 事实上，婚姻家庭法与亲属法两个概念之间，在原则上没有任何差别。

（五）婚姻家庭法与家事法

1. 家事法的概念

随着立法和理论研究的不断发展，以"家事法"命名的民法研究著述逐渐增多；另外的变通方法，是将婚姻家庭法和继承法放在一起研究，这类的教材也越来越多。例如，房绍坤等的《婚姻家庭与继承法》②、孟令志等的《婚姻家庭与继承法》③、笔者主编的《婚姻家庭与继承法》和《婚姻家庭继承法》等。④ 将亲属法和继承法合在一起研究和给学生讲授，已经成为潮流。陈苇主编的研究婚姻

① 郭明瑞. 家事法通义. 北京：商务印书馆，2022：21.

② 房绍坤，范李瑛，张洪波. 婚姻家庭与继承法. 北京：中国人民大学出版社，2007.

③ 孟令志，曹诗权，麻昌华. 婚姻家庭与继承法. 北京：北京大学出版社，2012.

④ 杨立新主编. 婚姻家庭继承法. 北京：北京师范大学出版社，2010.

家庭法和继承法的集刊，被命名为《家事法研究》，将婚姻法和继承法的内容放在一起，称之为家事法。[①] 笔者撰写《家事法》[②]，刚开始时还觉得以家事法命名会突兀，但后来看到德国人也将亲属法叫家庭法（不包括继承法）[③]，觉得将包括亲属法和继承法的专著叫作家事法也没有什么不好。

英国和美国一般将亲属法和继承法规范称为家事法或者家庭法。[④] 我国香港地区沿用英国体例，把这类法律叫家事法例，包括婚姻、家庭、儿童、继承等，突出的特点是，它既来源于英国法例，同时又对华人社会的家事习惯予以重视，结合了香港的实际情况，形成了一系列成文法例，以调整复杂多样的家事法律关系。[⑤]

究竟应当怎样界定"家事法"这个概念，没有更多的参照。"百度百科"认为家事法是指向个人提供免受家庭迫害的保护，维护家庭关系的持续，当家庭解体时，为调整家庭关系而提供机制和规则的法律规范的总和。据说这是根据约翰·伊凯拉尔在《论家事法和社会政策》一书中对家事法的作用的论述，以及我国对法律的传统定义方式所给出的概念。[⑥] 这个界定显然不是民法意义上对家事法概念的界定。陈苇在《家事法研究（2005 年卷）》的"卷首语"中说，家事法作为调整婚姻家庭关系的法律，涉及男男女女、千家万户的切身利益，既是家庭制度文明的典范，又是和谐家庭关系的保障。[⑦] 这说明了家事法的重要意义，但没有对家事法概念作出定义。

本书认为，家事法是关于民法调整家庭领域中的亲属身份关系和亲属之间生前死后的财产关系的法律规范总和。[⑧] 这个定义比较贴切。

---

① 陈苇主编. 家事法研究：2005 年卷. 北京：群众出版社，2006. 这是该集刊的第一卷，其后每年出版一卷。

② 杨立新. 家事法. 北京：法律出版社，2013.

③ ［德］迪特尔·施瓦布. 德国家庭法. 王葆莳，译. 北京：法律出版社，2010.

④ ［美］哈里·D. 格劳斯，大卫·D. 梅耶. 美国家庭法精要. 陈苇，等译. 北京：中国政法大学出版社，2010. 李喜蕊. 英国家庭法历史研究. 北京：知识产权出版社，2009.

⑤ 香港家事法与大陆婚姻法的主要区别.［2013－02－01］. 百度知道.

⑥ "家事法"条.［2013－02－01］. http://baike. baidu. com/view/3131432. htm。

⑦ 陈苇主编. 家事法研究：2005 年卷. 北京：群众出版社，2006：卷首语第 3 页.

⑧ 杨立新. 家事法. 北京：法律出版社，2013：2.

2. 家事法的特征

第一，家事法是民法。凡是家庭关系都发生在私法领域，而非公法领域。无论是亲属身份法还是亲属财产法，调整的都是私权利主体之间的权利义务关系，而不是私权利主体与公权力机构之间的关系。因此，家事法是民法的组成部分，属于私法性质。

第二，家事法属于人法，但与财产法相互交叉。民法有两大支柱，一是人法，二是财产法。亲属法属于人法，与人格权法相对应，但亲属法中有大量的财产法内容，即亲属财产关系。同样，继承法原本属于财产法，但其以亲属身份关系为基础，因而具有身份法的内容。因此，形成了家事法的人法与财产法的交融，内容相互交叉，这是家事法的特色。因此，本书将家事法的基本性质定位于身份法，置于人法之中。

第三，家事法调整的内容是亲属身份关系和亲属财产关系。调整亲属身份关系，是亲属法的主要内容，调整的是配偶之间、亲子之间以及其他近亲属之间的身份地位和权利义务关系。调整亲属财产关系的法律，主要是亲属法中的财产法和继承法，这些财产关系都是在亲属的生存期间或者死亡之后发生——亲属生存期间的亲属财产关系，在亲属法中规定；亲属死亡之后的亲属财产关系就是遗产的处置，即继承法律关系。用“亲属之间生前死后的财产关系”来概括亲属法和继承法调整的财产关系的内容，比较新颖，也比较切合实际。

第四，家事法调整的法律关系都发生在家庭领域。无论是亲属身份关系，还是亲属之间生前死后的财产关系，都在家庭领域发生、变更或者消灭，而不是在其他领域，因而与人格权法、物权法、合同法以及侵权责任法划清了界限，是在民法中专门调整家庭领域发生的亲属身份关系和亲属财产关系的法律规范。

3. 家事法的内容

家事法的内容主要分为三部分。

(1) 亲属身份法。

亲属身份关系是亲属法的基本内容。将亲属法简单命名为婚姻法，是不负责任的表现，因为婚姻关系无法概括全部亲属关系。亲属关系完全围绕着身份权的

发生、变更和消灭而存在，与物权、债权等财产关系一样都是民事流转关系，只不过是特殊的民事流转关系而已。具体而言，亲属法研究结婚、离婚、亲子、收养、解除收养，哪个不是在研究亲属身份关系的流转问题呢？亲属关系发生之后，在特定的亲属之间发生对应的权利义务关系，这就是配偶权、亲权和亲属权。因此，亲属法律关系的核心就是身份权。如此一来，亲属法就不再只是单纯研究结婚、离婚、收养等具体问题，而是围绕身份权展开，那些都是身份权发生、变更和消灭的法律行为和法律事实。因此，亲属法与人格权法、物权法、合同法、知识产权法一样，都是以民事权利为中心的权利法，并因此而使民法分则各部分的内容相互协调一致。

（2）亲属财产法。

亲属死后的财产法是继承法，亲属生前财产法没有必要那么复杂，叫亲属财产法即可。财产是家庭生活的基础。亲属在家庭中共同生活，没有财产作为基础，就无法生存，更无法和谐发展。民事主体结婚构成配偶，发生配偶权，在财产方面则发生夫妻财产关系，或者依照法定婚后所得财产共同制，或者双方另行约定采取其他财产制，就配偶之间的财产支配利用发生双方的权利义务关系，构成夫妻财产关系。同样，在家庭共同生活的亲属之间，如果投入自己的财产，就形成家庭共有关系，家庭成员之间相互就支配和利用家庭财产形成的法律关系，就是家庭共有财产关系。当然，无论是配偶之间还是其他亲属之间，都可能存有自己的个人财产，并不与其他财产相互混淆，保持着个人财产的个性，享有独立的占有、使用、收益、处分权利。

（3）继承法。

在特定的亲属死亡之后，他所遗留下的遗产，在其近亲属之间流转，或者依据他的意愿遗赠给他人，发生继承法律关系。继承法调整继承法律关系，通过遗产继承、遗产赠与和遗产分割展开，包括遗嘱继承、法定继承、遗赠、遗赠扶养协议以及遗产处理和遗产分割，最终将死者遗留的遗产，按照其直接意愿或者按照推定的死者意愿，分配给应当承受该遗产的人，完成继承。

家事法的上述三部分中，前两部分是婚姻家庭法，被规定在《民法典》婚姻家庭编，后一部分是继承法，被规定在《民法典》继承编。在学理上这样进行理解没有问题，但是在立法上，婚姻家庭法和继承法各司其职，是不能混淆的。

二、婚姻家庭法的职能

婚姻家庭法的基本逻辑结构是：亲属身份、亲属身份关系、亲属身份行为和身份权，以及附属的亲属财产关系。婚姻家庭法根据这样的逻辑关系，实现婚姻家庭法的以下职能。

（一）固定亲属身份

婚姻家庭法的最基本作用是确定亲属之间的身份、地位关系。身份强调的是亲属之间的地位。在民法领域，只有在亲属之间区分亲属身份关系的远近，才能确定亲属之间的身份高低、地位尊卑。婚姻家庭法确认亲属之间的这种身份关系，固定亲属之间的尊卑地位，使自然人在亲属身份关系上，依据血缘关系的远近固定不同的身份地位，从而使社会秩序稳定。那种父不慈、子不孝，兄不宽、弟不仁的亲属身份关系，在任何社会都是反对的。

婚姻家庭法固定亲属之间的身份地位，目的在于确定不同的亲属之间的权利义务关系。亲属身份关系越近，权利义务关系就越密切，对身份利益的支配力就越强。反之，亲属身份关系越远，权利义务就越薄弱，对身份利益的支配力就越弱。超出了一定亲属范围的亲属，尽管法律也认其为亲属，但不具有权利义务关系。因此，婚姻家庭法固定亲属身份，就是确认不同亲属之间的权利义务关系，并赋予其法律的强制力，保护这种身份地位不受侵害，保障亲属之间的权利行使和义务履行。

（二）维护亲属亲情

亲情是亲属之间最基本、最亲近的感情。在一般情况下，亲属身份关系越近，亲属之间的感情就越深。亲情是维系亲属身份关系的精神纽带，没有亲情，亲属身份关系就不会持久维持，还会损害社会利益。婚姻家庭法确认和保护亲属之间的这种基本感情，将其上升为婚姻家庭法的基本规则。《民法典》第 1043 条

第2款关于“夫妻应当互相忠实，互相尊重，互相关爱；家庭成员应当敬老爱幼，互相帮助，维护平等、和睦、文明的婚姻家庭关系”的规定，体现的就是这个意思。

婚姻家庭中的血缘关系先天地形成了不同的“伦”，为了维护“伦”的秩序，便引申出相应的“理”。这样一种朴素的推论，不需要高深莫测的理论支持，任何一个有过正常家庭生活的人都会有切身的体会。[①] 维护亲属亲情，要求亲属之间必须按照亲情的基本需要，确定亲属之间在精神上的权利义务关系，并将这个准则作为判断身份行为的标准。古代礼教中强调的“父慈子孝，兄宽弟仁”未必不是今天亲属身份关系的准则。例如，剥夺兄弟姐妹悼念共同尊亲属权利的侵害“悼念权”的案件[②]，说明亲属身份权维护的就是亲属之间的亲情关系，对于违反亲情关系准则的行为，应当认定其具有违法性，受到民法的谴责和制裁。

（三）强调以义务为中心

身份权法律关系最基本特点是以义务为中心，而不是以权利为中心。这是婚姻家庭法和身份权历史发展的必然选择。

在早期婚姻家庭法即奴隶社会和封建社会的婚姻家庭法中，亲属身份关系和身份权是以权利为中心，体现的是身份权的权利人对义务人的人身进行强制性支配，奉行的是亲属之间尊亲属对卑亲属的人身支配，男性亲属对女性亲属的人身支配。那时的身份权是父权、夫权和男权。在罗马法，家父不仅支配全部的家的事务，还支配家子的人身，可以剥夺家子的一切家族权甚至人格，将家子逐出家庭，还可以剥夺家子的生命。中国奴隶社会和封建社会的家长权虽然尚不至此，但也属于极为强大的身份权。

近代以来，身份权越来越衰落，逐渐萎缩，几乎退出了历史。原因是以权利为中心的身份权不合于现代社会基本精神。随着社会的发展和法律文化的进步，身份权又出现复兴，但复兴的不是以权利为中心的身份关系，而是以义务为中心

① 赵庆杰. 家庭与伦理. 北京：中国政法大学出版社，2008：289.

② 案例的概括内容是，哥哥秘密办理亡父丧事，弟弟获悉后质问哥哥，并向法院起诉哥哥侵害其悼念权。

的身份关系，彻底改变了原来的亲属身份权的基本规则，将亲属之间权利义务的重点放在履行义务上，确立亲属身份关系的支配权是支配亲属利益，而在支配中，最主要的是亲属之间对义务的履行，从而建立了现代婚姻家庭法和身份权的基本法则。

三、婚姻家庭法与其他法律的关系

（一）婚姻家庭法与《民法典》总则编

《民法典》总则编在形式上包罗各编所共通之原则规定，“规定民事活动必须遵循的基本原则和一般性规则，统领民法典各分编”[①]。

婚姻家庭法为《民法典》的一部分，凡应于总则中规定的事项，如民事行为能力、意思表示等，原则上应直接适用总则编的规定。总则编中所确立的基本原则对民事活动具有统管性，但就婚姻家庭关系的特殊性来看，只能部分适用，婚姻家庭法既遵循一部分共性原则，同时又确立了自己专门的基本原则。[②]

但《民法典》总则编规定的内容，多以财产交易为对象，直接为婚姻家庭法设立的原则性规定较少，故总则编的一些规定不能直接无条件适用于婚姻家庭法。婚姻家庭法上的身份行为，以自然的行为能力为原则，注重行为主体的意思，这就是与总则编、财产法规定根本不同的特质，也是在解释婚姻家庭法时，首应体会之原则[③]，但不能违背基本原则。

（二）婚姻家庭法与人格权法

在民法中，婚姻家庭法与人格权法是关系最为密切的法律，构成人身权法，同属于民法的人法范畴，因而具有相同的属性，都是兼具强制性和任意性的法律。同时，身份权的很多具体权利都是人格权的延伸，如夫妻姓氏权就是姓名权的延伸，从业自由权就是人身自由权的延伸。

---

① 王晨. 关于《中华人民共和国民法典（草案）》的说明：2020 年 5 月 22 日在第十三届全国人民代表大会第三次会议上//中华人民共和国民法典·含草案说明. 北京：中国法制出版社，2020：202.

② 杨大文，龙翼飞主编. 婚姻家庭法. 8 版. 北京：中国人民大学出版社，2020：50.

③ 吴岐. 中国亲属法原理. 北京：中国文化服务社，1947：3－5.

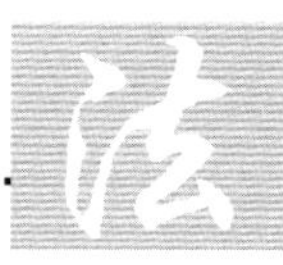

婚姻家庭法与人格权法有以下不同：

第一，婚姻家庭法调整的是亲属之间的地位和亲属权利义务关系的法律，调整的是亲属之间如何支配亲属利益的法律关系；而人格权法调整的是人格权法律关系，是民事主体就其固有的人格利益形成的法律关系。

第二，婚姻家庭法调整的主体范围，是作为亲属的自然人，婚姻家庭法不能适用于法人、非法人组织；而人格权法适用于自然人，同时也规定法人、非法人组织的人格权，调整法人、非法人组织的人格权法律关系。

第三，婚姻家庭法是规定具体亲属之间权利义务具体规则的法律，因而不是宣示性法律，需要制定详尽的规则；而人格权法是宣示性的法律，不必规定人格权行使的具体规则。

第四，婚姻家庭法调整亲属之间的权利义务关系，具有习俗性、伦理性的特征；而人格权法规范的是人格权的具体内容，权利人可以自由支配人格利益，习俗性和伦理性并不那么浓厚。

（三）婚姻家庭法与继承法

婚姻家庭法与继承法同为家事法，是关系最为密切的法律。尽管继承法的基本性质属于财产法，是规范自然人死亡后，其遗产被继承人依照遗嘱或者依法进行继承的法律，但最基本的事实是，继承的基础事实是亲属之间的身份地位关系。除遗赠和遗赠扶养协议之外，凡是继承，都是在亲属之间进行的，因此，继承关系的基础是亲属之间的身份关系。尤其是法定继承，其继承人顺序、继承范围等，都依照亲属之间的亲等进行。因此，继承法是以亲属之间的身份关系为基础的遗产分配法。

婚姻家庭法和继承法又是不同的法律。在民法中，继承法的基本性质是财产法，是如何分配死者遗产的法律，婚姻家庭法则是人法，是人的亲属身份关系法，故婚姻家庭法和继承法是性质不同的民法部门法。

（四）婚姻家庭法与物权法

婚姻家庭法和物权法分属于人法、财产法，是性质不同的民法部门法，适用完全不同的理念和规则。

不过，婚姻家庭法和物权法也有关系密切的部分，即婚姻家庭法中的财产法须接受物权法的基本约束和规范。无论是在夫妻之间还是在家庭其他成员之间，都要发生财产关系。夫妻之间的财产可以是夫妻共同财产，也可以是夫妻约定财产；家庭成员之间，既可以形成家庭共同财产，又可以是各自享有财产权。凡是共同财产都属于物权法上的共有财产，都适用物权法共有的规则；而单独所有的财产都属于物权法上的单独所有财产，都要接受单独所有权规则的调整。在婚姻家庭法领域，亲属之间的财产关系就是物权法中的物权关系。在法国法中，婚姻家庭法不规定财产关系，直接将亲属之间的财产关系规定在物权法中，更鲜明地说明了这一点。我国的婚姻家庭法立法是在婚姻家庭法中直接规定财产关系，但其财产关系的基础规则仍然是物权法规则，接受物权法的规范。

（五）婚姻家庭法与合同法

合同法是民法的交易法。合同法虽然也被称为动态的财产关系法，但事实上并不完全如此。合同法调整的对象并不都是具有财产内容的合同，还有一些不具有财产性质的合同。例如确定身份关系、身份行为的协议也具有合同性质，也需要合同法的调整。因此，合同法虽然是财产法，但也与婚姻家庭法有密切关系。《婚姻家庭编解释一》第 69 条第 2 款第一句规定：“当事人依照民法典第一千零七十六条签订的离婚协议中关于财产分割以及债务处理的条款，对男女双方具有法律拘束力。”这里说的意思，就是确认这种协议的合同效力。

事实上，在婚姻家庭法领域，不仅离婚协议具有合同的性质，应当受合同法的约束，还有以下身份行为具有合同的性质。

1. 双方当事人的结婚合意和离婚合意

结婚和离婚，都是婚姻当事人双方的合意，是双方当事人确定身份关系的协议。这是结婚和离婚行为的实质。当然，结婚和离婚的生效是基于政府的登记行为，但是，如果没有当事人双方结婚和离婚的合意，何以出现当事人结婚或者离婚的后果呢？因此，结婚和离婚行为等于是当事人的合意，即当事人缔结婚姻关系或者解除婚姻关系的身份行为，加上政府登记的承认行为，才发生结婚和离婚的法律效果，前者是行为的实质，后者是形式上的确认。所以结婚和离婚的基础

行为是当事人的合意行为。

2. 夫妻对财产关系约定的行为

结婚时或者在结婚之后，双方当事人就夫妻财产关系的性质可以进行约定，不采用法定夫妻共同财产制，而采用其他财产制。这种约定，是就婚姻财产关系所作的意思表示一致的行为，也是关于夫妻财产关系的合意，当然也是合同行为。

3. 离婚分割夫妻财产行为

正如《婚姻家庭编解释一》的规定，离婚与分割夫妻共同财产的行为对男女双方具有法律约束力。这种约束力当然是合同的效力。

4. 离婚抚养子女行为

离婚时双方当事人关于子女抚养的协议，是关于子女抚养的合意，也具有合同的性质，应当按照合同法的基本规则处理。

5. 收养行为

收养行为，是送养人和收养人就收养子女达成合意，发生收养效力的身份行为。按照《民法典》的规定，收养要经过政府的登记确认，但其基础行为仍然是合同行为，是双方当事人关于收养的合意。同样，解除收养的行为具有解除合同的性质。

可见，婚姻家庭法虽然与合同法在性质上不同，但亲属法的身份行为受到合同法的约束，应当按照合同法的基本规则进行。

（六）婚姻家庭法与侵权责任法

侵权责任法是民法的权利保护法。婚姻家庭法对亲属之间的权利义务关系有自己的保护方法，这就是身份权请求权。身份权请求权一方面是对特定亲属身份关系之外的人的请求权，即在侵害了其身份权时的停止侵害和排除妨害的请求权；另一方面是具有特定亲属身份关系当事人之间，在不履行身份义务时的履行义务请求权。《民法典》第 1001 条规定："对自然人因婚姻家庭关系等产生的身份权利的保护，适用本法第一编、第五编和其他法律的相关规定；没有规定的，可以根据其性质参照适用本编人格权保护的有关规定。"这是我国民法第一次规

定身份权请求权。

与此相对应的是身份权的侵权法保护。当亲属之间的身份权受到侵害时，侵权责任法确认该种行为为侵权行为，侵权人应当承担侵权责任，以保护亲属身份关系当事人的合法权利，维护亲属的特定身份地位。《民法典》第 1091 条规定的离婚过错损害赔偿责任，就是配偶双方在一方违反忠实义务造成对方损害，对方享有的侵权请求权。最高人民法院《关于确定民事侵权精神损害赔偿责任若干问题的解释》（以下简称《精神损害赔偿司法解释》）第 2 条关于“非法使被监护人脱离监护，导致亲子关系或者近亲属间的亲属关系遭受严重损害，监护人向人民法院起诉请求赔偿精神损害的，人民法院应当依法予以受理”的规定，就是侵权责任法对亲权、亲属权的保护。因此，侵权责任法作为权利保护法，对婚姻家庭法具有重要作用，其作为亲属身份权的后盾，赋予身份权以强制力，实现婚姻家庭法规范亲属身份关系的职能。

四、婚姻家庭法的基本原则

（一）婚姻自由

婚姻自由，是宪法赋予自然人的权利，是指自然人依照法律规定行使结婚或者离婚的权利不受拘束、不受控制、不受非法干预的权利。婚姻自由是近现代婚姻家庭立法努力推进的一项基本原则，以人格的独立、平等、自由、尊严为基础[①]，是自然人的一项基本权利，是婚姻家庭法的基本原则。

《宪法》第 49 条规定了“禁止破坏婚姻自由”。《民法典》第 1041 条第 2 款规定“实行婚姻自由”的原则，第 1042 条第 1 款规定：“禁止包办、买卖婚姻和其他干涉婚姻自由的行为。”这些规定确立了婚姻自由是宪法权利和基本民事权利。婚姻自由是指婚姻当事人有权依据法律的规定，自主自愿地决定自己的婚姻问题，不受任何人的强制和非法干涉。[②]

---

① 陈苇．婚姻家庭继承法学．北京：群众出版社，2012：49.

② 杨大文，龙翼飞主编．婚姻家庭法．8 版．北京：中国人民大学出版社，2020：53.

婚姻自由原则的具体内容是：

1. 依法行使婚姻权利

婚姻权利，是《民法典》第 110 条第 1 款规定的婚姻自主权。婚姻自主权是具体人格权，是自然人自主决定婚姻行为的权利。婚姻家庭法规定婚姻自由，是在婚姻家庭法中保障自然人依法行使婚姻自主权的自由权。《民法典》第 130 条规定："民事主体按照自己的意愿依法行使民事权利，不受干涉。"所以，行使婚姻自主权是自我决定权的内容，自然人可以依照自己的意愿自由行使，按照法律的规定确定婚姻行为即可。

2. 不受拘束、不受控制、不受非法干预

婚姻自由的基本要求是，当事人行使婚姻自主权时，要保障其自由支配的状态。自由的本质要求，就是行为人能够保持不受拘束、不受控制和不受非法干预的状态，在这种状态下，自主决定婚姻行为。《民法典》第 1042 条第 1 款规定，禁止包办、买卖婚姻和其他干涉婚姻自由的行为。

3. 结婚自由和离婚自由

婚姻自由的具体内容包括结婚自由和离婚自由。前者是指缔结婚姻关系的自由，后者是指解除婚姻关系的自由。这两个方面互为补充，构成完整的婚姻自由。有人认为，结婚自由是婚姻自由的主要方面，而离婚自由是特殊行为，是结婚自由的补充。[①] 这种说法并不正确。如果没有离婚自由，婚姻自由就不是完整的。结婚自由和离婚自由都是婚姻自由的内容，都是保障婚姻自主权的基本规则，并没有为主或者为辅的不同地位。实行婚姻自由，是为了使未婚男女和丧偶、离婚者能够按照本人的意愿，成立以爱情为基础的婚姻关系。实行离婚自由，是为了使那些感情确已破裂、和好无望的夫妻能够通过法定途径解除婚姻关系，使其有可能重建幸福美满的婚姻家庭。[②]

违反婚姻自由行为的性质，是侵害婚姻自主权的侵权行为。按照侵权责任法的要求，侵权人应当承担侵权责任。受害人可以依照侵权请求权或者人格权请求

---

① 王战平主编. 中国婚姻法教程. 北京：人民法院出版社，1992：22.

② 马忆南. 婚姻家庭继承法. 5 版. 北京：北京大学出版社，2023：32.

权，保护自己的权利。

（二）一夫一妻

一夫一妻是个体婚的基本形式，就是一男一女结为夫妻的婚姻制度，也是我国婚姻家庭法规定婚姻关系的基本原则。《民法典》第 1042 条第 2 款规定了一夫一妻的基本原则。

一夫一妻制亦称单偶制，是指一男一女互为配偶的婚姻形式。[①] 一夫一妻原则的对立，是一夫多妻或者一夫一妻多妾。人类社会的婚姻结构从杂乱的两性关系经过群婚制、对偶婚制，最后进入了一夫一妻制，这是必然的普遍规律。[②] 现代社会实行男女平等，实行严格的一夫一妻制，并将其作为婚姻家庭法的基本原则，反对任何形式的违反一夫一妻制的做法。这一原则对于保障男女平等，保护妇女、儿童的合法权益有重要意义。[③]

一夫一妻原则的含义是，任何人，无论居于何种社会地位，拥有多少钱财，都不得同时有两个以上的配偶；任何人在结婚后、配偶死亡或者离婚之前，不得再行结婚；一切公开的、隐蔽的一夫多妻或者一妻多夫的两性关系，都是非法的。

法律为保障一夫一妻制的实现，对重婚、有配偶而姘居、卖淫等行为，予以法律制裁。对于重婚行为，法律认为构成犯罪，追究刑事责任。对有配偶而姘居如包养“二奶”者，予以法律谴责，也可以依据侵权责任法的规定，认定为侵害配偶权的侵权行为。对于卖淫以及组织、容留卖淫的，认定为行为或者行政犯罪违法行为，予以行政的或者刑事的法律制裁。

（三）男女平等

男女平等，并不只是婚姻家庭法的内容，更不只是规定婚姻关系当事人之间的平等，而是宪法原则，是民法原则，是一切自然人在法律面前人人平等的基本原则的体现。婚姻家庭法规定的男女平等原则，既是《宪法》中男女“五大平

---

① 房绍坤，范李瑛，张洪波. 婚姻家庭继承法. 7 版. 北京：中国人民大学出版社，2022：11.

② 杨大文，龙翼飞主编. 婚姻家庭法. 8 版. 北京：中国人民大学出版社，2020：55.

③ 陈苇. 婚姻家庭继承法学. 北京：群众出版社，2012：54.

等”原则的具体化，又是《妇女权益保障法》的立法基础，其核心内容是男女两性在婚姻关系和家庭生活的各个方面都享有平等的权利、承担平等的义务。① 《民法典》第1042条第2款规定了男女平等原则。

两性平等、男女平权，是现代社会的一项基本人权。在婚姻家庭法领域，表现为在亲属身份关系中，无论男女，都享有一样的权利，负担一样的义务。贯彻执行这一原则，对保护妇女合法权益，实现妇女在婚姻家庭方面的彻底解放，具有十分重要的意义。②

男女平等的基本含义包括以下三个方面。

1. 在婚姻关系中的男女平等

男女在结婚中，权利平等、条件平等。结婚后在处理家庭事务方面，双方的权利义务平等。男女有平等的离婚请求权，有同等的共同财产分割权利和抚养子女的权利，在共同债务的清偿和经济互助等方面也都有同等的权利。

2. 家庭成员的地位平等

男女在家庭领域中的地位和权利义务上一律平等，凡是共居的家庭，全体成员不论男女一律平等，任何亲属的地位和权利不得超过其他亲属，不得一方支配另一方，其权利义务遵照法律的规定享有和行使，不得有超越法律规定的权利，尤其是男性家庭成员不得侵害女性家庭成员的权利，损害女性的平等地位。

3. 所有的近亲属之间的地位平等

在其他近亲属之间，其法律地位和权利义务关系也必须依照法律规定，男女亲属地位平等，享有法律规定的权利义务，任何亲属都不得歧视女性亲属，损害女性亲属的平等地位。

（四）保护妇女、未成年人、老年人、残疾人的合法权益

保护妇女、未成年人、老年人、残疾人的合法权益，是社会公德的要求。婚姻家庭法特别强调对妇女、未成年人、老年人、残疾人合法权益的保护，《民法典》第1141条第3款规定：“保护妇女、未成年人、老年人、残疾人的合法权

---

① 杨大文，龙翼飞主编．婚姻家庭法．8版．北京：中国人民大学出版社，2020：57．

② 陈苇．婚姻家庭继承法学．北京：群众出版社，2012：59．

益。”这是婚姻家庭法的基本原则，有利于更好地保护亲属中的弱势群体，防止他们的合法权益受到侵害。[①] 这一原则对于实现男女平等，建立尊老爱幼、团结和睦的家庭关系具有重要意义。[②]

在婚姻家庭法领域，对侵害妇女、未成年人、老年人、残疾人合法权益的行为，法律规定了明确的制裁措施。《民法典》第 1042 条第 3 款规定：“禁止家庭暴力。禁止家庭成员间的虐待和遗弃。”《民法典》还在第 1091 条规定了对实施家庭暴力和虐待、遗弃行为可以进行民事制裁的措施。

在制裁家庭暴力和虐待、遗弃行为时，应当特别注意发挥侵权责任法的作用。家庭暴力是发生在家庭成员之间的造成身体、精神、性或者财产上损害的行为。例如：对受害人实施或者威胁实施身体上的侵害以及限制人身自由等控制行为，是对身体权、健康权、生命权以及人身自由权的侵害；对受害人实施或者威胁实施性暴力，实施凌辱、贬低或者其他损害受害人身体完整、伤害受害人自尊的性行为；实施侮辱、诽谤、骚扰，严重侵犯受害人的隐私、名誉、自由、人格尊严等的行为；破坏或者损坏受害人的财产，对受害人实施剥夺、减少或者妨害其获得经济来源的行为等，都属于家庭暴力的范围。这些家庭暴力行为都是针对特定人实施的行为，后果都是使受害人的权利受到侵害，人身利益、财产利益或者精神利益受到损害或者损失。因此，对实施家庭暴力的行为人进行刑事惩罚和行政制裁都是必要的，但是二者都不能实际解决受害人所受损害的救济问题。对此，只有侵权责任才能够发挥作用，实现这样的职能。

责令家庭暴力的行为人承担民事责任，其实就是要其承担侵权责任，因为所有家庭暴力造成受害人损害的，都构成侵权行为。侵权行为的法律后果是承担侵权责任。对前述那些具体的家庭暴力的侵权行为，责令行为人承担侵权责任，赔偿受害人的人身损害、财产损害以及精神损害，是保护受害人最重要的方法，所以，应当重视侵权责任救济家庭暴力受害人的权利损害，惩罚家庭暴力违法行为的基本功能。

---

① 杨立新．婚姻家庭继承法．北京：北京师范大学出版社，2010：17.

② 陈苇．婚姻家庭继承法学．北京：群众出版社，2012：61.

第二节 亲 属

一、亲属的概念与特征

（一）亲属的概念

1. 关于亲属概念的不同界定

人之所以为人，在人与人之结合。人与人结合的最密切、最自然者，厥为以夫妇亲子为中心的亲属团体。[①] 亲属作为由两性关系和血缘关系联系起来的一定范围内的人相互之间的特定社会关系的外在表现和身份称谓，可溯源于群居的原始人类。当时的原始群体基于对自然选择规律的一定认识和生产、生育领域禁忌的需要，在有两性、血缘关系的人之间创设一些不同的名称来相互称呼和分辨，久而久之形成一套约定俗成的称谓，并通过一定的禁忌、习惯等社会规范赋予这种称谓形式以相应实体性内容[②]，形成了亲属的概念。

各国法律对亲属的定义不同，但内涵基本一致。

在我国，汉代儒家学者刘熙在《释名·释亲属》中解释："亲，衬也，言相隐衬也。""属，续也，恩相连续也。"据此解释，亲属是指人与人之间的一种特殊的相衬相续的密切关系。中国古代典籍中"亲"与"属"二字具有不同的含义，常将其分别使用。《说文》中释"亲"为"至也"，释"属"为"连也"，从中不难看出两者有亲疏远近之别。中国古代言及亲属时，是以亲为主，以属为从的。亲为本，属为末，亲是枝干，属是枝叶，属从亲主。[③] 所以，我国古代的"亲"一般指较近的亲，"属"一般指较远的亲。后世将亲属两字连用，大致是从《唐律疏议》开始。现今所说的亲属，是指基于婚姻、血缘和法律拟制而形成的

---

① 陶汇曾. 婚姻家庭法大纲. 北京：商务印书馆，1928：1.

② 杨大文，龙翼飞主编. 婚姻家庭法. 8版. 北京：中国人民大学出版社，2020：65-66.

③ 马忆南. 婚姻家庭继承法. 5版. 北京：北京大学出版社，2023：47.

人与人之间的特定社会关系。[①]

英美法中的“亲属”一词与“联系”同义，是血亲或最近血亲的通称。所谓“联系”，表示某些事情与另外相序发生的事情之间的相互连接的关系，亲属则是人与人之间的前后相序之间的关系。[②] 日本民法学认为，亲属的内涵是以血缘、婚姻为基础的人与人之间的关系，称为亲属身份关系，这些人互相称为亲属。在自然的意义上，这种关系当然是无限地扩大，但法律仅认定一定范围内的亲属为法律上的亲属。[③]

我国民法学界对亲属概念的界定没有原则性分歧，只是在侧重点上有所不同。一种主张强调亲属是人与人之间的关系，如认为“亲属是指因婚姻、血缘和收养而产生的人与人之间的关系”[④]。另一种主张强调亲属是一种社会关系，如认为“亲属，是指因婚姻、血缘和收养而产生的社会关系”[⑤]。或者两个侧重点都提到，如“亲属，是因婚姻、血缘或收养而产生的人与人之间最密切、最亲近的社会关系”[⑥]。这些观点都是正确的，因为亲属既是一种人与人之间的关系，也是一种社会关系。

《民法典》第 112 条规定：“自然人因婚姻家庭关系等产生的人身权利受法律保护。”第 1001 条规定：“对自然人因婚姻家庭关系等产生的身份权利予以保护，”第 1040 条规定：“本编调整因婚姻家庭产生的民事关系。”这些规定都确认，亲属是因婚姻家庭产生的民事关系，是身份权利关系。

2. 亲属概念的界定

亲属，是指因婚姻、血缘和法律拟制而产生的人与人之间的特定身份关系，以及具有这种特定身份关系的人相互之间的称谓。

---

① 郭明瑞. 家事法通义. 北京：商务印书馆，2022：48.

② ［英］戴维. M. 沃克：牛津法律大辞典. 北京：北京社会与科技发展研究所组织，译. 北京：光明日报出版社，1988：762.

③ ［日］我妻荣，等编. 新版新法律学辞典. 北京：中国政法大学出版社，1991：527.

④ 杨大文主编. 婚姻法学. 北京：法律出版社，1986：101. 王战平主编. 中国婚姻法讲义内部发行版. 北京：全国法院干部业余法律大学，1986：40.

⑤ 巫昌桢主编. 中国婚姻法. 北京：中国政法大学出版社，1991：74. 李志敏主编. 比较家庭法. 北京：北京大学出版社，1988：207.

⑥ 王战平主编. 中国婚姻法教程. 北京：人民法院出版社，1992：42.

亲属概念包含三方面含义。

第一，亲属是一种人与人之间的社会关系。这种社会关系因婚姻、血缘和拟制血缘而产生。在这个含义上使用“亲属”概念，是指“亲属身份关系”，即亲属之间的权利义务构成的法律关系。

第二，亲属标志着具有亲属身份关系的人的特定身份。亲属是人与人之间的一种特定身份，具有特定亲属身份关系的人就具有的特定身份。这种身份是固定的，只要亲属身份关系存在，这种特定身份就不会改变，亲属之间不能相互更换位置而改变身份。这个含义上的亲属概念，标志着亲属之间的不同身份地位及亲属身份关系的远近亲疏。

第三，亲属也是具有亲属身份关系的人相互之间的共同称谓。亲属因其身份的不同，因其亲属身份关系的远近亲疏不同，而有不同的称谓，如配偶、父母子女、祖父母孙子女、外祖父母外孙子女、兄弟姐妹、叔姑、舅姨、甥侄等，这些具体称谓集合起来，都可称为“亲属”。在这个含义上使用的亲属概念，指的是亲属之间的共同称谓。

我国婚姻家庭法的亲属就是这样三位一体的概念，在不同的场合使用这个概念，其含义也不相同。

（二）亲属的特征

1. 亲属是以婚姻和血缘为基础产生的社会关系

民事法律关系是一种社会关系，与其他民事法律关系相比，唯独亲属是以两性的结合和血缘的联系为基础发生的民事法律关系。亲属的发生有基于自然发生和人为发生两种情形。无论哪一种，如果没有婚姻和血缘，就不会发生和不存在亲属身份关系。

2. 亲属是有固定身份和称谓的社会关系

亲属一旦形成，亲属之间即具有固定的身份和称谓，除依法律的规定，不得随意变更。一定的婚姻和血缘关系产生一定的亲属，而亲属身份一经产生就固定下来，非依法律规定不得变更。亲属称谓是亲属身份的表现形式，每种亲属身份都有固定的称谓，亲属身份不变，称谓不得变更。法律确定的亲属身份和称谓，也可以因法律行为和法律事实的发生而变化，前者如离婚就解除了配偶之间的配偶身份和夫妻称谓，后者如配偶一方死亡，生存一方与对方的亲属之间的姻亲关系即解除。

3. 一定范围内的亲属有法律上的权利义务关系

法律确立亲属制度的目的，在于调整亲属之间的权利义务关系，使其确定化、有序化，更有利于人类自身的生存发展和社会的稳定。法律对亲属身份关系的调整是有限范围内的调整，各国法律都规定了在法律上发生权利义务的亲属范围。婚姻家庭法是规范一定范围内的亲属身份关系的法律，超出此范围的亲属关系不受法律调整。

二、亲属的种类

（一）亲属种类的沿革

在不同的国家、不同的历史时期，对亲属有不同的认识，法律规定也各不相同。

1. 罗马法的亲属种类

罗马法上的“家”又叫“家族”，是指在家父权下支配的一切人和物，包括家子、奴隶、财物等。到法律昌明时期，狭义的家，专指家父及处于家父权力支配之下的家属。罗马法把亲属分为法亲、血亲和姻亲三种。

法亲又称“宗亲”，是市民法规定的亲属身份关系，指由男系血缘关系上溯至同一至尊亲属的亲属，包括已脱离家庭的所有男性和女性组成的家庭。宗亲为拟制的亲属身份关系，彼此间不以血缘关系为必要，仅以家父的影响为基础。凡受同一权力关系支配之人在该权力关系消灭后，彼此间即构成宗亲关系。宗亲是早期罗马社会家父权至高无上的法律体现。

血亲是仅以血缘关系为基础的亲属，或称“天然亲属”，以区别于拟制亲属。血亲不论男系、女系，凡有血缘关系的，都为亲属。血亲又可被分为：一是法定自然血亲，即正式婚姻所生育的子女；二是纯自然血亲，为非正式婚姻夫妻所生

育的非婚生子女；三是纯法定血亲，即并无血缘关系而由法律规定为血亲的亲属，如养父母养子女关系。

姻亲是夫妻一方与他方的血亲之间发生的亲属身份关系，包括配偶的血亲、血亲的配偶，但不包括配偶血亲的配偶。

2. 国外亲属的种类

在各国由于历史发展和伦理的不同，亲属的种类规定各不相同。例如，《日本民法典》第 725 条规定，六亲等以内的血亲、配偶、三亲等以内的姻亲为亲属。《韩国民法典》第 767 条规定配偶者、血亲以及姻亲为亲属。德国规定只有血亲才为亲属，广义的亲属才指包括姻亲在内的亲属。

亲属因婚姻、血缘和法律拟制而产生。现代立法因亲属产生原因的不同，将其划分为不同的种类，一般分为血亲、姻亲和配偶三类。但也有少数国家不认配偶为亲属。

3. 我国古代的亲属种类

我国古代奴隶社会和封建社会都实行宗法制度，以男子为中心，以血缘关系为纽带，按照血缘关系的远近区别亲疏。在宗法制度下，亲属分为宗亲、外亲和妻亲。

宗亲，即男性同宗之亲，包括出自同一祖先的男系血亲、男系血亲的配偶和未出嫁的女性。如祖父母、父母、妻、兄弟及其妻、子孙及其妻、未出嫁的女儿、姑、姐妹等。《礼记·丧服小记》中提道："亲亲以三为五，以五为九，上杀、下杀、旁杀，而亲毕矣。"所谓"三"，指父、己身、子；所谓"五"，指祖父、父、己身、子、孙；所谓"九"，指高祖、曾祖、祖、父、己身、子、孙、曾孙、玄孙。宗亲以九族为限。宗亲是宗法制度确认的主要亲属。

外亲，为异性亲属，以女系血统相联系。它包括两种：一是以母亲血统相联系的亲属，如外祖父母、舅、姨等；二是以出嫁女性的血统相联系的亲属，如外孙、外甥、姑表兄弟等。外亲为次要亲属，其地位远较宗亲为低。

妻亲，是指以妻子为中介的亲属身份关系，如岳父母，妻的伯、叔、兄弟姐妹等。

这种将亲属分为不同等级的做法，是宗法制度男尊女卑、重男轻女的产物。

4. 我国近代的亲属种类

清末法律改制，仿西方亲属立法，但《大清民律草案》仍以男性为本位，将亲属分为宗亲、外亲、妻亲和配偶，没有脱离原来封建宗法制度的思想影响。

20 世纪 30 年代《中华民国民法》亲属编废除了将亲属分为宗亲、外亲和妻亲的不科学划分，规定亲属分为配偶、血亲和姻亲三类。这是我国亲属立法第一次以科学、平等的态度划分了亲属的类别，结束了我国自奴隶社会确立的延续了几千年的宗法制度下的亲属体系，缩短了我国婚姻家庭法与世界立法之间的差距，具有重要的进步意义。

（二）我国的亲属种类

我国《婚姻法》没有明文规定亲属全部，明文规定的亲属种类只有血亲和配偶，没有规定姻亲。《民法典》第 1045 条第 1 款第一次规定了亲属和亲属种类，即："亲属包括配偶、血亲和姻亲。"有学者认为，《民法典》第 1045 条规定了亲属、近亲属和家庭成员，尽管其并未规定亲系、亲等、亲等计算法，但有关亲属制度的一般规定，为亲属关系的调整提供了基本规范，也符合民众关于亲属、近亲属、家庭成员的基本认知与习俗判断。① 这个意见显然是对的，但是把这一规定放在"婚姻家庭立法理念创新"的题目之下，显然言过其实，因为这本来就是婚姻家庭法应该规定的内容，《民法典》只是填补了立法漏洞而已。

1. 配偶

配偶是亲属，而且是身份关系最密切的亲属。

各国对配偶是否为亲属规定不一致。有以配偶为亲属者，如《日本民法典》第 725 条的规定。有不以配偶为亲属者，如德国、保加利亚，规定亲属只包括血亲或者血亲和姻亲两种，对配偶之间的权利义务在"婚姻的效力"或"夫妻关系"中单独规定，但亲属之间扶养制度的规定又都包括配偶的扶养义务，因此这些法律在实际上仍认配偶为亲属之一种。相较之下，确认配偶为亲属更合理。

配偶是因男女双方结婚而发生的亲属。配偶是血亲的源泉，是姻亲的基础，

① 王歌雅. 中国婚姻家庭立法 70 年：制度创新与价值遵循. 东方法学，2023（2）.

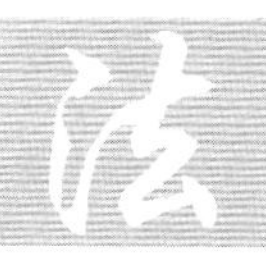

是最重要的亲属之一。配偶的亲属身份始于结婚，终于配偶一方死亡或离婚。在婚姻关系存续期间，夫妻双方均发生配偶的权利义务关系。

2. 血亲

血亲，是指有血缘联系的亲属，是亲属中的主要部分。

（1）自然血亲和拟制血亲。

血亲是自然发生的，也可以因法律拟制而产生，故血亲有自然血亲和拟制血亲之分。

自然血亲是指出于同一祖先有血缘联系的亲属，如父母与子女、祖父母与孙子女、外祖父母与外孙子女、兄弟姐妹等。这些亲属无论是全血缘或者半血缘，也无论是婚生还是非婚生，均为自然血亲。自然血亲在整个亲属范围内占重要地位，是家庭成员的主要组成部分。

自然血亲还分为全血缘的自然血亲和半血缘的自然血亲。前者是指同胞的兄弟姐妹，他们都来自同一对男女；后者是指同父异母或者同母异父所生的兄弟姐妹，他们的血缘关系追根溯源，仅有一半相连。全血缘的自然血亲与半血缘的自然血亲在亲属之间的权利义务上没有区别。

拟制血亲是指本无血缘联系或者没有直接的血缘联系，但法律确认其与自然血亲有同等权利义务的亲属。拟制血亲一般因收养而产生，在养父母养子女之间产生父母子女的权利义务关系。《民法典》第1111条第1款规定："自收养关系成立之日起，养父母与养子女间的权利义务关系，适用本法关于父母子女关系的规定；养子女与养父母的近亲属间的权利义务关系，适用本法关于子女与父母的近亲属关系的规定。"《民法典》承认收养形成的拟制血亲关系。

《民法典》承认形成了有抚养关系的继父母与继子女为拟制血亲。《民法典》第1072条第2款规定："继父或继母和受其抚养教育的继子女间的权利义务，适用本法对父母子女关系的规定。"这里以受其抚养教育为条件，把继父母与继子女分为姻亲关系和拟制血亲两种类型：将没有受其抚养教育的认定为姻亲关系，将受其抚养教育的作为拟制血亲。这种规定存在问题。继父母与继子女本为姻亲，不同于养父母和养子女。其不同之处就在于，收养关系成立以后，养子女与

生父母之间的亲属身份关系消灭；而继父母和继子女之间抚养关系的形成，并不消灭继子女与生父母之间的亲子关系。这就使凡是与继父母形成了抚养关系的继子女，具有与其继父母和生父母之间的双重亲子关系，使继子女在法律上享有了独特的法律地位。这种立法例是不切合实际的。在将来修订《民法典》婚姻家庭法编时，应将继父母和继子女之间的关系并入姻亲之中，形成收养关系的除外。

（2）直系血亲和旁系血亲。

按照血亲来源的不同，可将血亲分为直系血亲和旁系血亲。

直系血亲是指有直接血缘关系的亲属，包括生育自己和自己所生育的上下各代的亲属，如父母与子女、祖父母与孙子女、外祖父母与外孙子女等。我国历史曾经有过重男系亲轻女系亲、重父系亲轻母系亲，把外祖父母与外孙子女的亲属排斥在直系血亲之外的做法和习惯，这是违反婚姻家庭法和自然法则的错误做法。

旁系血亲是指有间接血缘关系的亲属，即与自己同出一源的亲属，如与自己同源于父母的兄弟姐妹，与自己同源于祖父母的伯、叔、姑以及堂兄弟姐妹和姑表兄弟姐妹，与自己同源于外祖父母的舅、姨以及姨表兄弟姐妹和舅表兄弟姐妹等。凡是与自己为同一高祖所生的子孙，除直系血亲之外，均为五代以内的旁系血亲。

（3）尊亲属、卑亲属和平辈亲属。

按照血亲的辈分不同，可将血亲分为尊亲属、卑亲属和平辈血亲。这种亲属划分也称行辈，是按照亲属的世代来划分的，以行辈为依据，将亲属分为长辈亲属、同辈亲属和晚辈亲属。① 所以，行辈是指亲属之间的世代第次。对辈分按照世代来划分，以一世代为一辈分。②

尊亲属又称长辈亲，是指辈分高于自己的亲属，即父母以及父母同辈以上的血亲。父母、祖父母、外祖父母为自己的直系尊亲属，伯、叔、姑、舅、姨为自己的旁系尊亲属。

卑亲属又称为晚辈亲，是指辈分低于自己的血亲，即子女以及子女同辈以下

① 马忆南. 婚姻家庭继承法. 5版. 北京：北京大学出版社，2023：52.

② 张力主编. 婚姻家庭继承法学. 4版. 北京：群众出版社，2021：37.

的血亲。子女、孙子女、外孙子女为自己的直系卑亲属，侄子女、外甥、外甥女为自己的旁系卑亲属。

平辈亲属又称为同辈亲，是指与自己辈分相同的亲属，如同胞兄弟姐妹、表兄弟姐妹、堂兄弟姐妹等。凡是平辈亲属都是旁系血亲。

3. 姻亲

姻亲，是指以婚姻为中介而产生的亲属，配偶一方与另一方的血亲之间为姻亲关系，如公婆与儿媳、岳父母与女婿等。以婚姻为中介产生的人际关系的范围很广，并非所有的人际关系都发生法律上的姻亲效果，如我国民间普遍认为已生的子女配偶的父母即亲家为当然的姻亲，但无论是我国还是外国，其婚姻家庭法上普遍不以其为姻亲。

我国的姻亲被分为三类。

（1）血亲的配偶。

血亲的配偶，是指己身的血亲包括直系血亲和旁系血亲的配偶，如儿媳、女婿，为直系血亲的配偶，嫂、姐夫、弟媳、妹夫、伯母、婶母、姑夫、姨夫等为旁系血亲的配偶。

（2）配偶的血亲。

配偶的血亲，是指配偶的直系血亲和旁系血亲。就夫方来说，配偶的血亲是指岳父母、妻的兄弟姐妹及其子女等；就妻方来说，配偶的血亲是指公婆、丈夫的兄弟姐妹及其子女等。

（3）配偶的血亲的配偶。

配偶的血亲的配偶，是指自己配偶的血亲的夫或者妻。在男方而言，是指妻的兄弟之妻（舅媳）、姐妹之夫（连襟）；就妻方来说，则是指夫的兄弟之妻（妯娌）、夫的姐妹之夫（姑夫）。①

关于这种亲属身份关系是否为法律上的姻亲，各国法律规定不一，有的国家不予承认，如1890年《德国民法典》和现行《瑞士民法典》均不承认此类亲属，而只承认前两种亲属。

① 俗称大姑姐夫和小姑妹夫。

有的国家对姻亲范围作扩大规定，不仅包括前三种姻亲，还把血亲的配偶的血亲也扩展为姻亲，如韩国。我国传统不承认血亲的配偶的血亲为姻亲。事实上，亲属的范围扩展得越广，越失去法律上的意义。我国婚姻家庭法以上述三种姻亲为限，不再认可其他姻亲。至于发生法律效力的姻亲范围，应被限制在一定的亲等之内。

姻亲同样有尊亲属、卑亲属、平辈亲属以及直系姻亲、旁系姻亲之分。这种划分以其配偶或与配偶的亲系为准而定，例如：公婆是自己的丈夫的直系尊亲属，公婆就是自己的直系尊姻亲；侄媳妇是自己侄儿的妻子，侄儿是自己的旁系卑亲属，侄媳妇就是自己的旁系卑亲属。

三、亲系和亲等

（一）亲系

1. 亲系的概念

亲系是指亲属之间的联络系统，又称亲属之间的血缘联系，即亲属系统。[①]亲属以血缘和婚姻为中介，在血亲之间存在血缘联系自不必论，即使是以婚姻为中介的姻亲，虽然姻亲之间没有血缘联系，但配偶与其亲属之间存在着血缘联系。因此，除配偶本身以外，一切亲属都可以因血缘联系的特点不同而被划分为不同的亲属系统，即不同的亲系。目前，绝大多数国家的法律都有关于亲系的规定。亲属以婚姻、血缘为基础，构成纵横交错、互相交织的亲属网络。除配偶外，一切亲属都有一定的亲系可循。[②]

2. 我国历史上存在过的亲系

（1）男系亲与女系亲。

我国古代社会就有亲系的划分。统治我国整个奴隶社会和封建社会达几千年之久的宗法制度，是父系氏族制在阶级社会中的转化形态，父党、母党的区

---

① 李谟，汪翰章. 民法亲属新论. 上海：大东书局，1934：16.

② 杨大文，龙翼飞主编. 婚姻家庭法. 8版. 北京：中国人民大学出版社，2020：70.

分十分严格。宗法制度以男性为中心，按性别把亲属分为男系亲和女系亲、父系亲和母系亲。男系亲和父系亲为亲属身份关系的主体，居于主要地位，受到特别的重视；而女系亲和母系亲则居于次要地位，其权利义务与前者的并不一致。

男系亲和女系亲，是封建社会按男女性别划分的亲属系统，以男子为中心的亲属称男系亲，以女子为中心的亲属称女系亲。在封建社会，宗亲为男系亲，包括祖、父、伯、叔、兄弟、侄子，未出嫁的姑、姐妹、侄女等；外亲、妻亲都为女系亲，如外祖父母、舅、表兄弟、未出嫁的表姐妹、岳父母及妻之兄弟等。

（2）父系亲和母系亲。

父系亲和母系亲是封建社会按父族、母族划分的亲属系统，以父方为中介的为父系亲，又称父党；以母方为中介的为母系亲，又称母党。父系亲和母系亲的划分，与前述男系亲和女系亲的划分既有联系又有区别，时有重合。如父之兄弟之子，既为父系亲，又为男系亲；而父之姐妹之子，虽为父系亲，但不得为男系亲，因其间有姐妹的介入。作这样详细的区分，是出于维护以男性为中心的宗法制度的需要，用法律来保障男系亲和父系亲充分享有和行使权利。

历史上存在的上述亲系划分方法，由于时代原因，已经彻底失去意义。

3. 我国现行亲系制度

我国《婚姻法》没有明确规定如何划分亲系。《民法典》也没有明确使用亲系的概念，但是规定了亲系的内容：一是在“结婚”一章中规定“直系血亲和三代以内的旁系血亲禁止结婚”。这是把亲属划分为直系血亲和旁系血亲两种，与现代各国婚姻家庭法的有关做法一致，是科学的分类方式。二是在第 1015 条规定了“选取其他直系长辈血亲的姓氏”命名子女的姓氏（人格权编）和第 1128 条规定“由被继承人的子女的直系晚辈血亲代位继承”（继承编）的内容，使用了长辈血亲和晚辈血亲的概念，没有使用平辈血亲的概念。

现代亲属法规定亲系，一般作两种分类：一是划分为直系亲和旁系亲，二是划分为尊亲属、卑亲属和平辈血亲。划分亲系的意义在于，法律为不同亲系的亲属规定了不同的权利义务。除上述关于结婚的禁止要件的规定外，在监护、扶

养、继承等方面，亲系都有重要作用。因此，必须明确这两种亲系。

(1) 直系亲和旁系亲。

直系亲和旁系亲应当包括直系血亲、旁系血亲以及直系姻亲和旁系姻亲。

1) 直系血亲和直系姻亲。

直系血亲是指有直接血缘联系的亲属，包括己身所出和从己身所出两部分亲属，前者为直系尊血亲，如父母、祖父母、外祖父母、曾祖父母、外曾祖父母；后者为直系卑血亲，如子女、孙子女、外孙子女、曾孙子女、曾外孙子女等。例如，《德国民法典》第1589条规定："一人为另一人所生者，此二人为直系亲属。"我国《民法典》虽然没有如此规定，但二者在学理上是一样的。

直系姻亲是指直系尊血亲的配偶、配偶的直系尊血亲，如儿媳、孙媳、女婿、孙女婿、公婆、岳父母等。

2) 旁系血亲和旁系姻亲。

旁系血亲是指有间接血缘关系的亲属，即除直系血亲外，与己身同出一源的血亲，如兄弟姐妹、堂兄弟姐妹、表兄弟姐妹、伯、叔、姑、舅、姨等。《德国民法典》第1589条规定："非为直系血亲，但共同从同一的第三人出生者，为旁系血亲。"

旁系姻亲是指旁系血亲的配偶、配偶的旁系血亲、配偶的旁系血亲的配偶，如伯母、婶母、姑父、舅母、姨夫、嫂、夫的伯叔和兄弟姐妹、妻的伯叔和兄弟姐妹等。

我国民法学理认可这种划分。

(2) 尊亲属、卑亲属和平辈血亲。

尊亲属和卑亲属由于辈分不同，权利义务的内容也不同。我国婚姻家庭法确认这种亲系。

平辈血亲是辈分相同的血亲，如兄弟姐妹等。

有的学者认为，尊亲属、卑亲属和平辈血亲不属于亲系的范围，仅可称为辈分。这种观点有一定道理。但是，辈分不同的亲属往往在法律上发生不同的效力，如《日本民法典》第793条规定："不得把尊亲属或年长者收养为子女。"

《法国民法典》第740条和第741条规定，直系卑血亲均得代位继承，且无代数的限制，直系尊血亲不得代位继承。在扶养上，《德国民法典》第1606条规定承担扶养义务的顺序为："卑亲属先于尊亲属承担扶养义务。"借鉴这样的做法，我国婚姻家庭法规定亲属有长辈亲和晚辈亲的划分实属必需。

尊、卑亲属和平辈亲属之分一般局限于血亲，这是因为在血亲之间就继承等问题此区分存在必要性，而姻亲的尊卑之分则无此必要，当然实际上也存在尊卑之分，只是在法律上意义不大而已。

（二）亲等

1. 亲等的概念

亲等，是计算亲属亲疏远近的基本单位。[①] 亲等表示亲属关系之远近。[②] 亲等数少的，表示亲属身份关系亲近；亲等数多的，表示亲属身份关系疏远。[③] 以亲等来确定亲属身份关系的亲疏远近，是各国婚姻家庭法的通例，如《法国民法典》第735条规定："亲属身份关系的远近以代的数目确定；一代称为一亲等。"《德国民法典》第1589条规定："亲等，按在亲属中间出生之等数，确定之。"

2. 我国历史上的亲等制度

我国一直没有亲等的规定。古代实行丧服制，这是以祭奠死者时所穿的丧服的等差来区别亲属的亲疏远近的制度。丧服制源于周礼，明清制定《丧服图》，并沿用至清末民初。丧服制的基本原理是丧服由重至轻分为五等：斩衰、齐衰、大功、小功、缌麻，依亲属身份关系的亲疏远近着丧服，近者服重，远者服轻。丧服制对亲等关系的划分，不只是根据婚姻、血缘关系，更重要的是遵从宗法伦理原则，亲亲、尊尊、长长，男女有别，尊卑不同服，夫妻不同服，在室出嫁不同服，血亲姻亲不同服，等等。丧服制是以男性为中心的宗法制度在亲属身份关系上的具体表现，这种维护宗法统治的丧服制已经被彻底废除了。

国民政府制定民法时采用了亲等制。

---

① 杨大文，龙翼飞主编. 婚姻家庭法. 8版. 北京：中国人民大学出版社，2020：72.

② 李谟，汪翰章. 民法亲属新论. 上海：大东书局，1934：18.

③ 陈苇. 婚姻家庭继承法学. 2版. 北京：群众出版社，2012：38.

3. 各国的亲等制度

国外亲属法计算亲等，有罗马法的亲等计算法与寺院法的亲等计算法之分。大多数国家采罗马法的亲等计算法，只有少数国家如英国还保持着寺院法的亲等计算法。

（1）罗马法亲等计算法。

计算直系血亲的亲等时，从己身往上或往下数，以一代为一亲等，数至要计算的亲属的世代数，即其亲等数。对直系血亲的计算各国均同。

计算旁系血亲的亲等时，先从己身往上数至双方同源的祖先，即共同的直系尊血亲，再从共同的直系尊血亲往下数至与己身计算亲等的对方，将两边的亲等数相加，就是己身与要计算的旁系血亲的亲等数。

计算直系姻亲和旁系姻亲的亲等，以配偶与对方的亲等为转移，如：子女是一亲等直系血亲，儿媳、女婿就是一亲等直系姻亲；伯、叔是三亲等旁系血亲，伯母、婶母是三亲等旁系姻亲。

（2）寺院法的亲等计算法。

计算直系血亲的亲等时，寺院法的亲等计算法与罗马法的亲等计算法完全相同。

寺院法亲等计算法与罗马法亲等计算法的不同之处，主要在于对旁系血亲的亲等计算。计算旁系血亲的亲等，先从己身往上数至双方同源的直系尊血亲，如果两边的亲等数相同，则该相同的亲等数即为己身与此旁系血亲间的亲等。如果两边的亲等数不同，则取亲等数多的一边为其亲等。

这种计算法有不科学之处。例如，用此计算法计算，己身与舅、姨，己身与堂兄弟姐妹均为二亲等，显然不能准确表示亲属间的远近亲疏。相较之下，罗马法的计算法要优于寺院法的计算法。

4. 我国现行的亲等制度

我国《民法典》未规定亲等制度，而以“世代计算法”计算亲属的亲疏远近，如 1950 年《婚姻法》第 5 条规定：“其他五代以内的旁系血亲禁止结婚的问题，从习惯。”1980 年《婚姻法》第 6 条、2001 年《婚姻法》第 7 条和《民法

典》第1048条都规定，直系血亲和三代以内的旁系血亲禁止结婚。这里所说的“代”，都是表示亲属亲疏远近的单位。代即指世辈，从己身算起，以一辈为一代。[①] 代数多的表示疏远，代数少的表示亲近。

直系血亲的代数，从己身开始，己身为一代，往上或往下数。如从己身往上数至父母为二代，至祖父母、外祖父母为三代，至曾祖父母、外曾祖父母为四代，至高祖父母、外高祖父母为五代。往下数，子女为二代，孙子女、外孙子女为三代，曾孙子女、外曾孙子女为四代，玄孙子女、外玄孙子女为五代。

三代以内的旁系血亲，是指同源于己身的祖父母、外祖父母的旁系血亲。其范围包括伯、叔、姑、舅、姨、兄弟姐妹、堂兄弟姐妹、表兄弟姐妹、侄子女、外甥及外甥女；超过这一范围的亲属，就不属三代以内的旁系血亲。

五代以内的旁系血亲，是指同源于己身的高祖父母、外高祖父母的旁系血亲，其范围较广，在三代以内的旁系血亲基础上，再向上上溯两代的旁系血亲。[②]

5. 应当采纳罗马法的亲等计算法

我国使用的世代计算法计算亲属关系的远近，缺陷在于不精确，相同世代数的不同亲属也会有亲疏的差异，不能通过世代数清楚地反映出亲属身份关系的亲疏状况。例如，按照世代计算法，己身与伯、叔、姑，与姨表兄弟姐妹同为三代旁系血亲，但显然前一种亲属身份关系较后一种亲属身份关系更亲近。而这种矛盾情形，如果适用罗马法的亲等计算法就不会存在。

在法律需要说明亲属身份关系的亲疏远近时，用亲等表示较世代计算法或列举亲属称谓要方便得多，立法理应舍繁取简。更重要的是，由于国外亲属法普遍规定亲等制，在处理涉外亲属身份关系时，相应制度的欠缺会使我国难以维护自然人个人的利益，同时也不利于对外交流。因此，我国婚姻家庭法的亲属制度应当使用亲等及亲等计算法。其具体内容包括：第一，明文规定亲等是计算亲属身份关系亲疏远近的单位；第二，规定亲等的计算方法，规定采用罗马法的亲等计算法。

① 杨大文，龙翼飞主编．婚姻家庭法．8版．北京：中国人民大学出版社，2020：73．

② 杨大文，龙翼飞主编．婚姻家庭法．8版．北京：中国人民大学出版社，2020：73．

四、亲属身份关系

（一）亲属身份关系的概念

亲属身份关系也叫身份关系或者亲属关系，是指特定的亲属之间的地位，以及相互之间的权利和义务关系。身份关系本质是社会结合关系，其基本形式有夫妻、亲子和其他亲属，其内容与效力均规定于婚姻家庭法中。[①]

在理论上，有的学者区分亲属身份关系和亲属法身份关系。亲属身份关系是法律以前的规范秩序，即以人伦秩序为基础；唯因外在必要，而被法律秩序化以后，则变为亲属法身份关系，但其人伦秩序本质，并不因而有所改变。[②]

亲属身份关系有以下特征。

1. 亲属主体具有多元性

亲属身份关系与其他民事法律关系的主体不同，就是亲属身份的不同，其具有多元性的特点。例如债的主体只有债权人和债务人，物权关系主体只有物权人和义务人。在亲属身份关系中，对内关系的主体包括不同的亲属，例如父母、子女、配偶、祖父母、孙子女、外祖父母、外孙子女、兄弟姐妹等；对外关系的主体，是作为绝对权身份权的权利人与义务人。

2. 亲属主体具有平等性

尽管亲属身份关系具有多元性的特点，但所有的亲属身份关系主体都是平等的，不仅平辈亲属在亲属身份关系中是平等的，就是在尊亲属和卑亲属之间，主体的地位也是平等的，不存在地位的不平等。特别是在亲属身份关系中，权利主体和义务主体的地位是交互的，互相均为权利主体和义务主体，绝不存在一方是权利主体而另一方是义务主体的情形。

3. 亲属身份关系具有专属性

在婚姻家庭法律关系中，亲属身份地位和权利义务都专属于特定的亲属，而

---

① 林菊枝．亲属法新论．台北：五南图书出版公司，2006：15.

② 陈棋炎，黄宗乐，郭振恭．民法亲属新论．2版．台北：三民书局，2002：11－12.

非为他人所能取得和替代，也不能转让。例如，同居义务属于特定的配偶，不得转让。某些地方出现的“换妻俱乐部”，表面形式好像是交换同居的权利和义务，实则属于违法行为。

（二）亲属身份关系的发生

亲属身份关系的发生有基于自然发生和人为发生两种情形，即有成于自然者，有成于人为者。①

亲属身份的自然发生，是指不以人的意志为转移，因出生的法律事实而形成的亲属身份关系。人的出生是亲属身份关系发生的重要原因。父母子女关系以及兄弟姐妹等其他亲属身份关系，都是基于人的出生的事实发生的，并以客观存在的血缘相联系。即使对非婚生子女也不能否认他们与生父的血亲关系。一旦经过认领，其血缘关系追溯到出生之时。同样，对于准婚姻关系出生的子女，尽管其父母之间没有亲属身份关系，但是他们与父母发生直系血亲关系。

亲属身份的人为发生，是指因人的法律行为而形成的亲属身份关系。人为发生的亲属身份关系，如结婚行为产生配偶关系，收养行为产生养父母养子女关系。男女之间缔结了婚姻，就产生了配偶的亲属身份关系，并由此产生了夫对妻的父母、兄弟姐妹等，以及妻对夫的父母、兄弟姐妹等的姻亲关系。

收养也是亲属发生的原因。各国法律都允许通过收养将他人的子女作为自己的子女抚养教育，并承认收养人与被收养人之间产生类似于生父母子女之间的权利义务关系。这被称为拟制血亲。收养成立，即在养父母和养子女之间发生父母子女之间的权利义务关系的，依法受到保护。

基于自然发生的亲属身份关系不能完全解除，即使因收养而消灭了生父母子女间的权利义务关系，也不能改变他们之间的父母子女的血缘关系，仍在法律上具有一定影响，如终生为结婚障碍等。人为形成的亲属身份关系则可以依照法律予以解除。

（三）亲属身份关系重复

二人之间有两个以上不同的亲属身份关系的存在，就是亲属身份关系重复，

① 徐佩章. 民法亲属编. 北平：聚魁堂装订讲义书局，1935：16.

也叫亲属身份关系并存。

亲属身份关系重复，是两个以上具有亲属身份关系的人，在原有的亲属身份关系之上，又建立了新的亲属身份关系。例如，将侄儿收养为子，在二人之间，既有一亲等的拟制直系血亲关系，又有三亲等的旁系血亲关系。三代以外的旁系血亲之间结婚，既有原来的旁系血亲关系，又有配偶的亲属身份关系。

亲属身份关系重复的，原则上各个亲属身份关系分别保有其固有的效力，不为他关系所吸收或者排斥，从而一亲属身份关系消灭，对其他的亲属身份关系不产生影响。但是，并存的一个亲属身份关系所生的效力，得停止他另一亲属身份关系所生的效力。[①] 例如，侄儿被叔伯或姑收养之后，即成立一亲等直系血亲关系，原来的三亲等旁系血亲关系应当停止。

（四）亲属身份关系的消灭

亲属身份关系消灭，是因为法律规定的事实的出现，而使现存的亲属身份关系终止，不再存在。亲属身份关系的消灭原因，因血亲和姻亲、血亲中的自然血亲和拟制血亲的不同而不同。

1. 配偶关系的消灭

配偶亲属身份关系的消灭有两个原因：一是配偶一方死亡，二是配偶离婚。

配偶一方死亡，包括自然死亡和宣告死亡，发生配偶关系消灭的法律后果。这种亲属身份关系的消灭，只消灭配偶之间的亲属身份关系，其他的亲属身份关系仍然存在，例如，配偶一方死亡之后，其子女与其父母之间的亲属身份关系不受影响。

配偶离婚，也发生配偶关系消灭的法律后果。

2. 自然血亲关系的消灭

自然血亲是基于天然的血缘联系而发生的亲属身份关系，因此只能因亲属一方的死亡而消灭，例如，现实生活中经常有所谓的脱离父子关系、母子关系的声明，或者双方自行协议解除自然血亲关系。这种行为没有法律上的效力，同时也违背客观事实。事实上，即使是被他人收养的人，婚姻家庭法认定其与生父母间

---

① 史尚宽. 亲属法论. 台北：荣泰印书馆，1980：70.

的权利义务关系因收养成立而消灭，他们之间的血缘关系也没有消灭，仍然要受近亲结婚的限制。

3. 拟制血亲关系的消灭

拟制血亲关系除因死亡而消灭之外，还可以因法律行为而消灭。拟制血亲因一定的法律行为而产生，也可以因一定的法律行为而消灭，例如，收养关系的解除，收养行为的撤销，都消灭拟制血亲的亲属身份关系。

4. 姻亲关系的消灭

姻亲一般以配偶的死亡或者离婚而消灭。由于各国历史发展和伦理的不同，有的采取消灭主义，有的采取不消灭主义，还有的采取部分消灭主义。我国《民法典》对此没有明确规定，习惯上采取的是有条件的不消灭主义，例如，习惯上对夫死亡后妻不再嫁，妻死后夫未再娶，或者虽然再婚但仍与亡偶的父母等亲属共同生活的，仍视为姻亲关系存在。甚至将对公婆或者岳父母尽了主要赡养义务的丧偶儿媳或者丧偶女婿，规定为第一顺序法定继承人。

五、亲属的范围与法律效力

（一）亲属的范围

1. 对亲属范围的不同规定

亲属的范围，是指国家法律规定发生权利义务关系的亲属的范围。

由于各国历史发展和风俗习惯的差异，立法对法律调整的亲属范围的规定各不相同。对于如何确定亲属范围，国外大致有两种做法。

一是在法律中明文规定亲属范围，如《日本民法典》第725条亲属编首条即规定亲属的范围："下列人为亲属：1. 六亲等内的血亲；2. 配偶；3. 三亲等内的姻亲。"

二是法律不明文规定亲属范围，而规定在各种法律关系时，对其适用的亲属范围加以明确，如《法国民法典》第755条规定："六亲等以外的旁系血亲无继承权，但死者的兄弟姐妹的直系卑血亲除外。但如死者并非无能力立遗嘱，亦未

被剥夺公民权时，十二亲等以内的旁系血亲有继承权。”

2. 我国《民法典》规定的亲属范围

目前立法的实际情况来看，我国婚姻家庭法规定的亲属范围基本明确，即近亲属和其他亲属，这是界定亲属范围的基本依据。具体而言，一是配偶。近亲属的概念中都规定了配偶，配偶属于我国婚姻家庭法确认的近亲属范围。二是父母、子女。父母子女是最为密切的直系血亲，为一亲等直系血亲。父母子女是我国婚姻家庭法确认的近亲属。三是兄弟姐妹。兄弟姐妹是最为密切的旁系血亲，为二亲等旁系血亲，属于我国婚姻家庭法规定的近亲属范围。四是祖父母外祖父母、孙子女外孙子女。祖父母、外祖父母和孙子女、外孙子女是二亲等的直系血亲，属于我国婚姻家庭法规定的近亲属范围。

在编纂《民法典》过程中，曾经想扩大近亲属的范围，婚姻家庭编第二次审议稿草案曾经规定“共同生活的公婆、岳父母、儿媳、女婿视为近亲属”。对此有不同意见：一种意见认为，应当保留这一规定，公婆、岳父母、儿媳、女婿虽然不是血亲而是姻亲，但是这些亲属都是非常重要的家庭成员，将上述姻亲纳入近亲属的范围，可以为人们提供更多的法律选择、更大的保障空间，符合现代家庭伦理关系的发展规律，符合民众的情感需求和权利保障需求。另一种意见认为：将公婆、岳父母、儿媳、女婿视为近亲属虽有一定道理，但不符合法理。法律不规定这些姻亲为近亲属，不影响其作为其他亲属可以享有的权利，也不会影响其在监护、赡养以及权利救济等方面承担的义务。[①] 因此，《民法典》最终未规定一亲等姻亲为近亲属。

3. 我国现行亲属立法的缺陷

由于我国《民法典》只规定了亲属的概念和种类，没有规定亲等、亲系等，因此其对亲属范围的规定比较混乱，主要表现在三个方面。

(1)《民法典》没有规定但应规定的亲属范围。

通过《民法典》婚姻家庭编第三章“家庭关系”对亲属间扶养义务的规定，可以看出我国《民法典》承认的有权利义务关系的亲属范围是配偶、父母、子

① 郭明瑞. 家事法通义. 北京：商务印书馆，2022：67－68.

女、兄弟姐妹、祖父母外祖父母、孙子女外孙子女，不包括姻亲，此外，血亲的范围也很窄。《民法典》还在其他方面对亲属身份关系作了具体规定，如直系血亲和三代以内旁系血亲间禁止结婚，夫妻、父母子女间有相互继承遗产的权利等。但是，《民法典》没有规定配偶的近亲属为近亲属，因而即使一方与对方的近亲属共同生活，也不能成为配偶的家庭成员，相互之间也不发生权利义务关系。这样的规定是有问题的。

（2）法律和司法解释规定的近亲属和其他亲属。

我国《民法典》和司法实践中使用“近亲属”的概念，并在第1045条第2款规定“配偶、父母、子女、兄弟姐妹、祖父母、外祖父母、孙子女、外孙子女为近亲属”，没有界定与近亲属相对应的“其他亲属”，应当将其理解为除了法律规定的近亲属之外的其他所有的亲属。其他亲属是一个不确定的概念，其他亲属相互之间有远近亲疏之分，他们之间以及他们与近亲属之间，在行使权利和承担义务方面都存在区别，这些问题因为法律规定的模糊而无法解决，体现了现行立法在规定亲属范围上的不科学之处。

（3）刑事法规定近亲属。

《刑事诉讼法》第108条第6项规定，“‘近亲属’是指夫、妻、父、母、子、女、同胞兄弟姐妹”。这与《民法典》规定的近亲属范围有较大出入。刑事法上规定某些犯罪的主体与被害人之间须有亲属身份，例如：虐待家庭成员罪和遗弃罪；对于某些告诉才处理的犯罪，在被害人无法告诉时，检察院和被害人的近亲属也可以告诉；等等。由于现行刑事法与民法之间关于亲属范围的规定存在矛盾，对受法律调整的亲属范围规定得不尽一致，易在实务中造成混乱，给司法带来困难。

4. 我国亲属范围立法的改进方向

从上述近亲属范围观察，我国婚姻家庭法规定的近亲属范围较为狭窄，没有将曾祖、曾孙、叔伯、姑舅姨等直系血亲和旁系血亲规定在其中，也没有将姻亲规定在其中。对此，应当进行改进，摒弃以近亲属和其他亲属的概念界定亲属范围的做法，直接规定“五亲等以内的血亲、配偶和三亲等以内的姻亲为亲属”，

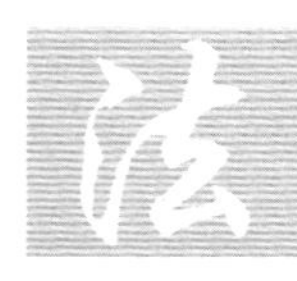

既可以使亲属的范围明确，又便于实践操作，且与世界各国立法相一致。

（二）亲属的法律效力

亲属的法律效力，是指一定范围内的亲属具有的法定权利义务。亲属的法律效力在许多法律中都有表现。

1．民法上的效力

在民法中，亲属的法律效力表现在两个方面。

在亲属关系方面的效力是：

第一，一定范围内的亲属有互相扶养的义务。根据法律规定，我国亲属间的扶养义务有两种：一是无条件的相互扶养义务，即夫妻间的扶养义务，父母对未成年子女或者尚未独立生活的子女的抚养义务，子女对丧失劳动能力的父母的赡养义务。二是有条件的扶养义务，即祖父母、外祖父母与孙子女、外孙子女之间，以及兄姐对于弟妹的扶养义务。

第二，一定范围内的亲属之间有互相继承遗产的权利。按照《民法典》的规定，配偶、父母、子女享有法定的第一顺序的继承权利，祖父母、外祖父母与孙子女、外孙子女以及兄弟姐妹之间，享有第二顺序的继承权利。

第三，一定范围内的亲属有法定的共同财产。在夫妻之间，由于有共同关系，法律规定，如果没有另行约定，其婚后所得财产为共同财产。

第四，一定范围内的亲属禁止结婚。《民法典》第 1048 条规定，直系血亲和三代以内的旁系血亲不得结婚。

第五，一定范围内的亲属应负侵权替代责任。《民法典》第 1068 条规定，未成年子女造成他人损害的，父母应当依法承担民事责任。

在民法其他方面的效力是：

第一，一定范围的亲属对无民事行为能力人或者限制民事行为能力人享有监护权。《民法典》规定，无民事行为能力人或者限制民事行为能力人的近亲属，可以担任其监护人。其他亲属有条件的，也可以担任其监护人。

第二，一定范围的亲属对无民事行为能力人或者限制民事行为能力人享有法定代理权。无民事行为能力人或者限制民事行为能力人实施民事活动，其父母或

者一定范围的亲属对其行使法定代理权，代理其进行民事活动。

第三，一定范围内的亲属可以请求民事行为能力的宣告。精神病人等不能辨认自己行为的人的配偶、父母、成年子女、兄弟姐妹等近亲属，可以向法院申请宣告其为无民事行为能力人或者限制民事行为能力人。

第四，确定法定继承人的范围和顺序。根据一定的亲属身份关系，确定法定继承人的范围和继承顺序。

2. 刑法上的效力

亲属在刑法上的效力是：

第一，刑法规定某些犯罪的构成须以有一定的亲属身份关系为条件。例如，刑法规定的虐待家庭成员罪，必须是在家庭成员之间，即是在亲属之间且须犯罪主体和受害人为一个家庭共同生活的成员之间发生。同样，刑法规定的遗弃罪，其首要构成要件，是行为人与被害人之间存在法定的扶养权利义务，行为人的行为是具有法定扶养权利义务的亲属之间发生的犯罪行为。

第二，在某些犯罪中只有具有一定亲属身份关系的人才能够行使告诉权。刑法将以暴力干涉他人婚姻自由罪和虐待罪，都规定为亲告罪，即必须告诉才受理，因此，对于没有发生被害人重伤、死亡后果的这两种犯罪，只有被害人的近亲属才有权告诉。对于被害人因受强制、威吓而无法告诉的，被害人的近亲属也可以告诉。

3. 诉讼法上的效力

亲属在诉讼法上的效力有五点。

第一，一定的亲属身份是司法人员回避的原因。民事诉讼法、刑事诉讼法和行政诉讼法都规定，审判人员、检察人员、侦查人员是本案当事人的近亲属，或者自己的近亲属与本案有利害关系的，应当回避。

第二，一定范围内的亲属可以担任辩护人。在刑事诉讼中，被告人的近亲属可以担任被告人的辩护人，可代其上诉或者申诉。

第三，具有一定条件的亲属可以代为行使诉讼权利。在民事诉讼中，民事案件当事人如果没有诉讼行为能力，其取得法定代理人身份的亲属，可以代为进行

一切诉讼活动，代为行使诉讼权利，此时其法定代理人的诉讼行为被视为当事人本人的诉讼行为，直接对其产生效果。

第四，一定范围内的亲属可以在公民死亡后提起行政诉讼。按照行政诉讼法的规定，可以提起行政诉讼的公民死亡后，其近亲属可以依法提起诉讼。

第五，一定范围的亲属可以作为死者人格利益的保护人提起民事诉讼。死者的姓名、肖像、名誉、荣誉、隐私以及遗体、遗骨等人格利益受到侵害的，其近亲属为其人格利益保护人，向法院提起民事诉讼。同样，死者的著作权受到侵害的，其近亲属也有权向法院起诉，请求保护。

4. 劳动法上的效力

亲属对劳动法的效力是：

第一，职工供养的配偶和直系亲属在患病时，有权享受医药劳保。

第二，职工死亡时，其生前供养的配偶和直系亲属有权取得一定的抚恤费和救济费。

第三，在国家机关、企业事业单位工作满 1 年的固定职工，与其分居两地的配偶、父母可以享受探亲假。

5. 国籍法上的效力

亲属在国籍法上的效力有三点。

第一，中国国籍的取得依据一定的亲属身份关系。按照规定，父母双方或者一方为中国公民，或者父母无国籍或者国籍不明，定居在中国，本人出生在中国的，可以取得中国国籍。出生在外国的人，除驻在国法律规定出生时就具有外国国籍的以外，只要他的父母有一方为中国公民的，也具有中国国籍。

第二，与中国公民有一定亲属身份关系的外国人、无国籍人可以申请加入中国国籍。按照规定，外国人或者无国籍人是中国公民的近亲属的，可以申请批准加入中国国籍。

第三，与外国人有一定亲属身份关系的人可以退出中国国籍。外国人的近亲属，有中国国籍的，可以申请退出中国国籍。

第三节　家庭与家庭成员

《民法典》特别重视家庭和家庭建设：第 1043 条规定了家庭成员对家庭的职责，第 1045 条则规定了家庭成员及种类。不过，《民法典》对家庭和家庭成员的概念没有定义，对家庭成员与近亲属之间的关系、家庭成员在家庭中的地位和职责，也没有具体规定。婚姻家庭法理论应当认真研究家庭和家庭成员的概念、家庭成员的类型与职责以及家庭管理，这对维护婚姻家庭关系，促进社会文明进步，都具有重要意义。

一、家庭

家庭的法律结构暗含着“家人—陌生人”的差序格局，因此，家庭法必须解决何为家庭、家庭成员，才能为不同类型的社会关系提供规范指引。[①]

（一）家庭概念的发展

《民法典》颁布实施之前，《婚姻法》也提到过家庭，不过，立法的重点不是家庭，而是婚姻。

《民法典》把有关亲属的一编规定为“婚姻家庭”编，强调对家庭的重视，例如规定“家庭受法律保护”，“家庭应当树立优良家风、弘扬家庭美德，重视家庭文明建设”。在这些规定中，没有对家庭作出定义，尚有不足。

1. 国外立法中的家庭

在古罗马时期，人尚未被视作个体，而是被视为所在团体的成员。在这些团体中，就私法地位而言，突出了最大的单位，即国家作为全部罗马市民的团体；

① 申晨. 民法典婚姻家庭编的回归与革新. 比较法研究，2020（5）.

同时，也突出了最小的单位，即家庭。[①] 罗马法有家庭的概念。乌尔比安《论告示》第 46 编规定：由多个人组成的产生于同一遥远的祖先的实体，被称为“家庭”。“广义的家庭”包括所有有血亲关系的人；“狭义的家庭”是指无论是基于自然还是基于法律规定，都处于同一个支配权之下的多个人。[②] 近现代以来，在立法例上，以《德国民法典》为代表的立法，只规定亲属法，不规定家庭法。而《瑞士民法典》把亲属法规定为“家庭法”，其中设置第九章“家庭”，虽然规定了家长权、家庭共同生活成员以及家庭共同财产，却也没有对家庭作出定义。[③] 加拿大《魁北克民法典》也是如此，只规定“家庭编”，没有规定家庭的定义。[④]《菲律宾民法典》第一编“人”第七题规定了“家庭”，其第 216 条规定：“家庭是公共政策珍爱和保护的基本社会组织。”第 217 条规定：“家庭关系包括丈夫与妻子之间的关系；父母与子女之间的关系；其他尊亲属和他们的卑亲属之间的关系；兄弟和姐妹之间的关系。”[⑤]《苏俄婚姻和家庭法典》虽然把“家庭”作为标题内容之一，但其中很少使用家庭的概念，仅见“家庭其他成员”之类的用法。[⑥]

2. 我国古代和近代立法中的家庭

我国古代的宗法，学者认为确立于周代，至周末已告废弛。自此以后，在族制上采取二元制：在一方面，凭借亲属关系而确立男系血亲团体之宗族制，宗族以宗教（祭祖）为其主要目的，兼具经济的、社会的、政治的目的。而在另一方面，则注重家属之实质的共同生活，采取家族制，家之根本要素乃经济的活动，至祖先之祭祀及嫡庶尊卑之序等。[⑦] 因此，我国古代律例使用“家”的概念，有广狭二义：在广义上，总称家系相同的人们为家；在狭义上，将共同维持家计的

---

① ［德］马克思·卡泽尔，罗尔夫·克努特尔. 罗马私法. 田士永，译. 北京：法律出版社，2018：153.

② ［意］桑德罗·斯奇巴尼选编. 婚姻·家庭和遗产继承. 费安玲，译. 北京：中国政法大学出版社，2001：5、7.

③ 瑞士民法典. 于海涌，赵希璇，译. 唐伟玲，校. 北京：法律出版社，2016：45、124、126、128.

④ 魁北克民法典. 孙建江，郭站红，朱亚芬，译. 北京：中国人民大学出版社，2005：46.

⑤ 菲律宾民法典. 蒋军洲，译. 厦门：厦门大学出版社，2011：35－36.

⑥ 苏俄婚姻和家庭法典. 马骧，译，王家福，校. 北京：中国社会科学出版社，1978：26.

⑦ 戴炎辉，戴东雄，戴瑀茹. 亲属法. 台北：自版. 2010：516.

生活共同体称为家。[①]

在 20 世纪初，我国民法西法东渐、变律为法，实现近代化。结合我国传统，借鉴欧陆立法，1911 年《大清民律草案》设置“家制”，于第 1323 条规定：“凡隶于一户籍者，为一家。”1925 年民国《民律草案》“亲属”编也设置“家制”，于第 1063 条规定：“凡隶属于一户籍者，为一家。”1930 年《中华民国民法》亲属编设第六章“家”，于第 1122 条规定：“称家者，谓以永久共同生活为目的而同居之亲属团体。”[②] 这三部法律或者法律草案都对家的概念作出了定义。

（二）家庭的定义

民法领域的家，由于国家和民族的传统不同，而有不同的定义。

广义的家庭，是家族。狭义的家庭，才是当代民法上的家庭。界定家庭的概念，应当从狭义角度出发，不能从广义角度介入。

就一般意义而言，家庭是人类社会发展到一定阶段出现的两性关系和血缘关系共同生活的社会形式。基于家庭的伦理性，家庭得以成为人类社会最古老、延续时间最长的团体构造。[③] 按照立法机关官员的解释，家庭，或可称家，为以永久共同生活为目的而同居的亲属团体。[④] 这一定义，与我国台湾地区民法理论对家的“以永久共同生活为目的而同居之亲属团体”的定义一致。[⑤] 传统的学理观点认为，“家庭的法律概念是指成员间互享法定权利、互负法定义务的共同生活的亲属团体”[⑥]。

新近观点指出，以《民法典》第 1045 条第 3 款规定的家庭成员为基点，家庭是由配偶、父母、子女和其他共同生活的近亲属组成的团体。[⑦] 也有学者认为，原则上应当按照《民法典》第 1045 条第 3 款确定家庭概念的内涵，但是仍

① ［日］滋贺秀三. 中国家族法原理. 张建国，李力，译. 北京：商务印书馆，2013：58－59.

② 杨立新主编. 中国百年民法典汇编. 北京：中国法制出版社，2011：193，335，510.

③ 朱庆育. 民法总论. 北京：北京大学出版社，2013：475.

④ 黄薇主编. 中华人民共和国民法典婚姻家庭编释义. 北京：法律出版社，2020：4.

⑤ 戴炎辉，戴东雄，戴瑀茹. 亲属法. 台北：自版，2010：516.

⑥ 杨大文. 婚姻家庭法. 北京：中国人民大学出版社，2006：3.

⑦ 龙翼飞. 编纂民法典婚姻家庭编的法理思考与立法建议. 法制与社会发展，2020（2）.

然有开放的可能。[①]

依照上述解释，可以得到以下基本共识：家庭是由一定范围内的亲属以共同生活为目的构成的亲属团体。具体来说，家庭的概念包含三层含义。

1. 家庭是独立的亲属团体

组成家庭的亲属包括因婚姻、血缘和法律拟制而产生的亲属，家庭是由在法律上有权利义务关系的亲属构成的团体。家庭虽然没有独立的民事主体地位，但是以享有亲属身份的自然人组成的团体，具有独立性。在此意义上，需要注意家庭与家族的区分。亲属团体的范围有家、族之分。一般的情形下，家为家，族为族。二者的区别体现在：一方面，前者是一个经济单位，属于一个共同生活的团体；后者则是家的综合体，为一个血缘单位，每一个家自为一个经济单位。另一方面，前者是不区分父系、母系的，而后者则只从父亲方面来计算，母亲方面的亲属则被忽略，被认定为外亲。[②]

2. 家庭是以共同居住、生活为目的的亲属组成的生活团体

不是所有的亲属都是家庭的成员，只有存在共同生活目的的亲属共同居住在一起，才能构成家庭，成为亲属的共同生活团体。在这一点上，家庭同样与家族不同。家族不一定是同居的共同生活团体，大多时候每一个家是分居的。家庭则必须是共同生活团体。[③] 至于是否需要永久共同生活，在所不问，只需要永久同居的意思及同居事实。[④]

3. 家庭是由家庭成员组成的社会团体

家庭作为社会的细胞，是一种包括家庭成员进行经济生活、道德情感生活等内容的社会团体，承担着社会人口再生产、组织家庭生产生活和进行家庭教育的三大基本职能，具有重要的社会意义和价值。从这三个方面可以看到，家庭是以共同生活为目的的亲属组合起来的，互享权利、互负义务的亲属团体。正因为家

① 朱晓峰. 民法家庭概念论. 清华法学，2020（5）.

② 瞿同祖. 中国法律与中国社会. 北京：商务印书馆，2010：1，5，7.

③ 瞿同祖. 中国法律与中国社会. 北京：商务印书馆，2010：25.

④ 史尚宽. 亲属法论. 北京：中国政法大学出版社，2000：788.

庭是亲属团体、生活团体、社会团体，又具有这样的重要职能，《民法典》才对家庭特别重视，作出特别规定。

饶有争议的是，家庭是否必须建立在合法的婚姻关系基础上。换一个角度来说，基于非婚同居等不符合法定条件的婚姻关系是否可以建构法律概念上的家庭。一种观点认为，家庭的真正内涵仍是指那些建立于合法婚姻之上结成的以永久共同生活为目的的亲属共同体。而那些不论婚姻是否符合法定条件，有实质同居共处、有永久共同生活愿望的家庭，则属社会意义上的家庭。① 与此形成对照的是，司法实务中，一般认为同居者之间的关系不是家庭关系，在分割财产时应按照共有关系来处理。② 另一种观点则认为，非婚同居的双方如果以共同生活为目的，属于事实上的家庭。③

对此，本书认为，就婚姻家庭法而言，建立在合法婚姻关系基础上的家庭，得到法律的肯认，自不待言。未建立在合法婚姻关系基础上的团体，固然不具有规范意义上的家庭属性，但具备事实意义上的家庭属性。如果一味地将婚姻关系与家庭关系挂钩，反而脱离了社会生活。毕竟，就现状来看，家庭多元化的现象愈发突出，婚姻与家庭二者逐渐呈现的是分离的趋势④，背离趋势不利于维护社会家庭生活形态的稳定性。⑤

有鉴于此，在家庭的类型塑造方面，应当在坚持封闭性的同时，保留一定的开放性空间。⑥ 即使无法通过立法的方式增加法定的类型，也应该允许在界定家

---

① 张燕玲. 家庭权及其宪法保障：以多元社会为视角. 南京大学学报（哲学·人文科学·社会科学），2011（4）.

② 四川省成都市中级人民法院（2021）川01民终3005号民事判决书。

③ 蒋晓华. 价值、类型与规范：《民法典》中的“家庭”构造//王利明主编. 判解研究，2021（2）：171.

④ 冉克平. 夫妻团体法：法理与规范. 北京：法律出版社，2022：282.

⑤ 刘征峰. 家庭法中的类型法定原则：基于规范与生活事实的分离和整合视角. 中外法学，2018（2）.

⑥ 至于如何应对封闭与开放的关系，有两种路径：一是将法源的封闭作为适用的原则，仅在论证有突破封闭之必要时，方可寻求法源的开放；二是将法源的开放作为原则，法官无须论证开放的必要性，但是必须论证封闭的必要性，即法官需要论证为何应排除对民法典其他分编的适用。刘征峰. 民法典中身份关系法律适用的原则与例外. 中国法律评论，2022（4）.

庭概念时具有更大的包容性。只有在完整界定“家庭”概念的基础上，对家庭成员的界定才能够更为准确、圆满。

二、家庭成员的概念

《民法典》第1045条规定，配偶、父母、子女和其他共同生活的近亲属是家庭成员。这是对家庭成员的法律定义，怎样使这个定义更丰满，应当在学理上进一步探讨。

（一）立法例参考

1. 国外

家庭成员这个概念，在各国和地区的民法典中较少使用。

一是以《俄罗斯联邦民法典》为代表的苏联加盟共和国独立后的国家或者受其法律影响的国家，认为婚姻家庭法不属于民法典的范畴，仅在婚姻家庭法中规定类似概念。《苏俄婚姻和家庭法典》第十章使用了“家庭其他成员”的概念，概括的是配偶以及父母与子女之外的家庭成员，但是没有用过家庭成员的概念。①

二是大多数欧陆国家民法典不规定家制，只有少数规定家制，但用“家属”的概念而代之，如《韩国民法典》第779条。②

三是规定家制国家的民法典，不直接使用“家庭成员”的概念，使用的是“家庭共同生活成员”或者“家庭共同生活的人”，如《瑞士民法典》第131条和第132条。③

2. 我国

我国古代律典使用“家长”和“家属”的概念，家长享有父权，家属服从于父权支配。至《大清民律草案》和《民国民律草案》，虽然借鉴大陆法系民法的亲属法，但在家长和家属的概念上还存在部分封建的内容。

---

① 苏俄婚姻和家庭法典. 马骧，译. 王家福，校. 北京：中国社会科学出版社，1978：26.

② 韩国最新民法典. 崔吉子，译. 北京：北京大学出版社，2010：231.

③ 瑞士民法典. 于海涌，赵希璇，译. 唐伟玲，校. 北京：法律出版社，2016：126.

1930 年《中华民国民法》规定的家长和家属概念已经实现了现代化，成为民主家制的组成部分。国民政府《中央执行委员会、政治会议法律组亲属法先决各点审查意见书》第八点谓“家制应设专章规定之”，其理由曰：“我国家庭制度为数千年社会组织之基础，一旦欲根本推翻之，恐窒碍难行，或影响社会太甚，在事实上，似以保留此种制度为宜。在法律上自应承认家制之存在，并应设专章详定之。”① 所以，家制、家长、家属的概念均非封建社会民法专用。

在当代，使用家庭成员的概念或者家属的概念，其实并无质的区别。有疑虑的是，将家庭成员称为家属，就必然要与家长相对应，而家长就具有非民主性的嫌疑。其实，步入近现代之后，社会生活和家庭结构发生重大变化，父权和家父制已经消失。有学者认为，在大陆法系国家和地区的旧民法中，仍有家长制的相关规定，现在的新民法已基本上没有相关规定。② 这种说法并不准确，家庭作为一个亲属团体，终究要有代表人，将其称为家长也没有什么不妥，即使把家庭成员称为家属，家长与家属之间也不存在支配与被支配的关系，并非封建旧家制的复活。

（二）对家庭成员的定义

学理上对家庭成员的定义，应当在《民法典》第 1045 条第 3 款关于家庭成员表述的基础上，进一步精确。

按照条文的规定，家庭成员就是配偶、父母、子女和其他共同生活的近亲属。全国人大常委会法工委对婚姻家庭编的释义，就是采取这一条文的规定作为家庭成员的定义。③ 最高人民法院对《民法典》婚姻家庭编的理解，也采取这种方法来界定家庭成员的概念。④ 中国社会科学院法学研究所的学者没有对家庭成员概念进行界定，直接使用的就是这一条文的内容。⑤ 看起来，在学理上对家庭

① 转引自戴炎辉，戴东雄，戴瑀茹. 亲属法. 台北：2010：518。

② 黄薇主编. 中华人民共和国民法典婚姻家庭编释义. 北京：法律出版社，2020：4.

③ 黄薇主编. 中华人民共和国民法典婚姻家庭编释义. 北京：法律出版社，2020：25.

④ 最高人民法院民法典贯彻实施工作领导小组. 中华人民共和国民法典婚姻家庭继承编理解与适用. 北京：人民法院出版社，2020：49.

⑤ 薛宁兰，谢鸿飞主编. 民法典评注·婚姻家庭编. 北京：中国法制出版社，2020：49.

成员的定义，与立法对家庭成员概念的界定是一致的。但其实不然，因为这样的定义并没有把家庭成员的概念准确界定。

依照《民法典》的规定，家庭成员首先应当是近亲属，不是近亲属就不能成为家庭成员。例如，将他人遗弃的孩子养在自己家里，即使感情再深厚，也不能称其为家庭成员，但是他自己又没有家庭，没有一个家庭的归属，成为“没有家的孩子”。至于近亲属之外的血亲、姻亲，当然也不能成为家庭成员。对此，我国台湾地区民法理论关于“同家之人，除家长外，均为家属”的定义，就具有更大的包容性。“同家之人”的人，是亲属团体的人，因此是亲属，且同家，就是家属。至于非亲属，其主张“虽非亲属，但以永久共同生活为目的的同居一家者，视为家属”，更是值得赞赏，使“没有家的孩子”有家可归。

因此，本书认为，学理上的家庭成员，是指在同一家庭中永久共同生活的亲属或者非亲属，包括基本家庭成员、其他家庭成员和准家庭成员。

三、我国家庭成员的基本类型

（一）《民法典》第1045条规定的家庭成员类型存在的问题及成因

依照《民法典》第1045条第3款的规定，我国家庭成员的基本类型分为两种：一是家庭基本成员，即配偶、父母、子女，即使不在同一个家庭共同生活，也是家庭成员；二是其他家庭成员，即配偶、父母、子女之外的其他近亲属，在一起“共同生活”的，也是家庭成员。

上述对家庭成员的分类是不完善的，存在的缺陷主要表现在以下几个方面。

1. 近亲属之外的直系血亲即使共同生活也不能成为家庭成员

由于《民法典》界定的家庭成员过于狭窄，因而即使近亲属以外的其他直系血亲健在并且在同一个家庭共同生活，也不能成为家庭成员。例如，曾祖父母、曾外祖父母与曾孙子女、曾外孙子女，甚至高祖父母、高外祖父母与玄孙子女、玄外孙子女，在四世同堂或者五世同堂的家庭中共同生活，由于不是近亲属，所以不能成为家庭成员。

2. 三亲等以内的其他旁系血亲即使共同生活也不能成为家庭成员

对三亲等以内的旁系血亲，即使在同一家庭共同生活，也不能成为家庭成员。例如，伯叔姑舅姨与侄子女和甥子女等，都没有成为家庭成员的资格。即使姑妈与侄子女、姨妈与甥子女同居一家，长期共同生活，只要没有办理收养关系，就不能成为家庭成员，有悖于民族的传统观念。

3. 同居一家共同生活的姻亲是否为家庭成员不明确

对同居一家共同生活的姻亲能否构成家庭成员，《民法典》的规定并不明确。例如，配偶一方的父母为直系血亲，是对方配偶的姻亲，当同在一家共同生活时，由于与公婆或者岳父母不是近亲属，是否能为家庭成员，不得而知。同样，妻子与己方的外祖父母、外孙子女甚至妻之兄弟姐妹在同一个家庭共同生活，他们与妻的己方并不是近亲属，能否成为家庭成员，更是存在疑问。

关于姻亲是否作为近亲属发生权利义务关系，有不同的立法例。我国立法认姻亲为亲属但不是近亲属，会使亲属关系产生混乱，实践中的做法也不将“公婆、岳父母、儿媳、女婿”等作为近亲属对待。① 但日本等国家则认为三亲等以内的姻亲是亲属，发生权利义务关系。

按照这样不同的规定，在同一个家庭共同生活的姻亲，不将其作为家庭成员，相互之间就没有权利义务关系，儿媳对公婆、女婿对岳父母之间无论是否在一起共同生活，都不是近亲属，即使对公婆、岳父母尽到义务，也是替配偶履行。这是有悖于情理的。在同一个家庭共同生活的姻亲，是对方配偶的近亲属，无论是迎娶还是入赘，或者夫妻另居他处，公婆或者岳父母应当是家庭成员，产生家庭成员之间的身份地位和权利义务关系。《民法典》对此没有明确规定，是存在缺陷的。

4. 离开家庭单独组成家庭的子女认定为家庭成员形成身份重合

对离开家庭共同生活未建立家庭的子女，认定为家庭成员是适当的，但对结婚后离家结婚另过的子女仍然认定为家庭成员，将形成双重家庭成员身份，发生身份重合。例如，婚后与父母分居的子女，既是父母家庭的成员，也是自己家庭

① 黄薇主编．中华人民共和国民法典婚姻家庭编释义．北京：法律出版社，2020：25.

的成员；向上推衍，父或者母与他们非共同生活的祖父母、外祖父母也是同一个家庭的成员，都具有家庭成员的双重性。这使家庭成员的身份和职责形成交叉，没有清晰的界限，难以界定其应当对哪个家庭承担职责。

5. 在同一个家庭共同生活的非亲属被排除在家庭成员之外

在现实生活中，确有在同一个家庭共同生活的非亲属存在。例如，没有办理收养关系养育的弃婴等，虽然在同一个家庭长期共同生活，因为非亲属的身份，按照《民法典》第 1045 条第 3 款的规定，显然不是家庭成员。其在特定的家庭中生活却没有家庭成员的地位，也没有对家庭的职责，就会在家庭关系中“脱法”，使他们对家庭的职责没有约束。

家庭成员划分类型存在上述问题的原因有三点。

第一，《民法典》对近亲属的范围界定得过窄。发生身份权利义务关系的近亲属只包括配偶、父母、子女、兄弟姐妹、祖父母、外祖父母、孙子女、外孙子女，把曾祖父母、曾外祖父母与曾孙子女、曾外孙子女，高祖父、高外祖父与玄孙子女、玄外孙子女等直系血亲，都排除在近亲属之外。由此，在四世同堂、五世同堂的家庭中共同生活的亲属，必有一些不是家庭成员。将必要范围的旁系血亲也排除在近亲属之外，后果是一样的。可见，《民法典》对近亲属的范围限制得过于狭窄，与民间习惯不符，显然是不当的。[①]

第二，对姻亲的家庭成员地位没有重视。对于姻亲家庭成员，《民法典》虽然没有明文规定，但认可他们是家庭成员，是维护亲属伦理和家庭共同生活秩序所必需。配偶的近亲属虽然不是对方配偶的近亲属，但是是配偶的近亲属，配偶之间又是近亲属，近亲属的近亲属在同一个家庭共同生活，应当成为家庭成员。当然，依据逻辑上的推论可以认定具有密切关系的姻亲可以成为家庭成员，但是这一推论繁杂。《韩国民法典》第 779 条第 1 款第 2 项界定姻亲为“家属”的方法，值得借鉴，不会出现上述问题。

第三，对家庭成员概念的界定也过于狭窄、粗疏。可以看到，《民法典》第 1045 条对家庭成员范围的界定以近亲属为基础，因而更加狭窄，规则过于

① 杨立新，李怡雯．中国民法典新规则要点．北京：法律出版社，2021：533.

简陋，法理基础不足，类型划分不全，有进行完善的必要。对此，我国台湾地区民法理论关于“同家之人，除家长外，均为家属”的定义，虽然有家长、家属之分，但这样的表述方式显然更为简洁、准确、实用。按照《民法典》对家庭成员的界定，同居一家共同生活的亲属就是家庭成员，显然更容易被理解和掌握。

（二）我国亲属关系传统的影响与外国立法借鉴

1. 我国亲属关系传统的影响

我国古代民间习俗，确定亲属之间身份地位和权利义务关系的基础是服制。

基于我国的五服制，在本宗者，依其直系与旁系，及世数如何，有亲疏重轻之别。为直系尊亲属服丧，因尊尊之义，纵令稍为与旁系血亲服丧不同；但仍依世代之远近，而异其丧服或异其丧期。在旁系血亲，其丧服共有四等：一为齐衰不杖期（简称为期），二为大功，三为小功，四为丝麻。其对最近共同始祖，与自己在同一世数（同辈）之旁系血亲，以两者距同源之直系血亲之世数，为此两者之世数，而定其服制。[①]

五服的具体内容是：

斩衰：为三年之服。丧服以粗麻布制作，且不缝下边。如子与在室女为父母丧，嫡孙为祖父母丧，妻为夫丧，有斩衰三年之服。

齐衰：服期长短有别，丧服以稍粗麻布制作。齐衰有杖期（一年之服，持丧杖）、不杖期（一年之服，不持丧杖）、五月、三月之别。如子为出母、嫁母丧，夫为妻丧（父母不在时），有齐衰之服。孙为祖父母丧，出嫁女为父母丧，夫为妻丧（父母在时），有齐衰不杖期之服。曾孙、曾孙女（在室）为曾祖父母丧，有齐衰五月之服。玄孙、玄孙女（在室）为高祖父母丧，有齐衰三月之服。

大功：为九月之服，丧服以粗熟布制作。如妻为夫之祖父母丧，父母为众子妇丧，有大功之服。

小功：为五月之服，丧服以稍粗的熟布制作。如己身为伯叔祖父母、堂伯叔父母丧，妻为夫之伯叔父母丧，有小功之服。

---

① 戴炎辉，戴东雄，戴瑀茹．亲属法．台北：自版，2010：33.

缌麻，为三月之服，丧服以稍细的熟布制作。如己身为族伯叔父母丧，为妻之父母丧，有缌麻之服。①

按照五服之制，男系直系血亲为己身以上为父、祖父、曾祖父、高祖父、高祖父之父，己身以下为嫡子、嫡孙、曾孙、玄孙、来孙。男系旁系血亲为：以己身为例，包括兄弟、从兄弟、再从兄弟、三从兄弟和四从兄弟；同一祖先的其他旁系血亲，例如同一祖父的旁系尊血亲为伯叔，旁系卑血亲为侄。

自西法东渐以来，我国社会就告别了五服制，采用欧陆亲等制，《大清民律草案》第1317条规定：四亲等内之宗亲、夫妻、三亲等内之外亲、二亲等内之妻亲为亲属。父族为宗亲，母族及姑与女之夫族为外亲，妻族为妻亲。民国《民律草案》第1055条对亲属的规定与《大清民律草案》的规定相同。② 1930年《中华民国民法》没有采取上述办法规定，直接规定直系血亲、旁系血亲以及姻亲，然后规定“家”。

新中国成立后，废除了国民政府“六法全书”，自此，在我国法律上既不存在五服制，也不存在家制。③ 不过目前，五服观念在广大农村以及部分城市仍具有广泛影响，虽然按照《民法典》的规定三代以内的近亲属方具有亲属的身份地位和权利义务关系，但对五服之内的亲属仍承认为亲属，并与之存在习惯法上的权利义务关系。

我国历史上的亲属关系的传统和风俗习惯，对于认定家庭成员不无影响。

2. 对境外立法的借鉴

《韩国民法典》第779条规定：“以下为家属：1. 配偶、直系血亲及兄弟姐妹；2. 直系血亲的配偶、配偶的直系血亲及配偶的兄弟姐妹；3. 第一款第二项仅限于共同生活情形。”④ 借鉴这样的立法例，就能够解决《民法典》第1045条

---

① 五服之制，见马忆南. 婚姻家庭继承法. 5版. 北京：北京大学出版社，2023：54－55。

② 杨立新主编. 中国百年民法典汇编. 北京：中国法制出版社，2011：193，336.

③ 彼时，婚姻法实现了由家族主义向个人主义的彻底转型，法律不认可家的存在，主要承认夫妻关系与亲子关系，以至于我们的婚姻家庭法中没有家户的地位。金眉. 婚姻家庭立法的同一性原理. 法学研究，2017（4）.

④ 韩国最新民法典. 崔吉子，译. 北京：北京大学出版社，2010：231.

规定家庭成员存在的前四个缺陷，近亲属之外的直系血亲、三代以内的旁系血亲，直系血亲的配偶如儿媳，配偶的直系血亲如公婆、岳父母等，以及配偶的兄弟姐妹，即妻兄妻弟、姨姐姨妹，只要在同一个家庭共同生活，就应当是家庭成员。不过，韩国法规定的家属有两点值得注意：一是所有的直系血亲都是家庭成员，不限于在一起共同生活；二是兄弟姐妹也是家庭成员，不在同一家庭共同生活也不改变家庭成员的身份。

如果借鉴《韩国民法典》对家属概念界定的合理的部分，构建我国的家庭成员类型，就会形成逻辑关系自洽、范围适当、符合我国国情的家庭成员的类型。

（三）对家庭成员类型的应然划分

依照《民法典》第1045条的规定，以及基于上述分析论述，本书提出对家庭成员的类型作出以下划分。

1. 基本家庭成员

配偶、直系血亲是家庭成员中的基本成员。为什么要把“父母和子女”改为“直系血亲”，是因为所有的直系血亲只要健在，就都是基本家庭成员，其中当然包括父母和子女，以及其他直系血亲。

这样界定基本家庭成员的优势是：

第一，配偶当然是基本家庭成员，而且是家庭的核心，不必赘述。

第二，规定直系血亲是基本家庭成员，使之能够包括祖父母、外祖父母、孙子女、外孙子女，曾祖父母、曾外祖父母与曾孙子女、曾外孙子女，高祖父、高外祖父与玄孙子女、玄外孙子女，无论是四世同堂还是五世同堂，他们都是基本家庭成员。

第三，基本家庭成员不论是否在一起共同生活，身份不变，即使不在一个家庭共同生活，也仍然是基本家庭成员。例如，子女成年后，不再与父母一起共同生活，仍然是基本家庭成员。即使子女成年离家后与配偶结婚，成立新家庭，也还是父母家庭的基本家庭成员。

第四，对基本家庭成员作这样的界定，尽管存在基本家庭成员身份重合和交

叉的问题，但只要秉持其对共同生活的家庭负主要职责，对非共同生活的家庭负次要职责，还是可以理顺关系的。

2. 其他家庭成员

其他家庭成员，不应仅指在同一个家庭中共同生活的其他近亲属，还应当包括其他亲属。

成为其他家庭成员应当具备的条件：一是须为其他亲属；二是须在同一个家庭中共同生活，不在同一个家庭共同生活的，即使是其他亲属，也不是其他家庭成员。

能够作为其他家庭成员的亲属包括两类。

（1）三亲等以内的旁系血亲。

《韩国民法典》把兄弟姐妹规定为基本家庭成员，我国将其作为近亲属，但不作为基本家庭成员。《民法典》这样规定的原因是，兄弟姐妹在同一家庭共同生活，当然是家庭成员；已经离家另过的兄弟姐妹将尚未离家的兄弟姐妹作为家庭成员亦无不可；但是，当兄弟姐妹均有自己的家庭时，再认其为家庭成员就存在问题，应当作为其他家庭成员。

兄弟姐妹以外的旁系血亲，主要是伯叔姑舅姨与侄子女、甥子女，这是除兄弟姐妹之外的关系最近的旁系血亲，在民间也算至亲。在《民法典》已经将其规定为代位继承人后，更有理由认为他们具备家庭成员资格，只要在同一家庭共同生活，就是其他家庭成员。

（2）关系密切的姻亲。

依照《民法典》的规定，姻亲不是近亲属，但是配偶的近亲属。尽管《民法典》第 1045 条第 3 款没有明确规定其是否为家庭成员，但是，只要在同一个家庭共同生活，就不能不认为其是家庭成员。不过，由于姻亲与血亲不同，只要不在同一个家庭共同生活，姻亲就不能成为基本家庭成员，只能成为其他家庭成员。

姻亲作为其他家庭成员的范围可分为三类。

一是直系血亲的配偶。子女、孙子女等的配偶是姻亲，在同一家庭共同生

活，当然是家庭成员；不在同一家庭生活的，不能认为是家庭成员。

二是配偶的直系血亲。配偶的父母、祖父母、外祖父母、曾祖父母、曾外祖父母等，如果在同一家庭共同生活，当然也是家庭成员；如果不在同一家庭共同生活，不能认定为家庭成员。再婚的夫或者妻，与继子女形成抚养关系的，为基本家庭成员，未形成抚养关系的只是姻亲，如果在同一家庭共同生活，也是其他家庭成员，没有共同生活的不是家庭成员。

三是配偶的兄弟姐妹。配偶的兄弟姐妹也是姻亲，只要在同一家庭共同生活，就其他家庭成员。

3. 准家庭成员

在同一个家庭中共同生活的非亲属，例如超过五服的其他亲属，或者没有办理收养关系养育的弃婴等，尽管不符合《民法典》第 1045 条规定的范围，但按照民间习俗和伦理道德，应当有家庭成员的身份。《民法典》没有这样的规定，可以视其为家庭成员，是准家庭成员，对家庭负有职责。需要注意的是，这里视为家庭成员不是推定，而是拟制。拟制是对已知的虚构，推定是对未知的断定。将不具有家庭成员身份的主体认定为家庭成员，属于法律上的拟制，而不是一种可以反驳的推定。[①]

在司法实践中具体认定时，可以认为，非亲属如果同居一家共同生活，且有长久生活目的，即可视为家庭成员。在这一点上，“福建闽南接脚夫案”可资参考。“接脚夫”指的是，儿子死亡后，由父母为其儿媳招赘的继任丈夫。该丈夫将享有与其儿子同等的权利，比如财产继承，也承担相同的义务，比如养老、抚孤等。由此可见，“接脚夫”这一风俗是一种既不违法律又符合伦理纲常的多方共赢的“残缺家庭重组模式”。在“福建闽南接脚夫案”中，作为“接脚夫”的小邵拒绝对刘老汉（妻子的公公）履行赡养义务，由此成讼。法院最终参考当地民俗以及本案的实际情况，判令小邵履行赡养义务。[②]

---

① 税兵. 超越民法的民法解释学. 北京：北京大学出版社，2018：89－90.

② 陈国猛，黄鸣鹤. 习惯在司法过程中的适用：以厦门法院的司法调解与判决为分析样本. 法律适用，2015（11）.

这样划分家庭成员的类型，概括了全部家庭成员的实际情况，不仅解释了《民法典》第 1045 条关于家庭成员的规定，确定了家庭成员的不同类型，还将没有规定的直系血亲或者旁系血亲甚至没有亲属关系的人，如果在同一个家庭共同生活，视为家庭成员，享有家庭成员的身份地位，存在亲属法上的权利义务关系。这样就能补充《民法典》第 1045 条第 3 款关于家庭成员的规定存在的缺陷，不仅符合法理，还体现了民间亲属的习俗和伦理，是十分必要、非常正确的做法。

四、家庭成员对家庭应负的职责

《民法典》规定了家庭成员的概念，却没有明确规定家庭成员对家庭的职责。把《民法典》关于维护家庭关系、保持优良家风等规定归纳起来，可以确定家庭成员对家庭的职责。

（一）家庭成员对家庭的职责的性质

确定家庭成员对家庭的职责，应当适用《民法典》第 1043 条规定，即："家庭应当树立优良家风，弘扬家庭美德，重视家庭文明建设。""夫妻应当相互忠实，互相尊重，互相关爱；家庭成员应当敬老爱幼，互相帮助，维护平等、和睦、文明的婚姻家庭关系。"

对《民法典》第 1043 条关于家庭成员对家庭负有职责的规定，究竟是道德规范，还是法律规范，有不同见解。有的认为属于倡导性、宣示性条款，体现了法治和德治结合并举的精神。[①] 也有的认为，条文中所用"应当"一词的含义，不宜与法律规范中的"应当"画等号，亦即此所谓"应当"并不直接在主体之间产生法律上的义务，而应将其理解为夫妻间的道德义务。[②] 也有的观点认为，这一道德义务指向的是"社群"的对世义务，而非针对个体的义务，比如树立优良

---

① 最高人民法院民法典贯彻实施工作领导小组. 中华人民共和国民法典婚姻家庭编继承编理解与适用. 北京：人民法院出版社，2020：36. 申晨. 民法典婚姻家庭编的回归与革新. 比较法研究，2020（5）.

② 薛宁兰，谢鸿飞主编. 民法典评注・婚姻家庭编. 北京：中国法制出版社，2020：36.

家风等。[①] 立法机关的官员也认为这“是关于婚姻家庭道德规范的规定”[②]。上述见解的依据之一是最高人民法院《关于适用〈中华人民共和国婚姻法〉若干问题的解释（一）》第3条关于“当事人仅以婚姻法第四条为依据提起诉讼的，人民法院不予受理；已经受理的，裁定驳回起诉”的规定。[③]实际上，这一规定不妥，已经被新的《婚姻家庭编解释一》删除，不能再以此为根据，认为这一条文是倡导性的道德义务。

本书认为，将《民法典》第1043条理解为具有倡导性的道德规范是不当的。

一方面，应当肯定《民法典》第1043条规定的内容，是家庭成员对家庭应尽的职责，而不仅仅是一般的倡导性规范。倡导性规范，就是示范性规范，是没有强制性的，例如《民法典》合同编的大部分规范都是倡导性规范，可以这样做，也可以不这样做，只要不违反法律的强制性规范就可以。而家庭成员对家庭的职责并非如此，不可以选择其他方法进行或者根本就不履行。例如，夫妻之间的互相忠实、互相帮助、互相关爱义务规定，虽然具有倡导性，但是，违反忠实义务，违反互相帮助和互相关爱义务，有身份权请求权作为保护方法，受到损害的，还可以行使侵权请求权保护自己的权利。可见，这一规范并非只具倡导性和示范性，还具有相当的强制性。

另一方面，《民法典》第1043条规定的家庭成员的职责，是跟通过近亲属之间的权利义务以及违反义务的责任相配合而发挥作用的。树立优良家风，建设美好家庭，看似不具有强制性，但是，优良家风、家庭美德、家庭文明都体现在《民法典》规定的亲属权利义务关系中，没有配偶权、亲权、亲属权的义务履行，优良家风、家庭美德、家庭文明就是一句空话，而败坏家风、损害家德和破坏家庭文明的行为，都是违反亲属义务的行为。特别明显的事例是，夫妻应当互相忠实、互相关爱、互相帮助，这是家庭家风建设的核心义务，如果夫妻一方违反忠

① 温世扬.《民法典》视域下身份权的教义重述.现代法学，2022（4）.

② 黄薇主编.中华人民共和国民法典婚姻家庭编释义.北京：法律出版社，2020：15.

③ 最高人民法院民法典贯彻实施工作领导小组.中华人民共和国民法典婚姻家庭编继承编理解与适用.北京：人民法院出版社，2020：36.

实义务，抛弃对方，违反相互帮助的义务，就是侵害身份权的行为，被侵权人不仅可以依据身份权请求权或者侵权请求权予以救济，情节严重的甚至要求其承担刑事责任。因此，该条文中的“应当”绝不只是倡导和示范，其具有强制性，只是要配合《民法典》以及相关法律的其他规定共同实现而已。

（二）家庭成员对家庭的概括性职责

关于《民法典》第1043条的规定，本书更希望强调这一规定的功能特性。这一条文是对家庭以及夫妻和家庭成员关系的规定[①]，实质上是关于家庭成员对家庭的职责的规定。申言之，该规定导入“家庭”这一主体，将家庭作为一个基本单位，由其作为权利义务的承载主体。不同于传统私法上强调法人、非法人组织这类团体对外与第三人的关系，该规定主要强调如何维护家庭这一团体本身的整体性，而这是借助内部成员之间的权利义务关系来完成的。

1. 树立优良家风，弘扬家庭美德，加强家庭文明建设

《民法典》第1043条第1款，似乎是在规定家庭的义务，因为主语是家庭，但实质上是在规定家庭成员在家庭生活中的职责，也就是树立优良家风，弘扬家庭美德，加强家庭文明建设。

家风，是家庭成员在长期共同生活中形成的价值观、生活作风、生活方式、行为准则和生活习惯的总称。[②] 家风作为一个家庭的风气、风格与风尚，为家庭成员树立无形的却又无处不在的价值准则。[③] 把包括优良家风和家庭美德在内的家庭文明建设上升为《民法典》婚姻家庭编的倡导性规范，是法律与道德共同作用于家庭建设，促进家庭关系和谐发展的体现。[④] 优良的家风是家庭和谐与平安的支撑，对于塑造和培养家庭成员高尚品格和良好行为具有重要意义，能够传承和弘扬中华民族传统家庭美德，在家庭文明建设中注入时代精神。同时，家风也是社会风气的重要组成部分，家风培育民风，好家风促进社会风气进步。

---

① 杨立新．中华人民共和国民法典条文要义．北京：中国法制出版社，2020：741.

② 曾钊新．论家风．社会科学辑刊，1986（6）.

③ 黄薇主编．中华人民共和国民法典婚姻家庭法释义．北京：法律出版社，2020：16.

④ 薛宁兰，谢鸿飞主编．民法典评注．婚姻家庭编．北京：中国法制出版社，2020：34.

家风的核心，是与伦理、道德密切相关的价值观，是一个家庭内在的精神动力，更是生活于其中的家庭成员立身处世的行为准则。对于影响家风建设的行为要进行批评，对于败坏家风的行为应当依法谴责，共同完成树立优良家风，弘扬家庭美德，建设家庭文明的目标，使每一个家庭成员的个人修养、道德品行都在善良家风的引导下，受到潜移默化的影响；优良家风在代与代之间不断继承发展，形成精神力量，产生道德的约束力，推动建设美好的家庭关系。

家庭成员在家庭共同生活中，应当遵守这样的价值准则，负有家风建设的职责。一方面，自己要践行建设家风的职责，不损害家庭的优良家风；另一方面，要督促和监督共同生活的家庭成员搞好家风建设，尽到建设优良家风的职责。

2. 夫妻互相忠实、互相尊重、互相关爱

家庭成员履行对家庭的职责，首要的是夫妻要履行对家庭的职责。这是因为，夫妻是家庭的核心成员，对于建设优良家风、文明家庭，应当起到引领和表率作用，这样才能带动家庭的文明建设。

夫妻的职责是：在夫妻关系上，应当互守诚信，互负忠贞，不为婚外性行为；在生活中，应当相互关心、相互体谅、相互慰藉、相互扶助，不得遗弃另一方配偶；在社会交往中，应相互尊重，平等协商，通力合作，不得为他人利益牺牲或损害另一方配偶利益。[①] 只有履行好夫妻的职责，夫妻才能建设好家庭的坚强核心，用自己的模范行为，引导全体家庭成员共同做好家风和家庭文明建设。

3. 尊老爱幼，互相帮助，维护平等、和睦、文明的家庭关系

家庭是组成社会的细胞，家庭和睦是整个社会安定的重要基础。个人作为家庭这一共同体的成员，必须为共同体的维系履行相应的义务，承担相应的责任。[②] 也就是说，所有家庭成员，无论是基本家庭成员、其他家庭成员还是视为家庭成员，都负有尊老爱幼，互相帮助，共同维护平等、和谐、文明的家庭关系的职责。

---

① 薛宁兰，谢鸿飞主编. 民法典评注·婚姻家庭编. 北京：中国法制出版社，2020：36.

② 范佳洋. 家庭法中的家庭角色变迁：以国家整合为视角. 浙江大学学报（人文社会科学版），2022（6）.

首先，尊老爱幼既是家庭成员的道德义务，也是家庭成员的法律职责。一方面，家庭成员应当依照《老年人权益保障法》的规定，尊重、关心和照料老年人，履行赡养老年人的法定义务，具体包括经济上供养、生活上照料和精神上慰藉这三个方面的内容，履行对老年人法定的尊老、爱老、养老的职责。另一方面，家庭中的未成年成员不仅是自己家族延续的希望，更是国家和民族强盛的寄托。家庭成员应当依照《未成年人保护法》的要求，对未成年成员履行法定的优先和特殊保护职责。父母或者其他监护人要把对未成年人的抚养、教育、保护等监护职责具体化，实施落实，其他家庭成员也应履行关爱和保护未成年成员的法律职责，不得侵害未成年家庭成员的合法权益。

其次，互相帮助是所有家庭成员对家庭的职责，也是家庭成员相互之间应当履行的义务。帮助，就是替人出力、出主意或给予物质上、精神上的支援。互相，是两个或两个以上的彼此联系的人或物中的每一个，表示彼此对待的关系。互相帮助的职责应当落实到每一个家庭成员的身上，就是因为家庭是亲属共同生活的团体，成员相互都有血缘关系或者其他亲属关系，即使没有亲属关系的视为家庭成员，也由于在同一个家庭中共同生活，相互之间也应当善尽帮助之责。每一个家庭成员都负有相互帮助的职责，在需要的时候，要给以物质上和精神上的支援。

最后，维护平等、和睦、文明的婚姻家庭关系，是每一个家庭成员的职责。这一职责表达的是《民法典》倡导的夫妻之间、父母子女之间，以及其他共同生活的家庭成员之间相亲相爱、互帮互助等伦理要求的立法目的与宗旨。[①] 家庭成员通过履行自己对家庭的职责，自觉地维护家庭平等的相互关系、和睦的生活环境、文明的生活习惯。维护这样的家庭关系，使每一个家庭成员生活幸福安康，家庭积极向上，为社会的文明和进步作出贡献。就此而言，有关祖父母、外祖父母隔代探望权这一议题可以作为典型例证。我国《民法典》未对此作出明确的规定，在实践中争议颇多。如果从权利角度切入，易引起冲突与对抗，还会使子女

---

① 余延满. 亲属法原论. 北京：法律出版社，2007：52.

的最大利益处于被遮蔽的状态。[①] 但是借助优良家风条款，从巩固家庭共同体出发，以家庭成员的职责为切入点，可以弥补这一制度漏洞，改善权利进路带来的困境。[②]

（三）家庭成员对家庭的具体性职责

家庭成员，除了依照《民法典》第 1043 条的规定履行对家庭的职责，还要依法履行近亲属之间的法定义务，即在配偶之间、父母与未成年子女之间以及其他近亲属之间的义务。这些法定义务虽然是对近亲属的要求，但就共同生活的家庭而言，也是近亲属对家庭负有的职责。

1. 配偶之间

对配偶之间的权利义务，《民法典》第 1055 条至第 1066 条作了具体规定，在家庭共同生活中，配偶应当依照规定，相互履行义务，同时也享有权利。

2. 父母与子女之间

对父母与子女之间的亲权关系，《民法典》虽然将未成年子女和成年子女的要求规定在一起，但是仍然应当而且能够分清亲权和亲属权之间的界限，权利义务关系也能清晰确定。在家庭生活中，父母对未成年子女必须履行亲权义务，抚养、教育、保护未成年子女健康成长。[③] 在子女成年后，父母子女之间不再是亲权关系，而是亲属权关系，按照《民法典》第 26 条第 2 款的规定，成年子女必须对父母善尽赡养、扶助和保护义务。

3. 其他近亲属之间

对于兄弟姐妹之间，以及祖父母、外祖父母与孙子女、外孙子女之间的扶养权利义务，《民法典》的规定不尽如人意。第 1074 条就祖父母、外祖父母对未成年的孙子女、外孙子女的抚养义务，以及孙子女、外孙子女对祖父母、外祖父母的赡养义务，都作了严格的限定条件；第 1075 条对兄弟姐妹之间的扶养义务也

---

① 李贝.《民法典》时代隔代探望纠纷的裁判思路：从权利义务向义务进路的转向. 法商研究，2022 (4).

② 张力. 我国《民法典》中优良家风条款的规范效力. 暨南学报（哲学社会科学版），2022 (3).

③ 以家庭为核心概念和辐射源的功能主义的解释模式，可以作为方法论上他人负有作为义务的论证路径。就家庭而言，父母必须保证子女的法益安全，这是通过生育制度使社会得以更替和维持的必要条件。车浩. 法教义学与社会科学：以刑法学为例的展开. 中国法律评论，2021 (5).

作了限定规定。例如，祖父母、外祖父母对未成年的孙子女、外孙子女扶养义务的限定条件，一是有负担能力，二是父母已经死亡或者父母无力抚养；孙子女、外孙子女对祖父母、外祖父母的赡养义务，也以有负担能力和祖父母、外祖父母的子女已经死亡或者子女无力赡养为限定条件。这些限定负担义务的条件尚有客观之处，并非完全无理，只是比较烦琐。但对兄弟姐妹之间的扶养义务，限定条件苛刻。兄姐对未成年弟妹扶养义务的条件，一是有负担能力，二是父母已经死亡或者父母无力抚养。这样的规定尚可。弟妹对兄姐的扶养义务，则须具备兄姐抚养长大、有负担能力、缺乏劳动能力又缺乏生活来源条件。完全具备这三个条件，弟妹才对兄姐承担扶养义务，其中弟妹对兄姐的扶养义务似乎存在一定的"对价"关系，只有弟妹被兄姐扶养长大，弟妹才对其负有扶养义务，如果兄姐对弟妹没有扶养过，在兄姐没有劳动能力又缺乏生活来源时，有扶养能力的弟妹也没有义务对兄姐进行扶养。这样规定否定了兄弟姐妹之间的权利和义务，不符合法理和民俗的要求。

规定血亲之间的扶养义务最简洁的，是《日本民法典》第 877 条第 1 款的规定，即"直系血亲及兄弟姐妹负相互扶养的义务"①。该规定直接、简洁、确定，不需要限定条件，只规定了扶养顺序。对此，王利明主编的《中国民法典草案建议稿》②、梁慧星主编的《中国民法典草案建议稿》③ 和徐国栋主编的《绿色民法典草案》④，都提出了很好的立法建议，都没有被采纳遗憾。

4．与姻亲之间

配偶与姻亲之间本没有法定的权利义务，但共同生活于同一个家庭的姻亲，应当作为其他家庭成员，通过配偶的权利义务，产生协助履行的义务。配偶对自己的近亲属负有什么义务，对方配偶就应当协助配偶对其近亲属尽到何种义务。从理论上说，原本属于配偶的权利义务，由于夫妻一体主义而使配偶成为"同命鸟"，具有协助对方承担义务的义务。其依据是，《民法典》第 1043 条关于"家

① 日本民法典．刘士国，牟宪魁，杨瑞贺，译．北京：中国法制出版社，2018：220.

② 王利明主编．中国民法典草案建议稿．北京：中国法制出版社，2004：73.

③ 梁慧星主编．中国民法典草案建议稿．北京：法律出版社，2003：359－360.

④ 徐国栋主编．绿色民法典草案．北京：社会科学文献出版社，2004：216－217.

庭成员应当敬老爱幼，互相帮助”的规定。对于配偶的其他近亲属，例如配偶的兄弟姐妹等也应如此。

如果每一个家庭成员能够履行好这些义务，家庭建设就能搞好。即使对家庭成员中的姻亲，也要像对待自己的近亲属一样，承担义务。优良家风支撑家庭的和谐与平安，塑造家庭成员的品格和行为，形成良好的家风，还会促进社会好的风气形成。

五、家庭成员对家庭管理的方法

（一）规定家庭管理规则的必要性

传统民法的家庭管理叫家制。我国古代的家制极其严格，家长享有父权和夫权，家属为家长所支配。在20世纪初变律为法的变革中，《大清民律草案》亲属编规定“家制”：家长，以一家中之最尊长者为之，家政统一于家长；家长、家属互负扶养之义务。《民国民律草案》亲属编也规定“家制”：家长，以一家中最尊长者为之。家政统于家长，但得以家政之一部分委任家属处理。在详细规定家庭治理规则后，也规定家长家属互负扶养之义务。① 可见，现代以前我国社会的家制发展分为两个时期：一是古代的封建家制时期，以《唐律》《宋刑统》等古代律例规定的户婚律为代表；二是近代由封建家制向民主家制的过渡时期，以《大清民律草案》和民国《民律草案》规定的家制为代表。

当代成文法国家民法典多不设置家制，但是也有例外。例如，《瑞士民法典》不仅规定家庭，还规定家庭的供养义务和家长权，确定家庭共同生活成员，家长权属于家庭中的主导者，所有血亲、姻亲、依合同受雇佣的佣人、因类似关系而与家庭共同生活的人，均须服从家长权。② 《法国民法典》即使没有规定家制，

① 杨立新主编．中国百年民法典汇编．北京：中国法制出版社，2011：193，335－336，510－511.

② 瑞士民法典．于海涌，赵希璇，译．唐伟玲，校．北京：法律出版社，2016：125－126.

但也在第 500 条至第 502 条对家属会议作了规定。[①]《秘鲁民法典》规定“家庭法”，专设“家庭之庇护”，规定家庭成员之间的扶养义务和家产等，同时规定亲属委员会，为保证无父母的未成年人和无（行为）能力之成年人的人身和利益，应有亲属委员会之存在。在法典指明的情形，即使父或母健在，亦应有家属委员会。[②]

1949 年以来，我国《婚姻法》和《民法典》均不设家制，是受《苏俄婚姻和家庭法典》的影响所致。《苏俄婚姻和家庭法典》只在序言中规定家庭的重要职责，消除家庭关系中有害的旧时代残余和习俗，培养对家庭的责任感，在家庭关系中男女平等，男女享有平等的人身权利和财产权利等。[③] 这样的立法方式，不仅《婚姻法》与之相似，《民法典》婚姻家庭编的规定也与之很相似。至于为什么不设置家长制，立法机关官员说得很清楚，在封建时代，中西方普遍存在家长制。进入资本主义时代之后，社会生活和家庭结构发生重大变化，家长制逐渐消失。现代家庭多是以父母子女为中心的“核心家庭”。家长制已不存在，现代家庭男女平等、夫妻平等，“家长”一词通常是指小孩的父母[④]，已经不具有法律意义。

上述说法不无道理，但是，家庭作为亲属团体和家庭成员共同生活的单位，确实存在管理问题。树立优良家风，弘扬家庭美德，重视家庭文明建设，都要以家庭为基础，通过家庭事务管理来实现。在当代社会，尽管四世同堂、五世同堂的大家庭已经越来越少，小的“核心家庭”越来越普遍，对家庭的精细、严格管理似乎没有必要，但是，家庭即使再小，也是一个亲属团体，也应当进行必要的管理，理由是：第一，家有百口，主事一人，家有三、四口，也须有家庭事务的定夺之人；第二，在家庭的对外事务上，也应有代表人；第三，家庭实行民主管理，也应当有议事的方法，类似于家庭会议或者亲属会议之类的组织形式。只有

---

① 法国民法典. 罗结珍，译. 北京：北京大学出版社，2010：160.

② 秘鲁共和国新民法典. 徐涤宇，译. 北京：北京大学出版社，2017：52、98、118.

③ 苏俄婚姻和家庭法典. 马骧，译. 王家福，校. 北京：中国社会科学出版社，1978：3－5.

④ 黄薇主编. 中华人民共和国民法典婚姻家庭编释义. 北京：法律出版社，2020：4.

实行有效且符合民主程序的家庭事务管理制度，三、四口之家的核心家庭——况且广大农村还存在为数不少的四世同堂的传统家庭——才能进行有效的管理，实现家庭家庭成员、对社会文明发展和进步的积极作用。可见，必要的家庭管理制度是必需的。

（二）我国对家庭管理的规则

本书的见解是，应当规定我国的家庭管理制度和规则。《民法典》不仅要规定家庭成员，还要规定家庭的负责人或者代表人；不仅要规定家庭的职责，还要规定家庭会议对家庭事务的决定机制。

结合我国人民的生活习惯，借鉴其他国家和地区的家制规则，可以考虑确定以下家庭管理规则。

1. 家庭成员人人平等

在家庭生活中，每一个家庭成员的地位都是平等的。家庭是一个亲属团体，家庭成员的身份并不平等，有尊亲属、卑亲属和平辈亲属之分，但即使如此，家庭成员在家庭生活中的地位也应一律平等，必须互相尊重，不能对任何家庭成员进行歧视对待。配偶的近亲属在一个家庭共同生活，虽然是姻亲，但也是家庭成员，也要确定平等的身份地位。即使在所谓的以父母为中心的“核心家庭”中，也必须尊重子女的平等地位，保护好未成年子女的合法权益，而不是以尊亲属的身份，凌驾在卑亲属之上，歧视卑亲属的家庭成员地位。这样，就能使家庭成员地位平等，提供树立优良家风的民主基础。

2. 实行家庭民主决策

家庭作为共同生活的亲属团体，是社会构成的细胞组织，对于家庭事务应当有民主决策的机制和规则。“家有百口，主事一人”的封建家长制不符合当代社会生活的需要，但家庭完全没有管理和决策的制度也是不行的，需要构建新型的家庭管理制度。

最好的家庭民主决策制度，就是家庭会议。家庭会议应当区别于亲属会议。亲属会议是为了保护亲属利益或者其身后特定事项的处理，由亲属所组成的会议。亲属会议作为保护亲属的机关，其对象主要是无民事行为能力人或者限制民

事行为能力人（如未成年人）及被继承人。[①] 家庭会议是为了处理家庭事务组成的会议。在一个家庭中共同生活的成年家庭成员，是家庭会议的成员。在家庭会议中，应当设置一个主持人，也可以称“家长”，只不过这不是封建家庭的“家长”，而是家庭会议的主持人，是家庭的代表人。

家庭会议的家长应当民主产生，由家庭会议成员推选。于家庭重大事项要经过家庭会议讨论决定，于一般家庭事务由家长代表，或者由有家事代理权的家庭成员决定。家长或者有家事代理权的家庭成员在作出决定、管理家务时，应当以维护家庭整体利益为中心[②]，这是《民法典》第 1043 条树立优良家风的内在要求。不过，与此同时，也要侧重对儿童、老人、妇女等弱势群体的保护，这是《民法典》第 1041 条第 3 款“保护妇女、未成年人、老年人、残疾人的合法权益”的基本要求。[③]

对有关家庭的重大事务，成年家庭成员有平等的表决权，通过民主协商决定。对非共同生活的成年子女，应当征求他们对家庭事务的管理意见，于重大事项应当征得其同意。即使 8 周岁以上的限制民事行为能力的未成年子女，也应当有表达意见的权利，要尊重他们的意愿。

如果家庭会议作出的决议，以及尊亲属的个人决定，违反公序良俗，有损于家庭文明建设，侵害其他家庭成员的合法权益，家庭成员有权向法院起诉，请求撤销这样的决议或者决定。

3. 对家庭事务共同承担责任

对家庭事务管理和家庭建设，每一个家庭成员都应当履行自己的职责，保护好每一个家庭成员的权利，履行自己的义务。对于不履行职责和义务的家庭成员，家长或者家庭成员会议应当对其进行批评教育，促使其履行职责和义务。对于家庭会议或者家长分派的任务，应当完成，对不能完成任务者，应当予以教育甚至必要的处罚。执行家庭事务造成他人的损害，应当由家庭成员共同承担责

① 史尚宽. 亲属法论. 北京：中国政法大学出版社，2000：803 - 804.

② 史尚宽. 亲属法论. 北京：中国政法大学出版社，2000：799.

③ 夏江皓. 家庭法介入家庭关系的界限及其对婚姻家庭编实施的启示. 中国法学，2022 (1).

任，以家庭共同财产承担赔偿责任。[①] 每一个家庭成员都要对家庭的家风、家教和对外声誉负责，履行自己对家庭的职责，共同建设好家庭。通过这样的家庭管理，就能实现《民法典》的要求：家庭要树立优良家风，弘扬家庭美德，重视家庭文明建设；家庭成员要敬老爱幼，互相帮助，维护平等、和睦、文明的婚姻家庭关系。

① 以家庭共同财产进行赔偿时，一方面要注意家庭法与财产法的衔接，另一方面要注意类型化的区分，即根据家庭共同财产的功能及其适用的场域进行分析。赵玉．家庭财产功能主义的法律范式．中国社会科学，2022（8）．

第二章
身份权

第一节　身份与身份权概述

一、身　份

（一）身份概念的发展

在中国古代就有身份这一概念，亦称身分，一般是人在社会中的地位、资历的统称，也指模样、体态。现代汉语中的身份，一是指人的出身、地位和资格[①]，二是指人在社会上或法律上的地位，三是指受人尊重的地位。[②]

法律使用身份概念的历史十分久远，几乎是从有法律起就有身份的概念。英国学者梅因指出："在'人法'中所提到的一切形式的'身份'都起源于古代属于'家族'所有的权力和特权，在某种程度上，至今仍旧带有这种色彩。"[③] 法

① 辞海. 缩印本. 上海：上海辞书出版社，1980：1973.

② 现代汉语词典. 北京：商务印书馆，2016：1158.

③ ［英］梅因. 古代法. 沈景一，译. 北京：商务印书馆，2017：111－112.

律早期使用身份概念的原因，是亲属法、家族法在早期就已经非常发达，而这些法律的基本作用就在于固定人在亲属中、家庭中的支配与被支配的关系，固定人的法律地位。

身份的法律概念变化较大。在最早的法律中，身份体现的是家族中的权力和特权，如家父权、家长权等。在人类社会的进步中，经历了“从身份到契约”[①]的运动，即人与人之间的法律关系逐渐地从身份关系转化为契约关系，逐步实现人的权利平等的要求。继之，在身份这一概念中，排斥其原本所包括的权力因素，注入义务中心的观念，变狭隘的特权为普遍的权利，变目的的社会结合的财产法上的支配为本质的社会结合的身份法上的支配，变单方的支配为相互的支配[②]，形成了现今的科学内涵。

（二）身份概念的界定

身份，是指自然人在亲属身份关系中所处的稳定地位，以及由该种地位所产生的与其自身不可分离，并受法律保护的利益。

正确理解身份这一法律概念，应当注意以下几点：

第一，身份是一种地位，表示民事主体在某种特定的婚姻家庭法律关系中的稳定地位，如配偶、亲子、其他近亲属等。

第二，身份表现为亲属利益。亲属身份关系的主体基于特定的身份地位，产生相应的具有支配性质的身份利益，如配偶之间对配偶利益的互相支配，亲权关系当事人对未成年子女以及父母之间的身份利益的支配，均体现了这种具有支配性的利益。这种利益与亲属的人身不可分离，受法律的保护。

第三，身份所体现的地位和利益必须处于特定的亲属身份关系之中，离开特定的亲属身份关系，不存在身份，如配偶权处于夫妻关系之中，亲权和亲属权处于亲属身份关系之中等。

---

① ［英］梅因. 古代法. 沈景一，译. 北京：商务印书馆，2017：112.

② 王利明主编. 人格权法新论. 长春：吉林人民出版社，1994：196.

二、身份权的概念和《民法典》的规定

（一）身份权的概念和特征

身份权，是指自然人基于特定的身份关系产生并由其专属享有，以其体现的身份利益为客体，为维护该种关系所必需的权利。换言之，身份权就是由身份关系发生的权利。[①]

身份权具有五个法律特征。

1. 身份权表达的是亲属之间的身份地位关系

身份权的核心问题是身份。它表达的是特定亲属之间的身份地位关系，表明特定的亲属之间各自所处的不同地位和关系，因此，身份权是亲属地位的法律化。

2. 身份权是亲属之间的权利义务关系

身份权的主体是亲属，表明的是亲属之间的权利义务关系。这种权利义务关系是基于亲属之间的身份地位的不同发生的，表明不同身份地位的亲属之间，相互享有的权利和负担的义务。因此，身份权就是亲属之间的权利义务关系。

3. 身份权的主体有范围的限制

并不是一切亲属之间都发生身份权，仅在法律规定的近亲属之间才发生身份权，因此，身份权的主体虽然是亲属，但并不是所有的亲属，只有近亲属才是身份权的主体。

4. 身份权的客体是身份利益

身份权的客体不是近亲属的人身，而是近亲属之间的身份利益。在历史上，身份权曾经是支配对方亲属人身的绝对支配权，家长（家父）、丈夫以及尊亲属可以支配家属（家子）、妻子以及其他卑亲属的人身。现代社会人人的权利平等，废除了身份权的人身支配性质，代之而起的是平等的身份利益支配权，权利人只能支配身份利益，不能支配对方亲属的人身。

---

① 林菊枝．亲属法新论．台北：五南图书出版公司，2006：16.

5. 身份权的本质以义务为中心

现代身份权并不是以权利为中心，而是以义务为中心，将权利的中心转向对对方亲属的保护。即使对身份利益的支配，也不是绝对的支配，更重要的是履行身份利益上的义务。配偶权、亲权、亲属权都含有权利的内容，但其核心是义务。德国法学家拉伦茨认为，此种“义务权”概念属于概念上的悖论①，所谓监护人的“权利”并非出于自利，其具有照顾属性须立足于孩子的最佳利益，并以正确的方式行使，故实际上属于义务。② 所以身份关系中的义务属性可谓昭然，此种权利的义务性在我国民法规范层面体现得尤为明显。③

（二）我国民法对身份权的歧视到认可

1. 我国民法曾经长期歧视身份权

长期以来，我国民法对身份权采取某种歧视态度，最主要的表现是不认可身份权的民事权利地位。例如，《婚姻法》几十年没有使用身份权的概念，理论著述也极少使用和解释身份权。直至《民法典》已经实施的现在，仍然有人认为，在我国民法体系中，身份权尚未形成完整的权利体系架构。④ 这种说法是不负责任的。

对身份权的这种歧视态度，来源于两个方面。

一方面，研究传统民法的学者否认身份权的存在。否认我国民法存在身份权的一个基本事实根据，是我国不存在身份权制度，因而我国的人身权只由人格权一个系列的权利构成。⑤ 否认身份权的理由，一是，传统民法上的家长权、夫权、亲权的实质，在于以特定人的身体为标的的支配权，因其与人类社会文明发展相悖，家长权和夫权消灭，亲权性质改变；二是，我国《民法通则》在“人身权”专节规定的 8 个条文中，没有设置身份权的条文。

另一方面，在婚姻家庭法领域，多数人承认近亲属之间的权利义务关系，而

---

① ［德］卡尔·拉伦茨. 法学方法论. 黄家镇，译. 北京：商务印书馆，2020：221－222.

② ［德］卡尔·拉伦茨. 德国民法通论：上册. 王晓晔，等译. 北京：法律出版社，2003：283.

③ 温世扬.《民法典》视域下身份权的教义重述. 现代法学. 2022（4）.

④ 最高人民法院民法典贯彻实施工作领导小组. 中国民法典适用大全：人格权卷. 北京：人民法院出版社，2022：138.

⑤ 梁慧星. 民法. 重庆：四川人民出版社，1988：343. 梁慧星. 中国民法经济法诸问题. 北京：法律出版社，1991：59－67.

反对或者不使用身份权的概念。例如，不使用配偶权的概念而称为夫妻的权利义务关系，不使用亲权的概念而称为父母与未成年子女之间的权利义务，不使用亲属权的概念而称为近亲属之间的权利义务。事实上，这三个基本身份权所表述的，就是这样三个种类的亲属权利义务关系，但在表述上，绕开身份权的简洁表述，偏偏使用这些复杂、拗口的复杂概念。

2. 我国《民法典》对身份权的认可

在我国的现实社会生活中确实存在身份权，如夫妻之间的配偶权，父母对未成年子女的亲权，以及其他近亲属之间的亲属权。这些权利都是身份权。这些身份权与历史上的身份权在性质上截然不同，不能因为历史上的身份权的性质有悖于社会文明的发展，就否认现代民法意义上的身份权。

在《民法典》之前，虽然《民法通则》没有明文规定身份权，但这并不是否定身份权的根据，因为规定身份权的职责在《婚姻法》，该法对亲属的身份权已经作出了完整的规定。例如，2001 年修订的《婚姻法》对夫妻间的权利义务关系作了很多规定，都是在规定配偶权，而其第 21 条至第 27 条规定的内容就是亲权，同时该法也规定了祖父母外祖父母与孙子女外孙子女、兄弟姐妹之间的亲属权。因此，《婚姻法》规定了完整的身份权体系。

不过，这种解释还是比较牵强，《民法通则》和《婚姻法》没有明确规定身份权的概念，是客观事实。

《民法典》改变了这一做法，规定了身份权。

第一，《民法典》第 112 条规定："自然人因婚姻家庭关系等产生的人身权利受法律保护。"立法机关官员对这一规定的解释是，《民法典》主要保护民事主体的人身权和财产权。人身权由人格权和身份权组成。《民法典》第 109—111 条和人格权编调整人格权，而本条和婚姻家庭编调整身份权。①

第二，《民法典》第 1001 条规定："对自然人因婚姻家庭关系等产生的身份权利的保护，适用本法第一编第五编和其他法律的相关规定；没有规定的，可以根据其性质参照适用本编人格权保护的有关规定。"这里规定的是身份权

① 黄薇主编. 中华人民共和国民法典总则编释义. 北京：法律出版社，2020：294.

请求权，是《民法典》直接使用“身份权利”的条文。至于为什么要在人格权编中规定身份权请求权，理由是，自然人因婚姻家庭关系产生的身份权利与人格权在保护上具有一定相似性。对这些身份权利的保护，除了适用婚姻家庭编的规定外，还应当参照适用人格权保护的相关规定。所以《民法典》总则编、婚姻家庭编没有特别规定的，有关人格权保护的规定可以被参照适用于对身份权利的保护。①

第三，《民法典》婚姻家庭编第三章“家庭关系”中，第一节规定的“夫妻关系”就是配偶权，第二节“父母子女关系和其他近亲属关系”中，父母子女关系就是“父母对子女的亲权”②，后者就是亲属权。

三、身份权的权利特点

（一）身份权的多元性特点

身份权是一种特殊的权利。其特殊之处，就在于权利主体的多元性。身份权的权利主体，总是二人以上，身份权这一权利所标表的，它是特定的亲属之间的身份地位和权利义务，权利主体总要是具体的相对亲属。配偶权的权利主体就是夫和妻，亲权的主体就是父母和未成年子女，亲属权的主体也必须是相对的其他近亲属。只有一个亲属不能构成身份权。

既然如此，身份权应当具有相对性。但是，身份权的基本性质是绝对权，它是人身权体系中的一类基本权利，具有对世性。那么，怎么解释身份权的性质呢？

本书认为，身份权是一种具有相对性的绝对权。一方面，身份权在两个权利主体之间确立权利义务关系，具有相对性；另一方面，身份权又是绝对权，具有对世性，是对世性的民事权利。身份权的对世性和对人性，构成了具有这样相对性的绝对权。例如，配偶权首先是绝对权，是对世性的权利，对世宣告只有该对

---

① 黄薇主编. 中华人民共和国民法典人格权编解读. 北京：中国法制出版社，2020：59－60.

② 黄薇主编. 中华人民共和国民法典人格权编解读. 北京：中国法制出版社，2020：60.

夫妻才是配偶，确定只有他们而不是其他任何人具有这样的身份地位，其他任何人都必须尊重这一配偶关系。但是，配偶的身份地位最重要的是具有相对性，夫对妻而言是配偶，妻对夫而言是配偶，对其他任何人，他或者她都不是配偶，只有夫妻之间才享有配偶的权利，负担配偶的义务。身份权的对世性和对人性，构成了这个权利与其他权利的不同。

（二）身份权的对内对外关系

关于身份权的属性，有的学者认为身份权并非典型的绝对权，身份权在对外关系上属于绝对权，在对内关系上属于相对权。[①] 这其实并不是证明身份权不是典型的绝对权的证据，因为在物权中，共有权也存在对外关系的绝对性和对内关系的相对性，但并不能因此说共有权不是典型的绝对权。

身份权的对内关系和对外关系产生于权利主体的多数性，即特定身份关系的两个权利人是身份权的主体，他们之间产生相对性的权利，他们与其他任何人作为义务主体之间，产生的就是绝对性的权利义务关系。因此，研究身份权既要讨论其对内关系，也要讨论其对外关系。

1. 身份权的对外关系

身份权的对外关系，表明身份权的绝对性，是绝对性的民事权利。它表明，享有身份权的权利主体享有这种权利，其他任何人都负有不得侵犯这种权利的义务。我国的婚姻家庭法研究多专注于对亲属之间的权利义务关系的研究和表述，忽略甚至忘记了对身份权对世性的研究，不研究身份权对外的权利义务关系。这是我国婚姻家庭法理论研究冷落身份权的基本原因之一。

身份权作为对世性的权利，权利人是特定的相对应的亲属，权利人享有的权利，是表明特定亲属之间的特定身份地位，并通过这种亲属的身份地位使权利主体对特定亲属之间的身份利益绝对占有和支配。

作为对世性的权利，身份权的义务人是特定亲属之外的其他任何人，其负担的义务是对特定亲属身份地位的尊重，并对特定亲属之间的身份利益的不得侵犯。

① 王雷.《民法典》人格权编中的参照适用法律技术.当代法学，2022（4）.

2. 身份权的对内关系

身份权的对内关系来源于身份权的相对性。由于身份权总是存在于特定的、相对应的亲属之间，因此，身份权的主要内容是对内的权利义务关系。在研究身份权的各种具体权利时，主要关注的就是特定亲属之间的权利义务关系，即对内关系。

身份权对内关系中，权利义务是平等的，身份权主体既是权利人又是义务人，双方互为权利人和义务人。平等的权利义务关系，构成身份权对内关系的基本特点。任何一方亲属都不能对另一方取得身份地位上的优势，不得凌驾于另一方。身份权对内关系的另一个特点是以义务为中心，在身份权对内的权利义务中，以义务为中心，而不是以权利为中心。

（三）身份权对内对外关系的关系

身份权具有两个方面的权利义务关系，形成了具有相对性的绝对权的性质。在身份权的这两种权利义务关系中，更应当重点保护哪一种呢?

身份权的两种权利义务关系都是重要的。对外的权利义务关系，表明身份权的绝对权性质，任何人都不得对特定亲属之间的身份利益予以侵害，法律对此予以严密保护。同样，身份权对内的权利义务关系，表明特定亲属相互之间的权利义务，任何一方都有权行使自己享有的身份权，也都不得违背自己作为特定的亲属所应当负担的义务。

我国目前存在重视身份权的对内关系而忽略或者忘记对外关系的倾向。举例说明，《民法典》第 1091 条规定，配偶一方违反忠实义务有过错，造成离婚结果的，无过错一方有权请求损害赔偿。这一规定保护的明显是配偶权。忠实义务是配偶之间的义务，重婚或者实施婚外性行为就违反忠实义务，侵害了对方的配偶权，令其承担损害赔偿责任就是确认配偶一方侵害对方配偶权的侵权行为。配偶权的对外关系也是重要的，法律也是要予以保护的，我国法律制裁配偶违反忠实义务的侵权行为，但对于第三人与配偶一方发生性行为的侵害配偶权的行为，不认为是侵权行为，没有规定侵权责任。这是不公平的。

四、身份权与人格权的关系

（一）身份权与人格权的联系

身份权与人格权作为人身权的基本权利类型，其共性十分明显，主要表现在以下方面。

1. 身份权与人格权同为专属权

身份权和人格权都与民事主体的人身紧密相连，具有专属性和排他性。身份权和人格权存在于民事主体自身，由其自身享有，是民事主体不可缺少的权利。这种权利专属于权利人自身，只能由民事主体自己享有和行使，具有严格的排他性，不得转让，也不得抛弃或由他人继承。

2. 身份权与人格权同为支配权

人身权都是绝对权，其体现的人身利益均由民事主体直接支配。这种支配中，人格权支配的是人格利益，身份权支配的是身份利益。身份权与人格权对其权利客体享有的权利，是绝对的、支配性的，其他任何人均须承担义务。

3. 身份权与人格权均不具有直接财产性

人身与财产不同，不具有直接的财产内容。民事主体行使身份权和人格权，其目的主要是满足自身精神上、情操上、观念上的需要，而不是实现财产需求。但人身权并非毫无财产因素。身份权中的具体权利，如抚养、赡养、扶养的请求权中，财产因素至为明显，但与财产权不同，是为维持民事主体自身生存所必需的财产请求权中，而不是以对财产的占有、使用、收益、处分为目的。

（二）身份权与人格权的区别

身份权与人格权也有以下明显的区别。

1. 身份权与人格权的法律作用不同

人格权以维护自然人、法人、非法人组织的法律人格为其基本功能，使之实现人之所以为人的法律效果。身份权的法律作用，是维护以血缘关系组成的亲属团体中人的特定地位及相互之间的权利义务关系，维护自然人对具有身份关系的

利益的支配关系。

身份权与人格权法律作用的不同，导致在人身权体系中，身份权与人格权的地位并不相同。人格权是人身权中主导性的权利、基本的权利，而身份权在事实上以人格权的存在为前提。人的第一需要乃是生存的需要，人格权就是人的生存需要的法律表现。身份权则是人类在生活中相互之间关系的法律表现。从根本上说，身份权是人格权的扩展和延伸。因此，身份权与人格权在人身权体系中的地位不同。

虽然身份权在人身权体系中的地位与人格权相比不够重要，但不能因此轻视它。身份权是重要的民事权利。身份权固定人与人之间的身份关系，确定民事主体与其支配的身份利益的关系，对于稳定社会关系，确定权利义务关系，保障民事主体的身份利益不受侵害，具有重要的意义。例如，配偶权确定夫妻之间的身份关系，规定夫妻之间的权利义务，配偶一方违背这种法定的身份关系，拒绝同居、违背忠实义务、不尽扶养义务，必然破坏稳定的夫妻关系；他人与配偶一方通奸，也侵害配偶另一方的身份权，构成侵权责任。

2. 身份权不是民事主体的固有权利

人格权是民事主体的固有权利，生而享有，死而消灭。身份权并不是民事主体生而固有的权利，而是基于自然人的出生或者法律行为而取得的权利。尽管自然人一经出生就与其父母、兄姐、祖父母、外祖父母产生了婚姻家庭法上的身份关系，但这种身份权不是生来固有，而是依其出生构成亲属身份关系而取得的。此外，养父母子女、继父母子女之间的身份关系，更是基于收养、抚养的行为取得。

身份权的非固有性，还表现为在某种条件下丧失、消灭，甚至因一定的行为被依法剥夺。如基于姻亲产生的身份权会因离婚、配偶的死亡而消灭，亲权会因子女取得完全民事行为能力或父母、子女死亡而消灭。更明显的是，配偶权依缔结婚姻关系的行为而产生，也会因解除婚姻关系的行为或配偶一方死亡的事实而丧失。

3. 身份权不是民事主体的必备权利

人格权是民事主体的必备权利。民事主体不享有人格权，就“没有做人的权利，也就没有进入社会的资格，让渡基本权无异于把人复归于兽类”[①]。身份权不具有这种属性。

身份权的非必备性，主要表现在民事主体不享有身份权依然可以生存，可以进行民事活动，乃至于以独立的人格进入社会从事所有的民事活动。最明显的事例，莫过于父亲死亡后，在出生时母亲就死亡的孤儿，如果他没有任何亲属，他就不具有婚姻家庭法上的任何身份权，只能由儿童福利机构抚养，尽管如此，他同样可以生存，同样具有民事权利能力和民事行为能力。

4. 身份权与人格权的权利客体不同

人格权的客体是人格利益，表现为人之所以为人的资格。身份权的客体不是人格利益而是身份利益。

有学者认为，身份权的权利客体为特定身份关系之对方当事人。[②] 这是不正确的。这种观点混淆了传统身份权和现代身份权的性质。绝对权的特征之一，是权利人对权利客体的支配，如所有权就是对物的支配权。身份权同样是绝对权，也是支配权。如果认为身份权的客体是权利人相对方的当事人，就使身份权人对相对方当事人的人身产生了支配权，这无异于旧身份权的对人的专制性支配的复活。现代身份权是建立在人人平等原则之上的民事权利，身份权人的权利不在于支配相对之人，而是支配这种身份关系所体现的利益。因此，身份权的权利客体只能是身份利益。

身份利益具有多元性。身份权是一个抽象的权利，表现为各个不同的具体身份权。各个不同的具体身份权的客体，表现为不同的身份利益。配偶权的身份利益，是夫妻共同生活、共同享受相互依靠、相互扶助、相互体贴关爱的人类最亲密的情感。亲权的身份利益，是父母对未成年子女的地位、管理、教育、抚育以及相互尊重的亲情和责任。亲属权的客体首先表现为亲情，其次表现为相互扶

---

① 徐显明主编. 公民权利义务通论. 北京：群众出版社，1991：133.

② 梁慧星. 中国民法经济法诸问题. 北京：法律出版社，1991：50.

助、扶养、赡养的责任。身份利益的多元性，构成了身份权客体的复杂性。

身份权客体的身份利益还有一个重要的特点，就是“不独为权利人之利益，同时为受其行使之相对人之利益而存在”①。这种身份利益的双重性质，主要表现在婚姻家庭法的身份权之中。称“身份权虽然本质上是权利，但却是以义务为中心，权利人在道德和伦理驱使下自愿或非自愿地受制于相对人的利益，因而权利之中包含义务”②，正是出于这个理由。且不说配偶权体现的身份利益是绝对平等的双方利益，就是亲权的身份利益，除父母作为亲权人维护其尊者地位，要求尊重、孝敬的利益以外，子女作为亲权人要求抚养、教育、管束的利益，亦是亲权的重要一面。

第二节　身份权的历史发展

一、国外身份权的历史发展

（一）国外身份权的发展时期

世界各国关于身份权的立法，大致经过了古代习惯法时期、古代成文法时期、近代法时期和现代法时期这四个发展时期。

1. 古代习惯法时期

在古代习惯法时期，身份权是自然人最重要的权利。社会利用这种权利固定亲属之间的关系，实现一部分人对其所属的亲属实行专制的支配，以维护和巩固古代人群稳固关系的基础。亲属权、亲权、夫权是最基本的身份权。在近代仍保留原始社会后期形态的部落习惯法中，可以发现大量的证据。例如，在北美格陵兰岛的因纽特人那里，父母可以把无力抚养的子女抛弃或杀死，一个内特夕林缪特妇女共生 20 个孩子，其中被她杀死 10 个，病死 4 个，坠海身亡 1 个。杀婴行

① 史尚宽．亲属法论．台北：荣泰印书馆，1980：31.

② 王利明主编．人格权法新论．长春：吉林人民出版社，1994：209.

为符合当时他们的习惯法，不为当时的群体所反对。[①] 在这些习惯法中，最残酷的就是亲权和夫权，其野蛮程度是现代文明所无法理解的。

2. 古代成文法时期

古代成文法时期的身份权非常发达，具有系统、完备的法律制度，其专制性的程度达到了历史的顶峰。

在 4 000 多年以前的《乌尔那姆法典》中，丈夫对妻有支配权，离婚权只在男方，妻子与人通奸，则被认为是对丈夫的侮辱，应处死。

《苏美尔亲属法》的父权和夫权十分强大：儿子若不承认父母，则被当作奴隶出卖，女儿若不承认父母，则被逐出家庭；妻子若不承认丈夫，则是十恶不赦，应投入河中淹死，而丈夫不承认妻子，则只需赔银，等于休妻。

《汉穆拉比法典》规定，父亲在无力还债、生活贫困时，可以出卖子女为奴，子女犯有罪过，则可以剥夺其继承权。[②]

《摩奴法典》规定：在亲权关系中，儿子属于夫主，受夫主支配；在亲属身份关系中，女子则应该昼夜被自己父亲、夫主或儿子置于从属地位，女子不配独立自主；在夫妻关系中，夫权高于一切，夫主对嫌恶他的妻子，可以没收她的财产，对有不良习惯、不孕、生病等的妻子，都可以进行更换，甚至妻子说话难听也是丈夫更换妻子的原因。[③]

在古代成文法时期的罗马法，形成了当时最完备的身份权制度。

罗马法中最重要的身份权是家父权。这种权利是罗马法的独有概念，是家庭中父亲对子、女、妻等全部家庭成员的绝对的、专制的支配权。家父权包括对家子的生杀之权（罗马法后期此权利被废除）、出卖家子权、损害投役权[④]、限制自由权、祭祀权、同意婚姻权和支配全家财产权等。

---

① ［美］E. A. 霍贝尔. 初民的法律：法治动态比较研究. 周勇，译. 北京：中国社会科学出版社，1993：79.

② 王云霞，等. 东方法概述. 北京：法律出版社，1993：9，16，20.

③ 摩奴法论. 蒋忠新，译. 北京：中国社会科学出版社，1986：174，180，181.

④ 此权即家父在家子造成他人损害时，将致害家子交与受害人以免除其赔偿责任，即罗马法中的损害投役。

关于夫权，在罗马法早期为夫权婚，又称正式婚，实际上等于买下妻子，而其中的时效婚则是从取得时效而来。夫权婚制下的妻为家子，受家父支配。无夫权婚原为万民法制度，后被市民法认可。无夫权婚中夫妻地位基本平等，夫妻有各守贞操义务，互负同居义务，有互相扶助义务。[①] 罗马法上夫权的这种变化，是非常值得注意的。

3. 近代法时期

近代法时期的身份权立法，以 1804 年《法国民法典》为代表。当时通过的法典，专设夫妻相互的权利与义务、亲权、亲属权、监护等章节。

该法典规定在夫妻配偶权时，一方面规定夫妻互负忠实、帮助、救援的义务，妻享有遗嘱权等权利；另一方面规定夫应保护其妻，妻应顺从其夫，妻负与夫同居的义务并应相随至夫认为适宜居住的地点，夫负接纳其妻，并按照其资力与身份供给其妻生活上需要的义务。

关于亲权，该法典则规定子女在成年或亲权解除前均处于父母权力之下，亲权由父单独行使，子女不得离开其父的家庭，父对子女的行为有重大不满时，得通过法院将其拘留 1 至 6 个月，如子女释放后故态复萌，还可以再次请求拘留。亲权人对未解除亲权的人的财产享有用益权。

《法国民法典》的上述规定，既有先进合理的内容，又有专制、封建传统的残余，反映了立法新旧交替的矛盾状态。

4. 现代法时期

在现代法时期，各国关于身份权的立法发生了质的改变，《德国民法典》开创了这一时期。

《德国民法典》迭经修订，规定了夫妻平等的配偶权，夫妻相互负有共同婚姻生活的义务，均有从业之权，均有平等的财产权，相互负有以其劳动及其财产适当扶养家庭的义务等。

该法典规定的亲属权，承认直系亲属互负扶养的义务，父母和子女有相互帮助和体谅的义务等。该法典将亲权改称为亲权照顾权，规定父母有照顾未成年子

---

① 江平，朱健. 罗马法基础. 北京：中国政法大学出版社，1991：112－113.

女的权利和义务，亲权照顾权包括对子女人身的照顾（人身照顾权）和对子女财产的照顾权（财产照顾权）。

该法典规定了监护权，监护人有照顾被监护的人人身和财产的权利和义务。

现代法时期以来的亲属法中，各种身份权的性质都发生了根本性的改变，成为民主性的民事权利。

（二）国外身份权发展的基本概括

进入现代以来，国外身份权发生了本质的变化，在性质上成为截然不同的另一种法律制度。

身份权性质变化的主要表现包括以下方面。[①]

1. 家长权的消亡

罗马法中的家父权，是至高无上的身份权。在罗马帝政时代，立法虽然已开始对其作某种限制，但仍十分强大。这种封建、专制的人身统治权力，是自由资本主义发展的严重障碍，因而近代西方民事立法相继废除家长权。日本制定民法之初，因封建势力所迫，仍保留了家长权，但最终于 1947 年修改民法时将其废除。

2. 专制的夫权为平等的配偶权所代替

在古代立法中，妻受夫权支配，是天经地义的，夫权包含体罚乃至处死妻子的权利。近代立法中，《法国民法典》仍规定夫权，将妻置于夫的支配之下；德国法、英国普通法也均有此规定。近代夫权包括妻应顺从其夫，妻未经夫的许可不得处分自己的财产、不得诉讼，夫有权决定共同生活的一切事务，夫对妻享有管束权和体罚权。

二战以后，民主运动和女权运动的兴起，促使夫权消亡。各国纷纷修改立法或制定单行法，废除夫权，建立平等的配偶权。配偶权成为夫妻共享的平等之权、民主之权。

---

① 在以下论述中，前三点内容主要参考梁慧星. 人身权研究//中国民法经济法诸问题. 北京：法律出版社，1991：52－55。

3. 亲权性质的根本改变

亲权是罗马法以后的身份权概念，由消亡的罗马法家父权演化而成，是父母对子女的支配权。关于这一点，在1804年《法国民法典》关于亲权的规定中可以看得十分清楚。《德国民法典》开始强调亲权包含父母对子女的义务，但仍保留惩戒权。《法国民法典》经过1970年的修订，将亲权规定为父母对子女负有的照管、监督及教育的权利义务。1979年德国制定《亲权照顾权新调整法》，将亲权改称亲权照顾权，彻底改变了原亲权的专制支配性质，使之成为一种新型的权利义务合为一体的平等、民主的身份权。

4. 出现新型的亲属权

《德国民法典》修订了第1601条，规定"直系亲属互负扶养的义务"，在第1602条至第1615条，详细规定了亲属权的具体内容。后世民法均认亲属权为身份权，规定亲属之间的权利义务。

二、中国古代的身份权及保护

中国古代的身份权立法十分完备，身份权的力量十分强大。这与中国奴隶社会、封建社会的专制统治相适应。

（一）中国古代身份权类型

中国古代最重要的身份权，是族权、父权、夫权。《礼记·冠义》记载："凡人之所以为人者，礼义也。"这种礼义不是指人之所以为人的人格，而是指身份，其目的是"以正君臣、亲父子、和长幼。君臣正，父子亲，长幼和"。《春秋繁露·顺命》记载："父者，子之天也。天者，父之天也。""天子受命于天，诸侯受命于天子，子受命于父，臣受命于君，妻妾受命于夫。"子不奉父命，则有伯讨之罪；臣不奉君命，虽善以叛；妻不奉夫之命，则绝。

1. 族权

族权，最早源于奴隶社会后期封建分封诸侯的世族制，后成为家族制中族长的特权。

这种身份权是封建社会家族系统族长对家族成员的支配权。所谓家庭，是以男系血统为中心的亲属集团，由宗祠、支祠和家庭构成。族长是家庭的首领，通常由家族中辈分最高并有权势的男性成员担任，主持全族事务，执掌裁断族人争执的权力。我国封建社会的族权掌握在封建地主手中，维持封建身份关系，压迫农民，用宗规、族规、家规乃至残酷的肉刑和死刑，对其族人，尤其是贫苦农民和妇女实行封建统治。[①]

在家族制的族权统治下，族长及辈分高、地位高、有权势的男性组成的议事团，享有族权，对族人进行专制支配，一般族人负有绝对服从的义务。族权的支配性不仅及于族中事务，还及于族人人身。族人违反族规，族长有权进行惩罚，甚至剥夺其生命。

2. 父权

父权，是中国古代重要的身份权，是指父亲在家庭中对子女的人身支配权。

在我国古代社会，父权以"孝"为中心，孝是父权的基础和灵魂。孝的核心，在于对父权的绝对尊重、绝对性的人身支配。违背父权，为不孝。"五刑之属三千，百罪莫大于不孝。"[②]"十恶"罪之七，即为不孝。善事父母曰孝，既有违犯，是名不孝。不孝包括告言诅詈祖父母、父母，祖父母、父母在别籍异财、供养有阙，居父母丧身自嫁娶作乐释服从吉，闻祖父母、父母丧匿不举哀，诈称祖父母、父母死等。犯不孝之罪，重则处死，轻则徒、流。父权的具体内容，包括对子女的人身支配权、财产支配权、婚姻支配权、惩戒权。

在人身支配权上，子女无独立人格，如父母在，不远游。在财产支配权上，父亲掌管子女的一切财产，即使子女成家立业，其财产也必须交由父亲掌管，异财者为不孝。子女无婚姻决定权，而由父亲决定，谓之父母之命，媒妁之言。父亲的惩戒权是对子女违反父的意志行为进行人身惩罚的权利，包括肉刑，甚至"父让子亡，子不敢不亡"。

---

① 江平，巫昌祯主编. 现代实用民法词典. 北京：北京出版社，1988：468－469.

② 《孝经·五刑章》第十一。

3. 夫权

夫权，是封建社会丈夫对妻子的人身支配权。在夫权支配下，妻子是丈夫的附属品，只有服从支配的绝对义务。夫者，妻之天也。事夫如事天，与孝子事父，忠臣事君同。[①] 夫为妻纲，夫权之义在于“顺”。所谓“夫不贤则无以御妇，妇不贤则无以事夫。夫不御妇，则威仪废缺，妇不事夫，则义理堕阙”，正是要求妻“敬顺之道，妇人之大礼也”[②]。

夫权包括丈夫对妻的人身支配权、财产支配权、管束权、休妻权。在夫权统治下，妻无人身自由，无财产权利，稍有事夫不周的事由，即遭“七出”被休。

法律对夫权的保护有：认妻殴告夫为不睦，是十恶之八；妻殴夫，徒一年，若殴伤重者，加凡斗伤三等，死者斩。媵及妾犯者，各加一等；媵及妾詈夫者，杖八十。[③]

中国古代甚至有典妻者，因本夫无力抚养，情愿出典他人为妻，两方由媒议定典价、典期，由出典人署名立约作为典婚书，出典之妻迁往受典人之家，或仍留出典夫家。在典期内生有子女，归典权人，期满仍归原夫完聚，交还典价；有不愿还转原夫者，可向受典人找价，与原夫脱离关系。[④]

（二）中国古代身份权的特点

1. 亲属之间的人格不平等

在中国古代社会，人的法律人格极不平等，在亲属法中同样如此。统治者自身，享有各种人格特权；普通人只享有一般的人格，且有不同程度的区别；奴婢、家奴、寺奴等奴隶阶层，则根本没有人格。

2. 身份权体系完备且强大

中国古代身份权立法极其完备，并用国家的强制力，对维持这种身份关系予以保障。身份权的基本性质是专制的、封建的人身支配权，权利人的权利至高无上，受支配的义务人毫无权利可言，只有绝对服从的义务。这种专制的人身支配

---

① 《女诫·夫妇》。

② 《女诫·夫妇》。

③ 《宋建隆重详定刑统》“夫妻妾媵相殴并杀”条。媵，陪嫁之女。

④ 张绅．中国婚姻法综论．北京：商务印书馆，1936：35－36.

权，是维护封建社会纲常伦理，乃至于维护封建统治的法律手段。

3. 法律保护方法主要是刑罚方法

对于侵犯身份权的行为，中国古代立法均认其为犯罪行为，没有侵权行为的概念，也不加以区别，因而，制裁手段基本上是刑罚。

三、身份权历史发展的基本规律

通过以上的分析，可以看出身份权发展的基本规律。

人类社会形成以后，就存在人与人之间的身份关系，如父母子女、亲属之间、部落族长与成员之间的关系等。但原始社会没有法律，因而没有身份权的概念。

身份权出现之后，其性质是赤裸裸的支配权，即由一部分人支配另一部分人。它的社会基础是身份关系，并且由这些身份关系相互交织，构成古代社会的基本法律秩序，少数奴隶主、封建主、家长、家父具有支配的权力，奴隶、农奴、家属、家子则处于被支配的地位，负有服从支配的义务。这一点，不仅从罗马法关于一些人受自己权力的支配，另一些人受他人权力的支配的规定中体现出来[①]，还可以从我国封建礼教关于"父为子纲，夫为妻纲"的要求中体现出来。身份权这种赤裸裸的支配性，说明其是专制的权利。古代身份权的基本属性是专制性的人身支配权。

在近代，身份权的专制性有了明显改变，如家长权、家父权的消亡、家族族长权的减弱。在这些亲属身份关系上，专制性的性质有了重大的改变，家长与家属之间的不平等关系也有了改善。夫权的专制性质有所变化，但没有显著的改变。虽然近代资产阶级革命初期倡导男女平等，但在资产阶级革命胜利后的民事立法中，维护夫对妻的支配权。法国法在规定妻应顺从其夫，未经夫的许可，妻不得处分自己的财产；在德国法中，夫有权决定共同生活的一切事务，妻的财产由夫管理、用益，未得夫的同意，妻不得处分其陪嫁的财产。在英国普通法中，夫对妻享有管束权，包括对妻的体罚权。由罗马法家父权转化来的亲权，变成父

① 即罗马法规定的自权人和他权人。

母对子女的支配权，除包括对子女的教育、管束、财产用益权外，还包括拘禁子女、体罚子女的拘留权和惩戒权。尽管近代民法的身份权专制性已弱化，某些纯粹专制的权利已消灭，但其基本性质仍没有变化，仍属于专制性的支配权，只是程度不同而已。

在第二次世界大战以后，世界格局发生了重大变化，人类文明也发生了重大变化，身份权的性质随之发生了根本性改变，这就是废除身份权中的专制性因素，使各种身份关系转化成为平等、民主的人身关系。虽然其还属于支配权，但以民主、平等作为支配权的基础和前提。现代民法的身份权终于从旧民法专制性的支配权中脱胎出来，成为进步的、平等的支配权。

可见，身份权经过数千年的发展演变，已经实现了“涅槃”，成为新生的民事权利。

第三节　身份权的权利内容

一、身份权的类型与研究目的

（一）关于身份权分类的不同主张

关于怎样对身份权进行分类，尽管有不同见解，但是其实质内容没有太大的差别。

有的学者主张，身份权就其地位而言，有基本身份权和派生身份权。基本身份权，为基本身份地位的总结，如配偶、亲子、亲属三种身份，与之相适应的权利，为基本身份权。由基本身份权所派生的各个权利，为派生身份权，例如由为子的权利派生的抚养请求权，由为亲属的权利派生的赡养请求权等。派生身份权以随基本身份权变动为原则，换言之，基本身份权确定，则当然发生派生身份权；基本身份权消灭，则派生身份权消灭。[①]

① 王利明主编. 人格权法新论. 长春：吉林人民出版社，1994：201.

也有学者将身份权分为基本身份权和支分身份权[①]，其实质内容与前述分类相同。

身份权的另一种分类，是将身份权分成形成权、支配权、请求权[②]；或者分为债权性质的身份权、物权性质的身份权和身份形成权。[③] 这种对身份权的分类方法，主要是针对身份权的具体内容划分，无论是配偶权、亲权还是亲属权，无论是具体内容的支分身份权还是派生身份权，都可以分成形成权、支配权和请求权。这正是身份权作为具有相对性绝对权的对内关系权利的分类。

把这两种对身份权的分类结合起来，可以更准确地认识身份权的属性和内容。

（二）身份权的类型

综合起来，对身份权的分类应当从两个方面进行。

1. 基本身份权和派生身份权

基本身份权是身份权的下属概念，是具体的身份权；派生身份权是基本身份权的下属概念，是身份权的内容。

这种分类，有利于分清身份权的权利层次，是必要的。基本身份权和派生身份权是种与属的关系。

基本身份权，是概括亲属基本身份地位的权利，在我国，有配偶、亲子和亲属三种基本的身份地位，相对应的权利就是配偶权、亲权和亲属权，表现的是为夫、为妻的地位和权利义务，为父母、为子女的地位和权利义务，以及近亲属之间的地位和权利义务。

2. 形成权、支配权和请求权

这种身份权的分类是对派生身份权的划分，不是对基本身份权的划分。

在诸多的由基本身份权派生或支分出来的各个身份权中，作形成权、请求权、支配权的划分，有利于明确派生身份权的性质，是有必要的。但对基本身份

---

① 史尚宽．亲属法论．台北：荣泰印书馆，1980：32－33.

② 史尚宽．亲属法论．台北：荣泰印书馆，1980：32－33.

③ 王利明主编．人格权法新论．长春：吉林人民出版社，1994：201.

权的认识则无此划分的必要。

派生身份权以随基本身份权变动而变动为原则，即基本身份权确定，则当然发生派生身份权。例如，亲子的权利发生对未成年子女发生财产管理权以及身上监护权。而派生身份权的消灭，则不消灭基本身份权。例如，父母滥用其对未成年子女的权利，可以请求法院宣告其权利的一部分消灭，如消灭监护权，但基本身份权即为父母的权利地位并不因此消灭。①

（三）研究身份权类型的目的

事实上，对基本身份权没有划分的必要，原因是，基本身份权就是配偶权、亲权和亲属权，数量不多，性质相同，划分不出不同的类型。

对身份权有意义的分类，是对派生身份权的划分。三种基本身份权包含诸多派生身份权，性质各异，多有不同。对它们进行分类，确定不同的性质，具有重要意义。将身份权分为形成权、支配权和请求权，就是对这些派生身份权分类，分成三种不同的性质，以确定法律的适用。

基于这样的原因，对身份权的分类就是梳理基本身份权的内容，确定各个派生身份权的性质。可以说，身份权的分类就是对身份权具体内容的类型化。

二、身份权的内容

在《民法典》规定了身份权后，有学者提出既有学说中所谓的“身份权”实质上处于客体空心化状态，无法满足原权式构造的逻辑前提的见解②，值得认真研究，因为身份权并不是客体空心化的民事权利，而是具有实质内容的民事基本权利。不过，确如学者所言，《民法典》中没有列举身份权的内容，只是强调了自然人因婚姻家庭关系产生的身份权利。③ 因此，需要对身份权的内容进行讨论。

（一）身份利益形成权

身份利益形成权，是指基本身份权中关于依照权利人单方面的意思就能使一

---

① 史尚宽．亲属法论．台北：荣泰印书馆，1980：32－33．

② 温世扬．《民法典》是视域身份权的教义重述．现代法学，2022（4）．

③ 付翠英．《民法典》对身份权的确认和保护．内蒙古社会科学，2021（4）．

定的法律关系发生、变更或者消灭的派生身份权。

身份利益形成权分为使亲属身份关系发生变动的身份形成权和使身份权发生变动的身份形成权。

身份利益形成权一经行使，就使亲属的身份关系发生变动。婚姻、收养撤销权，离婚、终止收养关系请求权，婚生子女否认权，非婚生子女认领权，认领请求权，认领撤销权，都属于这种身份形成权。

身份利益形成权一经行使，就使身份权发生变动，例如，亲权全部丧失（或停止）或部分（财产管理权）丧失（或停止）的宣告请求权，无民事行为能力或者限制民事行为能力的宣告请求权，无民事行为能力或者限制民事行为能力的宣告撤销请求权。

（二）身份利益支配权

身份利益支配权，是指基本身份权中对身份利益进行直接排他性支配和控制的权利。这种权利的行使不需要他人的配合，他人也不得为同样的支配行为。有学者认为：身份共同体下的配偶权、监护权等身份权不属于支配权，在身份关系当事人之间具有鲜明的请求权、相对权、专属权等品格；在对外关系上，这些身份权则具有绝对性，以落实“婚姻家庭受国家保护”的基本价值。[①] 既然身份权具有绝对权属性，就应该是支配权，不应该存在没有支配性的绝对权。其实，身份权作为绝对权，支配的是权利人之间的身份利益，而不是对方的人身。

身份利益支配权可分为对他人的身上支配权和对他人的财产支配权。身份利益支配权直接支配的是对方亲属的身份利益，例如，父母对子女的监督教育权、工作允许权、撤销允许或者限制权，夫妻同居权。财产支配权对方亲属的财产，例如，父母对未成年子女的财产支配权，夫对妻或者妻对夫的财产行为的代理权。

（三）身份利益请求权

身份利益请求权，是指基本身份权中权利主体可以要求对方亲属为特定行为的权利。身份利益请求权与身份利益支配权不同，身份利益请求权的主体不能对

① 王雷.《民法典》人格权编中的参照适用法律技术. 当代法学，2022（4）.

人身利益直接进行支配，只能请求对方亲属为一定行为，以满足自己的权利要求。

身份利益请求权诸如未成年子女对父母的抚养请求权，父母或者祖父母对子女或者孙子女的赡养请求权，夫妻之间、兄弟姐妹之间的扶养请求权。

身份利益请求权的行使，都须由权利人提出请求，对方亲属为实现该权利须为一定行为，而权利的实现须依靠对方亲属为一定行为，权利人单靠自己的行为不能实现该权利。

第四节　身份权的行使与消灭

一、身份权的行使能力及方法

（一）身份权的行使能力

身份权的行使能力，是指能够行使身份权的资格。身份权的行使能力分为两种，即一般的身份权行使能力和特殊的身份权行使能力。

一般的身份权行使能力，是指权利人实施除婚姻行为及收养行为之外的其他身份行为的资格。这种行为能力适用于除婚姻行为之外的其他所有身份行为。这种行使能力与民事行为能力是一致的，即享有民事行为能力就享有一般的身份权行使能力。限制民事行为能力人享有的是限制的身份权行使能力，而无民事行为能力人则无身份权行使能力。

特殊的身份权行使能力，是指权利人实施婚姻行为、收养行为的资格。实施婚姻行为和收养行为的行使能力有法律的特殊规定，因此与一般的身份权行使能力有所不同。

对于患精神病、老年痴呆症等的无民事行为能力人或者限制民事行为能力人，其在身份权行使能力方面均受到制约，例如，精神病患者不能行使亲权。

（二）身份权的行使方法

身份权的行使，依据派生身份权性质的不同而不同。例如，身份形成权须依

据形成权的行使方法行使，身份支配权须依据支配权的行使方法行使，而身份权请求权则应当依据请求权的行使方法行使。

身份权行使方法的另外一种含义，是指适用何种程序行使权利，分为三种。

1. 依诉讼程序行使权利的方法

法律规定必须依照诉讼程序行使身份权的，则必须依法提起诉讼，通过诉讼程序行使身份权。例如，婚姻无效的宣告，婚姻当事人享有无效婚姻宣告的请求权，但是婚姻关系当事人不得自行宣告婚姻无效，须经过诉讼程序提出行使该权利的主张，由法院作出宣告婚姻无效的判决，该婚姻关系方可宣告无效；可撤销婚姻中，婚姻当事人可以选择诉讼程序，请求法院对违法婚姻进行撤销，不得自行宣告婚姻行为的撤销。

2. 依行政程序行使权利的方法

法律规定必须依照行政程序行使身份权的，则必须依法进行申请，经有关行政机关依法确认或者宣告等，才能够使权利得到实现。例如，结婚行为未经婚姻登记机关依法登记，不发生婚姻的法律效力；解除婚姻关系，当事人双方达成协议的，也须经过行政机关登记程序，方能实现。

3. 依行使民事权利一般方法行使权利的方法

对于身份权，不以诉讼程序和行政程序为必要者，权利人可以依照自己的意愿，依据行使民事权利的一般方法行使身份权。例如，未婚男女决定同居共同生活，法无明文规定，当然可以依照行使民事权利的一般方法，行使权利，同居生活。

二、身份权的消灭

身份权依据一定的法定事由而消灭。

1. 因当事人死亡而消灭

身份关系的当事人死亡，必然消灭身份权。自然死亡和宣告死亡均发生同样的效果。例如，婚姻关系当事人一方死亡，不论是宣告死亡还是自然死亡，都消

灭婚姻关系。

2. 因法律事实而消灭

一定的法律事实的发生，也会使身份权发生消灭的后果。例如，子女年满18周岁，成为完全民事行为能力人，在其与父母之间消灭亲权关系，消灭抚养权，继之在父母和成年子女之间产生亲属权。

3. 因法律行为而消灭

身份关系的当事人为行使身份权而实施法律行为，可以消灭身份权，例如解除收养的法律行为，可以消灭亲权关系或者亲属身份关系。

4. 因行政登记行为而消灭

身份关系可以因当事人申请行政行为而消灭，例如，离婚登记，发生消灭婚姻关系的法律后果。

5. 因法院裁判而消灭

法律规定应当或者可以经过法院诉讼程序消灭的身份权，必须经过或者可以经过诉讼程序，由法院判决消灭该身份权。例如，法律规定宣告婚姻无效，必须经过法院的诉讼程序，因此，法院宣告婚姻无效的判决已经发生法律效力，其婚姻关系即行无效，并且自始无效。又如，《婚姻法》曾规定，可撤销的婚姻关系，婚姻登记机关就可以撤销。《民法典》改变这一规定，可撤销婚姻具有法定事由的，应当诉至法院，由法院判决撤销，行政机关没有这一权力。

第五节　身份法律行为

一、身份法律行为概述

（一）身份法律行为的概念和特征

身份法律行为又称亲属法律行为，简称身份行为[①]，是指民事主体实施的对

① 林菊枝. 亲属法新论. 台北：五南图书出版公司，2006：16.

亲属身份关系的发生、变更、消灭产生法律后果的民事法律行为。换言之，亲属身份行为就是自然人有意识地追求亲属身份法律后果的行为。[①]《民法典》没有明确规定身份法律行为的概念，也没有规定亲属法律行为的一般性规则，在法律适用上，应当适用《民法典》总则编关于民事法律行为的一般规则，以及婚姻家庭编规定的具体规则。

身份法律行为有广义和狭义之分。广义的身份法律行为除了亲属身份行为之外，还包括单纯的财产法上的身份行为和公法上的身份行为。狭义的身份法律行为则仅指亲属法的身份行为。[②]

狭义的身份法律行为仅指亲属身份行为，是指产生亲属身份关系发生、变更或者消灭法律后果的行为。广义的身份法律行为不仅包括身份法律行为，还包括亲属之间确定财产关系的法律行为，例如夫妻之间约定财产关系的协议。

婚姻家庭法上的行为与身份法律行为是有区别的。身份法律行为是民事法律行为的一种，是民事主体之间发生、变更或者消灭亲属民事法律关系的行为。而婚姻家庭法上的行为，不仅包括身份法律行为，还包括婚姻家庭法上的公法行为，例如婚姻无效的宣告或者婚姻的撤销，以及请求判决离婚等。

身份法律行为作为民事法律行为的一种，具有民事法律行为的一切特征。例如，身份法律行为是一种人为的法律事实，是民事法律关系的发生原因之一；身份法律行为是一种表意行为，是具有导致一定法律效果发生意图的行为；身份法律行为以意思表示为要素，行为人将其期望发生法律行为的意思以一定的方式表现于外部；身份法律行为是合法行为。

身份法律行为除了具有民事法律行为的一般法律特征，还具有自己的特征。

1. 身份法律行为在婚姻家庭法领域中并非普遍的法律事实

人之身份关系的成立，有基于自然事实者，有基于法律行为者。在前者，毫无自由意思之可言；在后者，其意思的作用，仅限于当事人是否欲成立身份关

---

① 杨大文，龙翼飞主编. 婚姻家庭法. 8版. 北京：中国人民大学出版社，2020：75.

② 林菊枝. 亲属法新论. 台北：五南图书出版公司，2006：16.

系。[①] 亲属法律关系的变动，大多数基于自然事实，例如血亲的发生就是基于出生的事件而发生。少数亲属法律关系是基于法律行为发生，如婚姻行为（结婚和离婚）、收养行为，发生亲属法律关系的产生、变更或者消灭的后果。这些行为是典型的身份法律行为，内容定型，当事人没有其他自由决定的余地。

2. 身份法律行为当事人的意思具有特殊性和习俗性

财产法律行为具有合理性，身份法律行为具有习俗性。一般的民事法律行为如财产法上的行为是利益的结合，其结合是片面的；其结合的意思，主要为个人欲望追求的手段和以个人获得利益为目的。而身份法律行为当事人的意思，是共同社会的结合，是以其结合为必然的，是以结合本身为目的，属于本质的全人格的结合，其结合的意思带有超打算的情绪的性质。例如，非婚生子女的认领，已同居男女举行的结婚仪式，是当事人的观念的结合、人格的结合。

3. 身份法律行为在性质上更具有社会性和伦理性

身份法律行为更多反映的是人的社会性，其基础是人的社会生活，不仅在财产法上具有重大影响，还对社会秩序和公共道德具有很大的影响，因此，法律对身份行为给予更为积极的关注和规范，一方面使其关系内容更为定型，不允许当事人对其任意变更，另一方面则使其为要式行为，结婚、收养除了要有真实的意思表示并加以文字的记录，均须进行登记，否则不生效力。即使对身份法律行为中形成权的行使，也须依法定的行政程序或者裁判的方式确定，以确认当事人意思的确实，并将其身份变动予以公示，以稳定社会正常秩序。形成行为以外的身份法律行为，则为非要式行为。

（二）身份法律行为与民事法律行为的关系

身份法律行为与民事法律行为的关系是种属关系，身份法律行为是民事法律行为的下属概念。

正是由于身份法律行为与民事法律行为的这种关系，产生了一个重要问题，就是对身份法律行为是否直接适用民事法律行为的规定。对此，有三种主张：一

① 戴炎辉，戴东雄，戴瑀茹. 亲属法. 台北：2010：4.

是认为，民法关于民事法律行为的规定，不过是财产法上的法律行为的一般规定，亲属法上的身份行为因其具有特殊性，不适用民法关于民事法律行为的规定。二是认为，既然身份法律行为是民事法律行为，则应当适用民法关于民事法律行为的一般规定。三是认为，民法上的身份法律行为既然是民事法律行为，如果婚姻家庭法没有特别规定，应当适用民事法律行为的一般规定，除非婚姻家庭法有明文规定或者依其性质不能适用。

对此，应当特别注意《民法典》第464条第2款关于“婚姻、收养、监护等有关身份关系的协议，适用有关该身份关系的法律规定；没有规定的，可以根据其性质参照适用本编规定”的规定。这一规定，在文义和价值取向上，明显修改了《合同法》第2条第2款关于“婚姻、收养、监护等有关身份关系的协议，适用其他法律的规定”的规定，使对于身份关系协议，在婚姻家庭编没有对其作出规定的情况下，可以根据其性质参照适用合同编的规定。依据《民法典》第508条，对于身份关系协议的效力又可以进一步转致总则编中的法律行为规范。可以说，《民法典》第464条第2款实质上成为架构婚姻家庭编与合同编乃至总则编的重要桥梁。①

在这样的认识基础上，本书认为，在身份法律行为的法律适用上，应当遵循三项规则。

第一，既然身份法律行为是特殊的民事法律行为，那么《民法典》关于身份法律行为的特别规定，必须首先得到适用。相对而言，婚姻家庭法规定的亲属法律关系的规则属于特别法，而民法规定的民事法律行为的规则是普通法。按照特别法优先于普通法的法律适用规则，既然《民法典》婚姻家庭编有特别规定，应当优先适用婚姻家庭编的规定。例如，《民法典》规定在我国自然人收养他人应当进行登记确认收养行为，因此，关于意思表示一致民事法律行为即成立生效的一般规定，对收养行为不适用。

第二，婚姻家庭法对身份法律行为没有明文规定，适用民事法律行为的一般规定不具有社会不妥当性后果的，应当适用民事法律行为的一般规则。这就是，

① 冉克平．夫妻团体法 法理与规范．北京：北京大学出版社，2022：305.

既然身份法律行为是民事法律行为的一种，那么关于民事法律行为的一般规定应当适用于身份法律行为。例如，结婚行为是一种身份法律行为，其最基本的要求是双方当事人具有结婚的合意。尽管当事人有了结婚的合意外尚需办理结婚登记手续，但是对当事人的结婚的合意，应当完全按照民事法律行为的意思表示基本规则确定。又如，虚伪的离婚协议，不得对抗与其一方善意结婚的第三人，可以适用民事法律行为的善意规则，确认善意结婚的效力。《民法典》婚姻家庭编的规定缺漏较多，应当发挥民事法律行为一般规定的作用，更好地调整身份法律行为。

第三，婚姻家庭法对具体的身份法律行为没有明文规定，而民事法律行为一般规定的适用又不具有社会妥当性的，应当类推适用婚姻家庭法的相关规定，不能适用民事法律行为的一般规定。

二、身份法律行为的种类

（一）双方身份法律行为和单方身份法律行为

按照身份法律行为的构成，身份法律行为可以被分为双方身份法律行为和单方身份法律行为。

双方身份法律行为，是指双方当事人的意思表示达成一致才能成立的身份法律行为。这样的身份法律行为实际上是一种合同行为，是典型的身份法律行为。例如，结婚合意、离婚协议、收养协议、解除收养关系协议、夫妻财产关系约定、离婚财产分割协议、离婚后未成年子女抚养协议等，都属于双方身份法律行为。

单方身份法律行为，是根据一方当事人的意思表示就可以成立的身份法律行为。这种身份法律行为无须他方当事人的同意就可以发生法律效力，如认领，非婚生子女一经生父认领，即发生婚姻家庭法律关系，产生亲属的权利和义务。

（二）形成的、附随的和支配的身份法律行为

按照身份法律行为的效力，身份法律行为可以被分为形成的身份法律行为、

附随的身份法律行为和支配的身份法律行为。

形成的身份法律行为，是指直接以亲属身份关系的设定、废止或者变更为目的，即以身份的发生、变更或者消灭为目的的身份法律行为。例如，结婚行为、离婚行为、婚生子女的否认行为、非婚生子女的认定行为、收养行为和解除收养行为等，都是形成的身份法律行为。

附随的身份法律行为，是指以形成的行为为前提，附随于该行为而为的身份法律行为。这种附随的身份法律行为，就是亲属身份行为附随的法律行为。例如，夫妻财产约定协议、夫妻离婚财产分割协议、离婚的子女抚养协议，都属于附随于身份法律行为的附随身份法律行为。《婚姻家庭编解释一》第 69 条第 2 款关于“当事人依照民法典第一千零七十六条签订的离婚协议中关于财产以及债务处理的条款，对男女双方具有法律约束力。登记离婚后当事人因履行上述协议发生纠纷提起诉讼的，人民法院应当受理”的规定中提到的这种协议，就属于附随的身份法律行为。

支配的身份法律行为也称身份的监护行为，是指具有一定的身份关系的亲属，基于身份而对他人身上所为的某种身份支配行为。一般认为，身份法律行为被分为纯粹的身份法律行为、身份的财产行为和身份的监护行为三种。身份的监护行为就是支配的身份法律行为。例如，基于亲权而行使的人身照护权，就是支配亲权监护下的未成年子女的人身事项的身份行为，是一种支配的身份法律行为。

三、身份法律行为能力

（一）身份法律行为能力概述

身份法律行为能力，是指行为人实施身份法律行为的资格。

身份法律行为能力不同于民事行为能力。民事行为能力是行为人实施民事法律行为的资格，民事法律行为是一般的民事行为，实施这样的民事行为需要具备一般的民事行为能力。而身份法律行为是特殊的民事法律行为，要求身份法律行

为能力必须是特殊的民事行为能力，因此，《民法典》关于民事主体一般民事行为能力的规定，原则上不适用于身份法律行为能力。[①]

但是，身份法律行为能力毕竟也是一种民事行为能力，因此，身份法律行为能力与民事行为能力又有密切的联系，是在民事行为能力中具备特殊条件的特殊民事行为能力。

（二）身份法律行为能力的构成

身份法律行为能力的构成包括两个部分。

1. 行为人具备一般的民事行为能力

实施身份法律行为首先须具备民事行为能力。没有民事行为能力者，不能亲自实施民事法律行为；限制民事行为能力者，无法实施与其智力状况不相适应的民事法律行为。身份法律行为属于更严格的民事法律行为，是特殊的、关系到人的身份地位的民事法律行为，需要具备完全民事行为能力，这是必备的要件。无民事行为能力人或者限制民事行为能力人都不具备身份法律行为能力。

2. 行为人具备身份法律行为能力的特殊要件

在具备完全民事行为能力的基础上，行为人实施身份法律行为必须具备特别的要件。不具备特别的要件，就不具有身份法律行为能力。身份法律行为能力构成的特殊要件，在于法律特别规定。法律对不同的身份行为，规定的要件也不同。例如，结婚的行为能力应当在具备完全民事行为能力的基础上，满足年龄男性为22周岁以上，女性为20周岁以上。不具备这样的要件，就不具备婚姻行为能力。收养行为中，收养人必须为30周岁以上的自然人，没有到达这个年龄的要求，也不具有收养行为能力。

（三）结婚行为能力

1. 结婚行为能力的概念

结婚行为能力也称结婚能力，是指依照法律规定结婚须具备的资格。

有的学者将结婚行为能力称为结婚的实质要件，或者称为法定婚龄。事实上，《民法典》关于结婚年龄的规定，并非单纯对要件和婚龄的限制，而是判断

---

① 史尚宽．亲属法论．台北：荣泰印书馆，1980：11．

是否具有结婚的资格。因此，法定婚龄就是关于结婚行为能力的规定，是在何种年龄才能结婚的规定，是关于自然人结婚资格的规定。因此，将《民法典》关于结婚年龄的规定称为法定婚龄并不完全正确，而应当认为，其是关于结婚行为能力的规定。有的学者认为，具有完全民事行为能力的人不一定具备结婚的能力，必须是达到法定结婚年龄的自然人，才具备结婚的行为能力，即婚姻能力。[①]

2. 结婚行为能力的构成

确定结婚行为能力的依据，在于人的自然因素和社会因素。自然因素是人的身体发育和智力成熟的状况。按照自然规律，女子在 12 周岁至 14 周岁，男子在 14 周岁至 16 周岁，开始进入青春期；女子在 18 周岁左右，男子在 20 周岁左右，身体发育基本成熟。确定结婚行为能力应当考虑男女的生理特点，尊重自然规律。社会因素是社会的政治、经济和人口发展情况，各国本来国经济发展情况以及、人口实际情况出发，确定适当的年龄作为结婚行为能力的依据。

我国法律规定，结婚行为能力的构成应当具备两个要件：一是完全民事行为能力人，二是男性为 22 周岁以上，女性为 20 周岁以上。具备了这两个条件，就具有了结婚行为能力。在编纂《民法典》的过程中，很多学者动议修改结婚行为能力的年龄，建议男女一律为 18 周岁，或者男 20 周岁、女 18 周岁。但最终立法机关为了保持立法的稳定，没有作出改变。

（四）收养行为能力

1. 收养行为能力的概念

收养行为能力也称为收养能力，是指依照法律规定收养他人为自己的子女所必须具备的资格。

广义的收养行为能力包括送养行为能力，例如具备什么样的资格才能实施送养行为。不过，研究收养行为能力，最主要的还是考察收养人是否具有收养的资格，因为送养解决的仅仅是可不可以将自己的子女送给他人收养的问题，送养人只要有自己的子女，就具有送养的条件，因而送养行为能力并不重要，不涉及更多的身份利益。因此，收养行为能力属于狭义概念，仅指收养人的行为能力。

---

① 孟令志. 无效婚姻论. 北京：中国社会科学出版社，1996：11.

2. 收养行为能力的构成

按照法律规定，我国自然人收养行为能力的要件：第一，必须具备完全民事行为能力；第二，必须年满 30 周岁。这样规定的原因在于，将收养人和被收养人的年龄距离拉大，有一个合理的年龄距离。收养能力的下限为 30 周岁，被收养人的年龄在不满 18 周岁以下，双方之间就保持了合理的年龄距离。

我国法律规定的收养行为能力，年龄过高，应当予以适当改革。

（五）支配行为能力

在他人的身份利益上实施支配行为，应当具有支配行为能力。支配行为能力是指在他人身份利益上实施支配行为的资格。

支配行为能力以具有完全民事行为能力为基础。在结婚行为能力年龄要求较低的国家，存在未成年父母对未成年子女的人身支配行为，在我国，结婚行为能力高于一般民事行为能力的年龄要求，不存在这样的问题。

具有完全民事行为能力的人不必然具备支配行为能力，其还必须具备享有亲权或者监护权的要件，才能具有支配行为能力。例如，亲权人或者监护权人的监护，支配被监护人身份行为，以及支配被监护人的财产的附随身份行为，不仅要有一般的民事行为能力，还必须具备为合理行为的资格，而能作为亲权人或者监护人的主体就具备了这样的资格。

四、身份法律行为能力的效力变动

（一）身份法律行为效力变动的意义

1. 身份法律行为效力变动的概念

民事法律行为中有民事法律行为无效和撤销的规则。民事法律行为违反法律的强制性规定的无效，发生自始无效的效力。民事法律行为具有法定事由可以请求撤销，一经撤销也发生自始无效的后果。在身份法律行为中，也存在身份行为无效或者被撤销的情形，例如，《民法典》第 1051 条规定了婚姻无效制度，第 1052 条和第 1053 条规定了婚姻撤销制度，第 1113 条规定了收养无效制度，第

1114 条至第 1118 条规定了收养关系解除制度。

身份法律行为效力变动，是指身份法律行为基于法定事由的出现，在法律效力上出现的无效、可撤销或者予以解除的状况。

2. 身份法律行为效力变动的法律适用

身份法律行为是民事法律行为中的一种特殊形式，身份法律行为的无效和撤销以及解除，与民事法律行为中的无效、撤销和解除具有一样的意义。当然，身份法律行为的无效、撤销和解除发生在婚姻家庭法领域，《民法典》婚姻家庭编对此作出专门的规定，属于特别法规定，应当优先适用。因此，身份法律行为的无效、撤销和解除，都应当依照婚姻家庭编的特别规定进行，不适用总则编关于法律行为无效、撤销和解除的一般规定。

在身份法律行为中，还有一些婚姻家庭编没有特别规定的情形。例如，附随的身份法律行为、支配的身份法律行为等，这些身份法律行为的无效、撤销、变更、解除在婚姻家庭编中没有规定，依其行为性质，其具有与一般民事法律行为同样的性质，与合同行为没有大的差异，与一般的民事法律行为的性质无特别的差异，况且婚姻家庭编没有对其作出特别规定，因而这些身份法律行为无效、撤销、变更和解除，应当适用《民法典》总则编关于民事法律行为无效、可撤销以及解除的一般规定。例如，关于夫妻约定财产，没有规定财产约定的无效、可撤销以及解除的规则，如果出现一方欺诈、胁迫另一方签订夫妻财产约定的协议，另一方有权按照《民法典》总则编的相关规定，请求撤销夫妻财产约定，或者依法予以解除。又如，监护人实施亲属支配行为支配被监护人的财产，该行为具有无效的法律事由，根据《民法典》的一般规定，利害关系人可以主张宣告无效。再如，《民法典》第 1113 条第 1 款规定："有本法第一编关于民事法律行为无效规定情形或者违反本编规定的收养行为无效。"

（二）身份法律行为无效

1. 身份法律行为无效的概念

身份法律行为无效，是指亲属之间实施的身份法律行为违反法律的强制性规定或者违背善良风俗，发生行为自始无效的后果。无效身份法律行为是绝对无效

的民事法律行为。

研究身份法律行为无效，应当区分身份法律行为无效和身份法律行为不成立。传统亲属法既存在身份法律行为不成立，也存在身份法律行为无效。例如，在德国法，无效婚姻须依法院裁判为无效；不成立的婚姻无须裁判，任何人都可以主张无效。日本学者主张，未申报的婚姻或者收养为不成立，欠缺婚姻或者收养意思的为无效。①

在我国，结婚、离婚和收养都须具备登记的要件，没有经过登记的婚姻或者收养，不发生结婚、离婚和收养的效力，因此，不成立的婚姻和收养，即为事实婚姻和事实收养，不发生法律效力，自无无效、撤销的问题。其他的身份法律行为，例如附随的身份法律行为和支配的身份法律行为，也存在不成立和无效的区别，在实践中应当准确把握，正确适用法律。

2. 身份法律行为无效的表现

（1）结婚行为无效。

《民法典》第 1051 条规定了无效婚姻："有下列情形之一的，婚姻无效：（一）重婚；（二）有禁止结婚的亲属关系；（三）未到法定婚龄。"具备上述规定的三种法定情形之一的，婚姻无效。

婚姻行为无效是绝对无效。《婚姻家庭编解释一》第 9 条规定："有权依据民法典第一千零五十一规定向人民法院就已办理结婚登记的婚姻请求确认婚姻无效的主体，包括婚姻当事人及利害关系人。其中利害关系人包括：（一）以重婚为由的，为当事人的近亲属及基层组织；（二）以未到法定婚龄为由的，为未到法定婚龄的近亲属；（三）以有禁止结婚的亲属关系为由的，为当事人的近亲属。"可见，有权提出婚姻无效请求的，不仅有婚姻当事人，依照司法解释的规定，还有当事人的近亲属、利害关系人或者基层组织。婚姻关系本是民事法律关系，是当事人的私生活，国家不宜干预过多，但是，无效婚姻涉及国家的婚姻制度和社会生活秩序，因此，有关的利害关系人也可以提出婚姻无效的请求。可以提出请求权的利害关系人分别是如下几类：以重婚为由申请宣告婚姻无效的，为当事人

① 史尚宽. 亲属法论. 台北：荣泰印书馆，1980：14－15.

的近亲属和基层组织；以未到法定婚龄为由申请宣告婚姻无效的，未达法定婚龄者的近亲属；以有禁止结婚的亲属身份关系为由申请宣告婚姻无效的，为当事人的近亲属。按照《婚姻家庭编解释一》第10条规定，当事人依据《民法典》第1051条向法院请求确认婚姻无效，法定的无效婚姻情形在提起诉讼时已经消失的，法院不予支持。

婚姻无效宣告之后，其法律后果有以下三项：第一，当事人之间的婚姻关系自始无效，溯及既往。第二，双方当事人同居期间取得的财产，按照共同共有处理，能够证明是当事人一方所有的，为一方所有。第三，当事人所生的子女为婚生子女，与其父母具有父母子女的权利义务关系。

（2）收养行为无效。

无效的收养行为，是指欠缺收养关系成立的有效要件，因而不能产生收养法律效力的收养行为。无效收养行为，也是绝对无效的法律行为。《民法典》第1113条规定了收养行为无效的法定事由："有本法第一编关于民事法律行为无效规定情形或者违反本编规定的收养行为无效。无效的收养行为自始没有法律约束力。"主要是：违反《民法典》总则编规定的民事法律行为无效，如收养人或者送养人不具有相应的民事行为能力，收养人、送养人或者年满8周岁以上的被收养人的意思表示不真实，违反法律或者公序良俗；违反婚姻家庭编规定的收养行为，包括不具备收养关系成立的实质要件和形式要件的收养行为。

确认收养行为被无效的程序是诉讼程序。提起诉讼程序宣告收养行为无效，应当依照《民事诉讼法》的规定进行。

收养行为被宣告无效之后，溯及既往，为自始无效。

（3）其他身份法律行为无效。

其他身份法律行为无效，是指婚姻无效、收养无效之外的其他身份法律行为无效的情形。例如，附随的身份法律行为的无效、支配的身份法律行为无效等。对这些身份法律行为的无效，《民法典》婚姻家庭编没有特别规定，应当依照《民法典》总则编、合同编关于民事法律行为无效和合同无效的规定处理。

（三）身份法律行为的可撤销

结婚行为可撤销也称可撤销婚姻，是指男女双方或者一方缺乏结婚的合意，

因受他方或者第三者的胁迫或者不如实告知重大病情而结婚的违法婚姻行为。受胁迫、受欺骗的一方可以向人民法院请求撤销该婚姻关系，被撤销的婚姻关系发生自始无效的法律后果。

身份法律行为的撤销与可撤销的民事法律行为的性质相同，是相对无效的身份法律行为，当事人可以请求撤销该民事法律行为。结婚行为由于胁迫或者未告知重大病情而实施，也属于相对无效的身份法律行为，但由于结婚行为的特殊性，只存在对该结婚行为的撤销可能，因此，对结婚行为只能撤销。

结婚行为可撤销与结婚行为无效不同。结婚行为无效是绝对无效，而胁迫、未告知重大病情的结婚行为建立的婚姻关系符合法律规定的条件，不存在婚姻无效的法定事由，只是由于婚姻关系的建立缺乏合意，一方或者双方被胁迫、受欺骗，婚姻行为的效力在于当事人的选择。当事人选择撤销该结婚行为，符合法律规定，保证了当事人婚姻自由的意志和婚姻自主权的行使。受胁迫的一方或者双方愿意维持婚姻，不予撤销的，该婚姻关系继续有效。

结婚行为可撤销的条件是胁迫。按照《婚姻家庭编解释一》的规定，这种胁迫，是指行为人以给另一方当事人或者其近亲属的生命、身体、健康、名誉、财产等方面造成损害为要挟，迫使另一方当事人违背真实意愿结婚的情形。

不如实告知重大疾病的可撤销结婚行为，是一方患有重大疾病，本应当在结婚登记前如实告知另一方，却不如实告知，另一方可以向法院请求撤销婚姻。

婚姻当事人申请撤销结婚行为的程序为诉讼程序。申请提出后，由法院依法审查决定。请求撤销结婚行为适用除斥期间：请求撤销胁迫婚姻的，应当自胁迫行为终止之日起1年内提出；被非法限制人身自由的当事人请求撤销婚姻的，应当自恢复人身自由之日起1年内提出；不如实告知重大疾病请求撤销婚姻的，应当自知道或者应当知道撤销事由之日起1年内提出。

结婚行为撤销的法律后果，与结婚行为无效的法律后果相同。

（四）身份法律行为解除

身份行为解除，主要是收养行为解除。收养行为解除，是指收养行为成立之后，收养关系存续期间，养父母子女因某种事由双方协议解除或者单方提出解除收养关系的行为。收养行为解除不同于收养行为无效，收养行为是有效成立的。经过当事人协议或者经过法院判决，现存的收养关系被解除，恢复到没有建立收养关系之前，而不是溯及既往的收养行为无效。

收养行为解除的事由，包括养父母的情况发生变化，生父母的情况发生变化，养父母不尽抚养教育责任，养子女不服养父母教养，养子女长大后不履行赡养扶助养父母的义务，等等。

收养行为的解除程序有登记解除和诉讼解除。当事人协议解除收养关系的，应当到民政部门办理解除收养关系登记。收养方或者送养方无法协议解除，不能达成解除收养关系协议的，可以向法院提起诉讼，由法院判决。

收养行为解除的法律效果是，消除了养父母子女之间的权利义务关系，未成年的养子女与生父母及其近亲属的权利义务恢复，养子女死亡或者养父母死亡的，终止死者与养父母或者养子女之间的亲属身份关系，对养父母在收养期间所支出的生活费和教育费的补偿、收养期间形成的财产关系，按照法律规定处理。

（五）其他身份法律行为的撤销或者解除

其他身份法律行为涉及民事法律行为相对无效、效力待定，以及协议解除或者法定解除问题的，原则上应当适用《民法典》关于民事法律行为效力的规定和关于合同效力或解除的规定。

五、身份法律行为登记

（一）身份法律行为登记概述

身份法律行为发生效力，有的不需要登记，有的需要登记，因此，身份法律行为登记对于某些身份法律行为具有重要意义。

身份法律行为登记，是指某些身份法律行为依照法律规定进行登记，得到国家承认，产生该身份法律行为的法律效果的行为。

身份法律行为登记的特征有三点。

1. 身份法律行为登记是身份法律行为发生效力的基本形式

登记并不只是身份法律行为存在的记录。在民法上，物权登记具有极为重要的意义，但物权登记和身份法律行为的登记具有重要的区别。这就是，物权登记更重要的目的在于物权的公示；而身份法律行为的登记则不仅是在于身份行为的公示，更在于国家对该身份行为的确认，赋予其法律效力。因此，特定的身份法律行为登记，既是该身份法律行为的成立要件，也是生效要件。如果应当登记的身份法律行为没有登记，就等于该身份法律行为没有成立，当然不能发生法律效力。

2. 身份法律行为登记具有法律强制力

既然对某些特定的身份法律行为法律规定必须进行登记，不登记不发生法律效力，这种登记行为就是强制性的法律规定，违背这种强制性法律规定的行为是违法行为，不发生身份法律行为的效力，不能受到法律的保护。

3. 身份登记行为与身份合意行为的关系具有特殊性

由于身份登记的特殊性和强制性，作为身份登记的基础行为的身份合意行为，就显得不重要而易受到忽视。这是不正确的。身份法律行为是双方当事人之间的民事法律行为，通过该行为缔结的亲属关系，在双方当事人之间发生权利义务关系，是当事人自己的事情，因此，身份当事人对身份的合意行为才是最重要的行为，是登记行为的基础。没有这个基础行为，身份登记行为也不能存在。因此，身份登记行为与身份合意行为的特殊关系在于，身份合意行为是身份法律行为的基础，而身份登记行为则是身份法律行为的国家确认形式。

按照《民法典》的规定，我国身份法律行为中需要登记的，一是结婚行为，二是协议离婚行为，三是收养行为，四是协议解除收养行为。

（二）结婚登记

1. 结婚登记的概念和意义

结婚登记是结婚行为的确认行为，没有结婚登记不发生结婚的效力，法律不承认其设立婚姻关系。

对结婚行为的确认，各国有不同规定，主要的有仪式制、登记制和登记与仪

式制。仪式制，包括世俗仪式制，即结婚要由父母家长主持，在亲友面前举行婚礼，并由证婚人证明；宗教仪式制，即结婚应由神职人员主持，在教堂举行结婚仪式；法律仪式，即须由政府官员主持结婚仪式，婚姻才能有效成立。登记制，结婚须经过登记程序确认其效力，否则不发生结婚的法律效力。仪式登记制，即须举行结婚仪式，又须进行婚姻登记的制度。

尽管这些确认行为各不相同，但都规定结婚行为必须经过确认，才能发生法律效力，产生婚姻关系。这是因为结婚涉及当事人的重大利益，同时也涉及社会风俗、伦理以及社会秩序，必须予以公示，使双方当事人的结婚行为为他人所知。

2. 结婚登记的程序和效果

《民法典》第 1049 条规定了我国结婚的登记制度："要求结婚的男女双方应当亲自到婚姻登记机关申请结婚登记。符合本法规定的，予以登记，发给结婚证。取得结婚登记，即确立夫妻关系。未办理结婚登记的，应当补办登记。"

我国结婚登记的程序是：提供身份证明文件，证明自己无配偶以及与对方没有直系血亲和三代以内旁系血亲关系的签字声明；表明男女双方自愿结婚的意思表示；结婚登记机关进行审查并询问相关情况；符合结婚条件的，即时进行结婚登记发给结婚证书。

结婚登记行为的效果是，经过结婚登记发给结婚证书的，即时发生结婚的法律效果，在双方当事人之间产生配偶法律关系。

3. 不予登记

结婚登记机关经过审查，发现具有法定情形之一的，不予进行结婚登记。不予登记的法定情形有四：一是未达法定婚龄的，二是非自愿结婚的，三是双方已经有配偶的，四是直系血亲或者三代以内旁系血亲的。

（三）协议离婚登记

1. 协议离婚登记的概念

离婚与结婚不同，登记不是必要程序，只有协议离婚，到婚姻登记机关登记离婚的，才须进行离婚登记。

离婚登记与登记离婚并不完全相同。登记离婚是指离婚的形式，即采用行政登记的程序进行离婚；而离婚登记则是采取登记离婚的形式离婚时应当进行的离婚登记行为。

2. 协议离婚登记的条件

依照《民法典》的规定，进行离婚登记必须具备以下条件：一是双方自愿离婚，即婚姻关系双方当事人对离婚的意思表示一致，不存在欺诈或者胁迫；二是双方必须办理过结婚登记，持有结婚证书，没有办理过结婚登记的人，不得登记离婚；三是双方必须具有完全民事行为能力，无民事行为能力人或者限制民事行为能力人，必须经过诉讼程序才可以离婚，不能以协议的方式登记离婚；四是双方对子女抚养、财产分割以及债务承担均已达成协议。

3. 离婚登记的程序和效力

离婚登记，需要经过申请、审查、登记、发证的程序。申请登记离婚后要经过冷静期，即自婚姻登记机关收到离婚登记申请之日起 30 日内，任何一方不愿意离婚的，可以向婚姻登记机关撤回离婚登记申请。前述冷静期届满后 30 日内，双方应当亲自到婚姻登记机关申请，发给离婚证；未申请的，视为撤回离婚登记的申请。离婚一经登记，发给当事人离婚证书，即发生解除婚姻关系的效果，双方当事人的婚姻关系即时不再存在。

（四）收养行为登记

1. 收养登记

收养行为是变更亲子法律关系的身份行为，各国均规定其为要式行为。我国《民法典》第 1105 条规定：“收养应当向县级以上人民政府民政部门登记。”因此，收养只有收养人和送养人的收养合意即收养协议尚不能发生收养的效力，还须进行收养登记才能发生收养的法律效果，即在当事人之间发生变更亲子身份关系的法律后果。

2. 收养无效登记

收养无效分为诉讼无效和登记无效。《中国公民收养子女登记办法》第 13 条规定：“收养关系当事人弄虚作假骗取收养登记的，收养关系无效，由收养登记

机关撤销登记，收缴收养登记证。”

按照这一规定，收养登记机关发现收养关系当事人具有上述行为的，有权宣告收养关系无效，并撤销收养登记。该程序应当由收养关系当事人或者利害关系人提出，由收养登记机关审查；条件是当事人弄虚作假，骗取收养登记。

收养行为被宣告无效，并且撤销登记、收缴收养登记证之后，发生收养行为自始无效的后果。

3. 收养解除登记

依照《民法典》第 1116 条规定，当事人协议解除收养关系的，应当到民政部门办理解除收养关系的登记。民政部门审查解除收养关系是否合法，意思表示是否真实、一致，当事人应当提供必要的证明材料，经过证明属实的，收养登记机关办理解除收养的登记，确认当事人解除收养关系。

六、身份法律行为代理与禁止附条件、附期限

（一）身份法律行为代理

1. 就身份法律行为不得委托代理

身份法律行为虽然为民事法律行为的一种，但因其具有特殊性，不适用《民法典》关于民事法律行为代理的一般规定，即身份法律行为不得委托代理。委托代理又称为意定代理，是基于被代理人的委托授权而发生的代理。身份法律行为的实施，是实施身份法律行为的人必须具备身份行为能力，不仅要具有民事行为能力，还必须具有要求更高的特别要件，因此，行为人实施身份法律行为不存在委托代理的必要性，在婚姻、收养、认领、婚生子女否认上，都不存在委托代理的适用。①

2. 就身份法律行为准许法定代理

亲属的基本性质是自然人之间的特定社会关系，以自然人为其主体。既然如此，亲属身份关系的主体必然存在无民事行为能力人或者限制民事行为能力人。

① 例外的是障碍人的委托监护属于委托代理，但也具有与一般委托代理不同之处。

一方面，实施了身份法律行为的人为精神病人、老年痴呆症患者等，属于无民事行为能力人或者限制民事行为能力人，其实施身份法律行为必须有法定代理人。另一方面，对于身份法律行为的其他行为方面，主体如果是未成年人的，也存在法定代理的适用。例如未成年人对生父认领的请求，应当以其生母为法定代理人。无民事行为能力人或者限制民事行为能力人的离婚诉讼，必须有法定代理人。无民事行为能力人或者限制民事行为能力人与其养父母的诉讼，也必须有法定代理人。

对于身份法律行为的法定代理，应当按照《民法典》关于法定代理和《民事诉讼法》的有关规定进行。

（二）禁止身份法律行为附条件和附期限

身份法律行为不适用民事法律行为的附期限和附条件的规则。[①] 这是因为，如果在身份行为上附期限或者附条件，有违善良风俗和公共秩序，为社会伦理所不许。对于附条件的身份法律行为应当认定为无效或者可撤销。例如，在个别地方存在的换亲，即将自己的女儿出嫁作为对方男子的妹妹嫁给自己儿子的条件，就是附条件的结婚行为。如果各方当事人均没有反对意见，是当事人的真实意思，似无反对道理，但出嫁女儿认为违背自己的结婚真实意思者，应当认定为可撤销婚姻，当事人可以主张撤销该婚姻关系。

第六节　身份权请求权

一、身份权请求权概述

（一）身份权请求权的概念

身份权请求权，是指民事主体在其身份权的圆满状态受到妨害或者有妨害之虞时，得向加害人或者法院请求加害人为一定行为或者不为一定行为，以回复身

① 戴炎辉，戴东雄，戴瑀茹．亲属法．台北：自版，2010：4.

份权的圆满状态或者防止妨害的权利。《民法典》第1001条规定："对于自然人因婚姻家庭关系等产生的身份权利的保护，适用本法第一编、第五编和其他法律的相关规定；没有规定的，可以根据其性质参照适用本编人格权保护的有关规定。"这里规定的就是身份权请求权。

与其他固有请求权相类似，身份权请求权是身份权本身包含的权利，但不是身份权本身，而是一种手段性权利，系固有请求权的一种。它的功能是预防、保全母体权利即身份权不受非法妨害，回复到身份权的圆满状态。

德国学者拉伦茨认为，人身亲属权（身份权）请求权实际上具有服务的功能。① 当遭遇妨害或者有妨害行为之虞时，绝对性转化为相对性，身份权法律关系中对任意第三人的绝对义务就转变为直接针对加害人的相对义务，权利人可以向加害人直接行使，也可以向法院起诉。

研究身份权请求权，需要进一步明确以下问题。

第一，身份权请求权是身份权本身包含的权利，而不是新生的权利。自然人享有身份权，就享有身份权请求权，因此，身份权请求权是身份权的从权利，是附随于身份权的保护自己的救济权。

第二，行使身份权请求权的前提是民事主体的身份权受到妨害。妨害是没有构成损害的侵害，妨害是对权利人之于其客体意思支配力的侵害；而损害则是造成权利之于其主体的物质上和精神上的有用性减损的侵害。② 妨害和损害适用于不同的救济制度，妨害是行使身份权请求权的要件，损害是提起侵权损害赔偿之诉的要件。侵害一词可以涵盖妨害和损害的内容，侵害是二者的上位概念。

第三，身份权请求权通常涉及三方主体，而其他固有请求权的主体一般只涉及两方当事人。这是因为作为身份权请求权基础的身份权的权利主体具有共生性，此类主体的权利能力可以被称为身份性人格。这种共生性的身份权类似于团体，但又不同于合伙等团体，因为团体往往采取一体主义，同一团体在法律上具

---

① ［德］卡尔·拉伦茨．德国民法通论：上册．王晓晔，等译．谢怀栻，校．北京：法律出版社，2003：325.

② 徐晓峰．请求权概念批判//月旦民商法学·法学方法论．北京：清华大学出版社，2004：134.

有一个人格，团体的行为和其组成人员个人的行为之间是可区分的。而自平等原则重塑了亲属法律制度以后，在夫妻关系上，各国普遍弃夫妻一体主义，转而采取夫妻别体主义。夫妻各自为平等的民事主体。① 在亲子关系上，随着家不再成为民事主体，父权的主体即男子也不再对外代表家享有民事权利、履行民事义务。父子一体的观念也逐渐退回伦理领域，法律并不认可。

第四，在民事责任体系中，身份权请求权单独对应的一类责任方式，可以被称为状态责任或者存续保障责任。② 请求权体系与民事责任体系相对应。民法的各种请求权基础，包括契约上的请求权、类似契约请求权（包括无权代理人损害赔偿责任等）、无因管理上之请求权、物上请求权、不当得利请求权、侵权损害赔偿请求权和其他请求权。③ 以往的民法和民事诉讼法理论没有直接承认这样一种基于固有请求权的责任形式导致的问题是：在民法上，用侵权责任吸纳“状态责任”或者“存续保障责任”，会造成体系上的矛盾；在民事诉讼法上，缺乏独立的程序来适用，造成起诉、受理、判决和执行等多方面的困难。对于这些问题，《民法典》已经进行了改革，消除了这些困难。

第五，近亲属（包括其他亲属）侵害身份权时，受害人予以原谅的概率往往很大，身份权请求权的适用通常是当事人退而求其次的选择。例如，美国学者认为，配偶之间长期存在的各种冲突不同程度地产生了各种需要解决的问题，而唯有婚内自我解决这些问题才是合乎逻辑的选择。更重要的是，夫妻间的这些冲突在绝大多数家庭中已构成家庭生活的一部分，因而自我解决这些日常矛盾不仅与婚姻的性质更为适应，还是对家庭生活进行社会控制的最有效途径。④ 法律程序的对抗性决定了离婚诉讼的梳理能力比其他任何力量都强。夫妻和谐原则认为，

---

① ［美］威廉·杰·欧·唐奈，大卫·艾·琼斯．美国婚姻与婚姻法．顾培东，杨遂全，译．重庆：重庆出版社，1986：66 页以下．

② “状态责任”的提法，见［德］鲍尔·施蒂尔纳．德国物权法：上册．张双根，译．北京：法律出版社，2004：233。“存续保障责任”的提法，见徐晓峰．请求权概念批判//月旦民商法学·法学方法论．北京：清华大学出版社，2004：140．

③ 王泽鉴．法律思维与民法实例．北京：中国政法大学出版社，2001：77 页以下．

④ ［美］威廉·杰·欧·唐奈，大卫·艾·琼斯．美国婚姻与婚姻法．顾培东，杨遂全，译．重庆：重庆出版社，1936：69．

在婚姻冲突内部解决的过程中，婚姻矛盾的自我平息比运用法律手段更有利于尊重婚姻自主权，因为诉讼的固有缺陷很有可能进一步损及婚姻关系。[①] 这时，伦理规范一般会代替法律规范，成为身份权请求权适用的一个特色。在效果上，亲属的原谅容易使亲属身份关系继续维持，甚至峰回路转，沿着更好的方向发展，正所谓物极必反。究其原因，主要是家庭承担了经济、赋予社会地位、教育、保护、宗教、娱乐、爱情[②] 等较多的社会功能，家庭在很大程度上是一个人的社会关系的基础，也是社会的组织基础，而人的本质就是社会关系的总和。正是基于这些考虑，身份权请求权才往往让位于伦理规范。此外，波斯纳还认为，婚姻关系具有封闭性，配偶在婚姻期间有争议，法院一般不会干预其争端的解决。配偶双方将不得不努力自行解决。[③]

（二）身份权请求权的基本类型

身份权请求权的类型具有特殊性，即除了包括停止妨害请求权和排除妨害请求权，还包括基于身份权的相对人违反身份权本身的请求权而产生的作为请求权。如前所述，身份权本身已经包含请求权，例如抚养请求权、赡养请求权等，都是请求权。但是，这些请求权不是身份权请求权，而是身份权自身就有的请求权。现在的问题是，如果身份权权利人的相对人不履行抚养义务或者赡养义务等身份权自身的请求权，权利人依据何种请求权获得救济？本书认为，该救济权的性质为身份权请求权。这主要是考虑到：第一，该请求权具有救济权的性质，已经不是身份权自身的本权请求权。第二，该请求权不属于侵权请求权。在这种情况下，权利人请求相对人的目的是回复身份权的圆满状态和支配力；而请求恢复绝对权的圆满状态和支配力则是绝对权请求权的典型类型。[④] 如果身份权内部的相对性义务没有得到履行，权利人对身份利益的意思支配力就会减弱乃至丧失，

---

① ［美］威廉·杰·欧·唐奈，大卫·艾·琼斯．美国婚姻与婚姻法．顾培东，杨遂全，译．重庆：重庆出版社，1986：70．

② 林显宗．家庭社会学．台北：五南图书出版有限公司，1999：390．

③ ［美］理查德·A·波斯纳．法律的经济分析：上册．蒋兆康，译．北京：中国大百科全书出版社，1997：186．

④ 王利明．物权法研究．北京：中国人民大学出版社，2002：103．

其结果是消减身份权的绝对性。此外，从功能上来讲，此时妨害的排除无疑是对将来可能发生的损害的预防，这符合绝对权请求权的本质，而不同于侵权请求权填补损害的本质功能。

需要注意的是，应该区分因相对人违反身份权的相对性义务而产生的身份权请求权（如针对通奸一方提出的贞操维持请求权）和因违反身份权的绝对性义务（如暴力殴打致他人损害）而产生的侵权请求权，二者所违反之义务的性质有所不同。

（三）我国身份权请求权立法的发展

在《民法典》通过实施之前，我国民法不认可身份权，当然也不会认可身份权请求权。

长期以来，我国婚姻家庭法及相关司法解释完全没有提及身份权请求权的排除妨害和停止妨害两种救济途径。基于违反身份权的相对效力而产生的身份权请求权也只有一类：违反抚养、赡养和扶养义务而产生的身份权请求权。[①] 究其原因，主要在于我国身份权理论的研究相对落后。

同时，在我国对固有请求权的研究时间不久，虽然已经有一定的成果问世，但是关于身份权请求权仍然基本上无人问津[②]，甚至专门研究绝对权请求权的文章也忽略了身份权请求权。[③] 尽管修改《婚姻法》的讨论如火如荼，但是除了巫

① 其条文表现为我国《婚姻法》第20条的规定："夫妻有互相扶养的义务。一方不履行扶养义务时，需要扶养的一方，有要求对方付给扶养费的权利。"第21条前三款的规定："父母对子女有抚养教育的义务；子女对父母有赡养扶助的义务。父母不履行抚养义务时，未成年的或不能独立生活的子女，有要求父母付给抚养费的权利。子女不履行赡养义务时，无劳动能力的或生活困难的父母，有要求子女付给赡养费的权利。"后文将论述这一身份权请求权。

② 虽然王利明教授提出了身份权上的请求权，但他认为身份权上的请求权主要包括抚养请求权和赡养请求权。王利明．民法总则研究．北京：中国人民大学出版社，2003：215．在这里，王利明教授没有对身份权自身的请求权和基于身份权支配性而产生的请求权作区分，忽略了身份权请求权本质上是救济权的请求权。史尚宽先生指出，在诸如亲权、监护权之支配，发生对于妨害人之妨害除去请求权。此外，另有夫妇间之婚姻家庭法上请求权，与债权本质上并无差别。我们认为，史尚宽先生虽然指出了身份权上的请求权，但是直接认定"一定亲属间之扶养请求权"为身份权请求权的内容也有不妥。史尚宽．民法总论．北京：中国政法大学出版社，2000：27．

③ 崔建远．绝对权请求权抑或侵权责任方式．法学，2002（11）．

昌祯、李忠芳两位教授关于对家庭暴力适用停止侵害的民事禁止令[①] 和杨大文教授关于“父母有权依法排除他人对其未成年子女的侵害，保护未成年子女的人身和财产权益”[②] 的建议之外（这其实是人格权请求权的内容），民法学界对这个问题的论述不多。

身份权请求权的现实需求并不因法律没有规定、理论没有研究而自生自灭。在我国，身份权请求权的制度需求在“爷爷无权探望孙子”案中表现得很充分。

艾某夫妇的儿子与儿媳离了婚，孙子判给了妈妈抚养。爷爷奶奶非常想念孙子，常去探望。但是，孙子的妈妈一纸诉状把艾某夫妇告上了法庭，理由是爷爷奶奶对孙子的探望给她新组成的家庭生活造成了不良影响。法院认为，被告作为祖父母，如果原告没有异议，在适当的场合，有节制地探望自己的孙子是人之常情，但两人在孩子的直接监护人已经对他们的行为有异议的情况下坚持探望，侵犯了原告的监护权，违反了《婚姻法》只有离婚后不直接抚养子女的父或母才有探望子女权利的规定，因而判决被告今后未经孩子母亲的许可，不得擅自探望孙子。这样判决的结果就是，爷爷奶奶没有权利探望自己的孙子，他们只得在幼儿园附近远远看望自己的孙子。[③]

案件中的“爷爷奶奶”可以主张亲属权上的身份权请求权，进而实现探望孙子的愿望。[④]《婚姻法》第 38 条规定：“离婚后，不直接抚养子女的父或母，有探望子女的权利，另一方有协助的义务。行使探望权利的方式、时间由当事人协议；协议不成时，由人民法院判决。父或母探望子女，不利于子女身心健康的，由人民法院依法中止探望的权利；中止的事由消失后，应当恢复探望的权利。”根据对该条文的解释，可以知道《婚姻法》允许本案中孩子的父亲在适当的时间探望孩子。尽管《婚姻法》确实没有规定其他近亲属享有探望权，但是，民法中除了物权法，法律规定的权利是权利，法律没有规定的权利，只要符合民法基本

---

① 巫昌祯，李忠芳．民法典婚姻家庭编通则一章的具体设计．中华女子学院学报，2002（4）．

② 王利明主编．中国民法典草案建议稿及说明．北京：中国法制出版社，2004：68．

③ 案情见杨立新．杨立新品百案．北京：中国法制出版社，2007：73．

④ 付琴，杨遂全．祖父母对孙子女应当享有探望权//陈苇主编．家事法研究：2005 年卷．北京：群众出版社，2006：134 页以下．

原则，合乎情理、符合人性、符合民事习惯的，都可以认定为权利，都可以寻求法律的保护。虽然孩子的父母已经离婚，但是由于身份权本身具有事实先在性，离婚并不能够消灭与孩子相关的任何身份权，因此本案中的艾某夫妇仍然享有亲属权，应该享有探望权。其依据就在于爷爷奶奶享有亲属权上的固有请求权。在案件中，孩子妈妈阻止艾某夫妇探望孩子的行为的目的是疏离爷爷奶奶与孙子之间的感情联络和交往，实际上已经构成对艾某夫妇亲属权的非法妨害。造成本案错误判决的部分原因，就在于我国法律没有明确规定基于亲属权的身份权请求权。

可见，我国存在确立身份权请求权的现实需要。

与社会生活的实际需要相对应的，是《民法典》之前的婚姻法立法从来没有规定过身份权，更没有规定身份权请求权。对身份权的保护，是在《民法通则》统一民事责任制度的体系下，以侵权责任方式进行，没有建立起来身份权请求权的制度，也没有民事权利保护方法的固有请求权和侵权请求权的两套不同保护方法的区别。

值得庆幸的是，编纂《民法典》过程中，立法者统一了立法思想，在人格权编规定了第 1001 条，确认：对身份权，除对于受到损害的适用侵权请求权的方法予以保护之外，对于受到妨害的，适用身份权请求权予以保护。

在立法过程中，立法机关把身份权请求权规定在人格权编，并非没有道理。具体理由是，虽然身份权利和人格权利不同，但是两者存在密切的关系。建立和维持与他人之间的身份关系，本身就是人格发展的必要条件，保护身份权利往往同时就是保护个人利益。两种权利都不可转让，具有极强的道德性等相似的属性。① 因此把身份权请求权规定在人格权编。也有学者对此解释为，这是大人格权编的“雄心壮志”的体现。②

这个理由其实是比较牵强的，采用与人格权请求权相类似的保护手段，并非就一定要把身份权请求权规定在人格权编中，即使适用总则编的规定，在婚姻家

① 黄薇主编. 中华人民共和国民法典人格权编解读. 北京：中国法制出版社，2020：60.

② 王雷.《民法典》人格权编中的参照适用法律技术. 当代法学，2020（4）.

庭编规定准用条款完全没有问题。不过，在立法最后的关键时刻，有的全国人大代表征求笔者的意见，是否建议将《民法典》第 1001 条规定在婚姻家庭编，笔者还是持反对意见的，理由之一是，民法典草案的条文排列已经基本确定，动一条就会引起条文的重新排列；理由之二是，一旦引发争议，有可能涉及这个条文的命运问题。因此，现在《民法典》第 1001 条规定虽然不够科学，但是毕竟是规定了身份权请求权。

这样，随着《民法典》的诞生，我国的身份权以及身份权请求权的立法应运而生，构建了我国完整的民事权利保护保护方法的体系，告别了侵权责任的"一统天下"，实现了科学的民事权利保护方法的建设。[①]

二、身份权请求权的基本价值

身份权请求权的价值，是对保护亲属的地位和权利以及维护亲属利益关系具有的重要作用。

价值主要反映了主客体之间的相互关系，是一种有用性，与需要有关。对人类社会来说，价值就是客观事物满足人的需要的属性。法律价值是指人们对法律的认识与看法，其本质是法律制度在社会生活和司法实践中能够满足人的需要的属性。

身份权请求权是在婚姻家庭领域中保护身份权的请求权。研究身份权请求权的基本价值，就是要研究身份权请求权满足人们对身份权法律关系在社会生活和司法实践方面的需要的属性。

身份权请求权是由保护亲属构成的亲属关系作为社会组成部分所要求的最低限度的价值标准，也是为了保护和维持亲属之间身份关系稳定，进而促进社会稳定发展，以及实现基本伦理具有的基本价值。所以，身份权请求权的价值表现在其社会生活和司法实践两个方面。

① 杨立新．民法典对民事权利保护方法的重大改革．检察官学院学报，2022（4）．

（一）身份权请求权的社会生活价值

在社会生活中，身份权请求权通过对身份权的保护，表达了法律对维护亲属关系稳定的期待和追求，具体表现为以下价值。

1. 维护亲属利益的分配正义

身份权的最重要价值，是在社会生活中公平、平等地分配亲属身份利益，实现市民社会对身份利益的分配正义。

人类社会无论是在人类的繁衍还是在人的生物本能方面，都需要发生亲属之间的利益关系，进而形成亲属身份利益。例如，人类在配偶身份利益的分配上，从两性的杂交到群婚制，再从对偶婚到一夫一妻制，在社会实践中不断发展，最终实现了对配偶身份利益的分配正义；在一夫一妻制的个体婚基础上，也实现了亲属身份利益的分配正义。

当代建立在一夫一妻制基础上的身份权所实现的分配正义，就是法律正义观中的实质正义。而身份权请求权保护身份权实现的期待和作用，就是维护亲属身份利益的分配正义，维护这种身份利益分配的实质正义。《民法典》第 1001 条规定身份权请求权，是对亲属身份利益的分配正义的维护，使身份权受到侵害或者妨害的弱势一方不必再忍气吞声，保护自己作为配偶的正当权利，维护自己正当的配偶身份利益，实现配偶利益的分配正义。

2. 保障亲属关系的稳固

身份权请求权在社会生活中的另一个重要价值，是保障亲属的身份地位和权利义务关系的稳固，使其平等地享有身份权利、履行身份义务，进而稳固亲属团体，实现亲属身份利益的分配正义，担负起应当发挥的社会功能。

身份权的内部关系，是亲属相互之间依照法律享有的权利和负担的义务，在我国《民法典》中的规定就是“家庭关系”。身份权利平等、有效、圆满的实现，就能够建立起和谐、和睦的亲属关系。

亲属行使权利不适当、义务履行不正确或者不履行，使对方权利受到损害时，身份权请求权能立即发挥对身份利益的平衡作用，协调各方行使权利、履行义务的关系，纠正行使权利和履行义务的不适当甚至违法的行为，使亲属之间的

身份利益关系回复到正确轨道，按照法律规定的亲属之间的权利义务所要求的共同生活规则，实现亲属关系的稳定。

3. 促进家庭关系和睦

荀子曰："人生而有欲，欲而不得，则能无求，求而无度量分界，则不能不争。争则乱，乱则穷。先王恶其乱也，故制礼义以分之。"① 人类生存所依赖的资源之有限性与人类欲望的无限性之间的矛盾，是纠纷冲突产生的原因，而法律则通过确定权利义务的界限，将有限的资源按规范的标准在社会成员中分配，以定纷止争。②

身份权请求权就是针对解决亲属关系维系期间侵害亲属权利的问题，能够有效解决亲属关系的内部问题，从而维持家庭关系的稳定的权利。《民法典》婚姻家庭编强调家庭在民法中的地位，家庭关系受到国家保护；强调树立优良家风、弘扬家庭美德；重视家庭文明建设，保护家庭成员的地位和权利。实现这些立法目的，最重要的基础就在于亲属关系的稳固与和谐。

身份权请求权就是要维护身份权的权利行使和义务履行，在正常的亲属关系的带动下，引领家庭成员建设起和谐美满的家庭生活，实现共同的生活理想。

4. 保障社会基础稳定

亲属关系不是亲属之间固有的抽象关系，而是特定的人与人之间的社会关系，是基于社会生产和生活的客观需要形成的，因此，亲属具有双重属性：其自然属性是指亲属赖以形成的自然条件和亲属关系所包含的自然规律，体现的是生物学、心理学规律在人类亲属方面的作用；其社会属性是指社会制度赋予亲属关系的属性，是人与人之间一种特殊的社会关系，是同一定的经济基础和上层建筑意识形态相适应的，即亲属关系是一种社会关系，受上层建筑因素的制约和影响，反过来，亲属关系又影响整个社会，不正常的亲属关系又妨害社会关系的发展。

---

① 《荀子·礼论》。

② 张文显. 法理学. 北京：高等教育出版社，北京大学出版社，2011：263.

亲属关系不仅制约家庭关系，还影响着整个社会关系。身份权请求权在这样的人的关系链中，具有维护基础关系的重要价值。维护亲属关系的稳固，就能更好地保障家庭关系的稳定与和谐，进而促进和保障社会关系的稳定，在社会生产和生活中，推动社会不断发展和进步。

（二）身份权请求权的司法实践价值

身份权请求权在司法实践中的价值，是身份关系受到妨碍时，身份权进行保护，实现身份利益的矫正正义。不论是身份权受到外部侵害，还是亲属之间不履行身份义务、损害对方身份利益，权利人通过行使身份权请求权，将实体法上的身份权请求权与诉讼法上的程序请求权相结合，改变身份权受到妨碍的现状，回复其圆满程度，保障亲属关系的稳定。身份权请求权在这方面的价值表现在以下三个方面。

1. 恢复权利圆满

身份权请求权的主要价值是保护身份权的圆满。身份权包含身份权请求权，后者的基本价值就是保障前者的圆满性。当身份权受到妨害时，身份权请求权的基本价值就会释放出来，保障身份权的圆满性。

所有绝对权的固有请求权作为保护其本权的权利，都可以自行行使，即不借助司法手段，保护自己的权利，主张停止侵害或者排除妨碍。

身份权人行使身份权请求权，通常不要司法手段介入。但是，身份权请求权有强制性保障，其强制性正是以国家的强制力作为后盾。身份权请求权当然可以自行行使，但以司法强制为后盾，因此，其同样具有强制的威慑力。

2. 司法保护身份权的手段

如果不能通过自行行使身份权请求权保护好自己的权利，就必须由国家予以强制保障，因此，身份权请求权司法价值最重要的表现，就是依靠司法的力量，权利人行使身份权请求权，通过司法保障的强制力，强制对方亲属履行义务，恢复自己的身份权的圆满状态。

救济权利妨害请求权的最重要功能，就是将民法实体法的请求权与民事诉讼法上的请求权连接起来，成为连接民法实体法和程序法的桥梁。权利人的权利受到侵害之后，会产生实体法上的权利保护请求权，权利人在义务人不自觉履行义务时，就行使该请求权；向法院起诉后，实体法的请求权就过渡到程序法中，与程序法的请求权相衔接，成为民事诉讼标的；法院可以依照诉讼法规定的程序，适用实体法，将义务人应当履行的义务变成具有法律强制力的责任，强制义务人履行义务，使权利人的权利得到实现。从这个意义上说，身份权请求权是身份权的司法保护手段，通过法院赋予身份权请求权以法律强制力，使身份权得到法律的强制保护。

3. 与侵权请求权配合

身份权请求权并非保护配偶权的唯一手段，还须依靠保护身份权的另一个请求权，即侵权请求权。将这两个请求权结合在一起，才能完整地保护身份权，保持其圆满状态，稳定亲属关系。

侵权请求权的基本方式是损害赔偿，包括人身损害赔偿、财产损害赔偿和精神损害赔偿，对受到侵害没有办法恢复的民事权利损害，通过损害赔偿请求权的行使，使权利人受到损害的权利通过补偿的方法得到救济，因而属于补偿性保护方法。身份权请求权这一恢复性权利保护方法与侵权请求权这一补偿性保护方法相结合，构成完整的身份权保护机制。

尽管身份权请求权的行使可以通过自己行使方式和司法保护方式来恢复受到妨害的身份权，但是，第三人或者身份权的一方当事人违背法定义务妨害权利人的权利，已经造成损害不能得到恢复的，就必须依靠侵权请求权的权利保护方法，救济权利人受到侵害且不能恢复圆满状态的身份权损害。

三、身份权请求权的基本功能

身份权请求权的法律功能，是围绕着实现其保护身份权的法律价值而发挥的实际作用。身份权请求权的基本功能是维持、恢复和创造社会关系中的亲属关系的正常秩序，实现亲属制度设计的法律价值。通过这一功能基础，引导人们重视法律对亲属关系的规范，看到其在社会生活中所具有的效用。因此，身份权请求

权的法律功能，就是身份权请求权作为亲属关系对身份利益调整方法，针对保持和恢复亲属关系圆满性具有的对亲属关系系统发挥作用的能力。

由于身份权是具有相对性特点的绝对权，基于身份权的外部关系发生身份权请求权的对外功能，基于身份权的内部关系发生身份权请求权的对内功能。两种功能的作用发挥，能够实现身份权请求权制度设计的法律价值。

（一）身份权请求权的对外功能

身份权是绝对权，具有对世性。身份权的这一权利属性表明，身份权的权利主体享有身份权，其他任何民事主体都是其义务主体，都对权利人享有的身份权负有不可侵义务。任何人违反权利人享有的身份权的不可侵义务，就构成对身份权的妨害。

身份权是绝对权，需要身份权请求权对其外部关系进行保护。身份权请求权的外部功能的法律依据，就是《民法典》第3条关于“民事主体的人身权利、财产权利以及其他合法权益受法律保护，任何组织或者个人不得侵犯”的规定。这种保护身份权的对外功能，包括利益保障维护功能、侵害防御功能和权利恢复功能。

1. 身份利益的保障功能

身份利益保障功能，是指身份权的权利人对共享的身份利益的分配正义进行保障，不使身份权的权利人之外的任何组织或者个人破坏亲属身份利益的享有和平衡。

身份权请求权的外部功能，首要是维护亲属之间的身份利益关系，彼此保持忠诚，禁止任何组织或者个人对身份利益实施妨害，特别是其他任何个人即第三者的非法侵害。身份权请求权要重点维护的，就是人类社会生活中身份利益分配的正义，保持这种亲属身份利益分配的享有和平衡。

虽然《民法典》规定亲属关系主要规范的是亲属之间的利益协调，但是，身份权的权利主体之外的第三人违反不可侵义务，实施违法行为，强行干预或者损害亲属之间的身份利益关系，也妨害了亲属身份利益，身份权请求权也在此发挥维护的功能，保护亲属身份利益的稳定与和谐。

2. 对侵害身份利益的防御功能

身份权请求权对外功能的重要部分，是防御亲属关系权利人之外的民事主体

对身份利益的妨害。身份权作为《民法典》第3条规定的受到法律保护的自然人的民事权利，任何组织或者个人不得侵害。防御任何组织或者个人侵害身份权的侵害的法律武器之一，就是身份权请求权。

身份权请求权是身份权的固有权利，其产生无须具备构成要件，身份权人面对妨害，只需具备行使要件，就可以行使身份权请求权来保护自己的权利。当身份权的义务人实施违法行为，对身份权构成妨害时，身份权人就具备了行使身份权请求权的要件，就可以行使这种请求权，保护自己的身份权，所以，虽然身份权请求权防御的也是身份权人之外的其他任何组织或者个人对身份权的妨害行为，但是，法律对这种行使要件的要求稍低，不要求具备亲属利益损害的要件，只要具备妨碍的要件即可。

对身份权的权利主体双方而言，身份权请求权的防御功能都是应有的权利功能，任何组织或者个人侵害身份权，权利人双方都可以行使身份权请求权进行防御。一方面，其他任何组织或者个人妨害身份权，双方权利人可以共同行使身份权请求权，防御外来的妨害；另一方面，其他任何组织或者个人侵害身份权，对一方权利人的权利构成侵害，受到损害的一方权利人有权主张行使身份权请求权，防御外来的妨害，保护自己的身份权。

3. 身份权利的恢复功能

在保护身份权的对外功能上，身份权请求权与身份权的侵权请求权是不一样的，区别在于：身份权请求权着眼于受到妨害的身份权的恢复而不是赔偿，而身份权的侵权请求权着眼的却是身份权受到妨害造成损害，无法得到恢复，只能对造成的损失进行补偿。例如，侵权行为造成配偶一方性功能丧失，本身是对被侵权人的健康权的损害，但是对于配偶权利人其享有的配偶权受到间接侵权：其配偶一方丧失了性功能，无法对配偶权的权利人履行同居义务，实现其性利益，无法恢复，只能通过损害赔偿的方法进行救济。[①] 被间接侵害的配偶权人可以行使身份权的侵权请求权，主张侵权人承担侵权损害赔偿责任。

身份权请求权对身份权的保护不是采用这样的方法，而是对受到妨害的身份

① 杨立新，刘士国，陈现杰．间接妨害婚姻关系侵权责任构成与赔偿．人民法院报，2009-06-02 (6).

权进行修复，使之恢复原状，回复其圆满状态。在有些地区，第三者插足他人婚姻关系时，受到侵害的对方配偶有权行使配偶权的侵权请求权，主张侵权损害赔偿请求权，以救济配偶所受身份利益的损害。《民法典》对此没有这样的规定，司法实践中也一直坚持不支持这样的诉讼请求，因而第三者插足的案件中基本上没有以侵权请求权获得救济的情况。

（二）身份权请求权的对内功能

身份权请求权的对内功能，来源于保护身份权人之间的权利义务的立法价值和目的。身份权的内部关系，是身份权的两个权利主体相互之间享有的权利和负担的义务，这种权利义务关系分配的是亲属之间的亲属身份利益，实现双方亲属身份利益之间的平等和公平，使双方之间的身份利益得到平衡，实现亲属身份利益的分配正义和矫正正义。身份权请求权的对内功能，是亲属之间权利义务关系和利益分配关系的平衡器，在一方当事人的行为偏离法律规定的亲属之间的权利义务关系准则之后，身份权请求权这个亲属身份利益平衡功能立即发挥矫正作用，纠正双方身份利益的不平衡，强制对方当事人履行身份义务，保护权利人的身份权利，实现身份利益平衡。

当一方的行为偏离法律规范，错误行使权利，违反法定义务时，对方即可行使身份权请求权，对其进行矫正，将双方的权利义务关系强制回归到法律规定的正确轨道，保障身份关系的正常发展，促进家庭和睦和幸福。

1. 身份关系的维护功能

身份权请求权对内的首要功能，就是维护身份权的权利人之间的权利义务关系平衡和稳定，保障亲属关系和谐。

《民法典》对亲属关系权利人内部的权利义务关系规定明确，实现了亲属之间身份利益分配的平等，能够保障亲属之间的正常生活秩序。对此，身份权请求权的基本功能之一，就是要维护这种正常的权利义务关系，保障夫妻关系的正常运行。

2. 身份义务的监督功能

与身份权请求权对外的防御功能不同，身份权请求权在对内关系中，不是消极地防御对方当事人的妨害，而是监督对方当事人的义务履行行为，防止其违反

亲属义务，妨害权利人的亲属权利。

监督功能也是消极功能，与防御功能相比，是对象的不同。防御功能针对的是身份权人之外的其他任何组织或者个人，而其对内的监督功能是对自己的亲属履行义务的监督。其实这种监督功能并非一定要积极实现，因为身份权的权利主体在共同生活期间，应当男女平等、互相忠实、互相尊重、互相尊重，建立起共同生活幸福和谐的基础。身份权请求权对内在客观上具有监督功能，发现对方违反亲属义务，妨害自己的亲属权利，当然有权予以纠正。身份权请求权对内如果没有监督的功能，就不能或者很难发现对方的违反亲属义务的行为，使权利人的身份权受到侵害而不觉。

3．身份权利的保障功能

身份权请求权对内的权利保障功能，是指亲属一方不履行身份义务，侵害对方的身份权利，对方依据身份权请求权主张其承担停止侵害、排除妨碍、消除危险、消除影响、恢复名誉、赔礼道歉以及继续履行的民事责任方式，起到使身份权利恢复圆满状态的作用。

维护亲属之间的权利义务关系稳定的重要方面，是对亲属一方应当履行的义务赋予强制效力，实现权利保障功能。

身份义务的强制性，来源于国家的强制力，义务不履行，国家将强制其履行义务，否则将要承担民事责任，而民事责任也正是强制履行义务的另一种强制形式。

身份权请求权的义务强制性即权利保障功能，是维护利益功能的手段。这是因为，权利的实现依靠义务的履行。在亲属之间应当履行的义务，既有作为义务，也有不作为义务。作为的义务不履行，身份权请求权可以请求义务人继续履行，保障权利人的权利实现。不作为义务的不履行，会直接侵害身份权人的权利。例如，夫妻之间的扶养义务是作为义务，义务人不履行扶养义务，无生活能力的一方有权行使请求权，请求义务人履行扶养义务，保障权利人的生存和生活。

可见，身份权请求权对内的权利保障功能，首先表现在对亲属一方负有的具有给付内容的义务，具有请求继续履行的强制性作用，义务人不履行给付义务，

权利人一方就可以请求强制其继续履行，实现自己的身份权。其次，对于身份权人对对方权利人负有的义务，包括作为义务和不作为义务，只要义务人不履行义务，对方当事人就可以行使身份权请求权，主张其继续履行。

行使身份权请求权实现其权利保障功能包括自行行使和请求法院依法裁判行使。

四、身份权请求权和其他请求权的关系

（一）行使身份权请求权对其他请求权的限制

身份权意味着在亲子之间、夫妻之间和亲属之间存在着人格和财产两方面的权利义务关系。由于身份权会使相对人的人格权和财产权受到一定限制，妨害身份权当然也会对产生于人格权和财产权的人格权请求权、物权请求权和知识产权请求权产生一定的限制。

当身份权的权利人在身份权的限制范围内对相对人的人格权和财产权“造成积极妨害”时，其相对人就不能对权利人主张适用人格权请求权、物权请求权和知识产权请求权。但是，如果其超出了身份权的限制范围，对身份权相对人的人格权和财产权“造成积极妨害”，相对人就有权主张人格权请求权、物权请求权和知识产权请求权的适用。

需要注意的是，如果身份权的权利人对相对人的人格权和财产权“造成消极妨害”，即权利人没有履行身份权规定的相对性义务，则其相对人可以主张适用身份权请求权。简言之，身份权在一定程度上可以成为其他固有请求权行使的抗辩事由。

（二）身份权请求权与其他请求权的竞合

在第三人妨害身份权权利人人格权的情况下，身份权的权利人可以依据其人格权受到妨害而主张人格权请求权的适用，而身份权的相对人可以依据身份权受到妨害而主张身份权请求权的适用。例如，甲的领导乙利用职务之便不断对其进行性骚扰，并屡次对甲提出非分要求，据此，甲的丈夫可以依据身份权而主张身

份权请求权的适用，而甲则可以依据性自主权主张人格权请求权的适用，从而排除乙的妨害。[①] 当然，这两类请求权是竞合关系，因为每一种请求权的适用都会达到排除妨害的效果。

第三人妨害身份权权利人的物权和知识产权时，情形则较为复杂。如果第三人妨害的是夫妻的共同财产，则夫妻任何一人都可以主张物权请求权和知识产权请求权；反之，则和上述妨害人格权的适用情况一致。

此外，还有一种情况，就是身份权的相对人和第三人串通，妨害身份权权利人的利益，最典型的是通奸。此时，身份权的权利人如果能够原谅配偶，则可以行使身份权请求权，请求相对人履行同居义务，否则，该权利人可以主张离婚或者别居。[②]

当然，无论是哪一种情况，该权利人都可以对妨害自己婚姻关系的第三人主张身份权请求权和侵权请求权，因为二者是责任聚合关系。

（三）确认身份请求权与身份权请求权的区别

在我国，对确认物权是否构成物权请求权的内容，学者曾有争论。在身份权问题上，同样存在确认身份请求权是否属于身份权请求权的问题。

确认身份请求权不属于身份权请求权。

第一，固有请求权是基于其基础权利的绝对性而产生的，因此，判断一项请求权是否为固有请求权的标准，就是其能否由基础权利的绝对性推衍出来，并包含在其中。而确认身份请求权是当事人在身份权利地位不明确时，请求相对人、有关行政机关或者法院确认所请求的身份的权利。因此，确认身份请求权解决的是基础权利的不明确状态，正所谓“皮之不存，毛将焉附”，只有明确了当事人之间的身份关系，当事人之间的权利地位才能产生公示、公信的效力，也才能进一步使身份权具有绝对性、排他性和支配性，最终保证身份权请求权行使的正当性。

---

① 类似的案件也发生在家庭关系侵权的领域，如我国南京市雨花区人民法院审理的“丈夫受伤妻子索赔案”，具体案情及评析可见杨立新. 杨立新品百案. 北京：中国法制出版社，2007：61－62。

② 别居，也称为分居，为判决或合意免除同居义务之制度。林菊枝. 亲属法新论. 台北：五南图书出版公司，1996：133 页以下. 对于设立别居制度的必要性，林诚二先生举出八点支持的理由。林诚二. 英国分居制度//林诚二. 民法理论与问题研究. 北京：中国政法大学出版社，2000：402 页以下.

第二，行使确认身份请求权的前提通常是对权利人、相对人或者第三人的身份存在异议，且当事人对此请求必须具有确认利益，即必须有值得救济的利益，比如，《德国民事诉讼法》第256条第1款规定："确定法律关系成立或不成立的诉讼，承认证书的诉讼，或确定证书真伪的诉讼，只在法律关系的成立与否、证书的真伪由法院裁判并即时确定，对于原告有法律上的利益时，原告才可以提起。"① 而行使身份权请求权的前提通常是存在违法行为和妨害，并且二者之间要有一定的因果关系。

第三，身份权请求权在无法行使的情况下，通常可以转化为侵权请求权。这一特点也是固有请求权共有的特点。② 发生在通化的"串子"案最能说明这个问题。20多年前，赵某强的妻子宫某、孙某东的妻子李某野同时在医院生孩子。20多年后，赵某强的儿子赵某在大学献血，经检验，其血型是AB型。赵某写信将自己的血型告诉父母，引起赵某强和宫某的怀疑，因为赵某强和宫某的血型都是B型，不可能生出AB型血型的孩子。为了弄清事实，三人又做了一次血型检验，结果仍然相同，因而开始怀疑是在医院抱错了孩子。但是，医院的档案已经被洪水冲走，无法查找。他们费尽周折，终于查明当日在该医院出生了8个男孩。宫某找到了当日与自己生产时邻床的李某野，发现其子孙某酷似赵某强，于是向李某野说明来意，一起讨论了两个孩子的特征、性格、嗜好，种种迹象表明两家的孩子有抱错的可能性。随后，赵家和孙家六口人做亲子鉴定，结果却是：孙某是赵某强、宫某的亲生子，但赵某与赵某强、宫某及孙某东、李某野均无血缘关系。赵某强、宫某夫妇竭力帮助赵某寻找亲生父母，孙某东夫妇也努力寻找自己的亲生儿子，均没有结果。

在本案中，赵某和孙家对医院最根本的诉讼请求，实际上是妨害的排除，也就是使"亲离子散"的局面得以改变。这属于身份权请求权的内容。但是，"出生记录被洪水冲走"的客观情况使得这种请求不能够实现，此时的身份权请求权也就很自然地在客观上转变为侵权请求权。

---

① 邵明．民事之诉法理探微//东吴法学：2005年秋季卷．北京：法律出版社，2006．

② 侯利宏．物上请求权//梁慧星主编．民商法论丛：第6卷．北京：法律出版社，1997：678．

确认身份请求权的情况比较复杂。一方面，如果当事人所主张的身份能够被确认，则其有可能通过进一步主张侵权给付而获得赔偿。另一方面，如果其所主张的身份不能被确认，则有可能还要承担一定的赔偿费用。

第四，二者所属的诉讼类别并不相同。确认身份请求权属于民事诉讼上的确认之诉，是指原告请求法院确认其主张的法律关系或法律事实存在或不存在之诉，可以进一步分为主张法律关系存在的肯定（积极）的确认之诉（比如，原告请求法院确认他与被告之间存在收养关系）和主张法律关系不存在的否定（消极）的确认之诉（比如，原告请求法院确认他与被告之间婚姻无效的确认之诉）。[①] 而身份权请求权则属于民事诉讼上的给付之诉。在这类诉讼中，原告会请求被告履行一定的给付义务，而身份权人对其义务人享有特定的给付请求权（保全请求权），是该给付之诉成立的实体（法）基础。此时原告所主张的给付，应该包括被告的金钱给付（费用）和行为给付（作为或者不作为）。

说到底，《民法典》第 1073 条关于“对亲子关系有异议且有正当理由的，父或者母可以向人民法院提起诉讼，请求确认或者否认亲子关系”“对于亲子关系有异议且有正当理由的，成年子女可以向人民法院提起诉讼，请求确认亲子关系”的规定，是对亲子关系的确认或者否认。这属于确认身份请求权。此外，其他身份的确认或者否认也是确认身份请求权的内容，二者不是身份权请求权所包括的内容。

五、身份权请求权的行使

与其他固有请求权的行使要件一样，身份权请求权的行使要件包括行为的违法性、身份利益受到妨害和两者之间的因果关系。

（一）行为的违法性

1. 行为违法性的判断标准

身份权请求权的违法性判断标准，包括违反法律规定和违背善良风俗两种情

① 邵明．民事之诉法理探微//东吴法学：2005 年秋季卷．北京：法律出版社，2006.

形。对此需要注意的有两点。

第一，违反法律规定不仅包括违反民法上的规定，违反其他以保护他人为目的的法律规范也可以被认定为具有违法性。

第二，违背公序良俗为判断身份权请求权行使要件违法性的重要标准。违背公序良俗，是《民法典》规定的新的合同无效理由。一般认为，公序良俗是很难确定的规则，没有通常理解的准确界定，但又是司法实践必须面对、应当解决的问题。《最高人民法院关于适用〈中华人民共和国民法典〉合同编通则若干问题的解释》第 16 条采用的方法是，把合同影响政治安全、经济安全、军事安全等国家安全，以及合同存在影响社会稳定、公平竞争秩序或者损害社会公共利益等违背社会公共秩序的，作为违背公序良俗的两种主要类型；把违背社会公德、家庭伦理或者有损个人尊严等违背善良风俗的，作为违背善良风俗的具体要求。

在身份法中，最重要的是讲究伦理秩序。以亲属权为例，亲属权的内容具体包括亲属之间的扶养关系、孝敬和尊重的权利等。例如，尊敬权中，卑亲属对尊亲属负有尊敬义务，不可能说无论老少、尊卑、长幼，地位都平等了，称爷爷、父亲为哥们。这就是家庭伦理。行为违反了尊卑长幼秩序，就违背了家庭伦理，因违背善良风俗而具有违法性。

2. 违法性判断标准的不确定化

“打是亲，骂是爱”“清官难断家务事”等俗语都说明了确定身份权请求权违法性判断标准的难度。身份权的相对人对内侵犯身份权和第三人侵犯身份权的违法性判断标准不同。一般而言，对近亲属的妨害行为适用较高的判断标准①，对其他人的妨害行为适用较低的判断标准。这主要是因为：

一方面，在传统上，直系尊亲属对子孙有教养扑责的权利，原不成立伤害罪，因子孙不孝或违犯教令，而将子孙杀死，法律上的处分也极轻，甚至无罪，

① 对身份权的相对人的加害，需要注意区分是违反了身份权的相对性义务，还是违反了身份权的绝对性义务。

过失杀死且不得论。[①] 罗马法也曾经主张家父的杀子权。[②] 即使在现代，尊亲属对卑亲属也具有一定的管教权（惩戒权）。[③] 正是基于身份权内在的惩戒权，尊亲属对卑亲属的伤害行为在一定程度上阻却了违法性，而其阻却程度也要高于其他绝对权请求权行使要件中的容忍义务。

另一方面，亲属身份关系的亲疏程度也决定了不同的身份权包括的此类阻却违法性的程度大小。亲属身份关系越"亲"，阻却违法性的程度就越大，反之，阻却违法性的程度就越小。诚如瞿同祖先生所云，亲属团体固异于非亲属团体，不以凡论，但同属亲属团体，其间的关系也不尽相同，各人之间是有一定的亲疏关系和差别的，伦理上并不要求亲族分子之间社会关系的一致；相反，是着重于差异性的，亲属间固相亲，但愈亲则愈当亲爱，以次推及于渐疏者，有一定的分寸，有一定的层次，这是上杀、下杀、旁杀的道理，也就是整个服制图成立的基础。亲属间相侵犯的规定是完全以服制上亲疏尊卑之序为依据的。[④]

归根结底，人伦秩序法律化和非法律化的程度决定了身份权请求权行使要件中违法性判断标准的高低。这充分地体现了即使现代的身份权也仍然是一种具有差异性的行为规范。

（二）身份利益受到妨害

构成身份权请求权的行使要件，须身份利益受到妨害。身份利益没有受到妨害，身份权的权利人相互之间和睦相处，构成稳定的亲属关系，没有必要行使身份权请求权。只有当身份利益受到妨害时，权利人才有行使身份权请求权的必要。

受到妨害的客体是身份利益，也就是特定亲属之间基于特定的权利义务关系受到妨害。身份利益有两种类型：一是身份地位关系，表明特定亲属之间的特定

---

① 瞿同祖. 中国法律与中国社会//瞿同祖. 瞿同祖法学论著集. 北京：中国政法大学出版社，2004：38.

② ［英］巴里·尼古拉斯. 罗马法概论. 黄风，译. 北京：法律出版社，2000：65 页以下. 丘汉平. 罗马法. 北京：中国方正出版社，2004：81 页以下.

③ 杨立新. 人身权法论. 北京：人民法院出版社，2005：816－817. 张俊浩主编. 民法学原理. 3 版. 北京：中国政法大学出版社，2000：161.

④ 瞿同祖. 中国法律与中国社会//瞿同祖. 瞿同祖法学论著集. 北京：中国政法大学出版社，2004：52.

地位、尊卑关系；二是基于该身份地位发生的权利和义务。例如，新生儿管理出现错误，使父母子女之间的亲子关系受到妨害，身份地位和权利义务都受到妨害。

妨害与损害之间是程度的差别。构成妨害，尚未造成身份利益的根本损害，可以用身份权请求权予以修复。造成损害，则构成侵权请求权，要承担损害赔偿责任。

（三）违法行为与身份利益受到妨害之间的因果关系

行使身份权请求权，也要求违法行为与妨害之间有因果关系。有因果关系的标准比较容易判断，身份利益的妨害为行为人的违法行为所引起，就构成这一要件。

具备上述三个要件，身份利益受到妨害的权利人即可行使身份权请求权进行救济。

但是，还应当特别强调的是，行使身份权请求权不受诉讼时效的约束。这是因为：第一，诉讼时效制度违背绝对权的本质。第二，身份权请求权不符合诉讼时效的设立目的，诉讼时效立足于财产制度，身份权虽然也涉及一定的财产利益，但是身份权是人身权利。第三，身份权请求权不适用诉讼时效还可以在侵权请求权已经不能保护身份权时发挥作用。这正是身份权请求权参照适用《民法典》第 995 条人格权请求权规则的体现。

第二编

亲属身份的产生与消灭

第三章
结　婚

第一节　婚姻概述

一、婚姻的概念、性质和意义

（一）婚姻的一般概念和法律概念

婚姻是人类社会发展到一定阶段时产生的，是同一定的社会生产方式和生活方式相适应的男女两性结合的社会形式，不是自始存在和永恒不变的。婚姻的一般概念，是指为当时的社会制度所确认的男女双方互为配偶的结合。[①] 婚姻的法律概念，是指男女双方以共同生活为目的、以产生配偶之间的权利义务为内容的两性结合。

婚姻是最重要的身份关系，创设婚姻的行为是结婚的身份行为，是婚姻家庭法的内容。按照《民法典》的规定，婚姻行为还须得到法律的确认，也就是结婚

① 杨大文主编．婚姻家庭法．3版．北京：法律出版社，2003：64．

行为再加上婚姻登记行为，就构成婚姻关系，产生配偶权。

（二）婚姻的性质

婚姻的性质，一般国家的立法都认为是契约，即婚姻是男女两性以成立家庭，建立夫妻一体生活为目的，依据法律的规定缔结的身份合同。从法律的立场看，婚姻是一男一女为了共同的利益自愿终身结合，互为伴侣，彼此提供性的满足和经济上的帮助，以及生男育女的契约而已。我国民法的通说，是反对“婚姻契约论”主张的，理由是，婚姻并非依当事人自己的意志即可缔结，必须具有国家的意志才可以成立；婚姻是一种身份关系，婚姻双方在财产上的权利义务不过是附随于人身上的权利义务的，创设这种身份关系的婚姻行为，是一种身份法上的行为，婚姻须有结婚的合意，但是婚姻的成立要件和程序、婚姻的效力、婚姻解除的原因等，都是法定的，而不是行为人意定的，因而不能认为婚姻是契约。

近年来，有很多学者赞成“婚姻契约论”的观点，认为上述观点只能说明婚姻不是一般的财产法意义上的契约，但并不能否定婚姻本身为身份合同。[①] 学者认为：婚姻关系是法律制度调整的结果，但不能因此认为它就是法定的，就如一般买卖合同也是法律制度调整的结果，但不能认为合同关系属于法定关系一样。既然不是法定的，那么它就是约定的。因此，“婚姻是约定的”这一前提，并不能当然推导出它是契约的结论。但是，如果再加上婚姻自由原则、婚姻自主原则、双方平等原则三个因素，就可以推导出婚姻关系就是契约关系的结论。[②]

本书认为，婚姻的本质是契约性质，是经过国家确认的、具有身份性质的、非一般财产法意义上的契约。对此，进一步说明如下：

1. 婚姻的本质是契约

婚姻的缔结，必须由未婚男女之间达成建立夫妻关系的合意。虽然夫妻间的权利义务内容、婚姻解除的条件以及结婚、离婚的程序，都是法律规定的，都必须具有国家的意志，但是，如果没有当事人之间的合意，无论国家如何干预，也不会产生婚姻。因此，婚姻的本质是契约，没有当事人建立婚姻关系的合意，就

① 王洪. 婚姻家庭法. 北京：法律出版社，2003：62.

② 李永军. 婚姻属性的民法典体系解释. 环球法律评论，2021 (5).

没有婚姻。如果不认为婚姻的本质是契约，就无法解释婚姻当事人结婚协议的性质。

2. 婚姻的性质是身份契约

婚姻的契约性质是确定的，但它不是一般的契约，而是身份契约，是建立身份关系的契约。我国《民法典》合同编调整的对象，原则上是债权关系的合同，即财产法意义上的合同，但并不排除身份合同。《民法典》第464条第2款规定："婚姻、收养、监护等有关身份关系的协议，适用有关该身份关系的法律规定；没有规定的，可以根据其性质参照适用本编规定。"结婚合意、离婚协议、收养协议、监护协议等，都是身份合同。尽管它们不是财产法意义上的合同，但是，其基本规则适用合同法的规则。婚姻合意就是婚姻契约，婚姻契约就是身份契约。

3. 婚姻契约须由国家予以确认

必须承认，婚姻契约是特殊的契约，必须经过国家确认，没有通过法定程序，经过法定机关确认，婚姻当事人所缔结的婚姻契约就不能发生效力。婚姻的合意是婚姻关系成立的基础，而经过国家的确认，婚姻才发生法律效力。因此，婚姻就是经过国家确认生效的身份契约。

（三）婚姻的意义

婚姻为社会组织之基础，人类生存之根源[①]，因而婚姻具有多重的意义，即生物学意义、社会学意义和法律意义。

1. 生物学意义

婚姻首要的意义，是以人的自然条件为基础的意义。男女两性差别和人类的性本能，使婚姻具有生物学和生理学上的意义。人的性本能要求两性之间的结合，同时通过婚姻中的生育行为实现人的繁衍和延续。如果没有这些自然因素，婚姻无须产生，也无从产生，更不能发挥其重要的社会作用。

婚姻的生物学意义，就在于婚姻可以合法地满足人的性需求，繁衍后代，使人类得到延续。

① 罗鼎. 亲属法纲要. 上海：大东书局，1946：62.

从这个意义上说，婚姻的自然要素就是男女两性的结合。据此，婚姻关系区别于其他任何社会关系，没有这个要素，就不会存在婚姻。在现代社会，同性恋、同性性伴侣、同性婚姻在很多国家合法化，准许同性结合、缔结婚姻，展现了婚姻家庭制度的人性化和宽容度。

2. 社会学意义

人不是一般的生物，因而婚姻的自然属性即生物学上的意义，并不是其本质的意义。婚姻作为社会关系的特定形式，在其生物学意义的基础上，更具有社会关系意义。婚姻不是孤立的、自在的，而是与社会诸关系，包括物质社会关系和思想社会关系，有着密切的、多方面的联系，依存于一定的社会结构，具有确定的社会内容，其本身就是社会关系。它的产生、演变，反映了社会制度的发展和变化，并非婚姻的自然属性所能包含的。在这个意义上说，婚姻包括自从人类社会产生以来的一切两性结合形式，其意义在于，以男女两性永久共同生活为目的，缔结人类最基本的社会关系，建立最基本的社会联系，满足人类社会发展的需要。

永久共同生活的目的是婚姻的意思要素，包括精神的生活共同、性的生活共同和经济的生活共同。这也是婚姻与其他两性结合关系的基本区别。非婚同居、姘居、通奸等，都是人类的两性结合形式，但都不是以永久结合为目的，因此都不是婚姻。

3. 法律意义

法律意义上的婚姻，是指狭义的婚姻，是一夫一妻制形成以来的个体婚姻。

婚姻的概念就是婚姻法律关系的概念，其法律上意义，在实质上，是婚姻关系中的权利义务关系；在形式上，则是具有夫妻身份关系的公示性。

婚姻在法律上的实质意义，首先是确立配偶之间的权利义务关系，产生配偶权。婚姻一经成立，就在婚姻当事人之间确定配偶身份地位，产生配偶的权利义务，法律通过确认这种权利义务关系，确立亲属身份关系的基础。同时，婚姻是产生其他亲属身份关系的基础。婚姻产生亲子关系，婚姻当事人的结合必然发生繁衍，因而产生父母子女关系，发生亲权。婚姻也是产生其他亲属的基础，例如

产生姻亲关系。

婚姻在法律上的形式意义，在于公示夫妻的身份。公示在于使某种事实为第三人所知悉，婚姻的公示性，既表现为婚姻的成立应当具备社会认可的方式，又表现为男女必须以夫妻的名义共同生活，为亲属、朋友以及其他社会公众所认可，将其内在的夫妻生活内容和外在的夫妻生活形式公之于世，为公众所知。

总之，在法律上，不论是实质上的意义还是形式上的意义，婚姻都表明一件事，这就是，婚姻是家庭的基础。家庭是社会的基础结构。在社会中，家庭作为基础的结构，发挥重要的作用。稳定家庭关系，首先就要稳定婚姻关系，家庭稳定则是社会稳定的重要因素。

二、婚姻制度的发展历史

几千年来，婚姻制度发生了重大变化，最终演变成今天的现代婚姻制度。

（一）个体婚初期的结婚方式

在个体婚形成初期，存在多种结婚方式。

1. 掠夺婚

掠夺婚即抢婚。早期的掠夺婚是男子以暴力掠夺女子为妻的婚姻形式。原始社会后期和奴隶社会初期，掠夺婚存在较为普遍，青年男子在朋友的帮助下，劫得一个青年女子并与其发生性关系，即认为该女子成为该男子的妻子。

个体婚形成之后，一些民族将掠夺婚作为自己的结婚方式。后来，这种结婚形式逐渐地演变成了一种徒具形式的礼仪性婚俗，而不是结婚的方式。

2. 有偿婚

有偿婚，是指男方向女方家庭支付一定的代价为条件而缔结的婚姻。例如，买卖婚，是男方以支付金钱、财物为代价而缔结的婚姻；互易婚，则是以女儿或者男子的姐妹交换作为结婚条件而缔结的婚姻，如将妹妹嫁给对方家中的男子，而将对方男子的姐妹娶来与哥哥结婚；劳役婚，则是以男方为女方家庭服一定的劳役作为条件而缔结的婚姻。在盎格鲁—撒克逊人的买卖婚中，婚姻分两步完成：一是订婚，新娘的父母或者监护人与新郎就转让监护权的价格达成协议，这一价格也叫聘礼；二是交付，即由新娘的父母或者监护人将新娘交付给新郎。[①]

3. 无偿婚

无偿婚，是指男方不需要向女方家庭支付任何代价而缔结的婚姻。例如，赠与婚，是权力者或者女方的父母将其可以支配的女子或者女儿赠与他人为妻而缔结的婚姻。收继婚，是指女子的丈夫死后有义务在家族内部转房而缔结的婚姻。强制婚，是指官府将罪人的妻女断配给他人为妻妾而缔结的婚姻。

（二）中国古代的聘娶婚

学者认为，人事事项，欧美各国恒执法律以相绳，中国则让诸礼制。[②] 中国古代一直实行聘娶婚，始于伏羲而完备于周朝，后世以法律确认。

聘娶婚，是指男方以向女方交付聘礼、彩礼作为结婚条件的婚姻形式，具体形式是六礼：一是纳采，男方求亲须先委托媒人通言，女方家同意后，男方才能够备礼贽见；二是问名，男方遣媒问明女子的生辰及其生母的身份；三是纳吉，男方家应卜其吉凶，卜得吉兆，通知女方家；四是纳征，纳征即交付聘财，是六礼中的最重要程序，成立婚约，对当事人具有法律约束力，因此，“征”即“成”，婚约成立；五是请期，男方家择定婚期并商请女方家同意；六是亲迎，男方到女方家迎娶女方成婚，婚姻关系成立。

日本学者认为，中国聘娶婚的最核心之点，是婚姻经订婚与成婚两个阶段完毕。若将之比作交易，则通过订婚契约成立，成婚有履行契约的性质。[③]

聘娶婚是我国几千年的主要婚姻形式，历经各朝代的变迁，程序有所增减，基本内容和程序没有根本变化，性质属于买卖婚。

（三）欧洲中世纪的宗教婚

在欧洲中世纪，教会法盛行，婚姻的主要形式依照教会法的规定而确定。宗

---

① 李喜蕊. 英国家庭法历史研究. 北京：知识产权出版社，2009：39.

② 徐朝阳. 中国亲属法溯源. 北京：商务印书馆，1930：1.

③ ［日］滋贺秀三. 中国家族法原理. 张建国，李力，译. 北京：法律出版社，2003：377.

教婚认为，婚姻的缔结被视为“神的旨意”，结婚需要当事人事先按照教规将有关事项报告教会，由教会在布告栏中公告；婚礼在教堂举行，神职人员主持婚礼，并向其祝福。得到教会承认的婚姻，方成立并有效。

（四）近现代的共诺婚

共诺婚，是指男女双方基于结婚的合意而成立的婚姻。近代以来，经过宗教改革和婚姻还俗运动，资产阶级强调“自由、平等、博爱”，民法认为婚姻是一种契约，强调男女双方结婚是由合意产生，法律以当事人双方共同的缔结婚姻关系的意思表示为婚姻成立的基础和要件。这是婚姻制度革命性的变革和进步，实现了当事人自主支配自己婚姻的权利，使婚姻制度告别了传统观念而获新生。

法律规定，凡是具有结婚能力的当事人，都实行自由婚，缔结婚姻关系须经当事人双方同意，其他任何人均不得干涉；未成年人结婚，除当事人同意之外，还须经其父母同意，婚姻关系始得成立。

三、婚姻成立及其要件

（一）婚姻成立

婚姻成立，分为广义和狭义的概念。广义的婚姻成立，是指订婚和结婚，两者合为一体。狭义的婚姻成立，是专指结婚。

我国古代对婚姻成立采广义概念，十分重视婚约的效力，订婚是结婚的先行阶段。近现代则多采狭义概念，法律不规定订婚和婚约，订婚并非婚姻行为不可缺少的组成部分。

在民间，尽管没有法律效力，当事人缔结婚姻关系，多采订婚形式。当事人缔结婚约之后，由于解除婚约而引发的财物纠纷并不少见。因此，也应当研究婚约，并研究因婚约而发生的纠纷的具体解决对策。

婚姻成立即发生法律效力，法律要加强对婚姻关系的调整力度，保障婚姻关系的合法性。婚姻成立的法律效力，分为及于当事人的直接效力和及于第三人的

间接效力。前者是发生配偶之间的权利义务关系，后者是以婚姻关系的成立为中介，发生亲属之间以及其他人之间的权利义务关系。

（二）婚姻成立的要件

1. 实质要件和形式要件

法律规定婚姻成立的实质要件的目的，是保障婚姻的内容合法。婚姻成立的实质要件，是指结婚当事人的本身状况，以及一方与另一方的关系须符合法律的要求。具体要件是，结婚当事人必须到达法定婚龄，须有婚姻行为能力，双方当事人须有结婚的合意，双方须无禁止结婚的亲属身份关系和其他法定障碍等。

法律规定婚姻成立形式要件的目的，是保障结婚的程序合法。婚姻成立的形式要件，是指婚姻成立的方式及程序须符合法律的要求。当代各国亲属法多规定要式婚制度，结婚当事人应当进行登记或者户籍申报，或者举行公开仪式并有证婚人在场证婚，或者先申请主管部门颁发结婚许可证，再举行结婚仪式或者办理登记。在我国《民法典》规定的结婚形式要件是登记。

2. 必备条件和禁止条件

结婚的必备要件，是指结婚必须具备的积极要件，如当事人须到达法定婚龄、须有结婚合意等。结婚的禁止要件，就是结婚的消极要件，也叫作结婚障碍，是结婚必须不具有的法定情事。

婚姻成立的必备要件和禁止要件也有广义、狭义之分。狭义的必备要件是指结婚的实质要件，而广义的必备要件和禁止要件还包括形式要件。

3. 公益要件和私益要件

公益要件是指与公共利益有关的结婚要件，例如结婚当事人须非重婚，须非禁婚亲等，涉及的都是公益。私益要件则是指与私人利益有关的结婚要件，例如当事人须有结婚的合意，国外规定的未成年人结婚须征得法定代理人的同意，等等。我国《民法典》一般不作这种区分，认为婚姻要件既是公益的，也是私益的。

第二节　婚　约

一、婚约的概念、性质和意义

（一）婚约的概念

婚约，是指男女双方以将来成立婚姻为目的所订立的预约[①]，是男女双方以结婚为目的而作的事先约定。[②]

订立婚约的行为叫订婚或者定婚。[③] 按照习俗，订婚之后，订婚的当事人取得未婚夫妻的资格。婚约不但与结婚不同，而且与恋爱、未婚同居和事实婚姻都不相同。[④] 目前民间也有订婚后互称未婚妻、未婚夫的，就是指订婚在习惯上的后果。

婚约起源于个体婚形成初期的有偿婚[⑤]，在确立婚约时，男方要向女方支付一定的财产，方能缔结婚姻关系。女方在接受男方的财物之后，就负有将女子交付给该男子成婚的义务，婚约由此形成。

在古代，婚约是结婚的必经程序，没有婚约就不能结婚。例如，我国古代的订婚，须有婚书或者聘礼为证，六礼中的“纳征”就是订婚的程序。

近现代以来，婚约逐渐转变为一般意义的婚姻预约，不具有严格的法律意义，因此，我国《民法典》没有对婚约作出规定。《韩国民法典》亲属编“婚姻”一章的第一节，规定的就是“订婚”[⑥]。一般认为婚约是将来要结婚的双方当事人的合意。成年人可以自由订立婚约，婚约成立后当事人在短时间内履行婚姻的

---

① 林菊枝．亲属法新论．台北：五南图书出版公司，1996：52.
② 杨大文，龙翼飞主编．婚姻家庭法．8版．北京：中国人民大学出版社，2020：83.
③ 张力主编．婚姻家庭继承法学．4版．北京：群众出版社，2021：51.
④ 杨大文主编．婚姻家庭法学．上海：复旦大学出版社，2002：124.
⑤ 李珏．当代中国婚约初探//高其才主编．当代中国婚姻家庭习惯法．北京：法律出版社，2012：66.
⑥ 第800条至第806条，见韩国最新民法典．崔吉子，译．北京：北京大学出版社，2010：232－233。

义务，第三人侵害他人婚约关系构成侵权行为。[①] 在德国法，婚约（订婚）是婚姻的准备阶段。法律意义上的婚约可以被理解为：第一，男女互相作出的、将来缔结婚姻的承诺；第二，婚约当事人基于此种承诺而产生的法律关系。只要能从当事人的行为中推断出有约束力的、在将来结婚的意愿，可以根据他们的行为推定婚约成立。[②] 在我国，1941 年大理院上字第 42 号判例的判决确认：盖订婚者婚姻之预约，两家主婚人及预约之当事人。本于预约，自应各便其子女与他一造子女成婚。除已订婚未及成亲而男女或有身故者不追彩礼外，其他如有不能履行此项预约时，则悔婚之一造应负相当之责。[③] 这是认定婚约为预约，有相当约束力。

（二）婚约的性质及意义

对婚约的性质，在亲属法中有不同的认识。基于不同的认识，婚约具有不同的意义。

“契约说”认为：婚约即订婚契约是作为本约的结婚契约的预约，对婚约应当适用合同法的一般原则，尤其是关于双务契约的规定，违反婚约的责任是一种违约责任。[④]

“非契约说”则认为：订婚只是一种事实，并不具有契约的性质[⑤]，这种事实是按照法律规定而发生一定效力，因此，违反婚约的责任是一种因侵权行为而发生的责任。

“折中说”则认为：虽然婚约是一种契约，但是婚约并不同于一般契约的预约，具有身份法上的意义，因而与民法上的契约预约不同，法律不要求必须履行婚约，附加在婚约上的任何违约条款均无法律上的意义。[⑥]

---

① 姜海顺. 中韩家族法的比较研究. 北京：法律出版社，2009：27－29.

② ［德］迪特尔·施瓦布. 德国家庭法. 王葆莳，译. 北京：法律出版社，2022：29.

③ 王坤，徐静莉. 大理院婚姻、继承司法档案的整理与研究：以民初女性权利变化为中心. 北京：知识产权出版社，2014：3.

④ 史尚宽. 亲属法论. 台北：荣泰印书馆，1980：97－98.

⑤ 陈棋炎，黄宗东，郭振恭. 民法亲属新论. 台北：三民书局，1995：64－65.

⑥ 杨大文，龙翼飞主编. 婚姻家庭法. 8 版. 北京：中国人民大学出版社，2020：84.

学者认为：对婚约应当有一定程度的法律保护。虽然人们更加崇尚平等与恋爱结婚的自由，但是，婚约作为一个产生于买卖婚姻的制度，在一定的地区和一定的群体中，尤其是在农村，仍然具有一定的生命力。[①] 这对我国现实中婚约适用比例现状的估计显然过低，即使在今天的大城市乃至于北京、上海、广州等大都市，都存在男女婚前订立婚约，而不是在一定地区和一定群体中婚约才有生命力。婚约虽然法律并没有规定，但是民间男女订立婚约，法律也不禁止。

对婚约的准确认识是，我国民间存在的婚约，性质属于无配偶男女之间达成的具有道德约束力的婚姻预约，不具有法律效力。婚约与民法上的财产契约不同，它具有人身性，在现代社会基于婚姻自由原则，当事人任何一方不履行婚约时，另一方不得请求法院强制其履行。附加在婚约上的任何违约条款，都不具有法律上的效力。[②]

在我国，婚约的特征是：

1. 订立婚约不是结婚的必经程序

法律不要求当事人在结婚前必须订立婚约，因此订婚不是结婚的法定条件，是否订立婚约，由当事人自主决定，法律不作强制要求。当事人可以事先订婚，也可以不经婚约而直接结婚。

2. 订立婚约为非要式行为

婚约仅因当事人的合意即可成立，法律不要求婚约具有特定的形式。当事人订婚可以采取各种形式，既可以是口头承诺，也可以是书面约定。在实践中，婚约主要是口头方式加订婚仪式。

3. 婚约不得强制履行

婚约虽然是结婚的预约，但并不具有《民法典》第 495 条规定的“预约合同”的意义，因此，婚约不具有强制力，不得强制履行，婚约当事人可以自由协商解除婚约，也可依一方的要求而解除，无须经过诉讼程序。婚约解除后，对婚约原当事人不再具有任何约束力。

---

① 李珏. 当代中国婚约初探//高其才主编. 当代中国婚姻家庭习惯法. 北京：法律出版社，2012：67－68.

② 张力主编. 婚姻家庭继承法学. 4 版. 北京：群众出版社，2021：52.

4. 婚约解除会发生赠与物的返还或损害赔偿之债

解除婚约不产生预约的违约责任。但是，由于在婚约产生之后，婚约当事人之间会发生财产赠与问题，因而在婚约解除之后，通常会产生财产返还或者损害赔偿之债。基于婚约而发生的赠与，在婚约解除后，对于价值较大的赠与物，受赠与人应当返还对方。对于解除婚约后对方因婚约不履行而遭受的损失有过错的，应当承担损害赔偿责任，性质为侵权责任。

二、婚约的发展和应然立场

（一）婚姻的发展

1. 早期的婚约

早期的婚约，是婚姻行为不可缺少的组成部分，婚姻的成立是订婚与结婚合为一体，所以，早期的订婚是结婚的必经程序：未订婚者，其结婚无效；订婚权往往不属于当事人而属于第三人，由男女方的父母或者尊长代为订立；婚约具有法律效力，对婚约当事人具有拘束力。

中世纪的寺院法，规定一方违反婚约另一方当事人享有结婚诉权，可以请求责令结婚的判决，要求处以罚款，不能挽回者要承担赔偿责任。

我国古代同样承认婚约的效力，规定以婚书、收受聘礼为订婚的依据。订婚后，发生婚姻的部分效力，反悔者须科以刑罚，并责令履行原约。特别是对于一女二嫁者，未成婚者或者已成婚者各处以不同的刑罚，后定娶者知情，与女家同罪，财礼入官。不知者不坐，追还财礼；女归前夫。[①]

民国初年，北洋政府大理院仍然将婚约解释为成婚的前提，是结婚的必经程序，如果不经过订婚，则虽已成婚，于法律上仍不生婚姻之效。

2. 近现代的婚约

近现代的婚约，并不是婚姻行为的组成部分，订婚不再是结婚的必经程序，未订婚者亦可径行结婚。

---

① 《大明律·户律》“男女婚姻条”。

在立法上规定了订婚程序的国家，规定婚约成立的实质要件为：第一，男女双方当事人必须基于合意而自行订定；第二，当事人须到达法定的订婚年龄，未成年人订婚须经其法定代理人同意；第三，作为婚约标的的婚姻须不违反法律。至于订婚的形式要件，则一般不加规定。即使如此，婚约也不发生强制履行的效力，不得基于婚约诉请结婚，婚约中附有的违约金条款亦属无效。例如，《韩国民法典》第 803 条规定："婚约，不得请求强制履行。"第 805 条规定："解除婚约的，须向相对人为意思表示。无法向相对人为意思表示的，自相对人得知解除原因时起，视为解除。"①

在立法上不规定订婚的国家，虽然不承认订婚的法律效力，但也不禁止民间未婚男女采取订婚的方式订立婚约。

（二）对婚约的应然立场

婚姻法中规定婚约，婚约为法律所调整，是现代世界立法的主流或一般情形，也是我国古代和近代的立法传统，但新中国婚姻法选择了回避婚约的立法模式，现在的《民法典》和以前的《婚姻法》《婚姻登记办法》《婚姻登记条例》等民事法律，均无关于婚约的正面规定。② 我国立法不规定婚约，但并不禁止未婚男女婚前订婚。在这种情况下，对婚约的立场是：

第一，订婚不是结婚的必经程序，男女双方是否结婚，完全以他们在办理结婚登记时表示的意思为根据。

第二，法律并不是不承认婚约或者禁止订立婚约。是否订婚，由当事人自主决定，订婚时，须出于本人自愿，须达到一定的年龄，须没有法定的婚姻障碍。

第三，婚约由当事人自由意志决定，父母、尊长等代为订立的婚约一律无效，当事人无须受其约束。

第四，婚约的效力极为薄弱，尽管对订婚男女俗称未婚夫妻，但在法律上不发生配偶或姻亲关系。③ 当事人订立的婚约没有法律上的约束力，履行婚约以双

---

① 韩国最新民法典. 崔吉子，译. 北京：北京大学出版社，2010：232.

② 陈会林. 回避婚约：新中国婚姻立法的历史选择及其因由. 政法论坛，2021（2）.

③ 林菊枝. 亲属法新论. 台北：五南图书出版公司，1996：56.

方当事人的自愿为原则，并且可以解除婚约。

三、婚约的解除

（一）婚约关系解除的方式

在我国，法律上没有关于婚约的规定，对婚约采取既不提倡也不禁止的态度。婚约不是法律调整的对象，当事人自愿订立的婚约没有法律上的约束力。当事人有解除婚约的自由，可以双方合意解除，也可以单方解除而不论其有无重大事由或有无重大过错。[①]

婚约解除的方式有两种：一种是依婚约当事人的协议而解除。双方当事人经过协商，一致决定解除婚约的，婚约实时解除。另一种是依一方当事人的要求而解除。任何人都享有婚姻自主权，不可强制订婚、结婚，一方要求解除婚约，亦产生解除的效力。

《埃塞俄比亚民法典》没有规定婚约的解除，而是规定婚约的违反。第 571 条规定："（1）待婚配偶的任何一方或对婚约表示同意的他人拒绝同意结婚，又未说明其拖延或拒绝的正当理由的，婚约即被违反。（2）待婚配偶的任何一方或对婚姻表示同意的他人，以使结婚在事实上或精神上成为不可能的方式行事时，婚约已被违反。"[②] 这种婚约的违反，与单方解除婚姻相似。

（二）婚约彩礼返还纠纷

婚约解除后，双方当事人发生婚约财产纠纷，主要是彩礼返还纠纷，应当妥善处理。双方当事人结婚后，在离婚时发生的彩礼返还纠纷，也是因在婚约期间因赠送彩礼发生的纠纷，因此，在研究婚约彩礼纠纷中，应当一并研究离婚时的彩礼返还纠纷。

婚约彩礼返还纠纷的前提，是婚约期间发生彩礼赠与。对此，国外民法也有规定。例如，《埃塞俄比亚民法典》第 572 条规定："（1）违反婚约的责任人得偿付与

① 杨大文，龙翼飞主编．婚姻家庭法．8 版．北京：中国人民大学出版社，2020：85.

② 埃塞俄比亚民法典．薛军，译．北京：中国法制出版社，2002：118.

婚约有关的一切费用。(2)违反婚约的责任人及其家庭成员得返还订婚时收受的礼物。”他们对这种赠与财产虽然不叫彩礼，却与我国的彩礼相似。

我国《民法典》对彩礼没有规定，只是第1042条第1款第二句规定：“禁止借婚姻索取财物。”对于彩礼，《婚姻家庭编解释一》第5条作了规定；2024年1月17日发布的最高人民法院《关于审理涉彩礼纠纷案件适用法律若干问题的规定》[①] 又进一步作了详细解释。

1. 禁止借婚姻索取财物

彩礼作为我国传统婚嫁习俗，有广泛的社会文化基础。但是，超出家庭正常开支的彩礼，已经成为很多家庭的沉重负担，特别是在当事人婚龄较短的情况下，会造成双方当事人的利益失衡。《民法典》第1042条关于“禁止借婚姻索取财物”的规定，确立了保护符合社会习俗的彩礼和禁止借婚姻索取财物的原则。依照这一规定，《彩礼纠纷案件规定》第2条规定：“禁止借婚姻索取财物。一方以彩礼为名借婚姻索取财物，另一方要求返还的，人民法院应予支持。”

以彩礼为名借婚姻索取财物的行为，背离了婚约彩礼的初衷，使给付彩礼一方的家庭背上沉重的经济负担，也给婚姻关系的稳定埋下隐患，不利于弘扬社会文明新风尚，违背善良风俗，因此应当予以返还。对于尊重当地习俗、社会认可的婚约赠送的彩礼，符合善良风俗的要求，属于正常的“礼”的范围，法律予以保护，即使一方请求返还彩礼，也不应予以支持。

2. 对婚约彩礼的识别

审理涉彩礼纠纷案件，首要的问题是正确识别彩礼，确定符合善良风俗的彩礼的范围。《彩礼纠纷案件规定》第3条规定：“人民法院在审理涉彩礼纠纷案件中，可以根据一方给付财物的目的，综合考虑双方当地习俗、给付的时间和方式、财物价值、给付人及接收人等事实，认定彩礼范围。”“下列情形给付的财物，不属于彩礼：(一)一方在节日、生日等有特殊纪念意义时点给付的价值不大的礼物、礼金；(二)一方为表达或者增进感情的日常消费性支出；(三)其他价值不大的财物。”这一规定，从认定符合社会习俗的彩礼的依据以及不属于彩

① 以下简称《彩礼纠纷案件规定》。

礼范围的具体财产这两个方面，规定了识别彩礼的方法。

一方面，彩礼是在婚约期间发生，具有结婚的目的，且符合社会习俗和要求。识别彩礼范围的具体方法是：首先，彩礼是在婚约期间发生。尽管有些彩礼纠纷是在结婚以后发生的，但是赠送彩礼也是在婚约期间发生的，不属于结婚后发生彩礼赠送问题。其次，给付彩礼须以双方结婚为目的，非此目的不能称为彩礼。最后，根据双方当地习俗、给付的时间和方式、财物的价值、给付人及接收人等事实，确定是否属于彩礼。双方当地习俗要在结婚时赠送彩礼，给付彩礼的时间是在婚前，赠送的财产价值适当，给付人及接收人是谁，都是重要的识别依据。例如，接收人是女方的父母，可以认定为彩礼，接收人是女方并为女方个人所有，就不一定是彩礼。比如，可以考察给付的时间是否是在双方谈婚论嫁阶段、是否有双方父母或介绍人商谈，以及财物价值大小等。

另一方面，即使是一方在婚前赠与另一方的财物，有下列情形之一的，也不是彩礼：一是，一方在节日、生日等有特殊纪念意义时点给付的价值不大的礼物、礼金。二是，一方为表达或者增进感情的日常消费性支出。三是，其他价值不大的财物。对于这样的赠与财物，不能认定为彩礼。

3. 婚约彩礼的性质

对在婚约期间赠与的彩礼，在法律上究竟应当怎样认识，有附解除条件的赠与说、附负担赠与说、证约定金说和从契约说等不同主张。

通说采附解除条件赠与说，认为婚约当事人基于结婚的目的，一方将自己的财产无偿给予对方而产生的单方赠与或者双方赠与，并非单纯以无偿转移财产权为目的，其性质就是附有解除条件的赠与行为，即预想将来婚约得到履行，而以婚约的解除（或者结婚后短时间离婚）为解除条件的赠与行为。如果条件不成就，赠与行为继续有效，赠与物归受赠人所有；如果条件成就，赠与行为则失去法律效力，赠与财产应当恢复到订立婚约前的状况，应当返还赠与人。①

4. 婚约彩礼纠纷案件的当事人

在中国的传统习俗中，儿女的婚姻一般由父母操办，接、送彩礼也大都有双

---

① 王洪. 婚姻家庭法. 北京：法律出版社，2003：72－73.

方父母参与。充分考虑上述习俗，对婚约彩礼纠纷中如何列当事人，《彩礼纠纷案件规定》第 4 条分两种情形作出规定。

（1）规定婚约财产纠纷的当事人。

该条第 1 款规定："婚约财产纠纷中，婚约一方及其实际给付彩礼的父母可以作为共同原告；婚约另一方及其实际接收彩礼的父母可以作为共同被告。"按照这一规定，当事人尚未结婚的彩礼返还纠纷，婚约一方及其实际给付彩礼的父母，可以作为案件的共同原告，提出彩礼返还的诉讼请求。婚约的另一方及其实际接收彩礼的父母作为共同被告，负有返还彩礼的义务。由于彩礼纠纷中多是接受彩礼的一方父母为接收人，他们有正当的被告资格。

（2）离婚纠纷中的彩礼纠纷当事人。

对于双方当事人已经结婚的，该条第 2 款规定："离婚纠纷中，一方提出返还彩礼诉讼请求的，当事人仍为夫妻双方。"双方当事人已经结婚，即使给付或者接收彩礼的是当事人的父母，也不必将该方或者双方父母列为当事人，因为毕竟是在离婚诉讼中请求返还彩礼，其当事人须具备婚姻关系。

5. 对彩礼纠纷的处理规则

对于处理彩礼纠纷的具体规则，《婚姻家庭编解释一》第 5 条规定："当事人请求返还按照习俗给付的彩礼的，如果查明属于以下情形，人民法院应当予以支持：（一）双方未办理结婚登记手续；（二）双方办理结婚登记手续但确未共同生活；（三）婚前给付并导致给付人生活困难。""适用前款第二项、第三项的规定，应当以双方离婚为条件。"《彩礼纠纷案件规定》第 5 条规定："双方已办理结婚登记且共同生活，离婚时一方请求返还按照习俗给付的彩礼的，人民法院一般不予支持。但是，如果共同生活时间较短且彩礼数额过高的，人民法院可以根据彩礼实际使用及嫁妆情况，综合考虑彩礼数额、共同生活及孕育情况、双方过错等事实，结合当地习俗，确定是否返还以及返还的具体比例。""人民法院认定彩礼数额是否过高，应当综合考虑彩礼给付方所在地居民人均可支配收入、给付方家庭经济情况以及当地习俗等因素。"第 6 条规定："双方未办理结婚登记但已共同生活，一方请求返还按照习俗给付的彩礼的，人民法院应当根据彩礼实际使用及

嫁妆情况，综合考虑共同生活及孕育情况、双方过错等事实，结合当地习俗，确定是否返还以及返还的具体比例。”

由于上述两部司法解释的出台相差三年时间，不同规定错综在一起，看起来不够清爽。综合起来，上述规定的具体规则如下。

（1）双方未办理结婚登记手续，亦未共同生活的。

双方当事人未办理结婚登记手续，亦未共同生活的，属于典型的婚约彩礼纠纷，因未达结婚目的，给付彩礼一方当事人请求返还按照习俗给付的彩礼的，如果查明属实，法院应当予以支持，收受彩礼的一方应当予以返还。

（2）双方未办理结婚登记手续，但已经共同生活的。

双方未办理结婚登记手续但已共同生活，虽无婚姻关系之名，但有男女共同生活之实的，由于未达结婚目的，给付彩礼一方请求返还按照习俗给付的彩礼，不属于借婚姻索取财物的，法院应当根据彩礼实际使用及嫁妆情况，综合考虑共同生活及孕育情况、双方过错等事实，结合当地习俗，确定是否返还，以及确定应当返还的，还要确定返还的具体比例。

（3）双方已经办理结婚登记手续，但确未共同生活的。

双方当事人已经办理结婚登记手续但确未共同生活，有婚姻之名而无婚姻之实的，在离婚中，给付彩礼的一方当事人请求返还按照习俗给付的彩礼的，如果查明属实，法院应当予以支持，收受彩礼一方负有返还义务。

（4）婚前给付彩礼并导致给付人生活困难的。

婚前给付彩礼，婚后双方共同生活，离婚时给付彩礼一方因给付彩礼导致生活困难，当事人请求返还按照习俗给付的彩礼的，如果查明属实，应当适当返还彩礼。

（5）双方已经办理结婚登记手续，且共同生活时间较长的。

双方已办理结婚登记手续，且共同生活时间较长的，在离婚时，给付彩礼一方当事人请求返还按照习俗给付的彩礼的，法院一般不予支持。这是因为，双方当事人虽然未能永久共同生活，但是已达结婚目的，且长时间共同生活，因而原则上不应返还彩礼。如果收受彩礼一方在离婚中有严重过错，或者有彩礼数额过

高等其他正当事由，也可以适当返还部分彩礼。

（6）双方已经办理结婚登记手续，共同生活时间较短的。

双方当事人已经办理结婚登记手续，但是共同生活时间较短，且彩礼数额过高的，人民法院可以根据彩礼实际使用及嫁妆情况，综合考虑彩礼数额、共同生活及孕育情况、双方过错等事实，结合当地习俗，确定是否返还，以及返还的具体比例。如何认定彩礼数额是否过高，应当综合考虑彩礼给付方所在地居民人均可支配收入、给付方家庭经济情况，以及当地习俗等因素确定。

给付彩礼的目的是双方结婚并长期共同生活，共同生活时间长短应当作为确定彩礼是否返还以及返还比例的重要考量因素。不过，对于对双方共同生活时间较长或者较短的标准，《彩礼纠纷案件规定》没有具体规定，应当根据实际情况掌握。例如，在“闪离”的情况下，对相关返还彩礼的诉讼请求应当予以支持，应当返还彩礼。

（三）婚约存续期间的共同财产分割

婚约存续期间，由于当事人的资金共用、财物的合并以及共同投资而产生的共同财产，属于共有财产。究竟是共同共有还是按份共有，原则上应当视为按份共有。

婚约解除之后，形成的共有财产能够确定份额的，按照各自的份额分割；不能确定各自份额的，则推定为份额均等，平均分割。

第三节　结婚的要件和程序

一、结婚的要件

（一）结婚的必备要件

结婚的必备要件，也称结婚的积极要件，是当事人结婚时必须具备的法定条件。[①] 根据《民法典》的规定，我国的自然人结婚，须具备三个要件。

① 杨大文主编. 婚姻家庭法. 5版. 北京：中国人民大学出版社，2012：85.

1. 须具有结婚合意

结婚是婚姻当事人双方的法律行为，双方自愿是婚姻结合的基础，因此，结婚合意是结婚的首要条件，是保障结婚自由的前提，是结婚自主权在婚姻家庭法中的体现。其具体要求是：当事人双方确立夫妻关系的意思表示真实、一致，法律要求男女双方完全自愿，一是双方自愿而不是单方自愿，二是双方本人自愿而不是父母或者第三者自愿，三是完全自愿而不是勉强同意。

法律禁止当事人的父母或者第三人包办、强迫或者执意干预婚姻，排斥当事人非自愿的被迫同意。

2. 须达到法定婚龄

法定婚龄，是法律规定的准许结婚的最低年龄，表示的是民事主体的婚姻行为能力必须符合法律要求。

我国《民法典》第1047条规定："结婚年龄，男不得早于22周岁，女不得早于20周岁。"当事人只有具有婚姻行为能力，达到法定婚龄，才可以结婚。这一条文删除了《婚姻法》第6条规定的"晚婚晚育应予鼓励"的内容。

确定法定婚龄要考虑的，是婚姻的自然因素和社会因素。自然因素是人的生理条件和心理条件发展的因素，社会因素是指政治、经济、文化、人口状况、道德、宗教、民族习惯等方面因素。确定法定婚龄必须符合上述因素。我国的法定婚龄较高，更多考虑的是我国的社会因素，不如此，不足以限制我国人口的过度膨胀，同时也可以提高人的生活质量。不仅如此，我国法律还不承认结婚的"特许制度"，即不承认未达法定婚龄的男女基于特殊原因可以经过特定机关批准结婚的制度。这同样也是基于人口增长的考虑。

在今天，我国结婚率下降、离婚率上升、不愿意生孩子的夫妻越来越多，存在一定程度的人口危机，因此不再实行鼓励晚婚晚育的政策，还要鼓励结婚和鼓励生育，以缓解人口危机。在编纂《民法典》过程中，曾经动议修改我国的法定婚龄，建议男女都为18周岁，或者为20周岁、女为18周岁，因考虑到立法的稳定性以及结婚年龄的实际情况而没有进行修改。将来修订《民法典》，应当采纳这种意见，规定男女已满18周岁者，达法定婚龄，可以结婚。

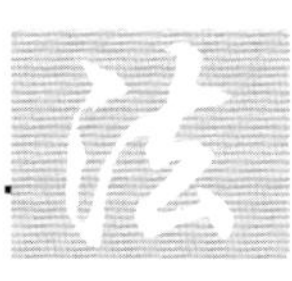

这不仅使自然人的婚姻能力与民事行为能力相一致，还有利于给个人以更多的选择余地。

3. 须符合一夫一妻制

一夫一妻，是婚姻制度的基本原则，也是结婚的必备条件。法律禁止重婚。凡是已经有配偶的人，不得再结婚。构成重婚的，依法追究刑事责任。

（二）结婚的禁止要件

1. 禁止结婚的血亲

禁止结婚的血亲也叫作禁婚亲，是指法律规定的禁止结婚的亲属范围。禁止一定范围的亲属结婚，是原始社会就存在的，那时被称为结婚禁忌，是人类在群婚制中逐渐发现两性近亲结合的危害，因而禁止一定范围的亲属的两性结合。进入个体婚时期，人类有意识地通过立法禁止近亲结婚，考虑的是优生学和伦理道德以及身份上和继承上的因素。现代亲属法尽管在禁止结婚的亲属范围上有所区别，但是确定禁婚亲的制度则是相同的。

《民法典》第1148条规定的禁婚亲的要求是：直系血亲和三代以内的旁系血亲为禁婚亲。具体确定方法是，以世代计算法为准，凡是出自同一祖父母、外祖父母的血亲，都是禁婚亲；三代以内的旁系血亲，一是兄弟姐妹，二是伯、叔、姑与侄、侄女，舅、姨与甥、甥女，三是堂兄弟姐妹和表兄弟姐妹。

典型案例是，张某与王某是亲表兄妹，从小学到中学一起上学，后来一起打工，2007年8月分别向自己的父母请求结婚，得到同意后，到民政部门申请办理结婚证，被拒绝，得知拒绝办理的理由是法律规定禁婚亲是为了保证子孙后代健康后，女方毅然做了绝育手术，以证明不会生育而不能造成影响子孙后代健康的问题，但仍被拒绝。上诉到法院以后，也被判决驳回。[①]

关于拟制血亲是不是属于禁婚亲，各国规定不同。我国《民法典》没有明文规定。在实务中的做法是，直系的拟制血亲之间不准结婚；旁系的拟制血亲关系未经解除，禁止结婚；如果拟制旁系血亲关系已经解除的，则准许结婚。

① 余梦成."亲上加亲"可以重现//高其才主编.当代中国婚姻家庭习惯法.北京：法律出版社，2012：84.

2. 其他禁止结婚的要件

我国《民法典》没有规定其他禁止结婚的条件，其他国家的民法典通常规定以下事由也是禁止结婚的条件，可以作为参考。

（1）不能人道。

国外立法多将不能人道作为禁止结婚的条件。不能人道，是指违反婚姻义务，拒绝性交或者性交不能，包括具有生理缺陷和精神缺陷。我国《民法典》对此没有规定。两性结合是婚姻的本质，如果明知存在不能人道的事由，应当禁止结婚，结婚后发现的，应当准许离婚。

（2）相奸者。

对相奸者，传统民法禁止结婚。现代以来，这种规定逐渐破除，认为是对结婚自由原则的破坏。我国《民法典》没有这种规定，实践中也不得以此作为禁止结婚的理由。

（3）待婚期。

待婚期是国外民法典规定的一种禁婚条件，禁止女子在离婚或丈夫死亡后的一定期间内结婚。

规定待婚期的基本理由在于保持血缘的纯正，防止血缘的混乱。我国《民法典》没有待婚期的规定。对此制，一种意见认为必要，另一种意见认为是对女性权利的限制。就目前情况看，前一种意见是主流。

（4）监护人与被监护人。

为了维护被监护人的利益，很多国家立法规定禁止监护人和被监护人结婚。我国《民法典》对此没有规定。这种制度是积极的，应当借鉴。在监护人与被监护人的监护期间，应当禁止结婚。

《婚姻法》还规定了当事人患有不得结婚的疾病的，不能结婚。这是为了防止和避免疾病的传染和遗传，以保护婚姻当事人的利益和社会利益。关于禁止结婚的疾病没有具体规定，一般分为两类：一是精神性疾病，例如精神病、痴呆病等。二是传染性或者遗传性疾病，例如艾滋病、麻风病等。《民法典》废止了这一规定，将一方患有重大疾病作为可撤销婚姻的事由，把是否认可该婚姻效力的

权利交给当事人。

二、结婚的程序

（一）结婚程序概述

1. 结婚程序是结婚的形式要件

婚姻是社会制度，所以男女的结合必须经过社会的承认，才能说是正式成立了婚姻关系。[①] 结婚的程序是结婚的形式要件，是法律规定的缔结婚姻关系必须履行的法律手续。男女双方结婚，不仅须具备法律规定的实质要件，还应具备法律规定的形式要件。符合结婚条件的男女双方只有履行了法律规定的程序，才能成立婚姻关系，婚姻也才会具有法律效力。[②]

2. 结婚程序的形式

目前各国立法规定结婚程序，主要有三种形式：一是仪式婚，是指结婚必须举行一定的仪式，结婚仪式是婚姻成立的法定要件，例如：宗教仪式婚，即神职人员主持的宗教结婚仪式；世俗仪式婚，即民间由家长主持并有证婚人参加的结婚仪式；法律仪式婚，即由政府官员主持结婚仪式。二是登记婚，是指结婚必须到法定登记机关进行登记，方认为成立婚姻。三是登记与仪式婚，是指结婚既要进行登记又要举行仪式的结婚形式。

3. 我国的结婚程序及其意义

我国结婚的形式实行登记制。《民法典》第 1049 条规定："要求结婚的男女双方应当亲自到婚姻登记机关申请结婚登记。符合本法规定的，予以登记，发给结婚证。完成结婚登记，即确立婚姻关系。未办理结婚登记的，应当补办登记。"据此，结婚登记是我国婚姻成立的唯一形式要件，是结婚的法定程序。

我国实行登记婚结婚程序的法律意义在于，只有在履行了法律规定的结婚程

---

① 李宜琛. 婚姻法与婚姻问题. 南京：正中书局，1946：39.

② 郭明瑞. 家事法通义. 北京：商务印书馆，2022：87.

序，即进行结婚登记之后，婚姻才具有法律上的效力，才能得到国家和社会的承认。不论男女双方是不是同居，是不是举行结婚仪式，都不是结婚的合法形式，只有进行结婚登记，才能发生结婚的法律效力。同时，加强结婚登记制度的管理，对保障婚姻自由、一夫一妻、男女平等婚姻制度的实施，保护婚姻当事人的合法权益，都具有重要意义。

（二）结婚登记

1. 婚姻登记机关

我国的婚姻登记机关，在城市为街道办事处，或者市辖区、不设区的市人民政府的民政部门；在农村，为乡、民族乡、镇的人民政府。

2. 结婚登记程序

我国的结婚登记程序分为申请、审查和登记三个环节。

（1）申请。

要求结婚的当事人，应当向婚姻登记机关提出结婚申请。申请应当由当事人亲自到一方户口所在地的婚姻登记机关进行申请，不得由他人代理。按照国务院《婚姻登记条例》第5条的规定，当事人申请时，应当携带户口簿、身份证，以及本人无配偶及与对方当事人没有直系血亲和三代以内旁系血亲关系的签字声明。离过婚的当事人还必须持离婚证件，即离婚证、生效的准予离婚的判决书或者调解书。

结婚申请须采取书面形式，由当事人填写结婚登记申请书。

申请结婚登记的当事人应当如实向婚姻登记机关提供上述材料，不得隐瞒真实情况。婚姻登记机关不得要求当事人提供上述材料以外的其他证件和材料。如果申请结婚登记的当事人受单位或者他人干涉，不能获得所需证明，经婚姻登记机关查明确实符合结婚条件的，应当予以登记。

（2）审查。

审查是结婚登记程序的中心环节，婚姻登记机关应当全面查明当事人的有关情况，依法认定当事人是否符合结婚条件。申请中有不明之处，应当向当事人补充询问，或者调查了解，要求其提供有关证明材料，或者进行医学上的鉴定。我

国婚姻登记制度还应当建立审查期，在审查期以内完成登记。

（3）登记。

经过审查，认为申请结婚登记的当事人符合结婚条件的，婚姻登记机关应当进行结婚登记，发给结婚证书；对于离过婚再婚的，应当注销离婚证明文件。对于申请结婚的当事人受单位或者他人的干涉，不能获得所需证明文件的，经审查确认之后，应当予以登记。

对符合以下情形之一的，婚姻登记机关不予登记：一是未达法定婚龄的；二是当事人非自愿的；三是当事人已经有配偶的；四是属于直系血亲或者三代以内旁系血亲的。

不予登记的决定作出后，当事人不服的，可以依照行政复议程序申请复议；对复议决定不服的，可以依照《行政诉讼法》的规定提起行政诉讼。

对于离婚后申请复婚的，婚姻登记机关依照有关结婚登记的程序进行登记，双方自愿恢复夫妻关系的，应到婚姻登记机关重新进行结婚登记。

3. 违反结婚程序的法律后果

申请婚姻登记的当事人如果弄虚作假、骗取结婚登记的，婚姻登记机关应当撤销婚姻登记，对结婚、复婚的当事人宣布其婚姻关系无效，收回结婚证，并可以对当事人处以罚款。单位或者组织为申请结婚登记的当事人出具虚假证件和虚假证明的，婚姻登记机关应当予以没收，并可建议该单位或者组织对直接责任人予以批评教育或者行政处分。婚姻登记机关的工作人员对不符合结婚条件的当事人予以登记的，婚姻登记机关应当对该工作人员予以行政处分或者撤销其婚姻登记管理人员的资格，对不符合结婚登记条件的当事人撤销结婚登记，收回婚姻登记证书。

第四节　无效婚姻和可撤销婚姻

一、无效婚姻和可撤销婚姻的概念和区别

尽管双方当事人的结婚合意是婚姻的本质，但结婚的合意必须经过国家的确

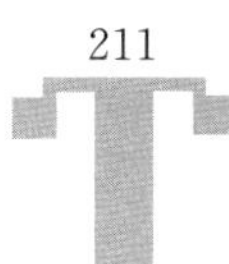

认才能发生法律效力，因此，合法性是婚姻的实质要件之一。如果婚姻不具备合法性的要件，就不能发生夫妻的权利义务关系，不能发生婚姻的法律后果。欠缺婚姻成立要件的男女结合，应当依法予以宣告无效或者被撤销，所以，无效婚姻和可撤销婚制度就是维护婚姻合法性的必要制度。

2001年修订的《婚姻法》，已经建立了我国婚姻家庭法的无效婚姻和可撤销婚姻制度。《民法典》对无效婚姻和可撤销婚姻制度进行了修改，形成了新的规则。正确适用无效婚和撤销婚制度，对于坚持结婚的条件和程序，保障婚姻的合法成立，预防和减少婚姻纠纷，保护自然人的婚姻合法权益，具有重要意义。

（一）无效婚姻、可撤销婚姻的概念

1. 无效婚姻的概念

无效婚姻，是指男女因违反法律规定的结婚要件而不具有法律效力的两性违法结合。无效婚姻是违反婚姻成立要件的违法婚姻，不具有婚姻的法律效力。

无效婚姻不是一种婚姻种类，而是用以说明借婚姻之名而违法结合的概念，属于无效的身份法律行为，即无效婚姻行为。结婚是确立夫妻关系的身份法律行为，必须符合法律规定的各项条件，只有具备法定实质要件和通过法定程序确立的男女结合，方为合法婚姻，发生婚姻的法律效力。无效婚姻不符合这样的要件，属于无效的违法婚姻关系。

各国亲属法在明文规定结婚法定条件的同时，大多设有无效婚姻制度，以此来作为避免和处理违法婚姻的规范，确保法律规定的结婚条件和程序付诸实施。无效婚姻制度与有关结婚条件、结婚程序的规定一道，从正反两方面构成了结婚制度的完整内容，相辅相成，缺一不可。

2. 可撤销婚姻的概念

可撤销婚姻亦称可撤销婚，是指已经成立的婚姻关系因欠缺婚姻合意，受胁迫、受欺诈的一方当事人可向法院申请撤销的违法两性结合。

可撤销婚姻也是欠缺婚姻成立要件的违法婚姻，它与无效婚姻都是违法婚姻。但是，无效婚姻是双方当事人具有真实的结婚合意，但违反法律关于结婚的强制性规定而构成的违法两性结合；可撤销婚姻则是婚姻的基础合意没有达成，

没有违反结婚的法律强制性规定构成的违法两性结合。

（二）无效婚姻与可撤销婚姻的区别

无效婚姻和可撤销婚姻的概念不同。有的国家根据违反的结婚要件的不同，把违法婚姻区分为无效婚姻和可撤销婚姻，如日本、英国及美国的部分州立法。有的国家除规定这两种违法婚姻之外，还规定“不适法婚姻”的违法婚姻，如德国和瑞士。有的国家如法国另有“婚姻不存在”的名目，基于“无规定，即无效”的传统见解，把那些同性相婚、不具备结婚的法定方式等未被法律列入无效原因的违法结合概括在其中。[①] 也有的国家并不区分无效婚姻和可撤销婚姻以及其他违法婚姻的种类，而是采取单一的无效婚姻制度，如古巴、秘鲁等国。在不同的国家，关于无效婚姻和可撤销婚姻的概念也不尽相同。

我国《民法典》明确规定无效婚姻和可撤销婚姻两种违法婚姻形式。作这样的规定，基础是《民法典》规定的民事法律行为的基本规则。《民法典》规定，民事法律行为分为有效的民事法律行为、无效的民事行为、可撤销的民事行为和效力待定的民事法律行为。在婚姻家庭法领域，法律确认无效的结婚行为就是无效婚姻，而可撤销的结婚行为就是可撤销婚姻。

根据《民法典》关于民事法律行为的基本规则和婚姻家庭编关于婚姻无效和可撤销的具体规定，婚姻无效和可撤销具有以下区别。

1. 两性违法结合发生的原因不同

无效婚姻是由于违反法律规定的婚姻成立条件而构成的两性违法结合，违法的内容是违反法律的强制性规定，即违反结婚的法定条件。可撤销婚姻虽然也是违法的婚姻行为，但是，违反法律的内容是违反关于婚姻当事人的结合须是真实婚姻合意的要求，是因为双方当事人在意志上没有建立真实的婚姻合意而违反法律，构成违法婚姻。

2. 两性违法结合发生的后果不同

无效婚姻的法律后果是婚姻当然无效、绝对无效，尽管无效婚姻必须通过诉讼程序宣告，但是，这并不能否认无效婚姻具有当然无效的性质。而可撤销婚姻

① 杨大文主编. 婚姻法学. 北京：中国人民大学出版社，1989：128.

基本具备了婚姻成立的法定条件，只是当事人的合意不够真实，因此不发生当然无效的后果。如果受胁迫的当事人申请撤销，法院依照法律予以撤销，发生婚姻自始无效的后果；如果当事人不诉请撤销，则婚姻仍得继续存在，发生婚姻的法律效力。

3. 请求宣告无效或撤销的时限不同

无效婚姻由于违反法律的强制性规定，因而自始不发生法律效力，婚姻无效的主张没有时间的限制，当事人在任何时候都可以请求宣告婚姻无效。而可撤销婚姻仅仅是当事人的婚姻合意欠缺真实基础，没有违反结婚的强制性法律规定，因而当事人须在一定的时限之内请求撤销违法婚姻，超过规定的时限不得提出撤销请求。

4. 宣告婚姻无效与撤销的请求权人不同

主张婚姻无效的请求权人应当是婚姻关系当事人和利害关系人，因为在无效婚姻的情况下，有的婚姻当事人并不请求无效，但是这种婚姻形式违反国家的强制性法律规定，法律规定利害关系人也可以行使请求权宣告婚姻无效，以维护法律的统一实施。可撤销婚姻仅仅缺乏当事人结婚的真实合意，只涉及当事人的结婚意愿问题，因而请求婚姻撤销的请求权人须为婚姻当事人，只能由当事人自己决定是否撤销婚姻，其他人不享有这种权利。

二、建立无效婚姻和可撤销婚姻制度的必要性

（一）违法婚姻的现实状况

违法婚姻现象在我国婚姻家庭法领域较为突出，其中的主要原因，是我国长期受封建传统的影响和法治观念的淡薄。

近年来，随着社会经济的发展变化，违法婚姻的数量有所增加。在经济发达地区，重婚、纳妾等现象时有发生。在经济落后的农村，换亲、转亲、抢亲、娃娃亲、买卖婚等现象屡禁不止，甚至拐卖妇女强迫为他人作妻的也不鲜见。在一般的城市和乡村里，早婚、同居、近亲婚、疾病婚等现象更为常见。

违法婚姻的存在和发展，破坏了国家关于婚姻行为的法律规范，给当事人和社会都造成了严重危害。违反结婚实质要件的违法婚姻，当事人或者是未到结婚的法定年龄，或者是法律禁止结婚的近亲，都难以保证婚姻质量。至于买卖婚、拐卖婚等严重违反当事人意愿的婚姻，更是在两性结合之初就蕴含着婚姻不幸。

违反结婚形式要件的违法婚姻，由于没有法律的保障，当事人无法依法维护自己的合法权益，妇女和子女往往成为最直接、受害最深的牺牲品，还会诱发民事纠纷，甚至引发刑事案件，造成危害。

（二）立法的发展

我国《婚姻法》长期没有规定无效婚姻和可撤销婚姻制度。1950 年《婚姻法》第 2 条规定了禁止重婚、纳妾、童养媳等违法的婚姻形式，也规定了结婚条件和禁止结婚的法定情形，但没有具体涉及如何处理违反上述法律规定的违法婚姻，只在“附则”中笼统规定：“违反本法者，依法制裁。”1980 年重新制定《婚姻法》，继续沿袭这种做法，仍然没有规定无效婚姻制度。

司法解释在弥补《婚姻法》立法疏漏方面发挥了一定的作用。例如，1952 年 6 月内务部、司法部在对西南民政部、司法部的批复中规定：“《婚姻法》颁布后，未达婚龄而私行结婚或同居的早婚男女，任何一方提出离婚时，应视为婚姻无效，无条件取消其婚姻关系。”这是司法解释第一次谈到无效婚姻及其后果。1955 年 9 月最高人民法院《关于男女双方已办理结婚登记后一方反悔不愿同居应如何处理问题的复函》规定了无效婚姻，其后果是根本无效：“……双方结婚虽经登记，而有其他情节使婚姻关系不能成立的（例如一方系重婚，其婚姻根本无效）……”1963 年 8 月最高人民法院《关于贯彻执行民事政策几个问题的意见》重复了这一规定，指出对重婚行为，“原则上应当维持原配夫妻关系，宣布重婚关系无效”。这些司法解释在实践中实行了无效婚姻制度，在一定程度上填补了立法空白。

在行政法规、规章上，逐步确立了无效婚姻制度。1986 年 3 月《婚姻登记办法》第 9 条第 2 款规定：“婚姻登记机关发现婚姻当事人有违反婚姻法的行为，或在登记时弄虚作假、骗取《结婚证》的，应宣布该项婚姻无效，收回已

骗取的《结婚证》，并对责任者给予批评教育。触犯刑律的，由司法机关依法追究刑事责任。”1994年2月《婚姻登记管理条例》设专章规定了婚姻监督管理制度，主要内容包括：对未办结婚登记的早婚和事实婚，认定“其婚姻关系无效，不受法律保护”；对弄虚作假、骗取结婚登记的，“婚姻登记管理机关应当撤销结婚登记，对结婚、复婚的当事人宣布其婚姻关系无效并收回结婚证，对离婚的当事人宣布其解除婚姻关系无效并收回离婚证”；对于重婚，“其配偶不控告的，婚姻登记管理机关应当向检察机关检举”。除此以外，还对单位或者组织或者婚姻登记管理人员违反《婚姻法》行为的处理，当事人对婚姻登记管理机构的监督权利等问题，都作了规定。不过，这个条例的规定仍然无法形成一个无效婚姻和可撤销婚姻的完整制度，其对无效婚姻制度中婚姻无效的法定原因、宣告无效的法定程序、婚姻无效的法律后果等重要内容，都没有具体规定。

（三）立法规定无效婚姻和可撤销婚姻的必要性

我国立法机关通过2001年修订《婚姻法》，规定第10条至第12条，确立了无效婚姻和可撤销婚姻制度；《民法典》对无效婚姻和可撤销婚姻制度进行修订，建立了比较完善的规则。

建立完善的无效婚姻和可撤销婚姻制度的必要性在于以下方面。

1. 保障结婚条件和结婚程序的实施

长期以来，我国婚姻立法规定了男女结婚只有符合法定的结婚条件和结婚程序，婚姻才能够发生法律效力，但却没有强制性的保障措施。例如，虽然规定要制裁违法婚姻，但没有规定违法婚姻的法律效力状态，同时对于究竟怎样制裁违法婚姻的行为人，法律也没有规定，从而使我国民法的结婚制度不完整，没有法律强制力的保障。当事人逃避法律规定，法律缺少必要的手段保障婚姻家庭法的强制实施。

确立无效婚姻和可撤销婚姻制度，不仅要规定了违法婚姻的法律后果，还应规定了处理和制裁违法婚姻行为的具体措施，这样才能保障婚姻家庭法规定的结婚条件和结婚程序的执行。

2. 维护婚姻家庭法的严肃性和统一性

立法如果没有规定违法婚姻制度，司法机关和婚姻登记管理机关只能通过司法解释和行政规章自行作出规定。由于这些规定不是法律，缺乏统一性，会导致制度本身的不完善，在实施中也避免不了法律适用的冲突，会对婚姻家庭法的严肃性和统一性造成损害。例如，对一方欺骗对方、在结婚登记时弄虚作假骗取结婚证等违法缔结的婚姻，司法解释不仅没有区分无效婚姻和可撤销婚姻，还将其一律作为婚后一方提出离婚时认定夫妻感情确已破裂的具体理由，成为判决离婚的依据。这混淆了无效婚姻和合法婚姻的界限，与婚姻登记管理机关的规章相矛盾，也造成法律适用的混乱，损害了法律的严肃性。

《民法典》确立并完善无效婚姻和可撤销婚姻制度，避免了法律适用上的冲突，有利于维护《民法典》婚姻家庭编的严肃性和统一性。

三、婚姻无效和婚姻可撤销的法定事由

（一）无效婚姻和可撤销婚姻制度的法理基础

如前所述，各国关于违法婚姻制度有的不同立法例。我国《民法典》采取将无效婚姻和可撤销婚姻作为违法婚姻的基本形式的法理基础在于：一是法律的严肃性，对违反《民法典》规定的违法婚姻，法律必须明确态度，或者予以宣告无效，或者赋予当事人以撤销的权利；二是社会的既存事实，欠缺结婚的有效要件的两性结合中，当事人有夫妻共同生活的实质，社会一般也承认其为夫妻的事实，该事实已经形成了相当的社会意义，对双方、家庭、子女等都具有一系列的影响，完全不考虑这些因素是不行的；三是对妇女儿童合法权益的保护，如果不分情况一律宣告违法婚姻无效，受到伤害的可能更多的是处于弱势地位的妇女和儿童。

正是因为如此，《民法典》将违法婚姻分为无效婚姻和可撤销婚姻，依据不同的法理基础确定违法婚姻产生不同的法律后果。

1. 无效婚姻制度的法理基础

无效的民事法律行为自始无效，其原来发生的一切效力均归于消灭。对婚姻

无效性的确认会带来严重的消极后果，原因是婚姻一旦被宣告无效，业已形成的婚姻关系就须解体，组成的家庭就要被拆散，造成婚姻关系不稳定的后果。立法应当尽量缩小这样的消极后果，其违反的是公序良俗，而不是以当事人的意思不真实或者直接违背法律为原因。

2. 可撤销婚姻制度的法理基础

可撤销的民事法律行为，其后果取决于当事人的态度。如果当事人认为可以维持已经形成的民事法律关系，则不予撤销，使其继续发生法律效力。如果当事人不想维持已经形成的民事法律关系，则应在法定的除斥期间之内行使撤销权，将该民事法律行为撤销，回复到没有建立这种法律关系之前的状况。

因此，可撤销婚姻的法理基础在于尊重当事人的意思表示，确定相对无效状况，赋予当事人撤销婚姻关系的权利或者维持婚姻关系的权利，让其根据自己的意愿自由选择。这样，更有利于保护婚姻当事人的利益，有利于维护婚姻家庭的稳定，而不至于将更多的违法婚姻推入绝对无效的范围，造成社会的不稳定，损害妇女、儿童的权利。

（二）婚姻无效的法定事由

《民法典》第1051条规定："有下列情形之一的，婚姻无效：（一）重婚；（二）有禁止结婚的亲属关系；（三）未到法定婚龄。"这三种情形是法定的无效婚姻事由。

对这一规定需要说明两个问题：第一，这里规定的婚姻无效法定事由是全面列举，婚姻无效的法定事由仅限于列举的三种情形。至于其他如无婚姻关系的虚假结婚、弄虚作假骗取结婚证等，都不能作为婚姻无效的法定事由，不得请求宣告婚姻无效。第二，这里规定的婚姻无效法定事由是相对原因，而不是绝对原因。相对原因意味着，如果请求宣告婚姻无效时，婚姻无效的法定事由已经消失，则不得宣告婚姻无效。对此，《婚姻家庭编解释一》第10条规定："当事人依据民法典第一千零五十一条规定向人民法院请求确认婚姻无效，法定的无效婚姻情形在提起诉讼时已经消失的，人民法院不予支持。"因此，在婚姻关系成立时存在的婚姻无效的法定事由，在提起确认婚姻无效诉讼时已经不再存在的，其

婚姻已经由无效婚姻转化为有效婚姻，法院不支持确认婚姻无效的主张。这有利于婚姻关系的稳定和社会的安定。

婚姻无效的法定事由有三个。

1. 重婚

一夫一妻是我国《民法典》婚姻家庭编的基本原则，《民法典》第 1041 条第 2 款对此作出明确规定。任何人不得有两个或两个以上的配偶，有配偶者在前婚未终止之前不得结婚，否则构成重婚，后婚当然无效。重婚包括法律上的重婚和事实上的重婚两种，无论哪一种都构成婚姻无效的法定理由。依照《婚姻家庭编解释二》第 1 条规定，当事人依据《民法典》第 1051 条第 1 项规定请求确认重婚的婚姻无效，提起诉讼时合法婚姻当事人已经离婚或者配偶已经死亡，被告以此为由抗辩后一婚姻自以上情形发生时转为有效的，法院不予支持。

2. 当事人为禁婚亲

《民法典》第 1051 条第 2 项规定“有禁止结婚的亲属关系”，婚姻无效。依照第 1048 条关于“直系血亲或者三代以内的旁系血亲禁止结婚”的禁婚亲范围规定，凡属禁婚亲范围内的亲属，无论是全血缘还是半血缘、无论是自然血亲还是拟制血亲，都不得结婚；即使“结婚”也是无效婚姻。

3. 未达法定婚龄

《民法典》第 1047 条规定法定婚龄为男 22 周岁，女 20 周岁。违反这一规定的两性结合，即未达法定婚龄的婚姻属于无效婚姻，应当依法确认无效。

《婚姻家庭编解释一》第 10 条规定：“当事人依据民法典第一千零五十一条规定向人民法院请求确认婚姻无效，法定的无效婚姻情形在提起诉讼时已经消失的，人民法院不予支持。”按照这一规定，当事人向法院请求确认婚姻无效的，必须在提起诉讼时仍然存在《民法典》第 1051 条规定的法定婚姻无效情形，否则，法院不予支持。譬如，结婚时未到法定婚龄者，在向法院提出确认婚姻无效的请求时已达法定婚龄，法院不予支持。[①] 婚姻无效的其他法定事由，如婚姻当事人属于养父母子女关系，存在禁止结婚的亲属关系，在提起请求确认婚姻无效的诉讼时已经解除收养关系的，或者婚姻当事人属于重婚，在申请确认婚姻无效

① 龙翼飞，赫欣.《民法典》婚姻家庭编最新司法适用准则探析. 法学杂志，2021 (8).

时已经其中一个婚姻关系消灭（离婚或者一方配偶死亡）的，也应当认为法定的婚姻无效情形在提起诉讼时已经消失，不认定婚姻无效。

（三）婚姻可撤销的法定事由

1. 存在婚姻胁迫行为

《民法典》第1052条规定："因胁迫结婚的，受胁迫的一方可以向婚姻登记机关或者人民法院请求撤销该婚姻。""撤销婚姻的请求，应当自胁迫行为终止之日起一年内提出。""被非法限制人身自由的当事人请求撤销婚姻的，应当自恢复人身自由之日起一年内提出。"

《民法典》规定胁迫为可撤销婚姻的基本内容不变，修改的主要内容是，《婚姻法》第11条规定撤销权的除斥期间自结婚登记之日起1年内，现在修改为自胁迫行为终止之日起1年内，或者自恢复人身自由之日起1年内。

婚姻胁迫行为，是指行为人以给另一方当事人或者其近亲属的生命、健康、身体、名誉、财产等方面造成损害为要挟，迫使另一方当事人违背自己的真实意愿而结婚的行为。构成婚姻胁迫，须具备以下要件。

（1）行为人为婚姻当事人或者第三人。

婚姻胁迫的胁迫行为人，不仅包括婚姻当事人，也包括与该婚姻关系有一定关系的第三人。至于受胁迫人，既可以是婚姻关系当事人，也可以是婚姻关系当事人的近亲属。

（2）行为人须有胁迫的故意。

行为人必须有施加威胁迫使一方当事人就范的故意，其内容是通过自己的威胁而使一方当事人产生恐惧心理，并基于这种心理而被迫同意结婚。

（3）行为人须实施胁迫行为。

行为人实施的行为，须是以对受胁迫人或者其近亲属的人身利益或者财产利益造成损害为威胁的不法行为，使其产生恐惧心理。这种行为已经实施。对如何判断婚姻关系中的胁迫行为，依照《婚姻家庭编解释一》第18条第1款规定，行为人以给另一方当事人或者其近亲属的生命、身体、健康、名誉、财产等方面造成损害为要挟，迫使另一方当事人违背真实意思结婚的，可以认定为《民法典》第1052条所称的"胁迫"。

胁迫行为也包括限制婚姻一方当事人的人身自由，例如将一方当事人监禁起

来，甚至带上锁链，防止其逃跑。

（4）受胁迫人同意结婚与胁迫行为之间须有因果关系。

受胁迫人之所以同意结婚，是因为胁迫行为使其产生恐惧心理而不得不采取结婚行为。

有学者关注与被收买妇女结婚的效力问题，认为可有条件地将其定性为买卖婚姻，但并不导致有关婚姻无效。[①] 本书认为，与被收买妇女结婚不应当适用无效婚姻的制度，因符合上述受胁迫婚姻的构成要件，应当将其界定为受胁迫的可撤销婚姻。是否撤销这种婚姻关系，应由被胁迫的女方自主决定，这样才能确保妇女的合法权益不因撤销婚姻反受损失。

撤销婚姻的请求权受除斥期间的约束，除斥期间为 1 年。按照《婚姻法》第 11 条的规定，只要登记结婚，就要自结婚登记之日起开始计算除斥期间，期间届满，就消灭该撤销权。这样的做法不利于保护婚姻被胁迫者，如果胁迫行为没有终止，受胁迫一方尚无条件行使撤销权，除斥期间一旦完成，就无法依法撤销这种婚姻关系。

《民法典》第 152 条第 1 款第 2 项规定认识到这种做法的不当，规定“当事人受胁迫，自胁迫行为终止之日起一年内没有行使撤销权”的，撤销权才消灭。依照这样的规定，《民法典》第 1052 条明确规定，申请撤销婚姻的，应当自胁迫行为终止之日起计算，在 1 年内提出的，都可以支持其撤销婚姻关系的请求。例如，被非法限制人身自由的当事人请求撤销婚姻的，应当自恢复人身自由之日起 1 年内提出。在其恢复人身自由之日起 1 年内还没有提出撤销婚姻关系请求的，为超过除斥期间，撤销权消灭，不得再提出撤销婚姻的请求。

应当明确的是，依照本条规定自胁迫行为终止之日起，已经超过了 5 年的最长除斥期间的，是否受《民法典》第 152 条关于“当事人自民事法律行为发生之日起五年内没有行使撤销权的，撤销权消灭”规定的约束。对此有两种理解：一是婚姻家庭编没有规定，因而不适用《民法典》第 152 条的规定，这是考虑了婚姻胁迫行为的特殊性。二是既然都是撤销权，都是形成权，分则没有规定的，应

---

① 张力. 与被收买妇女结婚在民法上的定性与处置. 浙江工商大学学报，2022（4）.

当统一适用总则的规定。本书认为，《民法典》规定第152条第2款，对胁迫行为超过五年以上的实际需求考虑不周，因而对胁迫行为超过5年的，应当适用“自胁迫行为终止之日起没有行使撤销权”的规定，不适用第2款的规定，理由是第152条第1款第2项规定是特别法，第2款规定是普通法，依照特别法优先于普通法规定的原则，应当适用第1款第2项规定。同理，第1052条是特别法，因而排斥第152条第2款规定的适用。也就是无论何时，只要自胁迫行为终止之日起1年内，或者恢复人身自由之日起1年内提出申请撤销婚姻的，都应当予以支持。

2. 有重大疾病未告知

《民法典》第1053条规定：“一方患有重大疾病的，应当在结婚登记前如实告知另一方；不如实告知的，另一方可以向人民法院请求撤销婚姻。”“请求撤销婚姻的，应当自知道或者应当知道撤销事由之日起一年内提出。”这一条文修改了《婚姻法》第7条、第10条的规定，删除了关于禁婚疾病为无效婚姻的内容，作出了新规定。

应当确定“不如实告知”重大疾病的行为性质。一方患有重大疾病，负有在婚前如实告知另一方的义务，这是法定义务，是必须履行的义务。未如实告知，不仅违反法定义务，还是消极的欺诈行为，使对方受欺诈而与其结婚，构成婚姻行为的欺诈。例如，曹某与宋某于2020年12月月初通过网络认识并恋爱，2021年1月结婚。2021年2月，曹某发现宋某患有尿毒症，并曾住院治疗。曹某以此为由起诉要求撤销婚姻。法院判决认为：宋某患有尿毒症，不能生孩子，属于重大疾病，宋某在结婚登记前未向曹某详尽告知其患病的事实，侵害的曹某的知情权，判令撤销曹某与宋某的婚姻关系。①

构成重大疾病未告知的法定事由，应当具备的要件有四个。

（1）一方当事人患有重大疾病。

在缔结婚姻关系时，一方患有重大疾病，虽然不再属于禁止结婚的原因，但

---

① 该案见山东省阳谷县人民法院（2021）鲁1521民初954号民事判决书//夏吟兰，龙翼飞主编. 家事法实务：2022年卷. 北京：法律出版社，2023：45。

是不适宜结婚，对方是否愿意与患重大疾病的一方结婚，在于对方的选择。

究竟应当怎样理解“重大疾病”的范围，《民法典》没有明确规定。在《婚姻法》规定禁婚疾病时，通常认为，为了防止和避免疾病的传染和遗传，禁止结婚的疾病分为两类：一是精神性疾病，例如精神病、痴呆症等；二是传染性或者遗传性疾病，例如艾滋病、麻风病等。前者考虑的是夫妻之间权利义务的行为能力和精神性疾病的遗传，后者则是避免传染和遗传。

有学者认为，《母婴保健法》第 8 条规定的婚前医学检查的三类疾病，包括严重遗传性疾病、指定传染病和有关精神病，可以解释为《民法典》第 1053 条所指的重大疾病。也有学者指出，《民法典》第 1053 条所指重大疾病，可以参考中国保险监督管理委员会、中国保险行业协会于 2006 年对重大疾病行业标准的定义，包含 30 种重大疾病：恶性肿瘤、急性心肌梗死、脑中风后遗症、重大器官移植术或造血干细胞移植术、冠状动脉搭桥术、终末期肾病、多个肢体缺失、急性或亚急性重症肝炎、良性脑肿瘤、慢性肝功能衰竭失代偿期、脑炎后遗症或脑膜炎后遗症、深度昏迷、双耳失聪、双目失明、瘫痪、瓣膜手术、严重阿尔兹海默病、严重脑损伤、严重帕金森病、严重三度烧伤、严重原发性肺动脉高压、严重运动神经元病、语言能力丧失、重型再生障碍性贫血、主动脉手术、严重的多发性硬化、严重的Ⅰ型糖尿病、严重的原发性心肌病、侵蚀性葡萄胎、系统性红斑狼疮等。[①]

也有学者认为，重大疾病的范围，应当依照《母婴保健法》和《传染病防治法》的有关规定确定，医学上认为不宜结婚的疾病包括：严重遗传性疾病，即由于遗传因素先天形成，患者全部或者部分丧失自主生活能力，后代再现风险高，医学上认为不宜生育的遗传性疾病；指定传染病，如艾滋病、淋病、梅毒、麻风病以及医学上认为影响结婚和生育的其他传染性病；有关精神病，即精神分裂症、狂躁抑郁型精神病以及其他重型精神病。[②] 也有学者认为，在解释上，重大疾病排除无结婚行为能力的智障者和精神病、重型精神病、甲类传染病和准甲类

① 马忆南. 婚姻家庭继承法. 5 版. 北京：北京大学出版社，2023：81.

② 房绍坤，范李瑛，张洪波. 婚姻家庭继承法. 7 版. 北京：中国人民大学出版社，2022：42.

传染病，包括具有结婚行为能力的智障者和精神病、与性和生殖有关的疾病（但有例外）、严重遗传性疾病（但有例外）、艾滋病和性病、其他乙类传染病和丙类传染病、重大身体疾病。[①]

至于究竟哪些疾病不得结婚，在法律没有明文规定，上述说法也仅供参考，不能“对号入座”，应以具体的病情、对夫妻共同生活的影响以及医学上的鉴定为准，但起码精神性疾病和传染性、遗传性疾病，都属于重大疾病的范围。

（2）患病方未尽告知义务。

准备结婚的当事人患有重大疾病，依照法律规定，负有向对方如实告知的义务，以确定对方当事人是否愿意接受结婚。患病方应当告知而未告知的，或者应当如实告知却未如实告知的，都是对告知义务的违反。具备这一要件的，构成婚姻关系的欺诈行为。

（3）患病方未尽告知义务与对方同意结婚有因果关系。

在结婚时负有向对方当事人告知义务的患病方，由于未向对方告知或者未如实告知，使对方当事人对患病方的健康状况产生错误认识，愿意与其结婚，并登记结婚。

（4）未患病方在知情后提出异议。

患病方在结婚时不尽告知义务或者不如实告知的，对方当事人在知悉患病方的实际病情后，如果没有异议，当然不影响婚姻关系。如果该方当事人对婚姻关系产生异议，即产生撤销权，可以向法院行使撤销权，撤销该婚姻关系。

这样的规则变化，体现的是尊重当事人在对方当事人患有重大疾病时的自主选择，如果明知对方当事人患有重大疾病，还愿意缔结婚姻关系的，法律并不生硬地认定其为无效婚姻，而是将权利交给未患病一方当事人，该方当事人仍然愿意保持婚姻关系的，法律并不干涉，该方当事人不愿意保持婚姻关系而主张撤销的，法律予以支持。

因一方患有重大疾病未告知而提出撤销婚姻关系请求的撤销权，受除斥期间的限制，除斥期间为1年，权利人自知道或者应当知道撤销事由之日起1年内提出。超过除斥期间，撤销权消灭，不得再提出撤销婚姻的请求。如果权利人一直

---

① 张学军. 民法典隐瞒“重大疾病”制度解释论. 甘肃政法大学学报，2020（5）.

不知道或者不应当知道，则适用《民法典》第152条第2款关于“当事人自民事法律行为发生之日起五年内没有行使撤销权的，撤销权消灭的”规定，超过5年，不得再主张撤销该婚姻关系。

（四）可撤销婚姻的法定事由可否进一步扩大

按照《民法典》的规定，我国的可撤销婚姻的法定事由仅为胁迫和重大疾病未告知。对此，是否可以进一步扩大理解为包括诸如违反婚姻自由原则的当事人一方无表意能力、因认识错误而意思表示不真实、虚假结婚等，这些事项是否可以作为可撤销婚姻的法定事由，值得特别研究。

对此，有两种不同的意见：一种意见认为，婚姻撤销的原因仅为胁迫，其他原因不能作为撤销婚姻的事由①；另一种意见认为，可撤销婚姻制度的主要价值在于保护婚姻当事人的结婚自由权，因受胁迫属于非自愿的结婚，它与其他形式的非自愿结婚都欠缺结婚合意这一法定要件，因此有扩大解释的必要，将婚姻关系当事人无表意能力、因同一性认识错误或人身性质认识错误而结婚、虚假结婚等，也规定为婚姻撤销的事由。②

对这些问题，在编纂《民法典》中没有详细讨论，应当在理论研究和社会实践中进一步探讨，总结经验，在适当的时机再提出立法建议。

四、违法婚姻的形成权及其行使

（一）违法婚姻的形成权与权利人

1. 违法婚姻的形成权的属性

救济无效婚姻和可撤销婚姻的法定方法，是赋予权利人以申请确认婚姻无效或者撤销婚姻的形成权，权利人可以行使这个权利，变更现存的法律关系。从这个意义上说，无效婚姻、可撤销婚姻的形成权，就是主张现存的违法婚姻关系归于无效的权利。

① 杨大文主编. 婚姻家庭法. 北京：中国人民大学出版社，2001：122-123.

② 王洪. 婚姻家庭法. 北京：法律出版社，2003：93-94.

在学说上，有学者将这种权利称为请求权。[①] 这其实是一种误解，因为请求权是请求相对的当事人为一定行为或者不为一定行为的权利，而违法婚姻的撤销权是请求法院确认婚姻无效或者被撤销，这种权利正是民法权利体系中的形成权，其请求的并不是对方当事人为一定行为或者不为一定行为，而是请求法院撤销或者宣告某种法律关系无效，恰好符合形成权的基本特点。因此，只有将违法婚姻撤销权的性质界定为形成权，才可以在诉讼法理论方面，将其叫作诉讼请求。诉讼请求的目的则是形成权的行使。这是民事诉讼理论中的请求权学说使然。

2. 违法婚姻的形成权的权利人

违法婚姻的形成权的权利人，是可以主张婚姻无效或者主张撤销婚姻的权利人，该权利人享有确认婚姻无效或者撤销婚姻的形成权。

在国外，立法根据主张婚姻无效的不同原因，规定不同类型的有权提起无效婚姻之诉的权利人。《德国婚姻法》第 24 条规定：在涉及婚姻无效的案件中，宣告婚姻无效的诉讼可以由公诉人或配偶任何一方提出；在因重婚而提起的诉讼中，也可以由前婚的配偶提出。如果婚姻关系已经解除，则只有检察官作为公诉人可以提起宣告婚姻无效的诉讼。《瑞士民法典》规定可提起诉讼的权利人有：州的主管官厅、利害关系人及利害关系人原籍或住所所在地的乡镇。

根据我国的实际情况，《婚姻家庭编解释一》第 9 条、第 18 条作出了明确规定。

（1）无效婚姻的形成权的权利人。

无效婚姻的形成权的权利人，是婚姻当事人或者利害关系人，具体可分为四种。

其一，以重婚为由申请宣告婚姻无效的，利害关系人是当事人的近亲属和基层组织。基层组织是当事人的所在单位、居民委员会、村民委员会、妇联等社会团体及户籍管理机关。

---

① 杨大文主编．婚姻家庭法．北京：中国人民大学出版社，2012：99.

其二，以未到法定婚龄为由申请宣告婚姻无效的，为未到法定婚龄者的近亲属。

其三，以有禁止结婚的亲属身份关系为由申请宣告婚姻无效的，为未到达法定婚龄者的近亲属，对方近亲属没有这个权利。

其四，以有禁止结婚的亲属关系为由申请宣告婚姻无效的，为当事人的近亲属，双方当事人的近亲属都是权利人。

(2) 撤销婚姻的形成权的权利人。

法律只赋予婚姻当事人撤销婚姻形成权，其他人不享有该项形成权。《婚姻家庭编解释一》第 18 条第 2 款规定："因受胁迫而主张撤销婚姻的，只能是受胁迫一方婚姻关系当事人本人。"有重大疾病未告知的婚姻撤销形成权，按照《民法典》第 1053 条规定，权利人是"另一方"当事人。这是因为，婚姻关系因受胁迫或者有重大疾病未告知而缔结，违反的是当事人的真实合意。是否将这个婚姻关系继续下去，应当由受胁迫或者未被告知的一方婚姻当事人决定，其他人无权行使这一权利。

(二) 违法婚姻的形成权的行使

确认婚姻无效或者撤销婚姻的形成权，都须由权利人自己行使。权利人可以委托代理人，但是权利人必须是本人。

确认婚姻无效的形成权的行使没有时限的限制，任何时候都可以就婚姻无效提出确认的主张。对撤销婚姻的形成权的行使，《民法典》规定的时限是 1 年，具体的计算方法已有前述。超出上述期限提出撤销婚姻主张的，法院不予支持。

(三) 行使违法婚姻的形成权的程序

1. 撤销无效婚姻的程序

无效婚姻本质上为法律所否定的违法两性结合，应当然地自始无效。形成权人行使这一权利，主张确认婚姻无效的，依照《婚姻家庭编解释一》第 10 条至第 17 条的规定，具体程序是：

婚姻当事人或者利害关系人主张宣告婚姻无效，可以向法院提出诉讼主张，由法院依法判决婚姻关系是否有效，或者是否予以撤销。

当事人依据《民法典》第1051条的规定，向法院请求确认婚姻无效，法定的无效婚姻情形在提起诉讼时已经消失的，法院不予支持。

法院受理请求确认婚姻无效的案件后，如果原告申请撤诉，则不予准许，因为这涉及强行法的适用问题。同时，对婚姻效力的审理，不适用调解程序调解，法院应当依法作出判决。不过，确认婚姻关系无效，涉及财产分割和子女抚养的，这些部分可以进行调解。达成调解协议的，另行制作调解书；未达成调解协议的，应当一并作出判决。

法院受理离婚案件后，经审理确属无效婚姻的，应当将婚姻无效的情形告知当事人，并依法作出确认婚姻无效的判决。

法院就同一婚姻关系分别受理了离婚和请求确认婚姻无效案件的，对离婚案件的审理，应当待请求确认婚姻无效案件作出判决后进行。如果已经确认婚姻无效，当然就不存在离婚的问题了。不能确认婚姻无效的，进行离婚案件的审理。

夫妻一方或者双方死亡后，生存一方或者利害关系人依据《民法典》第1051条的规定，请求确认婚姻无效的，法院应当受理。如果是利害关系人依据《民法典》第1051条的规定，请求法院确认婚姻无效的，利害关系人为原告，婚姻关系当事人双方为被告；如果夫妻一方死亡，生存一方为被告。

法院审理重婚导致的无效婚姻案件时，涉及财产处理的，应当准许合法婚姻当事人作为有独立请求权的第三人参加诉讼，相当于原告的地位，以无效婚姻的当事人为被告。

当事人以《民法典》第1051条规定的三种无效婚姻以外的情形，请求法院确认婚姻无效的，法院应当判决驳回当事人的诉讼请求。

《婚姻家庭编解释一》第17条第2款规定，当事人以结婚登记程序存在瑕疵为由提起民事诉讼，主张撤销结婚登记的，告知其可以依法申请行政复议或者提起行政诉讼。这是指《婚姻登记管理条例》第25条和第28条规定的两种情况，可以申请行政机关宣告婚姻无效：

一是申请结婚登记的当事人弄虚作假、骗取婚姻登记的，婚姻登记机关应当撤销婚姻登记，对结婚、复婚的当事人宣布其婚姻关系无效并收回结婚证。

二是婚姻登记管理人员违反法律规定对不符合结婚登记条件的当事人予以结婚登记的，婚姻登记机关对处理时仍不符合结婚登记条件的当事人，撤销婚姻登记，收回结婚证书。

这样的做法，是将婚姻登记作为具体行政行为对待。事实上，尽管婚姻登记由民政管理部门负责，但婚姻登记并不是具体行政行为，而是对双方当事人婚姻合意的确认行为。最高人民法院这样认定婚姻登记行为的性质，有失偏颇。①

2. 撤销可撤销婚姻的程序

对于行使撤销权请求撤销可撤销婚姻关系的诉讼程序，《民法典》没有特别规定，最高人民法院也没有作出具体的司法解释。撤销权一方行使权利，向法院提起诉讼的，对方当事人为被告。法院确认撤销婚姻的法定事由成立的，判决予以撤销即可。

五、婚姻被确认无效和被撤销的法律后果

（一）一般的法律后果

对婚姻无效和被撤销的法律后果，《民法典》第 1054 条第 1 款规定："无效的或者被撤销的婚姻自始没有法律约束力，当事人不具有夫妻的权利和义务。同居期间所得的财产，由当事人协议处理；协议不成的，由人民法院根据照顾无过错方的原则判决。对重婚导致的无效婚姻的财产处理，不得侵害合法婚姻当事人的财产权益。当事人所生的子女，适用本法关于父母子女的规定。"

婚姻被确认无效或者被撤销，其直接的法律后果是当事人间的违法婚姻关系溯及既往地消灭。确认婚姻无效与从来没有婚姻的逻辑相同，法庭对无效婚姻和可撤销婚姻所作的无效宣告，至少从表面看，其效力可追溯至婚姻关系成立之时。② 由此派生的法律后果：一是对当事人的法律后果，违法婚姻关系消灭之

---

① 杨立新. 最高人民法院《关于适用〈婚姻法〉若干问题的解释（三）》解读. 东南学术，2012（1）.

② ［美］哈里·D. 格劳斯，大卫·D. 梅耶. 美国家庭法精要. 陈苇，等译. 北京：中国政法大学出版社，2010：181.

后，在当事人之间有可能产生其他权利义务关系；二是对子女的法律后果，涉及父母婚姻被宣告无效或者被撤销后，子女的法律地位及扶养问题；三是财产上的法律后果，应当对双方当事人同居期间的财产进行分割。

（二）具体的法律后果

1. 对当事人的法律后果

婚姻无效和婚姻被撤销，对当事人的法律后果是婚姻关系自始没有法律约束力。无效或者被撤销的婚姻在依法被宣告或者被撤销时，才确定该婚姻自始不受法律保护，所以，婚姻无效或者被撤销的效力溯及既往，从婚姻关系开始时就不具有婚姻的效力，当事人不具有夫妻的权利义务，相互不享有配偶权，并且自始不享有配偶权。

具体理解婚姻无效或者被撤销后的自始没有法律约束力，应当按照《婚姻家庭编解释一》第20条的规定："民法典第一千零五十四条所规定的'自始没有法律约束力'，是指无效婚姻或者可撤销婚姻在依法被确认无效或者被撤销时，才确定该婚姻自始不受法律保护。"也就是判决在发生法律效力后，溯及至婚姻关系开始之时。同时按照该司法解释第21条的规定，法院根据当事人的请求，依法确认婚姻无效或者撤销婚姻的，应当收缴双方的结婚证书并将生效的判决书寄送当地婚姻登记管理机关。

2. 对子女的法律后果

婚姻无效或者被撤销，其婚姻关系为自始无效，而对无效婚姻关系或者可撤销婚姻关系中父母所生育的子女不认为是非婚生子女。为了保护子女利益，法律应当规定子女的婚生地位并不因父母婚姻被宣告无效或者被撤销而改变。

这就是《民法典》第1054条关于"当事人所生的子女，适用本法关于父母子女的规定"的含义。可以参考的立法例如，《瑞士民法典》第33条规定："婚姻被宣告无效，即使双方当事人均为恶意，丈夫仍被视为婚生子女的父亲。在上述情况下，子女与父母的各项准用离婚的有关规定。"《墨西哥民法典》第255条和第256条规定："本着诚意缔结的婚姻，虽被宣告为无效，但在该项婚姻存在期间，始终产生有利于配偶双方的一切民事效力；同时，始终产生有利于子女的

一切民事效力。”“如果配偶中只有一方是本着诚意的，则该项婚姻只对该配偶及子女发生民事效力。如果配偶双方都是居心不良的，则该项婚姻只对他们的子女发生民事效力。”

在婚姻被确认无效或者被撤销后，当事人必须妥善处理子女的抚养和教育问题；当事人不能就子女的抚养和教育达成协议的，由法院依法判决。

3. 对财产的法律后果

《民法典》第 1054 条重视对同居期间双方所得财产的处理问题，规定的原则是：由当事人协议处理，协议不成的，由法院根据照顾无过错方的原则判决。无效婚姻关系和已经被撤销的婚姻关系不具有婚姻的法律效力，因而不能适用夫妻财产制的有关规定。同居期间所得的财产，由当事人协议处理，协议不成时，由法院根据照顾无过错方的原则判决，无过错方可以适当多分财产。

对双方当事人同居期间的财产处理，《婚姻家庭编解释一》第 22 条规定：“被确认无效或者被撤销的婚姻，当事人同居期间所得的财产，除有证据证明为当事人一方所有的以外，按共同共有处理。”这一规定确定的原则是：首先，有证据证明为一方所有的个人财产的，认定为个人财产，予以保护；其次，当事人不能证明为一方所有的财产的，其实就形成了共同共有，应当按照共同共有的一般规则进行分割。应当注意的是，同居期间共同共有的财产的分割，不能适用离婚后夫妻共同财产的处理规则，应当适用《民法典》物权编关于共同共有的分割规则处理，以区别有婚姻关系和没有婚姻关系的共同共有。本书认为，对当事人不能证明为一方所有的财产，即使形成共有，也应当将之认定为按份共有，能够确定份额的，按照确定的份额分割按份共有财产，不能确定份额的，按照各半的规则进行分割。这不仅是实事求是，还有利于与离婚的分割财产规则相区别。

对重婚导致的无效婚姻的财产处理，应当保护好合法婚姻关系当事人的权益，妥善处理，不得侵害合法婚姻当事人的财产权益，也就是对重婚关系中的合法婚姻关系的当事人的财产权益，应当特别加以保护。

第五节　婚姻缔结之际的损害赔偿责任

一、婚姻缔结之际损害赔偿责任的定义与立法原因

《民法典》第 1054 条第 2 款首次规定了婚姻被确认无效或者被撤销的损害赔偿责任，即“婚姻无效或者被撤销，无过错方有权请求损害赔偿”。这是在《婚姻法》第 12 条的基础上新增加的规则，规范的是婚姻关系缔结之际的损害赔偿。对这一新的损害赔偿责任应当怎样理解和适用，以及这一规定与《民法典》第 157 条规定的民事法律行为无效、被撤销或者不发生法律效力的损害赔偿，《民法典》第 1091 条规定的离婚过错损害赔偿，分别是何种关系，都特别值得研究。

（一）正名与定义

1. 正名

《民法典》第 1054 条规定的婚姻无效或者被撤销的损害赔偿责任，是婚姻家庭领域中的新规则，首先面临的是正名问题。究竟是按照《民法典》的规定，直接将其称为婚姻无效或者被撤销的损害赔偿责任，还是使用其他称谓，需要斟酌。

有的学者将其称为无效婚姻损害赔偿立法，将婚姻关系被撤销概括在其中。[①] 这不完全妥当。立法机关工作人员撰写的《中华人民共和国民法典婚姻家庭编释义》没有对其命名，直呼婚姻无效或者被撤销的损害赔偿。[②] 我国台湾地区民法理论主流观点将这种损害赔偿也称为婚姻无效或者撤销之损害赔偿。本书认为，将其称为婚姻无效或者被撤销的损害赔偿责任尽管没有错误，但是概念过

① 吕春娟. 无效婚姻损害赔偿制度构建初探：以民法典中为契机. 陕西理工大学学报（社会科学版），2019（3）.

② 黄薇主编. 中华人民共和国民法典婚姻家庭编释义. 北京：法律出版社，2020：54.

于冗长，缺少学术特点。

对婚姻无效或者被撤销的损害赔偿责任，应当称为婚姻关系缔结之际的损害赔偿责任，或者简称婚姻缔结之际损害赔偿。无论是婚姻无效还是婚姻关系被撤销，都发生在婚姻关系缔结过程中，因不符合法律规定或者违反当事人的意志，而被宣告无效或者被撤销的，该婚姻关系视为自始不存在，双方当事人不曾产生配偶之间的权利义务关系。对此，称为“婚姻关系缔结之际”或者“婚姻缔结之际”，都是准确的。由于对无过错方的救济方法是损害赔偿，对方承担责任须有过错，将这种损害赔偿关系称为“婚姻缔结之际损害赔偿”或者“婚姻关系缔结之际的损害赔偿责任”，都是既准确、又简洁的民法概念。

将这种损害赔偿称为婚姻缔结之际损害赔偿，与缔约过失责任的称谓有些相似，因为缔约过失责任也被称为缔约之际的损害赔偿责任。[①] 由于这两个概念分别是亲属法概念和合同法概念，性质并不相同，因而不会因这一称谓而发生概念混淆。

2. 定义

由于婚姻缔结之际损害赔偿是《民法典》新规定的，尚无准确的学术定义，在正名之后应当对其定义。

婚姻缔结之际损害赔偿，是指缔结婚姻关系的当事人在缔结婚姻关系之际，由于存在法律规定的无效或者可撤销事由，在经法院确认婚姻无效或者被撤销后，有过错一方应当对无过错一方承担的损害赔偿责任。

婚姻缔结之际损害赔偿责任的法律特征是：

（1）婚姻缔结之际损害赔偿发生在当事人缔结婚姻关系期间。

当事人缔结婚姻关系，并非实际存在一个明显的期间，因为双方当事人经过结婚合意，在婚姻登记机构进行了登记，即发生婚姻关系的效力，不存在期间的问题，只与期日相关。不过，在当事人经过婚姻登记缔结了婚姻关系之后，由于存在婚姻无效或者可撤销的法定情形，因而存在结婚登记之日到婚姻关系被宣告无效或者被撤销之间的期间。由于无效婚姻关系和被撤销的婚姻关

① 杨代雄. 法律行为论. 北京：北京大学出版社，2021：440. 王泽鉴. 民法学说与判例研究. 北京：北京大学出版社，2015：435.

系自始不发生婚姻的法律约束力，当事人不发生配偶之间的权利义务关系，因而在此期间发生的婚姻无效或者被撤销的损害赔偿，就是在婚姻关系缔结之际发生的法律后果。

（2）婚姻缔结之际损害赔偿的当事人在事实上曾经存在过婚姻关系。

缔结婚姻关系的双方当事人经过合意，进行了登记，曾经取得过配偶的身份，发生过配偶之间的权利义务关系，在事实上曾经以夫妻的身份共同生活。因此，双方之间的婚姻关系被宣告无效或者被撤销后，虽然法律不承认他们之间具有婚姻关系，但是，由于存在过事实上的共同生活关系，因此会发生相应的婚姻无效或者被撤销的法律后果。

（3）双方当事人已经成为无婚姻关系的自然人。

婚姻缔结之际损害赔偿的当事人，由于相互之间的婚姻关系已经被法院宣告无效或者被撤销，因而成为无婚姻状态的自然人。婚姻关系被宣告无效，须有《民法典》第1051条规定的重婚、有禁止结婚的亲属关系或者未到法定婚龄的事由之一。婚姻关系被撤销，须依照第1052条和第1053条的规定，不仅要有胁迫或者隐瞒重大疾病的法定事由，还须对方当事人向法院提出撤销婚姻关系的请求，由法院判断是否具备婚姻关系可撤销的要件。具备法律规定的要件，法院判决婚姻关系无效或者予以撤销后，双方成为无婚姻关系的自然人，才能发生缔结婚姻之际损害赔偿责任。

（4）无过错一方当事人享有损害赔偿请求权。

在双方当事人已经登记的婚姻关系被法院宣告无效或者撤销后，有过错的一方当事人的过错行为造成了对方当事人的损害，无过错一方当事人产生损害赔偿请求权，其主张过错方当事人承担损害赔偿责任的，应当认定过错方承担婚姻缔结之际损害赔偿责任。此规定的目的是保护无效婚姻或者被撤销婚姻中无过错方的权益。无过错方的损害赔偿请求权是以确认导致婚姻无效或者被撤销的一方有过错为前提的，通过追究过错方的法律责任，保护无过错一方的合法权益，可以达到明辨是非、伸张正义、惩罚过错方、救济无过错方的目的，实现法律的实质正义。①

---

① 夏吟兰. 婚姻家庭编的创新和发展. 中国法学，2020（4）.

（二）确立婚姻缔结之际损害赔偿责任的立法目的

于 1950 年和 1980 年颁行的《婚姻法》都没有规定无效婚姻和可撤销婚姻制度。2001 年修正《婚姻法》，第 12 条规定了无效或被撤销的婚姻自始无效制度。2001 年，《最高人民法院的司法解释》，也没有对婚姻无效或者被撤销的损害赔偿作出解释。

多年来，学界一直呼吁建立婚姻被确认无效和婚姻被撤销后的损害赔偿制度，原因是，《民法通则》第 61 条第 1 款规定："民事行为被确认为无效或者被撤销后，当事人因该行为取得的财产，应当返还给受损失的一方。有过错的一方应当赔偿对方因此所受的损失，双方都有过错的，应当各自承担相应的责任。"婚姻行为也是民事法律行为，为什么婚姻无效或者被撤销后，无过错方因此受到损失却不能向过错方请求损害赔偿呢?

所以，梁慧星主编的《民法典草案建议稿》第 1672 条建议规定："因结婚无效或者婚姻被撤销而受到损害的无过错一方，有权向有过错方请求损害赔偿。"[①] 徐国栋主编的《绿色民法典（草案）》第 47 条建议规定："当事人因婚姻无效或者被撤销受到损害的，无过错一方有权向有过错他方请求损害赔偿。赔偿费至少应包括维持原告三年现有生活水平的费用。""在前款规定情形的，受害人还可以请求赔偿精神损害，但对于此等损害的请求权不得让与或继承。"[②] 有学者特别强调，我国法律既无对无效婚姻中诚信方的保护，也无对无过失方的保护，这是必须填补的法律漏洞。[③] 赋予受害一方向另一方提出民事赔偿的权利，可以尽量弥补受害一方所遭受的精神损害和人身伤害，体现法律的公平公正原则[④]，契合婚姻自由原则，有助于保障人格尊严，契合公平正义理念，可以与离婚过错损害赔偿制度互为补充、相得益彰。[⑤] 对此，《菲律宾民法》第 91 条、《泰王国民商法

---

① 梁慧星主编．中国民法典草案建议稿．北京：法律出版社，2003：335.

② 徐国栋主编．绿色民法典草案．北京：社会科学文献出版社，2004：190.

③ 徐国栋．无效与可撤销婚姻中诚信当事人的保护．中国法学，2013（5）

④ 王小英．试论我国无效婚姻立法的缺陷及完善．法学杂志，2012（5）.

⑤ 吕春娟．无效婚姻损害赔偿制度构建初探：以民法典编纂为契机．陕西理工大学学报（社会科学版），2019（3）.

典》第1499条、《日本民法典》第748条等，都规定了婚姻缔结之际损害赔偿责任。1930年《民国民法》第999条也对此作了规定。

在《民法典》编纂过程中，婚姻家庭编（草案）一审稿第831条没有规定婚姻无效或者被撤销的损害赔偿，二审稿只对该条文的文字作了修改，也没有规定婚姻无效或者被撤销的损害赔偿。2019年12月全国人大常委会审议的《民法典（草案）》增加了第1054条第2款，规定了“婚姻无效或者被撤销的无过错方有权请求损害赔偿”的内容，补充规定了婚姻缔结之际损害赔偿责任。最终，《民法典》第1054条第2款规定：“婚姻无效或者被撤销的，无过错方有权请求损害赔偿。”这确立了我国的婚姻缔结之际损害赔偿责任。

关于婚姻缔结之际损害赔偿责任的立法目的，立法机关的意见是，有的专家、学者和社会公众提出，无效婚姻和可撤销婚姻给无过错的当事人带来极大伤害，仅规定根据照顾无过错方的原则分配财产是远远不够的。受到伤害就应有权请求赔偿，伤害他人就得承担赔偿责任。婚姻无效和被撤销的，还应当赋予无过错方请求损害赔偿的权利，以保护无过错方的权益。境外也有这方面的立法例。经研究（立法）采纳了这一意见。[①]

归纳起来，《民法典》建立婚姻缔结之际损害赔偿责任的目的，是保护婚姻无效或者被撤销中无过错一方当事人的合法权益。在婚姻关系被宣告无效或者被撤销中，多数存在当事人一方有过错而另一方无过错的情形，有的是双方都有过错。当一方有过错另一方无过错时，无过错一方当事人的权益受到损害，比较常见。因此，不仅要从根本上否定违法婚姻的法律效力，还要通过损害赔偿责任的方式，利用经济手段惩罚过错行为人，最终达到保护无过错方权益的立法目的。虽然婚姻具有无效和被撤销的事由，但是，对无过错一方当事人而言，在婚姻未被人民法院宣告无效或确认撤销之前，其已为婚姻投入了精力和金钱，而婚姻关系却因另一方当事人的过错被宣告无效或者被撤销，无过错一方无论在精神上还是经济上遭受了损害。例如，一方隐瞒重大病情，婚姻关系被撤销后，无过错一方会受到财产上和精神上的损害，对其进行赔偿就是最好的保护方法。依据公平

① 黄薇主编．中华人民共和国民法典婚姻家庭编释义．北京：法律出版社，2020：54.

原则，法律应当赋予无过错方当事人向过错方当事人请求损害赔偿的权利。①

二、婚姻缔结之际损害赔偿责任的性质、归责原则、构成要件和举证责任

《民法典》首次规定婚姻无效或者被撤销的婚姻缔结之际损害赔偿，对其在实践中应当如何适用，应当深入研究。在讨论这个问题时，有的观点认为这里的损害赔偿，仅限于因为一方的过错如一方的重婚行为、一方的胁迫行为、故意隐瞒重大疾病等，婚姻无效或者被撤销的情形。在理解和适用此规定时，应当特别注意以下几点：第一，赔偿请求权主体只能是无过错方；第二，赔偿责任的承担者仅限于导致婚姻无效或者被撤销的过错方；第三，赔偿的范围包括财产损失和精神损害赔偿。例如，在有限制人身自由、暴力侵害身体健康的情形时，赔偿应包括身体受到伤害而产生的医疗费、误工费、交通费、营养费、残疾补偿金、残疾者生活补助费等以及精神损害赔偿。② 这些意见大体正确，只是还需要进行更深入的理论研究和整理。本书对此就以下问题提出见解。

（一）婚姻缔结之际损害赔偿的性质

婚姻缔结之际损害赔偿的前提要件，是婚姻关系被宣告无效或者被撤销。缔结婚姻关系的行为是民事法律行为，受到《民法典》总则编关于民事法律行为及其效力规则的约束。《民法典》第 464 条第 2 款规定：“婚姻、收养、监护等有关身份关系的协议，适用有关该身份关系的法律规定；没有规定的，可以根据其性质参照适用本编规定。”按照这样的规定，婚姻无效或者被撤销就是缔结婚姻关系的民事法律行为无效或者被撤销，因此，有学者认为，婚姻无效或者被撤销的损害赔偿性质就是结婚中的缔约过失责任，结婚中的缔约过失责任作为违反先协议义务的法律后果，在《民法典》第 157 条和第 1054 条第 2 款所规定的无效和

---

① 最高人民法院民法典贯彻实施工作领导小组主编. 中华人民共和国民法典婚姻家庭编继承编理解与适用. 北京：人民法院出版社，2020：107.

② 薛宁兰，谢鸿飞主编. 民法典评注·婚姻家庭编. 北京：中国法制出版社，2020：101.

可撤销情形之外，于婚姻不成立情形中也有适用空间。[①]

不过，婚姻关系缔结行为并不是普通的民事法律行为，而是身份法律行为，与普通的民事法律行为有诸多不同。但最起码的是，婚姻关系缔结行为不是缔结合同行为，更不是交易行为或者财产关系变动行为，是缔结身份关系中配偶关系的身份法律行为。因而在缔结身份关系中的婚姻缔结之际的损害赔偿，不是因为一般的民事法律行为无效或者被撤销，而是因为当事人之间身份地位和权利义务关系的无效或者被撤销。所以，婚姻缔结之际损害赔偿责任的性质，虽然也属于《民法典》第157条规定的民事法律行为无效或者被撤销的损害赔偿责任，但是，考虑婚姻关系缔结的身份法律行为的特殊性，将其简单地认定为民事法律行为无效或者被撤销不妥，因为缔结婚姻关系的身份法律行为属于《民法典》第464条第2款规定的根据其性质不能参照适用合同编规定的行为。

界定婚姻缔结之际损害赔偿的性质，更稳妥的方法是将其认定为侵权损害赔偿之债，即婚姻缔结之际损害赔偿责任是侵权责任，而不是缔约过失责任，因为婚姻无效与被撤销的损害赔偿责任的基础，是过错方的侵权行为。[②]

婚姻缔结之际损害赔偿责任与缔约过失责任的主要方面相似，都是在民事法律行为缔结时因为法定情形的存在，当事人想要缔结的法律关系没有成立或者被宣告无效或者被撤销，因而过错方要承担损害赔偿责任。对缔约过失责任，虽然德国法和法国法都认可该损害赔偿为债的性质，但是认定的性质并不相同：德国法认定其为合同责任，法国法却认定其为侵权责任。德国法认为合同的缔结行为虽然没有成立合同关系，但是属于广义的合同，因此，缔约过失为合同责任。法国法认定缔约过失损害赔偿责任为侵权责任的理由，是缔结合同的行为而不是合同行为，是在合同关系之外发生的损害，因而不能认定为合同责任，只能以《法国民法典》第1382条规定的侵权责任界定其性质。

不过，即使以侵权责任界定婚姻缔结之际损害赔偿的性质，也不能否认其婚姻身份行为无效或者被撤销的损害赔偿的属性，其实际上是两种损害赔偿责任的竞

① 刘征峰．结婚中的缔约过失责任．政法论坛，2021（3）．

② 任凤莲．我国婚姻无效与撤销损害赔偿制度探析．西南政法大学学报，2004（3）．

合，只是选择侵权责任的性质更符合婚姻缔结之际损害赔偿责任的特征，理由有三点。

第一，借鉴德国法和法国法界定缔约过失责任属性的不同思路。虽然婚姻缔结之际损害赔偿责任也是民事法律行为无效或者被撤销的损害赔偿，但是，将其比附于缔约过失责任不妥，与一般的民事法律行为无效或者被撤销也有不同。将婚姻缔结之际损害赔偿界定为侵权责任更具有优势。

第二，将婚姻缔结之际损害赔偿责任界定为侵权责任，因为其有明确的侵害客体。婚姻缔结之际损害赔偿责任的侵权客体是婚姻自主权。虽然婚姻自主权被《民法典》第110条规定为人格权之后，在人格权编中没有踪迹，但是，婚姻自主权是指自然人享有的结婚、离婚自由不受他人干涉的权利[①]，其性质是人格权，这是肯定的。[②]

第三，在缔结婚姻关系的身份法律行为中，由于一方的过错行为，该婚姻缔结行为无效或者被撤销，而另一方在主观上不存在过错，过错方当事人的过错行为侵害了无过错方的婚姻自主权，符合《民法典》关于侵权责任一般条款即第1165条的规定。在重婚、违反禁婚亲、违反法定婚龄导致的婚姻无效中，可能双方都有过错，也有可能只有一方有过错、另一方没有过错；在胁迫、隐瞒重大疾病的欺诈行为导致的婚姻关系被撤销中，基本上都是一方有过错而另一方无过错。此时发生的婚姻缔结之际损害赔偿，须存在违法行为、损害事实、因果关系和过错要件，方构成侵权责任。

综上，将婚姻缔结之际损害赔偿的性质界定为侵权请求权，更具有优越性，更有利于保护无过错方当事人的合法权益，符合立法目的要求。双方当事人缔结婚姻关系的行为，属于缔结身份关系的身份法律行为，但是，由于身份法律行为涉及当事人的身份利益问题，因而身份法律行为的实施与一般民事法律行为有所不同。例如，在缔结合同之际，一方过错致使合同无效或者被撤销，应当适用缔约过失责任的规定，属于合同责任。由于婚姻缔结行为是身份行为，在这里不能

① 李适时主编．中华人民共和国民法总则释义．北京：法律出版社，2017：342.

② 张鸣起主编．民法总则专题讲义．北京：法律出版社，2019：329.

适用合同责任规则，以侵权责任的属性界定就更为准确。婚姻缔结之际损害赔偿请求权是侵权损害赔偿请求权，其责任就是侵权责任。

（二）婚姻缔结之际损害赔偿责任的归责原则

对婚姻缔结之际损害赔偿责任的归责原则，《民法典》第 1054 条规定得很清楚，即过错责任。

认定一般侵权损害赔偿责任，应当适用《民法典》第 1165 条，由于婚姻缔结之际损害赔偿责任在第 1054 条有特别规定，按照特别法优于基本法的法律适用规则，应当直接适用第 1054 条，不必适用第 1165 条。

应当看到的是，在婚姻缔结之际损害赔偿中，适用过错责任原则的要求更严格，原因是，在婚姻关系缔结之际，有过错的一方通常具有故意，例如故意隐瞒已婚事实、故意隐瞒不达法定婚龄的事实、故意胁迫、故意欺诈，即使表现为过失的也多为重大过失。对有过错方的要求是，有过错就有责任，即使只有一般过失，也符合过错责任原则的要求，无过错才无责任。另一方当事人即受损害方则须无过错，不仅不能有故意，还不能有过失，因为主张婚姻缔结之际损害赔偿的一方当事人一旦有过失，就失去了产生损害赔偿请求权的事实和法律基础，只有在自己毫无过错的情形下，才能产生婚姻缔结之际损害赔偿请求权。

因此，婚姻缔结之际损害赔偿责任的构成，由于适用严格的过错责任原则，不仅不存在适用过错推定或者无过错责任原则的可能，也不存在适用过失相抵规则的可能。

（三）婚姻缔结之际损害赔偿的构成要件

1. 一方须有缔结婚姻关系的违法行为

对于确认婚姻无效损害赔偿责任构成的违法行为要件，可以借鉴《菲律宾民法典》第 91 条关于“婚姻被依法判决无效或者被宣告自始无效的，在下列情形下，判予损害赔偿：1. 以诈欺、暴力或胁迫取得一方婚姻缔结人的同意的；2. 在结婚时任一方婚姻缔结人身体上不能进入已婚状态，而他方婚姻缔结人不知道该事实的；3. 婚姻仪式主持人未得到举行婚姻的法律授权，而另一方婚姻缔结人知悉该事实，却向他方婚姻缔结人隐瞒了的；4. 举行了重婚或多配偶婚姻，而无资

格的婚姻缔结人向原告隐瞒了该障碍的；5. 在乱伦婚姻或继兄弟与继姐妹之间的婚姻或第 82 条禁止的其他婚姻中，虽仅一方婚姻缔结人知悉亲属关系，但他却未向他方婚姻缔结人披露的；6. 一方婚姻缔结人精神不健全而他方婚姻缔结人在结婚时知悉本事实的”[①] 规定。在我国，依照《民法典》第 1051 条至第 1053 条的规定，一方当事人实施的缔结婚姻关系违法行为包括五种。

（1）一方隐瞒已婚事实，使对方相信双方符合结婚的法定条件。重婚行为，可能是一方重婚，也可能是双方重婚。在一方重婚中，一方对另一方已婚的事实可能知情，也可能不知情，即重婚方故意隐瞒已婚事实，对方对此不知情。后者即构成婚姻缔结之际损害赔偿的违法行为。

（2）一方隐瞒与对方存在禁婚亲的事实，使对方相信双方结婚不违反禁婚亲规定。一方隐瞒禁婚亲的事实，如果对方对此知情，虽然也为无效婚姻，但因双方都有过错而无法产生损害赔偿请求权。

（3）一方隐瞒未达法定婚龄或者谎称自己已达法定婚龄，使对方相信结婚不违反法定婚龄的要件。一方未达法定婚龄而结婚，另一方不知情者，构成婚姻缔结之际损害赔偿的违法行为；如果一方未达法定婚龄，对方知情，或者对方也未达法定婚龄者，不构成婚姻缔结之际损害赔偿的违法行为要件。

（4）一方对另一方实施胁迫行为，迫使对方与自己结婚。胁迫结婚行为是故意的违法行为，违反了另一方当事人结婚的意志，违反婚姻自由原则，构成婚姻缔结之际损害赔偿责任的违法行为要件。

（5）一方故意隐瞒身患重大疾病，未告知或者不如实告知对方该事实。《民法典》将一方患有重大疾病规定为可撤销婚姻，就在于尊重当事人的婚姻自由，维护其婚姻自主权。患有重大疾病的一方当事人未告知或者不如实告知，不仅侵害了对方的知情权，也侵害了其结婚的自主决定权，构成婚姻缔结之际损害赔偿责任的违法性要件。

2. 对方须有婚姻自主权受到侵害的损害事实

因婚姻缔结之际的过错当事人的违法行为侵害无过错一方的婚姻自主权，其

---

① 菲律宾民法典. 蒋军洲，译. 厦门：厦门大学出版社，2011：19－20.

受到损害，具备侵权责任的损害事实要件。造成的损害结果是：第一，财产损害事实，即因婚姻自主权人受到侵害，受欺诈或者受胁迫与之结婚造成了财产损失的客观后果；第二，人身损害事实，即因胁迫结婚而造成对方当事人身伤害的损害事实；第三，造成严重精神损害的事实，这与民事法律行为无效或者被撤销不同，在后者，不存在造成精神损害的后果，也不得请求精神损害赔偿，即使依照《民法典》第157条请求损害赔偿，也只能赔偿财产损失。婚姻缔结之际损害赔偿责任中受侵害的是人格权，精神损害是其损害事实的常态。[①]

婚姻缔结之际损害赔偿中的损害，是否也像缔约过失责任那样，是信赖利益的损害，值得研究。法律行为制度中的信赖保护，主要用于缔约过失责任，但这其实只是信赖保护的一种即消极信赖保护，保护的效果是使信赖方的利益回复至缔约之前的状态。除此之外，还存在另一种信赖保护即积极信赖保护，保护的效果是使法律行为发生约束力，或者使其效果归属于一方当事人，从而使信赖方获得预期的利益。[②] 婚姻缔结之际损害赔偿的损害，显然不是积极信赖利益的损失，而是消极信赖利益的损失，是无过错一方基于对对方当事人的信赖缔结婚姻关系，因对方当事人的过错而丧失的身份利益和财产利益。基于婚姻缔结之际损害赔偿构成要件的各种损害，都源于信赖利益的损害。

3. 一方的违法行为与另一方的损害事实之间须有因果关系

行为人的违法行为与受害人的损害事实之间，须有引起与被引起的因果关系。在判断标准上，如果证明其具有直接因果关系，应当予以认定。如果不能认定有直接因果关系，可以适用相当因果关系规则，依照通常的社会智识经验，在一般情况下该种违法行为能够引起该种损害结果，在本案中又是该种违法行为引起了该种损害结果，即该违法行为是该种损害结果的适当条件，可以确认构成因果关系要件。婚姻缔结之际损害赔偿不适用推定因果关系规则。事实上，在婚姻缔结之际损害赔偿责任构成中，只要造成了《民法典》第1051条至第1053条规

---

① 《绿色民法典草案》第三分编第47条第2款规定："有前款规定情形的，受害人还可以请求赔偿精神损害，但对此等损害的请求权不得让与或继承。"徐国栋主编.《绿色民法典草案》. 北京：社会科学文献出版社，2004：191.

② 杨代雄. 法律行为论. 北京：北京大学出版社，2021：19－20.

定的婚姻无效或者被撤销的事实，行为人一方有过错，对方没有过错的，就可以认定因果关系要件成立。

4. 实施违法行为一方须有故意或者过失

婚姻缔结之际损害赔偿适用过错责任原则，违法行为人一方须有过错方可构成侵权责任。行为人实施婚姻缔结之际损害赔偿责任的五种违法行为，通常是故意，过失亦可构成。仍如前述，在婚姻缔结之际损害赔偿责任构成中，受害人一方不得有过错，有过错即不发生侵权请求权，应与行为人共同承担婚姻无效或者被撤销的后果。正如《日本民法典》第 748 条第 3 款关于“结婚时知道有撤销原因的当事人须返还因婚姻所得的全部利益。在此情形，相对人为善意时，对其负损害赔偿责任”[①] 的规定，以及《泰王国民商法典》第 1499 条第 3 款关于“在婚姻被宣告为无效的情况下，如果只有一方当事人怀有善意则当事人可以提起诉讼，要求赔偿”的规定，相对人非善意的，不享有损害赔偿请求权。

（四）婚姻缔结之际损害赔偿责任的举证责任

婚姻缔结之际损害赔偿责任构成的举证责任，由受到侵害的一方当事人负担。受害一方应当举证证明行为人的行为具有前述四个侵权责任构成要件，即行为人在缔结婚姻关系中的行为具有违法性，受害人在婚姻缔结之际受有财产损害、人身损害或者精神损害，违法行为和损害事实之间具有因果关系，行为人一方具有故意或者过失。缺少其中任何一个要件的证明，都不能构成该种侵权责任。

值得研究的是，受害人行使损害赔偿请求权须无过错，这一事实应当由谁负担举证责任。按照举证责任的一般规则，应当是谁主张谁举证。受害人主张过错一方承担损害赔偿责任，负责举证证明四个要件存在即可；受害一方当事人的过错，应当由行为人举证证明，因为其证明了受害人一方有过错，就能免除自己的赔偿责任。但是，也有人主张，受害人应当举证证明自己对婚姻无效或者被撤销

① 日本民法典. 刘士国，牟宪魁，杨瑞贺，译. 北京：中国法制出版社，2018：185.

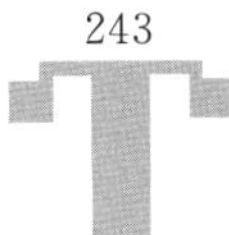

以及该损害的发生并无过错[①]，是无过错受害人。这样的说法违背举证责任的规则，受害一方既要证明行为人一方有过错，又要证明自己无过错，不仅对受害人一方的举证责任要求过高，在诉讼逻辑上也不够合理。因此，对受害一方当事人无过错的证明，应当由主张自己不承担赔偿责任的一方当事人承担，才是合理的。

三、婚姻缔结之际损害赔偿责任与其他相关责任的联系与区别

婚姻缔结之际损害赔偿责任相对于一般侵权责任，是特殊侵权责任，是发生在婚姻领域中缔结婚姻关系之际的侵权责任，因此，应当依据《民法典》第1054条规定确定责任。同时，婚姻缔结之际损害赔偿又与《民法典》第157条规定的民事法律行为无效、被撤销或者确定不发生效力的损害赔偿，以及第1091条规定的离婚过错损害赔偿存在一定的关系，须区分清楚，避免适用法律错误。

（一）婚姻缔结之际损害赔偿与民事法律行为无效等损害赔偿的关系

1. 联系

《民法典》第157条规定的民事法律行为无效、被撤销以及确定不发生法律效力的法律后果，与第1054条规定的婚姻无效或者被撤销的法律后果，基本性质是一致的，属于一般法与特别法的关系。其中的损害赔偿也同样是损害赔偿之债。

《民法典》第157条规定的民事法律行为无效、被撤销等，是民事法律行为被宣告无效、被撤销或者确定不发生法律效力后，该民事法律行为的目的不能实现，应当回复到民事法律行为成立或实施之前的状态，就如同这一行为未曾发生一样。[②] 同样，无效或者被撤销的婚姻行为的法律后果，即无效或者被撤销的婚

---

① 最高人民法院民法典贯彻实施工作领导小组. 中华人民共和国民法典婚姻家庭编继承编理解与适用. 北京：人民法院出版社，2020：107.

② 李适时主编. 中华人民共和国民法总则释义. 北京：法律出版社，2017：489.

姻，自始没有法律约束力[①]，二者后果也是一样的。

同样，民事法律行为无效、被撤销或者确定不发生法律效力，有过错的一方应当赔偿对方因此受到的损失。与此相同，婚姻无效或者被撤销，无过错方有权请求对方予以损害赔偿。这两种损害赔偿都是在民事法律关系缔结之际发生的损害赔偿，性质都是损害赔偿之债。

2. 区别

虽然婚姻关系这种身份法律关系的产生、消灭也是经过身份行为确立，但是，与其他民事法律关系的设立、变更和消灭是通过民事法律行为所为相比，两种行为的法律后果有重大区别。

首先，损害赔偿的性质不同。《民法典》第 157 条规定的民事法律行为无效、被撤销等，主要是缔约过失责任和合同无效责任，因为这些设立、变更或者消灭民事法律关系的民事法律行为主要是合意行为，其损害赔偿责任的性质是合同责任。[②] 而婚姻无效或者被撤销发生的损害赔偿，虽然其身份行为主要也是合意行为，但是，由于双方的合意目的是发生身份关系，须经国家登记认可，因此，被宣告无效或者被撤销的婚姻发生法律效果后，产生的损害赔偿责任不是合同责任，而是侵权责任，是过错一方当事人侵害了无过错的对方当事人的婚姻自主权，产生了侵权损害赔偿请求权。因此，两种责任虽然都是损害赔偿之债，但分别是合同之债和侵权之债。

其次，损害赔偿的过错要求不同。在民事法律行为无效、被撤销等情形中，对方当事人也有过失，也是可以构成损害赔偿责任。如果是“各方都有过错的，应当各自承担相应的责任”。而婚姻缔结之际损害赔偿责任的构成，限于违法行为人一方有过错，如果对方当事人也有过错，就不存在产生损害赔偿请求权的可能。

最后，损害赔偿的责任范围不同。《民法典》第 157 条规定的民事法律行为无效或者被撤销等的损害赔偿，只包括财产损害赔偿，不包括其他损害赔偿。但

---

① 黄薇主编. 中华人民共和国民法典婚姻家庭编释义. 北京：法律出版社，2020：49.

② 杨立新. 中国合同责任研究. 河南省政法管理干部学院学报，2000：1 - 2.

是，婚姻缔结之际损害赔偿责任包括财产损害赔偿、人身损害赔偿，特别是还包括精神损害赔偿，且其为主要救济手段。

正因为婚姻缔结之际损害赔偿与民事法律行为无效或者被撤销等的损害赔偿具有这样的联系与区别，所以，《民法典》第157条第二句才明确规定："法律另有规定的，依照其规定。"第1054条第2款规定就是这里所说的"法律另有规定"，应当依照特别法的规定适用法律。

（二）婚姻缔结之际损害赔偿与离婚过错损害赔偿的关系

《民法典》第1054条规定的婚姻缔结之际损害赔偿与第1091条规定的离婚过错损害赔偿比较容易区分。

1. 联系

婚姻缔结之际损害赔偿与离婚过错损害赔偿，都是保护婚姻领域中无过错一方当事人合法权益的措施，无论是在缔结婚姻之际，还是在解除婚姻关系之时，都赋予无过错一方当事人要求过错一方当事人承担损害赔偿责任的请求权。在这一点上，两种损害赔偿制度：一是立法宗旨一致；二是保护方法一致，都是用损害赔偿请求权的方法，保护无过错一方当事人的合法权益；三是救济范围都既包括财产损害赔偿，也包括人身损害赔偿和精神损害赔偿。

2. 区别

婚姻缔结之际损害赔偿和离婚过错损害赔偿这两种保护措施，虽然都是损害赔偿之债，但是适用的条件和范围完全不同。

第一，损害赔偿请求权发生的时间不同。婚姻缔结之际损害赔偿请求权的发生时间，是在婚姻关系缔结之际，即双方当事人的婚姻关系已经缔结，却因其违反法律的规定，被宣告无效或者被撤销，因而双方当事人成为没有婚姻关系的自然人，都不受配偶权的法律保护。而离婚过错损害赔偿请求权发生在婚姻关系当事人之间，因一方当事人的过错而使双方感情破裂致使双方离婚，消灭了相互之间的婚姻关系后，才发生损害赔偿请求权，是两个具有婚姻关系的当事人因解除婚姻关系发生的过错损害赔偿。因此，离婚过错损害赔偿的当事人是原来具有婚姻关系身份的人，在婚姻关系消灭之后才可以行使损害赔偿请求权。

第二，发生损害赔偿请求权的违法行为不同。引发婚姻缔结之际损害赔偿请求权的违法行为，是婚姻无效的法定事由，以及引发婚姻关系被撤销的法定事由，即重婚、有禁止结婚的亲属关系、未到法定婚龄，以及胁迫行为或者不告知或者不如实告知重大疾病的欺诈行为。引发离婚过错损害赔偿请求权的违法行为是重婚、与他人同居、实施家庭暴力、虐待遗弃家庭成员以及有其他重大过错（过失）。其中，虽然重婚是引发两种损害赔偿请求权的共同事实，但是发生的时间不同，婚姻缔结之际损害赔偿的重婚，须发生在缔结婚姻关系之前，离婚过错损害赔偿的重婚应当发生在婚姻关系存续期间。不过，对在婚姻关系缔结之后、婚姻关系被宣告无效或者被撤销之前发生的重婚，究竟应当怎样对待，值得研究。本书认为，由于婚姻无效或者被撤销不属于离婚，因而即使在此期间发生重婚，也不得适用《民法典》第 1091 条规定的离婚过错损害赔偿，只能适用第 1054 条规定的婚姻缔结之际损害赔偿。

第三，被保护的无过错方当事人的权益不同。婚姻缔结之际损害赔偿责任中，由于双方当事人之间的婚姻被宣告无效或者被撤销，双方自始没有发生婚姻关系，双方只是缔结婚姻关系的当事人，类似于合同关系的缔约人，不是合同当事人。过错方对损害赔偿请求权的行使，也不是对配偶权的保护，保护的是《民法典》第 110 条第 1 款规定的婚姻自主权。离婚过错损害赔偿请求权保护的是合法婚姻关系当事人中的无过错一方，过错方实施了法律规定的违法行为，致使夫妻之间的感情破裂，造成离婚的后果，赋予离婚后的无过错方以损害赔偿请求权，主要是保护无过错的配偶一方的配偶权，也包括其身体权和健康权以及其他身份权等，故其是因过错方侵害无过错方的配偶权等合法权益而产生的侵权损害赔偿请求权。

（三）小结

在婚姻家庭领域，关于适用损害赔偿请求权的救济方法保护当事人的权益，《民法典》只规定了婚姻缔结之际损害赔偿和离婚过错损害赔偿。这两种损害赔偿，都基于缔结婚姻关系和解除婚姻关系的身份行为而产生。婚姻缔结之际损害赔偿与《民法典》第 157 条规定的民事法律行为无效或者被撤销等相关，但是性质不同，属于特别法与一般法的关系，具有优先适用的效力。离婚过错损害赔偿也是侵权请求权，从身份法律行为上看，属于解除身份关系，性质与解除合同等消灭民事法律关系相似，但是属性完全不同，也属于特别规定，具有优先适用的效力。把这些问题研究清楚之后，适用这两种不同的损害赔偿责任规则，就不会再存在大的疑难问题。至于婚姻缔结之际损害赔偿作为特殊侵权行为，与《民法典》第 1165 条规定的一般侵权行为不同，应当适用特别法的规定，而不适用侵权行为一般条款，已如前述。

四、婚姻缔结之际损害赔偿请求权的行使及其效果

（一）婚姻缔结之际损害赔偿法律关系当事人

1. 权利人

婚姻缔结之际损害赔偿法律关系的权利人，就是损害赔偿请求权人，为缔结婚姻关系中的无过错方当事人。凡是有过错的缔结婚姻关系中的当事人，都不是该损害赔偿的请求权人，不得主张过错方承担损害赔偿责任。

2. 责任人

婚姻缔结之际损害赔偿法律关系的责任人，主要是缔结婚姻关系中有过错的一方当事人。其实施的侵害对方婚姻自主权的行为侵害了无过错的对方当事人的权益，造成损害，须承担侵权损害赔偿责任。

问题是，在婚姻缔结之际损害赔偿法律关系中，是否还有其他第三人可以作为责任人，值得探讨。这主要是发生在因受胁迫而缔结的婚姻关系中，受胁迫一方当事人请求撤销婚姻的情形。实施胁迫行为缔结婚姻关系的当事人并不只限于缔结婚姻的当事人，还有实施胁迫行为的当事人的其他近亲属等是否可以作为婚姻缔结之际损害赔偿的责任人，一般认为：虽然在讼争缔结婚姻法律关系中婚姻一方当事人的近亲属存在胁迫行为，应构成侵权行为，但是，请求宣告婚姻无效或者撤销的婚姻纠纷案件的矛盾激烈，再将其他家庭成员作为责任主体，更容易激化矛盾；而且胁迫婚姻中的其他当事人实施的胁迫行为具有从属性和协助性，

属于缔结婚姻关系过错方当事人实施的胁迫行为，因而其他当事人不适于在婚姻缔结之际损害赔偿法律关系中作为责任主体，受损害一方应当依照《民法典》总则编或者侵权责任编的有关规定，另寻救济途径解决。

本书认为，受胁迫结婚的一方当事人请求承担损害赔偿责任的主体，不应仅限于实施胁迫行为的对方当事人，对方父母和其他一起胁迫自己结婚并限制自己人身自由的人，共同侵害了当事人的合法权益，使其遭受身体和精神上的严重损害，因此，主张他们承担共同侵权行为的连带责任，并没有法律上的障碍，也不违反《民法典》第 1054 条的规定。况且被胁迫方恢复人身自由后请求撤销婚姻关系并主张损害赔偿，如果过错方自己没有赔偿能力或者能力不足，为了保障受害人的赔偿权利及时实现，将过错方及其共同实施胁迫行为的人列为共同被告，承担连带责任，对保护无过错方显然更加有利。

（二）无过错方行使婚姻缔结之际损害赔偿请求权的时机

具备婚姻缔结之际损害赔偿责任的构成要件，无过错方即享有该损害赔偿请求权。对损害赔偿请求权人何时行使该权利，有以下要求。

一是行使婚姻缔结之际损害赔偿请求权，须在依法确认婚姻关系无效或者被撤销之后。在法院没有确认婚姻关系无效或者被撤销之前，不发生该种损害赔偿请求权。

二是由于婚姻缔结之际损害赔偿请求权是侵权请求权，因而适用诉讼时效的规定，其诉讼时效期间应当为自婚姻关系被宣告无效或者被撤销之日起的 3 年内。超过诉讼时效期间，对方享有诉讼时效届满的抗辩权，可以对抗该侵权请求权。

三是在未请求婚姻无效或者未请求撤销婚姻关系之前，不得单独行使婚姻缔结之际损害赔偿请求权，因为在这时，婚姻缔结之际损害赔偿请求权还尚未产生。

四是行使婚姻缔结之际损害赔偿请求权不能与宣告婚姻关系无效或者撤销婚姻关系的请求一并进行。因为这是两种不同性质的请求权，例如，宣告婚姻关系无效不受除斥期间的约束，也不受诉讼时效期间的限制，撤销婚姻关系的请求权

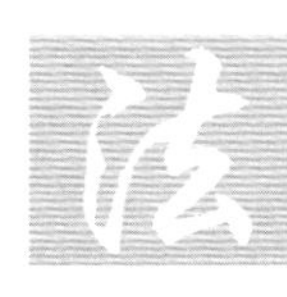

要受到除斥期间的约束，而婚姻缔结之际损害赔偿请求权的行使受诉讼时效的限制，因而，婚姻缔结之际损害赔偿请求权与请求宣告婚姻无效和请求撤销婚姻的请求权应分别行使，且有先后顺序。

（三）婚姻缔结之际损害赔偿责任的赔偿范围

《婚姻家庭编解释一》没有规定婚姻缔结之际损害赔偿责任的赔偿问题，只在第86条对离婚过错损害赔偿的赔偿范围作了规定，即："民法典第一千零九十一条规定的'损害赔偿'，包括物质损害赔偿和精神损害赔偿。涉及精神损害赔偿的，适用《最高人民法院关于确定民事侵权精神损害赔偿责任若干问题的解释》的有关规定。"可以借鉴这个解释，确定婚姻缔结之际损害赔偿责任的赔偿范围。

1. 财产损失赔偿

婚姻缔结之际损害赔偿中的财产损失赔偿，是其主要救济内容。凡是婚姻无效或者被撤销，给无过错方造成财产损失的，都在赔偿之列。例如，无过错方在缔结婚姻关系之际造成的财产支出，为缔结婚姻关系而减少的收入，只要与婚姻无效和被撤销具有因果关系的财产不利益，都应当受到赔偿。

2. 人身损害赔偿

婚姻缔结之际损害赔偿责任中的人身损害赔偿，赔偿的是因婚姻无效或者被撤销而侵害无过错方的人身权益造成的实际损失。最主要的人身损害赔偿，是在胁迫婚姻关系中发生的人身伤害，例如实施胁迫行为，造成无过错方当事人的人身伤害，侵害了其健康权或者身体权，造成了财产上的损失，应当依照《民法典》第1179条的规定，确定人身损害赔偿责任。在其他婚姻无效或者被撤销的行为中，如果造成了无过错方的人身损害，只要与过错方的违法行为有因果关系，过错方就应当承担人身损害赔偿责任。

3. 精神损害赔偿

婚姻缔结之际损害赔偿责任的精神损害赔偿，主要是保护被侵害的无过错方的人身自由权和婚姻自主权。对这两种人格权的损害，造成严重精神损害的，应当承担精神损害赔偿责任。侵害人身自由权，限制人身自由的，应当依照《民法

典》第1011条的规定确定损害赔偿责任。侵害婚姻自主权造成严重精神损害的，可以依照《民法典》第998条的规定确定精神损害赔偿责任。

在确定婚姻缔结之际损害赔偿责任中，有一个问题值得研究，即是否应当适用损益相抵原则。[①] 这主要表现在，婚姻缔结之际损害赔偿请求权人在受到损害的同时，也获得了新生利益，是否应当扣减损害赔偿数额，这也被称为禁止同一来源规则。[②] 例如，过错一方当事人在婚姻缔结之际造成无过错一方当事人损害，处理双方的财产关系时，已经因此对无过错方予以多分，从而形成了损害赔偿的同一来源，符合损益相抵规则适用的条件——造成的损失和得到的利益都是基于同一事实。对此，《民法典》没有规定，但现实生活存在这样的问题。本书认为，损益相抵规则是损害赔偿之债的赔偿规则，是应当共同遵守的原则。婚姻缔结之际损害赔偿责任的确定没有特殊之处，也应当适用这一规则，以体现民法分配正义的要求。在确定婚姻缔结之际损害赔偿责任时，请求权人行使该请求权的，原则上不应在分割双方财产时因对方有过错而主张多分，因为多分财产就体现了惩罚过错一方的性质。如果在双方分割财产时已经对无过错方当事人多分，无过错方行使该请求权主张赔偿时，赔偿责任就应当适当酌减或者不予赔偿。

《民法典》第1054条第2款规定的婚姻缔结之际损害赔偿，是保护缔结婚姻关系当事人合法权益的措施，符合婚姻家庭法（亲属法）的传统要求。这种侵权损害赔偿责任既区别于《民法典》第157条规定的民事法律行为无效、被撤销或者确定不发生法律效力的损害赔偿责任，也区别于第1091条规定的离婚过错损害赔偿，虽然是因身份法律行为无效或者被撤销而发生，其性质却属于侵权损害赔偿请求权，但又与一般侵权损害赔偿请求权的规则不同，具有特别法的属性，应当优先适用。正确适用婚姻缔结之际损害赔偿责任，对保护好缔结婚姻关系之际的无过错一方当事人的合法权益，具有重要价值。

---

① 关于损益相抵规则，见杨立新. 论损益相抵. 中国法学，1994（5）。

② 参见《加利福尼亚州民法典》第3333.1条。

第六节　事实婚姻

一、事实婚姻概述

（一）事实婚姻的概念和法律特征

1. 事实婚姻的概念

事实婚姻，是相对于法定婚姻而言的婚姻状态，是指具备结婚实质要件的男女，未进行结婚登记，便以夫妻关系同居生活，群众也认为是夫妻关系的两性结合。[①]

有学者认为，事实婚姻分为广狭两义：狭义的事实婚姻是单一违法，即仅欠缺结婚的法定形式要件的事实婚姻；广义的事实婚姻是双重违法，即既欠缺结婚的法定形式要件，也欠缺结婚的法定实质要件的非法婚姻关系。[②] 也有学者认为：广义的事实婚姻中又称非法律上的婚姻，指的是男女未办结婚登记，便以夫妻名义共同生活，群众也认为其是夫妻的两性结合。狭义的事实婚姻中，事实婚姻是指符合结婚实质要件的男女，未进行结婚登记便以夫妻关系同居生活，群众也认为是夫妻关系的两性结合。[③]《民法典》确立的无效婚姻制度和可撤销婚姻制度，将欠缺结婚的法定实质要件的违法婚姻，纳入无效婚姻和可撤销婚姻的范畴，因此，依我国现行法的精神，结合司法解释的规定，对事实婚作狭义理解是合理的。[④] 本书讨论的事实婚姻是狭义的，是结婚的单一违法。

研究事实婚姻，应当注意将事实婚姻区别于另一个相关概念，即事实婚主义。事实婚主义不是指本书所说的事实婚姻，是指如当事人有婚姻之合意，且有

① 王战平主编. 中国婚姻法讲义. 全国法院干部业余法律大学，1986：74.

② 陈苇. 婚姻家庭继承法学. 北京：群众出版社，2012：98.

③ 郭明瑞. 家事法通义. 北京：商务印书馆，2022：117.

④ 房绍坤，范李瑛，张洪波. 婚姻家庭继承法. 北京：中国人民大学出版社，2022（47）.

夫妻共同生活之生活，无须践行任何之结婚方式，即承认其为完全合法有效之婚姻。①

2. 事实婚姻的法律特征

（1）当事人具有结婚的主观目的。

在事实婚姻关系中，当事人双方在主观上具有明确的创设婚姻关系、永久共同生活的主观意愿，并且双方在结婚的意思表示上完全一致，具有结婚合意。

（2）在客观上有夫妻的共同生活。

在事实婚姻关系中，当事人双方有共同的婚姻居所，有共同的性生活、经济生活与物质生活，可能形成夫妻共同财产，还可能有共同的子女，具有与婚姻关系当事人几乎相同的权利义务关系。

（3）当事人的事实婚姻关系具有公示性。

事实婚姻关系的双方当事人并不隐瞒自己的同居关系，对外公开宣称他们为夫妻，其他人也公认其为夫妻关系，具有婚姻身份关系的公示性。

（4）双方婚姻关系的实质性要件符合法律规定。

事实婚姻关系的双方当事人结合，共同生活，完全符合法律规定的结婚的实质要件，不违反法律。

（5）双方婚姻关系欠缺法律规定的形式要件。

事实婚姻关系的最直接表现，就是双方没有到婚姻登记机关办理结婚登记手续，欠缺结婚的形式要件。

（二）事实婚姻的婚姻家庭法意义

我国存在事实婚姻，是现实问题，是不容回避的。《民法典》对此没有规定，婚姻家庭法的教科书也不研究这个问题。现实生活中，事实婚姻事实并非如此。据广东省民政厅有关部门调查，在全省1976万多个家庭中，有将近10%的家庭即将近200万个家庭由于各种原因，夫妻没有结婚登记，未持有结婚证，是不被法律承认的事实婚姻。大量存在，《民法典》以及理论研究必须正视现实，解决

① 林菊枝．亲属法新论．台北：五南图书出版公司，2006：145-146.

事实婚姻所带来的一系列亲属身份关系问题。

首先，事实婚姻关系双方当事人是否具有配偶身份，是否享有配偶权。如果否认他们的配偶身份和配偶权，他们之间到底是什么关系、享有何种权利呢？

其次，事实婚姻关系当事人生育的子女，与他们的生父母是否具有亲子的身份以及相应的亲权关系。按照现行法律，当然不会认为他们不具有亲子身份，但是非婚生子女。这样的立场对这些子女不公平，因为这样的现实并不是他们自己选择的。

再次，事实婚姻当事人生育的子女与事实婚姻当事人的直系血亲，以及事实婚姻当事人与其子女所出的直系血亲，是否具有亲属身份关系，这按照现行法律应当不是问题。但问题是，如果对事实婚姻所带来的一系列亲属身份关系几乎都予以承认，仅对发生这一切关系的核心关系即事实婚姻关系不予承认，不合情理。

最后，事实婚姻还会带来亲属财产关系问题，即究竟应当如何对待事实婚姻关系当事人的财产关系，是确认其为夫妻共同财产，还是非夫妻共同财产，抑或是非共同财产即分别财产。

这些问题不解决，直接关系几千万家庭的稳定与和谐问题，涉及几亿人的权利保障问题。而问题的核心，就是婚姻家庭法对事实婚姻关系的态度。

（三）我国法律对事实婚姻之态度的变化

由于婚姻的结合是身份关系的结合，具有“事实在先”的特点，无论法律承认与否，这种身份关系都已经存在。鉴于事实婚姻的这个特点，如何认定既存的婚姻关系，是否保护，也就决定了各国关于事实婚姻立法的主张。[①]

1949 年以后，我国三部《婚姻法》对事实婚姻都未作明确规定。最高人民法院曾经采取实事求是的态度，多次作出司法解释，有条件地承认事实婚姻，直到 1994 年才完全不承认事实婚姻的法律效力。[②] 这种变化经历了以下四个阶段。

---

① 张力主编. 婚姻家庭继承法学. 4 版. 北京：群众出版社，2021：67.

② 孟令志，曹诗权，麻昌华. 婚姻家庭与继承法. 北京：北京大学出版社，2012：111－112.

1. 完全承认

1950年开始至1980年《婚姻法》生效之前，即1981年1月1日之前，司法实践对事实婚姻是承认的，只要当事人具备事实婚姻特征，都按事实婚姻对待，并责令当事人补办登记手续。

2. 起诉承认

1981年1月1日至1986年3月15日《婚姻登记办法》施行之前，司法实践有条件地承认事实婚姻的效力，对于没有配偶的男女，未办结婚登记手续即以夫妻名义同居生活，群众也认为是夫妻关系的，如果一方向人民法院起诉“离婚”，在起诉时双方均符合结婚的法定条件，可认定为事实婚姻关系；如起诉时一方或双方不符合结婚的法定条件，应认定为非法同居关系。

3. 同居承认

1983年3月15日《婚姻登记办法》施行之后至1994年2月1日《婚姻登记管理条例》施行之前，符合事实婚姻条件，一方向法院起诉“离婚”，如果同居时双方均符合结婚的法定条件，可认定为事实婚姻关系；如果同居时一方或双方不符合结婚的法定条件，应认定为非法同居关系。

4. 不承认

1994年2月1日《婚姻登记管理条例》施行之后，立法采取强硬立场，对未到法定结婚年龄的自然人以夫妻名义同居的，或者符合结婚条件的当事人未经结婚登记以夫妻名义同居的，一律确认为无婚姻关系，不受法律保护。但在司法实践中采取了矛盾做法：一是1994年2月1日《婚姻登记管理条例》公布实施以前，男女双方已经符合结婚实质要件的，按事实婚姻处理；二是《婚姻登记管理条例》公布实施以后，男女双方符合结婚实质要件，在离婚案件受理前补办结婚登记的，按照离婚办理，未补办结婚登记的，按解除同居关系处理；三是在刑事法律上，事实婚姻可以构成重婚罪，可以追究事实重婚的刑事责任。

这种对事实婚姻的矛盾态度，说明立法和司法对社会现实生活和法律的价值取向存在偏差。学者认为，对事实婚姻，后法典时代变通规则的删除让事实婚姻处于司法真空状态，而大量未登记结婚同居关系的认定规则模棱两可。一味否定

习俗婚效力或极为严苛地限制事实婚姻认定，可能导致法律体系和理论逻辑混乱。司法实践中摇摆不定的态度，不利于同居关系中相对处于弱势方的妇女的合法权益保障。[①]

（四）事实婚姻的立法借鉴

1. 各国亲属法对事实婚姻的态度

事实婚姻在世界各国都是存在的。各国法律依本国的文化传统和具体国情，对事实婚姻采取的处理原则大致可分为三类：一是承认主义，对符合结婚实质要件的事实婚姻予以承认，与具备了形式要件的法律婚有同等效力；二是相对承认主义，法律为事实婚姻设定了有效的条件，对条件具备的事实婚姻法律予以承认；三是不承认主义，即法律不承认任何形式的事实婚姻。实际情况是，绝大多数国家对事实婚姻都采取承认主义或者相对承认主义。

在英美法，根据英国普通法及 1949 年《婚姻法》规定，宗教婚和世俗婚都得到了法律承认；也承认事实婚姻，凡是同居 4 年以上有子女的，属于事实婚姻，离婚时按注册结婚同等对待。美国法律承认三种结婚形式：宗教婚，即在教堂领取结婚证；民事法律婚，即凡是符合结婚条件的，到政府登记，由村官吏或市书记官发给结婚证并在政府官吏和证人前举行婚礼；事实婚，又称习惯婚，即根据习惯法，不需要在教堂或政府官吏前举行婚礼，只要双方同意，写有婚书，注明姓名、结婚时间、地点就行。美国现有 20 余个州的法律仍承认这种习惯婚姻。

在欧洲，德国法规定，凡未办理结婚手续者，婚姻无效；但如果在举行结婚仪式后，配偶双方曾在婚姻共同体中生活 3 年以上，婚姻视为自始有效。其他欧洲国家立法也对事实婚姻关系作出规范，并将法律赋予婚姻的某些效力延伸适用。

2. 对我国婚姻家庭法的借鉴意义

绝大多数国家都承认或者相对承认事实婚姻关系，说明承认事实婚姻存在必要性。在我国，《民法典》完全否认事实婚姻的法律地位，又在刑事法上承认具

---

① 曹薇薇. 后法典时代婚俗引致纠纷司法解决路径的审视和优化. 东方法学，2023（2）.

有事实重婚的效力，是不符合法律逻辑的。

因此，对涉及事实婚姻的政策，应当在立法和司法上进行检讨，重新界定，实事求是地认可事实婚姻，并妥善解决其带来的一切婚姻家庭法上的问题。

二、事实婚姻的构成

（一）对待事实婚姻的基本立场

我国立法对于事实婚姻应当采取相对承认主义，原则上不承认事实婚姻的效力，但是，如果事实婚姻具备了一定条件，例如结婚时间较长、生有子女等，就应当承认其婚姻的效力，发生婚姻家庭法上的一切权利义务关系，在形式上责令其补办结婚登记手续即可。

采取这样的立场是客观的，实事求是的。它面对的是全国的实际情况，面对的是极为广大的人群，即约占人口10%甚至更多的人的权利保障。这符合促进社会和谐与安定的要求。

（二）事实婚姻的构成要件

事实婚姻应当具备以下构成要件。

1. 双方当事人都符合结婚的实质要件

构成事实婚姻，必须符合法定的结婚实质要件，即双方必须具有结婚的合意，均达到法定婚龄，均无配偶，无禁婚亲。这是承认事实婚姻具有婚姻效力的首要条件。[①]

2. 双方当事人应具有终生共同生活的目的

构成事实婚姻，要求当事人的结合应当具有终生共同生活的目的；以夫妻名义同居生活，既不是短期的共同生活目的，也不是偶尔的同居生活。因此，事实婚姻与姘居、准婚姻关系具有实质差别。

3. 双方当事人应具有公开的夫妻身份

婚姻关系须具有当事人身份的公示性，即当事人向社会公开的身份是夫妻，

① 王战平主编. 中国婚姻法教程. 北京：人民法院出版社，1992：80.

而不是一般的性伴侣或者朋友。对其判断标准，最高人民法院曾经提出过“群众也认为他们是夫妻关系”的尺度，这表明了婚姻关系的公示性，应当坚持这个标准。其中，仅仅是“群众”二字不符合法律要求，改为“他人”即可。

4. 双方共同生活时间较长或者生有子女

构成事实婚姻，应当具备双方共同生活时间较长或者生有子女的要件。这正是基于保护妇女和子女的合法权益，稳定社会秩序的需要。应当认为双方共同生活5年以上，或者已经生育子女，都可以被确认为事实婚姻关系。

5. 未履行结婚登记手续

双方当事人在形式上没有进行结婚登记，没有取得结婚证书。

三、事实婚姻的法律后果

(一) 对事实婚姻关系当事人的法律后果

法律应当承认事实婚姻关系当事人之间处于配偶身份地位，确认他们是夫妻，享有配偶权，享有配偶之间的一切权利和义务。

第一，确认当事人之间的配偶身份。承认事实婚姻的法律后果，最重要的是确认事实婚姻关系当事人的配偶身份，互为配偶，并向社会公示，具有法律上的拘束力。

第二，双方当事人享有配偶权。当事人互相享有配偶的权利，承担配偶的义务。同时，对于外部，当事人与其他所有的人构成配偶权法律关系，其他任何人都不得侵害该对配偶的合法权利。

(二) 对事实婚姻关系当事人的子女的法律后果

构成事实婚姻，应当确认事实婚姻当事人所生的子女为婚生子女，对子女进行完善的法律保护。

一是确认婚生子女身份。事实婚姻当事人所生的子女，取得婚生子女的身份，发生亲子关系，适用婚生子女的一切法律规定。

二是享有亲权或者亲属权。在子女未成年时，子女与父母之间享有亲权，发

生亲权的一切权利和义务，子女受到父母的亲权保护。子女在成年后，与父母之间享有亲属权，发生父母子女之间的权利义务关系。

事实婚姻也发生子女的祖孙关系和外祖孙关系，发生兄弟姐妹之间的旁系血亲关系，相互享有亲属权。

（三）事实婚姻的离婚

事实婚姻关系的当事人在离婚时，应当按照法定婚姻的规定依法进行，解除婚姻关系。对子女抚养、财产分割等事项的处理，均应依法进行。

对于不构成事实婚姻关系的，法律应不承认其婚姻的效力，不予保护。如果当事人主张"离婚"，应当依法解除其同居关系。

第七节　准婚姻

一、准婚姻关系及法律规制的必要性

在现实社会生活中，存在大量没有登记结婚而同居的男女结合。他们并不追求婚姻的合法形式，但又像夫妻那样在一起共同生活。对于这种男女同居，法律没有进行规范，但他们的同居生活又会产生一系列亲属法和财产法上的问题。对此，应当有明确的态度。本书对此进行研究，提出准婚姻关系的概念，强调《民法典》应当对其予以规制。

（一）准婚姻关系的概念和性质

准婚姻关系，也称为亚婚姻关系，是未婚男女不办理结婚登记手续而共同生活的两性结合关系，依此，也有的学者将准婚姻关系称为同居关系[①]，或者称为非婚同居关系。[②]

对准婚姻关系，有的国家也称为非法同居，例如《埃塞俄比亚民法典》就将

① 郭明瑞. 家事法通义. 北京：商务印书馆，2022：122.

② 张力主编. 婚姻家庭继承法学. 4版. 北京：群众出版社，2021：68.

其称为非法同居。[①] 这种称谓具有法律上的谴责性，使用这样的称谓，有对准婚姻关系采取不支持、不赞成态度的含义，同时又在法律上加以规制，二者显然是矛盾的。《魁北克民法典》将准婚姻关系称为民事结合制度，认为民事结合是两个18周岁以上的人自愿且审慎地同意同居并承担此等身份引起的权利义务的协议。民事结合仅可在无前婚或前民事结合的人之间缔结，在直系尊卑亲属间、兄弟姐妹间不得成立民事结合。[②]

在德国，在婚姻和家庭生活之外，长期以来存在其他形式的共同生活关系，尤其是和婚姻关系并存的事实伴侣关系。罗马法从非婚同居制度中发展出一种法律允许的男女共同生活形式，其法律效果极为有限，例如该同居关系中出生的子女只享有部分继承权。随着教会影响的加强，非婚同居逐步被禁止，被视为犯罪行为。20世纪60年代以来，社会观念发生重大改变：刑法不再调整非婚同居关系，“违反善良风俗”的评价也成为极其例外的情形。男女之间的“非婚”或“类似婚姻”的共同生活表现为合法、用以规划个人生活的方式，成为一种特殊社会现象。1992年德国联邦宪法法院将“类似婚姻的共同生活关系”定义为“男女之间持续存在的生活共同体，且不存在类似的其他共同生活关系；双方通过内部联系表明意欲互相结为伴侣，即构建真正的家庭和经济共同体”[③]。

在事实上，并不应当对准婚姻关系予以法律上的谴责，其是当代社会生活中，未婚男女选择的一种新的类似于婚姻关系两性结合方式，因此，应当使用一个较为中性的概念，即称其“准婚姻关系”比较合适。

准婚姻关系的性质是什么，值得研究。本书认为，准婚姻是一种事实状态。理由是，未婚男女缔结的准婚姻关系既不是结婚，又不是一般的同居或者姘居等非法关系，而是一种类似于婚姻的两性结合的事实状态。这样界定准婚姻关系的性质，大体上表明了法律的积极态度。这种立场，类似于物权法对占有的认识，就是事实状态，不发生权利，而法律又承认这种事实状态。

---

① 《埃塞俄比亚民法典》第708条。该条位于第八章，章名就是“非法同居”。

② 郭明瑞. 家事法通义. 北京：商务印书馆，2022：123-124.

③ ［德］迪特尔·施瓦布. 德国家庭法. 王葆莳，译. 北京：法律出版社，2022：302.

但是，仅仅把准婚姻关系界定为事实状态还不够准确，将准婚姻关系的性质界定为亚婚姻的事实状态更为合适。没有配偶的男女出于自愿而同居生活，如果仅仅是单纯的同居而没有财产或者子女抚养方面的纠纷，它就是一个社会问题而不属于法律调整的对象①，这种观点值得斟酌。根据双方当事人之间有无婚姻关系，同居可区分为有婚同居和非婚同居，即婚姻只是同居关系的一种，婚姻是受到法律调整和保护的最常见、最重要的一种生活方式，但是非婚同居关系大量客观存在，同居伴侣之间的关系、同居伴侣与同居关系外的第三人的关系，以及在非婚同居关系中出生的子女的地位等问题，都对社会有着明显的影响②，为法律调整准婚姻关系提供了依据。

（二）准婚姻关系与事实婚姻的区别

在现实生活中，准婚姻关系与事实婚姻最为相似，但是二者之间具有严格的区别，并不是同一的性质。其基本区别在于：

第一，基本性质不同。虽然准婚姻关系和事实婚姻都是两性结合的形式，但是，准婚姻关系的性质是亚婚姻事实状态，不是婚姻形式。而事实婚姻是一种婚姻关系，虽然存在形式要件上的欠缺，但是具备婚姻关系的实质性要件，当事人之间的关系是婚姻关系。

第二，当事人合意的内容不同。准婚姻关系的当事人和事实婚姻的当事人双方都有两性结合的合意，但是合意的内容不同。准婚姻关系双方当事人的合意，是共同居住，共同生活，并不包括结为夫妻的合意。而事实婚姻的当事人之间具有结婚的合意，彼此愿意永久地成为夫妻，以夫妻的身份共同生活。

第三，对外公示的内容不同。准婚姻关系是公开的两性结合关系，而不是秘密姘居，因此对外也具有一定的公示性，但公示的内容不是夫妻关系，而仅仅是异性的同居者，属于性伴侣。而事实婚姻对外的公示内容是双方结为配偶，而不是一般的两性同居。二者因此具有原则上的区别。

第四，当事人的权利义务不同。在准婚姻关系中，双方当事人之间不发生权

① 房绍坤，范李瑛，张洪波. 婚姻家庭继承法. 7版. 北京：中国人民大学出版社，2022：48.

② 张力主编. 婚姻家庭继承法学. 4版. 北京：群众出版社，2021：68.

利义务关系，不产生亲属身份，法律关于夫妻权利义务关系的一切规定都不适用，双方当事人不是配偶，不享有配偶权。而事实婚姻的双方当事人发生配偶的权利义务关系，确定的身份是配偶，享有配偶权，法律关于夫妻的权利义务的规定都适用于事实婚姻的当事人。

第五，财产关系的内容不同。准婚姻关系的当事人在同居期间，在财产上究竟采用何种形式，在于他们之间的合意，如果采用共有则为共有，如果采用分别财产则为个人所有，如果没有约定，则为分别所有，并非必然产生共有。而事实婚姻的财产制适用关于婚姻财产关系的规定，如果没有约定，则为共同共有，为婚后所得共有制。

（三）《民法典》规制准婚姻关系的理由

进入21世纪以来，未婚同居现象在中国快速增加。在20世纪80年代进入初婚的群体中，只有大约4%的人在婚前就与配偶同居。到21世纪第一个10年，初次结婚的男性和女性中，这一比例分别升至27.9%和25.6%，而在2010至2014年进入初婚者中，更是上升到35.7%和36.0%。[①] 在城市人口中，不办登记手续而同居的男女不断增加，形成了很大规模的不婚“同居族”。在文化越发达的地区，同居族越多。经过一段时间的实践，很多人认为这种形式很好，同居者关系处得好，就同居下去，处得不好，就离开。没有争执，没有纠纷，大家都接受。

同样，在老年人中也有这样的现象，很多老年人再婚时不是不愿意登记结婚，而是担心再婚后过不好还得办理离婚手续，过于麻烦，因此，不办结婚登记手续就在一起同居的，更为常见。

同居现象越来越多，说明了社会文明的进步，同时也对婚姻的形式提出了新的要求。在2001年修订《婚姻法》时，很多学者曾经对此提出过意见，建议立法关注这些社会现象，并且加以规制，在婚姻立法中规定准婚姻关系的形式，将这种社会现象纳入法律的轨道，防止在发生争议的时候出现更多的问题，更好地保护民事主体的权利和利益。但是，立法者没有接受这个意见，没有对准婚姻形

① 张亮．结婚还是分手？流动青年同居者的关系转变研究．当代青年研究，2023（1）．

式及其问题的解决作出规定。

立法者解释，修订《婚姻法》时，之所以没有确认这种准婚姻关系，主要是因为对这种逃避《婚姻法》规范的行为，不能予以法律上的承认，否则，就会有更多的人不登记而同居，使国家的婚姻家庭制度受到严重冲击；同时，还没有调查研究清楚以这种形式同居的男女之间的关系，不能提出准确的规范意见，因此不急于作出规定。

在编纂《民法典》时，学者又积极建议规范准婚姻关系。立法机关仍然持反对态度，“主要有如下考虑：一是随着人们观念的变化，未婚同居在一些地方为一部分人所接受，但是在整个社会上还远未形成共识。如果法律上对同居制度予以认可的话，将会对现行的婚姻登记制度形成较大的冲击。二是因为同居的情况和原因都比较复杂，法律难以作出统一的规定，如果这样规定也不一定有利于保护相关当事人的合法利益。三是考虑未婚同居涉及诸多法律问题，比如财产分割、抚养权等，对大多数的问题现在有不同意见，还没有达成共识。所以从目前情况看，法律上明确规定同居这个问题的时机还不成熟”①。

本书认为，这些理由都不具有充分的说服力。准婚姻关系本来就不是一种婚姻关系，也不是逃避婚姻家庭法规范的行为，而是在现行的婚姻制度之下，存在的一种新型的类似于婚姻关系的一种亚婚姻的事实状态，是一种新的两性结合的法律现象。这是《民法典》的一个立法空白，法律应当对准婚姻关系进行规制，才能不使其脱离法律的轨道。具体理由是：

第一，男女同居形式，包括老年人的同居，不是对现行婚姻制度的冲击，而是对现行烦琐、复杂的婚姻制度尤其是婚姻登记制度的一种改良行为，人们选择自己认为更为适当的方式解决男女两性结合关系的问题，使之更适合社会的需要和人的需要，更能够体现现代社会男女两性结合关系的多样化，满足人们对两性生活不同层次的需求。这种愿望和选择是无可指责的。即使现行法律认为这种行为是违法行为，人们也还是甘愿冒违法之嫌，继续保持这样的同居关系。这说明，任何社会现象只要不是反社会、反人民，具有存在的合理性，法律就没有办

---

① 王姝. 法工委负责人：“同居制度”入法时机还不成熟. 新京报，2019-10-18.

法取缔它、消灭它。况且，准婚姻形式并不是对现行婚姻家庭制度的反对，而仅仅是提出新的两性结合的形式而已，所以，也不能说它就是逃避法律规范的行为。相反，其指出了现行法律的不足，法律必须面对作出新规定的挑战。

第二，即使立法对这种社会现象不予以规范和规制，这种现象也还是要继续存在并发展的。在极"左"的时期，认为男女不登记而同居称为非法同居，属于"男女作风问题"，严重的要依法制裁。可是，即使是这样，也不能杜绝"非法同居"现象，尤其在偏远农村，交通不便，人口贫穷，很多人就是不登记而"结婚"。这也说明，一方面要对这种社会现象进行研究，确定其合理性和现实性，根据实际情况，对其加以规范，将其纳入法律的轨道；另一方面也应当对现行的婚姻制度进行检讨，审视它是否存在不尽合理的问题。回答是肯定的，显而易见存在不合理的问题，否则也不会出现这样多的准婚姻问题和事实婚姻问题。

第三，既然是异性当事人同居生活，就必然会发生各种各样的社会关系，想不发生也不行。生育年龄的男女同居，就会发生生育问题，即使当代社会的青年男女多数不愿意生育，也仍然不可避免地会出现这个问题。既然有生育问题，就会出现非婚生子女，就必然涉及同居当事人所生子女的法律地位、抚养、认领、准正以及亲属关系等问题。即使男女双方不生育，也还会发生关于对方的近亲属的地位、双方的财产和债务等一系列民事法律关系如何处理的问题。这些确实都是不可避免的，想不解决也不行。有些法院对这样的纠纷不予受理，理由就是没有法律依据，埋怨当事人同居时不想法律问题，出了问题倒找法律来了，因此，推出门了事。这是不负责任的态度。民事纠纷发生了，不管有没有法律规定都要予以解决，或者根据民事习惯，或者依据法理，妥善解决纠纷，防止矛盾激化。

第四，法律对这种现象不加以规制，更大的问题是无法保护当事人的合法权益，尤其是不能保护这些关系中的弱者的权利，他们的权利受到侵害后，无法获得救济。在城市同居的青年中，发生纠纷，往往是弱者受到抛弃，或者子女的利益受到损害。尤其是那些同居的老年人，一旦发生纠纷，更容易出现问题，法律

不规范、司法不解决，只能让这些受到损害的弱者的权利和利益得不到救济。作为代表并保护广大人民群众利益的国家，对这样的问题不应当视而不见，应当通过立法解决，更好地保护人民的利益。

二、准婚姻关系的构成与调整准婚姻关系的一般规则

（一）准婚姻关系的构成

研究准婚姻关系的构成，可以借鉴《埃塞俄比亚民法典》对非法同居关系的界定。该法第 708 条规定的内容是："非法同居是一名男子与一名妇女在未缔结婚姻的情况下，像夫妻一样共同生活的情势创立的事实状态。"第 709 条规定的要件是："（1）构成非法同居的必要条件和充分条件是，有关男女的行为类似于已结婚者的行为。（2）他们不必向第三人声明他们已结婚。（3）一男一女保持性关系，即使是反复进行的且众所周知，这一单纯的事实本身不足以在此等男女间构成非法同居。"这样的规定，基本上界定了准婚姻关系的界限，具有重要的参考价值。

参考《埃塞俄比亚民法典》的规定，结合我国的实际情况，具备以下要件可以认定构成准婚姻关系。

1. 同居的主体为异性、未婚者

准婚姻关系的主体应当是共同生活的异性男女，而不是同性同居者，因此，准婚姻关系不是同性同居，与同性同居相区别；同时，同居的主体均须为未婚者，而不是一方或者双方为有配偶者，依此，准婚姻关系与姘居以及"包二奶"相区别。在笔者提出法律应当承认准婚姻关系的主张后，有人提出异议，认为笔者是在助长非法同居、对抗《婚姻法》，公然主张"包二奶"。这种指责是罔顾事实的。其实，这是连基本概念都没有搞清楚就"义愤填膺"了。均无配偶的男女共同生活，如何构成"包二奶"呢？当然也不构成姘居。

2. 双方有近似夫妻一样共同生活的客观事实

准婚姻关系的双方当事人应当有共同生活，包括一男一女的性生活、共同的

社会生活和共同的经济生活。这样的生活表现为双方在共同的居所中生活，近似于夫妻那样共同生活在一起。因此，准婚姻关系绝对不是临时同居，而是具有较为长期同居的目的，并且较为长期地居住在一起共同生活。

3. 双方合意的内容不是以夫妻身份共同生活且无须法定公示

准婚姻关系的当事人具有明确的合意，就是较长期的同居生活，而不建立夫妻关系。双方当事人将这样的意思表示于外，就是对外明确表示双方不是夫妻，或者没有明确表明双方是夫妻。至于共同生活的时间长短，则没有明确约定，或者有较长时间的约定。即使对外表明双方的准婚姻关系，也不是通过法定的公示方式进行公示，仅仅是通过自己的行为而使外界知道，并非一定要公示。

4. 双方当事人的年龄应当符合法定婚龄

准婚姻关系的当事人均须符合法定婚龄，未达法定婚龄的不能认为构成准婚姻关系，法律也不应当承认其准婚姻关系的状态。

对符合上述要件的男女之间的异性结合行为，应当认定构成准婚姻关系。对此，《民法典》应当明确规定，并且承认其具有法律上的效力。

（二）调整准婚姻关系的一般规则

1. 可以借鉴的立法例

有些国家例如法国、埃塞俄比亚等对准婚姻关系，是通过立法予以确认的，并为调整准婚姻关系确定了一般规则。

最值得借鉴的是《埃塞俄比亚民法典》。该法典在人法编的第八章“非法同居”中，以第 708 条至第 721 条共 14 个条文，详细地规定了涉及了准婚姻关系的几乎所有问题。涉及的问题主要是：

第一，非法同居的定义，已见于上文。

第二，非亲属的效果，即同居不在同居者之间以及同居者的亲属间发生亲属关系，但是与同居者所生的子女发生亲子关系。

第三，同居者之间的权利义务关系，双方不发生生活保持义务，不产生共同财产关系，相互之间不发生继承权，但是同居男子对同居女子缔结的为保持同居

关系所生子女的生活所必需的所有合同承担连带责任。

第四，终止同居关系，同居的双方当事人都可以提出，女方提出终止同居关系，不承担任何损害赔偿和返还原物的责任，男方提出终止同居关系，如果为公平考虑，法院可以判令其对女方承担不超过6个月生活保持费用的赔偿。

第五，同居身份的证明，可以通过可信赖的证人证明，也可以通过提出可信赖的证人对其提出异议，还可以通过公证证明其身份的占有。

第六，同居双方当事人发生争议的解决。[①]

《埃塞俄比亚民法典》的这些规定，为我国建立规范准婚姻关系的立法提供了很好的参考，值得认真分析研究。

2. 规范我国准婚姻关系一般规则的建议

对法律调整准婚姻关系的一般规则，借鉴国外的立法经验和理论研究成果，笔者提出以下建议：

（1）关于同居双方当事人的权利义务。

《民法典》对准婚姻关系当事人之间的权利义务问题，可以确定以下内容：

第一，准婚姻关系当事人之间不发生配偶的亲属身份，不发生配偶权。无论同居多长时间，无论是否有子女，双方只要没有登记结婚，就仅仅是准婚姻关系，不能认为他们是配偶。至于他们的相互身份，可以称为同居者、性伴侣或者准婚姻关系当事人。

第二，准婚姻关系当事人与对方亲属之间不产生姻亲关系，不在男子与妇女的亲属间或妇女与男子的亲属间产生任何姻亲身份，不发生姻亲的权利义务关系。

第三，准婚姻关系当事人的相互间不负有任何提供生活保持义务。任何一方都可以提出解除共同生活的权利，而不需要承担相应的法律责任，除女方为扶养共同生育的子女所需的支出，男方应当承担相应的经济负担责任之外，不负担其他经济责任和法律责任。当准婚姻关系解除时，如果一方负担养育共同生育的子

① 见《埃塞俄比亚民法典》第708条至720条和第730条的规定。

女，另一方应当负担抚养费用的给付义务，不得推诿和拒绝。

第四，在双方当事人之间不产生继承关系，不得相互继承遗产。

（2）双方当事人与共同生育的子女的亲子关系。

准婚姻关系当事人所生的子女，应当适用《民法典》关于亲子关系的一切规定，双方当事人各自对子女发生父母子女间的权利义务关系，享有亲权，法律不得对其子女有任何歧视行为。不过尽管双方当事人是子女的父母，但双方当事人之间仍然不发生配偶关系。

在准婚姻关系当事人的准婚姻关系解除后，子女尚未成年的，可以向其父或母请求抚养给付。对于丧失生活来源的父或母，成年子女负有赡养义务。

相应的，当事人的子女对于当事人各自的父母间，产生直系血亲关系，取得祖孙、外祖孙身份，发生祖孙、外祖孙的权利义务关系，享有亲属权。

（3）准婚姻关系的解除。

准婚姻关系的解除，就是解除双方当事人的同居关系。《民法典》在这一部分要解决的问题是：

第一，准婚姻关系的当事人可以随时解除准婚姻关系。同居共同生活由当事人自由决定。准婚姻关系不是婚姻关系，当事人可以随时解除。一方要求解除准婚姻关系，另一方不同意而发生争议的，应当由法院受理争议，依据事实和法律作出裁断，应当判决解除准婚姻关系，不应当判决予以维持。

第二，解除准婚姻关系的效果为终止准婚姻关系。解除准婚姻关系之后，双方当事人不再为准婚姻关系当事人，不再是同居者。

第三，准婚姻关系终止后，当事人原则上互不负责任。《埃塞俄比亚民法典》将非法同居关系解除分为妇女作出终止和男子作出终止，效果上有所区别。妇女作出终止的，不承担任何损害赔偿或返还原物的责任。男子作出终止的，如果为公平所要求，法院可判令他向女方偿付不超过 6 个月的生活保持费用的赔偿。我国《民法典》可以规定，双方当事人终止准婚姻关系的，不区分男方提出和女方提出，只要一方生活确有困难，对方就应当予以适当帮助。

三、准婚姻关系的财产关系

（一）准婚姻关系的财产关系的性质

准婚姻关系中的财产关系涉及两个问题：一是立法应当怎样规范这种财产关系，二是确定解决这种财产关系纠纷的基本立场。这两个问题实际上是联系在一起的，这就是确定这种财产关系的基本性质。

本书认为，准婚姻关系中的财产关系应当参照《民法典》规定婚姻财产关系的基本办法，采用双轨制，既承认准婚姻关系双方当事人的财产约定的效力，同时也规定在没有约定时其财产关系的性质。

准婚姻关系当事人在约定同居期间财产关系的性质时，只要不违反法律的强制性规定和公序良俗，就应当认可其效力，按照双方当事人的约定处理。例如，双方当事人约定实行分别所有的，应当按照分别所有的性质认定双方当事人财产关系；如果约定为共同共有，则应当按照共同共有的规则认定当事人的财产关系。对于这种约定，可以参照夫妻财产约定的一般规定处理。

在双方当事人没有约定财产所有形式，并且不是明确的分别财产，发生财产共同使用、共同支配的，究竟应当怎样确定其财产制的形式，是一个重要的问题。解决的办法分为两步。

第一，双方当事人没有对财产关系性质进行约定的，是两个主体参加的财产关系，因此，准婚姻关系的财产关系性质是共有。《埃塞俄比亚民法典》第712条规定："非法同居的男女间不产生任何共有财产制。"这个规则存在一定的问题，准婚姻关系的当事人在一起共同生活，又没有约定分别所有的财产制，既共居，又同财，怎么会不是共有的性质呢？

第二，这种准婚姻关系的财产关系可以选择的性质，一是按份共有，二是共同共有。选择共同共有认定准婚姻关系的财产关系性质基本上是可行的，但是体现不了与夫妻共有财产的区别，会与夫妻共有财产关系完全一致。这不利于保障婚姻关系的合法性和稳定性，也不能保障行政机关婚姻登记的权威性。选择按份

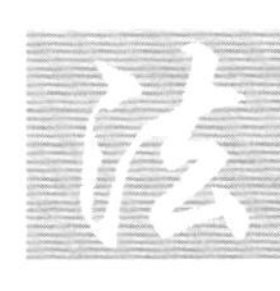

共有认定准婚姻关系的财产关系性质，较为难解决的是财产份额的认定。可以确定三个规则：（1）双方当事人都在同居关系中投入财产，认定按份共有不存在困难的，按照各自投入的财产份额确定即可；（2）“一方当事人”有财产收入，另一方当事人没有财产收入的，虽然认定各自的财产份额有困难，但是也可以按照一方提供收入，另一方提供家政服务的价值量，确定按份共有的财产应有部分，确定份额权；（3）双方共有份额难以确定的，则推定为份额相同。因此，应当选择按份共有性质，来认定准婚姻关系财产关系的性质，并以此作为处理准婚姻关系中的财产关系纠纷的基本原则。

依照这样的认识和立场，就有了解决准婚姻关系中的财产关系的原则。

不过，《婚姻家庭编解释一》第 22 条规定：“被确认无效或者被撤销的婚姻，当事人同居期间所得的财产，除有证据证明为当事人一方所有的以外，按共同共有处理。”这里虽然是解决婚姻无效或者被撤销后的财产属性问题，但是对准婚姻关系的财产认定具有参考价值。其实，婚姻关系被确认为无效或者被撤销后，双方当事人的共同生活就是同居，也就是准婚姻关系。按照这一司法解释的立场，同居的财产原则上是共同共有，有证据证明为当事人一方所有的除外，不采纳双方按份共有的意见。相比较而言，对于同居的财产关系，适用按份共有似乎更为准确。

（二）解决准婚姻关系中的财产纠纷的办法

立法没有规定准婚姻关系，依照《婚姻家庭编解释一》第 3 条规定，当事人提起诉讼仅请求解除同居关系的，人民法院不予受理；已经受理的，裁定驳回起诉。当事人因同居期间财产分割或者子女抚养纠纷提起诉讼的，人民法院应当受理，作出判决。

对于因同居期间财产分割纠纷提起诉讼的，《婚姻家庭编解释二》第 4 条规定了具体办法。即：双方均无配偶的同居关系析产纠纷案件中，对同居期间所得的财产，有约定的，按照约定处理；没有约定且协商不成的，按照以下情形分别处理：

第一，各自所得的工资、奖金、劳务报酬、知识产权收益，各自继承或者受

赠的财产以及单独生产、经营、投资的收益等，归各自所有。

第二，共同出资购置的财产或者共同生产、经营、投资的收益以及其他无法区分的财产，以各自出资比例为基础，综合考虑共同生活情况、有无共同子女、对财产的贡献大小等因素进行分割。

第四章
离　婚

第一节　离婚概述

一、离婚概念和离婚制度

离婚是夫妻双方生存期间解除夫妻关系的法律行为。婚姻终止是指合法有效的婚姻关系，因发生一定的法律事由而归于消灭。终止婚姻的法律事由有二：一是配偶一方死亡，二是双方离婚。①

（一）离婚的概念、特征以及其与相关概念的异同

1. 离婚的概念及意义

离婚也称婚姻解除，是指夫妻双方在生存期间，依照法律规定解除婚姻关系的身份法律行为。《民法典》对离婚没有定义，上述对离婚概念的定义，是学说

① 张力主编. 婚姻家庭继承法学. 4版. 北京：群众出版社，2021：163－164.

上的通说。[①]

离婚的意义，在于夫妻双方在其生存期间，通过法律行为消灭既存的婚姻关系。离婚的这种意义表现在两个方面：一方面，消灭了配偶之间的内部权利义务关系，当事人不再受婚姻关系的拘束，恢复了无婚姻关系的状态，消灭了配偶权的对内权利义务；另一方面，消灭了婚姻关系的对世性，对外消灭了婚姻关系当事人的配偶权对外的权利义务，其他任何人都不再将其视为配偶，无须对该对原配偶负担法律义务。

2. 离婚的法律特征

（1）离婚须以有效的婚姻关系存在为前提。

离婚是对婚姻关系的解除，因此婚姻关系必须现实、有效地存在。婚姻关系不存在，或者曾经存在但不符合法律的规定，都不可以离婚。据此，离婚与婚姻无效和婚姻被撤销存在原则性区别。

（2）离婚须在夫妻双方生存期间进行。

与这一特征对应的消灭婚姻关系的另一个原因是配偶一方死亡。如果夫妻双方中的一方已经不存在，就不再存在婚姻关系。离婚必须是在夫妻双方都生存时进行的人为解除婚姻关系的身份行为，不得在一方配偶已经死亡之后再请求离婚。

（3）离婚须依照法定程序进行。

离婚的法律后果是消灭婚姻关系离婚是严肃的身份法律行为，既涉及婚姻当事人以及亲属的利害关系，又会发生社会影响，因此，法律规定了严格的离婚程序，没有依照离婚程序离婚的，离婚不发生法律效力。

（4）离婚将产生相应的法律后果。

离婚不只消灭当事人之间的配偶身份和配偶权，还涉及夫妻共同财产的分割、共同债务的清偿、经济帮助，以及子女抚养、探望等问题，必然引起相应的法律后果。

---

① 郭明瑞. 家事法通义. 北京：商务印书馆，2022：190.

3. 离婚与婚姻关系消灭

婚姻关系消灭，是指婚姻关系基于一定的法律事实而消灭。在现代，婚姻关系的消灭有两种原因：一是配偶一方死亡，二是离婚。

婚姻关系的基本特征之一，就是配偶双方的相互依存。配偶一方死亡，使相互依存的配偶关系失去了相互依存的主体，无法构成婚姻关系。配偶一方死亡导致的后果之一，是婚姻关系消灭，这是婚姻关系的自然消灭。而离婚是将婚姻关系人为地解除，使之消灭。

配偶一方死亡，包括自然死亡和宣告死亡。配偶一方的自然死亡，也就是生理上死亡，作为一个婚姻关系的主体已经不复存在，婚姻关系自然消灭。宣告死亡时，虽然被宣告死亡的人可能还在生理的意义上存在，但是从法律的角度而言，婚姻关系主体也不存在了，婚姻关系也因此而消灭。不同的是，配偶一方自然死亡，婚姻关系自然消灭；而配偶一方被宣告死亡，由于宣告死亡需要法院作出判决，因此因宣告死亡而消灭婚姻关系必须经过诉讼程序，依据法院宣告死亡的判决，才能消灭配偶之间的婚姻关系。

由于宣告死亡是法律对自然人生存状态的一种推定，并非被宣告死亡之人的必然死亡，因此，存在被宣告死亡人重新出现的问题，经过本人或者利害关系人申请撤销死亡宣告，则发生被宣告死亡人与其原配偶之间的婚姻关系是否有效等一系列问题。依照《民法典》第 51 条的规定，其规则是：

第一，被宣告死亡人的配偶未再婚的，被宣告死亡人与原配偶之间的婚姻关系从撤销死亡宣告的判决生效之日起，自行恢复。其配偶向婚姻登记机构书面声明不愿意恢复原婚姻关系的，不恢复婚姻关系。

第二，被宣告死亡人的配偶已经再婚的，后婚有效，被宣告死亡人与原配偶之间的婚姻关系由于已经消灭，不得恢复。

第三，被宣告死亡人的配偶已经再婚后又离婚，或者再婚后的配偶又死亡的，被宣告死亡人不得因宣告死亡已经被撤销而自行恢复原婚姻关系。如果双方愿意建立婚姻关系，应当重新进行结婚登记。

配偶一方被宣告失踪，不能自然消灭与其配偶之间的婚姻关系。如果要解除

婚姻关系，须经过法院判决。

4. 离婚与婚姻被宣告无效和婚姻被撤销

在形式上看离婚与宣告婚姻无效、婚姻被撤销，都是使已经成立的婚姻关系归于消灭，但它们是不同的法律制度。

离婚是解除现存有效婚姻关系的制度，而无效婚姻和可撤销婚姻则是解决欠缺结婚要件的婚姻是否具有法律效力的制度，具有以下原则性区别。

第一，性质不同。离婚是对现存有效的婚姻关系的解除，是解决不幸婚姻的补救措施。而无效婚姻或者可撤销婚姻则是对不符合法律规定要件的婚姻从根本上予以否定，使这种婚姻关系自始不发生婚姻的法律效力。

第二，形成的原因不同。无论是离婚还是婚姻无效或者被撤销，都必须有法律规定的理由。法律规定的理由各不相同，但基本的离婚原因是夫妻感情确已破裂。而婚姻无效或者可撤销的原因是婚姻关系在成立时不具备法定的结婚要件。离婚的原因一般发生在婚后，而婚姻无效或者被撤销的原因在婚姻关系成立之时就已经存在。

第三，权利人不同。离婚的权利人只能是婚姻关系当事人。婚姻无效的权利人既包括婚姻关系当事人，也包括利害关系人；可撤销婚姻的权利人只能是受胁迫的婚姻关系当事人。

第四，法律效力不同。离婚的法律后果是对现存的婚姻关系的解除，其效力不溯及既往；而婚姻被宣告无效或者被撤销，是对婚姻效力的否定，具有溯及既往的效力。

第五，请求的时限不同。离婚请求在婚姻关系存续期间的任何时候都可以提出。婚姻无效的请求在法定的无效事由存在期间都可以提出，但是申请时法定的无效情形已经消灭的，不得再提出；而婚姻的撤销必须在结婚登记之日起 1 年内提出。另外，离婚请求必须在婚姻关系存续期间提出，而婚姻无效或者撤销的请求，既可以在婚姻当事人双方生存期间提出，又可以在一方死亡之后提出。

5. 离婚与别居

别居，是指在不解除婚姻关系的情况下，终止夫妻同居义务的法律制度。别

居最早为欧洲中世纪基督教教会法禁止离婚的一种特殊的法律制度，由于基督教秉持除死亡之外，任何人间权利或因任何原因都不能解除有效婚姻的信条，因此禁止离婚。但是，为了缓和法律和现实生活的矛盾，创造了一些理论和制度作为补救措施，别居就是一种。其他的还有如未完成婚、婚姻无效宣告等。别居的理由，有通奸、背教、严重的残酷行为等。近代以来，教会已经失去了对婚姻的管辖权，西方各国通过修改亲属法，允许离婚，同时改革别居制度，普遍实行离婚与别居并存，或者别居先置的法律制度。

西方国家法律认可的别居，一般分为三种形式：一是裁判别居，婚姻当事人向法院请求并经法院判令别居，裁判别居的理由与离婚的理由大致相同；二是协议别居，夫妻在婚姻关系存续期间，以契约约定别居，约定有关别居时的权利义务；三是事实上的别居，虽然配偶间没有经过裁判，也没有明确的别居协议，但事实上夫妻不在一起共同生活。事实别居应有客观的别居状态和主观上的别居愿望，主观的别居愿望是指别居不是产生于不以双方意志为转移的客观原因，而是别居者追求的愿望。

别居的法律后果是，废止婚姻共同生活，终止法律上的同居义务，并产生配偶权的变更，但双方的婚姻关系并未解除。就一般的规定而言，别居的主要法律后果是：第一，终止夫妻间的同居义务，双方分别居住，即使同在一起生活，也没有共同家庭事务的共同处理，没有性生活的存在。第二，日常家事代理权终止，但第三人不知道夫妻已别居者，则夫妻仍就日常家事互为代理人。第三，夫妻财产制变为分别财产制，便利各方对财产的各自利用，也可以杜绝别居后对外的交易麻烦。第四，夫妻间的扶养义务由于婚姻关系尚未解除，因此仍在存续中，双方互负法律上的扶养义务。第五，别居期间对子女的亲权和监护权以及抚养关系，准用离婚后子女抚养的规定。

我国《民法典》没有规定别居制度，在现实中仅有分居的事实。分居不是别居，具有本质差别。德国法认为，分居是婚姻共同生活和离婚之间的过渡期。分居产生类似于离婚的状态，并引起类似于离婚的一系列法律问题，因此，法律对

分居也作了详细规定。[①] 在我国，分居只是夫妻不在一起共同生活或者终止同居义务，没有产生别居的法律后果，《民法典》第 1079 条第 3 款第 4 项规定了“因感情不和分居满二年”，作为认定夫妻感情确已破裂的具体标准。有的学者主张建立类似于别居制度的分居，使之固定为法律制度[②]，值得探讨，但目前尚看不出可观的前景。多数学者认为，别居对于婚姻关系恶化、婚姻即将破裂的夫妻而言，可以发挥暂时冷却的缓冲功能，为遭受家庭暴力的受害配偶提供正当途径解脱，提供给不愿继续共同生活又不急切想离婚的夫妻以补救措施，特别重要的是，别居可以为他人提供判断夫妻状况，是否与其发生财产关系或者其他关系，以及作为婚姻关系确已破裂的事实判断标准，因此建议法律规定别居制度。

（二）离婚的分类

1. 片意离婚与合意离婚

对离婚的这种分类，是以夫妻双方对离婚所持的态度为标准，是许可离婚主义的一种最基本、最原始的分类。

片意离婚，是指配偶中只有一方有明确的离婚意愿，另一方反对离婚、愿意继续保持婚姻关系的离婚，习惯上叫单方要求离婚。

合意离婚，是指配偶双方具有离婚的共识，一致要求解除婚姻关系，习惯上叫双方自愿离婚。

区分片意离婚和合意离婚，应当注意的是：第一，片意或者合意，所指向的对象是当事人对婚姻关系是否解除，并不涉及子女抚养和财产分割问题。第二，这种划分方法关注的是双方当事人对离婚的主观态度，不考虑其他条件和第三人的意见。第三，片意或者合意的主观态度，应以在正式场合的正式表态为准，例如在登记机关或者法院表示的意见，而不是私下表示的意见。

区分片意离婚和合意离婚在法律上的意义在于，当事人的态度表明各自对婚姻状态的评价和认识，进而决定适用法律规定的相应的离婚条件和离婚程序。例

---

① ［德］迪特尔·施瓦布. 德国家庭法. 王葆莳，译. 北京：法律出版社，2022：198.

② 蒋亚婷. 论我国分居制度之构建//陈苇主编. 家事法研究：2007 年卷. 北京：群众出版社，2008：364 页以下.

如，合意离婚可以直接到婚姻登记机关登记离婚，不需要特别的离婚理由；而片意离婚只能通过法院的诉讼程序确定，并且须存在感情确已破裂的事由。

2. 登记离婚与诉讼离婚

这是以离婚的程序是否涉及诉讼为标准划分的，体现的是是否对离婚实行司法干预。

登记离婚，是指不通过诉讼程序进行的离婚。当事人合意解除婚姻关系，按照行政登记程序规定，依当事人对离婚达成的协议，到婚姻登记机关进行离婚登记，即发生离婚的法律效果。

诉讼离婚，是指当事人依照诉讼程序的规定，向法院提起离婚诉讼，经法院审理后调解或者判决的离婚。

很多国家法律认为，离婚是一种司法行为，必须经过法院的裁决才能解除婚姻关系，不承认行政机关离婚程序。我国的离婚程序采取双轨制，包括登记离婚和诉讼离婚。

3. 协议离婚与裁判离婚

这是以当事人对离婚的实质要件的态度作为标准进行的划分。

协议离婚，是指婚姻关系当事人达成全面的离婚协议，依照法律规定的程序解除婚姻关系。当事人可以就离婚达成协议，自行解除婚姻关系，只要不违反法定条件即生离婚的法律效力。

裁判离婚，是指婚姻当事人达不成离婚合意，一方当事人向法院起诉，由法院裁判是否离婚，因此，裁判离婚一般是片意离婚。

我国法律确认协议离婚必须经过登记程序，方可发生法律效力。裁判离婚也不完全是片意离婚，对离婚达成合意，对其他财产关系和子女抚养关系没有达成协议的离婚，也须由法院裁判。

（三）离婚的立法例

1. 禁止离婚主义与许可离婚主义

禁止离婚主义和许可离婚主义是对立的两种立法例。在当代，禁止离婚主义已经基本上消失，许可离婚主义是各国立法的通例。

禁止离婚主义主张婚姻不可离异原则，除非配偶死亡，否则婚姻关系不得解除。这是遵循基督教的教义奉行的婚姻观点，盛行于中世纪的欧洲，影响及于近代社会，目前也还有极少数国家信奉这种婚姻制度。但是，在 15 世纪至 16 世纪的宗教改革中，禁止离婚的教义受到挑战，此后的“婚姻还俗运动”更是动摇了教会法的地位，许可离婚主义兴起。

许可离婚主义是与禁止离婚主义相对的，一般意义上允许离婚的法律原则。欧洲整个奴隶制时代都实行许可离婚制度，从未对离婚行为予以明文禁止。在古罗马，不仅不禁止离婚，还逐渐形成了一套相当完整的离婚制度。在帝国时期，法律承认休妻、合意离婚、正当原因的片意离婚和善因离婚四种离婚形式。善因是指一方当事人进入修道院、不可医治的性无能、一方在战争中被俘等。即使非正当原因的片意离婚，也并非绝对不准离婚，只是在离婚时当事人须受惩罚而已。

2. 限制离婚主义与自由离婚主义

限制离婚主义与自由离婚主义的区别，在于对法律规定的离婚是否设置限制条件。

限制离婚主义，是指准许离婚，但是通过法律设定各种条件，对当事人的离婚权利和离婚行为加以限制。

一是对离婚主体的限制，即限制配偶一方行使离婚的权利，只允许另一方决定婚姻关系的存废。对离婚主体的主要限制，是基于性别歧视而对女子的离婚权利的剥夺，使离婚成为男子的特权。这种对主体的离婚限制又被称为专权离婚主义，通行于古代一些准许离婚的国家，丈夫有权休妻，而妻子只能被动地承受离婚的后果。伊斯兰教通行“口唤”休妻，丈夫只要对着妻子连说三遍“我要和你离婚”，婚姻关系即为解除。

二是对离婚原因的限制，即规定非有法定原因不得离婚。法律对离婚理由作出严格规定，只有出现法定原因且符合其他法定条件时，婚姻关系才可以依照必要的程序解除。这种立法例称为法定离婚原因主义。法律规定的离婚原因分为两种：一种是可归责于配偶一方的原因，如遗弃、虐待、侮辱、通奸等，对以通奸

为由的离婚，如果另一方已经明示或者默示“宥恕”的，被认为是离婚原因的丧失；另一种是不可归责于配偶一方的原因，即非出于主观过错的原因，如一方患有不治的精神病，生死不明，有无法克服的生理障碍等。因此，法定离婚原因主义属于有责离婚主义，或者叫过错离婚主义。在最近一二百年中，有责离婚主义较为普遍，在强调离婚权利平等的同时，实行过错原则的限制离婚主义，强调离婚是“对过错方的惩罚”和“对无过错方的解救”的观念，直至二战之后，特别是20世纪60年代以来，这种立法例才真正改变。

自由离婚主义，是指法律并不列举具体的离婚理由，也不以过错为离婚的必要条件，在婚姻关系破裂时，即可依一方或者双方的要求而准予离婚。这种离婚主义并非与破裂离婚主义画等号，破裂离婚主义只是自由离婚主义的一种表现，不是自由离婚主义的全部。自由离婚主义与限制离婚主义相对，以保护婚姻当事人的离婚自由权利为原则，充分尊重婚姻关系的本质，维护当事人和社会的利益，如果双方当事人合意离婚，应当确认其离婚的合法性。即使双方缺乏离婚合意，一方有明显的过错的，也必须从婚姻关系的实际出发，使那些名存实亡的婚姻关系得以解除。当然，自由离婚主义并不意味着对婚姻关系的轻率行为和个人任意的放纵，法律也不放弃国家对离婚的监督和管理。

二、离婚制度的历史发展

（一）国外离婚制度的历史发展

从前述关于离婚的各种立法例的阐释中，可以看出西方国家离婚制度的历史发展脉络。概括起来，可以用以下四句话说明。

一是古代早期实行专权离婚主义，离婚制度是片意离婚，离婚的权利主要在男子一方，女子只能承受离婚的后果。

二是中世纪教会法实行禁止离婚主义，特别是在11世纪和12世纪，教会权力极大扩张，将婚姻奉为“圣事”，使之归教会管辖，并严格禁止离婚。

三是近代离婚法实行限制离婚主义，或者对主体进行限制，或者对离婚原因

进行限制，与专权离婚主义特别是禁止离婚主义截然不同。

四是现代离婚法奉行自由离婚主义，保护离婚自由的权利，更多实行破裂离婚主义，即婚姻感情确已破裂，可以主张离婚。

（二）中国离婚制度的历史发展

1. 中国古代的离婚制度

中国古代的家制严格，婚姻是实现家族利益的手段，因而依礼制调整婚姻，视婚姻为“伉俪之道，义期同穴，一与之齐，终身不改”。同时，将离婚的权利赋予男子，“夫有出妻之礼，妻无弃夫之条”，实行的是专权离婚主义，因此，离婚又称“休妻”“出妻”“弃妻”“黜妻”“休弃”等，典型的离婚制度分为七出、义绝和和离三种。

（1）七出。

七出，是指丈夫“出妻”、夫家“出妇”的七条理由，起源于奴隶社会末期，开始时是礼制的内容，后来变成法律，成为固定的离婚制度。

在礼制时代，七出为不顺父母去、无子去、淫去、妒去、有恶疾去、多言去、盗窃去。

至唐代，七出变为法律，《唐律疏议》规定：“七出者，依令：一无子，二淫佚，三不事舅姑，四口舌，五盗窃，六妒忌，七恶疾。”

中国古代亲属法也有保护妇女的一些规定，这就是“三不去”：一是经持舅姑之丧不去，即操持公婆丧事，或者为公婆守丧3年者，不可以离婚；二是娶时贱后贵不去，即丈夫前贫后贵的不可以离婚；三是有所受无所归不去，即妻子离婚后无处可归的不可以离婚。但妻犯义绝、淫佚、恶疾者，不受三不去的限制，仍然可以休妻。

（2）义绝。

义绝，是中国古代封建社会特有的一种强制离婚制度，词义为夫妻的情义乖离、其义已绝[①]，必须离异，指的是，如果夫妻之间或者夫妻一方与他方亲属间或者双方的亲属间出现了一定的事件，经官司处断后，认为夫妻之义当绝，则强

① 《唐律疏议》载：“夫妻义和，对义绝则离。”

迫离异，若不离异，即予处罚。[①] 对义绝的事由，《唐律》和《宋刑统》规定为五种：一是夫殴妻之祖父母、父母及杀妻外祖父母、伯叔父母、兄弟、姑、姊妹；二是夫妻祖父母、父母、外祖父母、伯叔父母、兄弟、姑、姊妹自相杀；三是妻殴詈夫之祖父母、父母，杀伤夫之外祖父母、伯叔父母、兄弟、姑、姊妹；四是妻与夫之缌麻以上亲、夫与妻母奸；五是妻欲害夫者，虽会赦，但为义绝。

在明清，义绝的事由增多，诸如妻背夫在逃、妻殴夫、妻杀妾子、妻魇魅其夫、夫抑勒或纵容弃妻与人通奸、夫逃亡 3 年以上不归、夫殴其至折伤以上、夫典雇其妻、夫之祖父母父母非理殴子孙之妇致令废疾、夫强奸妻前夫妇或前夫女、翁欺奸男妇等。这些都是夫妻一方向官府提出离婚之诉的法定事由，由官府判决离婚。

（3）和离。

和离，是指男女双方合意离婚。《唐律疏议》规定："若夫妻不相安谐而和离者，不坐。"即"谓彼此情不相得，两愿离者，不坐。"明清称为"两愿离"。

和离是以夫妻双方的合意为其要件，实际上还是要得到父母的同意，且大多依夫家一方的意思而离婚，妻的合意并无实质性的意义。和离多数并非两愿离婚，多数成为夫家为避免出妻、弃妻的恶名及家丑外扬而逼妻离婚的一种手段。

2. 中国近代的离婚制度

清末之后至民国初年，中国的离婚制度发生了重大变化，以《大清民律草案》和民国《民律草案》的制定为标志。

在这个时期，中国的民事法律制度处于一个变动时期：一方面，在向近现代民法转变；另一方面，封建伦理思想在新制度中还顽固地表现自己，不愿意退出历史舞台。在离婚制度上更是如此，清廷一再强调，三纲五常是数千年相传之国粹，立国之大本，不可率行变革，庶以维天理民彝于不弊。但是，极言清末改律变法中"旧式的离婚制度几乎原封不动地予以保留"[②]，也不准确，有些言过其实。

---

① 王洪主编. 婚姻家庭法. 北京：法律出版社，2003：154.

② 杨大文主编. 婚姻家庭法. 北京：法律出版社，2003：156.

（1）《大清民律草案》规定的离婚。

《大清民律草案》第四编第四章第五节规定“离婚”，共 11 个条文，其中规定了合意离婚和片意离婚。

合意离婚规定在第 1359 条：“夫妻不相和谐而两愿离婚者，得行离婚。”在第 1360 条又规定，两愿离婚者，如果男未及 30 岁或女未及 25 岁者，须经父母允许。两愿离婚，须呈报于户籍吏登记而生效力，但是男未及 30 岁或者女未及 25 岁未经父母允许者，户籍吏不得受理其呈报。

片意离婚采列举主义，规定了法定事由，第 1362 条规定九项：一是重婚者，二是妻与人通奸者，三是夫因奸非罪被处刑者，四是彼造故谋杀害自己者，五是夫妇之一造受彼造不堪同居之虐待或重大之侮辱者，六是妻虐待夫之直系尊属或重大侮辱者，七是受夫直系尊属之虐待或重大侮辱者，八是夫妇之一造以恶意遗弃彼造者，九是夫妇之一造逾 3 年以上生死不明者。不过，夫妇之一造于彼造犯重婚者、妻与人通奸者和夫因奸非罪被处刑者，同意在前的，不得提起离婚之诉；第一种至第八种离婚理由者，应当在明知离婚事实时起 6 个月内呈诉，如果离婚事实发生后逾 10 年者，不得起诉；第九项离婚事实在生死分明后，不得呈诉离婚。

此外，还规定了离婚后的子女抚养和财产分割问题。这些规定，是比较开明的，与我国古代封建社会的离婚制度相比，是有很大进步的。

（2）《民国民律草案》规定的离婚。

民国《民律草案》把“离婚”规定在第四编第三章第四节，其基本内容与《大清民律草案》的规定相似。

第 1147 条至第 1150 条规定的是两愿离婚，呈报户籍吏登记后发生效力。与《大清民律草案》的规定不同的是，两愿离婚均须夫妇父母同意，而未经父母同意的两愿离婚，户籍吏不受理其呈报。

关于片意离婚，也规定了九项法定理由：一是重婚者，二是妻与人通奸者，三是夫因奸非罪被处刑者，四是彼方谋杀害自己者，五是夫妇之一方受彼方不堪同居之虐待或重大侮辱者，六是妻虐待夫之直系尊属或重大侮辱者，七是受夫直

系尊属之虐待或重大侮辱者，八是夫妇之一方以恶意遗弃彼方者，九是夫妇之一方逾 3 年以上生死不明者。同时也规定第 1 项至第 3 项同意在前者，不得提起离婚诉讼；第 1、2、3、5、6、8 项事由，于彼方犯之与以宥恕者，不得提出离婚诉讼。关于离婚的诉讼时效和夫妇一方生死不明的离婚限制，与《大清民律草案》规定的相同。

增加的内容是：第 1155 条和第 1156 条规定，片意离婚，无责任一方对于有责任的一方，得请求损害赔偿或者抚慰金；无责任一方因离婚而陷入非常贫困者，他之一方纵亦无责任，应按其资力给以扶养费，给付方式为定期金，至权利人再婚时终止。离婚时，妻不得再在自己姓名之前冠夫姓，专称母家本姓。再醮[①]之妇离婚后，如归前夫家，得于本姓之上冠前夫家之姓，归母家，则专称本姓。

民国《民律草案》关于离婚的规定，采列举主义兼过错主义，有些方面比《大清民律草案》落后，对妇女一方的限制较多。

(3)《中华民国民法》规定的离婚。

1928 年，国民政府曾经草拟民法典亲属法编，但是未经审议即告撤销。

随后，民法起草委员会重新拟成民法典各编，亲属法编于 1930 年 12 月 26 日公布，1931 年 5 月 5 日施行。

离婚方式有两种，即合意离婚和片意离婚。

合意离婚规定夫妻两愿离婚者，得自行离婚，但未成年人应得法定代理人之同意。两愿离婚依照民间要式程序无须进行登记或者通过法院判决，但应以书面为之，并应有 2 人以上证人之签名。

判决离婚，原则上采过错主义和列举主义，列举了十项法定事由：一是重婚者，二是与人通奸者，三是夫妻一方受他方不堪同居之虐待者，四是妻对于夫之直系尊亲属为虐待或受夫之直系尊亲属之虐待不堪为共同生活者，五是夫妻之一方以恶意遗弃他方在继续状态中者，六是夫妻之一方意图杀害他方者，七是有不治之恶疾者，八是有重大不治之精神病者，九是生死不明已逾 3 年者，十是被判

① 寡妇再嫁为再醮。

处 3 年以上的徒刑或因犯不名誉之罪被处徒刑者。同时规定，关于第 1 项和第 2 项法定事由，有事前同意或者事后宥恕，或者知悉后已逾 6 个月，或者自其情事发生后已逾 2 年者，不得请求离婚。第 6 项和第 10 项，自权利人知悉后已逾 1 年，或自其情事发生后已逾 5 年者，不得请求离婚。

三、中国现行离婚制度

1949 年以来，中国出现了三次离婚高峰期：一是在 20 世纪 50 年代初期，在贯彻执行《婚姻法》中，成千上万饱受封建婚姻痛苦的男女，特别是妇女，要求解除包办婚姻和买卖婚姻，离婚案件数量剧增。二是在 1961 年至 1962 年期间，离婚率增高的原因是三年经济困难时期，重灾区有不少妇女外流与他人重婚。三是 1980 年以来至今，随着社会经济的发展、人民生活水平的提高、婚姻家庭观念的变化、离婚法定条件的放宽，出现了第三次离婚高潮。① 中国《婚姻法》的立法和几次修正，就是伴随着这样的社会背景进行的。

（一）离婚制度的确立与发展

1950 年《婚姻法》规定了新的婚姻制度，第五章规定了“离婚”，第六章规定了“离婚后子女的抚养和教育”，第七章规定了“离婚后的财产和生活”，构造了完整的离婚制度。

1950 年《婚姻法》全面贯彻离婚自由原则，规定“男女双方自愿离婚的，准予离婚。男女一方坚决要求离婚的，经区人民政府和司法机关调解无效时，亦准予离婚”。这种规定是进步的，符合社会发展的需要。同时，该法也反对在离婚问题上的轻率态度，对离婚规定了比较严格的限制条件。如男女双方自愿离婚的，区人民政府在查明确系双方自愿并对子女和财产问题确有适当处理时，才得发给离婚证；男女一方要求离婚的，须由区政府进行调解，调解无效转报法院处理；法院处理离婚案件，也应当首先进行调解，调解无效，有正当原因不能继续夫妻关系的，可以判离，否则也可以判不离。对于离婚的其他问题，即关于子女

① 陈苇. 中国婚姻家庭法立法研究. 2 版. 北京：群众出版社，2010：293－295.

抚养和财产分割以及相互扶助的问题，司法解释也都作了详细规定。广泛进行的《婚姻法》宣传活动，使新的离婚制度深入人心，对于建立新型婚姻家庭关系，推动妇女解放运动，发挥了重要作用。

其后，在适用《婚姻法》的具体实践中，由于“左”的思想影响，在离婚问题上出现了较大偏差，尤其是在一系列政治运动中，“左”的思想越来越严重，请求离婚须单位开证明同意；在法院诉讼离婚，多数被冠以“资产阶级思想”和“资产阶级生活方式”的帽子，以不准离婚作为惩罚手段，使很多名存实亡的婚姻关系在法律的名义下面苟延残喘，“维持”下来。因此，“维持会”成为当时很多婚姻家庭的代名词。①

出现这些问题，既有“左”的思想影响原因，也有《婚姻法》在离婚问题上规定得不够完善的原因。

在改革开放之后，面临着修改《婚姻法》，解决这些现实问题的需要，因此，1980 年立法机关修订《婚姻法》，在第十章专门规定“离婚”，继续肯定协议离婚和判决离婚两种离婚方式，并对离婚后子女抚养教育和共同财产分割等作了必要的规范。

这次修法，在离婚制度上最重大的修改，就是规定了离婚理由，把“感情确已破裂”作为判决离婚的实质要件，既坚持了婚姻自由原则，又给法院以一定的灵活性，比较符合实际情况。

1980 年《婚姻法》也存在较多问题，各种规定还是比较原则、抽象，缺少可操作性是主要问题。例如，感情确已破裂作为离婚的实质性要件，过于抽象，不具体，不好操作。最高人民法院连续作出若干规范性司法解释，对离婚作出补充规定，使《婚姻法》的规定具体化，具有可操作性。

随着时代的发展，1980 年《婚姻法》也逐渐落后于时代的要求，立法机关在 2000 年开始修订《婚姻法》，于 2001 年 4 月 28 日通过，对婚姻家庭制度进行了重大修改，其中离婚制度也出现了较大变化。

---

① 笔者在 1975 年任法官后，曾经看到很多这样的案件，拖延时间最长的案件是吉林省集安市的一件离婚案件，被 14 次判决不准离婚，长达 10 年之久，直到改革开放之后才判决准予离婚。

编纂《民法典》时，在《婚姻法》规定的基础上，结合新时代的发展需求，修改而成《民法典》婚姻家庭编，全面规范离婚制度，特别是还规定了登记离婚的冷静期。

（二）中国现行离婚制度的特点

《民法典》规定的离婚制度主要有以下特点。

1. 保障离婚自由，反对轻率离婚

我国现行离婚制度的指导思想是保障离婚自由，反对轻率离婚。

婚姻自由权是我国自然人的民主权利，实行婚姻自由是《民法典》婚姻家庭编的基本原则，婚姻自主权是《民法典》规定的自然人的人格权。离婚自由是婚姻自由和婚姻自主权的基本内容之一，婚姻自由不能只有结婚自由而没有离婚自由。缺少离婚自由，婚姻自由和婚姻自主就不完整，因此，保障离婚自由是我国婚姻家庭法的一贯精神，它不仅符合婚姻的本质要求，而且符合社会内在稳定的要求。因此，保障离婚自由是实现男女平等、保障人民权利、促进社会进步的重要措施。

在保障离婚自由的同时，婚姻家庭法也反对轻率离婚。如果在婚姻关系尚可存续的情况下，轻易地、草率地将婚姻关系予以解除，无论对个人还是对家庭以及社会，都会造成较大的伤害，因此，婚姻家庭法主张，在婚姻生活出现一些本属于正常的暂时失调或者局部冲突时，不应当将离婚作为解决矛盾的唯一手段，反对轻率离婚仍然是我国离婚制度的重要指导思想。

2. 关于离婚方式仍采取登记离婚和诉讼离婚双轨制

《民法典》仍然规定离婚方式采取双轨制。夫妻双方自愿离婚，并对子女和财产问题已经作出了适当处理的，可以由婚姻登记机关进行离婚登记，即合意离婚采取登记方式。一方要求离婚的片意离婚，或者离婚达成合意但对子女或者财产问题没有达成合意的，向法院提起离婚诉讼，由法院调解或者判决离婚或者不准离婚。

3. 针对登记离婚增加规定离婚冷静期

《民法典》第1077条增加规定了离婚冷静期制度。从总体上说，我国的离婚率偏高，说明我国对登记离婚的限制比较少，离婚比较方便。宽松的登记离婚程序给草率离婚、冲动离婚创造了机会，闪婚闪离的现象比较严重，对维护家庭稳定，保护好子女利益不利。应当看到的是，离婚率上升是一个复杂的社会现象，它是一个社会政治、经济、民族文化、家庭结构、立法规定、司法控制、伦理道德观念、人口结构等多元因素交互影响的复合结果，是这些社会现象和社会道德观念的发展变化在婚姻关系中的综合反映。[①] 因此，在编纂《民法典》时，很多人建议规定离婚冷静期，立法采纳了这个意见。第 1077 条规定：自婚姻登记机关收到离婚登记申请之日起 30 日内，任何一方不愿意离婚的，可以向婚姻登记机关撤回离婚登记申请。在冷静期的 30 日届满后 30 日内，双方应当亲自到婚姻登记机关申请发给离婚证；未申请的，视为撤回离婚登记申请。

4. 针对诉讼离婚实行破裂离婚主义兼采过错离婚主义

《民法典》在判决离婚的原因上，继续采取列举主义，第 1079 条规定了离婚的法定理由，但这并不是完全的列举主义，而是在列举了部分离婚的法定理由之后，作出了一个概括性的条款，即“其他导致夫妻感情破裂的情形”。这个概括性的条款，恰好说明我国采取的是破裂离婚主义。这些规定并未限制过错一方的离婚请求权，不是绝对的过错离婚主义，但是在离婚的后果上，部分采取了过错离婚主义，对有过错的一方，有权请求损害赔偿，并将分割夫妻共同财产也作为一个考虑的因素。

5. 完善离婚救济制度，体现保护弱者利益的实质正义

2001 年修订《婚姻法》，规定了离婚救济制度，特别是增设了离婚家务劳动补偿制度，以及离婚损害赔偿制度，得到了普遍好评。但是，在司法实践中面临着未能得到有效适用的窘境，呈现出低适用、低功效、低救济的特征，影响了婚姻家庭制度功能的发挥。《民法典》在总结司法实践经验的基础上，进一步完善了离婚救济制度。首先，取消了离婚家务劳动经济补偿的前提条件，离婚家务劳动经济补偿请求权不再以夫妻约定适用分别财产制度为前提条件；其次，增设了离婚损害赔偿法定事由的兜底条款，增加“有其他重大过错”作为离婚损害赔偿的法定理由，体现了法律的正义，对离婚自由具有重要的衡平作用。[②]

---

① 夏吟兰．家事法专论．北京：中国政法大学出版社，2020：264.

② 夏吟兰．婚姻家庭编的创新和发展．中国法学，2020（4）.

第二节　离婚程序

一、离婚程序及意义

（一）离婚程序

离婚必须经过法定的程序才能发生解除婚姻关系的法律后果。各国民法典亲属法都规定离婚程序，婚姻关系当事人要解除婚姻关系，必须按照法定程序进行，才能达到离婚解除婚姻关系的目的。

在民法典亲属法中，规定的离婚程序主要有以下几种。

1. 户籍登记程序

有的亲属法规定，离婚需要当事人合意，达成离婚协议之后，由法律规定的具有特定身份的见证人见证，经户籍机关按照户籍法的规定对协议离婚进行登记，即发生离婚的法律后果。《日本民法典》采此种登记程序。

2. 行政登记程序

有的民法典亲属法规定，婚姻双方当事人达成离婚合意之后，离婚协议应当经过行政程序获得批准，方发生离婚的效果。例如，《墨西哥民法典》第272条规定："夫妻双方自愿离婚，应亲自到其住所地的民事登记处官员面前声明，由民事官员制作一项记录，载明他们的离婚请求，并在15日内传唤双方前来确认上述记录，如果当事人双方都表示同意，民事登记处官员就应宣布他们离婚。"

我国的协议离婚必须经过行政登记程序，属于这种离婚程序。《民法典》第1076条第1款规定："夫妻双方自愿离婚的，应当签订书面离婚协议，并亲自到离婚登记机关申请离婚登记。"

3. 司法裁决程序

各国民法典亲属法一般都规定离婚的司法程序，分为两种：一是协议离婚的

司法裁决程序，二是片意离婚的司法裁决程序。在协议离婚的司法裁决程序中，当事人的离婚协议必须经过法院的裁决才发生法律效力，不经过这个程序，不能协议离婚。法国实行这种协议离婚的裁决程序，规定如果夫妻双方共同请求离婚，无须说明理由，夫妻双方仅应将处理离婚后果的协议草案呈报法官批准。片意离婚的司法裁决程序是，一方当事人须向法院提出离婚请求，由法院依照审判程序进行审理，依法作出裁决。

我国的离婚司法裁决程序属于后一种，是片意离婚的司法裁决程序。有离婚合意，但在子女抚养和财产分割方面有争议的，也应经过司法裁决程序确定。《民法典》第 1079 条第 1 款规定："夫妻一方要求离婚的，可以由有关组织进行调解或者直接向人民法院提起离婚诉讼。"

（二）离婚程序的意义

之所以对离婚规定严格的程序，是因为通过离婚解除婚姻关系会产生一系列的法律后果。离婚程序的意义有以下几点：

第一，通过严格的离婚程序，可以使当事人对离婚的选择予以慎重对待，在履行这些严格的程序中，促使婚姻当事人反复进行思索，究竟是不是要选择离婚。在这样的基础上作出婚姻关系解除的宣告，能更符合当事人的真实意愿。

第二，通过严格的离婚程序，对离婚的各方面法律后果予以明确，确定与离婚相关的事项，在法律上作出确定的处理，确定应当明确的权利义务关系。例如，确定对子女的抚养，确定夫妻财产的分割关系等，将各自的权利义务确定清楚。

第三，通过严格的离婚程序，取得社会公示的效果，不仅公告婚姻双方当事人之间的婚姻关系消灭，消灭了他们之间的配偶权，而且他们的财产关系也因离婚而发生变化，同时具有物权属性的公示性。

二、登记离婚

（一）登记离婚的概念和特点

登记离婚，也叫作两愿离婚、协议离婚、自愿离婚，是指婚姻关系基于双方

当事人的合意，并经过行政登记程序而解除。这就是《民法典》第1076条第1款规定的程序，只有“婚姻登记机关查明双方确实是自愿并对子女和财产问题已有适当处理时，发给离婚证”，才完成离婚登记程序。

我国登记离婚的特征如下。

1. 登记离婚的基础是合意离婚

自愿离婚就是合意离婚。如果是片意离婚，不可能经过行政登记程序而发生离婚的法律后果。《民法典》第1076条第1款规定的“应当签订书面离婚协议”，就是合意离婚的书证。

2. 登记离婚的性质是直接协议离婚

在协议离婚中，分为直接协议离婚和间接协议离婚。直接协议离婚是直接依据当事人的离婚协议，履行必要的程序后，即产生离婚的法律后果。间接协议离婚，是指由协议别居转变为离婚，即夫妻在法律上或者事实上不中断地别居达到一定的期间后，可因双方的共同请求转变为解除婚姻关系，因此间接协议离婚也叫作协议别居离婚。我国法律不承认别居制度，因此其属于直接协议离婚。

3. 登记离婚亦适用于片意离婚，但须经调解达成离婚协议

协议离婚是两愿离婚、合意离婚。对于一方坚持离婚的片意离婚，经过调解，双方达成了离婚合意的，就转化为协议离婚，也适用于登记离婚。

4. 登记离婚须经过冷静期

《民法典》新增设了登记离婚的30日冷静期。在该期间，离婚当事人应当进一步思考，是否坚持离婚的主张，以减少冲动离婚和草率离婚。经过冷静期后仍然坚持离婚的，才办理登记离婚手续。

5. 登记离婚须经行政登记方发生法律效力

协议离婚必须经过法律规定的行政登记程序，即通过婚姻登记机关的确认。只有经过婚姻登记机关登记，发给离婚证的，才能发生解除婚姻关系的效力。

（二）登记离婚的条件

登记离婚的条件是登记离婚的实质性要件。登记离婚的实质要件分为必要性要件和限制性要件。前者是指登记离婚的必要的、积极的条件，这些要件一般是

指当事人的行为能力、意思表示、对离婚后果作出的一致安排等；后者是指登记离婚的排除性条件，即夫妻不得提出协议离婚申请的法定事由，诸如不得有未成年子女，结婚须届满一定期间，双方须达一定的年龄等。

《民法典》针对登记离婚没有规定限制性条件，规定的是必要性条件，这些条件是：

1. 登记离婚的男女双方须具有合法的夫妻身份

离婚解除的是现存的合法婚姻关系，因此，申请登记离婚的当事人之间必须存在合法的婚姻关系。对无效婚姻、可撤销婚姻、准婚姻关系、非法同居等关系，不得以离婚的方式解除。

2. 离婚当事人须是完全民事行为能力人

离婚是解除当事人之间特定身份关系的民事法律行为，当事人必须具有完全民事行为能力。《民法典》没有直接规定这一条件，《婚姻登记条例》第 12 条规定，一方或者双方当事人为限制民事行为能力人或者无民事行为能力人的，婚姻登记机关不予受理。离婚当事人不具有完全民事行为能力的，即使达成离婚合意，也必须到法院依照诉讼程序处理。

3. 双方当事人须达成离婚合意

双方当事人登记离婚，必须达成离婚的合意。该合意是离婚的意思表示一致，必须是真实的，而不是虚假的，也不是一方胁迫另一方。因一时的气愤、感情冲动、欺诈、哄骗、胁迫达成的离婚协议，都不是真正的离婚合意。为了其他目的而达成的离婚协议，也不是真正的离婚合意。《民法典》第 1076 条规定的“夫妻双方自愿离婚”，要求是真实的、一致的离婚合意。

4. 对离婚后的子女抚养已经作出适当处理

登记离婚时，双方当事人必须对子女的抚养教育作出适当处理，进行合理的安排，并达成一致的协议。协议中对于子女由何方抚养，抚养费的负担和给付期限、给付方式，都必须有明确的、切实可行的条款。

5. 对夫妻共同财产作出适当处理

登记离婚必须对夫妻共同财产的分割作出适当处理，包括共同财产如何进行

分割，共同债务如何进行清偿，一方生活确有生活困难的如何给予适当的经济帮助等，都必须有明确的约定。

（三）登记离婚的程序

《民法典》没有对离婚的行政登记程序作出明确规定，只增加了离婚冷静期的规定。《民法典》实施后，2003 年《婚姻登记条例》没有修改，《民政部关于贯彻落实〈中华人民共和国民法典〉中有关婚姻登记规定的通知》。综合起来，根据《民法典》第 1076 条、第 1077 条和第 1078 条的规定，离婚登记按如下程序办理。

1. 申请

夫妻双方自愿离婚的，应当签订书面离婚协议，共同到有管辖权的婚姻登记机关提出申请，并提供以下证件和证明材料：（1）内地婚姻登记机关或者中国驻外使（领）馆颁发的结婚证；（2）符合《婚姻登记工作规范》第 29 条至第 35 条规定的有效身份证件；（3）在婚姻登记机关现场填写的“离婚登记申请书”。

2. 受理

婚姻登记员按照《婚姻登记工作规范》的有关规定对当事人提交的上述材料进行初审。

申请办理离婚登记的当事人有一本结婚证丢失的，当事人应当书面声明遗失，婚姻登记员可以根据另一本结婚证受理离婚登记申请；申请办理离婚登记的当事人两本结婚证都丢失的，当事人应当书面声明结婚证遗失并提供加盖查档专用章的结婚登记档案复印件，婚姻登记员可根据当事人提供的上述材料受理离婚登记申请。

婚姻登记员对当事人提交的证件和证明材料初审无误后，发给“离婚登记申请受理回执单”。不符合离婚登记申请条件的，不予受理。当事人要求出具“不予受理离婚登记申请告知书”的，应当出具。

3. 冷静期

自婚姻登记机关收到离婚登记申请并向当事人发放“离婚登记申请受理回执单”之日起 30 日内，任何一方不愿意离婚的，可以持本人有效身份证件和“离婚登记申请受理回执单”（遗失的可不提供，但需书面说明情况），向受理离婚登记申请的婚姻登记机关撤回离婚登记申请，并亲自填写“撤回离婚登记申请书”。经婚姻登记机关核实无误后，发给“撤回离婚登记申请确认单”，并将“离婚登记申请书”、“撤回离婚登记申请书”与“撤回离婚登记申请确认单（存根联）”一并存档。

在离婚冷静期届满后30日内，双方未共同到婚姻登记机关申请发给离婚证的，视为撤回离婚登记申请。

4. 审查

自离婚冷静期届满后30日内（期间届满的最后一日是节假日的，以节假日后的第一日为期限届满的日期），双方当事人应当持《婚姻登记工作规范》第55条第4至7项规定的证件和材料，共同到婚姻登记机关申请发给离婚证。

婚姻登记机关按照《婚姻登记工作规范》第56条和第57条规定的程序和条件执行和审查。婚姻登记机关对不符合离婚登记条件的，不予办理。当事人要求出具“不予办理离婚登记告知书”的，应当出具。

5. 登记（发证）

婚姻登记机关按照《婚姻登记工作规范》第58条至第60条的规定，予以登记，发给离婚证。

离婚协议书一式三份，男女双方各一份并自行保存，婚姻登记处存档一份。婚姻登记员在当事人持有的两份离婚协议书上加盖“此件与存档件一致，涂改无效。××××婚姻登记处×××年××月××日”的长方形红色印章并填写日期。多页离婚协议书同时在骑缝处加盖此印章，骑缝处不填写日期。当事人亲自签订的离婚协议书原件存档。婚姻登记处在存档的离婚协议书上加盖“×××登记处存档件××××年××月××日”的长方形红色印章并填写日期。

三、诉讼离婚

（一）诉讼离婚的概念、特点和适用范围

1. 诉讼离婚的概念和特点

诉讼离婚也叫裁判离婚，是指夫妻一方当事人基于法定离婚原因，向法院提

起离婚诉讼，法院依法通过调解或判决解除当事人之间的婚姻关系的离婚方式。

这种离婚方式的特点是：

第一，诉讼离婚是对真正有争议的离婚事件进行裁判。尽管对于双方达成协议的合意离婚也可以诉讼离婚，但是，真正的诉讼离婚程序是为了解决一方坚持离婚，而另一方不同意离婚的纠纷而设置的。

第二，诉讼离婚是典型的合并之诉。离婚诉讼绝不是只对离婚进行审理，还要审理由离婚而引起的其他法律后果，例如子女抚养、财产分割、经济扶助、子女探望，甚至离婚损害赔偿问题等。对这些都要合并在一起进行审理。

第三，诉讼离婚实行调解先置程序。法官在审理离婚案件时，必须依照职权进行调解，在审理中，也更多地实行职权主义，这样才能适应离婚诉讼的特殊性。

2. 诉讼离婚的适用范围

我国诉讼离婚适用于以下三种离婚纠纷：一是夫妻一方要求离婚，另一方不同意离婚的；二是夫妻双方都愿意离婚但在子女抚养、财产分割等离婚后果问题上不能达成协议的；三是夫妻双方都愿意离婚，并对子女抚养、财产分割等离婚后果达成协议，但未依法办理结婚登记手续而以夫妻名义共同生活且为法律所承认的事实婚姻。

除此之外，对于符合登记离婚条件的合意离婚，如果当事人基于某种原因不愿意登记离婚的，也可以采取诉讼离婚。

（二）诉讼离婚的一般程序

诉讼离婚的程序适用《民事诉讼法》和《民法典》的规定，分为三个阶段。

1. 起诉和答辩

当事人起诉离婚案件，应当由原告向人民法院提出。离婚案件应当由被告住所地人民法院管辖，被告住所地与经常居住地不一致的，由经常居住地人民法院管辖。

对具体的管辖问题，最高人民法院《关于适用〈中华人民共和国民事诉讼法〉若干问题的意见》第 11 条至第 16 条作了具体规定，主要内容是：

第一，非军人对军人提出的离婚诉讼，如果军人一方为非文职军人，由原告住所地人民法院管辖。离婚诉讼双方当事人都是军人的，由被告住所地或者被告所在的团级以上单位驻地的人民法院管辖。

第二，夫妻一方离开住所地超过1年，另一方起诉离婚的案件，由原告住所地人民法院管辖。夫妻双方离开住所地超过1年，一方起诉离婚的案件，由被告经常居住地人民法院管辖；没有经常居住地的，由原告起诉时居住地的人民法院管辖。

第三，在国内结婚并定居国外的华侨，如定居国法院以离婚诉讼须由婚姻缔结地法院管辖为由不予受理，当事人向人民法院提出离婚诉讼的，由婚姻缔结地或一方在国内的最后居住地人民法院管辖。

第四，在国外结婚并定居国外的华侨，如定居国法院以离婚诉讼须由国籍所属国法院管辖为由不予受理，当事人向人民法院提出离婚诉讼的，由一方原住所地或在国内的最后居住地人民法院管辖。

第五，中国公民一方居住在国外，一方居住在国内，不论哪一方向人民法院提起离婚诉讼，国内一方住所地的人民法院都有权管辖。如果国外一方在居住国法院起诉，国内一方向人民法院起诉的，受诉人民法院有权管辖。

第六，中国公民双方在国外但未定居，一方向人民法院起诉离婚的，应由原告或者被告原住所地人民法院管辖。

2. 调解

调解是审理离婚案件的必经程序。《民法典》第1079条第2款第一句规定："人民法院审理离婚案件，应当进行调解。"按照这一规定要求，离婚案件未经调解，人民法院不能直接作出离婚判决。

调解解决离婚案件也是诉讼离婚。因为诉讼中的调解，是法院行使审判权的重要方式，调解书确认的条款具有与判决书相同的法律效力，因此，法院调解与诉讼外调解具有本质上的不同。

法院审理离婚案件应当通过调解，充分听取双方当事人的意见，了解当事人离婚的原因，双方分歧的焦点，以及有无和好的可能，进而根据纠纷的具体情

况，做好当事人的思想工作，以平息纠纷。经过调解，如果当事人同意和好，由原告撤诉或者将和好协议记录在案，即可终止离婚诉讼。如果达成离婚协议，法院则按照调解协议制作调解书，送达当事人，双方当事人签收后，即发生法律效力，婚姻关系即告解除。如果调解无效，法院则应当作裁判的工作。

3. 判决

对调解无效的离婚案件，法院应当依法判决。在这个问题上，司法实践存在的问题是，在过去的较长时间里过于强调调解，致使案件久拖不决，大量的案件积压。司法改革以来，又存在过于强调依法判决而忽视调解程序，不注意做好当事人的思想工作的现象，使调解成了走过场，使本来坚持做好调解工作就可以不离婚的案件，判决离婚之后又很快出现反复。这两种方式都是不正确的，应当避免。

对调解不成需要判决的离婚案件，处理的规则是：

（1）坚持查明事实，以查明的事实为根据进行判决。确定判决离婚的条件以感情确已破裂为标准。

（2）对于符合夫妻感情确已破裂，符合法律规定的准予离婚的条件的，应当判决离婚，并对子女抚养、财产分割等一并作出判决。

（3）对于感情尚未真正破裂，不符合法律规定准予离婚条件的，应当判决不准离婚。

（4）无论是判决准予离婚的还是判决不准离婚的，当事人都可以在收到判决书的次日起15天内提出上诉。如果在上诉期内没有上诉，一审判决发生法律效力。在当事人未上诉的一审离婚判决上诉期届满发生法律效力后，法院应当向当事人出具判决书生效证明书并加盖院印，确认该判决书已经发生法律效力。

（5）当事人上诉引起二审程序的，二审法院仍然可以进行调解，调解无效的，依法作出准予离婚或者不准离婚的判决，判决书一经送达即发生法律效力。

（三）诉讼离婚的特别程序

诉讼离婚的特别程序，是指在诉讼离婚的程序中，对某些离婚请求权的限制性程序，也叫作离婚请求权的限制。

1. 对判决不准离婚或者调解和好再次起诉的离婚请求权限制

对已经起诉离婚法院判决不准离婚或者调解和好的当事人再次起诉离婚的，《民法典》第 1079 条第 5 款作出限制："经人民法院判决不准离婚后，双方又分居满一年，一方再次提起离婚诉讼的，应当准予离婚。"该条文体现的限制条件，是法院判决不准离婚的当事人，只有双方在判决不准离婚后分居满 1 年的，才可以再次提出离婚诉讼。《民事诉讼法》第 127 条第 7 项规定，判决不准离婚或者调解和好的，如果没有新情况、新理由，被判决不准离婚或者调解和好的原告再次提起离婚诉讼的时间，必须在 6 个月以后，否则法院不予受理。如果对方提起离婚诉讼，则不受这一规定的限制；如果有新情况、新理由，也不受这一规定的限制。所谓的新情况、新理由，应当是在前一次诉讼中没有提出过且能够证明夫妻感情确已破裂的事实和根据。

《民法典》的生效时间是 2021 年 1 月 1 日，《民事诉讼法》修正后的生效时间是 2022 年 1 月 1 日，都是有效的现行法律。两部法律的上述规定存在一定的差别，应当进行协调。本书认为，对于判决不准离婚的离婚案件，原告再次起诉的时间是须经过 6 个月，但是法院判决离婚的，应当在判决后双方又分居达到 1 年。

确定分居，可以借鉴德国法的规定，《德国民法典》第 1567 条第 1 款规定，配偶分居，必须同时满足的条件是：第一，在配偶双方之间已经不存在家庭共同生活；第二，至少一方拒绝继续婚姻共同生活，即不愿意恢复家庭的共同生活。在判断分居时，不能只看终止家庭共同生活这一外在表现，还要考察当事人的主观意图，包括配偶一方不愿意和另一方共同生活的意愿，以及拒绝婚姻共同生活的动机。①

2. 对现役军人配偶离婚请求权的限制

《民法典》第 1081 条对现役军人的配偶的离婚主张作出了限制性规定："现役军人的配偶要求离婚，应当征得军人同意，但是军人一方有重大过错的除外。"这种对离婚权利的限制，在 1950 年和 1980 年的《婚姻法》中都有规定，限制的

① ［德］迪特尔·施瓦布. 德国家庭法. 王葆莳，译. 北京：法律出版社，2022：198－199.

条件更为苛刻，即现役军人的配偶要求离婚的，必须军人同意，军人不同意离婚的，就不能判决离婚。这些规定显然不符合现在的国情和离婚自由原则，因此，1984 年最高人民法院的司法解释作过适当缓和，即军人不同意离婚时，应教育原告珍惜与军人的夫妻关系，尽力调解和好或者判决不准离婚，但对夫妻感情已经破裂，经过做和好工作无效，确实不能继续维持夫妻关系的，应通过军人所在部队团以上的政治机关，做好军人的思想工作，准予离婚。2001 年修订《婚姻法》时，对此作出了新规定，在坚持这一原则的情况下，军人一方有重大过错的，不受这一规定的限制。《民法典》继续坚持这一规定。

该离婚权利的限制，限制的是实体权利，即现役军人的配偶可以起诉离婚，但是只要军人一方没有重大过错，且军人一方不同意离婚的，法院就判决不准离婚。

该离婚请求权的限制，以非军人一方配偶的对方身份确定为条件，起诉的一方是非军人，对方是军人的，即受该条款的限制。军人之间的离婚诉讼，军人起诉非军人的离婚诉讼，则不受该条款的限制。至于军人的范围，是指正在人民解放军和人民武装警察部队服现役，具有军籍的干部和士兵；不包括没有军籍的职工，转业、退伍、退休、离休的军人和已经退役的革命残废军人，以及编入民兵组织或者预备役军官、士兵，以及正在劳动教养或者服刑的军人。

重大过错，按照《婚姻家庭编解释一》第 64 条关于“民法典第一千零八十一条所称的‘军人一方有重大过错’，可以依据民法典第一千零七十九条第三款前三项规定及军人有其他重大过错导致夫妻感情破裂的情形予以判断”的规定，军人一方的重大过错包括：重婚或者与他人同居的，实施家庭暴力或虐待、遗弃家庭成员的，有赌博、吸毒恶习屡教不改的，其他重大过错如有强奸妇女、奸淫幼女、嫖娼等违法犯罪行为的。

法院对此应当遵守的规则是：第一，现役军人的配偶提出离婚诉讼请求的，必须征得军人一方的同意，才可以判决离婚。第二，现役军人不同意离婚的，原则上不能判决准予离婚。第三，现役军人有上述重大过错，非军人一方请求离婚的，其权利不受限制，法院应当根据是否具有法律规定的离婚理由作出判决。

3. 对男方离婚请求权的限制

《民法典》第 1082 条规定："女方在怀孕期间、分娩后一年内或终止妊娠后六个月内，男方不得提出离婚；但是，女方提出离婚的，或者人民法院认为确有必要受理男方离婚请求的除外。"这是法定的对男方离婚请求权的限制。

限制男方离婚请求权的目的，是保护妇女和子女的合法权益。其原因是，在法律规定的上述时期中，女方在身体上、精神都有很重的负担，如果在这个时期对女方的身体上、精神增加过重的负担，对女方本人以及对正在孕育的胎儿、出生后的婴儿，都会造成严重的影响。在这个时期禁止男方提出离婚请求，是完全必要的。

按照这一规定，如果男方在上述期间提出离婚请求，法院直接判决驳回原告的诉讼请求，而不是判决不准离婚。因为这个时候并没有进行实体审理。在上述期间经过之后，男方再提出离婚诉讼请求的，应当依法审理。

该期间是法定期间，分为三种：

一是女方怀孕期间。如果起诉时并没有发现女方怀孕，而是在审理中或者审理结束时发现女方怀孕，也适用该规定，驳回原告的诉讼请求；即使在一审判决作出，在二审期间发现的，也应当撤销原判，驳回原告的诉讼请求。

二是女方分娩后 1 年内。无论女方分娩后胎儿是活着出生还是死亡，均受该期间的限制。

三是女方终止妊娠后 6 个月内。在此期间，无论女方出于何种原因终止妊娠，都不准男方提出离婚诉讼。

上述期间是不变期间，不适用诉讼时效关于中止、中断和延长的规定。

该期间的例外规定是：

第一，女方提出离婚的，不受该期间的限制。这是因为女方在该期间提出离婚，自己已经有所准备，她经过价值衡量认为只有离婚才能够更好地保护自己和胎儿的利益。对此如果予以限制，反而会对女方和胎儿、婴儿不利。

第二，如果法院认为确有必要受理男方的离婚诉讼，则不受该期间的限制。对此，法院应当严格把握"确有必要"的尺度。例如，在此期间双方确实存在不

能继续共同生活的重大而紧迫的情事，一方对他方有危及生命、人身安全的可能，女方怀孕是与他人通奸所致等，均为确有必要。

第三节 离婚的法定理由

一、离婚的法定理由概述

（一）1950年和1980年《婚姻法》的规定

我国婚姻家庭法对离婚法定理由的规定，经历了一个发展过程。

1950年《婚姻法》没有规定离婚条件。1980年《婚姻法》规定了概括的“夫妻感情确已破裂”的标准，没有作出具体规定，被称作“单一的破裂主义原则”，可操作性不强，如何确定完全在于法官的理解，弹性过大，尺度难以掌握。

为了解决这个问题，最高人民法院在1989年制定了《关于人民法院审理离婚案件如何认定夫妻感情确已破裂的若干具体意见》（以下简称《夫妻感情确已破裂司法解释》），列举了可以认定夫妻感情确已破裂的14种情形：(1) 一方患有法定禁止结婚的疾病，或一方有生理缺陷及其他原因不能发生性行为，且难以治愈的。(2) 婚前缺乏了解，草率结婚，婚后未建立起夫妻感情，难以共同生活的。(3) 婚前隐瞒了精神病，婚后经治不愈，或者婚前知道对方患有精神病而与其结婚，或一方在夫妻共同生活期间患精神病，久治不愈的。(4) 一方欺骗对方，或者在结婚登记时弄虚作假，骗取“结婚证”的。(5) 双方办理结婚登记后，未同居生活，无和好可能的。(6) 包办、买卖婚姻，婚后一方随即提出离婚，或者虽共同生活多年，但确未建立起夫妻感情的。(7) 因感情不和分居已满3年，确无和好可能的，或者经法院判决不准离婚后又分居满1年，互不履行夫妻义务的。(8) 一方与他人通奸、非法同居，经教育仍无悔改表现，无过错一方起诉离婚，或者过错方起诉离婚，对方不同意离婚，经批评教育、处分，或在法院判决不准离婚后，过错方又起诉离婚，确无和好可能的。(9) 一方重婚，对方提出离婚的。(10) 一方好逸恶劳、有赌博等恶习，不履行家庭义务，屡教不改，夫妻难以共同生活的。(11) 一方被依法判处长期徒刑，或其违法、犯罪行为严重伤害夫妻感情的。(12) 一方下落不明满 2 年，对方起诉离婚，经公告查找确无下落的。(13) 受对方的虐待、遗弃，或者受对方亲属虐待，或虐待对方亲属，经教育不改，另一方不谅解的。(14) 其他原因导致夫妻感情确已破裂的。这些规定，是对婚姻家庭法没有规定离婚法定理由的补充。

(二) 2001 年《婚姻法》的规定

在 2001 年修订《婚姻法》的过程中，绝大多数学者主张在坚持破裂主义的同时，应当借鉴最高人民法院司法解释的做法，规定离婚法定理由，并且取得了立法机关的支持。立法确定的基本原则，就是坚持实行破裂离婚主义，同时增加离婚法定理由的列举，实行离婚法定理由的混合主义立场。

规定具体的离婚法定理由的蓝本，就是前述司法解释的规定。在司法解释规定的 14 条标准中，有些并不是判断夫妻感情确已破裂的标准，例如，“一方患有法定禁止结婚的疾病，或一方有生理缺陷及其他原因不能发生性行为，且难以治愈”，“婚前隐瞒了精神病，婚后经治不愈，或者婚前知道对方患有精神病而与其结婚，或一方在夫妻共同生活期间患精神病，久治不愈的”，“一方欺骗对方，或者在结婚登记时弄虚作假，骗取《结婚证》”等，都不是感情确已破裂的标准，而是无效婚姻、可撤销婚姻的法定事由，或者是影响婚姻目的实现的客观事由。《婚姻法》规定对具体的离婚法定事由作了准确规定。

《民法典》第 1079 条第 3 款在《婚姻法》第 32 条之规定的基础上，进行了适当调整，规定了离婚的法定事由。

二、离婚法定事由的内容

(一) 法定事由

《民法典》第 1079 条规定的离婚法定事由是夫妻感情确已破裂。

2001 年《婚姻法》规定的也是这个标准。在修改《婚姻法》的过程中，很

多学者主张用夫妻关系确已破裂代替夫妻感情确已破裂，认为前者更为客观、更容易掌握。立法机关没有采纳这种主张，仍然坚持后者。其理由是：第一，夫妻感情是婚姻不可易移的基础，婚姻的成立是基于感情，婚姻的离异也是基于感情，因此把夫妻感情确已破裂作为判断是否离婚的标准，体现了婚姻关系的本质；第二，这一标准是我国对长期司法实践经验的总结，从 20 世纪 50 年代开始，司法实践就坚持“确实不能维持夫妻关系”和“夫妻感情确已完全破裂”作为判决离婚的标准，直到 1980 年修订《婚姻法》时正式将其规定在法律中，随后一直坚持这样的标准。实践证明，这样的规定是正确的、必要的。因此，2001 年《婚姻法》第 32 条第 2 款规定：“人民法院审理离婚案件，应当进行调解；如感情确已破裂，调解无效的，应准予离婚。”

《民法典》第 1079 条第 2 款仍然坚持这样规定。

1. 夫妻感情确已破裂的含义

夫妻感情确已破裂的含义是：夫妻之间感情已经不复存在，不能期待夫妻双方有和好的可能。

2. 夫妻感情确已破裂的认定依据

夫妻感情属于主观的心理范畴，但任何主观心理的意识总是会在人的行为中表现出来，因而可以依据行为人的客观表现推断其主观心理。确定夫妻感情确已破裂的客观表现的标准可分为两个层面。

从主观标准观察，是夫妻共同生活不复存在，而且不能期待恢复共同生活。《夫妻感情确已破裂司法解释》指出：“判断夫妻感情是否确已破裂，应当从婚姻基础、婚后感情、离婚原因、夫妻关系的现状和有无和好的可能等方面综合分析。”这五个方面完整地反映了一个婚姻关系的具体情况，完全可以据此确定双方当事人的夫妻共同生活是否不复存在，是否不能期待恢复共同生活。

从客观标准观察，就是调解无效。《民法典》第 1079 条规定把“调解无效”作为判决离婚的条件之一，并不是任意的、可有可无的，而是必要的、必需的。离婚调解应当认真进行，真正做好思想工作，使当事人能够正视离婚的现实影响和不利结果，尽可能做好和好工作，而不是敷衍了事。经过这些工作之后仍然无

法使当事人放弃离婚要求的，才能认定为调解无效。

在实践中，将这两个标准结合在一起，就可以判断一个婚姻关系是否构成夫妻感情确已破裂。

（二）具体事由

《民法典》第1079条第3款规定以下事由为离婚法定事由。

1. 重婚或者与他人同居

重婚，是指有配偶者与他人结婚的行为，包括有配偶者与他人登记结婚，以及有配偶者与他人以夫妻名义共同生活的事实重婚。一夫一妻是我国婚姻家庭法的基本原则，违反一夫一妻原则而重婚，不仅是一般的违法行为，还构成犯罪，构成配偶的重大过错，应当受到谴责。如果对方提出离婚请求，则构成判决离婚的法定理由，应判决离婚。如果重婚方提出离婚，应审查婚姻关系是否确已破裂，对确已破裂的，判决离婚。重婚方构成重婚罪的，依法追究刑事责任。

与他人同居，是指配偶一方与婚外异性不以夫妻名义，持续、稳定地共同居住。配偶间互负忠实义务。忠实义务是指配偶的专一性生活义务，也称不为婚外性生活的义务。配偶在婚姻之外发生性行为，与其他异性同居，构成对忠实义务的违反，对婚姻关系最具有威胁，因此，有配偶者与他人同居，是离婚的法定事由，对方起诉离婚的，法院应当判决准予离婚。在过错方请求离婚时，不应把处理其错误行为与是否判决离婚等同起来，一方坚决提起离婚时，如果确无和好可能，无论对方配偶是否同意，均视为婚姻关系无可挽回的破裂，可以判决离婚。

2. 实施家庭暴力或者虐待、遗弃家庭成员

在婚姻家庭领域，必须贯彻人格尊严原则，确保人身安全的基本人权，禁止实施家庭暴力，禁止虐待或者遗弃家庭成员，因此，《民法典》规定实施家庭暴力，或者虐待、遗弃家庭成员的，构成法定离婚事由。

家庭暴力，是指行为人以殴打、捆绑、残害、强行限制人身自由以及其他手段，给对方配偶以及家庭成员的身体、精神等方面造成损害后果的行为。家庭暴力是发生在家庭里的暴力，不仅包括单纯的身体上的殴打，还包括心理上和情感

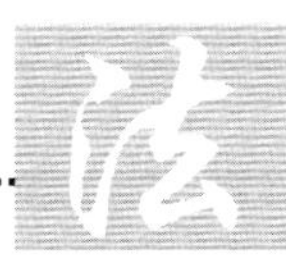

上的妨害和困扰，以及纠缠不休，打骚扰电话和恐吓。[①]

虐待，是指经常以打骂、冻饿、禁闭、有病不予治疗、强迫过度劳动、限制人身自由、凌辱人格等方法，对共同生活的家庭成员进行肉体上、精神上的摧残和折磨的行为。[②] 按照司法解释的规定，持续性、经常性的家庭暴力，构成虐待。

遗弃，是指负有扶养义务的家庭成员拒不履行扶养义务的行为。

上述三种行为都是违法行为，都是夫妻感情确已破裂的客观表现，是判决离婚的法定理由。法院应在查明事实的基础上，根据实施家庭暴力以及虐待、遗弃的不同程度区别处理。对于情节轻微的，应对行为人进行批评教育，责令其改正错误；如果行为人承认并愿意改正错误，应作好调解工作，对方配偶愿意谅解的，可以不判决离婚；经常发生虐待、遗弃行为，经教育不改，对方不予谅解的，应判决离婚；情节严重构成犯罪的，应依法追究刑事责任。在适用上述规定的离婚法定事由时应当注意，对配偶一方实施家庭暴力、虐待、遗弃的，构成离婚法定事由；对其他家庭成员实施家庭暴力、虐待、遗弃，对方配偶提出离婚的，也构成离婚的法定事由，应当准予离婚。

3. 有赌博、吸毒等恶习，屡教不改

一方恶习，是各国民法典亲属法基本上都规定的离婚法定事由。我国将一方有恶习作为离婚法定事由，具体规定为有赌博、吸毒等恶习屡教不改。构成这一离婚法定事由须满足两个条件：一是配偶一方确有赌博、吸毒等恶习，经教育、劝说屡不改正；二是配偶一方因恶习不履行婚姻义务，夫妻难以共同生活。如果配偶一方只是曾经有过赌博、吸毒的历史，或者情节轻微，可以改过，不能认为是“恶习”。达到恶习的程度，应当具有屡教不改的情节。另外，赌博、吸毒只是一般的例示性规定，其他恶习诸如酗酒、嫖娼、卖淫、淫乱、好逸恶劳等，屡教不改的，也作为离婚的法定事由。

4. 因感情不和分居满 2 年

经过一定期间的分居，是各国民法典亲属法普遍规定的离婚法定事由。在我

---

① ［美］凯特·斯丹德利. 家庭法. 屈广清，译. 北京：中国政法大学出版社，2004：101.

② 中华法学大辞典简明本. 北京：中国检察出版社，2003：503.

国《民法典》也规定了这一离婚法定事由。

有的学者认为，这里规定的分居就是别居①，这种看法不够准确。我国《民法典》不使用别居概念，将法律已经明确规定的分居称为别居，是不正确的。《民法典》规定的分居，与其他国家亲属法规定的别居有很大区别，不是同一概念。

分居，是指配偶双方拒绝在一起共同生活，互不履行夫妻义务的行为。在主观上，配偶确有分居的愿望，拒绝在一起共同生活；在客观上，配偶的夫妻共同生活完全废止，分开生活。按照法律规定，这种状态已满 2 年的，构成离婚法定事由。

对于由于客观原因而引起的“分居”，如夫妻原本就两地生活，或者一时气愤而分开居住的，都不构成分居。

5. 其他导致夫妻感情破裂的情形

法律难以穷尽所有可据以认定夫妻感情确已破裂的理由，故作此弹性规定。

其他导致夫妻感情破裂的原因，无论是主观原因还是客观原因，是否构成离婚法定事由，判断的标准都是该原因是否直接导致夫妻感情确已破裂，且经调解后仍无法挽回。符合这一要求的，构成离婚的法定理由，法院应据此判决离婚；否则不能作为判决离婚的法定理由。

例如，一方被判处长期徒刑，或其违法犯罪行为严重伤害夫妻感情的，如犯强奸罪、奸淫幼女罪等不名誉犯罪的，应视为夫妻感情确已破裂。对于其他有违法犯罪因素的离婚案件，不能断然作为法定离婚事由，而应认真考察婚姻关系是否确已破裂，只有确属婚姻关系破裂的，才能判决离婚。

（三）特别事由

1. 一方被宣告失踪

夫妻一方下落不明满 2 年，经利害关系人的申请，被法院宣告失踪的，当事人双方在事实上已经终止了夫妻的共同生活。如果另一方提出离婚的诉讼请求，则表明其已经失去了对婚姻的期待，应当认定为夫妻感情确已破裂，符合离婚的

① 王洪. 婚姻家庭法. 北京：法律出版社，2003：179.

法定事由。

适用该离婚法定事由，应当注意以下几点：

第一，《民法典》第 1079 条第 4 款在规定这一离婚法定事由时，并没有放在第 3 款，而是单独放在第 4 款。这种立法方法说明，夫妻一方被宣告失踪，本身就是夫妻感情确已破裂的事实，只要一方被宣告失踪，另一方提出离婚诉讼请求，就可以直接判决离婚，无须进行调解，也无法进行调解。

第二，申请宣告失踪和提出离婚诉讼请求是两个不同的诉讼，应当分别进行。申请宣告失踪适用特别程序，而提出离婚诉讼请求则适用普通诉讼程序，完全是两件事。

2. 再次起诉离婚

经法院判决不准离婚后，又分居满 1 年，一方再次提起离婚诉讼的，应当准予离婚。

第四节　离婚的法律后果

一、离婚的法律后果及发生时间

（一）离婚的法律后果的概念

离婚的法律后果，是指离婚所发生的各种法律效力。

离婚一经确定，立即发生法律规定的效力，引起相应的法律后果。这些法律后果包括身份关系方面的法律后果和财产关系方面的法律后果。前者包括配偶之间婚姻关系的解除，对子女抚养关系的改变，对子女探望权的产生等；后者包括夫妻共同财产解体为个人财产，原来的共同财产需要分割，共同债务也要清偿，同时对生活困难的一方应当确定经济扶助义务等。

离婚的这些法律后果，其效力都指向将来，不发生溯及力。

（二）离婚的法律后果发生的时间

离婚的法律后果发生的时间，是指离婚的上述法律后果究竟从何时起生效。

其原则是：离婚的法律后果发生于婚姻关系正式解除之时。

具体的离婚的法律后果发生的时间依以下四种情况而有不同：

1. 登记离婚

双方当事人协议离婚，到婚姻登记机关登记离婚的，离婚的法律后果发生于婚姻登记机关进行离婚登记并向当事人签发“离婚证”之时。从此时起，婚姻关系正式解除，离婚的法律后果发生。

2. 经法院调解离婚

经法院调解离婚的，其离婚的法律后果发生于法院制作的调解书向当事人正式送达之时。同时送达的同时生效，分别送达的，对个人而言，分别生效，整体的调解书生效时间，应当是最后一方送达之时。

3. 一审判决离婚当事人不上诉

一审判决准予离婚，当事人不上诉，判决书送达次日起 15 天即过了上诉期之后，判决书生效之时，发生离婚的法律后果。

4. 二审判决离婚

二审判决一经送达，即生法律效力。离婚的二审判决书送达之时，即发生离婚的法律后果。

二、离婚对亲属身份的法律后果

离婚对亲属身份的法律后果，集中表现在配偶权的消灭。消灭了配偶权，原婚姻关系当事人就不再存在任何夫妻之间的权利义务关系，具体表现在以下方面。

（一）配偶身份消灭

配偶身份以结婚为发生的法定事由，双方互为配偶，具有配偶的固定称谓和身份。一经离婚，夫妻之间的婚姻关系即行解除，夫妻之间的配偶身份地位即告消灭。对此，不仅仅发生对内的效力，而且具有对外的效力，他人不再对已经离婚的当事人负有不得与其结婚的义务。

（二）结婚自由权恢复

婚姻自由权包括结婚自由权和离婚自由权。任何人不可以同时享有两个婚姻自由权，不能既享有结婚自由权又同时享有离婚自由权。在享有结婚自由权时，就不享有离婚自由权；在享有离婚自由权时，就不得享有结婚自由权。

婚姻关系当事人一旦离婚，解除了配偶的身份关系，其结婚自由权即行恢复。对外，该当事人不再负有不得与他人结婚的负担，成为可以结婚的“自由人”；其他任何异性都可以与其结婚，也不再负有不得与其结婚的义务。

对于现实生活中存在的“假离婚”如何认定其效力，《婚姻家庭编解释二》第2条规定：“夫妻登记离婚后，一方以双方意思表示虚假为由请求确认离婚无效的，人民法院不予支持。”“假离婚”就是真离婚，与真离婚发生同样的效果；如果双方想恢复婚姻关系，由于离婚是消灭身份关系的行为，即使有虚假意思表示，也不受《民法典》第146条第1款关于虚假意思表示行为无效规定的限制，因此必须重新进行婚姻登记。

（三）相互之间的权利义务消灭

离婚使配偶权消灭，配偶权中关于夫妻之间的权利义务都已经随配偶权的消灭而消灭。例如，不再存在同居义务，不再受忠实义务的约束，不再对对方负有救助、扶养的义务等。唯要区分的是夫妻之间扶养义务与离婚后的原配偶之间适当帮助义务的界限。夫妻之间负有扶养义务，对方存在生活困难，必须履行扶养义务。离婚之后，如果一方生活确有困难，对方应从住房等个人财产中给予适当帮助。这种帮助是适当的、有条件的，因此不是配偶之间的扶养义务。

（四）配偶之间的继承权消灭

配偶之间有相互继承遗产的权利。这种权利以配偶关系的存在为前提。离婚发生法律效力后，其法律后果之一，就是消灭相互之间的继承权，任何一方都不是对方遗产的法定继承人，无权再以配偶的身份继承对方的遗产。

（五）姻亲关系消灭

姻亲的发生基于配偶结婚的事实。离婚后，对姻亲关系是否消灭，我国立法虽未作明确规定，但在习惯上和法理上采消灭主义，认为姻亲关系因离婚而消灭。

确定离婚姻亲关系消灭的意义，在于确定姻亲关系消灭后，直系姻亲之间是否仍然存在结婚的法律障碍。各国有的采取禁止主义，如规定直系姻亲间不得结婚，在姻亲关系消灭后亦同；有的采取不禁止主义。在我国《民法典》并未明文禁止直系姻亲间结婚，只在习惯上不宜结婚。在因离婚而消灭姻亲关系之后，原来的直系姻亲之间已经不再存在姻亲关系，应当认为可以结婚，没有结婚的法律障碍。

（六）血亲关系继续存续

自然血亲关系不能人为地加以消灭，当然也就不受离婚的影响。《民法典》第 1084 条第 1 款规定："父母与子女之间的关系，不因父母离婚而消除。离婚后，子女无论由父或者母直接抚养，仍是父母双方的子女。"人工授精所生的子女、共同收养的子女等，也适用这样的规则。

离婚对于亲权并未发生影响，发生变化的是亲权的具体行使。只是由于子女只能由一方抚养，因此亲权原则上由抚养子女的一方行使。

离婚不能消灭自然血亲关系，当然对直系血亲的亲属权也不发生影响。

三、离婚对财产关系的法律后果

夫妻关系解除之后，在财产方面所引起的法律后果，就是夫妻共同财产关系消灭，需要对夫妻共同财产进行分割，对共同债务进行清偿。由此还引起其他财产上的问题，例如一方对他方的经济补偿和一方对他方的适当帮助。

（一）夫妻共同财产分割和共同债务清偿

对于离婚后夫妻共同财产的处理，《民法典》第 1087 条规定："离婚时，夫妻的共同财产由双方协议处理；协议不成的，由人民法院根据财产的具体情况，按照照顾子女、女方和无过错方权益的原则判决。""对夫或者妻在家庭土地承包经营中享有的权益，应当依法予以保护。"在这个问题上，最重要的就是分割夫妻共同财产和清偿夫妻共同债务。对此，本书将在夫妻财产关系中具体说明。

（二）一方对他方给予经济补偿

1. 经济补偿的概念

《民法典》第 1088 条规定："一方因抚育子女、照料老年人、协助另一方工作等负担较多义务的，离婚时有权向另一方请求补偿，另一方应当予以补偿。具

体办法由双方协议，协议不成的，由人民法院判决。”一方对他方的经济补偿，是指夫妻一方在家庭生活中尽了较多义务的，在离婚时，另一方应当承担的予以经济补偿的义务。

这一规则的最大变化，是删除了原来规定的适用前提，即“双方当事人在婚姻存续期间书面约定为夫妻分别财产制”。《婚姻法》规定，发生经济补偿义务的前提条件，是夫妻在婚姻存续期间通过书面形式约定实行夫妻分别财产制，各自的收入归各自所有。如果双方在婚姻存续期间没有约定其他财产制，而是采用婚后所得共同制，就不会产生这种经济补偿责任。事实上，无论是夫妻约定财产制，还是夫妻共同财产制，都存在一方提供家务劳动的情况，应当同等对待。《民法典》的这一修改，体现了民法公平原则的精神，反映了我国婚姻家庭法律对无酬的家务劳动价值的进一步肯认。[①] 其原因是，为实现家庭整体利益最大化，家庭内部往往存在着以性别为基础的分工。从事家务劳动的过程，也是生产“家庭产品”的过程，家庭成员从事家务劳动，就是将自己的时间、劳动以及金钱等共同投入到“家庭产品”生产之中。然而家庭劳动的价值经常被掩盖，原因在于“家庭产品”只能在家庭内部直接消耗。这也是家庭劳动无法从市场上获得回报的原因所在。[②] 而且“协助另一方配偶工作”在性质上显然已超出了家务劳动的范围，也不属于法定的义务。在法律规范的层面，法律规定给予配偶离婚时经济补偿请求权的理由，并不仅仅是家务劳动的存在，还包括协助另一方工作的情形。[③]《民法典》的这一变化，意味着无论夫妻采取何种类型的夫妻财产制，离婚时均可以适用第 1088 条规定的家务贡献补偿制度，承认创造“家庭产品”的家庭劳动的价值。其正当性的核心，在于婚姻应被视为夫妻共享的事业，婚姻原本应该是男女基于爱情期待而共同生活的一个命运共同体，若因婚姻存续期间的男女分工不同，对家务特殊贡献的配偶一方就业能力减弱，信赖保护思想要求对由婚姻引起的财产上的不利益进行补偿，立法就应该给予某种程度的恢复性矫

① 夏吟兰. 婚姻家庭编的创新和发展. 中国法学，2020 (4).

② 王玮玲. 新家庭经济学下离婚补偿制度的适用规则. 政法论坛，2021 (6).

③ 金眉. 离婚经济补偿的理解与适用研究. 江苏社会科学，2021 (4).

正补偿。[①]

2. 经济补偿责任请求权的发生条件

经济补偿是我国离婚法中一项独立的制度，既不同于离婚时共同财产的分割，也不同于离婚时的损害赔偿。是否行使经济补偿责任请求权，由请求权人自行决定。[②] 夫妻离婚后一方发生经济补偿责任请求权的条件有两个。

（1）一方在家庭生活中付出较多义务。

一方在家庭生活中履行较多义务，是指在婚姻关系存续期间，夫妻一方比另一方履行的抚育子女、照料老年人、协助另一方工作等义务更多，对家庭的建设贡献较大。现实的情况是，在约定夫妻分别财产制的情况下，女方在家庭生活中作出的工作更多，在抚育子女、照顾老年人等方面，更是如此。如果按照分别财产制夫妻离婚各自的财产归个人，就会出现严重的不公平，尤其对女方不公平，因此，如果一方（不只是女方）在上述方面付出较多的义务，发生经济补偿责任请求权。

（2）双方婚姻关系已经解除。

双方因为离婚而使婚姻关系解除，是发生经济补偿责任请求权的必要条件。如果没有发生离婚的事实，不会发生变化。

典型案例是，离婚诉讼当事人王女士认为，其在婚后成为“全职太太”，承担了照顾孩子、料理家务等一系列家庭事务，而其丈夫陈先生对家庭事务几乎不关心、不参与，对此，王女士要求陈先生给予离婚经济补偿。一审法院判决王女士与陈先生离婚，共同财产由双方平均分割；综合考虑双方结婚的时间、所述的生活情况等因素后，判决陈先生给付王女士家务补偿费 5 万元。凤凰周刊曾对此案的补偿金额在微博上发起网络投票，42 万人次投票网民中，有 40 万人次认为“应该给更多”[③]。

3. 经济补偿的实行程序

实行经济补偿，由共同生活中付出义务较多的一方当事人提出经济补偿请

---

① 冉克平. 夫妻团体法 法理与规范. 北京：北京大学出版社，2022：343-345.

② 杨大文，龙翼飞主编. 婚姻家庭法. 8 版. 北京：中国人民大学出版社，2020：150.

③ 夏吟兰，龙翼飞主编. 家事法实务：2022 年卷. 北京：法律出版社，2023：58-59.

求，补偿的数额应当由双方协商解决。协商不成的，向法院起诉，由法院判决。经济补偿责任请求权的行使时间是“离婚时”，由请求权人在离婚诉讼中向对方一并提出。当事人符合条件而未提出时，法院应当行使释明权。[①] 法院判决时，应考虑请求权人付出义务的大小，以及请求权人因此受到的损失，另一方从中受益的情况，综合确定。具体补偿的方法及数额由双方协议，协议不成的，法院应当依照《婚姻家庭编解释二》第 21 条关于“离婚诉讼中，夫妻一方有证据证明在婚姻关系存续期间因抚育子女、照料老年人、协助另一方工作等负担较多义务，依据民法典第一千零八十八条规定请求另一方给予补偿的，人民法院可以综合考虑负担相应义务投入的时间、精力和对双方的影响以及给付方负担能力、当地居民人均可支配收入等因素，确定补偿数额”的规定判决。

（三）一方对他方给予适当经济帮助

1. 适当经济帮助的性质

《民法典》第 1090 条规定：“离婚时，如果一方生活困难，有负担能力的另一方应当给予适当帮助。具体方法由双方协议；协议不成的，由人民法院判决。”这一条文规定的，就是离婚后一方对另一方的适当经济帮助责任。《婚姻家庭编解释二》第 22 条规定：“离婚诉讼中，一方存在年老、残疾、重病等生活困难情形，依据民法典第一千零九十条规定请求有负担能力的另一方给予适当帮助的，人民法院可以根据当事人请求，结合另一方财产状况，依法予以支持。”

这一制度，一方面体现了我国人与人之间互助互爱的新型关系，另一方面也是对离婚可能引起的消极后果的补救。它既是夫妻之间互相扶养的法律义务在离婚后的延伸，也是扶弱济贫的社会道德的要求；同时，也有助于消除妇女在离婚问题上的经济顾虑，保障其离婚自由。[②] 也有学者认为，离婚时对生活困难的一方提供的经济帮助，不同于婚姻关系存续期间的扶养义务，它不是夫妻扶养义务的延续，而是夫妻关系解除的法律后果。[③]

从比较法来看，与我国现行法上离婚经济帮助相类似的是离婚扶养制度。[④]

---

① 房绍坤，范李瑛，张洪波. 婚姻家庭继承法. 7 版. 北京：中国人民大学出版社，2022：94.

② 杨大文，龙翼飞主编. 婚姻家庭法. 8 版. 北京：中国人民大学出版社，2020：152.

③ 房绍坤，范李瑛，张洪波. 婚姻家庭继承法. 7 版. 北京：中国人民大学出版社，2022：95.

④ 冉克平. 夫妻团体法 法理与规范. 北京：北京大学出版社，2022：349.

在各国亲属法中，一般都规定离婚后一方对另一方给付扶养金。这种扶养金，是夫妻离婚后，一方应当为生活确有困难或有特殊需要的另一方提供扶助的义务。扶助义务的履行采取扶养金方式，如果扶养金债务人一方死亡，扶养金由其继承人负担，但扶养金债权人一方再婚或者公然与他人姘居时，扶养金停止给付。《法国民法典》第 270 条规定：一方配偶得向另一方配偶支付旨在补偿因婚姻中断而造成的各自生活条件差异的补偿金。《德国民法典》第 1569 条第一句规定，离婚之后，双方原则上应各自承担自己的扶养费。但很多离婚者无法做到这一点，或者就其生活状况而言不能期待其可以完全独立生活。在这种情况下，前配偶之间的责任得以延续。英国最初的离婚后扶养，只不过是丈夫扶养妻子这一普通法意义上的延续。在整个中世纪，英国只存在所谓的分居，不存在离婚。进入现代社会以来，给予一方终身扶养费的案件越来越少但并非绝无仅有。到 1996 年，英国婚姻法作了较大的修改，但是仍然保留了终身扶养制度。美国独立之后，各州之间对离婚的态度存在差异，但妻子可以无限期地得到离婚后的扶养。这种状况到 20 世纪 60 年代开始有了变化，通过判例发展起来的恢复性扶养制度开始为成文法所采用，鼓励受扶养方寻找工作机会或接受将来有利于寻找职业的教育和培训，因此，恢复性扶养制度表明永久性扶养制度开始受到限制。①

在我国，离婚后一方对他方的适当经济帮助义务，就具有这种扶养金性质。它与夫妻关系存续期间的扶养义务不同，只是派生于原存的夫妻关系的一种延伸责任。这种适当经济帮助义务，是债的性质，即定期金之债。

适用这种定期金之债应当注意的有两点。

第一，适当经济帮助义务与经济补偿义务不同，经济补偿义务须是一方负担家庭事务较多，离婚时才可以向对方请求补偿，而且是一次性补偿义务。适当经济帮助则是共同财产制下分割共同财产后，一方还有生活困难时发生的经济帮助义务，一般是定期金给付。

第二，适当经济帮助义务与分割共同财产的适当照顾不同，适当照顾是分割共同财产时适当多分，而适当经济帮助义务是分割共同财产后，一方从自己的财产中对对方进行帮助。

---

① 夏吟兰．家事法专论．北京：中国政法大学出版社，2020：310－311．

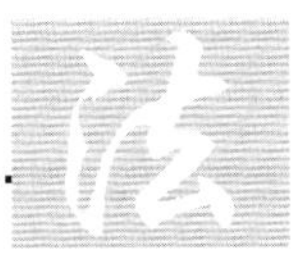

2. 确定适当帮助义务的条件

（1）要求适当帮助的一方生活困难。

生活困难，是指依靠个人财产和离婚时分得的财产无法维持当地的基本生活水平，例如年老、残疾、重病等生活困难情形，生活难以维持。

（2）提供适当帮助的一方应当有负担能力。

这种负担能力，不仅是指实际生活水平，还包括住房条件等，条件比对方优越，在维持自己的生活外，可以负担一定的经济支付义务。

（3）接受适当帮助的一方没有再婚也没有与他人同居。

对此要件，《民法典》没有规定，但是通常应当具备，即接受适当帮助的一方没有再婚，也没有与他人同居。受助方已经再婚，或者与他人已经同居确立了准婚姻关系，适当帮助义务消灭的，不再提供帮助。

3. 提供适当帮助的办法

按照法律规定，提供适当帮助的办法，应当由双方当事人协议，协议不成时，由法院判决。

确定适当帮助义务，应当考虑受助方的具体情况和实际需要，考虑帮助方的实际负担能力。如果受助方年龄较轻且有劳动能力，只是存在暂时性困难，多采取一次性支付帮助费用的方法。如果受助方年老体弱，失去劳动能力，又没有生活来源，一般要给予长期的妥善安排，确定定期金给付义务。

提供适当帮助的具体方法，是适当的财产给付，给予金钱或者财物。《婚姻法》第42条曾经特别提到“房产”，说明房产是最需要解决的困难。如果一方以自己的住房对受助方予以适当帮助，可以给付的是住房的居住权、所有权或者使用权。《民法典》第1090条删除了这样的内容。

（四）离婚后住房问题的处理

离婚后，解决双方当事人之间的住房问题，是婚姻家庭法面临的一个重要问题。各国立法差不多都面临这个问题。

在我国，原来的城市住房制度为公房租赁，原则上国家只给一对夫妻提供一套公房作为公租房。夫妻离婚后，关于公房租赁的使用权产生较多的争议，因此，在《妇女权益保障法》和最高人民法院的司法解释中，都对此作了详细规定。目前，城市住房制度改革已经完成，实现了城市住房商品化，不再存在这样的重大问题。

当前针对离婚后的住房问题有以下几种处理方法。

1. 原住房为一方所有时的处理

夫妻原来的住房是一方所有的个人财产，离婚时，婚前个人财产应当归个人，对方如果无法解决住房问题，可以采取以下方法解决。

一是采取租约形式解决。在这方面，《法国民法典》第285—1条提供了一个较好的租约办法，可以借鉴。适用该条的前提是，住房原来是一方的婚前财产，如果离婚后子女由另一方抚养，需要在该房屋居住，或者虽有房屋居住，但是该子女惯常在该房屋居住，以及宣告离婚是以作为房屋所有人的一方配偶以夫妻感情确已破裂为由提出请求的，就可以将该房屋租赁给另一方居住。如果是出于子女的原因租赁住房的，可以以最小的子女成年时为租赁的终期；如果是因为一方主动提出离婚而租赁住房的，则至另一方再婚或者与人同居之时为终期。

二是采取使用权或者居住权的形式解决。如果所有房屋的一方当事人愿意将房屋无偿提供给无房居住的对方当事人居住，可以采取确定使用权或者居住权的方式处理。确定使用权的，应当签订房屋使用权协议，确定居住权的，应当签订协议，按照《民法典》的规定，进行物权登记。

2. 原住房为夫妻共有时的处理

当事人原住房是夫妻共有的私有房屋，在离婚时进行分割，应当按照共有的规则处理，同时，按照的规定，比原来的公租房使用权的处理要简单很多，具体按照《婚姻家庭编解释一》第76条关于“双方对夫妻共同财产中的房屋价值及归属无法达成协议时，人民法院按以下情形分别处理：（一）双方均主张房屋所有权并且同意竞价取得的，应当准许；（二）一方主张房屋所有权由评估机构按市场价格对房屋作出评估，取得房屋所有权的一方应当给予另一方相应的补偿；（三）双方均不主张房屋所有权的根据当事人的申请拍卖、变卖房屋，就所得价款进行分割”的规定处理，方法明确，简便易行。

3. 其他情形下的处理方法

《婚姻家庭编解释一》还规定了几种离婚后住房的解决办法。

一是第77条规定，离婚时双方对尚未取得所有权或者尚未取得完全所有权的房屋，有争议且协商不成的，法院不宜判决房屋所有权的归属，应当根据实际

情况，判决由当事人使用。当事人就上述房屋取得完全所有权后，有争议的，可以另行向法院提起诉讼。

二是第78条规定，夫妻一方婚前签订不动产买卖合同，以个人财产支付首付款，并且在银行贷款，婚后用夫妻共同财产还贷，不动产登记于首付款交付方名下的，离婚时，该不动产由双方协议处理。依照上述规定不能达成协议的，法院可以判决该不动产归登记一方，尚未归还的贷款为不动产登记一方的个人债务。如果是双方婚后共同还贷，支付的款项及其相对应财产增值部分，离婚时应根据《民法典》第1087条第1款规定的原则，由不动产登记一方对另一方进行补偿。

三是第79条规定，婚姻关系存续期间双方用夫妻共同财产出资购买以一方父母名义参加房改的房屋，登记在一方父母名下，离婚时另一方主张按照夫妻共同财产对该房屋进行分割的，不予支持。购买该房屋时的出资，可以作为债权处理。

（五）其他财产的分割

《婚姻家庭编解释一》还规定了三种离婚时的财产处理规则。

一是按照第80条规定，离婚时夫妻一方尚未退休、不符合领取基本养老金条件，另一方请求按照夫妻共同财产分割基本养老金的，不予支持；婚后以夫妻共同财产缴纳基本养老金，离婚时一方主张将该养老金账户中婚姻关系存续期间个人实际缴纳部分及利息作为夫妻共同财产分割的，应当支持。

二是第81条规定，婚姻关系存续期间，夫妻一方作为继承人依法可以继承的遗产，在继承人之间尚未实际分割，起诉离婚时另一方请求分割的，法院应当告知当事人在继承人之间实际分割财产后，另行向法院起诉，由法院判决。

三是第82条规定，夫妻之间订立借款协议，以夫妻共同财产出借给一方从事个人经营活动或者用于其他个人事务的，应视为双方约定处分夫妻共同财产的行为，离婚时可以按照借款协议的约定处理。

四、离婚对子女抚养的法律后果

（一）离婚后对子女抚养的实质是亲权变更

离婚的直接法律后果，还有父母亲权的变更，而不是亲权消灭。《民法典》

第 1084 条第 1 款规定："父母与子女间的关系，不因父母离婚而消除。离婚后，子女无论由父或者母直接抚养，仍是父母双方的子女。"这一规定完整地体现了上述规则的实质。

未成年子女与父母之间的权利义务关系是亲权。离婚后，父母与未成年子女之间的血缘关系不会消灭，亲权也不会消灭，但亲权的内容会发生部分变更，也就是直接抚养人由原来的双方变更为单方，监护人也由原来的双方变更为单方。

至于父母子女之间的亲权，并不因离婚而改变，仍然是由父母双方共同享有，只是未直接抚养未成年子女的一方当事人行使亲权受到一定的限制。有的学者认为，按照我国法律的精神，父母双方离婚后，双方对无民事行为能力和限制民事行为能力的子女的监护关系不发生变化，只是需要确定他们的直接抚养方。① 这种看法值得研究。实际上，无论法律怎样规定，在离婚后，未成年子女的亲权只能由与其共同生活的一方父或母行使，未与未成年子女共同生活的一方无法直接行使亲权，因此，不能说我国法律的精神是离婚后消灭未成年子女的亲权关系，只是亲权发生了变更。②

（二）确定直接抚养人

离婚导致夫妻之间婚姻关系的解除，由此带来的是未成年子女无法再与父和母继续共同生活，必须确定应当随哪一方生活。同样，未成年子女随哪一方共同生活，在一般情况下，父或母中的直接抚养人就是直接亲权人。

确定直接抚养人，应当遵守《民法典》第 1084 条第 3 款规定的基本规则："离婚后，不满两周岁的子女，以由母亲直接抚养为原则。已满两周岁的子女，父母双方对抚养问题协议不成的，由人民法院双方的具体情况，按照最有利于未成年子女的原则判决。子女已满八周岁的，应当尊重其真实意愿。"具体规则如下。

1. 对不满两周岁子女的抚养

不满两周岁的子女，应当以由母亲直接抚养为原则。这里规定的两周岁，原

---

① 杨大文主编. 婚姻家庭法. 北京：法律出版社，2003：191.

② 对这一点还应当说明的是，《民法通则》第 14 条和第 16 条规定的监护权，规定的基本上是亲权，而不是监护权，概念并不完全准确。

来被称为哺乳期。如果这样规定，还要解释哺乳期的含义，因此，《民法典》直接规定，不满两周岁的子女原则上由母亲抚养。如果有特殊情形，需要由父亲抚养的，也可以由父亲抚养。其中的特殊情况，一般是因母方的原因。《婚姻家庭编解释一》规定，在下列三种情况下，应当由父方抚养：一是母方有久治不愈的传染性疾病或者其他严重疾病的，子女不宜与母亲共同生活的，例如母亲患肺结核、慢性肝炎等。二是母方有抚养条件但不尽抚养义务，而父方要求子女随其生活的，如果父方没有要求，就应当让母方抚养，因为抚养子女也是母亲的义务。三是因其他原因，子女确实不宜随母亲生活的，例如母亲因职业的原因不能哺乳，母亲出走或因其他原因不能哺乳婴儿，必须由父亲抚养的。①

如果父母双方协议不满两周岁的子女随父方生活，并对子女健康成长无不利影响的，可以由父方抚养。

2. 对已满两周岁的未成年子女的抚养

对已满两周岁的子女的直接抚养，原则是协商解决。协议不成向法院起诉的，法院根据双方的具体情况，按照最有利于未成年子女的原则判决。

《民法典》和《婚姻家庭编解释一》第 45 条、第 46 条和第 47 条具体规定了以下规则。

第一，已满两周岁的子女，应由父母协商由谁抚养，既可以随父方生活，也可以随母方生活，因此，法院在处理离婚后的子女抚养问题时，首先应当进行调解，尽可能争取协商解决。②

第二，两周岁以上的子女由谁抚养协商不成的，由法院判决。无论是争夺抚养权，还是推诿抚养义务，只要协商不成，都要由法院根据子女的权益、有利于子女身心健康成长和双方的具体情况作出判决。

第三，父母双方协议不满 2 周岁的子女由父亲直接抚养，并对子女健康成长无不利影响的，法院应予支持。

第四，对已满两周岁的子女的抚养有争议的，有优先抚养条件的优先抚养。

---

① 王战平主编. 中国婚姻法教程. 北京：人民法院出版社，1992：213.

② 王战平主编. 中国婚姻法教程. 北京：人民法院出版社，1992：213.

优先抚养条件有两种：一是绝对的优先抚养条件，即父母本身的优先抚养条件；二是相对的优先抚养条件，是将祖父母、外祖父母的条件作为父母的优先抚养条件对待的优先抚养条件。有绝对优先抚养条件的一方，享有绝对的优先抚养权；有相对的优先抚养条件的一方，享有相对的优先抚养权。

绝对的优先抚养条件包括：一是已做绝育手术或因其他原因丧失生育能力，无论是绝育还是丧失生育能力，都是优先抚养条件；二是子女随其生活时间较长，改变生活环境对子女的健康成长不利，要同时具备这两个因素；三是一方无其他子女，而另一方有其他子女，包括亲生子女、养子女、继子女，这些其他子女不论是否与其一起生活，无其他子女的一方都享有优先抚养权；四是子女随其生活，对子女成长有利，而另一方患有久治不愈的传染性疾病或者其他严重疾病，或者有其他不利于子女身心健康的情形，不宜与子女共同生活。《婚姻家庭编解释二》第 14 条增加规定，离婚诉讼中，父母均要求直接抚养已满两周岁的未成年子女，一方有下列情形之一的，应当按照最有利于未成年子女的原则，优先考虑由另一方直接抚养：一是实施家庭暴力或者虐待、遗弃家庭成员；二是有赌博、吸毒等恶习；三是重婚、与他人同居或者其他严重违反夫妻忠实义务情形；四是抢夺、藏匿未成年子女且另一方不存在本条第一项或者第二项等严重侵害未成年子女合法权益情形；五是其他不利于未成年子女身心健康的情形。其他不利于未成年子女身心健康的情形，如一方有久治不愈的传染性疾病或者其他严重疾病等。

相对优先抚养条件发生的前提是，父方与母方抚养子女的条件基本相同，双方都要求子女与自己共同生活。发生的具体条件是：第一，子女单独随祖父母或者外祖父母共同生活多年；第二，祖父母或者外祖父母要求并且有能力帮助子女照顾孙子女、外孙子女。同时具备这两个条件，再具有其前提条件的，构成相对优先抚养条件，该方父或母享有优先抚养权。应当注意的是，这个优先抚养条件虽然发生在未成年子女的祖父母、外祖父母身上，但是优先抚养权不是由祖父母、外祖父母享有，仍然由有优先抚养权的一方父或母享有。

3. 已满 8 周岁的未成年子女的抚养

对已满 8 周岁的未成年子女由谁抚养，《民法典》第 1084 条第 3 款最后一句规定“应当尊重其真实意愿”。这是因为，已满 8 周岁的未成年子女是限制民事行为能力人，已经具备了一定的识别能力，他们可以根据自己的识别能力作出判

断，究竟随父还是随母生活对自己更为有利。在确定对他们的抚养时，考虑他们的真实意愿是必要的。由于8周岁以上的未成年子女的识别能力有限，对他们的意见应当是尊重，而不是据此决定。法官应当在原则上尊重未成年子女的选择，如果子女的选择对他们的成长不利，也可以作出另外的判决。

学者经研究认为，司法考量未成年子女意愿的程序存在问题：一是询问未成年子女意愿的责任主体不明，二是未成年子女表达意愿的途径、方式不明，三是询问未成年子女意愿是否应有监护人在场无明文规定。学者提出的建议是，在离婚抚养权诉讼中，既然已满8周岁的未成年子女具有无独立请求权第三人之诉讼地位，其在诉讼中表达的随父或随母生活的意愿应当属于当事人陈述，因此，应当明确法院为询问未成年子女意愿的责任主体，引入家事调查员的制度，设立未成年子女参与诉讼的特别代理人制度，以保证已满8周岁的未成年子女在离婚抚养权纠纷中有充分表达真实意愿和陈述意见的机会，发挥程序保障功能。① 这些意见值得借鉴。

4. 协议轮流抚养

对于未成年子女的抚养，也可以采取协议轮流抚养的方法。在离婚子女抚养中，采取协议轮流抚养分享抚养子女的机会，是可以的。但是，轮流抚养也存在问题，主要涉及子女户口、入托、上学等一系列问题，处理不好会影响子女的健康成长。司法解释规定，在有利于保护子女利益的前提下，父母双方协议轮流抚养子女的，法院予以支持。

确定轮流抚养，必须有协议，且须有利于保护子女利益。

这种轮流抚养协议的性质是身份性质的合同，父母双方是当事人。协议的内容，应当具备四点。

一是轮流抚养的方式。应当确定子女的户口落在哪一方，而不能将子女的户口在父母双方之间流动。应当解决子女的入托、学习方式，避免因轮流抚养而影响子女的托育和学习。应当约定轮流抚养的执行方式等。

二是轮流抚养的时间。家居同一城市或者同一地区的，轮流抚养时间的长短可以自行约定，长短均可。如果父母异地居住，则时间应当长一些，不宜过短。

---

① 李喜莲. 离婚抚养权纠纷中未成年子女意愿适用的司法考虑及程序衔接. 法学评论，2023 (2).

三是抚养费用的负担。轮流抚养可以双方约定互不负担抚养费，也可以约定互相负担抚养费。

四是抚养争议的处理。双方应当严格履行协议，同时约定在出现争议时，采取什么样的方法解决。

5. 抚养费的确定

《民法典》第1085条规定："离婚后，子女由一方直接抚养的，另一方应当负担部分或者全部抚养费。负担费用的多少和期限的长短，由双方协议；协议不成的，由人民法院判决。前款规定的协议或者判决，不妨碍子女在必要时向父母任何一方提出超过协议或判决原定数额的合理要求。"在具体适用这一规定的时候，应当依照《婚姻家庭编解释一》第49条至第53条规定的规则办理。

（1）子女抚养费确定的方法和数额。

确定子女抚养费的基本方法，是根据子女的实际需要，父母双方的负担能力，以及当地实际生活水平，确定具体的抚养费数额。应当将以上三个因素统一起来考虑，确定具体的数额，具体的方法有三种。

一是有固定收入的，抚养费一般可按其月总收入的20%至30%的比例给付。负担两个以上子女的抚养费的，比例可以适当提高，但是最高不得超过月总收入的50%。月总收入是指一个人一个月所获得的劳动报酬总数，如基本工资、工龄工资、奖金以及其他补贴。完全属于发给职工个人的保健费、洗理费、卫生费等，不应计算在内。

二是无固定收入的，抚养费的数额可依据当年收入或同行业平均收入，参照上述比例确定。无固定收入的父母，有农民、个体工商户、摊贩、网络店铺经营者等。对农民可以按年收入的比例确定，每年支付一次。对个体工商业者、摊贩、网络店铺经营者等，既可按年收入确定，也可以按同行业平均收入，按比例确定月给付数额。

三是有特殊情况的，可适当提高或降低上述比例。例如私营企业主，年收入达数十万、数百万的，如果也按上述比例给付抚养费，显然不合适，可以降低上述比例。对子女伤、残的，如果按上述比例给付抚养费难以适应子女生活需要，可以适当提高比例。

（2）子女抚养费的给付方式。

子女抚养费的给付可以采用三种方式。

一是定期给付和一次性给付。子女抚养费的一般给付方法是定期金方法。[①]有固定收入或虽无固定收入但每月都有相当收入的，应按月定期给付。无固定收入的农民等，可按年给付；某些收入较高的父母，也可以按年支付抚养费。一次性给付，是按月或年应付的抚养费数额乘以对子女抚养到适当年龄的时间，计算总数，并一次给付完毕。

二是以物折抵。以财物折抵子女抚养费，适用于没有经济收入的一方和下落不明的一方。在这种情况下，按照确定子女抚养费所要给付的数额，用归属无经济收入一方或下落不明一方的财物，以相当的数额，折抵抚养费，交付抚养子女的一方。

三是协议免除。父母双方可以协议免除不直接抚养子女一方的抚养费给付义务。协议的内容应当包括子女随该方生活和抚养方自行负担子女全部抚养费两项内容。协议的这两项内容完备，且出于双方的真实意思表示，应承认协议的效力。从有利于保障子女权益的角度出发，如果直接抚养方的抚养能力明显不能保障子女所需费用，影响子女健康成长的，法院不予支持。

(3) 子女抚养费的给付期限。

子女抚养费给付的期限一般为至子女 18 周岁时止。如果子女满 16 周岁不满 18 周岁，能够以其劳动收入作为主要生活来源，就视其为完全民事行为能力人，当他或她能以自己的劳动收入维持当地一般生活水平时，父母也可以停止给付抚养费，让其独立依靠自己的劳动收入维持生活。

在特殊情况下，子女已满 18 周岁，因特殊原因仍需父母给付抚养费的，虽然其已为完全民事行为能力人，但是父母仍应按自己经济负担能力负担必要的生活费。

一是对丧失劳动能力的子女，父母应当继续负担必要的抚养费。虽未完全丧失劳动能力，但其收入不足维持生活的，父母也应当继续负担必要的抚养费，数额可与子女的实际需要相适应。

---

① 2021 年最高人民法院《关于审理人身损害赔偿案件适用法律若干问题的解释》第 20 条和第 21 条规定了人身损害赔偿的定期金给付方式。

二是对在校就读的子女，父母应当继续负担必要的生活费。按照我国目前的教育体制，已满18周岁的子女，一般在高中三年级或大学一年级就读。尽管有的学生在大学就读期间，可以打工赚取部分生活费，但不能维持其全部生活，父母也应当继续提供费用，期限至其毕业能参加工作时止。对研究生，由于其已经有了一定的收入，应当不再负担必要生活费。

三是对确无独立生活能力和条件的子女，也应当继续提供必要的生活费。如果有独立生活能力和条件，但不参加劳动赚取生活费用，完全依赖父母生活，对这样子女，法律不支持其无理请求，父母不必支付必要的生活费，而应由其自食其力，独立谋求生活出路。

（4）对继子女的抚养。

生父与继母或生母与继父离婚，对已经形成抚养关系的继子女，继父或继母既可以给付抚养费，又可以不给付抚养费，原则上由继父或继母自愿。继子女与继父如果形成抚养关系，适用《民法典》对父母子女关系的有关规定，形成父母子女的权利义务关系。离婚后，继父或继母愿意继续维持这种关系的，当然可以继续提供抚养费。这种父母子女关系是一种特殊的、拟制的血亲关系，是可以解除的，在离婚后，继父或继母不愿意再继续保持继父母子女关系，不同意继续给付继子女抚养费的，应予准许。在这种情况下，该子女的抚养应由其生父母负担。

（5）对养子女的抚养。

养父母与养子女的关系为拟制血亲关系，收养关系一经成立，非经合法解除，不能消灭其父母子女的权利义务关系。对于合法成立的收养关系，养父母离婚后，养子女无论由谁抚养，不抚养养子女的一方都必须承担给付抚养费的义务。

（三）直接抚养人的变更

子女抚养变更包括两项内容：一是子女抚养关系变更，二是子女抚养费变更。

1. 子女抚养关系变更

（1）对子女抚养关系变更应另案处理。

《婚姻家庭编解释一》第55条规定：“离婚后，父母一方要求变更子女抚养

关系的，或者子女要求增加抚养费的，应当另行提起诉讼。”这是针对要求变更子女抚养关系的父母的原离婚案件而言，它不是对原案判决子女抚养关系的改判，而是作为一个新案，由请求变更抚养关系的一方起诉，对方当事人应诉。

（2）要求变更子女抚养关系应当具有法定事由。

《婚姻家庭编解释一》第56条规定了四项变更抚养关系的具体法定事由。

一是与子女共同生活的一方因患严重疾病或者因伤残无力继续抚养子女；患有严重疾病，或者伤残，都可能无能力继续抚养子女；患有传染性疾病的，还可能影响子女的健康。

二是与子女共同生活的一方不尽抚养义务或者有虐待子女行为，或其与子女共同生活对子女身心健康确有不利影响的。这里包括了三项变更子女抚养关系的法定理由：其一，抚养子女的一方不尽抚养义务，另一方要求变更抚养关系的，应予支持。其二，抚养子女一方有虐待子女行为，对方要求变更子女抚养关系的，应予准许。其三，父母一方与子女共同生活，对子女身心健康确有不利影响，对方要求变更抚养关系的，应予准许。

三是已满8周岁的未成年子女，愿随另一方生活，该方又有抚养能力的。对8周岁以上的未成年子女，要考虑他们的真实意愿。如果他们提出要随另一方生活，而该方又有抚养能力，能很好抚养子女的，应予变更子女抚养关系。

四是有其他正当理由需要变更子女抚养关系的。这是一个弹性规定，应当根据实际情况作出判断。

（3）准许父母双方协议变更子女抚养关系。

协议离婚和判决离婚以后，要求变更子女抚养关系，并非只能向法院起诉，双方当事人达成了变更子女抚养关系的协议，只要没有违法事项和对子女成长不利问题，应准许其变更子女抚养关系。起诉到法院，父母双方协议变更子女抚养关系的，法院应当支持。

2. 子女抚养费变更

子女抚养费的变更，是指父母双方离婚时已经协议确定或经判决确定给付子女抚养费的数额，子女在必要时向父母任何一方要求增加抚养费。对此，《民法

典》第1085条第2款规定："前款规定的协议或者判决，不妨碍子女在必要时向父母任何一方提出超过协议或者判决原定数额的合理要求。"《婚姻家庭编解释一》第55条、第58条和第59条对此作了规定。

（1）离婚后子女要求增加抚养费应另行起诉。

依照该司法解释第55条规定，子女要求增加抚养费，不再是原离婚案件的继续，而作为新案另行向法院起诉，重新进行审理。增加抚养费的诉讼案件，应由子女作原告，由被要求增加抚养费给付的父方或母方为被告。

本条规定"应当另行起诉"，是就原离婚案件的判决或协议而言，而非不准许协议解决。

（2）增加抚养费的法定事由。

该司法解释规定增加抚养费的法定事由：一是原定抚养费数额不足以维持当地实际生活水平；二是因子女患病、上学，实际需要已超过原定数额；三是其他应当增加抚养费的正当理由。

在子女具有上述法定理由时，并不是必然增加抚养费，还须"父或母有给付能力"，方可增加抚养费数额。如果父方或母方没有给付能力，连维持自己的生活都有困难，就难以增加抚养费。

3. 关于子女姓氏变更的纠纷

夫妻离婚后子女归女方抚养，女方常常将子女的姓氏改为后夫姓，或者改为己姓。男方因此拒付抚养费的，应当按照以下规则处理。

第一，父母不得因子女变更姓氏而拒付子女抚养费。姓名是自然人人格的文字标记，尽管姓氏有血缘的因素，但不是绝对的，不能因子女变更姓名就改变或者断绝父母子女关系。因子女变更姓氏而拒付子女抚养费，仍然是不尽法定抚养义务的行为，是违反法律规定的。

第二，一方擅自将子女姓氏改为继母或继父姓氏而引起纠纷的，应责令恢复原姓氏。父或母离婚后与他人结婚，不得擅自将子女改为继母或继父的姓氏。将子女改为继母姓氏的罕见，一般是将子女改为继父的姓。一方擅自改换姓氏未经对方同意的，其行为无效，应责令其恢复原姓氏。

第三，离婚后，母亲将子女由父姓改为己姓，按照《民法典》第1015条关于“自然人应当随父姓或者母姓”的规定，于法相符，应予准许。

（四）子女对离异父母的赡养

《民法典》第1069条第二句规定：“子女对父母的赡养义务，不因父母的婚姻关系变化而终止。”子女对父母的赡养义务是法定义务，是亲属权的法定内容，子女不能因为父母离婚或者再婚而拒绝履行自己的赡养义务。父母离异后，或者父母再婚后，子女拒绝履行赡养义务的，无劳动能力或者生活困难的父母可以提起赡养费给付之诉，请求法院对自己的权利予以保护。

五、不直接抚养子女一方的探望权

2001年《婚姻法》第38条新增加了离婚后不直接抚养子女的父或者母，享有对子女的探望权的规定。在编纂《民法典》时，在肯定父母对不直接抚养子女的探望权的基础上，还提出了祖父母、外祖父母对孙子女、外孙子女的探望权的立法建议，但是，由于司法机关的反对，删除了草案的这个条文，在《民法典》第1086条还是只规定了父或者母的探望权。

探望权是亲权的具体内容，本书将在“亲权”一章具体说明。

六、离婚过错损害赔偿

（一）离婚过错损害赔偿的概念和特征

2001年《婚姻法》第46条增加规定了离婚过错损害赔偿，在实践中发挥了重要的作用。不过，在具体适用中，普遍的反映是规定的范围过窄，缺少弹性。这主要表现为，离婚损害赔偿制度在现实中的适用屡遭阻碍，受害人起诉到法院要求过错方承担离婚损害赔偿而完全获得支持的比例较低。为了优化离婚损害赔偿制度的适用效果，发挥该制度制裁婚姻解除的过错方的功能，立法增加了离婚损害赔偿的兜底条款，即“有其他重大过错”的情形，采取列举式与概括性规定

相结合的立法方式，将其他一些对无过错方造成严重损害的情形（例如配偶一方与他人通奸行为）纳入损害赔偿的范围，完善了离婚损害赔偿制度。①

《民法典》第1091条增加规定了“有其他重大过错的”违法行为，可以适用离婚过错损害赔偿责任，扩大了离婚过错损害赔偿的适用范围，增强了适用的弹性，有利于救济在离婚中受到损害一方的合法权益，是一个正确的立法决策。

1. 离婚过错损害赔偿的概念

离婚过错损害赔偿是一个很复杂的概念，仅从侵权行为所侵害的客体看，既包括对配偶权的侵害，也包括对亲属权和身体权、健康权的侵害，因此，界定这一概念应当从更宽泛的角度出发，而不能只从配偶权的角度研究离婚过错损害赔偿。

离婚过错损害赔偿，是指夫妻一方因为过错实施法律规定的违法行为，妨害婚姻关系和家庭关系，导致夫妻双方离婚的，过错方应当承担的侵权损害赔偿责任。

《民法典》第1091条规定的离婚过错损害赔偿，保护的是婚姻关系当事人中无过错一方，明确规定“无过错方有权请求损害赔偿”②。在现实生活中，如果婚姻关系的双方当事人都有过错，都依据该条法律规定请求对方承担损害赔偿责任，不符合该条法律规定的要求。《婚姻家庭编解释一》第87条第1款规定：“承担民法典第一千零九十一条规定的损害赔偿责任的主体，为离婚诉讼当事人中无过错方的配偶。”这符合《民法典》第1091条规定的要求。

2. 离婚过错损害赔偿的特征

（1）离婚过错损害赔偿是因离婚而发生的损害赔偿。

离婚过错损害赔偿的概念本身就要求离婚，因为这种损害赔偿责任是基于离婚而发生的损害赔偿责任。没有离婚事实的发生，就没有这种损害赔偿责任。因此，《婚姻家庭编解释一》第87条第2款和第3款规定，法院判决不准离婚的案

---

① 冉克平. 夫妻团体法 法理与规范. 北京：北京大学出版社，2022：353-354.

② 《民法典》第1091条规定：“有下列情形之一，导致离婚的，无过错方有权请求损害赔偿：（一）重婚；（二）与他人同居；（三）实施家庭暴力；（四）虐待、遗弃家庭成员；（五）有其他重大过错。”

件，对当事人基于《民法典》第 1091 条提出的损害赔偿请求不予支持。在婚姻关系存续期间，当事人不起诉离婚而单独依据《民法典》第 1091 条提起损害赔偿请求的，法院不予受理。不过，夫妻之间侵权的损害赔偿请求权能否在婚姻关系存续期间行使，取决于立法政策的考量。学者认为，在我国现阶段，立法与司法实践都对婚内损害赔偿制度予以肯定。①

（2）离婚过错损害赔偿是基于过错而发生的损害赔偿。

离婚过错损害赔偿实行过错责任原则，法律对存在的过错行为已经作了明确规定，这些过错行为应当客观存在。

（3）离婚过错损害赔偿是侵害对方配偶的权利造成婚姻关系损害的损害赔偿。

离婚过错损害赔偿侵害的客体复杂，但有一个共同特点，就是这些侵权行为都发生在家庭领域，造成了婚姻关系的损害。界定这个概念时，只有认定其侵害的客体是婚姻关系，才能完整概括其全部内容。

（4）离婚过错损害赔偿是发生在婚姻家庭领域的侵权损害赔偿

这种应当承担损害赔偿责任的违法行为，造成了婚姻关系的损害，该行为一定是侵权行为，即妨害婚姻关系的侵权行为，承担的损害赔偿责任是妨害婚姻关系的侵权损害赔偿责任。

（二）确立离婚过错损害赔偿制度的理论基础

1. 理论借鉴的基础

对《民法典》为什么要规定离婚过错损害赔偿制度，在学说上有不同看法。其实，在亲属法领域，规定离婚损害赔偿制度并非始于今日。早在 1907 年的《瑞士民法典》就规定了这一制度，1920 年的北欧诸国的民法典也规定了这一制度。1941 年修正的《法国民法典》，设有离婚损害赔偿的规定。《日本民法典》没有这种规定，而是直接援引关于侵权行为的规定认定。② 1931 年的《中华民国民法》规定了离婚过错损害赔偿制度，但在大理院民国三年（1914 年）上字 420

① 冉克平. 夫妻团体法 法理与规范. 北京：北京大学出版社，2022：252.

② 林秀雄. 亲属法之研究. 北京：中国政法大学出版社，2001：117.

号判例，作出了“凡妻因其夫虐待请求离异，得视财力地位判令酌给养生之费的判决”，认为关于离婚后损害赔偿之请求虽无明文之规定，而按照一般法理，凡妻因其夫虐待离异而请求损害赔偿者，审判衙门应依当事人之请求除准予离异外，判令其夫给予养生之费。其费额之多寡，恒以当事人之财力地位及生活程度为标准。[①] 这一裁判理由堪称先进。

在理论上，有以下几种理论基础可供选择。

（1）离因损害和离婚损害。

在欧洲大陆法系国家的亲属法理论中，将离婚损害赔偿区分为离因损害和离婚损害。

离因损害，是指在夫妻之一方的行为是构成离婚原因的侵权行为时，他方可以请求因侵权行为所生的损害赔偿。例如，因杀害而侵害对方的生命、健康或人格，或因重婚、通奸等贞操义务的违反而侵害对方的配偶权等，都属于离因损害。

离婚损害与离因损害不同，离婚原因不具备侵权行为的要件，离婚本身构成损害赔偿的直接原因。

（2）侵害配偶人格权。

《日本民法典》亲属法没有关于离婚过错损害赔偿的具体规定，在理论上和实践中都承认离婚损害赔偿，多数学说认为因夫妻之一方有可归责的事由而离婚时，他方可请求因侵权行为所致损害的赔偿。这就是夫妻一方的有责行为引起婚姻的破裂，而行为违法性来自侵害了他方配偶人格权，从而构成侵权行为。[②]

（3）妨害婚姻关系。

美国有关于妨害婚姻关系的侵权行为的法律，认为侵害配偶的行为构成另一配偶请求离婚的原因，并不影响夫妻一方主张婚姻利益受第三人侵犯的赔偿。[③]

---

① 王坤，徐静莉．大理院婚姻、继承司法档案的整理与研究：以民初女性权利变化为中心．北京：知识产权出版社，2014：99，102．

② 林秀雄．亲属法之研究．北京：中国政法大学出版社，2001：115－116．

③ 《美国侵权责任法重述》第 689 条，见台湾“司法院”、政治大学法律研究所合译．美国法律整编·侵权行为法．台湾司法周刊杂志社，1986：585。

这种理论，虽非直接规定造成离婚一方对另一方的损害赔偿责任，但这种思路是明确的，这就是，离婚的原因行为造成了婚姻关系的破裂，无过错一方因此受到了损害，该行为构成妨害婚姻关系的侵权行为，过错方应当承担损害赔偿责任。

2. 我国现代离婚过错损害赔偿制度的理论基础

建立我国现代离婚过错损害赔偿责任制度，需从理论上确立以下要点。

（1）离婚过错损害赔偿应以离因损害理论为基础。

从理论上比较，离婚损害和离因损害最主要的区别在于，离因损害强调离婚的原因，是基于离婚原因的可归责性，而使离婚的过错一方承担侵权损害赔偿责任。而离婚损害不讲离婚的过错，只要一方提出离婚，其就应承担损害赔偿责任。这不符合我国《民法典》的立法原则，也违背我国侵权责任法的基本规则。《民法典》第 1091 条明文规定的五种离婚过错损害赔偿的事由，讲的都是离婚原因，而不是离婚的结果。因此，确定我国的离婚过错损害赔偿的理论基础是离因损害而不是离婚损害。

（2）离婚过错损害赔偿适用《民法典》第 1165 条第 1 款。

确定离婚过错损害赔偿责任，在理论上应当解决的重要问题，就是《民法典》第 1091 条规定与第 1165 条第 1 款的关系。

《民法典》第 1165 条第 1 款规定侵权法的基本规则，是过错责任原则，第 1091 条规定的离婚过错损害赔偿责任也适用过错责任原则，这两个规定是一致的，所以，《民法典》第 1165 条第 1 款与第 1091 条的关系、是抽象与具体的关系、是普通法与特别法的关系，第 1091 条规定是脱离第 1165 条第 1 款规定而独立存在的法律规范。那种认为“日本民法或借用侵权责任法的构成，或使其寄生于财产法的规定，都是时代的落伍者”① 的说法，值得斟酌，因为从侵权责任法的基本规则中，是完全可以推出对离婚过错损害赔偿责任确认的结论的，而非借用。

（3）离婚损害赔偿的基本性质是妨害婚姻关系的侵权行为。

界定离婚过错损害赔偿的侵权行为性质，必须从该侵权行为的本质观察，才

① 林秀雄. 亲属法之研究. 北京：中国政法大学出版社，2001：118.

能作出准确的结论。如果仅仅从离婚原因方面观察，也就是配偶一方造成离婚的违法行为观察，因其侵害的客体复杂，不易作出判断。从另一个角度观察，这些违法行为即离婚过错行为都有一个最终的结果，就是造成了离婚的后果，使受害人丧失了配偶权。基于这样的认识，可以借鉴美国侵权责任法的理论，认定这种侵权行为侵害了受害人的配偶权，构成了对婚姻关系的损害。这样，就可以将这种侵权行为界定为妨害婚姻关系的侵权行为，将其归并在妨害婚姻关系以及妨害家庭关系的侵权行为类型之中。①

（三）离婚过错损害赔偿责任的构成要件

顾名思义，离婚过错损害赔偿责任适用过错责任原则，依照过错责任原则对侵权责任构成要件的要求，离婚过错损害赔偿责任构成须具备四个要件。

1. 违法行为

对构成离婚过错损害赔偿责任的违法行为要件，《民法典》第 1091 条已经作了明确规定：一是重婚；二是有配偶者与他人同居；三是实施家庭暴力；四是虐待、遗弃家庭成员；五是有其他重大过错。法律限定五种违法行为为离婚损害赔偿责任的行为要件，超出这五种行为的，不能认定为构成离婚过错损害赔偿责任。

要特别分析《民法典》第 1091 条增加规定的第五种违法行为。这种行为，首先是在主观上要有重大过错。这里使用“重大过错”这一概念并不准确，因为过失中有重大过失，故意中却没有重大故意，所以，修饰过错不应当用“重大”的表述。同时，重大过错即使成立，也是一种主观状态，而不是行为，表述为有其他故意或者重大过失的行为，方为准确。不过，对此仍然可以准确理解，即行为人在主观上有故意或者重大过失。其次，在客观上行为人实施了侵害对方当事人合法权益的行为，使其受到了损害。这里没有要求行为的“重大”，只要行为人具有故意或者重大过失，给对方当事人的合法权益造成了损害，就符合这一事由的要求，就可以请求对方当事人承担离婚过错损害赔偿责任。

对其他重大过错即离婚中的故意或者重大过失行为，有学者分为以下五种情

① 杨立新．简明类型侵权法讲座．北京：高等教育出版社，2003：172.

况：一是严重违反夫妻间忠实义务、同居义务；二是严重违反夫妻间尊重义务；三是严重违反夫妻间扶持义务；四是对配偶或其他家庭成员实施犯罪行为；五是严重违反家庭伦理威胁共同生活可能性的行为。例如：男女双方是初中同学，2014 年登记结婚，2016 年生育一子。2019 年女方提出去学校进修，将孩子送至男方父母处托管，同年 9 月，男方在家中发现避孕套和验孕棒，12 月发现女方与他人通奸怀孕、流产的诊断报告。男方起诉离婚和损害赔偿，法院认为，女方有出轨行为，严重损害夫妻共同感情，终致夫妻离异，判决女方支付男方精神损害抚慰金，考虑女方对婚姻关系破裂存在过错，对女方少分财产。①

实施上述违法行为的主体是有过错的配偶。这些行为侵害他人的权利，行为人违反了这些权利中的法定义务，构成违法性。

2. 损害事实

离婚损害赔偿责任的损害事实要件较为复杂，分成几个层次。

（1）侵害的客体有不同的权利。

重婚、与他人同居，侵害的是对方配偶的配偶权。实施家庭暴力、虐待、遗弃，都可能侵害配偶的身体权、健康权，也构成侵害配偶权，因为虐待、遗弃本身，也是对配偶权的侵害；同时也构成对配偶之外的其他家庭成员的身体权、健康权和亲属权、亲权的侵害。

（2）受害人受到的损害包括人身损害和精神损害。

实施家庭暴力、虐待、遗弃，都可能造成受害人的人身损害的后果，重婚、与他人同居，都可能造成配偶严重的精神损害，即使实施家庭暴力、虐待、遗弃的，也都可能造成精神损害。在救济上，行为人既要承担人身损害赔偿的责任，也要承担精神损害赔偿责任，所以《婚姻家庭编解释一》第 86 条、《民法典》第 1091 条规定的损害赔偿，包括物质损害赔偿和精神损害赔偿。

（3）损害后果有两个层次。

以上表述的损害事实是第一个层次的损害事实，是造成了对方配偶和其他家庭成员权利的侵害。离婚损害赔偿责任损害事实第二个层次的损害，是对婚姻关

① 夏吟兰，龙翼飞主编. 家事法实务：2022 年卷. 北京：法律出版社，2023：95，98－100.

系的损害，即由于上述违法行为而使配偶之间的婚姻关系解除，造成了离婚的后果，这是离婚损害赔偿责任损害事实的关键所在。如果存在上述损害事实，但是没有造成离婚的后果，受害人不能依据《民法典》第 1091 条规定请求精神损害赔偿，即使配偶的行为构成侵权，也必须通过其他途径进行救济。正因为如此，《婚姻家庭编解释一》第 87 条才规定“在婚姻关系存续期间，当事人不起诉离婚而单独依据民法典第一千零九十一条规定提起损害赔偿请求的，人民法院不予受理”，并且“人民法院判决不准离婚的案件，对于当事人基于民法典第一千零九十一条规定提出的损害赔偿请求，不予支持”。因此，离婚损害赔偿的基本损害事实就是离婚，是婚姻关系的解除，是婚姻关系受到了损害。

（4）受害主体具有双重性。

就第一层次的受害主体的身份而言，受害人可以是配偶一方，也可以是其他家庭成员。但是，认定离婚过错损害赔偿责任损害后果的关键损害事实是离婚，即解除婚姻关系，这个受害人必须是对方配偶，即配偶间的无过错方。

3. 因果关系

离婚损害赔偿责任构成的因果关系要件较为特殊。在一般的侵权责任构成中，因果关系构成只是一个原因和一个结果，即在因果关系链条中只有一个环节，较为简单。在离婚损害赔偿案件中，因果关系的链条起码有两个环节，这就是：违法行为（重婚、与他人同居、实施家庭暴力、虐待或者遗弃、其他重大过错）→配偶权、身体权或者健康权、亲权或者亲属权等损害→婚姻关系破裂的损害。这样多重的因果关系链条，更体现了我国离婚损害赔偿责任属于离因损害而不是离婚损害。

正因为如此《婚姻家庭编解释一》第 88 规定：“……（一）符合民法典第一千零九十一条规定的无过错方作为原告基于该条规定向人民法院提起损害赔偿请求的，必须在离婚诉讼的同时提出。（二）符合民法典第一千零九十一条规定的无过错方作为被告的离婚诉讼案件，如果被告不同意离婚也不基于该条规定提起损害赔偿请求的，可以就此单独提起诉讼。（三）无过错方作为被告的离婚诉讼案件，一审时被告未基于民法典第一千零九十一条规定提出损害赔偿请求，二审

期间提出的，人民法院应当进行调解；调解不成的，告知当事人另行起诉。双方当事人同意由第二审人民法院一并审理的，第二审人民法院可以一并裁判。”这些规定都说明，违法行为只与第一个层次的损害事实之间有因果关系还不够，必须与最后的婚姻关系破裂的损害事实之间具有因果关系，才构成因果关系要件。

4. 过错

离婚损害赔偿的过错要件也具有特殊性。这表现在，行为人在实施违法行为的时候，预见的是第一层次的损害事实，在这个损害事实上，行为人具有故意的过错形式，是明知会造成这样的损害后果，而希望或者追求其发生。在第二层次的损害事实上，即婚姻关系破裂的损害事实上，可能是故意，也可能是过失。因为有的重婚、与他人同居、实施家庭暴力、虐待或者遗弃案件中，行为人并不希望或者追求与自己的配偶的婚姻关系破裂，戏言所说的“家里红旗不倒，家外彩旗飘飘”，正是这种情况的写照。从总体上看，离婚损害赔偿中的过错要件，既可能是故意，也可能是过失，而不可能都是故意。只有在第五种违法行为中，即“有其他重大过错”的违法行为，只能由故意或者重大过失构成，一般过失不能构成。

（四）离婚损害赔偿的责任方式

离婚损害赔偿的责任方式包括两种，即人身损害赔偿和精神损害赔偿。法律根据是《民法典》第 1179 条关于人身损害赔偿和第 1183 条关于精神损害赔偿的规定。对此，司法解释已经有明确规定，并且指出，涉及精神损害赔偿的，适用《精神损害赔偿司法解释》的有关规定。涉及物质损害赔偿即人身损害赔偿的，应当适用最高人民法院《关于审理人身损害赔偿案件适用法律若干问题的解释》（以下简称《人身损害赔偿解释》）的有关规定。

人身损害赔偿，就是在实施家庭暴力、虐待、遗弃等违法行为中，造成了受害人的身体权、健康权的损害，构成了人身损害的后果。在赔偿中，应当按照人身损害赔偿的规则进行。

离婚损害赔偿中的精神损害赔偿，应当包括两个方面：第一，侵害配偶权，以及其他方面的损害，造成的纯粹的精神利益的损害，可以请求精神损害赔偿；第二，造成人身损害的，除可以请求人身损害赔偿之外，还可以请求精神痛苦的抚慰金赔偿。

离婚损害赔偿造成其他损害的，受害的配偶一方是否可以请求对方承担损害赔偿之外的其他民事责任？例如赔礼道歉、恢复名誉、消除影响等，这些责任方式原则上属于身份权请求权的内容。对此，《民法典》以及司法解释都没有规定。按照文意理解，既然是离婚损害赔偿责任，似乎不应当包括其他责任方式。不过，既然离婚损害赔偿责任受《民法典》第 1165 条第 1 款的规范，应当可以适用《民法典》第 1167 条的规定。如果无过错方请求过错方承担其他民事责任的，只要确有需要，应当准许。

（五）离婚过错损害赔偿的其他问题

1. 原告和被告

在离婚损害赔偿诉讼中，原告只能是无过错的一方配偶，简称无过错方。被告是无过错方的配偶，即有过错的配偶一方。《婚姻家庭编解释一》第 87 条规定“承担民法典第一千零九十一条规定的损害赔偿责任的主体，为离婚诉讼当事人中无过错方的配偶”，正是这个意思。

受到《民法典》第 1091 条规定的违法行为侵害的其他人，即其他家庭成员，不是离婚损害赔偿案件的当事人，无权作为原告或者被告起诉，应当另寻其他途径予以救济。

2. 离婚损害赔偿请求权行使的期限

《民法典》没有规定离婚损害赔偿诉讼的时限，《最高人民法院关于适用〈婚姻法〉若干问题的解释（一）》第 30 条曾经对此作出规定：第一，无过错配偶作为原告起诉离婚的，必须在提起离婚诉讼的同时起诉离婚损害赔偿。当事人应当斟酌自己是否行使这个权利，如果作为无过错配偶的原告在离婚诉讼中，经过告知也没有提出离婚损害赔偿请求，视为其已经放弃了这个权利。第二，无过错配偶作为离婚诉讼的被告，在离婚诉讼中不同意离婚，也不提出离婚损害赔偿请求，法院判决离婚的，其起诉的时限规定为离婚后的 1 年，在 1 年内可以提出离婚损害赔偿诉讼请求。第三，无过错配偶作为离婚诉讼的被告，在一审中没有提出离婚损害赔偿诉讼请求，而是在二审中提出的，法院应当对离婚损害赔偿诉讼

请求进行调解。调解成功的，调解结案；调解不成的，依法判决离婚，在离婚后1年内，无过错配偶可以另行起诉。第四，无过错配偶作为离婚诉讼的被告，在离婚诉讼中同意离婚，并请求离婚损害赔偿请求的，应当提起反诉。

最高人民法院对此进行了修订，在《婚姻家庭法解释一》第88条规定中，阐述了有关1年的限制性规定。对此，应当依据《民法典》关于诉讼时效的规定。

3. 其他程序和实体问题

其他程序和实体问题：一是在婚姻关系存续期间，当事人不起诉离婚而只起诉离婚损害赔偿的，按照司法解释的规定，人民法院不予受理。二是无过错方作为离婚诉讼的原告起诉离婚损害赔偿诉讼请求，法院判决不准离婚的，对于离婚损害赔偿的诉讼请求应当如何处理，司法解释没有规定，应当一并予以驳回。三是“第三者”是否可以作为被告承担离婚损害赔偿责任。一方面，离婚损害赔偿是侵害配偶权妨害婚姻关系的侵权行为，作为有过错的配偶当然是侵权人，应当承担侵权责任。但另一方面，既然有过错的配偶是侵害配偶权的侵权行为人，那么，在违法行为是重婚、与他人同居时，侵权行为一定是共同侵权，而不是过错配偶的单独侵权行为。既然如此，法律只规定对于有过错的配偶一方责令损害赔偿，而不追究对方即“第三者”的侵权责任，是否有失公正和公平？对这类案件，从法理上应当准许无过错的配偶一方追究侵权一方的共同侵权责任，即连带责任。对此，学者作了大量的探讨①，但立法机关没有采纳。这种主张，在法理上没有问题，但在司法实践中是一律不予受理。为了保护好婚姻关系主体的权利，应当准许无过错配偶一方起诉有过错配偶一方的重婚或者同居的对方当事人。

4. 离婚损害赔偿请求权与分割共同财产时照顾无过错方的关系

在分割夫妻共同财产时，对无过错方可以予以适当照顾多分，是对的。在无过错方既提出离婚损害赔偿的请求，又要求在分割共同财产时多分的，有的主张应当支持，有的主张不应予以支持。这是两种不同的制度，从两个不同的侧面保

① 杨立新. 论妨害婚姻关系的名誉损害赔偿. 河北法学，1988（6）. 杨立新. 简明类型侵权法讲座. 北京：高等教育出版社，2003：174.

护无过错配偶一方，并不矛盾，故对无过错配偶一方同时提出这两种请求的，应当予以支持。[①]

第五节　对离婚冷静期规定的立法评估

一、离婚冷静期概念的界定与我国离婚冷静期制度的发展

婚姻是家庭的基础，家庭是社会的基础结构。稳定家庭关系，首先就要稳定婚姻关系[②]，因为和谐的婚姻关系不仅是个体身心健康发展的重要土壤，还是人类社会有序发展的召唤[③]，婚姻关系不稳定将会引发家庭的解体，给家庭成员造成伤害，对社会稳定造成影响。我国的离婚数量的大幅增长，已成为重要的社会问题。《民法典》肩负稳定家庭秩序的重要使命，增加规定了离婚冷静期制度，意在减少草率离婚、冲动离婚，完善离婚制度，稳定婚姻关系，维护社会安定。学者比较研究的结论是，基于民政部2018—2021年省-季度统计数据，辅以国家统计局、裁判文书网、百度指数等数据，通过事件研究和双重差分等政策评估方法交叉验证发现，“冷静期”使得各省各季度离婚登记数量平均减少1.03～1.32万对，较前三年降低了33%～42%。在以往复婚较普遍、青年离婚占比较大、对“冷静期”等离婚相关信息搜索较多的地区降幅更大。[④]

《民法典》第1077条规定：“自婚姻登记机关收到离婚登记申请之日起三十日内，任何一方不愿意离婚的，可以向婚姻登记机关撤回离婚登记申请。前款规定期限届满后三十日内，双方应当亲自到婚姻登记机关申请发给离婚证；未申请

① 对此，在笔者主编的《中华人民共和国婚姻法释义与适用》一书中，相关部分作者持相反的观点，有的学者对此提出批评。这种批评意见是正确的。该批评意见见王洪. 婚姻家庭法. 北京：法律出版社，2003：484。

② 杨立新. 亲属法专论. 北京：高等教育出版社，2005：85.

③ 曹思婕. 我国家事审判改革路径之探析. 法学论坛，2016：5：121.

④ 董浩. 此情可待：“离婚冷静期”规定对离婚登记数量趋势的影响. 社会学研究，2023 (1).

的，视为撤回离婚登记申请。”对这一规定，社会舆论褒贬不一，本节就这一制度进行评估和说明。

（一）对离婚冷静期概念的界定

对离婚冷静期概念的界定有不同见解。有人认为，离婚冷静期等同于离婚审查期，是指从提交离婚申请之后1个月内由婚姻登记机关对当事人是否符合离婚登记条件的审查[①]，使当事人在该期限内认真冷静地思考的已经达成的离婚协议，避免冲动、草率离婚。有人认为，离婚冷静期是指对原告要求离婚而被告坚决不同意的离婚案件，设置1个月至6个月长度不等的期间，要求双方在期间内冷静思考离婚一事，以便作出最理性的决定。[②] 最高人民法院《关于进一步深化家事审判方式和工作机制改革的意见（试行）》（以下简称《家事审判意见》）曾经规定的离婚冷静期，是指人民法院在审理离婚案件时，经过双方当事人的同意，设置不超过3个月的冷静期。

在上述意见中，第一种界定针对的是婚姻家庭编草案一审稿规定的离婚冷静期，没有分清离婚冷静期与离婚审查期，将已界定为婚姻登记机关在1个月内进行审查，不符合立法的本意，使当事人充满不确定性，不够准确。第二种界定的不是婚姻家庭编草案一审稿规定的离婚冷静期，而是适用于诉讼离婚。《家事审判意见》规定的离婚冷静期也是如此，不是对《民法典》规定的离婚冷静期概念的界定。

依照《民法典》第1077条的规定，离婚冷静期，是指在离婚自由原则下，婚姻双方当事人申请两愿离婚，在婚姻登记机关收到申请之日起，给予冷静思考，选择终结或者继续离婚登记程序的期间。

这样对离婚冷静期作出界定，概括了离婚冷静期的四个法律特征。

第一，离婚冷静期的前提是尊重离婚自由原则。离婚自由不是绝对自由，而是相对自由，是法定范围内的自由。[③] 法律规定离婚冷静期，不是限制婚姻当事人的离婚自由，而是充分尊重当事人的意思，在离婚两愿的前提下，给出适当的

① 夏吟兰. 民法分则婚姻家庭编立法研究. 中国法学，2017（3）：83.

② 刘万成，郑永建. 家事审判中离婚冷静期的合理性证成与完善. 人民法院报，2018-07-11（7）.

③ 夏吟兰. 离婚自由与限制论. 北京：中国政法大学出版社，2007：120.

时间进行冷静思考，避免一时冲动而草率离婚。

第二，离婚冷静期适用于登记离婚即两愿离婚，不适用于诉讼离婚。诉讼离婚一般是有一方不同意离婚，或者存在其他争议而不能达成一致意见，因而需要向法院起诉请求裁判，不存在当事人两愿离婚这种意义上的冷静问题。

第三，离婚冷静期的基本作用，是设置一个时间的门槛，促使申请离婚登记的当事人冷静思考，改变现行登记离婚基本上是“即申即离”，无法防止一时冲动、草率离婚的现状，只要期间适当，就不会干涉当事人离婚自由，反而有利于保持婚姻关系的稳定，减少社会不安定因素。

第四，离婚冷静期的结果，是确定两愿离婚的合意是否真实，进而选择继续或者终结离婚登记程序。当事人冷静思考的结果如果确系自愿离婚的，就继续进行离婚登记程序，办理出具离婚证，终结当事人的婚姻关系；任何一方不愿意离婚，可以提出撤回离婚申请，否定两愿离婚登记的要件，终结登记离婚的程序，当事人的婚姻关系继续存续，共同生活，或者提出诉讼离婚。

（二）我国离婚冷静期制度的发展及试点经验

对离婚冷静期进行立法评估，首先要考察我国历史上是否存在类似制度。

1. 我国离婚冷静期制度的萌芽与试验

自 1950 年颁布实施《婚姻法》之后，立法规定结婚自愿、离婚自由。不过，在 20 世纪 50 年代至 70 年代，结婚可以做到自愿，离婚自由未必能得到保障，登记离婚需要单位出具介绍信，对诉讼离婚的审查也极为严格，通常要“三看一参”[①]，多数寄件不会判决离婚。在那个时代，也不存在离婚冷静期制度。

改革开放之后，特别是 1981 年修订《婚姻法》实施后，离婚自由得到了保障。在社会不断发展中，在充分保障离婚自由基础上，才出现了与离婚冷静期相似的制度。

（1）萌芽：1994 年《婚姻登记管理条例》规定的离婚审查期。

1994 年颁布的《婚姻登记管理条例》规定了离婚审查期。该条例第 16 条规

① “三看一参”，是那个时代法院审理离婚案件的基本审查方法，即看婚姻基础，看婚后感情，看离婚理由，参考离婚对子女利益的影响。

定："婚姻登记管理机关对当事人的离婚申请进行审查，自受理申请之日起一个月内，对符合离婚条件的，应当予以登记，发给离婚证，注销结婚证。当事人从取得离婚证起，解除夫妻关系。"

事实上，离婚审查期并不是离婚冷静期，而是指申请离婚的当事人提交离婚申请及相关材料后，不立即解除双方的婚姻关系，而是要经过婚姻登记机关一定时间的审查，才能办理离婚登记手续的期间。

在登记离婚中规定审查期的立法意图作用在于：一是可以使婚姻登记机关有充分的时间对当事人的申请进行调查和审查，确定双方是否自愿离婚；二是可以使当事人有机会再次冷静思考自己婚姻关系的存废，避免草率离婚；三是有利于基层调解组织或单位再进行调解，便于群众监督，从而更有效地保证登记离婚的质量。[①] 离婚审查期在登记离婚的程序上增加一道时间的门槛，在一定程度上能促使申请离婚当事人冷静思考，但是更多的还是着重于对离婚理由的审查。

这种审查期在准许离婚还是不准许离婚上具有不确定性，当事人不知道婚姻登记机关究竟是否准许离婚，以至于如果双方在该期间内重归于好后，可能因未及时向婚姻登记机关撤销申请而被解除了婚姻关系。同时，该规定只是授权婚姻登记机关在受理离婚申请之日起 1 个月内办理手续，没有实质性的配套制度辅助离婚审查期起到预期效果。因此，离婚审查期的冷静作用不明显，在该条例实施期间，离婚率没有降低，反而从 1993 年的 1.54‰增长到 1999 年的 1.91‰。

离婚审查期制度对离婚率的降低虽未起到明显作用，但试图通过离婚审查期来促使当事人冷静思考的意图是值得肯定的。这是《民法典》规定离婚冷静期的初始本土经验。

（2）试验：地方立法和法院对离婚冷静期的试点。

首先进行的，是对登记离婚冷静期地方立法的试点。

面对离婚率上升，较多出现"闪离"、冲动离婚、草率离婚的离婚登记，有的地方婚姻登记机关在地方立法的指导下，开始试行登记离婚冷静期的做法。

2012 年 4 月起，浙江省慈溪市民政局试行了"预约离婚"的做法，当事人

① 胡平，周学玉．我国当前婚姻登记工作存在的主要问题及对策．现代法学，1989（4）．

要在预约 1 周之后才能办理离婚手续，这是变相地给申请离婚当事人 1 周的冷静期，使其在该期间冷静冲动心情，理性对待离婚问题。截至 2012 年 11 月底，1 992 对预约离婚的夫妻，1 周后实际来离婚的为 1 045 对，离婚的夫妻对数下降了 47.56%。①

2018 年 3 月底，四川省安岳县民政局与该县法院联合打造家事纠纷协同化解工作室，在登记离婚中试行 1 个月的离婚冷静期，原则上双方在该期间内，不能再向民政部门申请离婚，或者向法院起诉离婚，但在该期间内出现家庭暴力、虐待、遗弃、转移财产等情形的除外。②

浙江省宁波市江北区婚姻登记处则启动了婚姻调解项目，改变以往"即申即离"的做法，对前来离婚的夫妻进行一定时间的调解工作，疏导双方的矛盾，使当事人在调解过程中冷静思考，避免了 43.5%的夫妻因冲动而走向家庭破裂。③

武汉市某区民政局以"打印机坏了""网络故障"等善意的谎言，拒绝立即给前来离婚的人发放离婚证，9 年来共挽救了 500 余个濒临破裂的婚姻。④

其次，是在诉讼离婚中对冷静期进行的试点。

近些年来，我国的诉讼离婚数量不断上升，从 2003 年的 64 万对⑤增至 2017 年的 66.9 万对。⑥ 在没有明确法律依据的情况下，有的地方法院试用离婚冷静期制度。

2017 年 3 月，四川省安岳县人民法院给因带小孩等琐事经常发生矛盾的"85 后"夫妻发出"离婚冷静期通知书"，还向其他 23 对夫妻发放了该通知书⑦，分别设置 1 个月至 3 个月不等的冷静期。

---

① 苑广阔."预约离婚"让双方有了冷静期. 福建日报，2012-12-21（10）.

② 四川一地试水"登记离婚冷静期"5 个月 9 成夫妻冷静后没离.［2018-10-08］. http://www.xinhuanet.com/local/2018-08/31/c_1123357064.htm.

③ 一言不合就离婚，这样的夫妻越来越多了.［2018-11-05］. http://nb.zjol.com.cn/system/2016/11/28/021383263.shtml。

④ 姚德春，周钢. 武汉最美"红娘"善意谎言挽救 500 余对婚姻. 楚天都市报，2013-05-14（17）.

⑤ 民政部《2003 年民政事业发展统计公报》。

⑥ 民政部《2017 年社会服务发展统计公报》。

⑦［2018-11-05］. http://www.ayrmfy.gov.cn/News/View.asp?ID=702.

2017 年 10 月，济南市市中区人民法院也试行离婚冷静期制度。

临汾市中级人民法院试行离婚冷静期 1 年来，家事案件的调撤率达 40%。2017 年 7 月，陕西省丹凤县人民法院庾岭法庭也使用了离婚冷静期通知书。①

地方高级人民法院和最高人民法院陆续出台改革诉讼离婚的具体方案。2018 年 7 月 16 日，广东省高级人民法院发布《广东法院审理离婚案件程序指引》，规定了离婚冷静期，将离婚冷静期分为情绪约束冷静期和情感修复冷静期，启动条件、设置期限和运用规则有所不同。最高人民法院总结了近 2 年在地方试行离婚冷静期的经验，于 2018 年 7 月 18 日公布了《家事审判意见》，规定了诉讼中的 3 个月离婚冷静期以及相应的配套制度。

2. 对离婚冷静期萌芽和试验中取得的经验的总结

1994 年以来，我国的离婚冷静期经历了萌芽和试验，总的看来，在离婚中设置冷静期，特别是在登记离婚中设置冷静期，取得的主要经验是：

第一，近 30 年来，我国离婚冷静期从开始萌芽，经过地方的试验，实现了从不自觉到自觉的转变。开始的登记离婚审查期并不是冷静期，主要还是对离婚申请的审查，带有一定的对离婚自由的限制，但存在促使当事人冷静的作用，具有一定的冷静期要素。从 2010 年起，地方民政部门和法院开始进行离婚冷静期试点，我国的婚姻家庭领域才出现了实质意义的对离婚冷静期的探索。

第二，离婚冷静期包括登记离婚冷静期和诉讼离婚冷静期。关于冷静期的试验，民政部门试点的是登记离婚冷静期，时间为 1 个月至 3 个月有别；法院试点的是诉讼离婚冷静期，最高人民法院有指导意见，多个地方开展试点，具体办法不尽相同。从实际效果上看，诉讼离婚有较为严格的程序要求，冲动离婚或者草率离婚由于程序的阻隔，不太容易出现。而在登记离婚中，两愿离婚基本上都是即时办理，采用冷静期的必要性比较明显，存在立法将其固定为法律制度的必要性。

第三，离婚冷静期不宜僵化，要有一定程度的缓和。离婚冷静期主要针对的

---

① 离婚案最长可设三个月冷静期.［2018-11-05］. https://www.chinacourt.org/article/detail/2018/07/id/3399828.shtml.

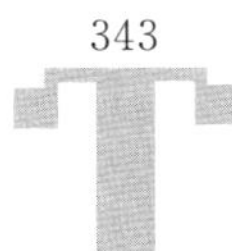

是冲动离婚、草率离婚以及那些所谓的“闪离”，使婚姻当事人在离婚的情绪和感情上进行适当的约束和检讨，避免冲动、草率离婚，稳定婚姻关系。不过，将离婚冷静期僵化也不妥，须有一定程度的缓和。不论规定多长的期间，都存在对特殊情况的不同处理，例如存在家庭暴力、虐待、遗弃、转移财产等特殊情形的，应不受冷静期的限制。四川省安岳县民政局在登记离婚中的上述做法是成功的经验。

第四，设置离婚冷静期的效果基本上是好的，有助于减少不必要的两愿离婚。设置离婚冷静期特别是登记离婚冷静期，最好的效果就是减少冲动离婚、草率离婚，使申请离婚的当事人整理情绪，保持理性，经过适当时间的冷静，更加理性地对待离婚。很多申请离婚的夫妇经过冷静期的平整情绪，会尊重感情，放弃离婚的念头，保持了婚姻关系和家庭关系的稳定，从而使登记离婚数量减少，维护了婚姻家庭关系的稳定。

上述这些经验，为《民法典》规定登记离婚冷静期提供了社会基础，是规定登记离婚冷静期制度的立法依据。

二、与韩国和英国类似制度的比较

世界各国都面临着离婚率普遍攀高的现象，很多国家均在离婚程序上增加不同的门槛，有的通过设置离婚冷静期或者类似的制度，如韩国和英国，有的通过设置分居制度，如德国、瑞士、意大利等。《民法典》采纳的是前一种做法，因而韩国和英国的经验最值得借鉴。

（一）韩国的离婚熟虑期

进入21世纪以后，韩国的离婚率与美国等高离婚率国家齐头并进，2003年到达了顶峰。韩国的离婚制度分为协议离婚和裁判离婚。协议离婚须婚姻当事人在离婚的意思上达成合意，在家庭法院的指导下，依照法律规定的程序解除婚姻关系。裁判离婚是婚姻当事人没有达成离婚合意，一方当事人以法定理由向家庭法院起诉，由法院裁判是否准许离婚。在这两种离婚类型中，协议离婚的数量约

占全部数量的80%[①]，其中不乏冲动、草率的离婚。

为了挽救可治愈的夫妻关系，减少与日俱增的家庭解体，自2005年3月起，韩国开始试行离婚熟虑期制度。起初，家事少年制度改革委员会把熟虑期间暂时规定为1周（有家庭暴力的情形除外），还设置了配套的咨询制度。该期限虽短，但前来协议离婚的夫妻经过熟虑期和专业咨询后，撤销离婚申请的比例在2005年3月为15.45%，4月为18.70%，5月为16.56%，与当年1月离婚申请撤销率的7.51%、2月的8.82%以及2004年的平均撤销率9.99%相比，离婚熟虑期对离婚当事人再次慎重考虑并决定是否解除婚姻关系有显著的效果。

由于一些人批评期限为1周的冷静期限过短、应当延长的意见，首尔家庭法院于2006年3月把熟虑期延长为3周。正是在这些经验的基础上，2007年12月21日《韩国民法典》规定了离婚熟虑期，于2008年6月22日起正式实施。该法第836条之二的内容是："1. 欲协议离婚者应得到家庭法院提供的离婚咨询，必要时家庭法院可劝当事人，接受具备专业知识和经验的咨询员的咨询。2. 向家庭法院申请确认离婚意思的当事人，自接受第1款咨询之日起经过以下各项期间后，得到离婚意思的确认：(1) 有需要抚养的人时（包括胎内的子女，以下本条亦同）为三个月。(2) 不符合第一项时为一个月。3. 因暴力将会对当事人一方造成无法忍受的痛苦等应予离婚的紧急情形，家庭法院可缩短或免除第2项的期间。4. 有需扶养的人时，当事人应出具第837条所定的子女协议书及第909条第4款所定的子女的亲权人决定协议书，或第837条及第909条第4款所定的家庭法院的审判正本。5. 家庭法院应当制作确认当事人关于抚养费内容的承担抚养费协议。承担抚养费协议准用《家事诉讼法》第41条。"[②]

可见，为了保障当事人以及子女的合法权益，除了规定离婚熟虑期，《韩国民法典》还明确规定了相配套的制度，如：咨询制度，即家庭法院认为离婚当事人缺乏专业知识的，可以引导当事人接受专业咨询；家庭法院可以强制双方当事

---

① 韩国统计厅的相关数据见 http://kostat.go.kr/wnsearch/search.jsp.

② 《韩国民法典》第836条的内容，前四项见《韩国民法典 朝鲜民法》，金玉珍，译. 北京：北京大学出版社，2009：129。

人对子女的抚养问题达成协议，2015 年还颁布了《确保并支援抚养费法》，以此来监督当事人履行支付抚养费的义务，通过国家支援等方式确保未成年子女获得物质上的基本需求。

（二）英国的反省与考虑期制度

在 1996 年颁布的《英国家庭法》，与 1973 年《英国婚姻诉讼法》相比，离婚制度的特点可以概括为反省与考虑期的设置、加强咨询和调解制度以及强制双方当事人对离婚结果达成协议。

《英国家庭法》规定，双方当事人主张离婚，应该先参加信息会议。信息会议由在婚姻和法律方面具有专业知识和能力，并且与当事人没有任何利益关系的人负责组织，主要向当事人提供心理方面的疏导和普及离婚相关的法律知识、告知当事人可能会遇到的各种问题。不同类型的信息会议能够满足当事人不同的婚姻情况。对有子女的当事人，信息会议会强调子女的愿望、情绪和福祉等内容的重要性①，还会引导当事人帮助子女克服父母离婚带给他们的困扰。这种信息会议的作用在于激发父母对子女的责任意识，告知当事人可以参加咨询和调解，获得各方面的帮助。

当事人独自或共同参加信息会议 3 个月后，一方或双方当事人应当向法院提出声明。声明的内容应当包括其婚姻是否有挽救的可能性，如果无法挽救，应该明确记载双方在子女、财产和其他问题上达成的协议，还应记载他们对未来的规划。法院根据声明内容为当事人指定反省与考虑期。在一般情况下，反省与考虑期为 9 个月，但根据不同的情况法院也会延长其期限。比如，有未满 16 周岁的子女的，法院会延长 6 个月的反省与考虑期，但该延长可能侵害子女利益的除外；如果一方当事人在申请离婚时申请延长期限，法院也可以延长该期限。该期限自法院收到声明后的第十四日起算。因此，当事人实际上可以冷静思考的期间是参加信息会议后的 3 个月加上法院的审查期和法院指定的反省与考虑期。在长达 1 年多的反省与考虑期内，双方当事人在咨询机关的专业帮助下，可以共同反

① Lord Chancellor's Department，Looking to the future：Mediation and the ground for divorce the Government's proposals (1995)，Cm. 2799，2. 37.

思其感情是否确已破裂，是否还有恢复的可能性，还可以就未成年子女问题进行理性思考。

英国的反省与考虑期制度的配套措施即咨询与调解，对有和解可能的当事人来说，有助于增进当事人和平交流，促进彼此的理解，解决纠纷，避免冲动导致家庭的解体；对感情确已破裂的当事人来说，可以通过和平的交流，理性处理子女和财产问题。长时间的反省与考虑期会消除当事人冲动的情绪，有助于当事人冷静思考双方及子女的问题。法院只有在所有离婚条件均符合法律要求的情况下，才会准许当事人解除婚姻关系。当然，如果法院认为当事人解除婚姻关系，会对子女或一方当事人造成严重的经济困难或其他困难，法院在综合这些因素的基础上，可以判决禁止当事人离婚。

（三）韩国的离婚熟虑期和英国的反省考虑期的借鉴意义

显然，韩国的离婚熟虑期与英国的反省考虑期不尽相同，但其基本意旨是一致的，就是要给主张离婚的双方当事人一个适当的期间，使其冷静情绪，认真思考，避免冲动离婚、草率离婚。

比较考察韩国的离婚熟虑期和英国的反省考虑期，对我国《民法典》规定离婚冷静期有以下借鉴意义。

第一，离婚冷静期及其类似制度能够比较有效地减少离婚数量。根据韩国统计厅公布的离婚数据，韩国实施离婚熟虑期制度以后，离婚案件的数量逐年下降，从 2007 年 124 072 件、2012 年 114 316 件，到 2017 年 106 032 件，与未实施离婚熟虑期的 2003 年 166 617 件相比，离婚数量明显减少。[①] 根据权威数据库统计，英国实施系统的反省与考虑期制度后，离婚数量普遍下降，从 2000 年的 154 581 件到 2016 年 118 046 件[②]，下降了 23.6%。可见，离婚熟虑期和反省与考虑期对各自国家离婚率的影响是很明显的。

第二，实行离婚冷静期应当特别关注未成年子女的利益。《韩国民法典》规

① 韩国统计厅公布的“离婚数量统计”.［2018－10－05］. kostat. go. kr.

② Statista：number of divorces in the united kingdom（UK）from 2000 to 2016［2018－10－11］. https://www. statist a. com/statistics/281565/number-of-divorces-in-the-united-kingdom-uk/.

定，有需要抚养子女的婚姻当事人的离婚熟虑期比没有子女的要多2个月；英国法律规定，有未满16周岁子女的婚姻当事人的反省与考虑期会延长6个月。《韩国民法典》还规定，双方当事人须签订抚养费承担协议，还有专门的法律来确保当事人履行协议的内容，必要时国家还会支援未成年子女的抚养费，以此来保障未成年子女的基本利益；英国法则规定，法院认为当事人的离婚对未成年子女造成严重经济困难时，可以禁止当事人离婚。不管是延长离婚冷静期的期限，还是强制当事人就未成年子女的抚养费达成合意，抑或授权司法机关拒绝严重损害未成年子女利益的当事人的离婚请求，都体现了国家对未成年子女的重视，尽可能地减少夫妻离婚对未成年子女造成的伤害。

第三，特别处理家庭暴力等紧急情况。韩国法规定，如果一方当事人遭受家庭暴力等不能忍受的痛苦，法院会缩短或免除1个月的离婚熟虑期。英国法规定，如果存在家庭暴力等情况，法院可以发布禁止侵扰令，禁止一方当事人实施暴力行为，且只有不存在任何暴力或其他伤害威胁的当事人才有机会参与调解。这些规定都特别重视一方当事人是否在离婚冷静期内遭受家庭暴力，尽量保护受害一方在该期限内免遭身体或精神上的侵害。

第四，制定全面的配套制度或措施。韩国法规定，法院可以根据情况劝告当事人接受专业咨询，接受法院提供的心理和法律方面的指导，减少因缺乏这方面的知识带来的不必要麻烦。英国法规定，当事人应当参加信息会议，在专业人士的引导下，对感情、财产和子女问题尽可能达成合意，还有配套的调解制度，帮助当事人纾解家庭纠纷。这些配套制度能帮助当事人在正确引导下，理性决定是否要解除婚姻关系，合理安排子女和财产问题，使离婚冷静期制度发挥更好的效果。

第五，离婚冷静期间不宜过短。韩国的离婚熟虑期根据是否有子女，分为3个月和1个月；英国的反省与考虑期为15个月和9个月。两国把该期间规定得较长，主要是为了给当事人充分冷静的时间，使当事人综合考虑感情、子女和财产问题，避免过短的时间无法真正起到冷静的效果，而且都设有配套制度，若要充分适用这些配套制度，离婚冷静期的期间也不宜过短。

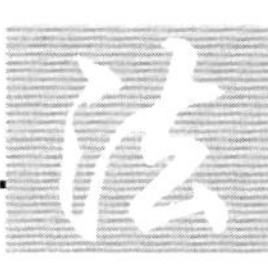

（四）韩国离婚熟虑期的借鉴优势

通过上述比较考察能够看到，韩国的立法经验对我国的离婚冷静期更有借鉴价值，原因有四点。

一是立法背景相似。2008 年 6 月 22 日以前，韩国的家庭法院对协议离婚只进行形式审查，不进行实质审查，这与我国在《民法典》实施之前的登记离婚审查形式相同。

二是立法传统一致。我国把离婚冷静期规定在《民法典》中，韩国也采取同样的办法且规定在民法典的一个条文中，这是相同的大陆法系立法传统所致。英国在单行法中规定反省与考虑期，具有英美法系的特点，不适合我国的情况。

三是韩国离婚冷静期的期间长短更贴近我国立法现状，英国的反省与考虑期为 9 个月或 15 个月，与我国的立法预期差别太大，因而韩国的离婚熟虑期间更能为我国立法所借鉴。

四是韩国更加注重全面保障未成年子女利益，比英国在这个问题上的处理更为妥帖。

因此，韩国关于离婚熟虑期的立法经验对我国具有更现实的借鉴意义。

三、对《民法典》规定的登记离婚冷静期的评估

（一）《民法典》规定登记离婚冷静期的积极意义

《民法典》第 1077 条规定的离婚冷静期，主要包含以下内容：一是离婚冷静期适用于登记离婚；二是离婚冷静期间为 1 个月；三是在冷静期内，任何一方都享有撤回离婚申请的权利；四是离婚冷静期届满后 1 个月内，当事人应当主动申请领取离婚证，未申请的视为撤回离婚登记申请。

《民法典》的这一规定，对完善我国离婚制度的重大意义是：

第一，符合婚姻家庭制度的价值取向和基本原则，进一步完善了我国的离婚制度。婚姻家庭法的基本原则反映着婚姻家庭法的本质、基本内容和基本精神，

体现了社会生活的需要。[①] 婚姻自由是我国婚姻家庭法的基本原则，体现了我国的婚姻家庭价值观念，成为自然人在婚姻家庭生活中共同肯认与遵循的基本准则与基本精神。[②] 保障离婚自由、反对轻率离婚，是婚姻家庭法始终坚持的原则，也是我国离婚制度的重要特征。在保障离婚自由的同时，反对轻率离婚，是因为任何时候都可以很容易离婚的制度，会促使人们结婚并非以建立长久的婚姻和持久的家庭为目的[③]，不利于家庭的和睦，影响社会稳定。当代社会轻率离婚的现象愈发严重，成为社会共同面临的问题，规定离婚冷静期，能够完善离婚制度，防止轻率离婚，满足维护婚姻家庭关系稳定的需要。

第二，在登记离婚中，为婚姻登记机关适用离婚冷静期提供法律依据。各地婚姻登记机关在登记离婚中试用冷静期，都没有直接的法律依据，基本上是各自为政，政出多门，同样的婚姻当事人在不同地区主张登记离婚，面临的冷静期各不相同。《民法典》明确规定了离婚冷静期，使全国的婚姻登记机关适用统一的离婚冷静期，有法可依，标准统一，避免离婚冷静期的内容和适用结果因地而异，保障立法和执法的统一性。

第三，能够保障婚姻关系稳定，防止当事人冲动、草率离婚。除财产关系之外，实现家庭关系的和谐是民法典努力的目标。[④] 我国正处于经济、政治、文化、社会全面转型时期，人们的价值观也随之发生变化，“闪婚”“闪离”屡见不鲜。与“闪婚”相比，“闪离”的危害更大，不仅涉及当事人，还关涉子女及其他家庭成员。离婚冷静期在一定程度上能够纾解双方当事人因冲动、赌气等原因产生的矛盾，避免子女与其他家庭成员因此受到伤害，通过婚姻关系的稳定来维护家庭关系的和谐。离婚冷静期还有助于减少人们把离婚当作逃避夫妻矛盾的优选项，改善夫妻对婚姻关系的不谨慎态度，激发当事人对婚姻家庭的责任心，使社会形成良好的婚姻家庭观，维护婚姻秩序。

第四，协调当事人和未成年子女的利益，追求婚姻关系上的实质正义。离婚

---

① 孙国华，朱景文. 法理学. 北京：中国人民大学出版社，2015：204.

② 夏吟兰. 民法分则婚姻家庭编立法研究. 中国法学，2017（3）.

③ ［苏］T M. 斯维尔特洛夫. 苏维埃婚姻—家庭法. 方城，译. 北京：作家书屋，1954：128.

④ 谢鸿飞. 中国民法典的生活世界、价值体系与立法表达. 清华法学，2014（6）：27.

是解除夫妻关系的法律行为，必然涉及双方在婚姻存续期间的财产和子女利益问题。依照《民法典》第 112 条关于自然人因婚姻、家庭关系等产生的人身权利受法律保护的规定，当事人在离婚时，应该妥善处理子女和财产问题。未经深思熟虑的冲动离婚、草率离婚，离婚协议通常不利于弱势一方当事人，使其财产权益受到损害，并且不能顾及未成年子女的物质、精神利益，可能会损害未成年子女的合法权益。家庭关系存在缺陷、监护功能缺位或者监护流于形式，不仅是诱发未成年人首次犯罪的重要原因，而且是未成年人重新犯罪、多次犯罪的重要原因。[①] 离婚冷静期能使双方当事人谨慎思考，合理安排子女和财产问题，强化对弱势群体的保护。

第五，实行离婚冷静期，不构成对离婚自由的限制。在《民法典》婚姻家庭编草案一审稿公开征求意见中，关于离婚冷静期的最主要反映是限制离婚自由。这种意见主要来自青年男女，认为既然离婚自由是我国婚姻家庭法的基本原则，必须予以保障，就不应当对离婚自由加以任何限制，凡是加以限制的，就是限制离婚自由，就违背婚姻自由原则。立法者认为，自由是一种不受干涉、不受拘束、不受限制的状态，离婚自由同样是离婚自由的权利不受干涉、不受拘束、不受限制的状态。不过，任何自由都不是绝对的，离婚自由也不是绝对的自由。我国婚姻家庭法历来强调离婚自由，反对草率离婚，并将其作为一项政策的两端，必须兼顾而行。同时，离婚冷静期针对的是冲动离婚、草率离婚，倡导考虑清楚之后再下决心离婚。故规定登记离婚冷静期并不是限制离婚自由，而是保障离婚自由的必要措施。

（二）《民法典》登记离婚冷静期规定存在的不足

全面、深入研究《民法典》第 1077 条关于登记离婚冷静期的规定，比较韩国和英国相关制度的具体内容和配套措施，可以发现，《民法典》规定的具体内容还存在三方面不足，需要继续完善。

1. 将登记离婚冷静期统一规定为 1 个月存在的问题

对于《民法典》第 1077 条将离婚冷静期的期间统一规定为 1 个月，有以下

① 王贞会. 家庭监护功能缺位的实践表征及其治理路径. 政法论坛，2018（6）.

三个问题需要讨论。

一是离婚冷静期为1个月，能否充分发挥使当事人冷静思考的作用。在目前情况下，我国主要的离婚当事人是中青年，他们大多忙于工作，很难抽出时间对婚姻问题进行冷静思考，且年轻人经历婚姻生活不久，情绪容易激动，冲动离婚的较多。如果在冷静期中增加配套措施，当事人参加调解还需要花费一定时间。因此，很多人认为1个月的离婚冷静期时间过短，不利于当事人理性思考后再作出最终决定。

二是对离婚冷静期规定期间应否区分不同情况。就实际情况看，不加区分地统一适用1个月的离婚冷静期，缺乏合理性。《民法典》第1077条规定统一的1个月离婚冷静期，不考虑当事人有无未成年子女，统一适用于各种情况的登记离婚，不利于保护未成年子女的利益。离婚后未成年子女的抚养问题，不仅为离婚当事人所关心，更是社会关注的问题，因为这关乎国家、民族的未来。对有未成年子女的婚姻当事人适用1个月的离婚冷静期，不利于保障未成年子女的利益。

三是可否根据实际情况而缩短离婚冷静期的期间。在主张登记离婚的婚姻当事人中，如果存在家庭暴力、虐待、遗弃、转移财产等特殊情形的，应当缩短或者不适用离婚冷静期，以使受到损害的一方尽快解脱危害，脱离危险。特别是对因家庭暴力、虐待而欲离婚的当事人，适用离婚冷静期，意味着延长受害一方当事人的痛苦，而且实施家庭暴力的一方当事人可以依法任意撤回离婚申请，这等于放纵家暴者对其配偶施加精神和身体上的暴力行为。

2. 没有规定与离婚冷静期相配套的相关制度

根据韩国和英国的经验，规定离婚冷静期制度须制定与之配套的有关措施，保障冷静期制度的正确适用，有效地减少冲动离婚、草率离婚。《民法典》第1077条只规定了当事人要经过离婚冷静期，才可以解除婚姻关系，没有对当事人如何度过离婚冷静期规定配套措施，只能靠当事人在冷静期内自己思考。事实上，很多当事人很难冷静思考他们的婚姻矛盾，发现各自的问题，无法在离婚冷静期内解决尚未导致感情破裂的矛盾，反而在冷战中消极等待离婚冷静期的结束，使离婚冷静期成为不得不忍受的程序。“当局者迷，旁观者清”，在离婚冷静

期中主张离婚的当事人自我冷静的同时，“旁观者”适当予以帮助，才能够起到缓解双方矛盾的作用，达到设置离婚冷静期的目的。《民法典》第 1077 条只规定登记离婚冷静期，没有规定相应的配套措施，显然存在不足。

3. 对离婚冷静期是限制适用还是扩大适用

《民法典》第 1077 条规定的离婚冷静期，只适用于登记离婚，不适用于诉讼离婚。对此，有不同见解。

有人主张扩大离婚冷静期的适用范围，在诉讼离婚中也要适用。其依据是，2016—2017 年离婚纠纷的司法大数据专题报告显示，77.51%的当事人是因感情不和向法院申请解除婚姻关系，而全国离婚纠纷一审审结案件中，34.19%的案件的审理法院判决解除当事人双方的婚姻关系。[①] 不难想象，在这些因感情不和请求离婚的当事人当中，不乏冲动离婚者。近几年来，各地方法院在没有明确法律依据的情况下，分别试行诉讼离婚冷静期，取得了良好效果，最高人民法院亦认可诉讼离婚中离婚冷静期的合理性和必要性。因此，应该在诉讼离婚中适当适用离婚冷静期。

但是也有不同意见，其认为离婚冷静期仅适用于登记离婚更为妥当，原因是：登记离婚适用的范围是双方当事人就离婚问题达成协议，有关财产和子女抚养问题有妥善的处理方法，婚姻登记机构一旦审查符合条件，就将要准许离婚，因而存在冷静思考的问题，避免因一时冲动或者未经仔细思考登记离婚。而诉讼离婚适用于无法达成离婚合意，或者财产问题、子女抚养问题不能达成协议，因而需要法院裁决。诉讼离婚的程序复杂，尤其是在离婚诉讼中一般对初次申请离婚诉讼的当事人判决不予离婚，判决生效后，又要分居达到 1 年后要再次提起离婚诉讼，法院才可以判决准予离婚，而这种审判规则制造的冷静期已经能够起到使当事人谨慎思考其婚姻问题的作用[②]，因此，在诉讼离婚中不设置冷静期也不会出现冲动离婚和草率离婚的问题。离婚冷静期仅适宜于在登记离婚中适用，不

① 司法大数据研究院. 2016—2017 年司法大数据专题报告之离婚纠纷.［2018－11－02］. http://data. court. gov. c n/pages/categoryBrowse. html? classes=社会治理.

② 刘敏. 二次离婚诉讼审判规则的实证研究. 法商研究，2012（6）.

必在诉讼离婚中适用。

（三）进一步完善登记离婚冷静期制度的立法建议

对于《民法典》第1677条规定离婚冷静期制度存在的上述不足，应当在今后进行完善，丰富离婚冷静期制度的内容，建立确有实效、具有中国特色的离婚冷静期制度。

1.《民法典》规定的离婚冷静期应当只适用于登记离婚

《民法典》第1677条规定的离婚冷静期，只适用于登记离婚，不适用于诉讼离婚。我国大部分学者对离婚冷静期制度只适用于登记离婚达成了共识，理由是：第一，在我国的离婚诉讼中普遍存在二次离婚诉讼的审判规则，该规则实质上起到了诉讼离婚冷静期的效果。① 第二，诉讼离婚中适用冷静期制度有可能会模糊登记离婚和诉讼离婚的界限。第三，离婚自由决定了当事人在感情确已破裂的条件下，具有随时可以提起离婚诉讼的权利。第四，当事人即便冲动离婚了，还可以复婚和好。②

本书赞同上述意见，《民法典》规定的登记离婚冷静期只适用于登记离婚，主要强调的理由有：

一是，在目前的司法实践中，二次离婚诉讼的审判规则包含须分居1年的期间，能够防止当事人意气用事，冲动离婚，因而相当于诉讼离婚的冷静期。对此，《民法典》第1079条第5款已经采纳了司法实践中的这一裁判规则，并且延长了时间，规定为："经人民法院判决不准离婚后，双方又分居满一年，一方再次提起离婚诉讼的，应当准予离婚。"这样的规定相当于为诉讼离婚确立了冷静期，不必再另行规定诉讼离婚冷静期。

二是，离婚冷静期并不是强制让当事人对所有问题都达成合意，而是帮助他们冷静、理性思考双方的婚姻状态以及财产和子女问题，若在调解后仍存在无法达成合意的问题，当事人仍然可以通过诉讼的方式，请求法院予以判决。

三是，在规定了登记离婚冷静期的情况下，再另行设置诉讼离婚冷静期，将

① 刘敏. 二次离婚诉讼审判规则的实证研究. 法商研究，2012（6）.

② 蔡斐. 离婚诉讼中设置冷静期也要适度. 深圳特区报，2018-08-21（C03）.

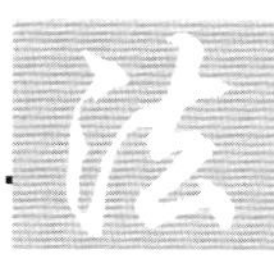

会形成制度上的叠床架屋，并无实益。

2. 适用离婚冷静期应当特别保护未成年子女的利益

夫妻双方离婚，未成年子女是最大的受害者。在离婚过程中，大多数夫妻为争夺或者推脱抚养权而争吵不休，欠缺对未成年子女的心理状态和真实愿望的考虑；离婚后，他们深受父母离婚带来的后遗症之困，包括心理、行为、学业、健康、人际关系、婚恋观念等方面，甚至父母的离婚还会代际相传，增加子女婚姻变动的风险。① 还有研究表明，因家庭监护功能缺位和子女生活贫困化，成长在单亲家庭的青少年比成长在父母和睦的原生家庭中的青少年更容易出现犯罪行为。② 为了减少离婚给未成年子女带来的精神和物质方面的负面影响，适用离婚冷静期时应该关注儿童利益的最大化，指导当事人更好地帮助未成年子女调整心理，监督当事人妥善安排并支付抚养费，保障子女的物质生活需要。对这些问题，韩国和英国的经验都值得借鉴。

3. 适用离婚冷静期应当特别对待家庭暴力等情形

在我国，夫妻之间的家庭暴力仍然存在。据司法大数据统计，14.86%的夫妻因家庭暴力向法院申请解除婚姻关系。③ 对有家庭暴力的当事人，不加区别一律适用离婚冷静期，会延长施暴方对受害方的暴力行为，增加受害方的痛苦，而离婚是给予受害方最好的保护，是对施暴方最有力的教育和惩罚。④ 对有家暴的登记离婚申请，必须谨慎适用或者不适用离婚冷静期，保护好受害一方。应当借鉴韩国和英国对家庭暴力等紧急情形予以特别处置的经验，规定对有实施家暴的登记离婚，不适用离婚冷静期，确认后，可以立即办理离婚登记手续，帮助受害人解脱痛苦。

对于虐待、遗弃、转移财产等情况，也不应该一律适用一般的离婚冷静期，

---

① 夏吟兰. 对离婚率上升的社会成本分析. 甘肃社会科学，2008 (1)：25.

② 胡云腾. 认真落实“青年发展规划”切实预防青少年犯罪：兼论家庭、家教、家风与青少年犯罪. 中国青年社会科学，2017 (4).

③ 司法大数据研究院. 2016—2017 年司法大数据专题报告之离婚纠纷. [2018-11-02]. http://data.court.gov.cn/ pages/categoryBrowse.html?classes=社会治理.

④ 王心禾. 家暴引发离婚诉讼宜慎用冷静期. 检察日报，2018-11-26 (4).

否则，将会放任当事人虐待、遗弃其配偶及未成年子女，恶意地转移财产，侵害受害一方的合法权益。因此，如果出现虐待、遗弃、转移财产等情形，侵犯了另一方或未成年子女合法权益时，应当缩短或不适用离婚冷静期，以减少当事人的损害。

4. 设立合理的冷静期期间

《民法典》规定离婚冷静期统一为 1 个月确实不妥，有学者主张 1 个月[①]，有学者主张 3 个月[②]，还有学者主张 10 个月。[③] 本书认为，《民法典》规定基本的冷静期为 1 个月，已经成为现实，不能改动。即使将来修法也不宜规定得过长，否则不利于那些真实的自愿离婚申请人尽快从痛苦的婚姻中解放出来。[④] 同时，不区分有无未成年子女、家庭暴力、转移财产等情况，一律适用同一期限的离婚冷静期，也不合适，故离婚冷静期应该根据实际情况设置：首先，以是否有未成年子女为例，无未成年子女的为 1 个月，有未成年子女的为 3 个月，比较合适。其次，如果申请登记离婚的当事人之间存在家庭暴力、虐待、遗弃、转移财产等情况，应该缩短或免除离婚冷静期。

5. 为应当离婚冷静期制度配置相应的措施

应当在离婚冷静期中注重调解，提供咨询，协助订立未成年子女抚养协议等。

一是在离婚冷静期中，应当强调对申请离婚的夫妻进行调解，做好和好工作。我国历来世俗理性发达，在农村通常由权威的年长者对有矛盾的夫妻进行调解，化解家庭矛盾。进入 21 世纪以来，尽管我国的社会结构、社会观念和社会关系都发生了重大变化，城乡流动频繁，人与人之间的关系疏远，调解不再像以前那样有效，但是仍然应当做好的工作。尽管不是所有失败婚姻都可以调整，但对过去经验的保守评估显示，至少有三分之一的离婚在不操之过急的情况下是可以不成为当事人最终的冲动选择的。规定适用《民法典》离婚冷静期的细则时，

---

① 于晶. 我国登记离婚制度的完善. 中国青年政治学院学报，2006（5）.

② 杨立新. 对修订民法典婚姻家庭编 30 个问题的立法建议. 财经法学，2017（6）.

③ 于晶. 我国登记离婚制度的完善. 中国青年政治学院学报，2006（5）.

④ 于晶. 我国登记离婚制度的完善. 中国青年政治学院学报，2006（5）.

应当规定调解委员会在当事人的离婚冷静期中，有责任做好调解工作，疏导当事人的情绪，避免矛盾激化，尽量做好和好工作。

二是应当设置离婚冷静期的咨询工作。细则还应当规定，在婚姻登记机关设置咨询机构，为申请离婚登记的当事人提供专业咨询，回答当事人提出的问题，对当事人的离婚意向进行辅导，提供法律和政策方面的意见，使当事人在冷静期内能得到最有效的咨询，以利于当事人在冷静期内理性思考，进行利益衡量，作出最终的决定。

三是婚姻登记机关应当特别关注离婚当事人达成的对未成年子女的抚养协议，未达成妥善的未成年子女抚养协议的，不予登记离婚。同时，应当建立监督当事人履行支付抚养费义务的监督机制，如果当事人确实难以履行其支付义务，国家应该适当支援有困难的子女，保障未成年子女基本的物质要求。

第五章
亲　子

第一节　亲子和亲子法

一、亲　子

（一）亲子的概念

亲子，是指婚姻家庭法上的父母与子女，即父母子女。

我国婚姻家庭法理论在很长时间里，对亲子概念采取回避的态度，用父母子女的概念代替。究其原因，是认为亲子的概念有男尊女卑之嫌。因为在语义学上，亲，原本是指男性亲，即父亲，子，是指男性子，即儿子，将父母子女关系的法律概念用亲子来概括，是重视男性亲而忽视女性亲，是男女不平等的表现。

事实上，即使在古代汉语中，亲和子的概念也都是中性的，并没有仅指男性亲的意思，只是在男尊女卑的传统中，亲和子的概念才有了轻视女性的含义。

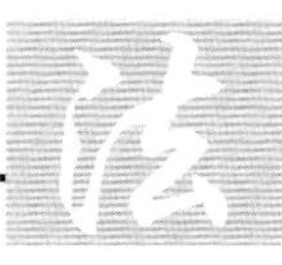

正确理解亲子的概念，“亲”谓父母，“子”谓子女[①]，绝不是男尊女卑的概念。在改革开放40多年后，在法律概念上不应再继续这种“左”的思想，不应当再对亲子概念有偏见。

（二）亲子的法律意义

亲子之间的关系，是家庭关系的重要组成部分，因出生的事实或者法律的拟制而发生，是最近的直系血亲。

出生，不只是子女离开母亲的身体而独立，也是母亲将孕育的子女娩出。子的“出”和亲的“生”，构成婚姻家庭法上的法律事实，使父母亲和子女之间确定了亲子的身份地位，取得亲权。同时，这一法律事实也使祖父母、外祖父母与孙子女、外孙子女之间产生直系血亲的身份地位，取得亲属权；使兄弟姐妹之间发生旁系血亲的身份地位，取得亲属权；在其他亲属之间也产生近亲属之外的亲属身份。

（三）亲子的种类

1. 亲属法对亲子的习惯分类

关于亲子的分类，古今中外有很大差别。

在我国古代封建社会，由于传统的封建思想影响，纳妾、宗祧制度以及恩义名分等观念影响，亲子的种类很多，基本分类有两种：一是出自自然血统，即亲生父母子女，包括亲生父母，嫡子女、庶子女、婢生子女和奸生子女；二是出自法律拟制而产生的父母子女，包括嗣父母嗣子女、养父母养子女。

在礼俗法典上有三父八母之称：三父依朱子家礼为同居继父、先同居后异居继父和不同居继父，依元典章则为同居继父、不同居继父和从继母嫁；八母为嫡母、继母、养母、慈母[②]、嫁母、出母、庶母、乳母[③]，养母、继母、嫡母、慈母等视同亲生母亲。

在子的方面，则有嫡子、庶子、奸生子、婢生子、嗣子、养子之分。在继承

① 史尚宽．亲属法论．台北：荣泰印书馆，1980：476.

② 生母死，其父命别妾抚育成人者，称为慈母。

③ 父妾只少哺乳者为乳母，不必教育成人，与慈母有别；也有将有哺乳者称为乳母，不必为父妾。

上，元制为嫡四庶三，奸及婢各一，明清制则为妻妾婢生子均分，奸生子与应继嗣子均分，若无应继之人，则奸生子继承全部。[①]

至于义父母、义子女等，不是法律上的亲子，只是一种名分、恩义上的称呼，不发生法律上的后果。

《大清民律草案》规定亲子为四种：嫡子即妻所生之子，庶子即非妻所生之子，嗣子即成年男子已婚而无子者将宗亲中亲等最近的兄弟之子立为亲子的子，私生子即由苟合或无效婚姻所生之子。[②]

民国《民律草案》在规定上述四种亲子之外，增加养子，即3岁以下遗弃小儿，被人收养，或以义男名义入异姓人家为子者。[③]

国民政府制定民法典，吸取了大陆法系亲子法的立法经验，将亲子分为自然血亲和拟制血亲两种基本类型，将父母分为有婚姻关系的亲生父母为父母，没有婚姻关系的亲生父母为生父母，因收养而发生的为养父母。与此相对应，将子女分为婚生子女、非婚生子女和养子女。

2.《民法典》对亲子的分类

我国《民法典》规定的亲子包括四种，即父母、生父母、养父母和继父母，婚生子女、非婚生子女、养子女、继子女。按照血缘关系，可以分为两大类。

（1）自然血亲的亲子。

自然血亲的亲子，是指通过自然血缘而构成的父母子女关系，即亲生父母子女，包括三种：一是父母与婚生子女，是最自然的亲子关系；二是生父母与非婚生子女，虽然非出生于合法的婚姻关系中，但仍然是自然的亲子关系；三是经人工生殖技术生育，由妻子分娩的同质的父母子女，即由父亲提供精子受胎而生的亲子。

（2）法律拟制的亲子。

法律拟制的血亲，是指亲子间没有自然血缘关系，通过法律拟制而成为血亲

---

① 史尚宽．亲属法论．台北：荣泰印书馆，1980：481－482．

② 见《大清民律草案》第1380、1387、1390、1403条规定。

③ 见民国《民律草案》第1189、1196、1201、1205、1217条。

关系的亲子，包括三种：一是养父母子女，通过收养关系而成立的拟制亲子；二是继父母子女，父母通过再婚而与对方亲子形成的拟制亲子；三是通过人工生育技术形成的，并非血缘同质的亲子，即不是妻的卵子也不是丈夫的精子结合而生的子女。

（四）子女的姓氏

1. 我国历史上子女的姓氏

在我国历史上，子女姓氏根据娶婚还是赘婚的不同而有所不同，原则是：娶婚者，子女从父姓；赘婚者，子女从母姓，另有约定者，从其约定。

娶婚者，婚生子女从父姓，父的婚姻即使无效或者被撤销，子女的姓氏也不受影响。非婚生子女从母姓，经生父认领之后，改从父姓。收养的子女，从收养者的姓。于婚姻中受胎而于离婚后出生的子女，或者夫死亡前受胎而于夫死后或母再嫁后始出生的子女即遗腹子，均称父姓。

赘婚者，如没有特别约定，则子女从母姓，如有特别约定，则依其约定。在赘夫认领非婚生子女时，应从父姓。赘婚夫妻收养子女，如果没有特别约定，应从母姓。赘婚夫妻于婚姻中受胎而于离婚后始出生的子女，如果没有特别约定，应从母姓。

关于弃儿，一般规定为由户籍长官或者村的长官为其立姓命名，或者由收养之父母立姓命名。

2.《民法典》的规定

（1）基本规则和法律意义。

《民法典》规定子女姓氏坚持男女平等原则，并不强制子女随父姓。《民法典》第 1015 条规定了“自然人应当随父姓或者母姓”。其含义，一是子女出生后应当随父姓或者随母姓；二是究竟随父姓还是随母姓，由父母协商确定；三是子女成年之后，可以进行选择而改变。

在我国子女姓氏规则的意义是：第一，体现男女平等的原则。1980 年《婚姻法》采用“子女可以随父姓，也可以随母姓”的表述方法，一个也字，似乎仍有轻视女方之嫌。去掉也字，更能体现男女平等原则。2001 年修订《婚姻法》，

就删除了这个“也”字。《民法典》将这一规则纳入人格权编关于姓名权的规定中，改为“应当随父姓或者母姓”，体现了子女姓氏的平等性和强制性。第二，可以适应各种不同的情况，较为灵活。不仅对婚生子女适用这样的规则，而且对非婚生子女、养子女、继子女，以及赘婚所生的婚生子女等，都可以不必加以区分，统一适用，不必再规定其他规则。第三，能够体现家庭血统的传承，不仅给父母，还给子女以适当选择的权利。

（2）子女可否姓父母之外的第三姓。

《婚姻法》对此的规定，是可以随父姓，可以随母姓。产生的疑问是，可以选择父姓、母姓之外的第三姓作为子女的姓氏吗？有些学者认为，既然该条规定的是“可以”而不是“应当”，而且《民法通则》明确规定“公民享有姓名权，有权决定、使用和依照规定改变自己的姓名，禁止他人干涉、盗用、假冒”，并不妨害子女使用父母之外的第三姓。①

一家为一共同体，要求姓氏的一致。② 这是因为姓氏具有表明亲属血缘的意义。例如，《德国民法典》第1616条规定：“子女以其父母的婚姻姓氏为出生姓氏。”姓名分为姓和名，名字可以变更，但姓氏一般不得变更，即使变更，其范围也仅限于在父或母，以及养父母、继父母之间选择。如果准许子女选择父或母之外的任何第三姓，就无法保证家庭姓氏的同一，也不能表明血亲传承关系。

对此，立法机关曾经作出过立法解释，即全国人民代表大会常务委员会《关于〈中华人民共和国民法通则〉第九十九条第一款、〈中华人民共和国婚姻法〉第二十二条的解释》：

“最高人民法院向全国人民代表大会常务委员会提出，为使人民法院正确理解和适用法律，请求对民法通则第九十九条第一款‘公民享有姓名权，有权决定、使用和依照规定改变自己的姓名’和婚姻法第二十二条‘子女可以随父姓，可以随母姓’的规定作法律解释，明确公民在父姓和母姓之外选取姓氏如何适用法律。

“全国人民代表大会常务委员会讨论了上述规定的含义，认为：公民依法享

---

① 杨立新主编. 中华人民共和国婚姻法释义与适用. 长春：吉林人民出版社，2001：203.

② 史尚宽. 亲属法论. 台北：荣泰印书馆，1980：478.

有姓名权。公民行使姓名权属于民事活动，既应当依照民法通则第九十九条第一款和婚姻法第二十二条的规定，还应当遵守民法通则第七条的规定，即应当尊重社会公德，不得损害社会公共利益。在中华传统文化中，‘姓名’中的‘姓’，即姓氏，体现着血缘传承、伦理秩序和文化传统，公民选取姓氏涉及公序良俗。公民原则上随父姓或者母姓符合中华传统文化和伦理观念，符合绝大多数公民的意愿和实际做法。同时，考虑到社会实际情况，公民有正当理由的也可以选取其他姓氏。基于此，对民法通则第九十九条第一款、婚姻法第二十二条解释如下：

“公民依法享有姓名权。公民行使姓名权，还应当尊重社会公德，不得损害社会公共利益。

“公民原则上应当随父姓或者母姓。有下列情形之一的，可以在父姓和母姓之外选取姓氏：（一）选取其他直系长辈血亲的姓氏；（二）因由法定扶养人以外的人扶养而选取扶养人姓氏；（三）有不违反公序良俗的其他正当理由。少数民族公民的姓氏可以从本民族的文化传统和风俗习惯。”

《民法典》将这个立法解释纳入第1015条，即“……但有下列情形之一的，可以在父姓和母姓之外选取姓氏：（一）选取其他直系长辈血亲的姓氏；（二）因由法定扶养人以外的人扶养而选取扶养人姓氏；（三）有不违背公序良俗的其他正当理由。”“少数民族自然人的姓氏可以遵从本民族的文化传统和风俗习惯。”

按照这一规定，自然人选择父姓、母姓之外的第三姓，须符合法定条件：一是选取其他直系长辈血亲的姓氏。例如，祖父母、外祖父母的姓氏与父母姓氏不一致，而选择祖父母、外祖父母的姓氏。二是因由法定扶养人以外的人扶养而选取扶养人姓氏。例如，长期被父母以外的人扶养但未形成收养关系而随扶养人的姓氏。三是有不违背公序良俗的其他正当理由。例如，本家族原姓氏为“萧”，错误简化为“肖”，而恢复姓萧。

我国少数民族的姓一般出现较晚，姓名制度有三种情形，一是有姓有名，二是无姓有名，三是连名制（父子等名字相连接）。[①] 故少数民族自然人的姓氏，依据民族自治原则，遵从本民族的文化传统和风俗习惯。

---

① 纳日碧力戈. 姓名论. 北京：社会科学文献出版社，2002：240.

二、亲子法

（一）亲子法的概念和发展

亲子法，是指调整父母子女之间亲子关系的法律规范。由于父母子女在血缘联系上是最近的直系血亲，是核心家庭成员，亲子关系是家庭关系的重要组成部分①，因此，各国亲属法都极为重视亲子法。我国《民法典》同样如此。

在形成的初期，亲子法具有浓厚的家长权实质。这是因为，在原始社会解体后，人类进入了父系家族制度的统治时代，家庭成员必须绝对服从父系家长的支配。

在以后漫长的历史发展中，亲子法分成以家族为本位、以父母为本位和以本人为本位的亲子关系发展的三阶段。

在奴隶社会和封建社会中，亲子关系以家族为本位，父母子女关系完全从属于宗族制度，基本特征为父系、父权和父治。罗马法是以家父权为中心，家父行使养育子女的权利，对子女享有绝对的支配权。养育子女也完全是为了家长和家族，完全不考虑子女的利益。这时通行的是“家本位”原则。

中世纪，亲子关系逐渐变化，由家父权逐渐转化为父权，亲子关系的中心演化为以父母利益为中心，形成了“亲本位”原则。

近现代以来的亲子法完全改变传统亲子法的规则，实行“子女最大利益”原则，亲权的性质由权利的绝对支配改变为以义务为中心，确立了“子本位”的亲子法规则。

（二）我国亲子法的发展

我国古代历来实行家族主义，亲子关系以孝道为核心，父为子纲是天经地义的伦常，子女受家长和其他尊长的支配，并须绝对服从于父母，实行的是“家本位”的亲子法规则；至唐代之后，还兼有“亲本位”的性质。②

---

① 房绍坤，范李瑛，张洪波．婚姻家庭继承法．7版．北京：中国人民大学出版社，2022：104.

② 杨大文主编．婚姻家庭法．北京：法律出版社，2003：199.

近现代，直至国民政府的婚姻家庭法立法，基本上实现了亲子法的男女平等和保护子女利益原则，实现了“子本位”的规则，但是，在子女的权利中还有一定的不平等内容，留有一定的封建色彩。

1950年《婚姻法》专门规定了“父母子女间的关系”一章，详细规定了以保护子女利益为中心的亲子平等的权利义务关系。1980年《婚姻法》重新修订，补充了大量内容，确立了新型的保护未成年子女合法权益的基本原则。经过改革开放，我国社会经济发生了变化，2001年《婚姻法》强调父母与子女间的民主、平等的亲子关系，突出了父母对未成年子女的保护和教育，强调了亲权是以平等、尊重未成年子女人格为前提、以义务为中心的身份权。

应当看到的是，《婚姻法》虽然经过这样的修改，但在亲子制度上还是较为欠缺的，没有建立起来诸如婚生子女否认、非婚生子女认领等一系列制度，需要司法实践和法理作为补充，还不能算作完善的亲子法。

《民法典》对我国的亲子法进行了比较完善的修订，补充了缺陷的部分，形成了适合于社会发展需要的亲子法。

第二节 婚生子女

一、婚生子女的概念及构成

（一）婚生子女的概念

《民法典》没有直接规定婚生子女的概念，但是使用了婚生子女的表述。

婚生子女，是指由父母于婚姻关系存续期间受胎而生的子女。子女非父母所生的，不为婚生子女；非于父母婚姻关系存续期间受胎而生的，也不是婚生子女。

（二）婚生子女的构成

构成婚生子女，应当具备四个条件。

1. 须其父母有婚姻关系存在

婚生子女必须是在其父母婚姻关系存在的期间内受胎而生，这是婚生子女与非婚生子女的区别所在。没有父母的婚姻关系存在，其生育的子女不构成婚生子女。

2. 须其子女为夫的子女

婚生子女必须是夫的子女，为夫的血缘，夫才能成为子女的父亲。受胎是由于夫以外的其他男子所为而生的子女，不构成婚生子女。

3. 须其子女为妻所生

婚生子女必须为妻所生，而不是妻以外的其他女性所生。正如确认母亲的“谁分娩，谁是母亲”的基本原则，分娩子女者就是该子女的母亲。

4. 须子女于婚姻中受胎而生

传统亲属法认为，婚生子女必须于婚姻中受胎，其于婚前受胎而于婚姻中出生者，不受婚生的推定。我国没有这样的规定，习惯上凡是在婚姻关系中出生的子女，即使在婚姻关系缔结之前受胎而于婚姻关系中出生，亦作婚生性推定。

二、婚生子女推定

（一）婚生子女推定的必要性

婚生子女推定，是指子女系生母在婚姻关系存续期间受胎或出生的，被法律推定为生母和生母之夫的子女。

在我国《民法典》虽然规定了婚生子女的概念，但对于如何认定婚生子女没有规定具体规则，在习惯上，凡是在婚姻关系存续期间女方分娩的子女，就直接认定其为婚生子女。这实际上也是婚生子女推定。

各国亲属法规定婚生子女，都作出婚生子女推定的规则，采用推定的方式确定婚生子女。例如，《法国民法典》第312条规定：“夫妻婚姻期间生育的子女，夫为其父。”第314条规定：“夫妻结婚后满180天出生的子女为婚生子女，并且

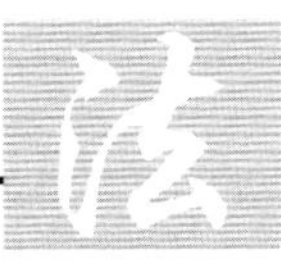

视其自受孕起即为婚生子女。”《日本民法典》第 772 条规定：“（一）妻于婚姻中怀胎的子女，推定为夫的子女。（二）自婚姻成立之日起 200 日后或自婚姻解除或撤销之日起 300 日以内所生的子女，推定为婚姻中怀胎的子女。”这一推定婚生子女的规定是说得最清楚的。

在我国《民法典》没有规定这些规则，是有欠缺的。这也是我国立法的一个习惯，就是不必规定熟知的规则。在亲子关系中，母亲的身份是依据出生的事实确定的，但是父亲身份的确定需要证明。问题是，不可能要求人人在子女出生时都通过 DNA 鉴定来确定父亲的身份，必须通过法律的认定来确定。法律认定父亲资格以及婚生子女的身份，必须借助两个因素：一是婚姻关系，二是血缘关系。用婚姻关系的方法对子女进行婚生推定，不仅是对子女的婚生身份的推定，也是对父亲身份的推定，受婚生推定的子女即时取得婚生子女的法律地位，母亲的丈夫被推定是该婚生子女的法律上的父亲。婚生子女推定实际上是在用婚姻关系的存续期间来推定子女的父亲，确定婚生子女身份，而不是靠血缘关系，因此有可能出现错误，可以为客观事实所推翻。因此，法律允许利害关系人提出婚生子女否认之诉，推翻婚生子女推定。

在我国《民法典》没有规定这些制度，司法实践中会出现很多麻烦。建立婚生子女推定制度，有利于尊重婚姻道德，保护子女的权益，保护丈夫的合法权益；也有利于维护家庭关系的稳定。《民法典》第 1073 条规定了亲子关系确认和否认制度，实际上就认可了婚生子女推定规则。

《婚姻家庭编解释一》第 39 条规定：“父或者母向人民法院起诉请求否认亲子关系，并已提供必要证据予以证明，另一方没有相反证据又拒绝做亲子鉴定，人民法院可以认定否认亲子关系一方的主张成立。”“父或者母以及成年子女起诉确认请求确认亲子关系，并提供必要证据予以证明，另一方没有相反证据又拒绝做亲子鉴定的，人民法院可以认定确认亲子关系一方的主张成立。”这两种推定中，后一种更为多见，因为拒绝进行亲子鉴定的，多数是强制认领中企图推诿责任的父。虽然这个规定也不是婚生子女推定规则，但是其中也包含了这样的内容。这也是在司法实践中确定婚生子女推定、婚生子女否认和非婚生子女认领的

基本事实依据。①

（二）受胎期间

1. 受胎期间的确定

进行婚生子女推定的关键，是受胎期间。各国亲属法都规定了受胎期间，例如，《法国民法典》第 311 条规定："法律推定子女系出生之日前的 300 天至第 180 天之时期内受孕。""第 300 天与第 180 天包括在内。""视子女的利益所要求，受孕时间，推定为这一时期内的任何时刻。""为推翻此推定，任何相反证据均可受理之。"

按照一般医学上的规律，胎儿从受胎到分娩，通常不少于 181 天、不多于 302 天。在其最长期与最短期相差的期间内，如有婚姻关系存在，就推定妻所生的子女为夫所受胎。该期间就叫受胎期间。

各国规定受胎期间稍有差别。例如，德国规定以出生日回溯自第 181 日起至 302 日止，其间加上 181 日和 302 日本身，122 天为受胎期间。法国法规定自出生日回溯自第 180 日起至 300 日止，其间的 121 天为受胎期间。

我国古代亲子法没有规定受胎期间。《大清民律草案》第一次规定受胎期间，即第 1382 条。民国《民律草案》第 1191 条也作了相同规定，采取的是德国立法例："从子出生日，回溯第 181 天起至 302 天止，为受胎期间。"民国民法作同样规定。

我国《婚姻法》没有规定过受胎期间，《民法典》也没有规定，因此，对婚生子女推定没有计算的根据。本书认为，在实践中进行婚生子女推定，应当沿用我国一百年来的民法传统，采用从子出生日回溯第 181 天起至 302 天止的 122 天为受胎期间的方法，在此期间妻所生的子女推定为婚生子女。例如，1 月 1 日为出生日，则回溯自 3 月 5 日至 6 月 4 日，其间的 121 天为受胎期间。其余类推。如有闰年，出生日在闰年的 3 月 1 日至 8 月 28 日的，则应当将始日和终日均移后 1 天；出生日在 8 月 29 日至 12 月 27 日（闰月落在受胎期间之内时）的，则

① 杨立新. 最高人民法院《关于适用〈婚姻法〉若干问题的解释（三）》解读. 东南学术，2012（1）.

仅将始日移后一天；如果出生在 2 月 29 日，则受胎期间为 5 月 3 日至 9 月 1 日。[①]

2. 重复推定婚生子女

婚生子女的推定有时可能重复。如果离婚后妻即重新结婚，而重新结婚第 181 日之后，在前婚离婚后 302 日以内生有子女时，既可以推定为前夫之子女，也可以推定为后夫之子女。这种情形就是婚生子女重复推定。

如何解决重复推定婚生子女问题，德国民法原来的规定为以前婚解除之日起 270 日为界，至该日推定为前夫子女，过次日则推定为后夫之子女。这一规定不甚合理，后来改为一律推定为后夫子女，但前夫可以提起撤销婚生子女之诉，经撤销婚生子女判决确定后，则认定为前夫子女。日本民法则规定，此时应由法院判决，即提起父之确定之诉。该诉可以由子女、母、母之前夫、母之后夫提起。

《中华民国民法》借鉴日本立法例，采用法院裁决方式确定。《婚姻法》和《民法典》对此没有规定，如果发生婚生子女重复推定，应当采用德国的办法，直接推定为后夫之子女，如前夫有异议，可以提起撤销婚生子女，由法院判决，判决撤销婚生子女，即可认定为前夫之子女。

（三）婚生子女推定的标准

各国规定婚生子女推定所采用的标准基本上有三种。

一是受胎说，以子女是否在婚姻关系存续期间受胎所生为标准，只要子女是在婚姻关系存续期间受胎，即推定为婚生子女。

二是出生说，以子女是否在婚姻关系存续期间出生为标准，不论是否在婚姻关系中受胎，只要是由该婚姻关系所生的子女，就推定为婚生子女。

三是混合说，不局限于受胎说或者出生说，而是将两种标准综合，分为两种主张：一种是以出生说为原则，受胎说为补充，凡是在婚姻关系存续期间出生的子女或者在婚姻关系中受胎而在婚姻关系终止或者被撤销之后出生的子女，皆为婚生子女；另一种是以受胎说为原则，以出生说为补充，凡是在婚姻关系中受

① 关于以上计算方法及表格，参见史尚宽．亲属法论．台北：荣泰印书馆，1980：483。

胎，不问在婚姻存续时出生或在婚姻终止后出生，皆为婚生子女，婚前受胎而婚后出生的子女也为婚生子女。

上述三种主张中，混合说对于保护子女利益和父亲的利益比较有利，且计算简便。学者建议我国立法规定婚生子女推定，采用出生说为原则，受胎说为补充的标准。[①] 本书赞成这种主张。

在人类辅助生殖技术广泛应用的今天，还会出现认定子女与生父关系的“视为婚生子女”。《婚姻家庭编解释一》第40条规定：“婚姻关系存续期间，夫妻双方一致同意进行人工授精，所生子女应视为婚生子女，父母子女间的权利义务关系适用民法典的有关规定。”这个规则是从司法实践中总结出来的，1990年代最高人民法院对此作出司法解释，《民法典》将其纳入婚生子女的认定规则体系中。

在人工授精所生子女中，有的并非与父亲有血缘关系，如果适用血缘关系主义，将否认婚生子女的身份。规定视为婚生子女，即使事实证明为非婚生子女，为保护子女的合法权益，也认可其婚生子女的地位。同样，对利用他人捐赠的卵子生育的子女，也应当适用这样的规则。

第三节　非婚生子女、养子女和继子女

一、非婚生子女

（一）非婚生子女的概念和种类

非婚生子女，是指没有婚姻关系的男女所生的子女。[②]

非婚生子女有三种：一是无婚姻关系的妇女所生的子女，例如单亲母亲。二是已婚妇女所生但被法院判决否认婚生子女推定的子女，既然婚生子女的推定已经被否认，则为非婚生子女。三是已婚妇女所生的不受婚生性推定的子女，即超

---

① 王洪. 婚姻家庭法. 北京：法律出版社，2003：228.

② 巫昌祯主编. 婚姻家庭法新论：比较研究与展望. 北京：中国政法大学出版社，2002：238.

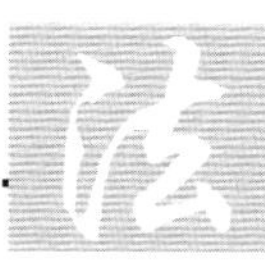

出了婚生子女推定的范围，不能推定为婚生子女的子女。

对已经被宣告无效的婚姻或者已经被撤销的婚姻，其双方所生的子女究竟为婚生子女还是为非婚生子女，多数国家立法规定这是婚生子女。我国《民法典》第1054条第1款第四句规定，无效的或者被撤销的婚姻关系“当事人所生的子女，适用本法有关父母子女的规定”。尽管这个规定没有明确说明前述子女就是婚生子女，但其真实含义就是认定为前述子女婚生子女。

（二）非婚生子女与母亲的关系

确认非婚生子女与母亲的关系，基于“母卵与子宫一体”原则，采用罗马法上“谁分娩谁为母亲”的规则，依生理上的出生分娩事实发生法律上的母子（女）关系。几乎所有国家的亲属法都规定，母亲身份都是基于子女出生的事实或者在出生证上登记母亲的姓名而自动取得的。

不过，在当代人类辅助生殖技术高度发展的时代，“分娩者为母”的原则有所突破。于通过“代孕”生育的子女，不能以分娩者为母，而应采用血缘主义和合意来认定其母亲。例如，对于纯粹的代孕所生子女，以提供卵子的女方为母亲；对于利用他人提供的卵子孕育的子女，采用夫妻合意的方法认定母亲。此外，对于两位女性同居生活，一方提供卵子，一方提供子宫孕育子女，利用他人精子培养胚胎孕育的子女，应当根据分娩和血缘主义，视为双方的共同子女。这些都不受“分娩者为母”原则的严格限制。

确认母亲身份的方法除了以上基本方法，还有以下三种。

1. 认领

生母对自己的子女可以认领。例如，出生之时被母亲抛弃的弃儿，母亲对其进行认领，经查属实者，可以认定生母子关系。

2. 诉讼

提起诉讼，人民法院经过调查确认母亲和子女关系的，应当认定为母子关系。

3. 身份占有的事实

身份占有的事实，是指双方一直以母子关系相称，彼此以母子相待，母亲以

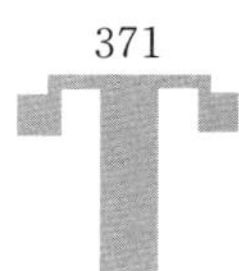

此身份负担了该子女的抚养、教育、保护的责任，家庭以及社会也视他们为母子（女）关系的事实。将身份占有的事实作为确定母子关系的根据，也可以确定母亲的地位。

（三）非婚生子女与父亲的关系

对于非婚生子女与父亲的关系，无法以分娩的事实作出确认，因而确定父亲的身份要比证明母亲的身份复杂得多、困难得多，原因是对非婚生子女的父亲的身份难以通过一般方法来确定，常见的方法是自愿认领和强制认领，在法国，还通过身份占有来证明非婚生血缘关系。

传统亲属立法对于确认非婚生子女之父的依据，持两种基本立场。

1. 血缘主义

血缘主义，又称为客观主义或事实主义，认为非婚生父子女为自然血亲，所以只要有自然血缘关系的存在，在法律上当然发生非婚生父子女关系，不用任何手续。但作为发生父与子女关系前提的血缘关系的存在应有证明，从而生父自愿认领或者通过诉讼强制认领，成为确定生父的证明方式。血缘主义重在对客观事实的承认，只要有自然血缘的亲子关系，当然成立法律上的亲子关系，与生父母的主观意思无关。

2. 认领主义

认领主义，又称为主观主义，认为自然血缘的亲子关系与法律上的亲子关系并不相同，后者除了具有前者的事实，尚须经生父的认领，因而非婚生父子关系的发生，以认领的意思表示为唯一依据，血缘关系仅为认领的意思表示的原因。认领主义以区分血缘关系与亲子法律关系为基础，重在生父的主观意愿，生父如果不为自愿认领或者强制认领，则无法发生法律上的父子女关系。

在认领主义的立场之下，非婚生子女被区分为两种类型：一是经生父自愿认领或者经过强制认领，从而与生父间具有法律上的父子女关系的非婚生子女；二是未经生父自愿认领或者强制认领，从而与生父间不具有法律上的父子女关系的非婚生子女。后者被称为事实上的非婚生子女。[①]

① 王洪．婚姻家庭法．北京：法律出版社，2003：232－233.

各国立法采取血缘主义或者认领主义确定非婚生子女生父的立场并非绝对化，因为采用认领主义也要证明血缘关系才能认领，而采用血缘主义也必须有在法律上通过认领而被确认为非婚生子女的生父。不过，认领主义有其重要的价值。一方面，只有血缘的证明而无法律上的认领，无法确立法律上的生父与子女关系；另一方面，非婚生子女在事实上确实存在两种不同的种类，就是有生父的非婚生子女和无生父的非婚生子女。[①] 因此，确立我国的非婚生子女的生父，应当采纳认领主义，并以血缘关系的存在作为认领的基础。

（四）非婚生子女的法律地位

在奴隶社会和封建社会以及资本主义社会的早期，非婚生子女受到歧视，主要表现在两个方面：一方面，随着私有制的发展，婚姻制度越来越严格，但是非婚生子女的数量逐渐增多；另一方面，私有制的发展更要求父系家族将自己的财产转移给“嫡亲”，不能落入外人手中，因而造成婚生子女和非婚生子女利益的冲突，排斥和虐待非婚生子女。历史上曾经有过非婚生子女不属于任何人，其父不承担抚养义务，不得主张认领，不得继承遗产等歧视非婚生子女的法律规定。

在20世纪初，各国立法逐渐改变立场，法国首先取消了禁止“搜索生父”的规定，德国魏玛宪法也规定了在非婚生子女身体的、精神的以及社会的发育上，其与婚生子女享有相同的待遇。

非婚生子女与婚生子女享有同等的法律地位。这是现代社会维护儿童合法权益的基本要求。作为子女，其无法选择自己的出生和身份，如果因生出生而被认定为非婚生子女，等于认可人是生而不平等的，这与现代人权观念完全不相符。

当代亲属法研究非婚生子女，不是着眼于对非婚生子女权利的限制，而是要根除对非婚生子女的歧视，保障他们享有正常的法律地位，享有与婚生子女同等的人格，其合法权利不受任何侵犯。

例如，王某与马某同居生活，生一男孩名马某草，为非婚生子女，马某草一岁多后，二人发生纠纷，解除同居关系。王某代理马某草请求马某承担抚养费给

① 例如，在实践中确实存在婚生子女的身份被否认，但母亲拒不说出生父或者根本不知道谁为生父者，且并不少见。

付义务，一审法院认为：王某与马某未办理结婚登记手续即同居生活，其同居关系不受法律保护，但生育的非婚生子女的权益应受保护，因而，请求马某承担马某草的抚养费，理由正当，应予支持。遂判决马某草由王某抚养，马某承担抚养费至马某草18周岁为止。马某上诉。二审法院判决驳回上诉、维持原判。

（五）非婚生子女准正

1. 非婚生子女准正的概念

非婚生子女准正，也叫非婚生子女扶正[①]，是指非婚生子女的生父母结婚而取得婚生子女的法律地位。

非婚生子女准正，实际上就是非婚生子女由于生父和生母在其出生后结婚，而被婚生化，从而非婚生子女取得了婚生子女的身份，被赋予婚生子女的合法地位。

应当注意的是，非婚生子女准正必须发生在非婚生子女出生后其生父母结婚时。如果是在子女出生前父母结婚，应当适用婚生子女推定制度，该子女出生即取得婚生子女的身份地位，无须进行非婚生子女准正。

我国《民法典》没有规定婚生子女准正制度，但在现实中是承认生父母结婚发生非婚生子女准正效果的。婚姻家庭法应当进一步研究非婚生子女准正的具体内容，确定准正的具体方法。

2. 非婚生子女准正的形式

（1）婚姻准正。

非婚生子女因生父母结婚而取得婚生子女的法律地位，是一般规定。在适用时有两种方法：一是生父母结婚即为非婚生子女准正的必要条件，无须其他要件；二是除了生父母结婚的要件，还须对非婚生子女进行认领，未经认领不能发生非婚生子女准正的效力。

第一种方法对保护子女的合法权益更为有利，我国应当采用这种方法，只要生父母结婚，相互取得了配偶地位，其在婚前生育的非婚生子女即取得婚生子女的地位。

---

① 曹杰. 中国民法亲属论. 上海：会文堂新记书局，1946：61.

（2）司法准正。

司法宣告的非婚生子女准正，是指男女双方订立婚约后，因一方死亡或者存在婚姻障碍，婚姻准正不能实现时，可依婚约一方当事人或者子女的请求，由法官宣告该子女为婚生子女。这种准正对保障子女的合法权益有利，也应当采用。

3. 非婚生子女准正的要件

（1）须有事实上的非婚生父母子女关系。

非婚生子女准正必须是生父母的非婚生子女，其相互之间须有事实上的血缘关系。如果生父母一致主张子女的血缘关系，没有其他相反证据，当然没有问题。如果有相反的证明，则应当举证证明血缘关系。在现代，这种证明较为容易，只要举出 DNA 证明即可。如果司法准正，则须向法庭提供证据证明血缘关系，方可获得法官的确信，作出准正的宣告。

（2）须有生父母结婚的事实或者婚约。

非婚生子女准正必须有生父母结婚的事实。该事实一经发生，即发生非婚生子女的准正效力。对于婚姻被宣告无效的，是否发生非婚生子女准正的效力，有的认为婚姻无效亦不妨因生父母的结婚而成为婚生子女，有的认为不应一律准正，乱伦子应不因其生父母的结婚而成立准正。[①] 我国应当采纳前一种做法，即使生父母的婚姻被宣告无效，也应当承认非婚生子女的婚生性，以保障其合法权利。

在司法准正，因为没有结婚的事实，可以依据双方的婚约事实而认其为准正。婚约事实的证明，应由主张的一方承担举证责任。除婚约事实之外，还应有生父母一方死亡或者结婚障碍的事实证明，也应由主张的一方举证证明。

（3）婚姻准正无须法律行为，司法准正须经法定程序。

非婚生子女准正的性质为事件，而不是法律行为。非婚生子女准正是生父母结婚的附随效力。非婚生子女准正没有对生父母子女行为能力的要求，也不以任何人同意为必要。在程序上，也无须当事人任何表示，无须经过任何程序。唯有司法准正必须经过司法程序，经过法院的准正宣告而发生效力。

---

① 史尚宽. 亲属法论. 台北：荣泰印书馆，1980：498－499.

非婚生子女准正，非婚生子女即获得婚生子女的身份和法律地位。在时间上，立法有两种区别：一是认定准正的效力发生自生父母结婚或者法院宣告，不具有溯及力；二是具有溯及力，从子女出生之日发生婚生的效力。我国婚姻家庭法应当采取后者，更有利于保护子女的利益。

准正的效果，首先发生于一切结婚前当事人之间的共同子女，包括已经被认领的子女，已经死亡的子女及其后裔，被他人收养的子女，他们都由非婚生转变为婚生子女。即使婚姻被宣告无效或者被撤销，已经准正的关系也不当然消灭，必须有准正关系不存在的确认判决的确定，才可以撤销该准正。

二、养子女

养子女是通过法律拟制的方法即收养行为而成为养父母的子女。养父母子女关系，是通过法律拟制的方法即收养行为而成立的父母子女关系。

收养法是亲子法中的一个重要组成部分，收养是改变父母子女关系的重要身份行为。《民法典》婚姻家庭编第五章专门规定“收养”，对收养关系的成立、收养关系的效力和收养关系的解除作了具体规定，收养行为及其法律后果进行了规范。

由于收养问题的复杂性，本章在第八节专门对“收养”进行说明。

三、继子女

（一）继子女的概念

继子女，是指丈夫对妻与前夫所生子女或妻子对夫与其前妻所生子女的称谓，也就是配偶一方对他方与其前配偶所生的子女为继子女。继父母是指子女对母亲或父亲的后婚配偶的称谓，即继父和继母。

继父母子女关系是指因父母一方死亡，他方带子女再另行结婚，或者因父母离婚，抚养子女的一方或双方再另行结婚，在继父母与继子女间形成的亲属身份

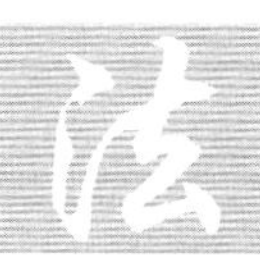

关系。

（二）继父母子女关系的类型

按照继父母和继子女之间是否形成抚养关系的标准，继父母子女关系可以被分为三种类型。

1. 拟制直系血亲关系的继父母子女关系

这种性质的继父母子女关系除须具备继父母结婚这一法律事实以外，还须具备法律规定的特定事实，即继父母和继子女之间相互有抚养的事实行为发生。在这种情况下，继父母与继子女关系在法律上的关系与养父母子女的关系大致相同。这种继父母子女关系在法律上具有重要意义，直接涉及《民法典》的婚姻家庭编和继承编规则的适用。

在国外，亲属法一般采用继父母收养对方的子女为养子女的方法，完成由姻亲关系向拟制血亲关系的转化，一般不采取单独规定继子女的方法。我国则将这种类型的继子女单独规定相应的法律后果。

2. 直系姻亲关系的继父母子女关系

这种性质的继父母子女关系是由继父母结婚的事实决定的，即只需要具有继父母结婚的这一法律事实，此时的继父母和继子女之间的关系即告形成。这种继父母子女关系属于直系姻亲，属于配偶的血亲，不构成血亲关系，不产生相互之间的权利和义务关系。

3. 不完全收养的继父母子女关系

区分前两种不同类型的继父母子女关系的基本标准，是继父母与继子女之间是否形成抚养关系。判断是否形成抚养关系的基本标准是，继父母与继子女共同生活，继父母对继子女进行了教育和生活上的照料，负担了全部或者部分生活费、教育费，法律就认为继父母和继子女之间形成了抚养关系。在现实生活中，很难判断这种抚养关系，例如继父母与继子女之间形成抚养关系是否有时间的要求，需要多长的时间才能确定为形成了抚养关系，法律对此并没有规定。对此，可以根据事实情况，规定不完全收养的继父母子女关系，即继父母对继子女的抚养是时断时续的，或者是时间中断的，或者是临时性的，都发生不完全收养的继父母子女关系。

（三）继父母子女关系的消灭

继父母子女关系因以下事由出现而消灭。

1. 继父母子女一方死亡

继父母或者继子女一方死亡，在继父母子女之间消灭权利义务关系，不再具有约束力。这与其他任何父母子女关系一样，都因一方死亡而消灭父母子女关系。

2. 继父母离婚

未成年的继子女，由于生父与继母或者生母与继父离婚而消灭其与继父母间的权利义务关系。生父与继母或生母与继父离婚时，对曾受其抚养教育的继子女，继父或继母不同意继续抚养的，仍由生父母抚养；如果继父或者继母与继子女已经成立收养关系，或者愿意继续抚养该继子女，生父母又同意的，可以允许。例外的情况是，如果继子女已经被继父母抚养成人，已经形成的抚养关系不能因为生父与继母或生母与继父离婚而自然消灭，继子女对年老体迈、生活困难的继父母仍然应当承担赡养义务。对此，《婚姻家庭编解释二》第 19 条规定了两个规则：一是“生父与继母或者生母与继父离婚后，当事人主张继父或者继母和曾受其抚养教育的继子女之间的权利义务关系不再适用民法典关于父母子女关系规定的，人民法院应予支持，但继父或者继母与继子女存在依法成立的收养关系或者继子女仍与继父或者继母共同生活的除外”。二是“继父母子女关系解除后，缺乏劳动能力又缺乏生活来源的继父或者继母请求曾受其抚养教育的成年继子女给付生活费的，人民法院可以综合考虑抚养教育情况、成年继子女负担能力等因素，依法予以支持，但是继父或者继母曾存在虐待、遗弃继子女等情况的除外”。

3. 协议解除

已经形成抚养关系的继父母子女关系，是一种拟制血亲，可以因协议而解除。在继子女未成年时，经生父母、继父母协商一致，以及有识别能力的继子女同意，可以协议解除继父母和继子女之间的权利义务关系。继子女成年后，成年继子女与继父母关系恶化，也可以协议解除权利义务关系。但如果继父母年老体弱、生活困难的，继子女对将其抚养成人的继父母应当承担给付必要生活费的义务。

4. 诉讼解除

在解除已经形成抚养关系的继父母子女关系时发生争议的，可以诉请法院裁

决。一经法院判决解除，继父母与继子女之间的权利义务关系即行解除，双方不再存在父母子女的权利义务关系。

生父母死亡时，继父母与继子女形成抚养关系的，不能自行解除。继父母不能因为未成年继子女的生父母死亡而停止对继子女的抚养教育。如果继子女的生父母一方还健在，要求将子女领回抚养的，要经继父母同意。双方协商不成的，由法院根据子女的利益判决。如果未成年继子女被生父母生存一方领回抚养，则其与继父母的继父母子女关系解除。在生父母死亡时，继子女已经由继父母抚养成人，无论继父母子女关系是否解除，继子女都应当对继父母尽赡养扶助义务。

继父母子女关系一经消灭，双方之间的父母子女的权利义务关系即行消灭。唯有继子女是由继父母抚养成人的，不消灭其对继父母的赡养扶义务。

第四节　婚生子女确认和否认

一、引起重大争论的两个典型案件

在我国《婚姻法》没有规定婚生子女否认和非婚生子女认领制度。《民法典》第 1073 条根据我国婚姻家庭法领域的实际情况，规定："对于亲子关系有异议且有正当理由的，父或者母可以向人民法院提起诉讼，请求确认或者否认亲子关系。""对亲子关系有异议且有正当理由的成年子女，可以向人民法院提起诉讼请求确认亲子关系。"在立法上确认了这一制度，但是还有不完善之处。

在《民法典》对此作出规定之前，在理论上和实践中，婚生子女否认和非婚生子女认领没有法律依据，在法律适用上令法官左右为难。下文两个关联的案例典型地反映了这个问题。

第一个案件（以下简称前案）：1981 年，沈某英与赵某成登记结婚，1987 年 9 月 24 日沈某英生育赵某。2003 年 6 月 22 日，沈某英与刘某金在电话里争吵，通话的内容是赵某不是赵某成的亲生女儿，被赵某成听到。2004 年 1 月 4 日，赵某成为了验证赵某是不是自己的亲生女儿，委托某生育科学研究所进行了鉴定，结论为：赵某与赵某成不具有亲生父女关系。2004 年，赵某成以沈某英、刘某金为被告，赵某为第三人，向某法院提起诉讼，请求确认沈某英和刘某金与赵某系父母子女关系，并请求支付精神损害赔偿金等费用。赵某在答辩中称，希望通过亲子鉴定弄清自己的父亲是谁。一审判决以确认纠纷为由支持了原告的诉讼请求，二审判决认为是侵权成立，判决支持了赵某成对沈某英的赔偿请求，驳回其确认的诉讼请求。

第二个案件（以下简称后案）：上述案件判决作出之后，赵某起诉到法院，请求确认自己与刘某金系父女关系。在审理过程中，赵某提出申请，要求与刘某金做亲子关系鉴定以确定父女关系，刘某金不同意。法院经审理认为，赵某所举证据不足以适用类推原则确认身份关系，遂终审判决驳回赵某诉讼请求。

针对上述两个案件争论的主要问题是：

第一，前案的性质是确认之诉还是侵权之诉。在前案中，赵某成的诉讼请求既有确认请求，也有侵权赔偿要求，一审和二审法院判决对此认识不一。争论中有三种观点：第一种观点认为是侵权之诉；第二种观点认为是确认之诉；第三种观点认为本案原告起诉，主张损害赔偿是目的，确认是侵权的过渡性诉讼。

第二，法院受理赵某起诉的后案，是否违背了“一事不再理”原则。在后案中，刘某金答辩称，前案已经在第一个案件中审理终结，现赵某以同样的请求起诉，违背了“一事不再理”的规定，应驳回赵某的起诉。就本案是否违背一事不再理原则问题，一种观点认为不违背这个原则，因为两个诉讼的诉讼主体、案由各不相同；另一种观点认为违背这个原则，因为两个案件的基础事实和证据都相同，要解决的基本问题相同，前案已经审理终结，后案不能受理。

第三，在身份关系存在合理怀疑的情况下，能否强制被怀疑人做亲子鉴定。在后案中，原告有证明刘某金和其母亲沈某英于 2003 年发生性关系的照片。刘某金执意认为照片只能证明其与沈某英之间在 2003 年存在性关系，而不能证明赵某的出生与其有关。赵某提出进行亲子鉴定的要求又被刘某金拒绝。法庭如果要确认该身份关系，是否可以强制当事人做亲子鉴定，对此有不同意见。

第四，在身份关系上是否可以进行事实推定。多数人认为，亲生父母子女关系是基于血缘形成的身份关系，在没有科学依据的情况下不宜推定。若强行推定，可能会带来对小孩成长不利、对社会秩序稳定不利的严重后果。赵某成只举证了亲子鉴定的结论，证实其与赵某不具有父女关系，并没有举出证明刘某金与

沈某英在 1986 年年底前后有性关系的证据，不能仅凭沈某英自认与刘某金有性关系，在刘某金拒做亲子鉴定的情况下，就简单推定刘某金是赵某的亲生父亲，否则，是不严肃的。也有人认为，赵某要求确认生身父亲的知情权也很重要，司法对她的人身权利进行救济需要进行推定，这是不可避免的。现今社会流动性日益加强，导致身份关系不稳定的因素日益增多，请求司法确定身份关系的案件会不断增加，司法必须作出选择。

对这个案件反映的亲子关系的证明问题，我国已经在司法解释中作出了回应，《婚姻家庭编解释一》第 39 条，即："父或者母向人民法院起诉请求否认亲子关系，并已提供必要证据予以证明，另一方没有相反证据又拒绝做亲子鉴定的，人民法院可以认定否认亲子关系一方的主张成立。""父或者母以及成年子女起诉请求确认亲子关系，并提供必要证据予以证明，另一方没有相反证据又拒绝做亲子鉴定的，人民法院可以认定确认亲子关系一方的主张成立。"

二、赵某成起诉的案件究竟是确认之诉还是侵权之诉

赵某成在起诉的前案中第一个请求，即确认赵某与沈某英和刘某金为亲子关系，是一个确认之诉；请求沈某英与刘某金承担损害赔偿责任，是欺诈性扶养关系侵权之诉。下文将分析这两个诉的请求权是否成立。

（一）赵某成享有婚生子女否认权，不享有非婚生子女认领权

赵某成起诉的前案有两个诉，也就是他在前案中享有两个请求权。第一个请求权是婚生子女否认权。

婚生子女否认，是指夫妻一方或子女对妻所生的子女否认其为夫之亲子的民事法律行为，也就是在婚生子女推定的前提下，否认婚生子女为夫所生，而是由妻与婚外异性性结合所生的非婚生子女的行为。[①] 这种否认一般由丈夫提出，但妻否认其所生子女为其夫的婚生子女的，亦不乏其例。《婚姻法》没有规定婚生

---

① 杨立新. 亲属法专论. 北京：高等教育出版社，2005：170.

子女否认制度，但司法实践证明，确认这一制度势在必行。[①]《民法典》第1073条第1款规定了这个请求权。

构成婚生子女否认请求权须具备如下要件：一是婚生子女否认的权利人必须适格，即是夫或者妻。[②] 二是须有婚生子女推定的基础，以婚生子女推定为前提条件。三是须有否认婚生子女的客观事实，即否认的原因[③]，并且确有证据证明。具备上述条件，应当准许父亲提出婚生子女否认之诉，判决确认推定的婚生子女为非婚生子女的，其不再承担抚养义务。

在前案中，赵某成并没有提出婚生子女否认请求权，而是提出了确认赵某是沈某英和刘某金的亲生子女。这当然也是一个确认之诉，但这个诉权并不是由赵某成享有，而是由赵某和沈某英享有。本案的一审法官都认为，在对赵某做了亲子关系鉴定，取得了确定的亲子关系否认的鉴定结论之后，赵某就已经不是赵某成的婚生子女了，不用在法律上进行否认。同样，赵某成在起诉中也没有提起否认之诉，而是提出确认赵某与沈某英和刘某金的亲子关系之诉，同时提出损害赔偿之诉。他依据的诉讼逻辑是，既然赵某不是自己的婚生子女，沈某英与刘某金就是他们的生身父母。事实上，这个结论是建立不起来的，理由是：第一，赵某成并没有提出否认婚生子女之诉，而仅仅根据自己不是赵某的生父的亲子鉴定结论，请求确认沈某英和刘某金是赵某的生身父母。但是，首先，沈某英与赵某的亲子关系已经是事实，不必确认；其次，赵某成并不享有确认赵某与刘某金的亲子关系的请求权，而仅仅享有否认婚生子女关系的请求权。第二，婚生子女关系的否认并不是只要证明事实就可以的，而是必须通过法律程序宣告，也就是说，赵某成必须向法院起诉，通过法定程序，由法院审查案件事实，作出判决，确认赵某成与赵某不存在亲子关系。如果法院没有宣告否认赵某成与赵某的亲子关系，仅有事实证据是不够的。

所以，赵某成仅享有婚生子女否认请求权但没有行使，因而不应当予以支

---

① 孙彬，姬新江主编．婚姻家庭法学．北京：中国人民公安大学出版社，2004：93.

② 余延满．亲属法原论．北京：法律出版社，2007：388.

③ 余延满．亲属法原论．北京：法律出版社，2007：387.

持；其不享有非婚生子女认领请求权却向法院起诉，法院应当判决予以驳回。这正是《婚姻法》对此没有规定所致。《民法典》第1073条作了新的规定之后，这个问题就解决了。

（二）赵某成对沈某英的损害赔偿请求权成立，对刘某金的请求权不成立

在婚姻关系存续期间乃至离婚以后，妻明知其在婚姻关系存续期间所生子女为非婚生子女，采取欺诈手段称之为婚生子女，使夫承担对该子女的抚养义务的，称为欺诈性抚养关系。欺诈性抚养关系，既可以产生于婚生子女否认之后，也可以产生于非婚生子女认领之后。婚生子女的否认一经判决确认，否认权人与该子女在否认确定前的抚养关系即属欺诈性抚养关系。非婚生子女经生父认领后，如该非婚生子女与其生母之配偶原有父子抚养关系者，该抚养关系亦为欺诈性抚养关系。[①]

对母亲的欺诈性抚养关系的损害赔偿请求权，只要否认了婚生子女关系即可成立；而对生父的欺诈性抚养关系的损害赔偿请求权，则不仅须否认亲子关系，还须经非婚生子女认领的确定才能成立。

确定前案赵某成的损害赔偿请求权是否成立，首先，必须否认赵某是其婚生子女，其行使这个否认权是正当的；其次，必须在法院确定了赵某是非婚生子女的前提下，才可以起诉沈某英欺诈性抚养关系的侵权损害赔偿请求权；最后，赵某成不享有婚生子女认领的请求权，也没有通过法律程序确认刘某金是赵某的生父的权利，因此，赵某成对刘某金不享有欺诈性抚养的损害赔偿请求权。前案的刘某金是赵某生父的事实并没有得到确认，既没有确定的事实根据，也没有通过法院宣告，因此，赵某成请求刘某金赔偿的请求权就没有法律依据，不能成立。在这种情况下，法院判决赵某成行使对沈某英的损害赔偿请求权成立，对刘某金的损害赔偿请求权不成立，基本正确，但由于法院并没有宣告赵某成与赵某之间的婚生子女否认，因此，也存在法律适用的缺陷，也就是这个损害赔偿责任实际上也缺乏判决的法律基础。

---

① 杨立新．论婚生子女否认与欺诈性抚养关系．江苏社会科学，1994（4）．

（三）法院对前案的判决大体正确但存在法律缺陷

通过上述分析，能够得出的结论是，对前案，赵某成提出的请求，既有确认之诉，也有侵权之诉。对于前案，正确做法应当是，赵某成依据亲子鉴定的否定性结论，提起婚生子女否认之诉，请求法院判决确认赵某的非婚生性；在其后，或者同时，赵某成才可以对沈某英提出损害赔偿之诉，依据欺诈性抚养关系的成立，确认赵某成享有损害赔偿请求权，判决沈某英对赵某成承担损害赔偿责任。法院在对前案的判决中，在没有原告请求确认赵某成与赵某不存在亲子关系的婚生子女否认的前提下，就判决沈某英对赵某成承担赔偿责任，尽管结论是正确的，但在法律适用和程序上存在较大缺陷。

赵某成对刘某金的损害赔偿请求权之所以不成立，是因为没有证明刘某金是赵某的生父，只有在确认这个事实和法律关系之后，其才能提出损害赔偿。赵某成在本案中提出赵某是刘某金的婚生子女，但他没有这个权利，不能提出这个诉讼请求。基于非婚生子女认领的请求权，只有赵某和沈某英才有权起诉。前案的终审判决驳回赵某成对刘某金的损害赔偿诉讼请求是正确的。

三、婚生子女确认的方法——非婚生子女认领

赵某在后案起诉的案由，是非婚生子女的强制认领。只有在刘某金将赵某认领为亲生子女之后，才能确认赵某与刘某金之间的父女关系。赵某的这个起诉是完全有道理的，法院判决应当支持。后案的终审判决驳回原告的诉讼请求，适用法律不正确。

（一）非婚生子女认领的基本规则和类型

确认非婚生子女的母亲比较简单，通常基于“母卵与子宫一体”原则，采纳“谁分娩谁为母亲”规则，依据生理上的出生分娩事实发生法律上的母子关系。[①]对非婚生子女与父亲的关系，无法以分娩的事实作出确认，因而确定父亲的身份要比证明母亲的身份要复杂得多、困难得多。非婚生子女的父亲身份难以通过推

① 余延满. 亲属法原论. 北京：法律出版社，2007：392.

定的方法来确定，通常的方法是自愿认领和强制认领，即司法裁决。《婚姻法》对此没有规定，《民法典》第 1073 条规定为“亲子关系确认”。在法理上考察，亲子关系确认的说法不如非婚生子女认领准确。

非婚生子女认领，是指生父对非婚生子女承认为其父而领其为自己子女的行为。[①] 认领的方法有自愿认领和强制认领两种。

1. 自愿认领

自愿认领也称为任意认领，是生父的单独行为，无须非婚生子女或母之同意，以父的意思表示为足。

认领的权利归父享有，其父的家庭其他成员不享有此权利。该权利的性质为形成权，原则上对此权利的行使无任何限制。认领权的行使，可直接行使，亦可经法院判决确认其父子关系的存在。认领为要式行为。自愿认领需要认领人享有认领权。

认领权的构成要件，包括三项：一是须为非婚生子女的生父本人认领；二是须为非婚生子女被认领；三是须认领人与被认领人之间有事实上父子关系的存在。具备以上要件，构成认领权，享有认领权的生父才可以认领非婚生子女。

如果认领系真实的父子关系，无论是认领的意思表示瑕疵或是因诈欺或胁迫，均不得撤销，如非真实，则准提起无效之诉，主张其认领无效。在认领权人提出认领主张之时，被认领人和其他利害关系人可以主张反对事实，也可以否认认领。

2. 强制认领

强制认领也叫亲之寻认，是指应被认领人对应认领而不为认领的生父，向法院请求确定生父关系存在的行为。依照《民法典》第 1073 条第 2 款的规定，成年子女可以向法院起诉请求确认亲子关系。这其实就是强制认领。强制认领的事实，以与生父有父子关系的事实证据证明为已足。具体事实包括：一是受胎期间生父与生母有同居事实的；二是由生父所作的文书可证明其为生父的；三是生母

---

① 史尚宽. 亲属法论. 北京：中国政法大学出版社，2000：559.

为生父强奸、奸污、诱奸而成奸所生子女的；四是生母因生父滥用权势奸污的[①]；五是有其他证据证明认领人与要求认领人为亲子关系的。要求认领人提出认领主张后，被告应举出反证证明认领请求不存在事实上的依据，否则即可确认强制认领。非婚生子女一经认领，即视为婚生子女，产生父亲与子女间的权利义务关系，无论是自愿认领还是强制认领，均与婚生子女相同。经父认领的非婚生子女对生父之配偶，母之非婚生子女对于生母的配偶，均为姻亲关系，而无父母子女的血亲关系。[②]

学者认为，在我国，强制认领或确认生父诉讼是始终存在的。实践中，单纯要求确认生父的诉讼并不多见，比较常见的有三种情形：一是未成年的非婚生子女在要求生父负担抚养费的同时，请求法院明确父子关系，作为主张抚养费的前提条件；二是非婚生子女要求参与继承生父遗产时，请求法院明确父子关系，作为获得遗产的前提条件；三是同居分手后，未成年子女的生父起诉要求获得该非婚生子女的抚养权，而请求明确和确认父子关系。[③]

依照《民法典》第1073条第1款的规定，生母也享有对亲子关系确认的请求权，即请求法院确认非婚生子女的生父与子女的亲子关系。这种认领是强制认领，不是自愿认领。

（二）非婚生子女认领的效力

非婚生子女认领的效力，溯及至出生之时。但第三人已得的权利，不因此而受影响。对胎内的非婚生子女认领的，亦只溯及至出生时发生效力，但对死产者不生效力。对已死亡的非婚生子女为认领的，溯及至死者之生前，使其非婚生子女于生存中与认领者已有亲子关系，从而认领者与死亡者的直系卑亲属，亦有直系血亲关系。[④]

赵某行使强制认领的请求权完全符合规则要求，其强制认领的事实是受胎期

---

① 史尚宽. 亲属法论. 北京：中国政法大学出版社，2000：568-573.

② 巫昌祯主编. 婚姻家庭法新论：比较研究与展望. 北京：中国政法大学出版社，2002：243-244.

③ 陈爱武. 亲子关系确认诉讼的类型化：案例、问题与思考建议：《民法典》第1073条的规定. 法学杂志，2023（1）.

④ 史尚宽. 亲属法论. 北京：中国政法大学出版社，2000：580-581.

间刘某金与自己的生母有同居事实。按照规则，认领人提出认领主张后，被告应举出反证证明认领请求不存在事实上的依据，否则即可确认强制认领。因此，从规则上看，赵某起诉只要有证据证明刘某金与沈某英之间在受胎期间同居的事实，就可以推定刘某金与赵某之间有血缘关系，而刘某金须举证证明予以否认，否则，法院就应当确认刘某金是赵某的生父。

（三）非婚生子女认领的证明

非婚生子女认领的证明，应当依据证据规则进行。

赵某起诉所依据的事实，是沈某英与刘某金在其受胎期间有同居的事实，有后来的同居照片，以及沈某英指认受胎期间同居关系的证言。这是推定的基础。

在亲子关系的规则中，有婚生子女推定规则，是判断婚生子女的规则。在学理上，完整的亲子身份确认制度由推定与否认、认领、拟制构成。其中，推定是对自然血亲亲子关系的法律确认，是一项古老的立法技术；否认与推定有内在联系，它是法律为保证推定的客观真实性，实现亲子之间利益平衡作出的制度安排，是在法律制度层面对亲子身份推定的限制。① 故婚生子女推定，是指子女系生母在婚姻关系存续期间受胎或出生，该子女被法律推定为生母和生母之夫的子女。②

进行婚生子女推定的关键所在，是受胎期间，因此，各国亲属法都规定受胎期间。③ 按照一般医学上的规律，胎儿从受胎到分娩，通常不少于 181 天，最长不多于 302 天。在其最长期与最短期相差的期间内，如有婚姻关系存在，就推定妻所生的子女为夫所受胎。该期间就是受胎期间。④ 我国《民法典》没有规定受胎期间，因而对婚生子女推定就没有计算的根据。但这是各国民法都确认的规则，是符合客观规律的规则，因此，在我国司法实践中应当采用。我国司法实践应当尊重我国一百年来的民法传统，采用从子出生日回溯第 181 天起至 302 天止的 122 天为受胎期间的方法，对在此期间妻所生的子女推定其夫为父亲。

---

① 薛宁兰. 自然血亲亲子身份的法律推定. 清华法学，2023（1）.

② 史尚宽. 亲属法论. 北京：中国政法大学出版社，2000：542.

③ 巫昌祯主编. 婚姻家庭法新论：比较研究与展望. 北京：中国政法大学出版社，2002：235－236.

④ 史尚宽. 亲属法论. 北京：中国政法大学出版社，2000：538.

借鉴这个规则，根据沈某英与刘某金在上述受胎期间内同居的事实，尽管在此期间赵某成也与沈某英同居，但是已经能够否认赵某为赵某成之女，就有事实依据，推定刘某金是赵某的生父。

在案件的审理过程中，如果能够依据事实完成这个推定的，就可以认为赵某的举证责任已经完成，举证责任转换，由刘某金举证证明赵某不是自己的亲生女。审理后案的法官没有说明举证责任转换，但赵某提出要求责令刘某金提供基因样本进行亲子鉴定。赵某提出这样的要求并不过分，法院应当采纳这样的请求，要求刘某金提供样本进行亲子鉴定。刘某金拒绝提供证据否认推定，也拒绝提供样本进行亲子鉴定，刘某金就要承担对自己不利的诉讼后果，赵某提出要求认定亲子关系的事实就能够得到确认，其提出的非婚生子女认领的请求权成立，法院应当判决确认刘某金是赵某的亲生父亲，强制实行非婚生子女认领，确认刘某金承担法律责任。

以上述阐释的规则为基础，认定赵某请求确认的事实，是没有疑问的，所以，法院在后案判决驳回赵某诉讼请求，适用法律错误。

对此，应当适用《婚姻家庭编解释一》第 39 条的规定，在原告一方已经提供必要证据予以证明的情况下，另一方没有相反证据又拒绝做亲子鉴定的，当然就可以认定提出确认亲子关系一方的诉讼主张成立。

应当特别注意的是，在婚生子女的法律关系中，婚生子女否认和非婚生子女认领是两个案件，而不是一个案件，欺诈性抚养关系的侵权损害赔偿则又是一个案件。这些都不是一个诉。后案之所以处理得不尽如人意，就是因为把不同的诉讼混淆在一起，造成错判的结果。

正因为婚生子女否认和非婚生子女认领是两种不同的诉讼请求，因此，本节讨论的两个案件的审理不违反“一事不再理”原则。

四、婚生子女否认的后果——欺诈性抚养关系及费用返还

在否认亲子关系的婚生子女否认后，通常会出现否认权人提出欺诈性抚养关

系损害赔偿的诉讼请求。接下来讨论欺诈性抚养关系的认定和法律适用问题。

（一）欺诈性抚养关系的概念

在婚姻关系存续期间乃至离婚以后，妻明知其在婚姻关系存续期间所生子女为非婚生子女，而采取欺诈手段称其为婚生子女，使夫承担对该子女的抚养义务的，称为欺诈性抚养关系。欺诈性抚养关系既产生于婚生子女否认之后，也产生于非婚生子女认领之后。婚生子女否认一经判决确认，否认权人与该子女在否认确定前的抚养关系，即属于欺诈性抚养关系。非婚生子女经生父认领后，如该非婚生子女与其生母之配偶原有父子抚养关系者，该抚养关系亦为欺诈性抚养关系。

《婚姻法》没有规定婚生子女否认制度和非婚生子女认领制度，对这种欺诈性抚养关系应如何处理，无法律依据。《民法典》规定了亲子关系确认和否认的规则，但是也没有明确规定欺诈性抚养关系的损害赔偿责任，应当依据法理分析，选择适用《民法典》的有关规定作出判决。

（二）欺诈性抚养关系中的抚养费返还

对欺诈性抚养关系的原抚养义务人可否就被欺诈支付的抚育费请求返还，各国、各地区立法有不同的规定。

1. 以不当得利请求返还

对非经生父抚养而经认领者，如由生父或生母以外的人抚养，有的国家认作不当得利，得请求返还抚育费。在日本旧法中，依其判例，生母就过去已支出之抚养费，可以对生父以不当得利而请求返还。现行日本民法解释为，关于抚育费之负担，如有协议时，依其协议，否则依父母之资力及其他情事分担，已支出部分，得为求偿。瑞士民法解释认为，抚养义务自子女出生之时开始，应由生父母双方按其能力为相当之负担。在德国，对于一般的亲属抚养，对过去的抚养费不认为有请求权；但非婚生子女的生父对过去的给付有请求权。生父的抚养义务先于生母和其他亲属，如生母或其他有抚养义务的亲属对子女予以抚养的，于其范围将生父之子女抚养请求权，移转于生母或其亲属，但此转移不得有害于子女之利益而为主张。

2. 以无因管理请求给付

我国台湾地区民法学主流观点认为，认领的效力既然溯及于子女出生时发生，则生父母自亦应溯及于子女出生之时，按其经济能力，共同负担抚养义务。如生母或其他有抚养义务之人已为抚养者，得对应负担抚养义务之人，就其应负担部分为求偿，但养父母除外。无抚养义务之人已为抚养者，适用无因管理之规定。①

上述立法例，不单规定欺诈性抚养关系的返还抚育费请求，也规定了已尽抚养义务的生母和其他亲属对生父的返还抚育费请求。尽管各国各地区立法规定有上述不同，但对欺诈性抚养关系的不应负抚养义务之人的返还请求权，均予以承认。至于采不当得利说，还是采无因管理说，自各有道理。

对这个问题，在实务中，有肯定说、否定说两种不同意见，在肯定说中又有几种不同的理论主张。

否定说认为，对夫妻共同生活期间女方隐瞒真情与他人通奸所生子女，男方虽无法定抚养义务，但由于婚姻存续期间夫妻双方财产为共同共有，不存在债权债务关系，且双方用共同财产抚养该子女，其各自支出的抚育费金额无法计算，故男方无权主张婚姻关系存续期间的抚育费用。对离婚以后所支出的抚育费，当然可以请求返还。此种主张的不当之处：一是只注意到对妻一方的请求返还，而未注意到该子女生父的抚养义务；二是既然离婚以后可以请求返还，为什么离婚之前就不得返还呢？难以自圆其说。

肯定说认为，对欺诈性抚养关系无抚养义务之人支付的抚育费，应予返还。但所持理由各不相同。一是行为无效说，认为女方在婚姻关系存续期间故意隐瞒子女是与他人通奸所生的事实，致使男方误将该子女当作自己的亲生子女抚养，这是男方在受欺诈、违背自己真实意思的情况下所为的行为，应属无效的民事行为，因而应予返还已支出的抚育费，包括婚姻关系存续期间和离婚以后支出的所有抚育费。二是无因管理说，即对于无抚养义务之人已为抚养者，适用无因管理之规定，认为男方无法定义务而对非婚生子女予以抚养，构成无因管理，应返还

① 据史尚宽. 亲属法论. 台北：荣泰印书馆，1980：520－521.

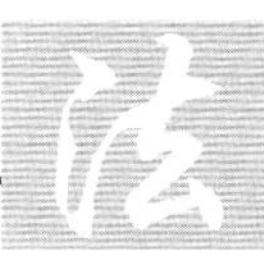

已支出的抚育费。三是不当得利说，即参照德国民法、日本民法的规定或解释，认为对于非婚生子女的生父和生母，无抚养义务之人支付的抚育费，属于不当得利，生父、生母自应返还不当得利给无抚养义务之人。

欺诈性抚养关系的抚养人为非抚养义务人，其之所以对非婚生子女履行抚养义务，是因为其妻的欺诈行为使其误认非婚生子女为婚生子女，因而，无论是在婚姻关系存续期间还是在离婚后所尽的抚养义务，亦即支出的抚育费用，都可以依法请求该非婚生子女的生父、生母返还。

最高人民法院《关于夫妻关系存续期间男方受欺骗抚养非亲生子女离婚后可否向女方追索抚养费的复函》。确认此种欺诈性抚养关系，指出："……在夫妻关系存续期间，一方与他人通奸生育子女，隐瞒真情，另一方受欺骗而抚养了非亲生子女，其中离婚后给付的抚育费，受欺骗方要求返还的，可酌情返还；至于在夫妻关系存续期间受欺骗方支出的抚育费用应否返还，因涉及的问题比较复杂，尚需进一步研究，就你院请示所述具体案件而言，因双方在离婚时，其共同财产已由男方一人分得，故可不予返还……"

确认离婚后给付的抚育费，受欺诈方要求返还的可酌情返还，是正确的；对于在夫妻关系存续期间受欺诈方支出的抚育费用应否返还，仅就该案而言，认为可不予返还，因为在双方离婚时，共同财产已协议全部归男方分得；但就这类问题应否返还，既未肯定，亦未否定，只称"尚需进一步研究"，态度未免保守。

在返还非抚养义务人被欺诈而支出的费用上，上述三种主张均有道理，但又各有不足。行为无效说以欺诈行为是无效行为为法律依据，采取宣告欺诈性抚养关系为无效的方式，使该抚养关系归于自始无效，既有法律依据，又可以解决实际问题，这是其优点；但抚养关系是法定的权利义务关系，非基于当事人合意发生，且不是与欺诈人而是与被抚养人发生的权利义务关系，因而采用宣告抚养行为无效的办法，不够妥当。不当得利说描绘了生父生母受有不当利益的客观事实，但未能体现生父生母主观恶意的状态，与不当得利似有不合。无因管理说说明了受欺诈抚养义务人为他人抚养子女的特征，但忽略了无因管理人应知其无因而为管理，亦不符合无因管理的法律特征。

为解决这一问题，确认其为侵权责任性质更为准确。

首先，侵权的行为主体是非婚生子女的生父和生母，并非生母一人。其实施的违法行为，是规避抚养子女的法定义务，采取欺骗手段，让非婚生子女生母之配偶相信该子女为其婚生，并为之提供抚育费用。

其次，该行为的后果是使受欺诈的原抚养义务人支付财产为该子女的生父生母"履行"抚养义务，因而侵害的是财产权，使受害人的财产受到直接损失。

再次，在这一法律关系中，生父、生母的欺诈行为，与被欺诈的抚养义务人的财产损害事实之间有因果联系，具有引起与被引起的因果关系链条。

最后，该子女的生父、生母明知该子女为其共同的婚外性行为所生，却采取欺诈方法使被欺诈的抚养人相信虚构的事实而损失了已支付的财产，主观上有共同的意思联络，为共同故意所为。

因此，这种欺诈性抚养关系实际上是生父生母对被欺诈人的财产侵权行为，侵权人应当负侵权民事责任。用侵权行为理论来解释这种行为，更为合理和贴切。

（三）处理规则

具体处理欺诈性抚养关系损害赔偿纠纷，可以遵循以下规则。

1. 非婚生子女的生母与其配偶未离婚情形下的处理规则

非婚生子女的生母与其配偶未离婚的，由于夫妻财产为共同共有财产，因而有两种情况：

一是非婚生子女已被生父认领，或者已知其生父的，被欺诈人有权向生父请求返还已支付的抚育费。此时生母与该被欺诈人仍为共同财产主体，不能作为共同侵权人承担侵权责任。但生母与其配偶对婚后财产约定为分别财产制的，则以共同侵权论，可以生父生母作为共同被告起诉。

二是如果非婚生子女未被生父认领，又不知其生父为准的，在夫妻共同财产的体制下，夫不得请求妻即该子女的生母承担民事责任。如果双方约定为分别财产制的，则可以妻为被告，请求其承担民事责任。

2. 非婚生子女的生母已与被欺诈人离婚情形下的处理规则

这种情况下，无论是夫妻共同财产制，还是约定分别财产制，均因离婚而使夫妻财产分解成个人所有的财产，被欺诈人可依共同侵权行为，诉请该子女的生父生母连带承担民事责任。

3. 保护非婚生子女的合法权益

处理此种案件，应特别注意保护非婚生子女的合法权益，不应因争执抚养关系而使非婚生子女权利受到损害。如果被欺诈人予以谅解并同意继续抚养该子女，该子女与被欺诈人的关系，应视为有抚养关系的继父与继子女的关系，或者确立收养关系，发生父母子女的权利义务关系。如果受欺诈人追究生母的责任，而生母离婚、生父不认领，生母无经济能力，一旦承担民事责任将损害被抚养人利益的，可以减免民事责任。

4. 确定案由

关于此类案件定为抚育费纠纷还是定为侵权案由，不无问题。就案件的实质而言，争议标的并非抚育费，而是被欺诈人因欺诈行为而损失的财产，以侵权作为案由不无道理。然而，此类案件毕竟发生在婚姻家庭领域，争议的财产性质又确系非婚生子女的抚育费，认为是抚育费或抚育费纠纷亦无不可，在处理中可以按照侵权法的规则办理。

第五节　人工授精、试管婴儿等辅助生殖技术所生子女

一、人工授精所生子女的地位

对人工体内授精所生子女的法律地位应如何确定，以前的争论比较大，意见也有分歧，主要有肯定说和否定说两种学说。前者承认该子女具有婚生子女的法律地位，后者则否定这种地位。对此，1991 年 7 月 8 日最高人民法院《关于夫妻离婚后人工授精所生子女的法律地位如何确定的复函》认为："……夫妻关系存续期间，双方一致同意进行人工授精，所生子女应视为夫妻双方的婚生子女，父

母子女之间权利义务关系适用《婚姻法》的有关规定……”这一规则一直在发挥作用，效果良好。《民法典》公布实施后，《婚姻家庭编解释一》第40条规定：“婚姻关系与存续期间，夫妻双方一致同意进行人工授精，所生子女应视为婚生子女，父母子女间的权利义务关系适用民法典的有关规定。”这确立了我国人工授精所生子女法律地位的确认规则。

（一）人工授精的概念和种类

人工授精主要指的是人工体内授精。关于人工授精的定义，英美法系与大陆法系的认识有所不同。英美法系认为，人工授精是指不是通过性交方式，而是通过诸如注射器之类的器械将精液注入妇女的阴道内，与该妇女的卵子结合而形成受精卵，从而受孕。日本法认为人工授精是指不以男女性交，而将从男性体内取出的精液注入女性体内使之受孕。相比较而言，日本法对人工授精的定义更确切。

1. 人工授精的概念

人工授精也称人工受精，前者从客观行为而言，后者从接受行为后果的妇女而言。两个概念虽角度不同，但是指同一行为，是同一概念。

最先开始的人工授精，是对动物生殖研究的结果：在雄雌动物之间，通过人工授精方法，使受胎机会增加、物种质量提高，而后得到了广泛应用，获得了巨大成功。

医学界受到这一科研成果的启示，在人类中进行试验，也取得了预期效果，并将这一成果应用于性交不能的夫妻，增加受孕、生产的机会。继而，采用他人的精液进行人工授精，使不想通过婚姻形式获得子女的妇女受孕。

后来，人工授精在人类中被广泛应用，技术日臻完善，逐渐发展到试管婴儿的先进阶段。

简言之，人工授精是指通过人工的而非性交的方法，使妇女接受精液而怀胎的人工生殖技术。

2. 人工授精的法律意义和后果

人工授精技术的广泛应用，必然产生法律上的意义和后果。其最基本的法律意义和后果，是如何确认人工授精子女的法律地位，即是否承认人工授精所生子

女为婚生子女，也涉及人工授精行为的性质。

日本法认为，在配偶者之间为人工授精，所生子女的法律地位不存在问题，为婚生子女自无疑问。但是，对在非配偶者之间进行人工授精，虽认为这种行为不属通奸性质，但对其所生子女是否为婚生子女，学理上不无分歧。妇女未经夫的同意而采用他人精液进行人工授精，对其所生子女，学说和判例上均认其不具有婚生子女的法律地位，而为非婚生子女。在非配偶之间进行人工授精，妇女经夫的同意而合法进行的，对其所生子女是否具有婚生子女地位，学说上有肯定说和否定说，肯定说是多数学者的观点。

我国最高人民法院就此作出的前述1991年司法解释，采用的就是肯定说。

3. 人工授精的种类

在英美法国家，将采用受精妇女丈夫的精液进行的人工授精，称为AIH，即同质受精；将采用别人捐献的精液进行人工授精而使妇女受胎，称为AID，即异质受精。英美法国家认为在AIH情况下所生子女不存在法律地位上的争议，在夫妻之间也不存在性行为性质的争议。但是，在AID情况下则问题较多，主要观点有两种。

一是认为AID为通奸行为，所生子女是非婚生子女。加拿大法院认为通奸的核心是受孕，人工授精使不具有婚姻关系的妇女受孕，因而为通奸。这一观点在加拿大某法院判决的奥福德案件中被采用，后又在拉赛尔案件中得到了进一步补充。美国有的法院也认为AID为通奸行为，在多尔博斯案件中，判决AID为通奸行为，所生子女为私生子。

二是不认为AID为通奸行为。苏格兰法院认为，通奸的基本行为特征是肉体交媾，是性交行为，AID不具备这样的行为特征，因而不是通奸。在1958年克伦南案件的判决中，苏格兰法院确认了这一观点。至于AID所生子女的法律地位，一般认为应依丈夫是否同意而定。

通常将人工授精分为以下三种类型：

（1）同质授精。

由夫的精液而实施的人工授精即AIH，为同质授精。此种情况，有的是因

为夫的性交障碍、精子成活率低等因素，有的也可能是因为妻的某些原因，采用人工授精方法，改变前述受胎不能的客观原因，而使妻受胎。

（2）混合授精。

经夫的同意，将他人精液与夫的精液混合而实施的人工授精。这种情况下，多是因为夫的精液质量不好，精子成活率低，采用收集他人的精液与夫的精液混合，以增加受孕机会，使妻受胎。

（3）异质授精。

经夫的同意，采用他人的精液实施人工授精，即 AID。一般是夫的精液难以使妻受孕，或者性交不能而不能使妻受孕，经夫及妻同意，采用 AID 的方法，使妻受胎。

在人工授精中，还有两种特别情形：一是配偶一方自行决定授精，即未经夫的同意，妻自行决定进行人工授精，并且采取他人的精液为之，使自己受胎；二是未婚女子决定接受授精。这种情况一般是采独身主义的女子，为解决自己热爱子女的愿望而采取的方法。

（二）对人工授精所生子女之法律地位的界定

在我国，对人工授精行为的性质，在认识上没有分歧，无论是在理论上还是在实务中，都不认其为通奸行为。这是因为，在我国的观念上，对通奸行为的判断不以受孕为标准，而是以无婚姻关系的异性男女的性器官接触为标准。人工授精不以性器官接触为特征，当然不构成通奸。

在这一点上，人工授精与民间的“借种”不同，后者是经夫同意，妻与其他男子进行性交而怀孕受胎，这是当然的通奸行为。相反，即使未婚女子采用人工授精而受胎，也不认其为通奸行为。

我国对人工授精的争议，问题不在于对行为性质的认识而在于对人工授精所生子女的法律地位的认定，有三种情况。

1. 同质人工授精所生子女的法律地位

由夫的精液实施人工授精使妻受胎而生的子女，为婚生子女，与父母产生父母子女间的权利义务关系。在这种情况下，子女是父母双方精卵结合的结果，具

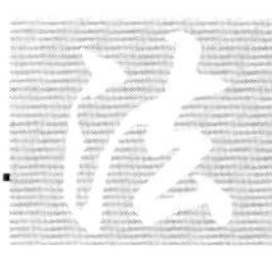

有客观、自然的血缘关系，一般不会引起民事上的争议。

2. 异质或混合人工体内授精所生子女的法律地位

经夫的同意，以他人的精液，或者以他人的精液与夫的精液混合，使妻受胎而生的子女。对此，应将该子女视为夫妻双方的婚生子女，夫不得提出婚生子女否认之诉，第三人也不得争论其父子关系的不存在，提供精液之人不得主张非婚生子女认领。这是因为，无论人工授精的精液是否与丈夫的精液混合，只要丈夫同意采用人工授精方法使妻受胎，就构成夫妻双方以获得共同子女的积极意思生育子女，应认为夫抛弃了婚生子女否认权，不再享有这一权利。

提供精液之人，将自己的精液通过医院而提供给他人，亦应被视为放弃了对该精子所生子女的认领权，自然不得请求认领该子女为自己的亲生子女。

至于通过非正当渠道提供精液使他人受胎、生产者，对子女亦无权认领。

既然经夫的同意实施人工授精所生子女被视为夫妻双方的婚生子女，在父母与该子女之间当然产生父母子女的权利义务关系。父不得推卸、免除其责任。

3. 未经丈夫同意的异质人工授精所生子女的法律地位

未经夫同意而实施体内人工授精所生的子女，未婚女子采取人工授精所生的子女，均为非婚生子女。对前者，夫可以行使婚生子女否认权，否认该子女为自己的亲生子女，不承担父的责任。

至于提供精液者与该子女的母亲可否请求或要求非婚生子女的认领，一般均采否认态度，司法应采此种立场。

（三）确定人工授精所生子女之法律地位的规则

依 1991 年 7 月 8 日最高人民法院《关于夫妻离婚后人工授精所生子女的法律地位如何确定的复函》、《婚姻家庭编解释一》第 40 条的规定，确定人工授精所生之女之法律地位的规则是，在婚姻关系存续期间，夫妻双方一致同意进行人工授精的，所生子女应被视为婚生子女，其父母子女间的权利义务关系适用《民法典》的有关规定。

1. 适用规则的具体条件

符合规定的条件，人工授精所生子女的法律地位是被视为婚生子女。具体的条件有两个。

（1）在婚姻关系存续期间。

确定人工授精所生子女视为婚生子女的首要条件，是人工授精发生在婚姻关系存续期间。若结婚登记之前和婚姻关系消灭之后，人工授精所生子女，则为非婚生子女，不具有婚生子女的法律地位。不过，结婚之前进行人工授精，结婚后生育子女的，为婚生子女。

这里的婚姻关系存续期间，应当是进行人工授精行为发生时间，而不是子女出生的时间。人工授精行为发生在婚姻关系存续期间，在解除婚姻关系后出生的子女，也应当视为婚生子女。

这个婚姻关系中是否包括事实婚姻，值得研究。虽然法律不承认事实婚姻关系，但是，构成事实婚姻关系的夫妻双方同意进行人工授精，也涉及对其所生子女的法律地位的认定问题。事实婚姻关系存续中，双方一致同意人工授精的，所生子女为婚生子女，双方办理婚姻登记手续的，则发生婚生子女准正的问题，应当认定为婚生子女，但是未经合法结婚手续登记的除外。

（2）夫妻双方一致同意进行人工授精。

夫妻双方在婚姻关系存续期间，一致同意进行人工授精，才能认定所生子女为婚生子女。这主要是指夫同意妻进行人工授精，夫不同意妻采取人工授精的方法受胎的，不是双方一致同意，为妻单方同意，所生子女为非婚生子女，夫不承担父的责任。

亦有可能有夫同意而妻不同意进行人工授精的情况。如果夫强迫妻进行人工授精受胎，对所生子女亦应承认其婚生子女的地位，如采否认态度，则难以解释，故双方一致同意主要还是指夫同意。

夫妻双方一致同意人工授精，包括人工授精的哪些情形，值得研究。对此，不能仅认为包括人工授精中的第三种，即经夫同意，采用他人的精液实施人工授精，所生的子女为婚生子女，还应包括由夫的精液而实施的人工授精，以及经夫

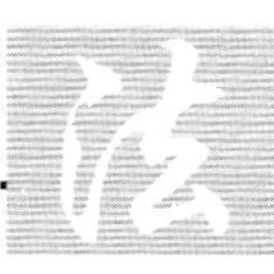

同意将他人的精液与夫的精液混合而实施的人工授精。只有妻自行决定进行人工授精，且采用他人精液而为的，以及未婚女子采人工授精所生子女，才不被包括在该原则之内，该子女为非婚生子女。

2. 适用规则的结果

符合上述两个条件，发生的法律后果是，将所生子女视为婚生子女，适用《民法典》关于父母子女权利义务的有关规定，即确立婚生子女的亲子关系。

按照这一规定，对双方同意进行人工授精所生子女的法律地位的认定：一是视为婚生子女；二是适用《民法典》亲子关系规定。二者其实就是一个法律后果，父母与所生子女产生婚生子女的亲子关系，同时也产生祖父母与孙子女、外祖父母与外孙子女等亲属关系。

3. 适用中的具体问题

适用上述规则确认人工授精所生子女的法律地位，还有以下几个问题需要讨论。

第一，婚前男女双方同意进行人工授精婚后生育的子女，如何确认其法律地位，应把情况区别对待。婚前男女双方同意并进行了人工授精，婚前生育的子女为非婚生子女，男方承担父的责任；后来结婚的，可以依照婚生子女准正的规则，成为婚生子女。男女双方一致同意在人工授精受胎后结婚的，为婚生子女。男女双方在人工授精受胎后结婚又离婚的，由于该子女已准正为婚生子女，故为婚生子女，以更好地保护该子女的合法权益。

第二，夫死后，妻为给夫留下子女而采用人工授精方法，用丈夫遗留的精液受胎所生子女，为婚生子女；丈夫死前同意用他人精液人工授精的，视为婚生子女。丈夫生前无此意思表示，妻子利用他人精液人工授精生育的子女，应以非婚生子女对待，亡夫的父母承认其孙子女地位的，应以收养的方法，使该子女成为亡夫父母的养孙子女。

第三，采用他人精液，或采用他人精液与夫的精液混合，而为人工授精，对所生子女能够确认非为夫的亲子，或能够确认该子女为提供精液者亲子的，是否准许丈夫否认该子女的婚生子女地位，是否准许提供精液者认领该子女为亲子？

既然已经明确“所生子女应视为婚生子女”的规则，对此应采否定态度。从理论上说，夫一经同意采用他人的精液为妻人工授精，即放弃了否认婚生子女的权利。同样，提供精液者既然同意接受以自己的精液为他人人工授精，所生子女为他人的婚生子女的法律后果，亦放弃了亲子认领的权利。在这样的情况下，虽然可以确认所生子女非为夫之亲子，或者确认所生子女为提供精液者的亲子，但禁止这种否认或认领。对此，有关鉴定机关也应明确规定不予进行亲子鉴定，以防止造成不必要的矛盾。

第四，认定规则是否可以适用于非婚生的情况。有学者认为，其“婚姻关系存续期间”的限制，就体现了婚生推定的原则，其较自然生育的婚生推定，特殊条件是“夫妻双方一致同意”。该规定不适用于非婚生的情况，如果是人工生殖且非婚生的子女，不认为其有生父。① 这样的结论不妥，认为不视为婚生子女是可以的，但是，没有婚姻关系的男女之间主张人工授精，所生子女不认为其有生父，是不符合自然规律和伦理习惯的。一个人不可能没有生父，只是该子女不被认定为婚生子女而已，如果发生亲子关系确认，法律自当准许；如果事后双方结婚，亦发生非婚生子女准正的后果。

二、辅助生殖技术所生子女的地位

辅助生殖技术也称人工体外受精，即IVF，是指用人工方法将卵子自体内取出，与精子在培养皿中受精，再将受精卵或者胚胎植入女性子宫内，使其着床、发育直至分娩的人工生殖技术。用这种人工生殖技术生育出来的子女，被称作试管婴儿。

辅助生殖技术更复杂，人工的成分更多，涉及的法律问题也更复杂，其主体就有不孕夫妇、精子捐赠人、卵子捐赠人和怀孕分娩者等。

---

① 高兴. 父母子女关系的分步认定规则//夏吟兰，龙翼飞主编. 家事法实务：2021年卷. 北京：法律出版社，2022：70.

（一）妻卵体外受精所生子女的地位

妻卵体外受精是指妻子提供卵子，在体外接受人工授精。分为两种方式。

1. 同质的妻卵体外受精所生子女的地位

同质的妻卵体外受精，是将夫的精子与妻的卵子在体外完成受精，再将受精卵植回妻子的子宫着床、发育、分娩。这种人工授精方法需要具备两个条件：一是妻子的子宫有孕育胎儿的能力；二是丈夫的精子有足够数量和成活能力。采用这种人工授精的方法孕育的后代，与正常生殖没有区别，只是受精的位置不同而已。这种体外受精生育的子女的法律地位与婚生子女没有任何区别。

2. 异质的妻卵体外受精

异质的妻卵体外受精，是将第三人捐赠的精子与妻的卵子在体外受精，再将受精卵植回妻子的子宫着床、发育、分娩。这种体外受精与 AID 相同，可以是完全的第三人的精子，也可以是丈夫和第三人的精液混合后的精子，与妻的卵子结合。其后果也与 AID 相同。

（二）捐卵体外受精所生子女的地位

捐卵体外受精是指第三人提供卵子，与丈夫的精子在体外受精，再将受精卵植入妻子的子宫着床、发育、分娩。这种生殖技术应用于妻子排卵不正常，不能提供卵子怀孕，其技术较为复杂。

在法律上，捐卵体外受精向传统的“谁分娩谁为母亲”的确定母亲原则提出了挑战，这就是，不是用自己的卵子受精，尽管是自己分娩的子女，分娩者是否构成法律上的母亲？

对此有三种主张：一是继续贯彻谁分娩谁为母亲的原则，认为第三人捐赠卵子，其胚胎移植到了妻子的体内，由妻子孕育、分娩，因此妻子就是孩子的母亲。二是贯彻血缘真实主义，认为生殖细胞来源于谁，谁就是母亲，因此捐卵者是孩子的母亲。三是意思主义，认为应当以妻子是否有为子女的母亲的意思为标准，捐卵者有成为母亲的意思者，就应当认为捐卵者是子女的母亲，如果捐卵者有提供卵子的意愿而无成为母亲的意愿，则不能成为母亲。

对此，应当以分娩者的意思表示为判断标准。这种情况与代孕的代理母亲相似，判断的基本标准是分娩者的意思。如果分娩者有成为母亲的意愿，当然捐卵者就只是捐卵而已。如果捐卵者有成为母亲的意愿，并且分娩者也同意，那就是代理母亲，因此，只要妻作为分娩者并且在分娩之后，当然成为子女的母亲。

（三）胚胎移植所生子女的地位

胚胎移植，是指利用人工技术，将精子注入女性第三人体内，与其卵子受精，将受精卵从体内取出植入妻子的子宫内使其着床、发育、分娩。胚胎移植的捐卵者不仅捐卵，还提供体内受精的条件，比体外人工授精更为复杂，同时由于捐卵者和提供受精条件的人多数是公开的，因此会产生更为复杂的法律问题。

1. 捐卵同质胚胎移植所生子女的地位

这种胚胎移植，是以丈夫的精子与捐卵者的卵子结合，完成胚胎移植，孕育子女。由于是丈夫同质人工授精，妻子同意接受胚胎移植，并且自己将胎儿孕育分娩，妻子 应为子女的母亲。妻子接受胚胎移植分娩子女后，不得提出否认之诉；如果确系欺诈或者胁迫所致，则允许妻子提出否认之诉，推翻子女的婚生性。在这种情况下，提供卵子的一方可以认领。

2. 捐卵异质胚胎移植所生子女的地位

这种胚胎移植更为复杂，是以第三人的精子与捐卵者的卵子结合，完成胚胎移植，孕育子女。这种胚胎移植中，只有妻子在孕育上与子女具有一定的关系，在血缘上，子女与妻子和丈夫均无关系，其真实的父和母，分别是捐卵的遗传母亲和捐精的遗传父亲，而妻子只是分娩母亲，丈夫则与子女毫无关系。在法律上，仍然应当以妻子和丈夫的意思表示作为基本标准，只要妻子和丈夫同意接受胚胎移植，并且愿意做胚胎移植子女的母亲和父亲，就应当认定子女的父母就是妻子和丈夫。除非有欺诈或者胁迫，且有证据证明方可推翻原来的意思表示，推翻子女的婚生性，否则不得否认该子女的婚生性。

第六节 收 养

一、收养概述

（一）收养的概念和特征

收养，是指自然人领养他人的子女为自己的子女，依法创设拟制血亲的亲子关系的身份法律行为。同时，收养又是拟制血亲的亲子关系借以发生的法定途径，收养制度是婚姻家庭制度的重要组成部分。[①]

依收养身份法律行为创设的收养关系，是拟制血亲的亲子关系，是基于收养行为的法律效力而发生的身份法律关系。收养者为养父或养母，被收养者为养子或养女。[②] 这种拟制血亲的亲子关系，具有与自然血亲同样内容的权利义务关系。

在收养的身份法律行为中，当事人分别是收养人、被收养人和送养人。其中，领养他人子女为自己的子女的人是收养人，被他人收养的人为被收养人，将子女或者儿童送给他人收养的自然人或者社会组织为送养人。收养行为是变更被收养人身份关系的行为，而不是一般的民事法律行为，因此，尽管被收养的是人，但被收养人是收养法律行为的主体，而不是收养行为的标的。

收养行为在法律上具有以下特征。

1. 收养是要式身份法律行为

收养行为的性质属于身份行为，是建立身份关系的法律行为。收养行为的实施，使原来没有血亲关系的收养人和被收养人的身份关系发生改变，使收养人成为养父、养母，被收养人成为养子、养女，建立了拟制的亲子关系。这种身份行为关系到当事人，尤其是被收养人的身份地位问题，必须是要式行为。

---

① 马忆南. 婚姻家庭继承法学. 5版. 北京：北京大学出版社，2023：178.

② 陶汇曾. 民法亲属论. 上海：会文堂新记书局，1937：170.

2. 收养行为是具有特定法律身份的人实施的行为

在一般的民事法律行为中，对行为人的身份通常不加限制，但收养行为涉及人的身份地位问题，所以法律规定了特别的限制：第一，收养人和被收养人必须是自然人，社会组织不具有这样的资格；第二，收养人、送养人和被收养人必须符合法律所规定的资格和条件，否则不得收养子女、送养子女或者被他人所收养；第三，收养只能发生在非直系血亲关系的自然人之间，原本就存在自然血亲关系的自然人之间，自然血缘密切，辈分分明，一旦收养，必然造成血缘关系的混乱，因而法律禁止直系血亲之间进行收养；第四，除夫妻共同收养之外，禁止被收养人被二人收养，目的在于避免违反亲子身份秩序，损害被收养人的利益。

3. 收养行为是产生法律拟制血亲关系的行为

收养行为在收养人和被收养人及其近亲属之间产生亲子的权利义务关系，与自然血亲的亲子关系没有区别。这是收养与寄养的主要区别。[①] 这种血亲关系是拟制血亲关系，通过法律的拟制，使没有血亲关系的人发生血亲关系，其特点是，通过法律行为而设立，也可以通过法律行为来解除这种血亲关系。

4. 收养行为在法律上消灭养子女的自然血缘关系

收养行为消灭被收养人与其生父母之间的权利义务关系，但子女被他人收养之后，原有的自然血亲关系并没有完全消灭。基于出生而发生的血缘关系，是不可能人为地加以消灭的，因此，收养的效力不及于自然血亲关系，法律有关自然血亲关系的一些规定，例如禁止结婚的血亲关系等，不受收养的影响。

（二）收养的性质与基本类型

1. 收养的性质

对收养行为的性质有两种不同的认识：一种认为是私法行为，即由当事人自由实施的民事法律行为；另一种认为是公法行为，偏重收养的公法性质，强调公权力介入的特征。

收养行为是民事法律行为、身份行为，当然是私法行为，而不是公法行为。这样认识收养行为的性质，并不排斥公权力对收养行为的干预和监督。对收养实行国

① 孟令志，曹诗权，麻昌华. 婚姻家庭与继承法. 北京：北京大学出版社，2012：215.

家监督主义，有利于保障收养行为依法进行，保护被收养人的合法权益。

2. 收养的基本类型

依据不同的标准，可以对收养进行不同的分类。

（1）未成年人收养和成年人收养。

根据收养对象的不同，收养分为未成年人收养和成年人收养。前者的收养对象是未成年人，后者的收养对象为成年人。我国《民法典》规定被收养人必须是不满18周岁的未成年人，只有在收养三代以内旁系血亲的子女、收养继子女等特殊情形下才允许收养成年人。这表明我国以收养未成年人为原则，以收养成年人为例外。

（2）完全收养和不完全收养。

根据收养的效力不同，收养可以分为完全收养和不完全收养。前者是指收养成立之后，养子女与生父母及其近亲属间的权利义务关系完全消灭，只与养父母之间发生亲子关系。不完全收养是指收养成立之后，养子女不但与养父母之间发生亲子关系，而且与其生父母仍保留一定的权利义务关系。前者只适用于未成年人，后者既适用于未成年人，也适用于成年人。我国《民法典》只规定完全收养，不承认不完全收养。

（3）生前收养与遗嘱收养。

按照收养发生的时间，收养可以分为生前收养和遗嘱收养。前者是指收养人在生存期间与被收养人建立收养关系；后者是死后收养，是指收养人生前通过订立遗嘱的方式指定养子女，在收养人死亡后遗嘱发生法律效力，被收养人有权继承收养人的遗产。我国《民法典》不采用遗嘱收养，如果有这样的遗嘱，按照遗嘱继承或者遗赠的规定进行。

（4）法定收养和事实收养。

按照收养的成立是否履行法定的形式要件，收养分为法定收养和事实收养。前者是指依照法定的收养实质要件和形式要件成立的收养关系，后者是指不具备法律规定的收养的实质要件和形式要件，但已经形成了事实上的父母子女关系的收养。我国对1992年4月1日《收养法》生效之前的事实收养承认其效力，其

后发生的事实收养则不予承认。

(5) 共同收养与单独收养。

根据收养人数量的不同，收养可以被分为共同收养和单独收养。收养人为一人的收养，是单独收养；收养人为二人及以上的，是共同收养。无配偶者收养以及配偶一方收养，为单独收养。已婚夫妻收养子女，为共同收养。

（三）收养的基本原则

1. 最有利于被收养人的原则

《民法典》第 1044 条规定："收养应当遵循最有利于被收养人的原则，保障被收养人和收养人的合法权益。禁止借收养名义买卖未成年人。"这一条文规定在婚姻家庭编的"一般规定"中，规定的是收养的最有利于被收养人原则。

收养通常是为了满足收养人没有子女而渴望养育子女的愿望，帮助其组建完整的家庭。但是，收养即使具有这样的目的，也必须依照法律要求进行。收养的基本原则是最有利于被收养人的原则，在这个原则之下，保障被收养人和收养人的合法权益。这是因为，任何被收养人都是独立的个体，都是具有人格尊严的民事主体，应当受到尊重。由于被收养人多数是未成年人，是祖国和民族的未来和希望，收养必须有利于他们的健康成长，使他们的合法权益得到保障。只有符合这样要求的收养行为，才构成法律承认的收养关系。

在现实生活中，存在借口收养而买卖未成年人的现象。这是社会的丑恶现象，必须严格禁止，严厉打击借收养名义买卖未成年人的违法犯罪行为。

2. 保证被收养人和收养人的合法权益原则

收养法律关系既关系被收养人的利益，也关系收养人的权益，二者都必须得到法律的保护。保护的标准，就是养父母子女的关系适用法律关于父母子女关系的规定。贯彻这一规定，就体现了保护被收养人和收养人合法权益的原则。

3. 平等自愿原则

收养行为是民事法律行为，平等自愿是实施一切民事法律行为的基本原则，收养当然不能例外。收养行为的当事人、收养关系的主体，都完全处于平等的地位，实施收养行为必须出于各方自愿。贯彻平等自愿原则，就是要通过协议的方

式，使各方当事人能表达自己的真实意志。

4. 不得违背社会公德原则

这一原则是民法公序良俗原则的体现。实施收养行为必须依法办事，尊重当事人的意志，同时也要遵守社会公德，不能违反善良风俗。对收养当事人的行为应当加以必要的约束，不能妨害社会公德和社会秩序。

（四）收养制度的沿革

1. 收养制度的一般发展历史

收养制度的发展大体经历了为族的收养、为家的收养、为亲的收养和为子的收养这样四个阶段。

（1）为族的收养。

在原始社会末期以及奴隶社会早期，收养是氏族成员的共同行为，收养外来人为本氏族的成员，是壮大本氏族的重要手段。胜利者收养被俘的未成年人入族，是当时部落冲突中常见的现象。这种收养就是为了氏族的利益而为，收养体现的是氏族的利益，并没有个人的因素。

（2）为家的收养。

在奴隶社会和封建社会，收养是为家的利益。在那时，家在私法中具有重要的地位，为了家的利益，收养他人以壮大家的力量。收养成立，养子女视同亲生子女，如果不将收养的子女视同亲生子女，得将其归还于生父母之家。这一时期，收养成为正式的法律制度，法律规定了收养的种类、条件、程序和效力。

（3）为亲的收养。

在封建社会，养父母收养是为了亲的需要，即由于自己没有子嗣，收养子女为子嗣，以延续后代、传宗接代。我国的立嗣，就是以男性为中心的宗祧继承的产物，男子无子而需要立嗣，所立者也须为旁系血亲中男子，体现的就是为亲的收养。①

（4）为子的收养。

现代社会法律规定收养制度，将其转变为子本位，收养不是为了家，也不是

① 马忆南．婚姻家庭法新论．北京：北京大学出版社，2002：208－209.

为了亲，而是为了子女的利益。《法国民法典》1923 年修订的第 343 条明确规定："收养除有正当之事由且为子女之利益外，在所不许。"

2. 我国收养制度的发展

在 1949 年以前，我国也存在收养制度，多数是立嗣。不仅丈夫可以立嗣，寡妇在一定的条件下也可以立嗣。大理院民国三年（1914 年）上字第 99 号判例就认为，查立载妇人夫亡无子守志合承夫分，须凭族长择立昭穆相当之人为嗣等语，是守志妇人有代夫择继之权。继子一经立定，除不得于其所后之心准由所后之亲告官别立外，断非其他族人所得干涉。[①] 这虽然限制寡妇为自己的亡夫立嗣，属于为亲的收养，但准许寡妇立嗣也说明了在一定程度上的司法进步。

新中国成立之后，收养制度发生了深刻变化，封建性的立嗣被完全废除，确立了新的收养制度。

这样的收养制度长期的表现形式为习惯法，尽管 1980 年《婚姻法》规定了"国家保护合法的收养关系。养父母和养子女间的权利和义务，适用本法对父母子女关系的有关规定"的内容，但缺少明文的收养法律规范，内容不完备、不统一。

自 1992 年 4 月 1 日起施行的《收养法》，是我国第一部完整的调整收养法律关系的法律，经过 1998 年的修订，于 1999 年 4 月 1 日实施，确立了较为完善的收养制度。编纂《民法典》时，将《收养法》规定的内容进行修订，编入"婚姻家庭编"第五章"收养"，完善了我国的收养制度。

有学者认为，当前我国收养制度的问题不在于其囿于纯粹私法体系，而在于其私法体系之不完备。在《民法典》颁布之前，我国收养制度从未真正属于私法，在立法方面，收养制度长久以来一直游离于民法之外。《民法典》单独设了"收养"一章，却基本照搬了《收养法》的内容。在理论研究方面，收养制度相对缺乏关注，针对收养行为的教义学建构不足，私法上的收养行为体系远未形

---

① 王坤，徐静莉. 大理院婚姻、继承司法档案的整理与研究：以民族女性权利变化为中心. 北京：知识产权出版社，2014：125.

成。[①] 这样的说法并非没有道理。

二、收养关系的成立

收养关系的成立，是指收养当事人依照《民法典》规定的收养条件和程序建立收养关系。由于收养是变更身份关系的重要法律行为，关系到当事人的人身关系和财产关系的变更，也关系社会公共利益和善良风俗，法律实行了较多的干预和监督，为收养规定了详细的条件和程序，只有符合法律的要求，才能发生收养的效力。

成立收养关系，应当具备以下实质要件和形式要件。

（一）收养关系成立的实质要件

收养关系成立的实质要件是收养关系成立的实体性必要条件。我国《民法典》对被收养人、送养人和收养人的条件以及收养合意等问题都作了明确规定，还针对某些特殊情形，对收养当事人的条件作了宽于收养一般情形的特别规定。

1. 被收养人的条件

关于被收养人的条件，在各国的收养法中都是有规定的，宽严程度各有不同，多数国家的规定限制在未成年人，只有少数国家立法规定可以收养成年人。

《民法典》第 1093 条规定，只有下列未成年人具备被收养人的条件，可以被收养。《继承法》第 4 条规定的是不满 14 岁以下的未成年人，《民法典》第 1093 条规定未成年人均可被收养。

一是丧失父母的孤儿。孤儿，是指其父母死亡或者人民法院宣告其父母死亡的未成年人。

二是查找不到生父母的未成年人。《收养法》规定的是查找不到生父母的弃婴和儿童，表述不准确，《民法典》第 1093 条第 2 项规定为，找不到其生父母的未成年人，为适格的被收养人。

---

① 李永军，张兰兰．“亲子合同承担”：收养行为之教义学重构．学海，2022（3）．

三是生父母有特殊困难无力抚养的子女。判断生父母有特殊困难，应当根据当事人的具体情况认定，例如，父母出于无经济负担能力、患有严重疾病、丧失民事行为能力等原因，无法或者不宜抚养子女，可以视为有特殊困难无力抚养。在这种情况下，其子女可以被送养。

2. 送养人的条件

《民法典》第1094条规定，适格的送养人应当具备以下条件。

一是孤儿的监护人。监护人送养孤儿，必须以孤儿丧失父母，在监护人的监护之下，将其送养是出于保护孤儿权益的需要为必要条件；同时，还须具备征得有抚养义务的人同意的条件。有抚养义务的人，是指我国《民法典》第1074条、第1075条规定的有负担能力的祖父母、外祖父母和兄、姐。

二是社会福利机构。我国的社会福利机构是指各地民政部门主管的收容、养育孤儿和查找不到生父母的弃婴、儿童的社会福利院。社会福利机构其有权送养养育的未成年人。

三是有特殊困难无力抚养子女的生父母。生父母的生活有特殊困难，无力抚养子女的，可以将未成年子女送养，但须双方共同送养。如果生父母一方下落不明或者查找不到的，可以单方送养；生父母一方死亡的，对方配偶可以送养子女，但死亡一方的父母主张优先抚养权的，构成送养的法定障碍，该父母行使优先抚养权，生父母一方不得送养。

对于送养人送养未成年人，《民法典》还规定了两种特别规则。

第一，第1095条规定："未成年人的父母均不具备完全民事行为能力且可能严重危害该未成年人的，该未成年人的监护人可以将其送养。"未成年人的父母如果都是不具有完全民事行为能力人的，法律禁止该未成年人的监护人将其送养，以防止监护人逃避监护职责，损害被监护人的合法权益。但是，如果不具有完全民事行为能力的父母有可能对该未成年人造成严重危害的，监护人可以将被监护的未成年人送养。因而，被监护人送养被监护的未成年人的条件：一是未成年人的父母都是不具有完全民事行为能力人；二是不具有完全民事行为能力的父母可能严重危害该未成年人。这进一步说明，父母对未成年子女的身份权是亲

权，从而其他监护人才会对这里的未成年人享有监护权。

第二，第1096条规定："监护人送养孤儿的，应当征得有抚养义务的人同意。有抚养义务的人不同意送养、监护人不愿意继续履行监护职责的，应当依照本法第一编的规定另行确定监护人。"监护人送养孤儿，要求比较严格，须具备的条件：一是未成年人丧失父母，确实是孤儿；二是该孤儿在监护人的监护之下，是被监护人；三是将其送养是出于保护孤儿权益的需要；四是监护人送养被监护的孤儿须征得有抚养义务的人同意，有抚养义务的人，是指《民法典》第1074条和第1075条规定的有负担能力的祖父母、外祖父母和兄、姐。如果有抚养义务的人不同意将该孤儿送养，监护人又不愿意继续履行监护职责的，应当依照《民法典》总则编的规定，在对其负有监护责任的人中另行确定监护人。

3. 收养人的条件

按照《民法典》第1098条规定，收养人应当同时具备以下条件。

一是无子女或者只有一名子女。无子女者，包括未婚者无子女和已婚者无子女，以及因欠缺生育能力而不可能有子女等情形。无子女的"子女"，包括婚生子女、非婚生子女及拟制血亲的子女。只有一名子女的父母，也可以再收养一名子女。

二是有抚养、教育和保护被收养人的能力。不仅要考虑收养人的经济负担能力，还要考虑其在思想品德等方面是否有抚养、教育、保护的能力。其标准，应当不低于对监护人监护能力的要求。

三是未患有医学上认为不应当收养的疾病。医学上认为不应当收养的疾病，是指患有危害养子女健康的传染性疾病，以及危害养子女人身安全的精神性疾病。

四是无不利于被收养人健康成长的违法犯罪记录。例如曾经犯有性侵、伤害、虐待、遗弃等犯罪或者有相关违法行为记录的人，不得收养子女。

五是年满30周岁。不到30周岁的自然人不得收养子女。这是一般规定。

4. 有关收养关系主体的特殊规定

《民法典》第1099条至第1103条还对收养关系主体作了特别规定，主要内容是：

第一，依照《民法典》第 1099 条的规定，收养三代以内同辈旁系血亲的子女，民间称为“过继”，多是本家族内的近亲属照顾无子女近亲属的一种举措，不必限制过多，因此，可以不受《民法典》第 1093 条第 3 项即被送养人是“生父母有特殊困难无力抚养子女”、第 1094 条第 3 项关于送养人为“有特殊困难无力抚养子女的生父母”和第 1102 条关于“无配偶者收养异性子女，收养人与被收养人的年龄应当相差四十周岁以上”规定的限制。

对华侨收养三代以内同辈旁系血亲子女的，不仅不受上述三个规定的限制，而且还可以不受第 1098 条第 1 项关于收养人“无子女或者只有一名子女”之规定的限制。

第二，依照《民法典》第 1100 条之规定，对收养人收养子女数量有一定的限制。这是防止收养人收养子女过多、无照顾能力而损害被收养人的利益，同时也防止出现借收养而拐卖人口的情况出现。因此，无子女的收养人，可以收养两名子女；有一名子女的收养人只能收养一名子女。不过，在放开计划生育、夫妻可以生育三胎的形势下，这一规定有落后之嫌。

鉴于爱心人士收养多名孤儿的善举，《民法典》还规定，收养孤儿，或者收养残疾未成年人，或者收养儿童福利机构抚养的查找不到生父母的未成年人，都是应当受到鼓励的行为，因而可以不受只能收养两名子女或者有一名子女的收养人只能收养一名子女的限制，也不受《民法典》第 1098 条第 1 项关于收养人无子女或者只有一名子女之规定的限制。

第三，依照《民法典》第 1101 条的规定，有配偶者收养子女，只要符合收养子女的条件要求，法律是准许的，例如双方没有子女，或者只有一名子女。有配偶者收养子女，应当夫妻共同收养，即配偶双方有收养子女的合意，不得单方收养，以避免发生一方主张收养，另一方否认收养，进而损害被收养人合法权益的情形出现。

第四，依照《民法典》第 1102 条的规定，无配偶的男性或者女性当然可以收养子女，但是，无配偶的男性收养女性子女，或者无配偶的女性收养男性子女，如果不加以限制，可能会出现损害被收养人合法权益的问题。为防止这样的

问题发生，规定无配偶者收养异性子女的，收养人与被收养人的年龄应当相差40周岁以上。

第五，《民法典》第1103条规定："继父或者继母经继子女的生父母同意，可以收养继子女，并可以不受本法第一千零九十三条第三项、第一千零九十四条第三项、第一千零九十八条和第一千一百条第一款规定的限制。"我国有关继父母与继子女关系的规定，是存在较多问题的，其中最大的问题就是没有准确的关于形成抚养关系的判断标准，因而确定发生法律上的父母子女的权利义务关系难度较大。其实，最好的办法，就是继父或者继母对继子女进行收养确定收养关系的，才发生父母子女的权利义务关系，没有确立收养关系的，就不发生父母子女的权利义务关系，而是姻亲关系。

这一条文的规定向这方面走了一步，即继父或者继母可以收养继子女为养子女。其条件是，须经继子女的生父母同意。继父或者继母经过继子女的生父母同意的，可以收养继子女为养子女，不受《民法典》第1093条第3项、第1094条第3项、第1098条和第1100条第1款规定的限制，即收养的条件适当放宽：一是其生父母无特殊困难、有抚养能力的子女有被收养人的资格，也可以被送养；二是无特殊困难、有抚养能力的生父母有送养人的资格，可以送养自己的子女；三是不受无子女、有抚养教育养子女的能力、疾病以及年满30周岁的收养人条件的限制；四是不受只能收养二人的限制。

5. 当事人的收养合意

收养行为是民事法律行为，必须具备当事人收养合意这一条件。《民法典》第1104条规定："收养人收养与送养人送养，应当双方自愿。收养八周岁以上未成年人的，应当征得被收养人的同意。"依照这一规定，构成收养合意应当具备以下条件。

（1）双方自愿。

收养人收养与送养人送养须双方自愿，意思表示一致。收养与送养，是民法上的身份行为，收养合意应当符合合同成立的要求。在收养问题上，收养人和送养人的意思表示必须真实、自愿、一致，才能构成合意。

（2）收养8周岁以上未成年人应当征得被送养人同意。

收养未满8周岁的未成年人，不必经过本人的同意。收养8周岁以上的未成年人，应当征得被收养人的同意。8周岁以上的未成年人是限制民事行为能力人，具有一定的识别能力和民事行为能力，是否接受被收养的事实，改变自己的身份关系，应当征得本人的同意。他（她）的同意，不构成收养的意思表示，但他（她）的不同意，构成收养合意的法律障碍，即使收养人和送养人达成收养合意，由于有被收养人不同意的法律障碍，其收养合意也无效。

（二）收养关系成立的形式要件

收养关系成立的形式要件，是指收养关系成立所需要的程序性必要条件。按照我国《民法典》的规定，收养登记是法定程序。收养协议和收养公证则是出于当事人的意愿和要求而进行的程序，不具有强制的意义。

1. 收养登记

依照《民法典》第1105条的规定，收养要经过收养登记程序。收养各方当事人达成收养合意，须经过收养登记，才能实现变更当事人之间身份关系的效果，故收养登记具有对收养合意的确认，国家承认收养行为，以及当事人身份关系变更的公示等效力。办理收养登记的机关是县级以上人民政府的民政部门。

（1）收养登记机关。

办理收养登记的机关是县级以上政府的民政部门，具体要求管辖的范围：一是收养社会福利机构抚养的查找不到生父母的弃婴、儿童和孤儿的，在社会福利机构所在地的收养登记机关办理登记；二是收养非社会福利机构抚养的查找不到生父母的弃婴、儿童的，在弃婴和儿童发现地的收养登记机关办理登记；三是收养生父母有特殊困难无力抚养的子女或者由监护人监护的孤儿的，在被收养人生父母或者监护人常住户口所在地（组织作为监护人的，在该组织所在地）的收养登记机关办理；四是收养三代以内旁系血亲的子女，以及继父、母收养继子、女的，在被收养人生父或者生母常住户口所在地的收养登记机关办理。

（2）收养登记的具体程序。

一是申请。收养登记必须由当事人包括送养人、收养人以及年满8周岁以上

的被收养人亲自到收养登记机关办理；夫妻共同收养、共同送养子女，一方不能亲自到场的，应当出具有效的委托书。收养人应当向登记机关出具收养登记申请书，内容包括收养人、送养人以及被收养人的基本情况，收养的目的，以及收养人所作的不虐待、不遗弃被收养人和抚育被收养人健康成长的保证等。登记时，收养人与送养人应当提交办理收养登记所必需的各种证件和证明，以确认收养行为的合法性。

二是审查。审查是收养登记的中心环节，内容包括各方当事人的条件是否符合法律规定，证件、证明是否齐全、有效，收养的目的是否正当，当事人意思表示是否真实等。审查期限是 30 日，自收养登记机关收到收养登记申请书以及有关材料的次日起计算。收养查找不到生父母的弃婴和儿童的，需要公告 60 日，该时限不计算在审查期限内。

三是登记。经审查，对符合《民法典》规定条件的，应当准予收养登记，发给收养登记证，收养关系自登记之日起成立。对不符合规定的条件的则不予登记，并对当事人说明理由。对登记成立收养关系的，户籍部门应当为被收养人办理户籍变更登记。

2. 收养协议

《民法典》规定，签订收养协议不是收养关系成立的必要形式，由当事人自愿进行。这种规定不妥。收养协议是收养合意的书面表现形式，是对当事人收养合意的文字反映。实施收养行为应当先签署收养协议，然后才能进行收养登记。

3. 收养公证

订立收养协议后，当事人一方或者双方主张进行公证的，应当进行公证。该公证证明的是收养协议的合法性，而不是其他。

（三）有关收养的其他规定

《民法典》还规定了有关收养的其他规则，主要包括以下内容。

1. 户口登记

《民法典》第 1106 条规定，收养关系成立后，公安部门应当依照国家有关规定为被收养人办理户口登记。我国目前仍然实行户籍制度，经过登记的人口才发

给户口簿，承认其户籍。送养人和收养人达成收养合意，经过收养登记后，就形成了养父母与养子女的关系，养子女成为养父母的近亲属和家庭成员。对此，公安部门应当依照国家有关规定，为被收养人办理户口登记，原来有户籍的，办理户口迁移手续，原来没有户籍的，直接办理户口登记。

2. 生父母的亲属朋友抚养其子女

《民法典》第1107条规定："孤儿或者生父母无力抚养的子女，可以由生父母的亲属、朋友抚养；抚养人与被抚养人的关系不适用本章规定。"

丧失父母的孤儿和生父母无力抚养的子女，如果都是未成年人，需要有人抚养，否则难以继续生存和成长。如果这些未成年人的生父母的亲属、朋友愿意对其进行抚养，对这些未成年人的健康成长十分有利，对国家的后备劳动力的培养也十分有利，是值得嘉许的行为，因此，规定孤儿或者生父母无力抚养的子女，可以由生父母的亲属、朋友抚养。这种抚养不是收养，与收养有本质的区别，即抚养不产生父母子女的权利义务关系，故规定，抚养人与被抚养人的关系不适用本章关于收养的规定。

3. 优先抚养权

《民法典》第1108条规定："配偶一方死亡，另一方送养未成年子女的，死亡一方的父母有优先抚养的权利。"配偶一方死亡，另一方主张送养其未成年子女的，死亡一方的父母即被送养人的祖父母或者外祖父母享有优先抚养权。该优先抚养权具有对抗送养人和收养人收养合意的效力，祖父母或者外祖父母一经行使优先抚养权，收养人和送养人的收养合意即不再生效，被送养人由其祖父母或者外祖父母抚养。

4. 外国人在中国收养子女

《民法典》第1109条规定："外国人依法可以在中华人民共和国收养子女。外国人在中华人民共和国收养子女，应当经其所在国主管机关依照该国法律审查同意。收养人应当提供由其所在国有权机构出具的有关其年龄、婚姻、职业、财产、健康、有无受过刑事处罚等状况的证明材料，并与送养人订立书面协议，亲自向省、自治区、直辖市人民政府民政部门登记。前款规定的证明材料应当经收养人

所在国外交机关或者外交机关授权的机构认证，并经中华人民共和国驻该国使领馆认证，国家另有规定的除外。”这一条文确定的外国人收养子女的规则是，外国人依法可以在中国收养子女，不得对此否认或者设置障碍。

外国人在中国收养子女的特别收养程序是：

第一，外国人在中华人民共和国收养子女，应当经其所在国主管机关依照该国法律审查同意。

第二，收养人应当提供由其所在国有权机构出具的有关其年龄、婚姻、职业、财产、健康、有无受过刑事处罚等状况的证明材料。

第三，该收养人应当与送养人订立书面协议，亲自向省、自治区、直辖市人民政府民政部门登记，经过该级人民政府民政部门的登记，才能确立收养关系。

第四，上述收养人提供的该证明材料，应当经其所在国外交机关或者外交机关授权的机构认证，并经中华人民共和国驻该国使领馆认证。

5. 保密要求

《民法典》第 1110 条规定：“收养人、送养人要求保守收养秘密的，其他人应当尊重其意愿，不得泄露。”收养和送养以及被收养，都涉及身份关系的改变，属于隐私的范畴。收养人、送养人要求保守收养秘密，就是为了防止泄露收养和送养以及被收养的隐私。其他人应当尊重收养、送养和被收养的秘密，不得向他人泄露，保护好收养人、送养人和被收养人的个人隐私。

（四）事实收养

在《收养法》实施以前，我国承认事实收养。最高人民法院 1984 年《关于贯彻执行民事政策法律若干问题的意见》第 28 条规定：“亲友、群众公认，或有组织证明确以养父母与养子女关系长期共同生活的，虽未办理合法手续，也应按收养关系对待。”对《收养法》实施以前发生的事实收养，承认其效力。

对在《收养法》实施后发生的事实收养，应当进行收养登记：符合收养条件的，予以登记；不符合收养条件的，不予登记；不进行登记的，不承认其收养的效力。

对《收养法》实施前成立的收养关系，已经完成了收养公证或者户籍登记手续的，承认其合法有效。

三、收养的效力

收养关系成立后，在当事人之间产生一系列的法律后果，法律赋予收养行为强制性作用力，即法律效力。[①]《民法典》婚姻家庭编第五章“收养”专设“收养的效力”一节，其中第1113条作了专门规定

（一）收养的法律效力

收养的法律效力，是指法律赋予收养行为发生的强制性法律后果。这种法律后果表现为两个方面，即收养的拟制效力和解销效力。

1. 收养的拟制效力

收养的拟制效力，亦称收养的积极效力，是指收养依法创设新的亲属身份关系及相关权利义务的效力。

关于收养的拟制效力的范围，有两种不同的立法例。德国等的立法例规定，收养的拟制效力仅及于养父母与养子女以及收养关系存续期间养子女所出的晚辈直系血亲，而不及于养父母的血亲。日本法等立法例规定，收养的拟制效力不仅及于养父母和养子女以及养子女所出的晚辈直系血亲，同时及于养父母的血亲。在我国《民法典》采后一种立场。

（1）对养父母与养子女的拟制效力。

收养的拟制效力主要体现在自收养关系成立之日起，养父母与养子女之间发生父母子女的权利义务关系。对此《民法典》第1111条第1款作了明确规定，凡是父母子女之间发生的权利和义务，养父母、养子女之间同样取得。依照《民法典》第1112条规定，养子女的称姓，既可以随养父或者养母的姓氏，也可以经过协商一致，保留原姓氏，不改为养父母的姓氏。

（2）对养子女与养父母的近亲属的拟制效力。

养子女与养子女的近亲属之间的权利义务关系，是养亲子关系在法律上的延

---

① 孟令志，曹诗权，麻昌华．婚姻家庭与继承法．北京：北京大学出版社，2012：223.

伸。依照《民法典》第 1111 条第 2 款规定，收养对养子女与养父母的近亲属的拟制效力，表现为养子女与养父母的近亲属以及养父母与养子女的近亲属之间发生的拟制效力，即取得亲属的身份，发生权利义务关系，具体是：养子女与养父母的父母发生祖孙的身份和权利义务；养子女与养父母的子女间，取得兄弟姐妹的身份，发生兄弟姐妹的权利义务；养父母对养子女所出的晚辈直系血亲，也取得祖孙的身份，发生祖孙的权利义务关系。

2. 收养的解销效力

收养的解销效力，亦称收养的消极效力，是指收养依法消灭原有的亲属身份关系及其权利义务的效力。在完全收养中，其解销效力是养子女与生父母之间的权利义务完全消灭；在不完全收养中，养子女与生父母之间的权利义务不完全消灭，还保有法定的权利义务关系。在我国《民法典》采取前一立场，养子女与生父母及其近亲属的权利义务完全消灭。

（1）对养子女与生父母的解销效力。

收养关系生效后，养子女与生父母之间后身份关系消灭，他们之间的权利义务同时消灭。

（2）对养子女与生父母以外的其他近亲属的解销效力。

收养关系生效后，养子女与生父母以外的其他近亲属间的身份关系消灭，他们之间的权利义务也消灭。养子女与生父母的父母之间不再存在祖孙间的权利义务关系，与生父母的子女间不再存在兄弟姐妹间的权利义务关系。

这种解销效力，消灭的只是法律意义上的父母子女关系，而不是自然意义上的父母子女关系。养子女与生父母之间基于出生而具有的直接血缘联系是客观存在的，不能通过法律手段加以改变。法律关于禁婚亲的规定仍然适用于养子女与生父母及其近亲属。

（二）无效收养行为

1. 无效收养行为的概念与原因

无效收养行为，是指欠缺收养成立的法定有效要件，不能发生收养法律后果的收养行为。从性质上说，无效收养行为就是无效民事行为。《民法典》第 1113

条规定："有本法总则编关于民事法律行为无效规定情形或者违反本编规定的收养行为无效。无效的收养行为自始没有法律约束力。"

发生无效收养行为的主要原因有以下几点。

一是欠缺收养关系成立的实质要件，例如收养人、送养人不具备相应的民事行为能力，收养人、送养人不符合收养法规定的收养或送养条件，收养人、送养人关于收养的意思表示不真实，年满 8 周岁以上的被收养人不同意收养而被收养，等等。

二是欠缺收养关系成立的形式要件，例如，没有经过收养登记，欠缺收养成立的法定程序等。

三是违反法律或者社会公共利益，例如，借收养之名拐卖儿童或者出卖亲生子女等。

2. 确认无效收养的程序

（1）通过诉讼程序宣告收养无效。

依照诉讼程序宣告收养无效的，一是当事人或者利害关系人提出请求确认收养无效之诉，由法院判决确定收养无效；二是法院在审理相关案件中，发现有收养无效的行为，依照职权，在有关的判决中直接宣告收养无效。后者主要在赡养、抚养、监护、法定继承等案件中，对涉及的作为法律关系基础的血缘关系的有无，法院必须作出判决，作为前述争议案件判决的基础。

（2）通过行政程序撤销收养登记。

《收养登记工作规范》第 30 条规定，收养关系当事人弄虚作假骗取收养登记的，按照《中国公民收养子女登记办法》第 12 条的规定，由利害关系人、有关单位或者组织向原收养登记机关提出，由收养登记机关撤销登记，收缴收养登记证。

3. 收养无效的法律后果

收养行为被法院判决宣告无效的，从行为开始时就没有法律效力，在当事人之间不发生收养的权利义务关系。同样，收养行为经过收养登记机关依照行政程序确认为无效的，也是自始无效。收养无效的效力溯及既往，而解除收养关系仅

仅是在收养关系解除之时消灭养父母和养子女之间的权利义务关系，因而二者存在原则上的区别。

关于收养无效的损害赔偿责任，本书在下一节专门说明。

四、收养关系的解除

《民法典》以专节规定了收养关系的解除，作出了比较详细的规定。

（一）收养关系解除的概念

收养关系解除，是指收养的法律效力发生后，因出现一定的法定事由，无法继续养亲子关系，通过法定程序将其人为消灭。

收养关系成立后不得随意解除。这是因为收养是变更身份和权利义务关系的重要法律行为，涉及一系列的法律后果。由于收养关系是拟制的血缘关系，如果出现收养关系恶化，难以为继，或者在事实上的解体，既然可以通过法律行为设立它，也就能通过法律行为和法定程序将其消灭。①

（二）收养关系解除的程序

收养关系解除的程序有两种，即协议解除和诉讼解除。

1. 协议解除

协议解除收养关系适用于两种情况：一是在收养关系成立之后，被收养人成年之前，收养人和送养人双方可以通过协议解除收养关系；二是养父母与养子女之间关系恶化，无法共同生活的，也可以通过协议解除收养关系。

协议解除的条件是：

（1）双方当事人必须有解除收养关系的合意。

养子女未成年时，解除收养关系的合意是指收养人与送养人解除收养关系的意思表示一致；如果被收养人已满8周岁，还需要征求本人同意。养子女成年之后，解除收养的合意是指收养人和被收养人之间解除收养关系的意思表示一致。

① 杨大文主编．婚姻家庭法．5版．北京：中国人民大学出版社，2012：97．

（2）当事人必须具有完全民事行为能力。

如果在解除收养关系时，收养人、被收养人以及送养人之中任何一方不具有相应的民事行为能力，都不能通过协议的方式解除收养关系，而只能通过诉讼由人民法院判决解除。

（3）夫妻共同收养的，收养必须由夫妻双方共同解除。

这是因为，如果准许单方解除收养关系，无法取得身份上的统一。如果属于无配偶者单方收养，或者收养人在收养时无配偶但终止收养时已有配偶的，可以单方提出解除收养关系。

协议解除收养的程序是：达成解除收养关系的合意的，到收养登记机关办理解除收养关系的登记。登记时，应当携带居民户口簿、居民身份证、收养登记证和解除收养关系的书面协议。收养登记机关收到解除收养关系登记申请书及有关材料后，自次日起 30 日内进行审查，符合《民法典》规定的条件的，办理解除收养关系的登记，收回收养证书，发给解除收养关系证明。收养关系自登记之日起消灭。

2. 诉讼解除

收养关系当事人就解除收养关系不能达成协议的，收养人、送养人以及已经成年的被收养人可以向法院提起诉讼，由法院裁决收养关系是否解除。法院应当根据查明的事实，确认解除收养关系的真实原因，养亲子关系的现状和生活实际情况，作出判决。

诉讼解除收养关系的适用情况，主要有三种情形。

（1）被收养人为未成年人，收养人或者送养人要求解除收养关系。

《民法典》第 1014 条禁止收养人在被收养人未成年时解除收养关系，以保护未成年被收养人的权益。当然，收养人和送养人达成一致意见协议解除的，不在此限。在一般情况下，收养人在被收养人未成年时提出解除收养关系诉讼请求的，法院应驳回其诉讼请求；如果生父母反悔，并用不正当手段破坏养亲子关系，以至于收养关系恶化，无法继续维持的，法院也可以判决解除收养关系。送养人要求解除收养关系的，如果是送养人一方反悔，养父母并无过错

的，法院应从保护合法收养关系的原则出发，教育送养人应当遵守协议，驳回其诉讼请求。如果送养人有正当理由，例如收养人对养子女不履行抚养义务，实施虐待、遗弃以及其他侵害养子女的合法权益行为的，法院应当判决解除收养关系。

（2）被收养人已成年，关系恶化，一方要求解除收养关系。

依照《民法典》第1115条的规定，对被收养人已成年，关系恶化，一方要求解除收养关系的，应当根据双方关系的实际情况，本着维护收养关系当事人合法权益的原则，如果双方关系尚未恶化到无法共同生活的程度，应当查明纠纷原因，着重调解和好，如果双方关系已经恶化到无法继续共同生活的程度，应当准予解除收养关系。

（3）养父母死亡后终止收养关系。

对此，《民法典》未作规定。收养关系并不因养父母的死亡而消灭，但就实际情况而言，在养父母俱已死亡后，如果不准终止收养关系，有时对养子女甚为不利，因为养子女不能再由他人收养或者回到本家，如果养子女不能维持生活或者无谋生能力，将陷入生活困境而无法解决。因此，可以参照有关立法例，在养父母死亡后，养子女不能维持生活而无谋生能力的，可以请求法院判决终止收养关系，使被收养人返回本家。

（三）解除收养关系的效力

1. 对身份关系的效力

收养关系解除后，养子女与养父母及其他近亲属之间的权利义务关系即行消灭。养子女和养父母之间的亲子身份地位以及权利义务关系不再存在；养子女与养父母近亲属的身份关系，也不再具有子女与父母的近亲属之间的身份地位和权利义务关系。

收养关系解除后，养子女尚未成年的，养子女与生父母及其他近亲属之间的权利义务关系自行恢复；养子女已经成年的，其与生父母及其他近亲属的权利义务关系是否恢复，可以由成年的养子女与生父母协商确定，同意恢复的，即行恢复与生父母及其他近亲属之间的身份地位及权利义务关系。

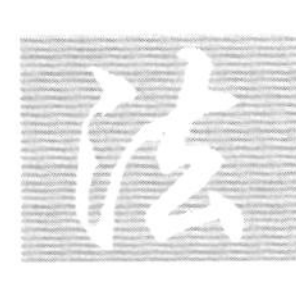

2. 其他效力

收养关系解除之后，还发生解除收养关系后成年养子女的生活费给付义务和养父母的补偿请求权的效力。

（1）成年养子女的生活费给付义务。

收养解除之后，经养父母抚养的成年养子女，对缺乏劳动能力又缺乏生活来源的养父母，应当给付生活费，其标准一般应不低于当地居民的普通生活费用标准。

（2）养父母的补偿请求权。

养子女成年后虐待、遗弃养父母而解除收养关系的，养父母可以要求养子女补偿收养期间支出的生活费和教育费。如果是生父母要求解除收养关系的，养父母可以要求生父母适当补偿收养期间支出的生活费和教育费，但因养父母虐待、遗弃养子女而解除收养关系的除外。

第七节　收养无效的损害赔偿

一、无效的收养行为能否引发损害赔偿请求权

《民法典》第 1113 条规定："有本法第一编关于民事法律行为无效规定情形或者违反本编规定的收养行为无效。无效的收养行为自始没有法律约束力。"这一"关于收养行为无效的规定"中[①]，只是规定了收养行为无效的事由和自始没有法律约束力的后果，对无效的收养行为发生的其他法律后果，特别是能否发生损害赔偿请求权的问题，没有作出明确规定。对此，应当依照《民法典》关于民事法律行为效力的一般规则，补充该条文不足的内容，研究无效的收养行为发生的损害赔偿责任问题。

（一）对未明确规定的收养行为无效损害赔偿请求权的不同看法

《民法典》第 1113 条确实没有规定收养行为无效的损害赔偿请求权。在目前

① 黄薇主编．中华人民共和国民法典婚姻家庭编释义．北京：法律出版社，2020：247.

关于《民法典》的解释中，对未明确规定的收养行为无效能否发生损害赔偿请求权，有不同看法。

1. 不置可否

由于《民法典》第1113条没有规定收养行为无效的损害赔偿请求权，因而在解释上多数持不置可否的态度。例如，认为第1113条第2款规定，无效的收养行为自始没有法律约束力。根据本法第155条规定，无效的法律行为自始没有法律约束力。收养作为具有人身性质的民事法律行为，也应遵循法律行为制度的基本原理，一旦被认定无效，也应当是从行为一开始便没有法律约束力。[①] 最高人民法院贯彻实施民法典工作领导小组撰写的民法典释义的著作，对此也未置可否。[②]

2. 收养行为无效适用民事法律行为无效损害赔偿责任的规定

有的学者认为，理解和适用第1113条规定还必须认识到，鉴于现代民法体系在保护权益、救济损害维度上的深入发展，民事法律行为的无效并非指此行为在法律上毫无意义，恰恰相反，它会因为处理民事法律行为归于无效之后的种种情事而发生相应的法律后果。首先，民事法律行为部分无效，不影响其他部分效力的，其他部分仍然有效。其次，民事法律行为无效的，行为人因该行为取得的财产，应当予以返还；不能返还或者没有必要返还的，应当折价补偿。有过错的一方应当赔偿对方因此遭受的损失；各方都有过错的，应当各自承担相应的责任。[③] 这一解释，虽然没有明确说收养行为无效可以发生损害赔偿责任，但是，说明了收养行为无效应当适用民事法律行为无效的规则，其中应当包括损害赔偿责任。

对于前一种看法不能说就是错误的，只能说前一种看法没有提到这个问题而已。

对收养行为无效，1991年《收养法》规定在第24条，分为两款："违反

---

① 黄薇主编. 中华人民共和国民法典婚姻家庭编释义. 北京：法律出版社，2020：250.

② 最高人民法院贯彻实施民法典工作领导小组. 中华人民共和国民法典婚姻家庭编继承编理解与适用. 北京：人民法院出版社，2020：439-443.

③ 薛宁兰，谢鸿飞主编. 民法典评注·婚姻家庭编. 北京：中国法制出版社，2020：592.

《中华人民共和国民法通则》第五十五条规定的收养行为无法律效力。”“收养行为被人民法院确认为无效的，从行为开始时起就没有法律效力。”1998 年修法，该条文被调整为第 25 条，内容没有变化。在编纂《民法典》时，婚姻家庭编（草案）一审稿第 892 条规定：“有总则编关于民事法律行为无效规定情形或者违反本法规定的收养行为无效。”“无效的收养行为自始没有法律约束力。”二审稿的该条基本保留原来的内容，只是对文字进行了细化处理：“有本法总则编关于民事法律行为无效规定情形或者违反本编规定的收养行为无效。”“无效的收养行为自始没有法律约束力。”此次修改后，该条文的内容定型，最终成为《民法典》第 1113 条。可见，《民法典》第 1113 条的基本内容与 1998 年《收养法》第 25 条的规定基本一致，没有原则性改变。由于《收养法》就没有规定收养行为无效的其他法律后果，因此，《民法典》第 1113 条也没有规定这样的内容。

（二）编纂《民法典》之前对此问题的立法建议

在学者编写的民法典草案建议稿中，对此规定的主要内容基本上与《收养法》第 25 条的内容相同。梁慧星主编的《中国民法典草案建议稿》第 1778 条规定：“违反民事法律行为有效要件和本法规定的收养条件的收养行为无效。无效的收养行为自始不发生收养的法律效力。”① 王利明主编的《中国民法典草案建议稿》第 496 条规定：“违反民事法律行为有效条件和本法规定的收养条件的收养行为无效。收养行为被确认为无效的，从行为开始时就没有法律效力。”② 徐国栋主编的《绿色民法典草案》第 201 条也没有规定收养行为无效的损害赔偿，内容是：“收养子女没有法定原因且未取得同意权人的同意的，同意权人有权向法院提起收养无效之诉，但以不严重影响养子女的利益为限。收养无效之诉应在获知无效原因后的六个月内提出。本条提到的同意权人，包括未成年的被收养人的直系尊亲属，成年的被收养人的配偶，收养孤儿、弃婴和弃儿时的民政局。”③

前两部建议稿都没有超出《收养法》第 25 条的范围，内容基本相同。后一

① 梁慧星主编. 中国民法典草案建议稿. 北京：法律出版社，2003：356.

② 王利明主编. 中国民法典草案建议稿及说明. 北京：中国法制出版社，2004：71.

③ 徐国栋主编. 绿色民法典草案. 北京：社会科学文献出版社，2004：210.

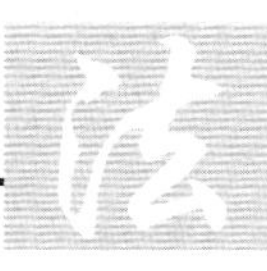

部建议稿规定的内容有所不同，但对无效收养行为的损害赔偿责任也没有规定；不过，该草案在规定无效的收养行为之外，还规定了部分可撤销的收养行为，内容更充实。

（三）境外民法对收养行为无效或者被撤销的损害赔偿责任的规定

在境外的民法典中，规定收养行为无效或者被撤销的法律后果时，有的规定了损害赔偿责任。《日本民法典》对此的规定最明确、清晰，第 808 条规定："（一）第七百四十七条及第七百四十八条的规定，准用于收养。在此情形，第七百四十七条第二款中的三个月替换为六个月。（二）第七百六十九条及第八百一十六条的规定，准用于收养的撤销。"该条准用的该法第 748 条，规定的是婚姻被撤销的效力，内容是："（一）婚姻的撤销仅向将来发生效力。（二）结婚时不知有撤销原因的当事人，须在现实所得利益的限度内，返还因婚姻所得的财产。（三）结婚时知道有撤销原因的当事人，须返还因婚姻所得的全部利益。在此情形，相对人为善意时，对其负损害赔偿责任。"① 通过收养行为无效、可撤销准用婚姻撤销法律后果的规定，确立了收养行为无效的损害赔偿责任。

境外民法除了《日本民法典》对此有明确规定，大多没有规定收养无效的损害赔偿。这一事实也不是否认这一制度的依据，因为只要依据民事法律行为无效的一般规则，就能得出收养行为无效的损害赔偿请求权的结论。

（四）适用《民法典》第 1113 条时应当准用第 157 条规定的理论依据

关于《民法典》第 1113 条规定的收养行为无效可否引发损害赔偿责任，笔者持肯定态度，主张准用民事法律行为的一般性规则，不仅可以准用《民法典》第 155 条，还可以准用第 157 条，而第 157 条规定的民事法律行为无效的法律后果包括的损害赔偿规则，当然准用于收养行为无效。

首先，《民法典》第 1113 条规定的无效收养行为是民事法律行为之一种，即身份法律行为，亦称亲属法律行为。② 民事法律行为是民事主体通过意思表示设立、变更、终止民事法律关系的行为。收养行为就是送养人与收养人之间通过意

① 日本民法典. 刘士国，牟宪魁，杨瑞贺，译. 北京：中国法制出版社，2018：185，196.

② 杨立新. 论亲属法律行为. 南阳师范学院学报（社会科学版），2005（5）.

思表示，在收养人与被收养人之间设立亲子关系的行为。可见，民事法律行为分为财产行为和身份行为，身份行为即以身份关系变动为效果的法律行为，例如，收养行为成立亲子关系。[①]

其次，既然身份行为是民事法律行为，因为民事法律行为存在无效的可能，所以收养行为也存在无效的可能。只要存在影响收养行为效力的收养行为，就可能会被宣告为无效，发生收养行为无效的后果。因此，《民法典》第 1113 条规定有总则编规定的民事法律行为无效事由或者违反婚姻家庭编规定的收养行为发生无效的后果，是逻辑认可范围内的结论。

再次，《民法典》第 1113 条只规定收养行为无效发生“自始没有法律约束力”的效果，这并不是完全条款，只是对收养行为无效的最直接后果的规定，并没有规定因此引发的其他后果，需要采用必要的方法进行立法补充。

最后，由于身份行为效力规则是民事法律行为效力规则的组成部分，在特别规定存在欠缺时，应当适用一般规则进行补充。对此，作为民事法律行为一般规则的《民法典》第 155 条与作为身份行为特别规则的第 1113 条规定相一致；作为民事法律行为部分无效一般规则的第 156 条，对收养行为不适用；而作为民事法律行为无效其他法律后果一般规则的第 157 条，准用该规定就是补充第 1113 条没有规定收养行为无效其他法律后果的方法。第 157 条规定的是民事法律行为无效、被撤销或者确定不发生效力的法律后果，收养行为无效当然包括在其中。因此，收养行为无效的其他法律后果还包括三个：一是行为人因该行为取得的财产，应当予以返还；不能返还或者没有必要返还的应当折价补偿。二是有过错的一方应当赔偿对方因此所受到的损失；各方都有过错的，应当各自承担相应的责任。三是法律另有规定的，依照其规定。对收养行为无效，法律没有另作规定，因此，前两种法律效果就可以直接适用于收养行为无效的情形。按照立法说明，第一编“总则”规定民事活动必须遵循的基本原则和一般性规则，统领民法典各

---

① 杨代雄. 法律行为论. 北京：北京大学出版社，2021：87.

分编。[①] 依照《民法典》第 1113 条规定对收养行为宣告无效时，行为人因该行为取得的财产，应当返还，不能返还的应当折价补偿；对于造成损害的，由有过错的一方承担损害赔偿责任，各方都有过错的，应当各自承担自己应当承担的损害赔偿责任。

根据法律适用逻辑，上述解释是完全正确的、有根据的，即使《民法典》第 1113 条没有规定因无效收养行为受到损害的当事人享有损害赔偿请求权，受到损害的当事人也能依据第 157 条的规定，享有损害赔偿请求权，以此救济自己因收养行为无效受到的损失。

二、收养行为无效损害赔偿责任的法律属性与收养行为无效的认定

（一）收养行为无效损害赔偿责任的法律属性

收养行为无效损害赔偿责任的法律属性是十分清楚的，就是民事法律行为无效损害赔偿责任中的收养行为无效损害赔偿责任，性质属于损害赔偿之债。因收养行为无效受到损害的一方当事人享有损害赔偿请求权，在收养行为无效中有过错的一方当事人负有损害赔偿责任。

由于受到以往民事立法传统的影响，在我国，当说到损害赔偿责任时，通常就会理解为违约损害赔偿责任和侵权损害赔偿责任。诚然，民事法律行为无效通常表现为合同无效，民事法律行为无效的损害赔偿责任多数甚至大多数是合同责任的损害赔偿。但是，损害赔偿责任并非只有这两种性质可供选择，还有多种损害赔偿之债的存在。因此，收养行为无效的损害赔偿不能适用违约损害赔偿和侵权损害赔偿非此即彼的两种性质来解释，还应当用民事法律行为无效的损害赔偿之债以及其他损害赔偿之债来认定。

可见，收养行为是民事法律行为中的身份行为，当收养行为被确定为无效时，依照《民法典》第 157 条规定的民事法律行为无效的法律后果，其中发生的

---

① 王晨. 关于《中华人民共和国民法典（草案）》的说明. 中华人民共和国民法典（含草案说明）. 北京：中国法制出版社，2020：202.

损害赔偿之债，属性就是无效身份行为发生的损害赔偿责任。

（二）收养行为无效的认定

依照《民法典》第1113条的规定，认定收养行为无效的依据，一是总则编关于民事法律行为效力的规定，二是婚姻家庭编的规定。违反总则编关于民事法律行为效力规定的收养行为，当然一律无效。违反婚姻家庭编关于收养规定的收养行为是否一律无效，尚有讨论的余地。

1. 违反《民法典》总则编相关的规定的收养行为无效

具备《民法典》总则编规定的民事法律行为无效法定事由的收养行为包括：(1）依照第144条的规定，无民事行为能力人实施的收养行为；（2）依照第146条第1款的规定，虚假的收养行为；（3）依照第146条第2款的规定，隐藏行为中所隐藏的不符合收养要件的收养行为；（4）依照第153条的规定，违反法律、行政法规的强制性规定或者公序良俗的收养行为；（5）依照第154条的规定，恶意串通损害他人利益的收养行为。收养行为存在上述情形之一，构成无效的收养行为。

值得研究的是，有的国家的民法典规定，收养行为具有可撤销的事由，当事人一方主张撤销的，该收养行为可以被撤销，发生与无效收养行为同样的后果。依照法理，因欺诈、胁迫、显失公平而发生的收养行为，以及限制民事行为能力人实施的收养行为等，应当认定为可撤销的收养行为，赋予对方以撤销权，以维护当事人的合法权益。在我国《民法典》没有规定可撤销的收养行为，当事人没有享有撤销权的法律依据。对此，在理论上可以进行探讨，在实务中应当依照相应的规定适用法律。例如，因欺诈、胁迫发生的收养行为，不能行使撤销权予以撤销，可以依照《民法典》第1104条中规定，以违反自愿原则的法律依据，宣告收养行为无效。对限制民事行为能力人实施的收养行为，可以以收养人或者送养人不适格的理由宣告收养行为无效。

2. 违反婚姻家庭编关于收养之规定的收养行为无效

《民法典》第1113条规定的“违反本编”之规定的收养行为，是指违反婚姻家庭编“收养”一章之规定的收养行为。不过，有些违反“收养”一章之规定的

收养行为会发生无效的后果，有些违反收养规定的收养行为不一定当然发生无效后果。对此分别进行分析说明。

（1）具有下列违反婚姻家庭编之收养规定的情形之一的收养行为，绝对无效。

1）被收养人不适格。

依照《民法典》第1093条规定，未成年人作为被收养人不适格的收养行为，为无效的收养行为。例如，被收养人不是丧失父母的孤儿，不是查找不到生父母的未成年人，或者被送养人的生父母不属于有特殊困难无力抚养子女的，都违反法律的强制性规定，都属于无效的收养行为。

2）送养人不适格。

依照《民法典》第1094条规定，收养行为中的送养人不适格，收养行为无效，例如，送养人不属于孤儿的监护人，不属于儿童福利机构，也不属于有特殊困难无力抚养子女的生父母。不符合这些条件的个人和组织作为送养人都不适格，违反了法律的强制性规定，收养行为无效。

3）监护人送养父母不适格的未成年子女。

依照《民法典》第1095条的规定，被送养的未成年人的父母不符合"均不具备完全民事行为能力且可能严重危害该未成年人"的强制性要求，监护人将该未成年人送养的，违反法律的强制性规定，构成收养行为无效。

4）违反共同送养原则。

依照《民法典》第1097条规定，违反生父母送养子女应当共同送养规则单方送养子女的，违反法律的强制性规定，未同意送养的一方父母主张送养行为无效的，构成无效的收养行为。

5）收养违反自愿原则。

依照《民法典》第1104条规定，收养人与送养人收养子女须出于自愿，违反自愿原则的收养行为违反了法律的强制性规定，也违反了民事法律行为须意思表示一致的原则，应当认定该收养行为无效。欺诈、胁迫的收养行为当属之。

6）侵害死亡一方父母享有的优先抚养权的收养。

依照《民法典》1108 条的规定，配偶一方死亡后，另一方送养未成年子女，死亡一方的父母享有优先抚养权。侵害死亡一方父母的优先抚养权的收养行为，属于无效的收养行为。

（2）具有下列违反婚姻家庭编之收养规定的情形之一的收养行为并非绝对无效。

1）收养人不适格。

依照《民法典》第 1098 条的规定，不适格的收养人不能收养子女，但是，不适格收养人实施的收养行为的效力有所区别。按照规定，收养人不属于无子女或者只有一名子女，收养人不具有抚养、教育和保护被收养人的能力，收养人患有在医学上认为不应当收养子女的疾病，收养人有不利于被收养人健康成长的违法犯罪记录，收养人尚未达到年满 30 周岁，如果其实施收养行为，都是违反规定的行为，但是否有效，应当有所区别。其中，收养人不具有抚养、教育和保护被收养人的能力，或者患有在医学上认为不应当收养子女的疾病，或者有不利于被收养人健康成长的违法犯罪记录，这三种情形对被收养人的健康成长不利，应当认定此类情形下的收养行为无效。收养人不属于无子女或者只有一名子女的情形，收养了被收养人，虽然违反规定，但是为社会培育后代尽义务；未满 30 周岁的成年人收养子女，也并非一律都应当被认定为无效，因为自然人已经成年，具有了民事行为能力，也具有与实施的身份行为相适应的意思能力，将不满 30 周岁的成年人都确认为没有收养的身份行为能力人，显然不适当，因此，法定收养要件等不属于身份行为能力的制度范畴。① 对这两种情形，除非存在对被收养人健康成长不利的因素，不应当认定收养行为无效。

2）违反收养子女的数量限制。

依照《民法典》第 1100 条的规定，无子女的收养人收养超过两名以上子女，有子女的收养人收养超过一名子女的，违反该规定。这显然只是为了吻合《民法

① 田韶华. 身份行为能力论. 法学，2021（10）.

典》立法下贯彻的“二孩”人口政策[①]，而不符合现在的《计划生育法》准许生育三胎的要求。此外，我国目前经济发展和社会生活水平大幅提高，计划生育政策呈现新动向的今天，这样的限制显得较为滞后[②]，因而不能因为违反了这一规定，就认为收养行为是无效的。

3）违反共同收养规定的单方收养。

依照《民法典》第1101条规定，有配偶者收养子女违反夫妻共同收养的单方收养，违反规定。但是，如果配偶不主张无效，且无不利于被收养人利益的情形，也不应当被认定为无效收养行为。

4）收养异性子女未达法定年龄差距。

依照《民法典》第1102条规定，收养异性子女的收养人与被收养人的年龄差距没有达到40周岁以上，是违反收养规定的。但是，如果收养未达40周岁的年龄差，但是达到30周岁以上，不存在影响被收养人的身心健康的，且无人主张其收养行为无效的，不应当认定为无效的收养行为。这样，既可拓宽收养渠道，使养亲子关系吻合自然亲子关系的年龄结构与心理结构，又可体现社会性别平等观念，双向度维护养父母子女关系。[③]

5）未经生父或生母同意收养继子女。

依照《民法典》第1103条的规定，继父或者继母未经继子女的生母或者生父的同意而收养继子女，是违反规定的。问题是，继父或者继母收养继子女，是保障继子女合法权益和健康成长的最好办法，如果只是因为继子女的生父或者生母一方的反对，就认定收养无效，不符合社会利益和子女利益，因而不应当认定该收养行为无效。

6）收养行为无效损害赔偿包括行政机关撤销收养登记。

在我国，确认收养行为无效的机构并非只有法院，民政部门也有宣告收养行为无效的权力。《中国公民收养子女登记办法》第13条规定：“收养关系当

① 王歌雅. 民法典婚姻家庭编的价值阐释与制度修为. 东方法学，2020（4）.

② 杨翱宇，潘林青. 民法典编纂背景下我国收养立法的反思与重构. 内江师范学院学报，2017（1）.

③ 王歌雅.《民法典·婚姻家庭编》的编纂策略与制度走向. 法律科学，2019（6）.

事人弄虚作假骗取收养登记的，收养关系无效，由收养登记机关撤销登记，收缴收养登记证。”这一规定只是说明收养关系无效采用的是撤销收养登记的办法。可见，我国法律对收养成立采用的是一元化立法模式的登记程序，而对收养行为无效的认定机关采用“双重制”，在认定标准和认定程序上采用“双轨制”，有权宣告收养无效的机关是法院；对骗取收养登记的，收养登记机关可以确认收养无效，撤销收养登记。经过收养登记机构认定无效，撤销收养登记的，受到损害的一方也应当享有损害赔偿请求权。不过，这种弄虚作假骗取收养登记的行为，如果双方都有过错，属于《民法典》第 146 条第 1 款规定的行为人与相对人以虚假的意思表示实施的民事法律行为，本身就是无效的，不能发生损害赔偿请求权。

3. 认定违反《民法典》规定的收养行为效力的基本立场

从上述对违反《民法典》总则编关于民事法律行为效力规定和婚姻家庭编的收养行为效力规定的分析中可以看到：违反总则编关于民事法律行为效力规定的收养行为应当是无效的，经过法院判决确认，该收养行为自始无效。违反《民法典》婚姻家庭编关于收养规定的收养行为并非一律无效，触犯强制性规定的收养行为，经过法院确认，发生无效的后果。有些收养行为虽然也违反法律规定，但不一定无效。由此可以看出，《民法典》只规定收养行为无效而不规定收养行为可撤销，还是存在不足的，因为有些违反法律的收养行为，只要不违反《民法典》第 1044 条规定的收养应当“遵循最有利于被收养人的原则，能够保障被收养人和收养人的合法权益”，例如欺诈、胁迫发生的收养关系，尽管可以依据违反自愿原则而宣告其无效，但毕竟不是最好的方法，而将其确定为可撤销的收养行为更为有利。[①] 不规定可撤销的收养行为，既不符合社会生活的实际情况，缺少必要的调整收养行为效力的方法，也使民事法律行为的逻辑体系内出现收养身份行为内容的缺项。

形成这个问题的原因，是在制定《收养法》时，亲属法立法理论准备不足，

---

① 冉克平. 论《民法典婚姻家庭编（草案）》的体系、内容及其完善. 武汉大学学报（哲学社会科学版），2019（6）.

使收养法不仅独立于民法，而且长期徘徊于婚姻法之外，形成了收养制度独立的立法模式，不利于收养法与亲子法的体系化和逻辑完整性。[①] 在编纂《民法典》时，虽然实现了收养法向民法的回归，但是对“收养”一章未能斟酌。

本书建议，对《民法典》婚姻家庭编“收养”一章关于收养无效的规则进行检视，对违反规定的收养行为采取无效和可撤销两种不同的法律处置办法，明确确定违反哪些规定的收养行为无效，违反哪些规定的收养行为属于可撤销。[②] 这样做，不但与总则编规定的民事法律行为效力体系相一致，而且与结婚行为的效力体系相一致，使整个民事法律行为效力体系在逻辑上实现完整、统一。

在目前的法律适用中，在确定收养行为无效损害赔偿责任时，应当特别注意违反婚姻家庭编规定的某些收养行为并非无效。在尚无可撤销的收养行为的法律规定之时，应当妥善判断收养行为违反《民法典》有关收养行为规定的性质，确定其是否符合最有利于保护被收养人利益原则和保护被收养人和收养人合法权益的原则，并且确定是否有应当宣告无效的正当理由。如果确认收养行为不违反上述原则，对被收养人有利的，就不应当宣告该收养行为无效，以更好地保护被收养人和收养人的合法权益。

三、认定收养行为无效损害赔偿责任的基本规则

（一）收养行为无效损害赔偿责任的归责原则

确认收养行为无效后的法律后果：一是收养行为自始不发生收养的权利义务关系，二是当事人之间相互返还财产，三是有过错的一方承担损害赔偿责任。其中，认定收养行为无效损害赔偿责任的法律依据，也就是收养行为无效损害赔偿请求权的法律基础，是《民法典》第 157 条规定。

依照《民法典》第 157 条规定，认定构成收养行为无效的损害赔偿责任时，造成对方损害的一方当事人有过错的，应当承担损害赔偿责任；没有过错，即使

① 夏吟兰. 婚姻家庭编的创新和发展. 中国法学，2020（4）

② 周友军. 我国民法典编纂中收养制度的完善. 广东社会科学，2019（4）.

造成损害也不承担赔偿责任。虽然《民法典》第 1113 条没有规定收养行为无效的损害赔偿，也没有规定是否须有过错要件，但是，既然收养行为无效应当适用第 157 条规定，就应当依照该条规定，确定收养行为无效损害赔偿责任适用过错责任原则，即一方有过错，该方对的损害承担损害赔偿责任，各方都有过错，对造成的损害各自承担损害赔偿责任。

（二）收养行为无效损害赔偿责任的构成要件

1. 须有收养行为无效的宣告

构成收养行为无效损害赔偿责任的第一要件，是法院宣告收养行为无效。首先，前文论述的违反《民法典》总则编有关民事法律行为效力规定，构成民事法律行为无效的收养行为，都是收养行为无效损害赔偿责任的构成要件。其次，前文论述的前六种违反婚姻家庭编规定的收养行为，违反的也是强制性法律规定，且违反最有利于被收养人利益原则，故也都是无效的收养行为。再次，后五种违反婚姻家庭编规定的收养行为，只要不违反最有利于被收养人利益原则，不能都被认定为无效的收养行为。例如，违反共同收养原则的收养行为，如果维护其效力是符合最有利于被收养人利益原则要求的，就应当维护该收养行为的效力。又如，收养人虽然收养了超过法律规定数额的被收养人，但是，维护其效力对保护被收养人的利益有利的，也应当维护该收养行为的效力，不能轻易否认其效力而损害被收养人的利益。最后，收养行为无效的宣告是法院的权力，只有法院判决宣告收养行为无效的，才能发生收养无效的损害赔偿请求权。

对收养关系当事人弄虚作假骗取收养登记，被收养登记机关撤销收养登记，收缴收养登记证的，是否也构成收养行为无效损害赔偿责任，原则上认为不产生收养行为无效的损害赔偿请求权，因为送养和收养双方弄虚作假，骗取收养登记，都具有欺骗的恶意，即使造成损害后果，也应由自己承担。如果被收养人因此受到损害，可以依据《民法典》第 1165 条第 1 款规定请求侵权损害赔偿。

2. 须收养关系当事人受到损害

构成收养行为无效损害赔偿责任，须具备收养关系当事人受有损害的要件。收养行为无效造成的损害，也像缔约过失责任那样，是信赖利益的损害。缔约过

失责任正是对信赖利益的保护。[①] 收养行为无效损害赔偿的损害，是无过错一方基于对对方当事人的信赖缔结收养关系，因对方当事人的过错而使其丧失的身份利益和财产利益，这些损害都源于信赖利益的损害。

收养行为无效造成的损害事实，最主要的是财产损害。当事人之间通过收养行为设立收养关系，却因违反法律规定而被宣告无效，该无效的收养行为使一方当事人或者各方当事人的财产以及财产利益受到损害，例如因送养或者收养以及为抚养被收养人所付出的财产等。

在有胁迫、虐待、家暴、遗弃等行为存在时，被收养人受到的人身损害，也属于收养行为无效造成的损害，为人身损害。例如，收养人对被收养人实施虐待、家暴造成其人身损害，被收养人当然有权请求收养人承担损害赔偿责任。

收养人和送养人以及被收养人因无效的收养行为受到的精神损害，主要是身份权益受到损害造成的精神利益损害以及精神痛苦的损害。其中最重要的受害者一般是被收养人，无效收养行为使其身份权益受到损害，包括精神利益和精神痛苦的损害。例如监护人违法强制送养被收养人，可能会造成被收养人的精神损害。也会给其父母造成精神损害。对于收养人，一般不会产生严重精神损害。

3. 须有无效收养行为与损害之间的因果关系

收养行为无效与当事人造成损害的事实之间，如果具有引起与被引起的因果关系，就符合该种损害赔偿因果关系要件的要求。一方面，因果关系的有无决定着损害赔偿责任是否构成；另一方面，损害结果与因果关系之间有因果关系的，损害才能成为赔偿的对象。

4. 须有一方当事人的过错

收养行为无效损害赔偿责任的过错要件，是行为人对收养行为无效后果的发生存在的故意或者过失。

借实施收养行为而故意加害对方当事人包括被收养人的，比较少见，但是也并非不存在。常见的收养行为无效的故意，是明知该收养行为违反法律的强制性规定却执意为之，即故意实施具有无效事由的收养行为。这种对收养行为无效的

① 杨代雄. 法律行为论. 北京：北京大学出版社，2021：19-20.

故意，构成收养行为无效损害赔偿责任的要件。

过失要件只能限于行为人对实施无效的收养行为可能造成对方损害的不注意心理状态，即针对收养行为可能无效会造成对方损害的不注意心理状态，而不是对双方实施的收养行为是否有效的不注意心理状态。

故意或者过失可能存在于一方当事人，也可能存在于双方当事人，即双方当事人对损害都存在故意或者过失。如果只是造成一方当事人的损害，双方都有过错是与有过失；如果双方都有损害，又各自都有过错，实际上构成两个损害赔偿之债。

如果存在收养行为无效，也存在损害事实和因果关系要件，但是当事人没有过错的，不发生损害赔偿责任。

（三）举证责任

收养行为无效损害赔偿的举证责任，由主张行使损害赔偿请求权的一方当事人承担。该方当事人应当对构成收养行为无效损害赔偿责任的所有要件负担举证责任，证明每一个构成要件成立。不能证明或者证明不足者，其损害赔偿请求权不能成立，对方当事人不承担收养行为无效引致的损害赔偿责任。

（四）损害赔偿请求权人与损害赔偿责任人

1. 损害赔偿请求权人

收养无效损害赔偿请求权的权利人，是因收养行为无效而受到财产损害、人身损害或者精神损害的一方当事人。

收养行为无效涉及三方当事人：一是送养人，二是收养人，三是被收养人。送养人、收养人和被送养人之间的收养行为被确认为无效后，受到损害的各方当事人都有可能成为受害人，享有损害赔偿请求权。

无效收养行为的被收养人可能成为损害赔偿请求权人，因为在收养关系中，最应当受到法律保护的就是被收养人。如果无效的收养行为造成被收养人损害，被收养人成为损害赔偿请求权人。我国法律规定的收养行为中，被收养人是未成年人，是无民事行为能力人或者限制民事行为能力人，法律予以特别保护的不只是实施收养行为的当事人，而是收养关系的当事人。无效的收养行为使被收养人受到人身损害、精神损害，他们更应当得到损害赔偿请求权的保护。

送养人如果在无效收养行为中受到损害，也能成为损害赔偿请求权人。送养人作为被收养人的有特殊困难无力抚养子女的父母，或者孤儿的监护人、儿童福利机构，将被收养人送养，因收养行为无效，而遭受的财产损失，以及有特殊困难无力抚养子女的生父母，由于欺诈或者胁迫行为的侵害，收养行为被宣告无效后，受到的财产损失、人身损害或者精神损害，都应当获得赔偿。

收养人因无效收养行为受到损害，也享有损害赔偿请求权。作为收养人，收养的目的是使自己与养子女建立亲子关系。由于收养行为无效，自己建立亲子关系的目的落空，可能会受到精神损害；为此支出的费用等也是无效收养行为发生的损害后果，应当得到赔偿。

在收养人和送养人之间，因无效的收养行为受到损害，对方有过错时才涉及损害赔偿请求权。首先，受到损害的一方当事人自己没有过错，对方有过错的，当然享有损害赔偿请求权。其次，受有损害的一方当事人自己有过错的，对方也有过错的，构成过失相抵，应当按照过失相抵规则，确定赔偿数额；在相抵之后，就各自的赔偿数额进行抵销，就抵销的剩余部分确定损害赔偿责任。最后，受有损害的一方当事人自己有过错，对方没有过错的，不发生损害赔偿请求权，不能请求对方承担损害赔偿责任。

被收养人都是未成年人，不具有身份行为能力，以及更符合身份行为能力特质的意思能力①，对其不能以过错约束，不能在无效的收养行为中认定其有过错，更不能以其有过错而否定其损害赔偿请求权。只要在无效的收养行为中受有损害，无论是收养人还是送养人有过错，被收养人都有权请求损害赔偿。由于收养行为无效是不发生收养关系，因此，造成被收养人损害的，通常是收养人一方的过错行为。至于送养人一方有过错，且与被收养人的损害有因果关系的，由于送养人和被收养人仍然存在亲子关系或者监护关系，即使送养人的过错造成了被收养人的损害，被收养人行使损害赔偿请求权的可能性也比较小。

2. 损害赔偿责任人

在无效的收养行为中，与损害赔偿请求权人相对应的是损害赔偿责任人。构

① 田韶华. 身份行为能力论. 法学，2021 (10).

成收养行为无效损害赔偿责任的，无论是收养人还是送养人，只要有过错，受到损害的一方当事人就有权请求其承担损害赔偿责任，被请求一方就是损害赔偿责任人。

送养人作为损害赔偿责任人，可以是孤儿的监护人，也可以是儿童福利机构，或者是有特殊困难无力抚养子女的生父母，还可以是《民法典》第 1099 条规定的旁系血亲的近亲属中过继子女的生父母。这些送养人如果没有过错，即使收养行为无效，也不能成为损害赔偿责任人。

具备损害赔偿责任构成要件的，收养人就是损害赔偿责任人，应当承担损害赔偿责任。例如，收养人隐瞒没有抚养、教育和保护被收养人能力的事实，隐瞒患有在医学上认为不应当收养子女的疾病的事实，隐瞒不利于被收养人健康成长的违法犯罪记录的事实，都构成欺诈。依照《民法典》第 148 条和第 149 条规定的一方或者第三人欺诈行为，前述行为本应属于可撤销的民事法律行为，但是，由于这些欺诈行为都从根本上损害被收养人的权益，违反最有利于被收养人利益的原则，违背当事人的真实意志，确认其为无效的收养行为是符合法律要求的。欺诈行为造成送养人或者被收养人损害的行为人，当然就是损害赔偿责任人。

（五）收养行为无效损害赔偿责任中的赔偿方法

构成收养行为无效损害赔偿责任的，过错当事人应当依照《民法典》第 157 条规定承担损害赔偿责任。由于该条没有规定具体的赔偿方法，可以参照《民法典》第 1179 条、第 1183 条和第 1184 条规定，确定具体的损害赔偿数额。

需要特别说明的是，《民法典》第 157 条规定的“各方都有过错的，应当各自承担相应的责任”应当怎样适用。首先，“各方都有过错”，是指送养人和收养人都有过错，不论被收养人有无过错。其次，“各自承担相应的责任”，是指有过错的送养人和收养人应当承担与自己的过错相适应的损害赔偿责任。其中，如果只有一方受有损害，各方都有过错，各自承担相应的责任，就是过失相抵；如果双方都有损害，则是两个损害赔偿之债，各自进行过失相抵，然后进行就剩余的损害进行赔偿。最后，各自承担相应的责任，被收养人不承担责任。即使是被收养人的原因致使收养行为无效，也不能由其承担责任。

第三编

身份人身关系

第六章
配偶权

第一节　配偶和配偶权概述

一、配偶的概念和性质

（一）配偶的概念

配偶，是指男女双方因结婚而产生的亲属，即具有合法婚姻关系的夫妻相互间的统一称谓和地位。在婚姻关系存续期间，妻是夫的配偶，夫是妻的配偶，双方互为配偶。

（二）配偶的性质

对于配偶的性质，学说颇有争论，各国立法规定亦不相同。《德国民法典》第 1589 条、第 1590 条和《瑞士民法典》第 20 条、第 21 条都是规定亲属范围的条文，都没有规定配偶为亲属。《日本民法典》第 725 条明文规定配偶为亲属，但配偶无亲等。我国《民法典》使用配偶的概念，确认配偶是亲属。

在我国配偶的性质有以下三种：

1. 配偶为亲属

我国古代立法都将配偶列为亲属，为宗亲。民国民法沿用旧制，认为宗亲是指同一祖先所出之男系血亲之亲属，其来归之妇与在室女亦属之，故女性配偶属男性宗亲的组成部分，不是独立的亲属种类。

我国《婚姻法》确认配偶为亲属之一种，由于其没有对亲属概念作出界定，因而只是规定了配偶，而没有说明配偶在亲属中的地位。

《民法典》第1045条第1款规定："亲属包括配偶、血亲和姻亲。"该款确定配偶与血亲、姻亲共同构成亲属的三大种类，是关系最密切的亲属，是血亲和姻亲关系赖以发生的基础。

2. 配偶是夫妻之间的称谓

配偶也是夫妻之间一方对对方的称谓。这种称谓的属性为中性，不区分男女。夫与妻，是男对女或女对男的称谓；夫妻之间不分男女的统一称谓，只有配偶这一概念可以准确表达。

3. 配偶是夫妻之间的法律地位

配偶还是夫妻相互之间的法律地位。在古代和近代民事立法中，男女不平等，夫与妻的地位亦不平等，夫有对妻的人身支配权和财产支配权，即家父权、夫权。近代以来，民法强调自然人的平等权利和地位，才使以配偶确定夫与妻的相互平等的法律地位成为现实。

二、配偶权的概念和法律特征

（一）配偶权的概念

配偶权，也叫配偶身份权[①]，是指夫妻之间互为配偶的基本身份权，表明夫妻之间互为配偶的身份利益由权利人专属支配，其他任何人均负不得侵犯的义务。《民法典》婚姻家庭编第三章"家庭关系"第一节规定的夫妻关系，其实就指涉配偶权，只是不使用配偶权的表述而已。把配偶权称为配偶身份权，要回避

① 杨大文，龙翼飞主编. 婚姻家庭法. 8版. 北京：中国人民大学出版社，2020：105.

的就是配偶权的概念。例如，有的学者坚持不使用配偶权的概念，用“夫妻关系”代替配偶权的称谓①，以与《民法典》的规定保持一致。

配偶权概念有广、狭义之分，狭义的配偶权仅指夫妻之间在身份上的权利和义务，广义的配偶权不仅包括夫妻之间在身份上的权利义务，还包括在财产方面的权利义务。② 此外，配偶权作为绝对权，还包括配偶权人与其他任何民事主体作为义务人形成的对世性权利义务关系。

（二）配偶权的法律特征

配偶权具有以下法律特征。

1. 配偶权的权利主体是配偶双方

配偶权是配偶双方的共同权利，双方配偶均为配偶权的权利主体。这种共同的权利包含两重含义：一是配偶利益由配偶双方支配，任何一方不能就配偶的共同利益为单独决定；二是双方配偶互享权利，互负义务，权利义务完全一致，任何一方均不享有高于或低于对方的权利。

2. 配偶权的客体是配偶利益

配偶权的客体不包括法律明定的财产权利，如财产共有权、相互继承权，这些权利由物权法和继承法调整，不属于身份权的内容，是亲属财产法。配偶权也不包括离婚自由权，因为离婚自由权是婚姻自主权的内容，具有人格权性质。配偶权为基本身份权，其客体是确定和支配夫妻配偶关系所体现的身份利益。

3. 配偶权的性质是绝对权

虽然配偶权的权利主体为夫妻二人，但其性质不是夫妻之间的相对权，而是夫妻共同享有的对世权、绝对权，表明该配偶之所以为配偶，其他任何自然人均不能与其成为配偶，具有公示性。配偶权的权利主体虽为配偶二人，但该对配偶特定化，其他任何人均为该配偶权的义务主体，都负有不得侵害该配偶权的义务。这种义务是不作为义务，违反不作为义务而作为，构成侵害配偶权的侵权行为。认为婚姻的直接效力是因结婚而产生的夫妻间的权利和义务关系，婚姻的间

---

① 马忆南．婚姻家庭继承法．5 版．北京：北京大学出版社，2023：85.

② 杨大文主编．婚姻家庭法学．上海：复旦大学出版社，2002：158.

接效力是婚姻引起的其他亲属间的权利和义务关系①，没有完全概括配偶权作为绝对权的对世性，没有概括配偶之外的其他任何人都负有不得侵害配偶权的内容。

4. 配偶权具有支配权的属性

配偶权是绝对权，因而是支配权，其支配的是配偶之间的身份利益，而不是对方配偶的人身。在古代法律中，配偶之间的权利是人身支配性质的专制权，表现为夫对妻的人身支配。现代法上的配偶权不具有封建的人身支配性质，而是一种新型的支配权，是夫妻共同对配偶身份利益的支配，是平等的、非人身的支配权。

三、配偶权的历史演变

（一）从夫权到配偶权

在配偶权的历史发展中，经历了从夫权到配偶权的历史演变。

1. 在国外的演变

在早期罗马法中，已出嫁的妇女通常属于丈夫家庭的成员，服从丈夫的权利，解除同原属家庭的一切关系。这就是早期罗马法的“归顺夫权”。妻子通过归顺夫权，变成“家女”，服从新的家父。如果家父是自己的丈夫，妻则处于准女儿的地位；如果家父是自己丈夫的家父，妻则处于准孙女地位。在归顺夫权制度下，妻的地位的取得，须经过祭祀婚或买卖婚。甚至在没有举行上述祭祀时，妻在丈夫家居住超过 1 年后，丈夫取得夫权，此时适用 1 年的取得时效，当妇女远离夫家 3 夜时，取得时效期间中断。这是纯粹将妇女视为物的封建专制制度。在这种制度中，夫权不仅包括丈夫对妻的人身支配权，还包括丈夫的家父对妻的统治权。② 妻归顺夫权，发生人格小减等，由自权人变为他权人。妻对他人造成

---

① 房绍坤，范李瑛，张洪波. 婚姻家庭继承法. 7 版. 北京：中国人民大学出版社，2022：52.

② ［意］彼德罗·彭梵得. 罗马法教科书. 黄风，译. 北京：中国政法大学出版社，1992：120－121. 人格减等的制度是罗马法的制度，包括人格大减等、人格中减等和人格小减等。

侵害时，由丈夫负责；丈夫不愿负责时，可将妻交与受害人，妻因而人格大减等，处于奴婢地位。[①] 妻子品行不端，丈夫有权处罚之。[②]

罗马法中后期废除了夫权制度，这实际上废除的是家父权，妻仍然处于夫的某些支配之下，并没有成为完全的自权人，但在某些方面，出现配偶相互之间的权利。如丈夫根据纯粹的婚姻关系而取得对妻子的约束权，妻子因违反配偶间的忠实义务应受到处罚。丈夫负责保护妻子，并有权为她所遭受的侵辱提起“侵辱之诉”。对任何非法拘禁妻子的第三人，丈夫有权要求颁发“出示和返还妻子令状”。除此之外，配偶相互享受“能力限度照顾”，债务人有权被判决只按照自己的能力清偿债务。[③] 这时的罗马法虽然废除了归顺夫权的夫权，但只是不再服从家父的统治，夫权仍然是丈夫对妻子的支配权，只是人身支配的程度有所变化而已。

近代资产阶级革命后的民事立法强调天赋人权、人人权利平等，在民事立法中废除了夫权制度，只是废除的程度还不彻底。例如 1804 年的《法国民法典》一方面规定夫妻负担相互忠实、帮助、救援的义务，另一方面又规定夫应当保护其妻，妻应当顺从其夫，妻负与夫同居的义务，并应当相随至夫认为适宜居住的地点，夫负责接纳其妻，并按照其资力与身份供给其妻生活上需要的义务，即使妻经营商业，或不在共有制下，或采用分别财产制，未经夫的许可，亦不得进行诉讼等。这些配偶之间不平等权利的规定，仍然带有封建夫权的遗迹，不具有现代意义的配偶权的全部内容。这种情况，在欧洲各国资产阶级早期的民事立法中是常见的现象。

现代以来，各国纷纷修改民事立法，删除配偶之间不平等权利的规定，增设新的平等配偶权的规定。法国于 1942 年 9 月 22 日通过法律修正案，对《法国民法典》“夫妻相互的权利与义务”一章进行全面修订，以后几经修订，建立了现代意义上的配偶权，规定夫妻各方享有完全的法律权利，对家庭的共同管理权，

---

① 这种制度就是罗马法上私犯中的损害投役。

② 江平，米健. 罗马法基础. 修订版. 北京：中国政法大学出版社，1991：122.

③ ［意］彼德罗·彭梵得. 罗马法教科书. 黄风，译. 北京：中国政法大学出版社，1992：146，164，320.

相互负共同生活的义务，共享住所选定权等。

2. 在我国的演变

在我国，从夫权到配偶权的历史演变更为缓慢，虽然《中华民国民法》规定了平等的配偶权，但是在民间贯彻得不好，封建夫权根深蒂固。直到1949年以后，才彻底废除封建夫权，建立现代意义的配偶权。

我国奴隶社会和封建社会，从观念上受儒家礼教统治，特别强调夫权的地位和作用，夫为妻纲是正当的、必须遵守的伦常。在婚姻家庭关系中，妻处于无权地位，完全受夫权的支配。妻受命于夫，其尊皆天也，虽谓受命于夫亦可，妻不奉夫之命，则绝，夫不言及是也。是谓夫为妻天。[①] 在夫权的统治下，妻必须顺从夫的支配，妻不孝顺父母、无子、多言，都成为休妻的法定理由，而夫有恶行，妻不得去，因系地去天之义也。

在清末民初，清政府和北洋政府制定两部民律草案，对夫妻之间的权利义务进行了改革，但仍保留夫权制度，并未建立现代意义上的配偶权。在婚姻关系中，夫仍对妻享有支配权，两部民律草案中保留了大量的封建专制性、支配权的规定。国民政府1930年制定《中华民国民法》亲属编，虽强调两性平等，但也保留了若干夫妻不平等的内容，如规定妻以其本姓冠以夫姓，妻以夫之住所为住所等，虽有准许另行约定的规定，但此种规定本身即含有轻视妻的权利之意。

1950年4月13日，中央人民政府制定了《婚姻法》，确定男女权利平等为婚姻法的基本原则，确立了平等的配偶权。1980年《婚姻法》进一步确认男女平等为婚姻家庭法的基本原则，同时规定夫妻在家庭中地位平等，双方都有各用自己姓名的权利，双方都有参加生产、工作、学习和社会活动的自由，有互相扶养的义务，构成了现代社会新型配偶权的基本内容。2001年修订《婚姻法》，在此基础上更进一步强调了配偶之间的权利义务关系，对巩固和维护婚姻家庭关系具有重要意义。

《民法典》在此基础上进一步贯彻平等原则，第1055条明确规定："夫妻在婚姻家庭中的地位平等。"该条确定配偶权是夫妻之间平等的身份权。

---

① 《春秋繁露·顺命》。

（二）夫权演变为配偶权的必然性

回顾世界各国亲属法从夫权到配偶权的历史演变过程，可以清晰地看出，以配偶权代替夫权具有历史的必然性，其依据包括三个方面内容。

1. 夫权制度不符合人类要求平等的思想

在人类社会中，人人生而平等，具有平等的法律地位，应当平等地享有权利，承担义务，但在历史上，长期存在男女两性的不平等，在进入文明社会以后，女性被置于社会的底层，处于无权和半无权状态。这种不平等反映在婚姻关系中，就形成了法律上的夫权统治。

夫权的本质是不平等之权，是丈夫对妻子的支配权、统治权，有悖于人类平等的要求，违背夫妻共同生活、互帮互助的本旨要求，因而废除夫权，建立平等的配偶权，就成了婚姻革命、婚姻制度改革的基本要求，也成为世界范围内人权运动的重要组成部分。

在欧洲，这种改革尽管在罗马法的中后期就有萌芽，但在中世纪被封建势力扼杀。资产阶级革命的高潮中，虽然在广泛的领域中，权利平等的观念对封建主义思想取得了决定性的胜利，但在婚姻家庭领域中，封建思想保留了相当的残余势力，致使在近代民事立法中仍然保留了不平等的夫权思想残余。直至“二战”以后，随着女权运动的蓬勃兴起，平等的配偶权才最终战胜夫权并取而代之。

在我国，由于封建势力的强大和顽固，以及我国民族资产阶级的软弱和政治地位的不强大，夫权制度一直保持到20世纪40年代。直到20世纪50年代，我国才正式建立起男女平权的配偶权，实现男女在婚姻关系上平等权利的要求。

2. 夫权制度不符合民主思想的要求

专制是对民主的反动，是人类的共同敌人。而夫权制度的核心是封建专制，是丈夫对妻子以及家庭的专制统治。在夫权统治下的婚姻关系中，当事人一方有权支配一切，另一方只有顺从的义务，而无任何权利。夫权的权利主体只有男子一人，不包括妻子在内。妻子只是夫权关系中的义务人。

从这个意义上说，夫权成为一种相对权、对人权，与身份权的绝对权本质属性相悖。“二战”以后，夫权迅速溃败，配偶权迅猛兴起并取而代之，对此，当时兴起的轰轰烈烈的民主运动是重要原因。民主运动的集中目标是封建专制制度，而夫权正是封建专制制度中的一个顽固堡垒。在法律领域中以配偶权取代夫权，正是民主运动的胜利成果。

3. 夫权制度不符合人类自由的要求

自由的本质是不受他人支配、不受他人拘束。人只有享有人格的自由，才能充分享受人生，创造自己的幸福。

夫权的基本性质是人身支配性，是丈夫对妻子的人身支配，妻子只有接受丈夫支配的“权利”，而无反抗这种支配甚至取得这种支配的权利。而配偶权恰恰体现的是配偶相互之间的人格自由，反对对方对自己人身的支配。

配偶权也是一种支配权，但它不是对人的支配，而是对夫妻共同享有的配偶身份利益的支配。这种支配权，是配偶双方共同享有权利、共同进行支配，体现的正是配偶之间的自由权。自由是人的本质要求，追求、向往自由，是人的一贯要求。正因为如此，以体现人格自由的配偶权取代人身支配的夫权，就是历史发展的必然结果。

第二节　配偶权的内容

一、配偶权的内容概述

配偶权的内容，是指配偶权包含哪些派生身份权。对此，学者间有不同见解，主要有以下四种主张。

第一种见解认为，配偶权可以被分为三大类型：一是配偶人格权同，二是配偶身份权，三是配偶财产权。[①]

第二种见解认为，配偶权主要包括四种权利或义务：一是夫妻姓名权，二是

---

① 祁雪瑞. 配偶权解析及其立法保护. 中州大学学报，2020（3）.

同居义务，三是住所决定权，四是贞操义务。[①]

第三种见解认为，配偶权包括以下十五种权利：一是同居权，二是贞操请求权，三是感情联络权，四是生活互助权，五是离婚权，六是扶养权，七是财产管理权，八是日常家事代理权，九是监护权，十是收养子女权，十一是住所商定权，十二是行为能力欠缺宣告权，十三是失踪宣告权，十四是死亡宣告权，十五是继承权。[②] 其中前五种为主要内容。

第四种见解认为，配偶权包括以下八项具体内容：一是姓名权，二是同居义务，三是住所决定权，四是忠实及协助义务，五是选择职业的自由权，六是抚养教育子女的权利和义务，七是代理权，八是夫妻订约权。[③]

在学者提到的上述配偶权的派生身份权中，认为配偶人格权也是配偶权的类型是不准确的，配偶权就是身份权，是配偶之间的身份权，人格权不能包括在其中。还有一些主张的具体内容并不是配偶权的内容，例如，学者认为感情联络权是彼此之间相爱以情、相濡以沫的权利。这种权利很难说是一种法律意义上的身份权。离婚权是婚姻自主权的内容，属于人格权而不是身份权。财产管理权则是夫妻财产权的内容，继承权同此性质。行为能力欠缺、失踪、死亡宣告权是法律特定的权利，不是配偶权的内容。夫妻订约权亦属于行为能力方面的权利，国外多认其为配偶权的内容，在我国《民法典》未规定其为配偶权的内容。

我国《民法典》规定的夫妻之间的权利义务即夫妻关系，就是配偶权的内容，明文规定的是：第一，第 1056 条规定的夫妻姓名权；第二，第 1057 条规定的平等就业、工作、学习、活动权；第三，第 1058 条规定的对未成年子女的抚养、教育、保护权；第四，第 1059 条规定的夫妻相互抚养义务；第五，第 1060 条规定的家事代理权。此外，第 1043 条还规定了忠实义务，没有明确规定的是同居义务、生育权和住所决定权。

---

① 韩松．婚姻权及其侵权责任初探．中南政法学院学报，1993（3）．

② 张俊浩主编．民法学原理．北京：中国政法大学出版社，1991：161．

③ 李志敏主编．比较家庭法．北京：北京大学出版社，1988：101－108．

二、配偶权的具体内容

依照《民法典》的规定及学理确认，在我国配偶权包括以下具体内容。

（一）夫妻姓氏权

夫妻姓氏权也叫作夫妻称姓[①]，是指夫妻缔结婚姻关系后，妻是否有独立姓氏的权利，也包括赘夫是否有独立姓氏的权利。

配偶各自有无独立的姓氏权，是关系配偶有无独立人格的一个标志。学者认为，本问题欲求男女完全平等，殊无圆满办法，而男女平等似应注意实际，如经济平等、政治平等、私权平等，不必徒骛虚名。若关于姓氏必使铢两悉称，殊属难能，唯当于可能范围内，企求合于平等之职而已。[②] 当然也有反对者，认为男女是否为夫妻，其表征甚多，如同居一处，亲爱之态度、亲密之称呼等是，不待统一的姓氏以为标识。因而存在同姓说、别姓说和冠姓说之争。[③]

形式平等应与实质平等相统一，没有形式平等，实质平等亦难保障。为保障配偶各自的人格独立，尤其是保障妻的人格独立，夫妻应有独立的姓氏权，不能将妻从夫姓（同姓说）或妻冠夫姓（冠姓说）称为夫妻一体主义，避免妻对夫的人身依附关系。因此，1950 年《婚姻法》就废除了妻随夫姓的封建传统，实行了夫妻姓氏权的完全平等（别姓说）。2001 年《婚姻法》第 14 条规定："夫妻双方都有各用自己姓名的权利。"《民法典》第 1056 条仍然这样规定，体现了我国配偶的独立人格。

依照《民法典》的规定，夫妻姓氏权的含义是：

第一，夫妻各用自己的姓氏，既不一方随另一方姓，也不一方须冠另一方姓。其重点在于彻底推翻"妻随夫姓"的习俗，赋予已婚妇女以独立的姓名权，维护女方的人格独立。

---

① 林秀雄. 亲属法之研究. 北京：中国政法大学出版社，2001：265.

② 史尚宽. 亲属法论. 台北：荣泰印书馆，1980：262.

③ 林秀雄. 亲属法之研究. 北京：中国政法大学出版社，2001：278－280.

第二，夫妻姓氏权的平等，也意味着双方人格的真正平等，既不歧视妇女的独立人格地位，也不歧视赘夫的独立人格地位，赘夫也有独立的姓氏权。

第三，法律作这样的规定，并不妨碍配偶双方在平等自愿的基础上，就姓名问题作出约定，并通过约定，女方可改姓男方的姓，男方也可以改姓女方的姓。

第四，在婚姻关系存续期间，双方的姓名权可以独立行使，依法可以使用自己的姓名、改变自己的姓名。

（二）职业、学习和社会活动自由权

职业、学习和社会活动自由权，简称为从业自由权或者平等从业权，是指已婚配偶以独立的身份，按本人意愿自由决定社会职业、参加学习和社会活动，不受对方限制或者干涉的权利。《民法典》第1057条规定："夫妻双方都有参加生产、工作、学习和社会活动的自由，一方不得对他方加以限制或者干涉。"该条明确了这种配偶权的派生权利，并且适当扩大了从业自由权的范围，将学习和社会活动的自由权也包括在内。这是十分必要的。

很多学者将这一权利称为夫妻的人身自由权①，值得研究。人身自由权是具体人格权，表明的是自然人对行动和思维的自由权。配偶权中的自由权内容相当单纯，就是指夫妻婚后的职业、学习和社会活动的自由权，不具有人身自由权那样广泛的内容，因此，仍然应当称之为职业、学习和社会活动自由权或者从业自由权。

从业自由权，既是配偶法律地位平等的标志，又是配偶平等行使权利和承担义务的法律保障。只有配偶享有平等的从业权，才能把社会、家庭和夫妻双方的个人利益有机地结合起来。平等从业权是配偶双方共同享有的权利，但更重要的是指妻的从业权，保障已婚妇女参加工作、学习和社会活动的自由权利。社会实践表明，已婚妇女如无平等的从业权，不能自由进行工作、学习和社会活动，就不能享有政治、经济和地位上的平等。

《民法典》规定配偶的从业自由权的内容包括以下三个方面。

---

① 杨大文主编．婚姻家庭法．北京：法律出版社，2003：113．王洪．婚姻家庭法．北京：法律出版社，2003：109．刘引玲．配偶权问题研究．北京：中国检察出版社，2001：118.

1. 职业自由权

夫妻双方都有权参加生产和工作，反对禁止已婚妇女参加工作的做法，保障双方的权利平等。夫妻都有选择职业的自由，反对一方干涉另一方的择业自由。

2. 学习自由权

夫妻在婚姻关系存续期间，有权通过适当的方式学习，提高自己的素质和能力。法律要特别保障已婚女性的学习自由，提高妇女的素质和工作能力。

3. 社会活动自由权

夫妻在婚姻关系存续期间享有平等的社会活动自由权，可以自由参加参政、议政活动，参加科学、技术、文学、艺术和其他文化活动，参加群众组织、社会团体的活动，以及各种形式的公益活动。

《民法典》在规定职业、学习和社会活动自由权时，特别规定一方不得对他方加以限制或干涉。夫妻双方应当互相尊重，保证其自由，不得进行非法限制和干预，特别要消除重男轻女、男外女内的传统观念，确保已婚妇女的自由。

（三）平等亲权

亲权不是配偶权的内容，配偶之间对未成年子女行使亲权，双方享有平等之权。对此，将在“亲权”一章具体说明。

（四）相互扶养、扶助权

配偶之间享有相互扶养、扶助的权利，相对的一方负有此种义务。《民法典》第1159条规定：“夫妻有互相扶养的义务。”“需要扶养的一方，在另一方不履行扶养义务时，有要求其给付扶养费的权利。”这里只规定了相互扶养权，而没有规定相互扶助权。

完整的相互扶养、扶助权，不仅包括扶养权，还包括夫妻间的彼此协作、互相救助的权利和义务。

夫妻之间的扶养，是指配偶在物质上和生活上互相扶助、互相供养。这种权利和义务完全平等，有扶养能力的一方必须自觉承担这一义务，尤其在一方丧失劳动能力时，更应当履行这一义务。一方违反这一义务，另一方有权要求其履行，可以请求有关组织调解，也可以向法院提起请求给付之诉。

配偶之间的扶助义务，要求夫妻相互支持对方的意愿和活动，对家事共同努力、相互协力。当配偶一方遭遇危急时，对方配偶负有救助、援救的义务。违反这种彼此协作、互相救助义务，法律一般将其作为离婚的法定理由。我国古代立法中的“义绝”，就包含这种意思。

有的国家规定配偶一方有权限制或禁止他方从事有害于自己的行为。对此，我国《民法典》没有明确规定，但在学说上应当如此，限制或者禁止配偶一方实施有害于对方的行为。对于对方实施有害于自己的行为，可以依照《民法典》的相关规定，采取必要的方法和措施阻止或者防护，还可以依正当防卫的规则，对有害于自己的行为进行防卫。

（五）日常事务代理权

日常事务代理权亦称家事代理权，是指配偶一方在与第三人就家庭日常事务为一定法律行为时，享有代理对方权利行使的权利。日常事务代理权行使的法律后果是，配偶一方代表家庭所为的行为，对方配偶须承担后果责任，配偶双方对该行为应当承担连带责任。

《婚姻法》从未规定配偶的日常事务代理权。有人认为，该法第 17 条第 2 款关于“夫妻对共同所有的财产，有平等的处理权”的规定，包含配偶日常事务代理权的内容，这种看法是不正确的。共同财产的平等处理权是共同财产权的具体内容，不包含日常事务代理权。可以说，我国立法在《民法典》颁布之前，并未对该制度进行正面规定。[①] 日常事务代理权是配偶权中的一项重要内容，不仅关系夫妻平等权利问题，而且关系善意第三人的合法利益问题，立法必须予以明确规定。

日常事务代理权虽然一直未被我国立法直接确认，学界以及司法实践却基于其种种功能，比如促进交易效率、保护交易安全等将其视为一个重要的制度加以运用。[②] 因此，《民法典》第 1060 条规定了配偶的日常事务代理权，即：“夫妻一方因家庭日常生活需要而实施的民事法律行为，对夫妻双方发生效力，但是夫妻

① 李洪祥. 夫妻共同债务制度. 北京：社会科学文献出版社，2021：127.

② 李洪祥. 夫妻共同债务制度. 北京：社会科学文献出版社，2021：127－128.

一方与相对人另有约定的除外。”“夫妻之间对一方可以实施的民事法律行为范围的限制，不得对抗善意相对人。”这一规定确立了配偶权中的日常事务代理权。

日常事务代理权与表见代理相似，适用表见代理的原理，其目的在于保护善意第三人的利益，有利于保障交易的动态安全。在英美法国家，规定妻以夫的信用与商人交易，只要夫未表示反对，法律即认为妻有代理权。《瑞士民法典》第166条第1款对此的规定最典型：“配偶双方中任何一方，于共同生活期间，代表婚姻共同生活处理家庭日常事务。”

日常事务代理权的前身是罗马法的妻之理家权。在罗马法中，妻在家的地位是家子，本无治理家务之权。依学说上的家事委任说，妻的理家权系由夫的委托而生。近现代民事立法的夫妻权利日渐平等，妻之理家权渐为日常事务代理权所代替，夫妻相互享有日常事务代理权的主张逐渐得到认可并且在立法上得到承认。在英国，1970年《婚姻程序及财产法》废除了原法律中对家务契约单独负责的规定，改为夫妻互有家事代理权，承认了双方的对等地位。在德国，从前的法律规定，妻子有权在家务效力范围内进行交易，这些交易直接对丈夫发生效力；只有当丈夫没有支付能力时，妻子才对这些交易承担责任。此种“日常事务代理权”使妇女可以真正地独立打理家务，同时也保护了交易相对人。1976年的婚姻法改革对《德国民法典》第1357条进行修改，根据修改后的法律，配偶双方均享有日常事务代理权，无论其是否负责料理家务。① 民事立法对此规定得最为科学、严谨的，是《中华民国民法》第1003条的规定：“夫妻于日常家务，互为代理人。夫妻之一方滥用前项之代理权时，他方得限制之，但不得对抗善意第三人。”

关于日常事务代理权的性质，有委任说、默示委任说、法定代理说、婚姻效力说等不同主张。通说采法定代理说，认为该权利为法定代理权之一种，非有法定的原因不得加以限制，妻因其身份当然有此项代理权。日常家务的范围，包括夫妻、家庭共同生活中的一切必要事项，诸如购物、保健、衣食、娱乐、医疗、雇工、接受馈赠等，皆包括在内。一般认为，家庭对外经营活动不包括在内。

日常事务代理权的行使，应以配偶双方的名义为之。配偶一方以自己的名义

---

① ［德］迪特尔·施瓦布．德国家庭法．王葆莳，译．北京：法律出版社，2022：89－90．

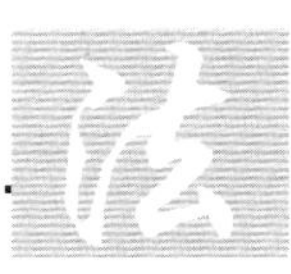

为之者，仍为有效。行为的后果及于配偶二人。如为夫妻共同财产制，夫妻共同承担行为的后果，取得权利或承担义务；夫妻有其他约定的，从其约定。对于配偶一方超越日常事务代理权的范围，或者滥用该代理权，另一方可以因违背其意思表示而予以撤销，但行为的相对人如为善意无过失，则不得撤销，因为法律保护善意第三人的合法权益。

日常事务代理权的具体行使规则是：

1．代理的事务限于家庭日常事务

夫妻之间对日常事务的代理，应当限于通常家庭生活一切必要的日常事务，诸如一家的食物、光热、衣着等用品的购买，保健、娱乐、医疗，子女的教养，家具及日常用品的购置，保姆、家庭教师的聘用，亲友的馈赠，报纸杂志的订阅，皆包含在内①，即“因家庭日常生活需要而实施的民事法律行为”。对于这类事务，夫妻均有代理权，一方不得以不知情而推卸共同的责任。

2．紧迫情形处理的代理权推定

在特殊情形下，该代理权的范围可以适当扩张，推定有代理权。对夫妻一方在紧迫情形下，如果为婚姻共同生活的利益考虑，某业务不容延缓，并且他方配偶因疾病、缺席或者类似原因无法表示同意时，推定夫妻一方对超出日常事务代理权范围的其他事务的代理，为有代理权。

3．对其他事务的共同决定

对超出上述范围的婚姻事务，应当由夫妻双方共同决定，不得一方决定。对超出日常事务代理权范围的事务，如果一方配偶赋予他方特别的授权，则该方有代理权。

4．第三人无法辨别配偶一方是否有代理权时的责任

如果配偶中任何一方实施的行为为个人责任，该行为无法使第三人辨别是否已经超越日常事务代理权的，他方配偶应当承担连带责任。

5．滥用代理权的限制

夫妻一方滥用日常事务代理权的，他方可以对其代理权加以限制。为了保障

---

①　史尚宽．亲属法论．台北：荣泰印书馆，1980：284．

交易的安全，保护善意第三人的合法利益，该种限制不得对抗善意第三人。

家事代理权依一定的事实而消灭。这种消灭分为一时消灭和永久消灭。日常事务代理权的一时消灭，诸如：无正当理由拒绝同居而分居者，分居期间无代理权，恢复共同生活即恢复代理权；因一方滥用代理权而被对方予以限制的期间，该代理权亦一时消灭。日常事务代理权的永久消灭事由为离婚、婚姻因无效被撤销、一方配偶死亡。

（六）忠实义务

我国《民法典》没有把忠实义务规定在“夫妻关系”一节中，而是规定在“一般规定”中作为原则性规定，即第 1043 条第 2 款中的“夫妻应当互相忠实”。

1. 忠实义务的概念

忠实义务也称贞操义务，通常是指配偶的专一性生活义务，也称不为婚外性生活的义务。

对贞操义务或忠实义务的广义解释，还包括不得恶意遗弃配偶他方以及不得为第三人的利益而牺牲、损害配偶他方的利益。①

早期的忠实义务是强加给妻的单方义务，这是出于维护男系血统的需要，也是男女不平等的表现。法律对妻的贞操要求极其严苛，对失贞妇女的处罚十分严厉，反之，对夫的通奸十分宽容。即使早期资本主义的民事立法，虽然规定了夫妻互负忠实义务，但仍严于妻而宽于夫。

对这种男女双方不平等的义务规定，学理解释上仍然认为是基于亲属血统观念，认为丈夫的通奸充其量影响夫妻关系和家庭秩序，而妻子的通奸则关系到夫可能不是子女真正的生父。事实上，丈夫通奸虽然不影响自己子女的血统纯正，但影响与其通奸对方子女的血统纯正。这种立法是不平等、不科学的。

至当代，各国立法普遍规定夫妻互负忠实义务。例如，《法国民法典》第 212 条规定：“夫妻负相互忠实、帮助、救援的义务。”《瑞士民法典》第 159 条第 3 项规定：“配偶双方互负诚实及扶助的义务。”这样的立法，体现了男女平等原则。

---

① 李志敏主编．比较家庭法．北京：北京大学出版社，1988：105.

在2001年修订《婚姻法》的过程中，很多人反对规定忠实义务。但唯夫妻关系，即应以人伦秩序为其基础，又在规范的一夫一妻制的民法婚制下，夫妻应负忠实义务（贞操义务）。① 故立法肯定了忠实义务为配偶权的法定义务。《民法典》继续坚持这一规定。

2. 忠实义务的含义

忠实义务要求配偶之间相互负不为婚外性交的不作为义务，因而忠实义务与性自主权是截然不同的两个概念。性自主权是自然人的具体人格权，是自然人保持性生活贞洁操守的权利。而忠实义务是配偶权的内容，是为保持爱情专一、感情忠诚而负担的义务，履行义务的目的是忠实于配偶对方。

忠实义务不仅约束配偶双方当事人，还约束配偶权的义务人。配偶权的权利主体以外的其他任何人，负有对配偶权的不可侵义务，与配偶一方通奸，破坏一方配偶的忠实义务，构成对配偶权的侵害。

忠实义务的基础是婚姻自由、一夫一妻、男女平等的制度，要求配偶相互忠贞，彼此忠实，互守贞操。它也是社会文明、高尚道德的要求，不仅是对封建贞操观的否定，也是对“性自由”“性解放”思潮的否定。忠实义务是对一切违背贞操、卖淫、通奸等社会丑恶现象的否定和谴责。

既然忠实义务是法定义务，法律必然规定对违反该义务的制裁措施和责任。国外立法一般规定配偶一方通奸是他方配偶提起离婚之诉最重要的法定理由，但无过错方对与人通奸一方的行为表示“宽恕”的，此项理由不再成立。有的国家立法认为，与有配偶者通奸是对配偶他方的侵权行为，一方面允许无过错方向与另一方通奸的第三人提起中止妨害之诉，另一方面还可以向侵权人请求精神损害赔偿。也有的国家规定，有过错的配偶一方负有向无过错的一方配偶赔偿损害的责任。②

3. 我国婚姻家庭法对忠实义务的规定

1980年《婚姻法》没有规定配偶的忠实义务，不利于巩固、维护健康的婚

---

① 陈棋炎，黄宗乐，郭振恭. 民法亲属新论. 2版. 台北：“三民书局”，2002：134.

② 李志敏. 比较家庭法. 北京：北京大学出版社，1989：105.

姻关系。最高人民法院《关于人民法院审理离婚案件如何认定夫妻感情确已破裂的若干具体意见》第8条中规定："一方与他人通奸、非法同居，经教育仍无悔改表现，无过错一方起诉离婚"，视为夫妻感情确已破裂，经调解无效，可以依法判决准予离婚。这一司法解释包含了对违背忠实义务一方的制裁。2001年修正的《婚姻法》已经明确规定配偶之间的忠实义务，补充了立法不足，有利于维护婚姻家庭关系，稳定社会秩序和生活秩序。《民法典》规定配偶之间的忠实义务，是维护一夫一妻制、保证夫妻共同生活圆满幸福的基本要求。由于婚姻关系具有伦理性，它既要受法律调整，也要受道德规范。[①]

确立配偶的忠实义务有以下重要意义：

第一，体现了婚姻的本质要求。一夫一妻制的实质，就在于规范男女两性的性关系，使人的性要求通过婚姻得到合理满足，因而不得与配偶之外的异性发生性关系。

第二，体现了婚姻道德的要求。以性爱为基础的婚姻，具有排他性和专一性，婚姻关系的稳定，取决于配偶之间的忠实，已婚者应当自觉要求自己性行为的合法性。

第三，夫妻相互忠实，可以保证子女血缘纯正，避免乱伦，防止造成血缘混乱，影响人口质量。

第四，对夫妻行为的评断提供标准。在婚姻关系出现问题时，有了评断是非的标准，例如离婚过错损害赔偿制度的基础，也在于对忠实义务的维护。

（七）婚姻住所决定权

婚姻住所决定权，是指配偶选择、决定婚姻住所的权利。我国《民法典》没有规定这一配偶权的内容，应当对此补充学理的说明。

婚姻住所，是指夫妻婚后共同居住和生活的场所，也称为家庭住所，是配偶常住的处所。

婚姻住所决定权虽然仅关系配偶的居住场所问题，但由于历史上长期延续妇从夫居的传统，实际上体现了男女是否平权的根本问题。在长期的奴隶社会、封

① 张力主编．婚姻家庭继承法学．4版．北京：群众出版社，2021：82-83.

建社会以及资本主义社会早期，夫享有婚姻住所决定权是立法通例，法律剥夺了妻的权利。

现代各国关于住所决定权的立法，主要有以下四种模式：

一是协商一致主义。婚姻住所，应由配偶双方共同选定，协商一致。如《法国民法典》规定："家庭的住所应设在夫妻一致选定的处所。"罗马尼亚等国亦采此主义。

二是自由主义。规定夫妻各方都有选择住所的自由。

三是丈夫权利主义。这种立法仍维护丈夫的住所决定权，但专制性质有所转变。《瑞士民法典》第160条第2款规定："夫决定婚姻住所并应以适当的方式扶养妻及子女。"《埃塞俄比亚民法典》第641条规定："共同居所得由丈夫选定之。当丈夫以明显滥用权利的方式或违反婚姻合同中的约定确定居所时，妻子可向家事仲裁人上诉丈夫的决定。"

四是丈夫义务主义。这种立法改变夫对住所的专制决定权，改为强调夫有提供婚姻住所的义务，而妻有在该住所居住的权利，以此实现男女平权。

婚姻或家庭住所是配偶共同生活的依托，关系双方的共同生活基础，应由配偶双方共同决定，因而，协商一致主义是最适当、最合理的立法例。纯粹的自由主义虽强调了配偶的平等权利，但各方都有选择住所的自由，容易出现争论而造成纠纷，不宜采用。丈夫权利主义仍保留夫权残余。丈夫义务主义虽强调妇女平权，但丈夫只有义务而妻只有权利，实际上是不平等的。

对这个配偶权的内容，学者认为，我国《婚姻法》规定男女双方登记结婚后，根据双方的约定，女方可以成为男方家庭成员，男方也可以成为女方家庭成员，这就表明在我国男女双方都有平等决定夫妻住所的权利。[①] 尽管《民法典》对此仍未规定，但这种看法还是有一定道理的。

对住所决定权，法律应当有明文规定。在城市住房制度没有改革之前，现实中存在着分房只分男方不分给女方的现象，不能不说是受到立法无明文规定的影响。目前我国已经改革了住房分配制度，实行住房商品化，夫妻之间的住所决定

---

① 韩松. 婚姻权及其侵权责任初探. 中南政法学院学报，1993 (3).

权更有重要意义。在农村，一户居民只有一处宅基地可以盖房，住所决定权当然更有意义。

我国对婚姻住所决定权的方法应采协商一致主义，由双方共同决定。在实际生活中，应当坚持这种办法，既不能由一方专权决定，也不能强行规定为一方的义务，只有协商一致，共同决定，才符合男女平等的婚姻法基本原则。

（八）同居义务

同居义务也叫同居权。同居是指夫妻共同居住共同生活。同居权是指夫妻一方要求与对方共同生活的权利，同居义务是指夫妻任何一方都有与对方共同生活的义务。同居是夫妻间的本质义务，外国法中多以明文加以规定。① 《民法典》和以往的《婚姻法》都没有规定配偶权中的同居义务，不是我国的配偶之间不负同居义务，而是立法者认为没有必要加以明文规定，且不履行同居义务也无必要的责任规范，因此不加规定。

在学理上和实务中，应当确认配偶权包含同居义务。

1. 同居义务的概念

同居是指异性男女共同生活，包括男女共同寝食、相互扶助和进行性生活，因此，配偶之间的同居是指合法婚姻关系的双方当事人共同生活，包括夫妻共同寝食、相互扶助和进行性生活。②

广义的同居权，是指同在一处居住的权利；狭义的同居权是指夫妻彼此共同生活，并以性生活为核心内容的权利。③

与同居相对应的概念是别居和分居。有些人认为分居与别居是同一概念。这是不正确的。分居是有正当理由而暂时中止同居，或者因夫妻感情不好而停止共同生活。别居则为某些国家的具体婚姻制度，即经法定程序不解除合法婚姻关系的停止共同生活。别居之制乃为禁止离婚国家（如意大利、葡萄牙等国）所采行政救济之办法，我国原来就有协议离婚，且夫之出妻亦甚易，故别居之事历来无

① 房绍坤，范李瑛，张洪波. 婚姻家庭继承法. 7版. 北京：中国人民大学出版社，2022：55.

② 杨大文主编. 婚姻家庭法学. 上海：复旦大学出版社，2002：162.

③ 郑伟. 夫妻同居权与婚内强奸的法律冲突及对策//万鄂湘主编. 婚姻法理论与适用. 北京：人民法院出版社，2005：172.

法律规定。大理院在当时的司法实践中引入了这一别居制度，明确了妻子不仅有与丈夫别居的权利，而且有在与丈夫别居期间请求获得丈夫养赡的权利。这在民国三年（1914 年）上字第 454 号判例中得到体现。①

我国《民法典》没有规定别居，第 1079 条第 3 款第 4 项规定，夫妻分居一定期间，是确定夫妻感情确已破裂的标准，可以依法判决离婚；第 5 款规定，经人民法院判决不准离婚后，双方又分居满 1 年，另一方再次提起离婚诉讼的，应当准予离婚。可见，我国承认分居，但不采用别居制度。

不过，我国的分居与美国法中的分居不同。美国法的分居是夫妻双方不愿保持婚姻关系而签订分居协议，如果法院的离婚判决采纳了分居协议的内容，分居协议将成为离婚判决主文的组成部分，但这个协议本身不能获得像判决一样的法律地位。②

配偶同居义务，是指男女双方以配偶身份共同生活的义务。这是夫妻间的本质性义务，是婚姻关系得以维持的基本要件。同居义务是配偶双方共同的义务、平等的义务，双方互负与对方同居的义务。

近代民事立法曾经基于妻对夫的人身依赖性和依附性，规定同居是妻的单方义务，而不是夫的义务。如日本旧民法规定，妻负有与夫同居之义务，夫须许妻与之同居。现代民事立法实行男女平等，规定同居是配偶双方的平等义务。

2. 同居义务的产生

同居义务的发生，以婚姻关系的有效成立为标志。在男女双方正式办理结婚登记手续后，无论是否举行结婚仪式，其婚姻关系均为有效成立，配偶双方即承担同居义务。在婚姻关系存续期间，同居义务始终存在，至婚姻关系因一方死亡或离婚而消灭时，同居义务终止。

3. 同居义务的内容

首先是性生活的义务。夫妻的性生活是配偶共同生活的基础，任何一方均有

---

① 王坤，徐静莉. 大理院婚姻、继承司法档案的整理与研究：以民初女性权利变化为中心. 北京：知识产权出版社，2014：63.

② ［美］哈里·D. 格劳斯，大卫·D. 梅耶. 美国家庭法精要. 陈苇，等译. 北京：中国政法大学出版社，2010：234.

义务与对方进行性生活。无正当理由而拒绝与对方性交，为违反法定义务。

其次是同寝共食的义务。婚姻关系维系的是异性共同生活实体，共同寝食是夫妻共同生活的基本内容，因而也是同居义务的基本内容。

最后，同居义务是夫妻双方相互协力的义务。夫妻共同生活必须相互协力、共同进行，不能单由一方进行，同时，一方对另一方不得以暴力或威胁手段强迫要求同居。

4. 同居义务的中止

具有正当理由，可以分居。诸如处理公私事务、生理方面的原因、被依法限制人身自由而不能履行同居义务时，不为违反法定义务。国外民法还规定，配偶一方在其健康、名誉或者经济状况因夫妻共同生活而受到严重威胁时，在威胁存续期间有权停止共同生活；提起离婚诉讼后，配偶双方在诉讼期间均有停止共同生活的权利。夫妻感情破裂是否为分居的正当理由，无明文规定。从我国司法解释的精神分析，分居是夫妻感情破裂的标准，可以确认感情破裂是分居的正当理由。

5. 违反同居义务的后果

对无正当理由违反同居义务，有些国家规定了相应的法律后果。如英国法规定，配偶一方违反同居义务，他方享有恢复同居的诉讼请求权；对恢复同居的判决虽不得强制执行，但不服从这种判决的可被视为遗弃行为，是构成司法别居的法定理由之一。在法国，违反同居义务的后果主要是申请扣押收入或精神损害赔偿。

在我国《民法典》对此没有规定，应当借鉴国外立法，采取训诫促使其履行同居义务，并采用扣押收入、赔偿等方法予以制裁。构成违反同居义务的条件：一是以故意遗弃对方为目的，二是无正当理由，三是不履行同居义务达到一定期间。

（九）生育权

已婚夫妻享有生育的权利。夫妻享有依照法律规定生育子女的权利，并受国家法律的保护，任何人不得侵犯。[①] 这种权利是平等的权利，需要夫妻共同协力

① 张力主编. 婚姻家庭继承法学. 4版. 北京：群众出版社，2021：91.

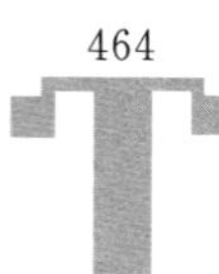

来实现。生育权在夫妻之间，具有繁衍后代、提供社会劳动力的重要意义。

对生育权发生的争议主要表现为：一是一方要求生育子女，另一方不同意；二是丈夫未经妻子同意，采用强制、欺诈、隐瞒等方法使妻子怀孕；三是妻子未经丈夫同意而进行人工流产，终止妊娠。前述争议的实质，是生育权究竟是男方的权利还是女方的权利。

生育权是夫妻共同的权利，在行使这一权利时，没有双方的配合就无法实现。事实上，行使生育权更多地取决于女性一方；男性一方虽然也有平等的生育权，但是无法强制不愿意生育的女性一方生育。“二战”后，外国法律实践明确涉及生育决定权的问题，工业化国家几乎无一例外地赋予妇女不生育的权利，并且规定妇女有权自行决定生育或者终止妊娠。英国、澳大利亚、加拿大的有关法律和司法判例都明确肯定丈夫没有阻止妻子堕胎的权利。美国最高法院通过一系列判例，将生育解释为人的基本公民自由，将其纳入了公民隐私权的保护范围，法官还否定了丈夫对妻子流产的同意权，明确指出，在父亲的利益和母亲的私权冲突时，法院倾向于保护后者。①

处理这种争议，应当尊重个人的意志。一方主张生育，另一方不主张生育，为无法达成合意，不能强制另一方生育或者不生育。妻子未经同意而进行人工流产，丈夫主张侵害生育权的，不能认为妻子侵害了丈夫的生育权。

第三节　对配偶权的法律保护

一、保障配偶权的权利实现

（一）配偶之间权利义务的强制性

法律保护配偶权，是要用国家强制力保障配偶权各项权利的实现。配偶应当依法行使权利，履行配偶义务。

---

① 张力主编. 婚姻家庭继承法学. 4版. 北京：群众出版社，2021：91.

配偶权内容中的夫妻姓氏权、住所决定权、同居义务、忠实义务，从业自由权、日常事务代理权、相互扶养扶助权、生育权，在一方为权利，在另一方即为义务，配偶都应当自觉履行，保障对方权利的实现。

配偶一方对配偶义务不履行的，应当有强制措施。一般认为，配偶之间的权利具有人身性，一般不应当强制执行。这种意见有失偏颇。法定义务的强制性并不一定都表现为强制执行。责令违反义务的人承担不利后果，也是一种强制措施。我国《民法典》对配偶权中的义务缺少强制性后果的规定，因而对于违反配偶权法定义务的行为缺少必要的惩戒。

（二）配偶权作为绝对权其法定义务的强制性

配偶权是绝对权，也是对世权，表明特定配偶基于其地位而享有配偶的身份，他人不得侵害这种权利，负有不可侵的义务。

对配偶权的不可侵义务，以特定配偶之外的所有的人为义务主体，他们都负有这种义务。这种义务是不作为义务，只要不采取积极的行为，就尽到了自己的义务。

违反对配偶权的不可侵义务，侵害了特定配偶的配偶权者，应当承担民事责任。对此，配偶可以行使配偶权的请求权，救济自己的损害。对此，我国《民法典》还缺少具体规定。

二、采用侵权责任的方法保护配偶权

（一）以侵权责任法保护配偶权的演变

侵权责任法保护配偶权，对侵害配偶权的违法行为追究侵权责任，经历了三个不同的演变过程。

一是将破坏婚姻关系的行为认定为侵害夫权的行为，在古代可以对妻和通奸者处以刑罚；在近代则追究妻及通奸者的民事责任。这是一种不平等的权利。

二是将破坏婚姻关系的行为认定为侵害名誉权责任，依照侵害名誉权的法律规定处理。例如，认为婚姻关系是一男一女终生共同生活体，它含有人格因素，应当适用有关人格权的法律规范，所以，妨害婚姻关系情节严重的，可以认为其

侵害了受害配偶的人格权，被侵权人可以依照法律的规定请求损害赔偿。

三是将破坏婚姻关系认定为侵害配偶权的民事责任。破坏婚姻关系的行为，从客观上会造成侵害配偶一方的名誉损害，但这种损害结果是一种间接的后果，行为直接侵害的客体是配偶权，造成的直接损害结果是配偶身份利益的损害。因此，依破坏婚姻关系行为的实质，认其为侵害配偶权的侵权行为，是最准确的。

（二）以侵权责任法保护配偶权的意义

自《民法典》颁布以来，学者研究配偶权相对集中在研究婚姻关系中第三者侵权责任方面，例如，《配偶身份利益保护的法典透视——以第三人干扰婚姻为讨论基础》①、《论第三人侵犯配偶权的法律责任问题》②、《婚姻关系中第三者侵权责任研究》③、《侵害他人配偶权的责任评价》④，等等。这些研究都是必要的。

1. 侵权责任法保护配偶权是婚姻义务的内在要求

配偶权是自然人的身份权，是自然人基于结婚的事实而产生的配偶之间的身份权。配偶权与其他身份权的基本属性一样，都是以义务为中心的权利义务关系。缔结还是不缔结婚姻是自然人的自由权利，但婚姻一旦缔结，当事人就必须负担相应的法律义务与责任。这些义务和责任乃人伦秩序、道德和法律在婚姻共同体中的体现，当事人按自己的自由意愿选择进入婚姻殿堂，意味着别无选择地对婚姻共同体负担的责任与义务的承诺，并将在婚姻关系存续期间，认真履行义务、落实责任。当夫妻一方违背这些义务，逃避婚姻责任时，一方面可以通过当事人自觉调适、改过而矫正，使婚姻关系得以继续维持和发展，法律无须干预；另一方面则是从根本上解除了婚姻关系，使婚姻走向无可挽回的结束。一方违背婚姻义务，就是对对方配偶权利的侵害，就要由有过错的一方承担责任，从而维护婚姻义务的社会性、严肃性和权威性，实现对无过错方的必要补偿与救济。

2. 侵权责任法保护配偶权是民法属性的直接反映

配偶权植根于婚姻的自然性功能和社会功能，经由人伦秩序和道德化提炼，

---

① 王国庆. 配偶身份利益保护的法典透视：以第三人干扰婚姻为讨论基础. 人民司法，2022（5）.

② 张夏希. 论第三人侵犯配偶权的法律责任问题. 镇江高专学报，2022（2）.

③ 冯琦. 婚姻关系中“第三者”侵权责任研究，河北农机，2021（3）.

④ 张平丽，王晓东，张琼. 侵害他人配偶权的责任评价. 人民司法，2020（29）.

最终成为法律制度。法律对配偶权的规定，就是要依法调整婚姻当事人的关系，使之符合社会对婚姻关系稳定性的要求，有利于社会的发展和人们的生活幸福。一方违反婚姻义务，另一方的权利就必然地受到损害。民法恰恰就是规定权利、保护权利的。婚姻关系的当事人违反义务、侵害权利，民法的本质属性就会发挥作用，对违法的行为人进行制裁。任何人进入到婚姻共同体中，都必须遵守这种权利义务关系的要求，按配偶身份权规则约束自我，既维护自己的权利，也尊重另一方的权利。《民法典》确认了配偶权，只是没有专门配置侵权责任规范。对此，应当综合运用《民法典》的相关规定，保护好配偶享有的配偶权，制裁配偶以及第三人对配偶权的侵害行为。

3. 侵权责任法保护配偶权是保护离婚当事人合法权益的需要

我国婚姻关系解体，多数起因于家庭暴力和夫妻一方与人有婚外情，或通奸、姘居、重婚。许多无过错的离婚当事人因另一方的侵权行为，身心受到严重摧残，却得不到法律救济，有苦难言。《民法典》规定侵害配偶权的损害赔偿制度，可以有效地运用民事制裁手段制裁重婚、“包二奶”、家庭暴力等违法行为，同时在经济上予以制裁，对受害一方给予一定的补偿，以有效保障婚姻家庭稳定，保护好妇女儿童的合法权益。

（三）以侵权责任法保护配偶权的功能

在社会生活中，侵害配偶权、破坏婚姻关系的行为发生较多，使婚姻、家庭关系受到很大威胁，使社会不安定。更严重的是，因奸情而引发的凶杀案件屡屡发生。这些情况必须引起高度重视。

这种情况发生的一个重要的原因，是对此类违法行为制裁不力。在实践中，审判机关对在妨害婚姻关系中具有虐待、伤害、流氓等情节构成犯罪的，依法论罪处罚。但是，有的妨害婚姻关系的行为没有上列情节，或者有的审判机关对此认识不够，使多数这类行为并没有或不能受到刑事制裁。在行政制裁方面，处理较轻时，行为人不以为然，处理较重的，又没有法律根据。

实际上，在对妨害婚姻关系的行为人施以法律制裁上，忽略了侵权责任法的作用。侵权责任法保护配偶权的功能有三个：一是填补损害。损害赔偿作为侵权

责任法的基本救济手段，基本功能是填补受害人的损害。通过补偿损失，使受到损害的权益得到救济和恢复。二是精神抚慰。侵害配偶权的损害赔偿包括财产损害赔偿和精神损害赔偿，二者都具有精神抚慰作用，抚慰受害一方因精神损害而产生的痛苦、失望、怨愤与不满，使受害一方获得心理上的慰藉，平息其怨愤、报复的感情。三是制裁和预防违法行为。通过责令侵权人承担损害赔偿责任，使侵权人不但没有因为其违法行为而获益，反而对其侵权行为的损害后果承担赔偿责任。这体现了法律对侵权者的惩罚与制裁，并且对其他有可能发生侵权行为的人，也有警戒和预防作用。

（四）具体的侵害配偶权的侵权行为

1. 重婚行为

重婚行为，是有配偶者而与他人结婚或者明知他人有配偶而与其结婚的行为，是严重的侵害配偶权行为。其中的结婚，既包括法律婚，也包括事实婚。这种行为在刑法上构成刑事犯罪，在民法上应当构成侵害配偶权的侵权行为，在追究刑事责任的同时，可以追究民事责任，责令加害人承担精神损害赔偿责任，补偿受害人的精神损害。

《民法典》第1091条规定离婚过错损害赔偿责任，涉及一个新的问题，就是对重婚者追究民事损害赔偿责任，可否在刑事诉讼程序中进行，即可否在提起刑事诉讼的同时，提起附带民事诉讼。

按照《刑法》和《刑事诉讼法》的规定，刑事附带民事诉讼的对象，只能是犯罪行为造成的物质损失或者经济损失，不能附带提起精神损害赔偿的诉讼。这种规定本身就是有缺陷的，立法机关修订《刑法》和《刑事诉讼法》没有接受这种修改意见，仍然坚持过去的规定，形成了现在这种尴尬局面。按照现在各地法院在处理侵害人格权精神损害赔偿案件时的习惯做法，对构成重婚的侵害配偶权的精神损害赔偿，受害人应当在重婚的刑事诉讼以外，另行提起民事诉讼，由法院作出民事判决，确定侵权人究竟是否应当承担损害赔偿责任。

2. 有配偶者与他人同居

有配偶而与他人同居的行为，是侵害配偶权的行为。这种侵权行为的构成应

当具备以下要件：一是加害人是有配偶者。无配偶者与他人同居，不构成这种侵权行为。二是行为人应当与他人同居。同居的含义是在一起共同起居、餐饮，进行性行为；同时还应该持续一定的时间，仅有一两次在一起短暂起居、性生活，只是通奸行为，不构成同居。究竟共同生活多长时间才算是同居，应当通过在审判实践中积累经验，作出司法解释。三是因此引起夫妻离婚，或者主要因此引起离婚。

具备以上要件，构成这种侵权行为，加害人应当承担民事责任。

3. 实施家庭暴力

实施家庭暴力侵害的对象不仅是配偶，侵害的客体也不仅是配偶权，还包括其他。例如，对孩子和老人实施家庭暴力的构成侵权，但不是侵害配偶权，而是侵害受害人的身体权、健康权等。实施家庭暴力侵害配偶权的，仅指对配偶实施家庭暴力行为。

对配偶实施家庭暴力，可能造成伤害，也可能没有造成伤害。侵害的客体也不单纯是配偶权，同时还有健康权或者身体权。造成伤害的，侵害的是健康权；没有造成伤害的，侵害的是身体权。这种侵权行为实际上是一种法规竞合，行为人实施的一个行为，既侵害了受害人的一个权利，又侵害了受害人的另一个权利。由于实施的是一个行为，因此可以就一个行为的诉因起诉，而不是行使两个诉权。因此，受害人可以选择一个诉因起诉，究竟是选择侵害配偶权起诉，还是选择侵害健康权（或者身体权）起诉，由受害人自己决定。

4. 虐待、遗弃配偶

虐待配偶行为，有些与对配偶实施的家庭暴力行为是一样的，也有些不构成家庭暴力行为。虐待行为与家庭暴力行为重合时，构成请求权的竞合，由当事人选择诉因起诉。没有与家庭暴力行为重合的虐待配偶行为，构成独立的侵害配偶权的行为。受害人诉请加害人承担损害赔偿责任的，法院应当受理，并根据实际情况作出判决。

遗弃配偶是一种不作为，即在夫妻关系存续期间，对配偶一方不尽配偶的扶养、扶助义务，使配偶一方遭受精神上的痛苦，构成遗弃，受害人请求损害赔偿的，应当准许。应当注意，构成遗弃的，有的是犯罪行为，有的不视为犯罪行

为，或者不构成犯罪行为，但都可以请求侵害配偶权的损害赔偿责任，不是必须构成遗弃犯罪者才准许请求损害赔偿。这里也有一个是否准许附带民事诉讼的问题，应当与处理重婚罪的损害赔偿采用同一个办法，即在刑事诉讼之后，再提起单独的民事诉讼。

（五）配偶权受到侵害的救济方法

侵害配偶权的民事责任构成以后，在当事人之间产生侵权损害赔偿法律关系。相对于刑事责任和行政责任，婚内侵权的被侵权人更有动力寻求民事法律救济，而民事法律救济也最能满足当事人的合法权益，是最为及时、有效的救济方式。①

一般认为，这种损害赔偿法律关系具有特殊性，其主体有三方。这是该种侵权关系复杂性的表现。《民法典》虽然没有明文规定，但是可以看出，规定的赔偿义务主体，只是有过错的一方当事人，即受害人向有过错的一方配偶请求赔偿，没有规定可以向第三人请求赔偿。在重婚和与他人同居的侵害配偶权的损害赔偿关系中，受害人完全可以向重婚和同居的对方请求损害赔偿，因为他们是这一侵权行为的共同加害人，有责任赔偿受害人的损失。学理认为，确认侵害配偶权损害赔偿的权利义务主体，有利于维护现存的合法婚姻关系，有利于制裁民事违法行为。如果受害人愿意保持现存的婚姻关系而不追究其配偶责任，即没有离婚的，可以不将他（或她）的配偶作为加害人，而只将“第三者”作为加害人予以追究。这样，既可以制裁违法行为，又可以保护现存的合法婚姻关系不致破裂，有利于社会的安定和婚姻家庭关系的稳定。这样的主张可以在实践中试行，进行探讨和总结经验，为将来修改法律作好准备。

在权利主体的确定上，受到损害的受害人为权利主体，没有配偶关系的人，不能作为这种侵权行为的赔偿权利主体。至于受害人是否依法行使这一请求权，则应以受害人的意思表示为准。

在义务主体的确定上，离婚的有过错的配偶是侵权行为的加害人，应当承担侵权责任。受害人追究与加害人重婚或者同居的人的民事责任的，这种人也是侵

① 黄莉．论我国婚内侵权民事法律救济制度．昆明学院学报，2020（5）．

权赔偿的责任主体，也要承担损害赔偿责任，应按照共同侵权行为处理，令双方共同承担赔偿责任。

对在社会生活中出现较大、较多争议的侵害生育权的问题，《婚姻家庭编解释一》第 23 条规定："夫以妻擅自终止妊娠侵犯其生育权为由请求损害赔偿的，人民法院不予支持；夫妻双方因是否生育发生纠纷，致使感情确已破裂，一方请求离婚的，人民法院经调解无效，应依照民法典第一千零七十九条第三款第五项的规定处理。"该规定确认的原则是：首先，不承认终止妊娠的行为是侵害生育权的行为，丈夫以妻子终止妊娠侵害其生育权为由请求损害赔偿的，法院不予支持。这是因为，终止妊娠是女性的一项权利，应当依法保护，不构成侵害生育权。其次，如果夫妻双方因是否生育问题发生纠纷，导致感情确已破裂的，应当认为是夫妻感情确已破裂的一种表现，属于《民法典》第 1079 条第 3 款第 5 项规定的"其他导致夫妻感情破裂的情形"，可以判决离婚。

侵害配偶权的损害赔偿，主要是精神损害赔偿，用以赔偿精神创伤和精神痛苦，具有抚慰金赔偿的性质。确定损害赔偿的数额，应当依照一般精神损害赔偿的计算方法算定。在确定构成侵害配偶权的民事责任后，应当按照上述办法，计算精神损害赔偿数额，责令侵权人承担精神损害赔偿责任。

侵害配偶权造成受害人财产损失的，特别是实施家庭暴力造成受害人人身伤害的，侵权人对财产损失也应当承担赔偿责任。这种财产损失，主要是为恢复权利支出的费用。

对侵害配偶权的，应当根据实际情况，确定其非财产民事责任，可以责令侵权人停止侵害、恢复名誉、消除影响、赔礼道歉。

第四节　间接侵害配偶权的侵权责任

一、有关间接侵害配偶权的三个典型案例

我国在对配偶权的民法保护上，还存在一些值得探讨的问题。其中，间接侵

害配偶权的侵权责任保护就特别值得研究，法官在法律适用上对此存在不同见解，学者在理论上对此也有不同看法。从下面三个典型案例可以看到这个问题。

（一）王某诉环境卫生管理所侵权损害赔偿案

2001 年 4 月 27 日，某区环境卫生管理所汽车驾驶员徐某，在工作时间驾驶东风牌自卸车倒车时，将正在卡车后面帮助关车门的张某撞伤，医院诊断为左骨盆骨折，后尿道损伤。经法医鉴定，结果为因外伤致阴茎勃起功能障碍。张某的妻子王某主张，自己作为张某的合法妻子，丈夫因车祸丧失性功能，使自己的生理及心理健康受到了严重伤害，今后将陷入漫长的、不完整的夫妻生活，故夫妻二人共同以环境卫生管理所为被告起诉，要求赔偿各项损失 15.27 万元，其中包括性权利损害的精神损害赔偿。

南京某区法院认为，性权利是公民健康权的一个方面，徐某的侵害使王某作为妻子的性权利受到了侵害，故判决某区环境卫生管理所赔偿张某医疗费、残疾生活补助费、残疾赔偿金等损失，赔偿王某精神损害抚慰金 1 万元。[①]

（二）李某诉第二人民医院侵权损害赔偿案

2003 年 2 月 11 日，李某的丈夫姚某因腰部疼痛，入某市第二人民医院（以下简称“二医院”）住院治疗。医院于 2 月 14 日、7 月 2 日、9 月 23 日三次对姚某进行腰椎间盘髓核摘除术，因医疗事故，术后姚某马尾及右肢神经病变，目前仍遗留有右足全肌瘫、轻度排尿障碍、性功能障碍，经司法鉴定为 6、7、8 级伤残。2004 年 12 月 1 日，姚某与二医院达成赔偿协议，二医院赔偿姚某 15 万元。2005 年 5 月 31 日，李某以二医院医疗过错导致姚某性功能丧失，侵害配偶的性权利，诉请法院判决二医院赔偿精神损害抚慰金 7.2 万元。

二医院辩称，尽管其在治疗姚某时存在过错，但并没有对李某实施任何侵害，李某不是医疗事故的直接受害人，不能以其健康权受侵害为由主张精神抚慰赔偿，况且，李某未举证证明其遭受损害的程度，赔偿数额也不能计算，请求法院驳回李某的诉讼请求。

---

① 该案的案情见陆宇佳，施君．试析间接侵害婚姻关系的侵权行为问题．南京理工大学学报，2009（2）。

该市某区法院一审认为，法律赋予公民生命健康权。生命健康权是不为他人所妨害而就自己健康享受利益之权利。李某为已婚妇女，与丈夫正常的性行为是其应有的权利，且该权利属于生命健康权范畴。李某以此权利受侵害为由提起损害赔偿之诉，应予受理。本案中，二医院的医疗行为造成李某的丈夫姚某性功能障碍，侵害了姚某身体机能健康权；同时，姚某性功能障碍导致李某失去了婚内正常性行为的权利，造成李某生命健康权缺损。因此，二医院的侵害行为不仅侵害了姚某的生命健康权，同时也侵害了李某的生命健康权；李某与姚某是不同内涵的生命健康权遭受侵害的受害人。李某以直接受害人的身份向赔偿义务人二医院提起诉讼，并无不当。关于李某遭受人身损害的严重程度，因性权利为抽象概念，其损害后果无具体量化标准，但性行为权能对已婚妇女的重要性无须证明，李某此项权能的受损，应属《精神损害赔偿司法解释》第 8 条规定的“严重后果”。李某请求二医院支付精神损害抚慰金应予支持。关于赔偿金额，本院对赔偿金额酌定为 2 万元。判决后，二医院提出上诉，终审判决维持原判。[①]

（三）魏某诉某购物中心侵权损害赔偿案

魏某与张某结婚后，生育有女儿张某芯。张某系某购物中心家电广场柜台租赁户。某日，张某在店铺应购物中心要求整理音响器材时，头顶上方通风管道处突然掉下一根铁棒，砸在张某头部，将张某打倒在地。倒地时，张某的胯部撞在音响的棱角，致其睾丸肿大，张某随即被送往医院治疗，并自行委托了鉴定，结论为：（1）双侧阴茎背动脉血流信号正常，双侧海绵体深动脉血流信号欠佳；（2）阴茎夜间勃起功能监测（NPT）一夜，未见阴茎有效勃起。嗣后，张某多次与购物中心协商赔偿事宜，购物中心支付了医疗费、检查费，未解决其他赔偿事宜。为此，张某诉至法院要求被告赔偿精神损失费、误工费、残疾者生活补助费、交通费、营养费、残疾用具费共 30 万元。法院判决购物中心赔偿张某误工费、营养费、交通费、残疾者生活补助费、精神损害抚慰金等共计 13.9 万元，其中包括精神损害抚慰金 2 万元。

判决后，张某之妻魏某另行向法院提起诉讼称，因张某丧失性功能，其被剥

① 该案的案情见“李某方诉成都市第二人民法院其他人身权案件”。

夺了作为一个正常女人享有性生活的权利，且原告与张某所生女儿患有病毒性脑炎，张某已不再有生育能力，该损害给原告夫妇带来了极大精神痛苦，故起诉要求被告赔偿原告精神损失费人民币10万元，另要求赔偿女用男性生殖器具及卫生配套费用以每年0.6万元计算20年，共人民币12万元。

判决认为，本案事故的发生、魏某丈夫张某具体伤情的产生具有一定的偶然性，倘若认为被告对原告因丈夫生殖器官受伤而遭受的间接损害也应预见，未免对侵权行为人过于苛求。虽然由于张某受伤的部位特殊，原告的精神痛苦体现在特定的范围内，但这种精神痛苦的实质与其他的侵权纠纷中关系人所遭受的反射性精神损害并无差异。只有在发生受害人因侵权行为致死这一严重后果的情况下，才作为例外的情形给予死者近亲属以精神损害赔偿。故对于本案中魏某主张的精神赔偿请求，判决不予支持。①

二、对配偶权间接受到侵害的侵权责任保护

（一）三个典型案例中的侵权行为都间接侵害了配偶权

在前述三个典型案例中，其中两个案例支持了间接受害人的诉讼请求，但确定承担侵权损害赔偿责任的理由是侵害了受害人的性权利和身体健康权。本书认为，这种侵权行为侵害的不是受害人的性权利或者身体健康权，而是侵害了受害人的配偶权。此种侵权行为直接侵害的是其丈夫的健康权，造成性功能障碍或者性功能丧失的人身损害后果，间接侵害的是直接受害人的配偶享有的配偶权中的同居权利，属于间接侵害配偶权的侵权行为。

对间接妨害婚姻关系侵权责任的法律适用，可以借鉴美国侵权法的间接干扰婚姻关系的规则和埃塞俄比亚侵权法的规则。

美国侵权法把这种侵权行为称为间接干扰婚姻关系的侵权行为，《美国侵权法重述（第二次）》第693条规定，其是指受害人因被告的侵权行为而患有疾病或遭受其他身体伤害，造成性能力丧失，则必须对该受伤害者承担责任的被告，

① 该案的案情见“李某方诉成都市第二人民医院基地人身权案件”。

对于受害人的另一方配偶因此所遭受的社会地位的丧失及配偶服务提供的丧失，包括性生活能力的损害，对受害人的配偶应当承担的侵权责任。

《埃塞俄比亚民法典》第2115条规定："（1）如果某人对他人妻子的身体造成伤害，致使她的性器官功能退化或与丈夫的性行为不协调，则法院可通过补救的途径，裁决该人向受害人的丈夫支付公平赔偿。（2）丈夫以此为理由提出的诉讼可独立于其妻子就其所受伤害提起的损害赔偿诉讼。"

上述这两种立法例，都是值得借鉴的。

这种侵权行为的性质是间接侵权行为。类似的间接侵权行为最典型的是造成死亡的死者生前扶养的人的生活补助费赔偿，直接受害人是死者，由于死者的死亡而使死者生前扶养的人的扶养来源丧失，因而间接侵害了被扶养人的合法权益，构成间接侵权行为。在丈夫受伤害妻子要求赔偿间接损害的案件中，法律关系也是这样，丈夫的伤害必然导致妻子的性利益损害，当然构成间接侵权行为。

因此，间接侵害配偶权的侵权行为是一种依附于主侵权法律关系的从侵权法律关系，不是一个独立的侵权行为。在这种案件中，存在两个侵权行为法律关系，即侵权人实施的是一个侵权行为，但产生了两个损害后果，构成了两个侵权法律关系，其中：一个是主侵权法律关系，侵害的是受害人的健康权，产生的是人身损害赔偿法律关系；另一个是从侵权法律关系，侵害了受害人的配偶的配偶权，产生的是妨害婚姻关系的侵权法律关系。前一个侵权法律关系是基本法律关系，后一个侵权法律关系是依附主法律关系的从法律关系。主侵权行为的当事人是侵害健康权的双方当事人，而从侵权法律关系的当事人则是健康权受害人的配偶一方和侵权人。研究这种侵权行为，必须注意这个特点，否则必然发生认识上的错误。

（二）间接妨害婚姻关系侵权责任的构成

审理这种侵权案件，确定其侵权责任构成，当然要适用侵权责任构成一般规则，即依照《民法典》第1165条的规定，间接侵害婚姻关系侵权案件的责任构成应当具备违法行为、损害事实、因果关系和过错四个要件。如果主法律关系适用无过错责任原则，应当适用《民法典》第1166条规定，无须具备过错要件。

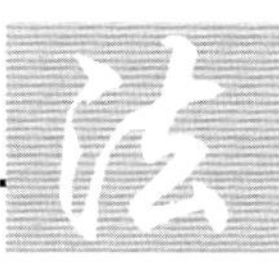

应当注意的是，确定侵权责任主要是确定主侵权责任构成；在主侵权行为责任构成的基础上，再研究间接侵害婚姻关系侵权责任的构成问题。

构成这种侵权责任的具体要件是：

首先，违法行为的要件，即应当具备的违法性是违背法定义务，直接违反的是不得侵害生命健康权的法定义务。

其次，损害事实的要件具有双重性：一方面损害的是直接受害人的健康权；另一方面侵害了配偶之间的婚姻关系，损害的是间接受害人即受害人配偶的性利益。

再次，因果关系的要件也应当是两个：一个是造成人身伤害行为与直接受害人人身伤害之间的因果关系；另一个是直接受害人的配偶权利义务关系中性利益的损害事实与加害行为的间接因果关系。必须具备这样双重的因果关系，才能构成间接侵害婚姻关系的侵权责任。

最后，过错要件。故意或者过失均可以构成，故意造成人身伤害，构成侵权责任，过失同样构成侵权责任。在无过错责任原则适用的场合，无过错，这种侵权责任也成立。

最值得研究的是间接妨害婚姻关系侵权责任构成中的侵害客体问题。前两个案例的判决，确定该侵权行为所侵害的客体是生命健康权、性权利。本书认为，这种侵权行为侵害的权利客体，既不是健康权，也不是性权利，而是配偶权中同居义务的性利益。健康权并不能包含夫妻二人的性利益，健康权只能是单个主体的健康。性权利是人格权，也不是夫妻之间共有的权利。因此，能构成夫妻之间共同的关于性的权利，就只能是配偶权，不能是其他权利。

虽然我国《民法典》没有规定夫妻之间的同居义务，似乎难以确定配偶权的性利益是法律保护的利益。其实这不是障碍，《民法典》之所以没有明文规定同居权利和义务，是因为这是一个常识性问题，法律认为无须明文规定。事实上，配偶之间的性利益是法律确认的，是正当的、合法的，是他人不可以侵害的。一个侵权行为造成了一方配偶的性功能丧失，使对方配偶丧失了来自配偶须予以配合才能实现的正当性利益，配偶权当然受到了损害。使配偶之间的权利义务关系受到损害的行为，当然也是侵权行为。

在法律适用上，还有一个问题是，对侵害身份权的侵权行为，除《民法典》第1091条和《最高人民法院关于适用〈中华人民共和国民法典〉侵权责任编的解释（一）》第1～3条规定的诱使被监护人脱离监护之外，没有其他法律规定。其实这也不是障碍，既然承认间接侵害配偶权是一般侵权行为，就应当适用《民法典》第1165条第1款规定的侵权行为一般条款，身份权当然被概括在“民事权益”中。

前述第三个案例，判决驳回主张自己的配偶权间接受到侵害的原告的诉讼请求，就没有领会侵权责任法的这种保护身份权的功能。如果能这样理解侵权责任法的规定，就不会拘泥于法律规定的个别字眼，对这样的案件就不会作出否定性的判决。

可以说，确定这种案件的侵权责任，关键是判断加害人的行为是否构成主侵权行为。侵权人的主侵权行为构成侵权责任，健康权受到损害的受害人就获得了人身损害赔偿请求权，法院应当保护这种赔偿请求权得到实现。对间接侵害配偶权的侵权行为，只要侵害健康权的行为不仅造成了健康的损害，还由于这种损害，受害人性功能丧失，不能履行配偶之间的同居义务，损害了受害人配偶的性利益，就应当将其认定为侵害配偶权的侵权行为。

（三）间接妨害婚姻关系的侵权赔偿责任

间接侵害婚姻关系侵权行为的责任，是精神损害赔偿责任，即赔偿精神损害抚慰金。有的法院认为这样的损害是健康权的损害，这种损害赔偿无法计算，因此否定当事人的索赔请求。这是不对的。

侵害身份权，通常不会造成财产损失，而是造成精神利益损害，最有效的救济方法是责令被告承担精神损害抚慰金的赔偿责任。对此，应当依照《民法典》第1183条第1款的规定，只要构成侵害健康权的侵权责任，又构成间接侵害配偶权，就应当判决侵权人在承担侵害健康权的人身损害赔偿责任的同时，承担侵害配偶权的精神损害赔偿责任。

至于精神损害抚慰金的赔偿数额，则应当依照《民法典》第1183条第1款的规定，由法官根据案件的具体情况酌定具体数额。前述两个案件虽然判决承担

精神损害赔偿责任，但是赔偿数额都不够高，对配偶权受害人的权利损害救济不足。

第五节　配偶单方废弃人体胚胎的责任

一、典型案例

关于人体胚胎权属的争议案件，先有无锡中级人民法院判决的继承争议案，随后发生了原配偶单方废弃人体胚胎的侵权责任争议案。后一个案件涉及对配偶权的保护问题。

（一）典型案例的基本案情

2018 年 1 月 17 日，江苏省南京市玄武区人民法院作出（2017）苏 0102 民初 4549 号民事判决书，对原告王某志与被告孙某的离婚案件作出判决，将双方婚后通过辅助生殖技术取得的人体胚胎冷冻储存后，原告以停止续费方式废弃人体冷冻胚胎行为确认为侵权行为，承担侵权责任。这是我国民事审判中第二例有关人体冷冻胚胎争议的民事案件。

本案一审判决认定的案情是：

原、被告为山东老乡，曾在同一大学上学，返校途中相识，于 2004 年 3 月 19 日确定恋爱关系。2009 年，原告到美国留学。2010 年 9 月 19 日，原告回国与被告登记结婚。婚后，被告随原告到美国陪读。2014 年年底，双方合意在美国某州立医院做了辅助生殖手术，从被告身上提取了 13 枚卵子，经人工授精存活 6 个胚胎，移植了其中 1 个胚胎，因被告流产而未能怀孕成功。对其余 5 个胚胎，双方委托美国某州立医院储存保管。2015 年 2 月，被告离开美国回到国内工作，双方开始分居。2016 年 7 月 19 日，原告诉至本院，要求离婚。被告在诉讼中表示珍惜夫妻感情，珍惜在医院冷冻储存的胚胎。同年 9 月，本院判决不准许双方离婚。2017 年 6 月 20 日，原告再次诉至本院，要求离婚。

在双方当事人离婚诉讼期间的2016年3月，原告因对婚姻感到失望而对在美国医院保管的双方的人体冷冻胚胎停止续费，5个胚胎被医院废弃。

被告主张，胚胎是爱情的结晶和情感的寄托，被告已36周岁，尚未生育，随着年龄的增长，越发珍惜这段感情和冷冻储存的胚胎，原告在未通知被告的情况下，以不续费的方式废弃胚胎，对被告的精神造成了重大损害，反诉请求判令原告给予被告精神损害抚慰金5万元。原告认为，冷冻储存的5个胚胎，根据双方意愿签订的知情同意书的约定，每半年需要续费一次。2016年3月，原告对婚姻感到失望而停止续费，不想离婚后再有任何交集，原告有权决定不移植胚胎。

（二）典型案例的裁判理由

对原告以不续费方式废弃双方保存在医院的人体冷冻胚胎是否构成侵权行为，本案一审判决认为：

女方可以单方终止妊娠，已为《婚姻法解释三》第9条所明确。那么，若男方决意离婚，能否单方废弃冷冻储存的胚胎，法律尚未明确规定。因本案为无先例案件，本院评述如下。

1. 关于是否侵害生育权

生育权针对的生育利益体现的是人的行为自由，人可以自由地决定生育这一与自己的生活方式、未来发展等密切相关的重大事项。按照对《婚姻法解释三》规定的理解，夫妻双方均享有生育权，但只有妻子才享有生育的决定权。妻子不负有协助丈夫生育的法定义务，妻子终止妊娠，无须丈夫行使同意权。作如下规定主要有三个理由：一是女方为妊娠、分娩较男方承担了更多生理风险及心理压力，其通常也会为抚育子女成长付出更大的牺牲，因此，生育对女方利益的影响大于男方。二是生育往往受夫妻情感左右，一方的不生育除偶为观念支配下的决定外，多由夫妻感情淡漠甚至破裂引起，没有了感情的生育只会增加夫妻双方乃至即将出生的子女的痛苦及不便。三是生育行为需要具备一定的生理、健康条件并存在生育风险，生育任务主要由妇女承担，妇女承担了更多的生理风险及心理压力，所以，当夫妻生育权发生冲突时，侧重于对妇女权益的特殊保护，既符合立法本意，也是司法公正的要求。

2. 关于单方废弃胚胎是否构成侵权

女方终止妊娠之所以不构成侵权，是因为女性在身体和生理上具有特殊性，但男方不当处置胚胎是有可能构成侵权的。本案中，原告单方废弃胚胎，构成了对被告身体权、健康权和生育知情权的侵害，理由如下：

第一，在婚姻家庭法中，妊娠的外延包括多种情况（人类辅助生殖和自然生殖适用相同的法律）。胚胎移植所生子女视为夫妻双方的婚生子女。所有的子女在出生之后取得相同的法律地位，因此在出生之前就应该得到同等对待。

第二，在男女双方相互协作而使女方怀孕后，男方不得基于其不愿生育而强迫女方堕胎，因为既然男方在和女性发生性关系时没有采取任何避孕措施，这一行为本身就表明其已以默示的方式行使了自身的生育权，这时男方虽然不愿女方生育，但不得强迫，否则仍然侵犯女方的人身权。

第三，由于男女生理上的差异，相较于取精，取卵过程伴有风险和痛苦，对身体有负面影响。女方出于对生育的渴望，自愿忍受身体的伤害做辅助生殖手术。女方的这种付出，系以得到健康的下一代为目的。在被告付出巨大的代价后，原告违背合意，废弃胚胎，使被告的目的落空。

第四，譬如甲、乙协议共同投资项目，甲以无形资产入股，乙以资金入股。乙向项目投入重金后，甲半途退出，此时，甲应向乙承担违约责任，赔偿乙的损失。当然，在合同法领域，一般不存在侵权问题。但在婚姻案件中，双方存在身份关系，不能简单地用合同法的原理来理解双方在家事契约中产生的权利义务以及被告受到的损害和应当取得的赔偿。但合同法的理论可以为本案的处理提供一些指引，理解被告可能会遭受的损失。

第五，原告应当知道做辅助生殖手术对被告身体有一定的伤害。依法理，妻子怀孕后，丈夫无权强迫妻子堕胎，否则，构成对妻子人身权的侵害。在移植胚胎前，原告单方废弃胚胎，使被告在服药促排卵以及取卵过程中的痛苦和损害不能得到回报。对被告来说，两者只是损害产生的时间点不一样，同样都存在身体上的损害。堕胎的损害产生于堕胎时，而废弃胚胎的损害始于服药促排卵时。在人工辅助生殖手术中，排取卵过程对被告有身体上的伤害，双方应以谨慎的态度

决定是否实施该项手术。

第六，原告单方废弃胚胎，亦侵害了被告的生育知情权。生育知情权是指生育主体对与自身生育相关的信息所具有的了解的权利。夫妻互为生育关系伙伴，互为权利义务主体。夫妻有相互扶助义务，均应维护和促进对方的利益。被告回国后，旅居国外的原告有便利的条件照管胚胎，加之此前的续费亦由原告办理，被告有理由相信原告会妥善处理胚胎储存问题。原告在未通知被告的情况下终止交费，等同于单方废弃胚胎，损害了被告的生育知情权。

第七，根据伦理、一般的观念和司法政策，离婚后，女方不得单方移植胚胎。即使夫妻关系出现裂痕，男方对婚姻前途缺乏信心，男方也应尊重女方的付出，照顾女方的感受。在被告不同意离婚的情况下，原告想离婚，法院也不一定会准许。何况，感情是变化的，难以保证废弃行为是一方在冷静状态下的慎重决定，有时，该行为也不一定符合废弃方本人的利益。

基于上述理由，一审判决认定，原告废弃胚胎构成侵权，因胚胎为带有情感因素特殊的物，被告还存在精神上的损害。

3. 损害赔偿数额确定

在确定损害赔偿数额时还考虑了以下因素：

一是承受的痛苦和伤害。不是每个卵子都能受精，也不是每个受精卵都能发育成有活力的胚胎，因此要从女性体内获得多个卵子，才能保证有可以移植的胚胎，这就需要女性服药做促排卵治疗。女性到了生育年龄，体内卵子数是固定的，为 200 多个，一般每月排卵一个，一年排卵 12 个。促排卵治疗后，一次可排卵多个，治疗后，女性更年期会提前。治疗的过程对女性生理的干扰较大，刺激排卵导致卵巢反应低下，易出现卵巢功能早衰。此外，取卵针穿刺身体提取成熟卵泡时，身体伴有一定程度的痛苦。

二是年龄因素。女性的最佳生育年龄为 25 岁至 35 岁。35 岁以后，女性的卵巢功能和生育能力下降。相对来说，年轻女性较为容易接受胚胎废弃的事实。被告已 36 周岁，做母亲的愿望强烈，对胚胎也寄予了更多的希望。

三是对婚姻的珍视程度。在 2016 年第一次离婚诉讼中，原告表示被告如同

意离婚，夫妻共同房产可归被告所有。但被告不为所动，表示多年的感情不容易，希望法院判不离，哪怕下次真要离婚了财产少分些也不后悔。从被告珍视婚姻的态度，原告应能理解胚胎在被告心中所具有的分量和意义。双方夫妻多年，原告应了解被告的脾气秉性，理解对方的关切。一般地说，对婚姻越留恋，对胚胎也越在意。

关于损害赔偿，因双方在辅助生殖手术中投入不对等，被告处于弱势地位，基于公平正义观念和照顾妇女权益的原则，一审判决酌定赔偿数额为 3 万元。

二、依法理确认胚胎是带有情感因素的特殊物的正确性

（一）认定人体胚胎为带有情感因素的特殊物的首份生效判决

对利用人类辅助生殖技术取得的人体胚胎，究竟应当如何界定其法律属性，是一个学术上讨论的问题，既有将其认定为人格物的看法，也有其他不同的见解。本案一审判决指出："本院认定原告废弃胚胎构成侵权，因胚胎为带有情感因素特殊的物"[①]。这一判决是在我国法院第一次确认利用人工生殖技术取得的人体胚胎的法律属性为特殊物，是对民法有关民事权利客体认定作出的重大贡献。

当然，本案不是我国法院审理的第一件有关人体胚胎争议案。早在 2014 年，江苏省宜兴市人民法院就将争议中的人体冷冻胚胎的属性，认定为"施行体外受精—胚胎移植手术过程中产生的受精胚胎为具有发展为生命的潜能、含有未来生命特征的特殊之物"[②]。这个认定是十分精准的。本案上诉后，无锡市中级人民法院的终审判决推翻了这一认定，认为"胚胎是介于人与物之间的过渡存在，具有孕育成生命的潜质，比非生命体具有更高的道德地位，应受到特殊尊重与保

① 这个表述中的"带有情感因素特殊的物"，如果改为"带有情感因素的特殊物"可能更为妥当。本文使用本案一审判决中的表述，不再修改。

② 杨立新. 人的冷冻胚胎的法律属性及其继承问题. 人民司法，2014（13）.

护”[①]。这一认定是完全正确的；但是对人体胚胎的法律属性，认为既不是物，也不是人，而是介于人与物之间的过渡存在，即出现了市民社会中的第三种物质要素，推翻了一审判决对人体胚胎法律属性是物的认定，采用了非民法的概念即“介于人与物之间的过渡存在”确认其属性，在理论上是无法理解的，也无法通过民法规制。由于江苏省宜兴市人民法院将人体冷冻胚胎的法律属性认定为物的判决被撤销，因此，在本案之前的我国民事判决中，还没有一份将人体胚胎的法律属性确认为物的生效判决。

在本案一审判决宣判后，双方当事人都没有上诉，该判决已经发生法律效力，因此，确认“胚胎为带有情感因素特殊的物”的认定，就成为我国历史上第一份确认人体胚胎的法律属性为物的生效判决。对此，应当对本案一审判决予以充分肯定。

究竟应当如何对脱离人体的胚胎在法律属性上定性，在民法上有不同的看法。笔者提出过脱离人体的器官和组织的法律属性及其支配原则的主张，认为脱离人体的器官和组织属于人体变异物，在物的类型中具有最高的法律地位，对权利人行使权利予以最大的限制，有利于对这种特殊物的法律保护，建立更为和谐的市民社会秩序。[②]对人体胚胎，则认为其是具有人格属性的伦理物。[③]

其他学者也有与此相同的看法。例如，有的学者提出人格物的概念，认为在司法实践中涉及人格与财产融合进而在特定物上彰显人格利益与财产利益的典型案例，通常涉及具有人格象征意义的特定纪念物品，其中包括遗体、器官、基因、精子等。人格物的概念，便利了进行这种物的产权确认，能够更有效地满足民事救济以恢复原状为主导的原则，更好地坚持了只有在恢复原状不可能的情况下，才适用侵权救济和精神损害赔偿的一般民法原则。[④]也有学者认为，按照物

---

① 无锡市中级人民法院（2014）锡民终字第01235号民事判决书，见杨立新．一份标志人伦与情理胜诉的民事判决：人的体外胚胎权属争议案二审判决释评．法律适用，2014（11）。

② 杨立新，曹艳春．脱离人体的器官或组织的法律属性及其支配原则．中国法学，2006（1）．杨立新，陶盈．人体变异物的性质及其物权规则．学海，2013（1）．

③ 杨立新．人的冷冻胚胎的法律属性及其继承问题．人民司法，2014（13）．

④ 冷传莉．论民法中的人格物．北京：法律出版社，2009：39．

是否具有特殊的自然属性为第一标准，将物分为一般物和广义特殊物；按照物是否具有生命属性为第二标准，将广义特殊物分为生命伦理物和狭义特殊物。由于对于人类来说脱离人体的器官和组织，具有重要的生命价值，应当对其进行高规格的法律保护，因此应当将其视为生命伦理物。①

上述将脱离人体的器官和组织包括脱离人体的胚胎的法律属性认定为特殊物、人格物或者特殊伦理物的意见，虽未成为通说，但符合市民社会发展规律，是对其法律属性的准确揭示，因此，本案一审判决确认“胚胎为带有情感因素特殊的物”，是一个创新的认定，在民法学术上和司法实践中都具有特别重要的价值。尽管《民法典》在“民事权利”一章规定物权客体的物的第 115 条规定物的概念时并未规定这种特殊物，但是该物包含在该条规定的“动产”范畴之内。按照其特性，应当属于《民法典》第 1183 条第 2 款规定的“具有人身意义的特定物”。

（二）确认人体胚胎为特殊物是以法理作为民法法源

本案一审判决确认胚胎为带有情感因素的特殊物，没有法律依据，也没有习惯依据，是以法理作为依据的。在此要特别说明的是，《民法典》第 10 条规定民法法源只包括法律与习惯，是不完整的。民法的完整法源体系，包括法律，也包括习惯和法理——法律为第一法源，为基本法源；习惯和法理为补充法源，习惯为第一补充法源，法理为第二补充法源。之所以要规定习惯与法理为民法的补充法源，是因为市民社会生活十分庞杂，民法无法全部予以规制，除法律规定以外，对法律尚未规制的市民社会现象，必须有补充法源作为判决的依据，否则，法院无法作出裁判。② 就人体胚胎的法律属性而言，其是当代医学技术高度发展的产物，是以前民法没有遇到的问题，不但法律没有对其进行规制，而且没有可以依循的习惯作为裁判依据，必须以法理作为认定的基础，才能确定民事争议的正确处理规则。无论是江苏省宜兴市人民法院对于冷冻胚胎法律属性的判决，还

① 霍原，崔东，张衍武. 脱离人体的器官和组织之法律属性及其权利归属. 医学与哲学，2011（12）.

② 杨立新. 论法理作为民事审判之补充法源：以如何创造伟大判决为视角. 中国法律评论，2022（4）.

是本案一审判决，认定人工冷冻胚胎的法律属性是特殊物，都是依据法理作出的，因为既没有现成的法律，也没有可以依循的习惯。这完全是不得已而为之。

对各国民法普遍确认的作为民法法源的法理，《民法典》为什么没有规定，不得而知。目前看到的理由是，法理的内涵不明确，外延难界定。目前在我国往往是对同一法律问题学者众说纷纭，缺乏权威性。我国法官队伍人数众多而素质参差不齐，如果法律明文规定可以适用法理，难免导致滥用。依靠专家意见也会有问题，司法实践已有反映，有的专家对同一法律问题出具过自相矛盾的意见，规定法理可能引发新的司法不公。依照我国文化传统，规定法理作为民法法源，势必为公众所质疑，并非明文规范的法理何以具有约束力。适用法理乃庸人自扰，没有必要。对于法律规定不完善之处，完全可以借助司法解释、法律的类推适用或适用基本原则等手段解决。①

上述这些不以法理为民法法源的理由，其实一个也站不住脚，都是没有根据的。

第一，认为法理的内涵不明确，外延难界定，是对法理概念缺乏认识。

第二，认为目前在我国往往是对同一法律问题学者众说纷纭，缺乏权威性，这是客观事实，但是，学术讲究百家争鸣，对同一个法律问题学者永远不会有统一的认识，如果对同一法律问题学者众说一致，那就不是学术问题了。法理所说的学说是指权威学说，而不是一致的学说。

第三，认为我国法官队伍人数众多而素质参差不齐，如果法律明文规定可以适用法理，难免导致滥用，这是杞人忧天，本案一审判决已经作出了最好的回答。

第四，认为依靠专家意见也会有问题，有的专家对同一法律问题出具过自相矛盾的意见，这是混淆了法律专家意见与法理之间的界限，法律专家意见在民事诉讼中属于一方当事人的陈述，而不是法理，把法律专家意见认定为法理是错误的。

第五，认为规定法理可能引发新的司法不公，势必为公众质疑，并非明文规范的法理何以具有约束力，这是因为我国 1949 年以来的民法从来就没有规定将

① 杜涛. 民法总则的诞生. 北京：北京大学出版社，2017：10.

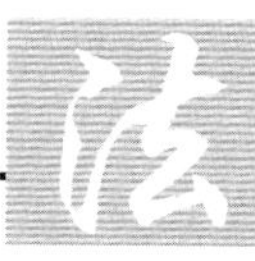

过将法理作为法源，只要规定法理为补充法源，公众自然会接受，绝不是庸人自扰、没有必要。

第六，认为对于法律规定不完善之处，完全可以借助司法解释、法律的类推适用或适用基本原则等手段解决，问题在于，对那些新出现的民事争议，在没有司法解释，没有可以类推适用的法律，又不能违反不能向基本原则逃逸原则时，不适用法理，又该怎么办呢？对人体胚胎，就是没有司法解释，没有可以类推适用的法律，也不具有可以直接适用的基本原则，而要对争议作出裁决，就必须依据法理。这就是现实。

从客观现实的审判中可以看到，我国法官在处理民事争议时，如果没有法律规定，在适用习惯作为裁判依据时是比较慎重的，轻易不会适用习惯作为裁判依据，但是适用法理作为裁判依据的案例却比比皆是。本案一审判决以及宜兴市人民法院和无锡市中级人民法院对人体胚胎法律属性的认定，都是适用法理来确认的。因此，从本案一审判决可以得出结论，即使《民法典》第 10 条没有规定法理为民法法源，在实践中也仍然离不开法理作为民法法源。按照民法的适用原则即法无明文即可为，在民事裁判中适用法理并不违反法律。

三、认定身体权、健康权为本案中受侵害的客体不妥

对本案原告实施的废弃胚胎侵权行为究竟侵害被告的何种民事权利，一审判决书认定，原告单方废弃胚胎，构成了对被告身体权、健康权的侵害，并不妥当，其理由是：

第一，认定原告废弃胚胎的侵权行为侵害对方的身体权、健康权，与本案一审判决关于“胚胎为带有情感因素特殊的物”的认定相互矛盾。既然认定原告的侵权行为侵害了对方的身体权、健康权，其侵害的客体就决定了受到损害的是被告的身体、健康，不可能会有对物的损害。本案一审判决之所以认定原告废弃胚胎构成侵权，是因为胚胎为带有情感因素特殊的物。既然认定构成侵权行为侵害的是胚胎这种带有情感因素特殊的物，那么，侵权行为所侵害的客体一定是对这

个物的物权，而不是其他权利。正如《民法典》第114条所规定的"物权是权利人依法对特定的物享有直接支配和排他的权利"，在物之上确立的权利一定是物权，在物之上，不可能建立身体权、健康权和生育知情权。既然判决书认定本案原告实施的侵权行为造成损害针对的是"带有情感因素特殊的物"，并且在这种特殊的物受到损害后，被告还存在精神上的损害，因而侵害的权利就一定是物权，而不是身体权、健康权。其中的矛盾是无法解释的。

第二，认定原告实施的侵权行为侵害了被告的身体权、健康权没有事实根据。本案一审判决认定原告的侵权行为侵害了被告的身体权、健康权，是"由于男女生理上的差异，相较于取精，取卵过程伴有风险和痛苦，对身体有负面影响。女方出于对生育的渴望，自愿忍受身体的伤害做辅助生殖手术。""原告应当知道做辅助生殖手术，对被告身体有一定的伤害。""在移植胚胎前，原告单方废弃胚胎，使被告在服药促排卵以及取卵过程中的痛苦和损害，不能得到回报。对被告来说，只是损害产生的时间点不一样，同样都存在身体上的损害"，"取卵针穿刺身体提取成熟卵泡时，身体伴有一定程度的痛苦"。

上述这些认定理由，都不是对身体权和健康权造成损害的依据。身体权是自然人维护其身体完整并支配其肢体、器官和其他组织的具体人格权。[①] 健康权是自然人以其身体的外部组织的完整和身体内部生理机能的健全，使肌体生理机能正常运作和功能完善发挥，从而维持人体生命活动为内容的人格权。[②] 身体权和健康权的关系非常密切，二者都是物质性人格权，身体、健康也常常是相互依赖、密切结合在一起的。[③] 所谓物质性人格权，就是指生命权、健康权、身体权，是以自然人的物质性人格要素即生命、身体、健康作为权利客体设立的具体人格权。这三种民事权利作为物质性人格权，必须建立在物质性人格构成要素之上，离开了人格的物质性构成要素，就不存在生命权、身体权、健康权。这就是生命权、健康权、身体权客体的特殊表现形态，即必须表现为人格构成要素的物质形态。

① 杨立新. 人格权法. 北京：法律出版社，2015：168－169.

② 马特，袁雪石. 人格权法教程. 北京：中国人民大学出版社，2007：220.

③ 王利明. 人格权法研究. 北京：中国人民大学出版社，2005：346.

诚然，“女性到了生育年龄，体内卵子数是固定的，为 200 多个，一般每月排卵 1 个，一年排卵 12 个。促排卵治疗后，一次可排卵数个，治疗后，女性更年期会提前。治疗过程对女性生理的干扰较大，刺激排卵导致卵巢反应低下，易出现卵巢功能早衰。此外，取卵针穿刺身体提取成熟卵泡时，身体伴有一定程度的痛苦”。这些都是对女方身体或者健康的损害。但是，这种损害并不是在原告废弃胚胎之时发生的，在原告废弃胚胎之时，被废弃的胚胎并不在女方身体内，既不属于女方身体组织完全的组成部分，也不是女方身体的生理机能的完善性的内容，而是在女方身体、健康之外的独立客观存在。在通过人工生殖技术使男方和女方的精子、卵子结合在一起，培育成胚胎后，这个胚胎就不再是任何一方的身体组成部分，也不是健康的内容，而是独立于人的带有情感因素特殊的物。如果认为脱离人体的胚胎是女方的身体、健康的组成部分，是女方的身体权、健康权的客体，那么同样可以认为，脱离人体的胚胎也是男方的身体、健康的组成部分，是男方的身体权、健康权的客体。当这样反过来考虑问题时就会发现，将原告废弃胚胎的行为认定为原告侵害被告身体权、健康权的行为，是不能成立的。同样，由于胚胎为带有情感因素特殊的物，已经脱离了男方和女方的身体独立于客观世界，继续认定单方废弃胚胎构成对被告身体权、健康权的侵害，仍然可以证明前一个结论，即本案一审判决的前后认定及事实依据是矛盾的。造成这种错误的根源，就在于本案一审判决认定“废弃胚胎的损害始于服药促排卵时”，但是，在女方服药促排卵的时候，双方的意见是一致的，对于这种损害，女方作为对方当事人是认可的，怎么能够认定其是侵权行为的开始呢？

第三，本案一审判决认为，“女方中止（应为终止）妊娠之所以不构成侵权，是基于女性在身体和生理上的特殊性，但男方不当处置胚胎是有可能构成侵权的”。这样的看法基本正确，但这也不是认定废弃胚胎行为是侵害身体权、健康权的理由。在女方妊娠期间，胎儿在母体中，是女方身体的组成部分，因此是身体权保护的范围。男方和女方对夫妻体外胚胎的权利不是身体权、健康权，不能用身体权和健康权来保护；既然是带有情感因素特殊的物，则应适用侵害物权的保护方法予以保护。

综上，本案一审判决认定原告实施的废弃胚胎侵权行为所侵害的客体是身体权、健康权，缺少法律依据，没有足够的法理支持，不足以建立论证基础。

四、配偶废弃胚胎侵害的客体具有双重性

本书认为，在婚姻关系存续期间，配偶单方废弃双方共同取得的人体胚胎的，由于侵害的客体具有双重性，因此，既侵害3对胚胎的共有权，又侵害了对方配偶的配偶权，构成双重的侵权责任。

（一）脱离人体的冷冻胚胎的权属是物权中的共有权

确认原告废弃胚胎的侵权行为所侵害的客体是胚胎共有权的依据，是本案一审判决确认的“胚胎为带有情感因素的特殊物”。

既然确认胚胎为带有情感因素的特殊物，那么在该种物上设置的权属当然就是物权。王泽鉴教授认为，人的身体，虽不是物，但人体的一部分如已分离，均成为物（动产），由其人当然取得其所有权，而适用物权法的一般规定（得为抛弃和让与）。[①] 史尚宽教授认为，人身之一部分，自然地由身体分离之时，其部分已非人身，成为外界之物，当然为法律上之物，而为权利的标的。[②] 这些道理说得非常清楚。

本书把脱离人体的器官和组织称为人体变异物，是指从人的人体衍变、异化而来的具有物的形态，包含人格利益因素的特殊物。[③]当人体的器官或者组织离开人体，成为人体变异物时，身体权人为人体变异物的所有权人。这种所有权的取得为原始取得，即人体的组成部分脱离人体、变为人体变异物时，原来的身体权人对该人体变异物第一次取得所有权。在双方决定进行人工生殖后，医院取得男方的精子和女方的卵子，并结合成人体胚胎，精子在离开男方、卵子在离开女方身体之时，就已经成为人体变异物，男方、女方已经各自取得了对精子和卵子

① 王泽鉴. 民法总则. 修订版. 台北：“三民书局”，2008：234.

② 史尚宽. 民法总论. 北京：中国政法大学出版社，2000：250.

③ 杨立新，陶盈. 人体变异物的性质及其物权规则. 学海，2013（1）.

的所有权；而将离开人体的精子和卵子通过人工技术结合而成人体胚胎时，就又产生了另外一种新的人体变异物——人体胚胎，其所有权为精子所有权人和卵子所有权人共同享有。

从这一过程中还可以看到，在精子离开男方、卵子离开女方之时，卵子和精子分别属于男方和女方，各自享有所有权，这时的所有权是单独所有权。当脱离人体的精子和卵子结合培育成人体胚胎时，精子和卵子形成一体，组成了人体胚胎，因而这一人体胚胎就成为男方和女方享有共有权的客体，即男方和女方对培育的人体胚胎享有的所有权为共有权，双方都是人体胚胎的共有权人，共同对人体胚胎享有共有权人的权利，负担共有权人的义务。这两次所有权的取得，都是原始取得。

自这时起，人体冷冻胚胎不是男方或者女方的身体组成部分、健康组成部分，而是双方共同享有所有权的客体。

既然承认胚胎为带有情感因素特殊的物，就必须承认这种物的权属就是物权中的所有权、所有权中的共有权，该胚胎就成为共有物，为共有权的客体。这种共有为共同共有，共有人对共有物即胚胎不分份额，共同享有权利、负担义务。

既然如此，以废弃胚胎的方式实施侵权行为，侵害的对方的权利不是身体权、健康权和生育知情权，而是物权中的所有权、所有权中的共有权，这种侵权行为就与普通的侵权行为不同。

由于对人体冷冻胚胎享有的权属是共有权，因而原告和被告都是他们所有的人体胚胎的权利人。正因为如此，这种侵权行为就不是绝对权的义务人侵害了绝对权的权利人的权利，而是共有权人之间因违反共有人的义务而发生的侵权行为。认定这种侵权行为，应当适用《民法典》关于共有的规定。

《民法典》第 301 条规定："处分共有的不动产或者动产以及对共有的不动产或者动产作重大修缮、变更性质或者用途的，应当经占份额三分之二以上的按份共有人或者全体共同共有人同意，但是共有人之间另有约定的除外。"本案原告和被告共有的人体胚胎作为共有权的共有物，在对其处分时应当遵守《民法典》第 301 条规定，即处分共同共有的不动产，应当经过全体共同共有

人同意。共同共有人之一没有经过全体共同共有人同意而处分共有物，就侵害了其他共有人的共有权。本案原告作为人体胚胎的共有权人之一，没有经过其他共有人即被告的同意，擅自废弃胚胎，违反了共同共有人的义务，侵害了被告的共有权。

这种侵权行为与其他普通的侵权行为不同。普通的侵权行为中，侵权人与被侵权人之间没有这样的权利义务关系，只是绝对权的权利人以外的任何人作为绝对权的义务人，违反了不可侵义务，造成了绝对权人的人身损害或者财产损害。而共有人之一违反共有人的义务，侵害了其他共有人的权利，是在共有权的权利主体之间发生的侵权行为。在这里，应当特别强调共有权这种权利的属性。本书认为，共有权是具有相对性的绝对权，其含义是，共有权的内容不仅包括其作为所有权所具有的与非所有权人之间构成的对世性的权利义务关系，还包括其内部共有人之间的权利义务关系。共有权这种既有绝对性又有相对性的双重性，即具有相对性的绝对权，是共有权的重要特征。[①] 因此，在这种相对性的内部关系中发生的侵权行为，即指共有人之一违反共有人义务使其他共有人的权利受到损害。

本案一审判决显然注意到了这种侵权行为的特殊性，但是没有用共有权权利主体的相对性来解释，而是采用了合同规则的解释，即“譬如甲、乙协议共同投资项目，甲以无形资产入股，乙以资金入股。乙向项目投入重金后，甲半途退出，此时，甲应向乙承担违约责任，赔偿乙的损失”。这恰好是在解释夫妻对人体胚胎享有共有权时，双方作为共同共有的权利人的相对性。同样都是用相对性关系解释人体胚胎的权利人的关系，用物权法规则解释显然比用合同法规则解释更加精准。

将共有人违反共有义务的行为认定为侵权行为，是否违反《民法典》第130条规定的自我决定权呢？该条规定：“民事主体按照自己的意愿依法行使民事权利，不受干涉。”如果对某物享有的是单独所有权，权利人如何行使权利都是自我决定权的范围，他人自不得干涉；但是共有权的特点是权利人为二

① 杨立新．物权法．北京：法律出版社，2013：142．

人以上，特别是共同共有，须所有共有人一致同意方可对共有物进行处置，未经其他共有人的同意而单独处置共有物，应认定构成侵权责任，不违反自我决定权的规定。

（二）配偶单方废弃人体胚胎也侵害了对方的配偶权

本案原告单方废弃人体胚胎，还构成对被告配偶权的侵害。本案一审判决认为："生育知情权是指生育主体对与自身生育相关的信息所具有的了解权利。夫妻互为生育关系伙伴，互为权利义务主体。夫妻有相互扶助义务，均应维护和促进对方的利益。被告回国后，旅居国外的原告有便利的条件照管胚胎，加之此前的续费亦是原告交纳的，被告有理由相信原告会妥善处理胚胎储存问题。原告在未通知被告的情况下，终止交费，等同于单方废弃胚胎，损害了被告的生育知情权。"这种说法不无道理。

现在的问题是，生育知情权究竟是何种权利。生育知情权肯定不是一项独立的民事权利，或者从属于知情权，或者从属于生育权。知情权是人格权，生育权是配偶权。

本书认为，生育知情权既是知情权的内容，是生育权的内容，也具有双重性。不过，在本案的法律关系中，其生育权的属性更突出。生育权是自然人的权利，属于人格权，但是，在建立婚姻关系后，成为配偶权的组成部分，是配偶之间享有的身份利益。配偶之间就行使生育权的具体问题，共同协商，共同解决。当双方当事人协商用冷冻胚胎的人工辅助生殖技术准备生育时，一方未经对方同意而废弃，就造成了对方配偶利益的损害，构成侵害配偶权的行为。

存在的问题是，虽然认定人体胚胎为带有情感因素的特殊物，当这种特殊的物受到侵权行为侵害时，以物权受到侵害为由予以救济，就足以救济受害人的损害，但是，在配偶之间对于这种侵权行为侵害对方配偶的配偶权的，以侵害配偶权认定侵权责任性质，更具有针对性，更能够保护对方配偶的合法权益。

存在的障碍是，《婚姻家庭编解释一》第 23 条规定："夫以妻擅自终止妊娠侵犯其生育权为由请求损害赔偿的，人民法院不予支持；夫妻双方因是否生育发生纠纷，致使感情确已破裂一方请求离婚的，人民法院经调解无效，应依照民法

典第一千零七十九条第三款第五项的规定处理。”这里说的是以擅自终止妊娠侵犯其生育权请求损害赔偿的不予支持，但是，以单方废弃人体胚胎侵害配偶权，请求损害赔偿，并不在其范围内。因此，依照民法的“法无明文即可为”的原则，既然没有禁止性的规定，当然就可以支持。

还应当讨论的一个问题是，废弃胚胎的侵权行为发生在婚姻关系存续期间内外，对认定侵权责任是否有影响。本案原告废弃人体胚胎的行为发生在双方婚姻关系存续期间，因此认定构成侵害配偶权的侵权责任没有问题，因为只要存在婚姻关系，被告就可以主张植入体内孕育子女。如果双方已经离婚，一方未经对方同意而废弃胚胎，是否也构成侵权，从物的共有权角度讨论，应当构成侵权；但是，如果从社会、伦理的角度讨论，认定其为侵权责任会引发很多法律上的后果，如果认定为侵权，将很难处理这些问题，例如，离婚后的男方不得废弃胚胎，女方主张植入体内孕育，就会形成没有婚姻关系也会生育双方子女，从而发生一系列的身份利益的后果。况且在双方已经离婚后，再单方废弃人体胚胎，就不再存在侵害配偶权的可能。对此，本案一审判决认定“根据伦理、一般观念和司法政策，离婚后，女方不得单方移植胚胎”，是有道理的。

五、原告应当承担的侵权损害赔偿责任

本案一审判决确认原告以废弃胚胎方式对被告实施侵权行为，因胚胎为带有情感因素特殊的物，被告还存在精神上的损害，因此，斟酌被告承受的痛苦和伤害、年龄因素以及对婚姻的珍视程度，双方在辅助生殖手术中投入不对等因素，被告处于弱势地位，基于公平正义观念和照顾妇女权益的原则，酌定精神损害赔偿数额为3万元。这个理由和考虑的因素以及最后确定的赔偿数额，都是正确的。应当斟酌的是以下几个问题：

第一，确认原告对被告承担精神损害赔偿责任，原判适用的是2001年《精神损害赔偿司法解释》第4条规定，即：“具有人格象征意义的特定纪念物品，因侵权行为而永久性灭失或者毁损，物品所有人以侵权为由，向人民法院起诉请

求赔偿精神损害的，人民法院应当依法予以受理。”这一条文规定的内容，并不包括这种对人体变异物造成损害的精神损害赔偿，而是具有人格象征意义的特定纪念物品受到损害。不过，《民法典》将这一条文的基本精神写进了《民法典》第 1183 条第 2 款，即“因故意或者重大过失侵害自然人具有人身意义的特定物造成严重精神损害的，被侵权人有权请求精神损害赔偿”。这一规定完全可以概括侵害人体胚胎的精神损害赔偿。同样，侵害配偶权造成精神损害，其赔偿依据仍然是《民法典》第 1183 条。因此，确定本案的精神损害赔偿责任，在当前直接依据《民法典》第 1183 条即可。

第二，对废弃胚胎的直接经济损失是否应当赔偿。尽管胚胎属于具有人格因素的特殊物，但是无法确定其本身价值，不能确定这种财产损害赔偿的实际数额。因此，确定的赔偿数额 3 万元，虽然是精神损害赔偿的性质，但是由于无法确定物的损害价值，实际上等于是一揽子赔偿。这种方法也是可以的，不必另行计算胚胎受到损失的财产价值，确定财产损害赔偿。这一点更加证明对于人体变异物的损害，主要的救济方法应当是精神损害赔偿，而不是财产损害赔偿，因此不必适用《民法典》第 1184 条关于财产损害赔偿的规定。

第三，究竟应该赔偿多少数额，这属于法官和法庭的自由裁量权。本案一审判决适用 2001 年《精神损害赔偿司法解释》第 10 条规定的方法，是正确的。其实，精神损害赔偿责任数额的确定，只要体现了抚慰受害人的精神损害、制裁侵权人的侵权行为，发挥了一般的社会警示作用的功能，就是完全可以的，不必斤斤计较数额的大小。

讨论本案，可以得出的结论是，男女双方以其脱离人体的精子、卵子通过人工生殖技术获取的人体胚胎，是具有人格利益因素和生命的特殊物，是男女双方作为共有权人共同支配的共有物，同时也凝聚着配偶双方共同的生育利益。一方当事人未经对方共有人的同意而擅自予以废弃，违反了共有人的义务，侵害了对方的共有权和配偶权，构成侵害配偶权和物权的侵权行为，应当承担侵权责任。由于人体胚胎具有生命等人格利益，为潜在的人的物质形态，并且包含配偶的身份利益，因而权利人主张民法救济时，可以请求侵权人承担精神损害赔偿责任。

第七章
亲　权

第一节　亲权概述

一、亲权的概念和法律特征

（一）亲权的概念

亲权，是指父母对未成年子女在人身和财产方面的管教和保护的权利和义务。[①] 换言之，民法上父母保护教养未成年子女之权利义务，谓之亲权。[②] 在近代民法上，亲子关系之效力中最重要、最核心的部分就是亲权。[③] 亲兼指父母，子兼指子女。亲权是父母对未成年子女的权利和义务的统一。[④]

亲权肇始于个人主义勃兴之际。在家属制度盛行之时，家长权独为强大，只

① 李志敏. 比较家庭法. 北京：北京大学出版社，1988：227－228.

② 林菊枝. 亲属法新论. 台北：五南图书出版公司，2006：305.

③ 陈棋炎，黄宗乐，郭振恭. 民法亲属新论. 2版. 台北：三民书局，2002：377.

④ 杨大文，龙翼飞主编. 婚姻家庭法. 8版. 北京：中国人民大学出版社，2020：161.

有家长权而无亲子权义。待家属制度衰落，个人主义代起，家长权中之一部分变为由父一人行使，称之为父权，再变而由父母共同行使，称之为亲权。[①]

也有学者认为，《民法典》第 1068 条规定，父母有保护和教育未成年子女的权利和义务，这属于类似于亲权的原则性规定，但无法解决许多亲子生活中的实际问题，更不足以防止父母滥用权利以及保护未成年子女的利益。[②] 其实，《民法典》对亲权的规定，更主要的是第 26 条第 1 款关于“父母对未成年子女负有抚养、教育和保护的义务”的规定，这其实已经全面规定了亲权的内容。至于侵权的具体内容，则在于《民法典》婚姻家庭编以及其他法律关于父母与未成年子女权利义务的关系的规定。我国已经构建了亲权的基本内容。

（二）亲权的法律特征

1. 亲权的性质是基本身份权

亲权不是人格权，而是基本身份权，是由若干派生身份权构成的权利的集合体，是一个由若干具体权利构成的权利束，与配偶权、亲属权相并列，三者构成婚姻家庭法的身份权体系。

2. 亲权是权利和义务的综合体

亲权作为父母与未成年子女之间的身份权，一方面是父母的权利，未成年子女必须服从父母的教养与保护；另一方面，亲权的行使，又具有职责的性质，是法定的义务，父母基于这种法定义务，应对其未成年子女的养育和照顾尽全责。因而，亲权不得被抛弃、非法转让或非法剥夺。

3. 亲权是父母对未成年子女的权利和义务

亲权的主体是父母和未成年子女，各国现代立法对此的规定是一致的。现代民法认为，亲权只是父母对其未成年子女的权利与义务，子女既已成年，即脱离父母亲权的保护，享有完全的民事行为能力，父母与成年子女之间的权利义务关系就成为亲属权。有的学者主张亲权是专属于父母的权利[③]，但既然亲权是确定

① 曾明群. 父母子女之权利义务. 北京：商务印书馆，1934：1.

② 马忆南. 婚姻家庭继承法. 5 版. 北京：北京大学出版社，2023：157.

③ 杨大文主编. 婚姻家庭法. 5 版. 北京：中国人民大学出版社，2012：167.

父母与未成年子女间相互关系的身份权，其权利主体就不能只是父母，还必须有未成年子女。

4. 亲权以教育、保护未成年子女为目的

亲权是专有权，只为父母所专有，父母者，生父母、养父母及形成抚养关系的继父母，都专有享有亲权。亲权的目的具有一定的支配性质，这种支配性质并非专制的人身支配，而是以教养、保护未成年子女为目的，对父母子女间的亲权利益进行支配，因此，父母的亲权并非无限制，亲权的行使仅限于监护子女的必要范围且符合子女的利益始可。①

二、我国民法上的亲权概念

（一）我国婚姻家庭法长期不使用亲权概念的原因

亲权一词，已为中外学术及法典上通用的法律用语，外国立法例，莫不在亲属法上设有专章或专节，予以详尽规定。② 不过，在我国 1949 年以后的民法教科书和专著、文章中，多不使用亲权的概念。学者认为，“社会主义法系多未设亲权制，但有亲权的实际内容”③。这是实际情况。近年来，有些学者提出使用亲权概念的意见，开始在婚姻家庭法教科书和科研文章中使用亲权。《民法典》也是这样，没有使用亲权的概念，但是规定了父母子女间的权利义务，是实质的亲权。换言之，我国现行法中并无亲权的概念，但法律中父母对未成年子女有抚养教育或管教保护的规定实际上就是亲权的内容。④

长期以来，我国婚姻家庭法为什么有亲权的实际内容而不采用亲权的概念？原因在于：第一，亲权的基础是私法理论，苏联民法理论不承认私法概念，所以我国的婚姻家庭法理论不承认亲权概念，是顺理成章的。第二，婚姻家庭法在法律体系中，被认为是独立的基本法律部门，是与民法并列的基本法。民法不规定

---

① 林菊枝. 亲属法专题研究. 台北：五南图书出版公司，1985：139.

② 林菊枝. 亲属法新论. 台北：五南图书出版公司，2006：306－307.

③ 李志敏. 比较家庭法. 北京：北京大学出版社，1988：228.

④ 夏吟兰. 家事法专论. 北京：中国政法大学出版社，2020：384.

亲权概念，婚姻法又不承认私法理论，自然就不用亲权的概念。第三，受“左”的思想束缚，认为亲权是资产阶级亲属法的概念而故意回避这个概念。而实际情况是，采用大监护概念给我国的法律理论和司法实践带来了混乱。亲权和监护在一定程度上有相似之处，都包括对行为能力欠缺的人的人身和财产进行保护和管理的内容，但二者也存在诸多不同，且有严格区别。亲权制度包含不了监护制度，监护制度也同样无法涵盖亲权关系的所有内容，非要将二者糅合成一个制度来规范，会损害立法的科学性，妨害这两种制度各自依其内在要求的发展完善和各自功能的实现，最终造成大监护概念徒有虚名，立法和司法实践各行其道。[①]

这种狭隘的法学理论观念，在改革开放的潮流中受到了挑战。在实事求是思想原则的指引下，学者进行了深入的研究和探讨，逐渐认识到公法、私法的划分是有其理论根据的，确认民法的性质为私法是合乎民法的本质属性的，婚姻家庭法的实质是亲属法，它是民法的有机组成部分。在这样思想的指导下，《民法典》已经恢复了婚姻家庭法在民法中的应有地位。

(二)《民法典》对亲权的规定

《民法典》第 26 条第 1 款规定：“父母对未成年子女负有抚养、教育和保护的义务。”这里规定的就是亲权，婚姻家庭编在“父母子女关系”中规定的父母与未成年子女的权利义务关系，就是亲权的内容，与亲权的概念完全相合，只是这些规定过于简略，没有规定亲权的具体内容，但这并不妨碍确认亲权的概念。

既然如此，确认亲权概念和亲权制度，实质上只存在一种观念上的束缚，只要破除了“左”的思想束缚，实事求是地对待这个问题，确认亲权概念和亲权制度是没有障碍的。有的学者认为，我国目前尚未建立亲权制度，父母是以监护人的身份对未成年子女的人身和财产进行保护的。[②] 事实上，这是一个理解上的问题，上述规定其实就是亲权的概念，不能将其理解为监护权的规定。对此，立法机关工作人员在解读《民法典》规定的释义中，使用了“亲权”的概念，例如在解释《民法典》第 112 条规定时，认为“自然人因家庭关系产生一些人身权利，

---

① 夏吟兰. 家事法专论. 北京：中国政法大学出版社，2020：384 - 385.

② 杨大文主编. 婚姻家庭法. 5 版. 北京：中国人民大学出版社，2012：167.

如父母对子女的亲权和履行监护职责产生的权利”[①]，就使用了亲权的概念。

三、亲权制度的历史沿革

（一）古代的家父权和父权

亲权制度来源于两个方面：一是罗马法中的家父权，二是日耳曼法中的父权。在我国，古代法中的父权就是亲权的前身。

1. 罗马法中的家父权

家父权是罗马法特有的制度。一般地说，家父是指那些在罗马家庭中不再有活着的直系尊亲属的男性，家父可以是父亲、祖父或曾祖父。在家父死亡后，原有的家庭便分裂为数个有着各自家父的家庭，在各家庭中，不再有活着的直系尊亲属的男性长辈又是新的家父。

家父的对称是家子，包括家父统领下的家庭中的其他任何成员，即妻、子、女以及子妇、孙子女等。在家父权的法律关系中，家父是自权人，家子是他权人。罗马法认为，罗马家庭有自己的圣物，即自己的特殊崇拜，家父就是这一崇拜的司铎。[②] 家父是家子的法官，对于家子所犯的过错，家父有权以任何可能的方式加以惩罚，包括采用监禁、身体刑，甚至死刑。对于侵犯家外人的犯罪，家父可以将家子交给被害人，以摆脱自己的责任。家父也可以出卖或出租家子，遗弃或杀死新生儿。

罗马法的家父权过于专制和残忍，罗马法学家一直在试图限制它，至《法学阶梯》，家父权已成为有节制的矫正权和规束权，法律也把这种权利授予父亲或母亲，并以罗马的父权相称呼，罗马的家父权最终为父权所代替。

罗马法的家父权是一个相当复杂的概念，不仅包括父权的内容，还包括夫权的内容和亲属权的内容。它的性质是专制的人身支配权。

---

① 黄薇主编. 中华人民共和国民法典总则编释义. 北京：法律出版社，2020：295.

② 司铎：天主教、东正教的神职人员，即神甫、神父。

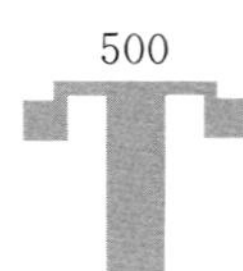

2. 日耳曼法中的父权

日耳曼法的父权表现为对子女的保护权，是以子女利益为出发点，规定的父亲对子女的身份权。日耳曼法的父权与现代亲权制度比较接近，既是权利，又是义务；它不是对子女的赤裸裸的人身支配或占有，而是从保护子女的利益出发，规定父亲对子女应尽的职责。近现代许多国家民事立法确定亲权制度，一般多继受日耳曼法的原理和规则，因此，日耳曼法的父权对近现代民法规定的亲权具有很大的影响。

3. 中国古代法中的父权

中国古代法的父权是本土法的身份权，没有受到罗马法家父权和日耳曼法父权制度的影响，亦是亲权制度的渊源之一。

中国古代尊崇父权，“三纲”中的“父为子纲”，既是父权制度的理论基础，亦是亲属法的中心内容。中国古代法的父权，既含有罗马法家父权的人身支配权的性质，如“父要子亡，子不敢不亡”之说，体现了它的支配权的性质；也含有日耳曼法父权的保护权性质，即父须负教养、保护其子女的义务。

中国古代父权制的核心是“孝”，要求子女对父母必须孝顺、尊崇，不得违逆父母的意志。推而广之，不但父对于子，而且祖对于孙推而至于曾高祖对于曾玄孙等均享有尊长权，违反者均应处以刑罚。我国古代的父权原则上为父亲享有，但母亲亦享有部分权利。

（二）近代亲属法的亲权概念

近代以来，各国民法典均设置亲权标题，专门规定亲权制度。例如，1804年《法国民法典》第一卷第九编专门规定“亲权”，共17条；第10编专设“未成年与亲权解除”一节，共12条。这两编规定了亲权的基本制度。此时的亲权为父亲单独的权利，由父单独行使。民法典规定：子女对父母负尊敬的义务；子女在成年或亲权解除前，均处于父母权力之下；子女除于18周岁后为志愿兵入营外，非得其父的许可不得离开其父的家庭；父亲对子女有矫正权；父亲以及婚姻解除后尚未死亡的父、母，对于亲权支配下的子女的财产有用益权；等等。

这一时期的亲权基本内容是基本合理的，最大的缺陷在于规定亲权是父亲的

单独权利，没有体现男女平等的原则。

（三）现代亲属法的共同亲权

现代亲属法的亲权是父母共同亲权，以《法国民法典》为例，1804年《法国民法典》第373条规定："父母婚姻关系存续中，亲权由父单独行使之。"根据1970年6月4日第70—459号法律，法国对《法国民法典》第一卷第九章"亲权"进行了修订，修订后的第372条为亲权行使的基本原则，规定："父母在婚姻关系期间，共同行使亲权。"确定了共同亲权原则。

《德国民法典》原第1627条和第1634条规定，原则仅以父亲为亲权人。根据1979年7月18日《亲权照顾权新调整法》修订，该法典第1626条的规定被调整为："父母有照顾未成年子女的权利和义务（亲权照顾权）。"也确定了共同亲权原则。

日本同样经历了这样的过程。二战前《日本民法典》第877条规定："除已成年，而能独立谋生的子女外，均应服从父的亲权。其父失踪、去家或不能行使亲权时，由其母行使亲权。"1948年修改民法，于第818条规定："未成年之子，服从父母之亲权。""亲权，于父于婚姻中，由父母共同行使之，但父母之一方，不能行使亲权时，由他方行使之。"实现了日本民法上亲权制度的根本性改革。

韩国民法明确规定父母共同行使亲权，体现了亲权共同行使的原则，表明行使亲权要由父母共同作出决定。①

现代民事立法对亲权制度的具体规定尽管各有不同，但在基本性质上和男女平权等问题上，则具有共同性。

四、亲权与监护权

（一）大陆法和英美法的区别

在大陆法，亲权与监护权是两个不同的概念，有严格的区别。但是在英美法，亲权与监护权不加区分，统称为监护权。

① 姜海顺. 中韩家族法的比较研究. 北京：法律出版社，2009：232.

英美法认为，监护的职责就包括亲权。例如在英格兰法律中，一个人可能根据父或母的权利，为了养育未成年人而自然地、习惯地成为未成年人的监护人。监护人的职责可能关于未成年人的人身或财产，或二者兼而有之。对于未成年孩子的人身，父亲是自然监护人。父亲或没有父亲时的母亲，是负有将未成年孩子教养到 14 岁责任的监护人，而且根据父或母的权利，他或她是未到法定年龄的未成年人的监护人。人身监护人有权照管和负责未成年人的人身，安排他的教育。监护人有权为被监护人的利益管理其私人财产，直到他到法定年龄为止，而且必须将此种收入用于抚养被监护人。① 可见，上述英美法系中的监护权内容，实际上就是大陆法系的亲权制度。

（二）我国的亲权和监护权

我国婚姻家庭法采用大陆法系的立场，认为亲权与监护权是有区别的。对亲权，规定在《民法典》第 26 条第 1 款，以及婚姻家庭编关于父母子女关系的相关规定中，前文已述。对监护权，则规定在《民法典》总则编第二章“自然人”的第二节。在立法上，对亲权和监护权已经作了原则性规定，只是在具体的概念和适用的具体规则上，还是有所混淆。

1. 亲权与监护权的区别

（1）性质不同。

虽然亲权与监护权同为身份权，但二者在具体属性上有严格区别。亲权确定的是父母与未成年子女之间的身份关系，属于婚姻家庭法上的身份权，规定在《民法典》婚姻家庭编之中，是婚姻家庭法的具体内容。监护权是基于身份关系等而发生的权利，属于监护无民事行为能力人或者限制民事行为能力人的准身份权，是民法中民事主体制度的组成部分，规定在《民法典》总则编，确定的是监护人与被监护人之间的权利义务关系。

所以，亲权是严格的身份权概念，监护权并不是严格的婚姻家庭法上的身份权概念，因而称之为准身份权。

---

① ［英］戴维·M. 沃克. 牛津法律大辞典. 北京社会与科技发展研究所，译. 北京：光明日报出版社，1988：390.

（2）权利主体的范围不同。

亲权仅限于父母对未成年子女的教养保护权，既不包括亲属以外的其他人对未成年子女的权利义务，也不包括父母以外的其他亲属对未成年子女的权利义务，因而亲权的权利主体是有限的、单一的。监护权的权利人范围比较宽泛，包括祖父母、外祖父母，兄、姐，配偶，子女，其他亲属、朋友，住所地的居民委员会、村民委员会或民政部门。二者相比，监护权的权利主体范围远远超过亲权的权利主体范围。

（3）权利范围不同。

亲权的权利范围仅限于对未成年子女的抚养、教育和保护，对除此之外的身份关系亲权无权调整。监护权的权利范围不包括父母对未成年子女的身份利益支配权，而包括对其他无民事行为能力人或限制民事行为能力人的身份利益监护，例如，对已成年的无民事行为能力人和限制民事行为能力人，亲权不能调整，只能由监护权进行调整。

（4）权利内容不同。

亲权的内容包括对未成年子女的教养和保护权。教养权内容很广泛，包括住所指定权、子女交还请求权、惩戒权、职业许可权、法定代理权和同意权。虽然监护权的权利范围宽于亲权，但其内容只包括保护权，不包括教养权的内容，因而在权利内容上，监护权窄于亲权。

2. 亲权与监护权的联系

亲权与监护权同为身份权，除有以上区别以外，还具有共同之处和相应的联系。这主要表现在，亲权和监护权都表明人与人之间的身份关系，亲权表现的是父母与未成年子女之间的身份关系，而监护权表明的则是监护人与被监护人之间的身份关系；亲权与监护权的客体都具有身份利益的性质。

五、亲权与亲属权

（一）亲权与亲属权的联系

亲权与亲属权都是婚姻家庭法上的身份权，都是关于亲属之间身份关系的权利，

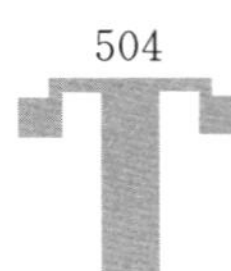

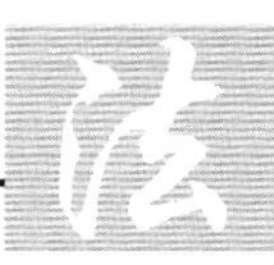

其功能都是表明特定的亲属之间的身份和地位，规范特定亲属之间的权利和义务。

（二）亲权与亲属权的区别

1. 权利主体不同

亲权的权利主体只是父母和未成年子女，不包括其他人。亲属权的权利主体不仅包括父母，还包括其他亲属，即除配偶和未成年子女的父母之外的其他近亲属。从总体上说亲权，主要是父母的权利，包括权利和义务，当然也包括未成年子女的权利。亲属权是亲属身份关系当事人的权利，其权利义务是相互的。

2. 相对权利主体不同

亲权的权利主体是父母，其相对权利主体是未成年子女。子女成年后，不再是亲权主体的相对权利主体，而是亲属权的权利主体。亲属权的权利主体具有平等性，不存在相对权利主体。

3. 内容的宽窄不同

亲权的主要内容是教养、保护权，内容很广泛。亲属权的内容相比之下，是比较狭窄、单一的：一是表明亲属的身份，二是相互之间的扶养、赡养、抚养权等。

第二节　共同亲权原则与亲权法律关系的当事人

一、共同亲权原则

（一）共同亲权原则的含义

共同亲权原则，是当代亲属法确认的亲权基本原则。

共同亲权，是指亲权的共同行使，即亲权的行使均应由父母共同的意思决定，父母对外共同代理子女。[①] 美国家庭法尽管不将其称为亲权而称为监护权，

① 林菊枝. 亲属法专题研究. 台北：五南图书出版公司，1985：143.

但也承认共同监护，认为在婚姻关系存续期间，监护的权利由夫妻共同享有。[①]

在共同亲权原则之前，实行的是父亲专权原则。这是男女不平等的产物，体现了亲属法上的人格不平等。父亲专权原则不只是古代父权、家父权的原则，即便在近代民事立法中，也是亲权的基本原则。

随着社会的进步，基于子女利益的观点，认为最需要亲权保护的幼儿，与母之关系较其与父更为密切，母之亲权遂受承认，但初时仍以父为第一亲权人，以母为第二亲权人。

直至近代，因男女平等观念兴起，各国立法才以共同亲权原则取代了父亲专权原则[②]，在亲权领域中真正实现了男女平等。《民法典》第1058条规定："夫妻双方平等享有对未成年子女抚养、教育和保护的权利，共同承担对未成年子女抚养、教育和保护的义务。"这一条文规定的就是共同亲权原则。父母双方共同行使亲权，是现代亲权制度的基本原则。亲权由父方优先行使或者父方有最后决定权，发展为现代的由父母双方共同行使，是男女平等精神在亲权制度中的体现。父母共同行使亲权，不仅表现在亲权由父母双方平等地享有，而且强调亲权应由父母双方共同行使，继父和母是共同亲权人。[③]

（二）共同亲权的特点

1. 亲权为父母平等的权利

在父亲专权原则下，亲权只为父亲所享有，始则为父亲或男性最高尊亲属所专有，父亲或最高尊亲属死亡后，仍为男性继承人所专有享有；继之则由父亲所享有，当父亲失踪、离去或死亡时，则由母亲代理或者享有。直到现代亲属立法，亲权才成为父母平等的权利，无孰高孰低之分。

2. 亲权为父母共同的权利

共同亲权原则不仅表现在平等享有，还表现在父母共同享有。这就是说，亲权是

---

① ［美］哈里·D. 格劳斯，大卫·D. 梅耶. 美国家庭法精要. 陈苇，等译. 北京：中国政法大学出版社，2010：149.

② 林菊枝. 亲属法新论. 台北：五南图书出版公司，2006：312.

③ 杨大文，龙翼飞主编. 婚姻家庭法. 8版. 北京：中国人民大学出版社，2020：165.

一个整体的权利，父和母是共同亲权人，而不是将亲权分割，由父和母分别享有。

3. 亲权的行使由父母共同为之

亲权是父母的共同权利，行使时应由父母共同的意思来决定，单独行使符合配偶权的相互代理权的，认其为有效，但父母一方违背另一方意思表示的亲权行为，则为无效。

共同亲权原则，以父母间的婚姻关系存在为前提。在父母离婚后，亲权由与未成年子女共同生活的一方行使，另一方的亲权受到限制；对非婚生子女，亲权由母亲行使，在其被认领后，亲权才得为其父母共同行使。

（三）共同亲权的行使

依照《民法典》第1058条的规定，父母共同行使亲权，按照双方共同意志行使亲权。当夫妻双方对行使亲权的意思表示不一致时，可分为两种情况处理。

1. 对一般事务

对一般的日常事务，共同亲权原则并不排斥由父母各自独立处理。这些事务无关大局，父母的意思表示一致，或者一方违反他方的意思，虽有争议，但不引起法律上的问题。

2. 对重要事项

对必须由父母双方共同决定的重要事项，在父母意思表示不一致，无法共同行使亲权时，必须采取妥善的对策解决。

对此，各国立法中“二战”作了不同的规定，有的未作具体规定。日本旧民法规定，亲权归属于与子女同居之父，如父不在或不能行使亲权时，由母行使。“二战”后民法修改，提倡男女两性平等，改为亲权由父母于婚姻中共同行使，对意思表示不一致的应如何处理，则未设规定。《德国民法典》曾规定，当出现此种情况时，父亲享有父之最后决定权。该规定于1959年7月29日被德国联邦宪法法院以违宪为理由判决无效。经过修改的该法典第1627条后段规定：“在意见发生分歧时，父母应力图取得意见一致。”第1628条规定：“父母在处理亲权照顾权的个别事务或对子女具有重要意义的某些种类的亲权照顾权的事务意见不能一致时，监护法院得按父母的一方申请，将决定权让与父母的一方，但以此让

与符合子女的权益为限。此项让与得附以某些限制或负担。在决定之前，监护法院应谋求父母就符合子女利益的处理取得一致的意见。”德国法的上述规定是可以借鉴的。

以上立法，一般都认为父之最后决定权违反两性平等的原则；未作任何规定的立法不能解决争议，难以妥善保护未成年子女的利益；而法院参与家庭事务，不仅违反家庭自治原则，而且会给法院造成过重负担。综合比较起来，仍以德国的立法为佳。

我国也应采取德国的立法例，补充这样的内容。在实务中，首先应当坚持父母协商原则，在对重大问题父母的意见无法统一时，应当准许亲权人一方向法院起诉，法院依最有利于子女利益原则作出判决。

二、亲权法律关系的当事人

传统民法理论认为，亲权法律关系的当事人包括亲权人和客体。亲权人为父母，客体为子女。[①] 当代民法理论不认可这样的观点，我国民法理论也不接受这种见解，原因是，在身份权法律关系和一切民事法律关系中，人不能成为客体，只能是主体。如果将子女作为亲权的客体，等于认子女为亲权权利义务的标的，这完全不符合民法的基本理念。

亲权是绝对权，但是又具有相对性，其主体包括以下三种。

（一）亲权的权利主体

亲权的权利主体是父母。在共同亲权原则的指导下，亲权的权利主体是共同主体，即父母。在下述具体情况下，亲权的权利主体有不同变化。

一是婚生子女的父母一方死亡时，生存的一方父或母为单独亲权人，由其单独行使亲权。

二是婚生子女的父母离婚时，对哪一方父母为亲权的权利人，立法态度多有不同，或依协议，或父为亲权的权利人，或由法院指定。依我国立法的基本精

---

① 史尚宽. 亲属法论. 台北：荣泰印书馆，1980：592，594.

神，亲权人应为抚养该未成年子女的父或母一方，由该方单独行使亲权，但不应否认对方享有的亲权，只是权利的行使受限制。

三是非婚生子女，以母亲为亲权人；非婚生子女准正以后，父母为共同亲权人。非婚生子女经认领后，一般认为父为亲权人，或经父母协议或裁判，父始为亲权人。对此，应以协商为原则，由抚养该子女的一方为亲权人。

四是养子女，其亲权人为养父母，生父母将子女送养，收养关系成立之后，生父母即丧失亲权。养父母均死亡以后，收养关系并不必然消灭，生父母亦不必然恢复亲权。收养关系撤销以后，养父母的亲权消灭，生父母的亲权恢复。

五是继子女，与其共同生活的生父或生母为亲权人，与其形成扶养关系的继父或继母亦为共同亲权人。

（二）亲权的相对权利主体

亲权的相对权利主体为子女。作为亲权相对权利主体的子女应为未成年人，即未满 18 周岁。自子女满 18 周岁始，亲权消灭，子女脱离亲权照顾，失去亲权的相对权利主体的资格。

未成年子女作为亲权的相对权利主体，包括婚生子女、非婚生子女、养子女和形成抚养关系并共同生活的继子女。

（三）亲权的义务主体

亲权是绝对权，亲权关系主体之外的其他任何第三人都是亲权的义务主体，负有不得侵害亲权的不作为义务。

第三节　亲权的内容

亲权的内容，其实就是亲权的派生身份权，通常被分为人身照护权和财产照护权。其范围广泛，包括保障和促进子女在身体、精神、心理、社会和经济上的利益；其目的是帮助年轻人实现人格和经济之独立。父母的照顾不仅是为了维护子女权益，还是为了促进子女在身体和能力上的发展。父母的照顾应当包括相应的决定权限，第三人亦应尊重该权限。[①]

在我国《民法典》对亲权内容的规定比较简单，只是在第 26 条第 1 款、第 1067 条、第 1068 条、第 1071 条和第 1072 条规定了亲权的部分内容。本书按照上述规定以及传统民法理论，也将亲权的内容分为人身照护权和财产照护权，下文详细说明。

一、人身照护权

人身照护权也叫身上照护权[②]、人身照顾权。其基本内容是，父母对未成年子女的抚养、教育、保护的权利和义务。对此，《民法典》第 26 条第 1 款作了规定。

抚养、教育和保护，是同一目的的权利义务，但作用不同。抚养，是为未成年子女提供物质条件，进行养育，使其长大成人。教育，是着眼于积极的作用，教导未成年子女，以使其身心健康成长。保护，是着眼于消极作用，指预防及排除危害，使未成年子女身心处于安全状态。

学者认为，对未成年子女的身心教养，有如鼓励有益身心的运动游戏；对子女精神上之教育，有如，以身作则，鼓励崇高品德，学习进修；对子女心身的保护，有如子女疾病的预防及治疗；对子女精神的保护，有如子女交际通信，选择宗教，禁止阅读黄色低级书刊及观看诲淫诲盗的电影。[③] 这些意见值得借鉴。

人身照护权包含的各项权利义务，均是抚养、教育、保护的具体体现，主要体现在以下亲权的内容中。

（一）住居住所指定权

为了保障未成年子女的身心健康和安全，各国立法均规定，父母对未成年子女的住所或居所享有指定权，子女不得随意离开父母指定的住所或居所。例如，

① ［德］迪特尔·施瓦布. 德国家庭法. 王葆莳，译. 北京：法律出版社，2022：398-399.

② 陈棋炎，黄宗乐，郭振恭. 民法亲属新论. 2 版. 台北：三民书局，2002：385.

③ 史尚宽. 亲属法论. 台北：荣泰印书馆，1980：596.

《法国民法典》第 371－3 条规定："未经父母同意，子女不得离开其父母的家庭。子女仅在法律确定的必要情况下，始得离开家庭。"《德国民法典》第 1631 条明确规定："人身照顾权，特别是包括了对子女的培养、教育、监督和决定其住所的权利和义务。"《瑞士民法典》认为，父母子女构成一个固有的共同体，子女在父母保护之下，应与父母同居。该法第 301 条第 3 款规定："子女非经父母同意，不得离父母他去"。

住居住所指定权是抚养、教育、保护未成年子女权的重要内容，应由父母共同行使。非婚生子女，该权利由母亲行使。父、母亲离婚者，对未成年子女住居住所指定权，按我国户籍法的规定，应由与其共同生活的一方行使，户籍应与共同生活的父母一方相一致，不得自行决定；至于居所，可由父母双方商定，或由已有一定识别能力的未成年子女选择，但必须与父母一方的住所或居所相一致，而不得他居。

住居住所指定权的相对人，只能是未成年子女，已成年子女不为亲权的相对主体，故有权决定自己的住、居所。对未成年子女入学、参军等需与父母他居的，应依法律规定，父母不再行使该权利。

未成年子女无权自行选定住、居所，自行选择者，除法律另有规定者外，一律无效。

（二）管教权

管教权，是父母对未成年子女于必要时可予以必要管教的权利，是基于抚养、教育、保护的人身照护权，特别是基于教育权而产生的权利。1804 年《法国民法典》在第 375 条以下规定了此权利，在以后的修改中，虽然内容有所变化，但仍保留其基本内容，规定为："应父母双方共同或其中一方、照管人或监护人、未成年人本人或检察部门的请求，由法院命令采取干预教育的措施。法官得作为特例依职权受理。"《德国民法典》第 1631 条第 2 款规定，"有损人的尊严的教育措施为不允许"；第 1631－b 条规定："对子女关联到剥夺自由的安置，仅在经监护法院的批准后始得实行之。仅在因迟延会造成危险时，始得不经法院批准对子女进行安置；应立即补办批准。在子女的利益不再需要此种安置时，法院应撤回批准。”《中华民国民法》第 1085 条规定，“父母得于必要范围内，惩戒其子女”，倘有子女性行恶劣不受训诫，则为完其责任期间，施以惩戒，自属必要。①

对亲权的这一权利究竟是管教权还是惩戒权，学说颇不一致。有的认为我国亲权中无惩戒权，有的认为，当未成年子女沾染不良习气时，亲权人有惩戒权，得予以必要的家庭处分，惩前毖后。② 惩戒权，乃予子女之身体上或精神上以苦痛，俾其改过迁善为目的之行为也。③

在我国《民法典》未明文规定惩戒权，在实际生活中，父母适度惩戒其未成年子女，并不被认为是违法行为，可见惩戒权为习惯法所确认。从尊重未成年人的人权出发，不应当将管教权称为惩戒权，称为管教权更为妥当。《未成年人保护法》第 15 条规定：“未成年人的父母或者其他监护人应当学习家庭教育知识，接受家庭教育指导，创造良好、和睦、文明的家庭环境。共同生活的其他成年家庭成员应当协助未成年人的父母或者其他监护人抚养、教育和保护未成年人。”这一规定中包含了管教权。

亲权人行使管教权的目的是教育未成年子女。未成年子女不听从管教，犯有劣迹时，亲权人在必要范围内采取适当的教育方法，教育子女改恶从善。行使管教权，必须在适当的范围内，以适当的方法为之，以不损伤未成年子女的身心健康为原则；具体可以由亲权人亲自管教，也可以送交行政机关予以行政处罚。

严禁亲权滥用，如果采取伤害身体、危害生命、破坏健康的方法为之，即惩戒如超过了必要的限度，则应视为对亲权的滥用，构成刑事犯罪，应依法追究亲权人的刑事责任。④

（三）子女交还请求权

子女交还请求权，是指当未成年子女被人诱骗、拐卖、劫掠、隐藏时，亲权人享有的请求交还该子女的请求权。这是亲权之人身照护权的重要体现。《德国

---

① 郁嶷. 亲属法要论. 北京：朝阳大学出版部，1932：155.

② 张俊浩. 民法学原理. 北京：中国政法大学出版社，1991：162.

③ 郁嶷. 亲属法要论. 北京：朝阳大学出版部，1932：155.

④ 杨大文，龙翼飞主编. 婚姻家庭法. 8 版. 北京：中国人民大学出版社，2020：166.

民法典》第1632条规定："人身照顾权包括同非法对父母或父母的一方扣留子女的人要求交出子女的权利。"修改前《瑞士民法典》规定，对于子女的掠夺或扣留，父母有交出请求权，得请求警察及法院的保护。[①]

我国《民法典》未明文规定子女交还请求权，但在解释上自无疑义。《未成年人保护法》第20条关于"未成年人的父母或者其他监护人发现未成年人身心健康受到侵害、疑似受到侵害或者其他合法权益受到侵犯的，应当及时了解情况并采取保护措施；情况严重的，应当立即向公安、民政、教育等部门报告"的规定，就包括了子女交还请求权的内容。其中的监护人，包括父母在内；要求处理或提起诉讼，包括通过法律程序要求返还子女。

在父母亲权照护下的未成年子女，如果被他人违法诱骗、拐卖、劫掠、隐藏，是对父母亲权的侵害，也是对该未成年子女人身权的侵害，亲权人有权要求该他人交还子女，带回身边。尤其在拐卖、诱骗儿童脱离家庭的情况下，父母当然享有这种权利。依照国家法律对于未成年子女予以拘留、剥夺自由、强制戒毒或治疗时，其父母不得以交还子女请求权而为抗辩。

该种请求权属于身份权请求权的内容，不受诉讼时效限制，但于子女结婚时而自然消失。例如，成年子女因父母阻挠婚姻选择，与其恋爱对方共同居住而脱离家庭时，父母不得行使交还子女请求权。这是因为在子女成年后，父母已无亲权。

离异的父母，其未成年子女由一方抚养，行使亲权。当不行使亲权的另一方强行将该子女夺走归自己抚养时，亲权人有子女交还请求权，可以请求法院判令其交还子女。

行使子女交还请求权的相反情况是，如果交回子女明显不符合子女利益，则该父或母不得行使这种请求权。

（四）子女身份行为及身上事项同意权与代理权

未成年子女不能独立行使身份行为和决定身上事项，必须由父母代理或同意方能行使。《德国民法典》第1629条规定："亲权照顾权包括子女代表权。父母共同代表子女，如对子女为意思表示时，只需对父母的一方为之即可。父母的一

---

① 史尚宽．亲属法论．台北：荣泰印书馆，1980：598.

方独立行使亲权照顾权，或者按第1628条第1项向其让与决定权者，则该父或母独自代表子女。”

我国《民法典》没有明确规定这种亲权的代表权和同意权，但是在相关规定中体现了这样的内容，这是为未成年子女行使身份行为及身心事项所必须的规定。《未成年人保护法》第16条规定，父母对未成年人的职责就包括依法代理未成年人实施民事法律行为。其主要内容如下。

1. 职业许可

未成年子女从事职业，必须经父母同意。其中，不满16周岁以下的未成年子女无劳动行为能力，不得参加职业劳动，擅自参加者，父母享有撤销权；已满16周岁的未成年人，从事职业必须经父母同意，未经父母同意，以及当其不能维护其经营职业时，亲权人有撤销权。

2. 收养、送养承诺

未成年子女被送养或被收养，不能自己为意思表示，父母可以作出收养或者送养的承诺。在符合送养和收养法律规定的条件时，父母的送养、收养行为，实际上是父母享有的对亲权的承诺权。

3. 身上事项的代理

未成年人的身上事项，由父母代理，如：未成年子女的肖像使用，其承诺应由父母代理；子女被人伤害，父母得以法定代理人的身份行使损害赔偿请求权；子女因病需手术治疗时，须经父母的同意。

有观点认为，子女的姓名设定权也是亲权的内容，认为子女的姓名是身份关系的标志，大多数国家都将子女的姓名设定权作为亲权的基本内容。[①] 本书认为，自然人的命名权属于人格权，是权利人自己的权利，由于子女出生后还没有完全民事行为能力，无法行使命名权，因而应当认为，对子女的命名，是父母基于亲权而行使身上事项的代理权，更为稳妥。

4. 法律行为补正

这也是代理权和同意权的内容。未成年子女为限制行为能力人，当其实施的

---

① 杨大文，龙翼飞主编. 婚姻家庭法. 8版. 北京：中国人民大学出版社，2020：165.

民事行为不完善时，其父母可依此权利，对该行为进行补正，进行完善或者撤销。

（五）抚养义务

父母对未成年子女的抚养义务是法定义务，古往今来的立法都作如此规定。

在我国《民法典》第1067条第1款规定：“父母不履行抚养义务的，未成年子女或者不能独立生活的成年子女，有要求父母给付抚养费的权利。”第1068条第一句规定：“父母有教育、保护未成年子女的权利和义务”。这两部法律的上述规定，构成了我国亲权中的父母抚养义务的全部内容，并且以民事责任、刑事责任加以保障。

抚养是指父母对未成年子女的健康成长所提供的必要物质条件，包括哺育，喂养，抚育，提供生活、教育和活动的费用等。父母对未成年子女的抚养义务是无条件的义务，不能以任何借口而免除。从子女出生开始直到能够独立生活止的费用，父母都必须承担，即使离婚也不能免除。

在亲权消灭以后，亲权的抚养义务消灭，如果成年子女需要抚养，则亲权的抚养义务转化为亲属权中的抚养义务，虽性质上有变化，但具体内容仍基本不变；不同的是，子女因其已经成年，有自谋生路的义务，当其具有独立生活能力时，应当终止父母的抚养义务。

抚养义务的法律关系中，义务主体是父母。父母的抚养义务虽为法定义务，但如果亲权人无抚养能力，则有不履行此种义务的理由。抚养能力一般解释为自给有余。[①] 在亲权的抚养义务上解释抚养能力应从严，即父母只要有维持自己生计的能力，就须负对未成年子女的抚养义务，因而对未成年子女的抚养义务必须尽全力履行。

亲权的抚养义务须以直接养育为原则，即让未成年子女与亲权人共同生活，亲权人直接进行养育。对因事脱离亲权人的未成年子女，如参军、就学、与无亲权的父母一方暂居等，亲权人应当支付现金或实物，进行间接养育。

亲权抚养关系的权利主体是未成年子女。未成年子女作为权利人，有权要求

① 李志敏. 比较家庭法. 北京：北京大学出版社，1988：248.

亲权人履行抚养义务。亲权人拒绝履行抚养义务，权利人依法享有抚养费给付请求权。第三人侵害亲权人的人身造成残疾、死亡后果的，侵害了抚养权利人的权利，权利人有权要求该侵权人承担抚养来源丧失的侵权损害赔偿责任。

（六）赔偿义务

亲权中的赔偿义务，是指亲权人对其抚养的未成年子女致他人的损害，所应承担的赔偿该受害人损失的义务。《民法典》第 1068 条第二句规定："未成年子女造成他人损害时，父母应当依法承担民事责任。"这种赔偿义务的承担，应当依照《民法典》第 1188 条和第 1189 条的规定进行。

未成年子女造成他人损害的，应当由其父母即亲权人承担赔偿责任。这种责任是法定的责任，亲权人不得推诿。对父母已经尽了监护责任的，即父母对于未成年子女造成他人损害无过失的，并不能免除父母的民事责任，而是可以适当减轻其赔偿责任，教唆无民事行为能力人实施侵权行为造成损害的，亲权人不承担侵权责任。[①] 未成年子女如果有财产，赔偿费用应当从本人财产中支付，不足部分，仍由其父母承担。

二、财产照护权

亲权的财产照护权[②]，是亲权保护权的体现。对未成年子女的财产，亲权人有保护义务。《民法典》对亲权的财产照护权没有明文规定，《未成年人保护法》第 16 条第 7 项规定，父母应当妥善管理和保护未成年人的财产。

对于财产照护权的具体内容，看法不尽相同。有的认为，对子女财产的亲权是指父母对未成年子女的财产依法享有管理、使用、收益和必要处分的权利，包括：管理权、使用收益权和处分权。[③] 有的认为，子女财产之照护包括：财产法上法定代理权、财产法上同意权和子女特有财产管理权。[④] 也有的认为，父母对

① 杨立新. 中华人民共和国民法典条文要义：下册. 2 版. 北京：中国法制出版社，2022：993.

② 陈棋炎，黄宗乐，郭振恭. 民法亲属新论：2 版. 台北："三民书局"，2002：391.

③ 李志敏主编. 比较家庭法. 北京：北京大学出版社，1988：234 - 235.

④ 史尚宽. 亲属法论. 台北：荣泰印书馆，1980：601 - 602.

子女财产之监护，包括为保管增加子女财产所有事实上及法律上的监护措施，不但可占有子女之财产，而且得以子女之名义主张属于子女财产之权利。父母管理子女特有财产，如有必要时，也得将该财产予以处分，唯非为子女利益之其他处分行为，为法所不许。[①]

本书认为，亲权的财产照护权包括以下四项内容。

（一）财产行为代理权

亲权人为未成年子女的法定代理人，除了享有身份关系和身上事项的代理权利，还享有财产行为的代理权。例如，《瑞士民法典》第 304 条第 1 款规定："父母在其亲权范围内，对第三人，依法得为子女的代理人。"《法国民法典》第 389 条规定："如父母双方共同行使亲权，父为法定代理人。在其他情形，法定管理权属于父母中行使亲权的一方。"《德国民法典》对此规定了更为详尽的内容。

我国亲权之财产照护权中的财产行为代理权，规定在《未成年人保护法》中。同时，《民法典》第 27 条第 1 款第 1 款规定："父母是未成年子女的监护人。"第 34 条第 1 款规定："监护人的职责是代理被监护人实施民事法律行为，保护被监护人的人身权利、财产权利以及其他合法权益等。"通过这样推论，也可以确定亲权中包含财产行为代理权。

财产行为代理权，是亲权人对未成年子女实施财产行为的法定代理权。当未成年子女需要与他人实施具有财产内容的民事法律行为时，因其不具有民事行为能力或民事行为能力欠缺，需要由其父母即亲权人代理实施。例如，未成年的歌星、影星与他人签订演出合同及接受片约，须由其父母代理进行。无父母代理进行这种约定，为效力待定的民事法律行为。

对未成年子女的财产行为进行代理，因未成年子女的行为能力状态的不同而有所不同。例如，对无民事行为能力的未成年子女，财产行为的代理方式应以父母的意思表示为意思表示或受意思表示；对限制民事行为能力的未成年子女，财产行为的代理方式为父母的同意，即该未成年子女可以为意思表示或受意思表示，但须经亲权人的同意。对未经父母同意的由限制民事行为能力的未成年子女

---

① 林菊枝. 亲属法专题研究. 台北：五南图书出版公司，1985：141.

自行实施的财产行为，父母作为亲权人，有撤销权。对限制民事行为能力的未成年子女的财产行为，父母也可以为意思表示或受意思表示。当16周岁以上的未成年子女有独立的经济收入时，可以由自己独立意思表示为财产行为，如无明显对该子女利益不利，亲权人不得撤销，也无须亲权人同意。

行使财产行为的代理权，应以维护子女利益为原则，违反未成年子女利益的代理行为无效。例如，未成年子女的继承权的抛弃行为、遗产分割行为、放弃遗赠行为、不接受财产赠与的行为等，如果违背未成年子女的合法权益，则代理行为无效。

（二）财产管理权

亲权财产照护权中的财产管理权，是对子女特有财产的管理权，是指以财产价值的保存或增加为目的的行为。① 管理权的范围及于未成年子女所享有所有权的一般财产，但对于法律规定父母对子女的某些财产不得为财产管理人时，该父母不享有此种管理权，这种财产主要指以下三种。

1. 指定父母不得为财产管理人的财产

遗赠、赠与或遗嘱继承指定父母不得为财产管理人的财产，为未成年子女所有以后，父母对此财产不享有管理权。指定父母一方不得为财产管理人时，则父母的另一方享有管理权，由该方父或母管理。如果父母双方均被指定不得为该财产管理人，应当为该未成年人的财产另行指定管理人，以避免其财产利益受到损失。

2. 未成年子女独立取得的财产

有劳动能力的未成年子女（16周岁以上）经允许独立经营企业或因劳动所得的财产收入，由该子女自行管理，父母无权管理。

3. 允许独立处分的财产

亲权人允许子女独立处分的财产，子女得独立处分，父母无管理权。对其他未成年子女因继承、赠与、遗赠、时效而取得的财产，以及其他无偿取得的财产，包括父母赠与子女的财产在内，父母均享有管理权。

---

① 史尚宽. 亲属法论. 台北：荣泰印书馆，1980：602.

关于财产管理权由父还是由母行使，有三种不同立法例：一是规定由父行使，父不能管理时，由母管理；二是由父母共同行使，父母意见不一致时，以父的意见决定；三是由父母共同管理为通例。我国立法对此无明文规定，依《民法典》的立法精神及男女平等原则，应为由父母共同管理，协商处置。

管理行为包括保存、利用、改良等行为。这些行为主要是指事实行为，因管理行为中的法律行为已由亲权的财产行为代理权所包括。事实行为包括：

第一，占有子女财产的权利，只有占有该财产，亲权人才能予以保存、利用或改良。他人无正当理由而占有该财产，即为对财产所有人即未成年子女财产权的侵害，也是对亲权人管理权的侵害，亲权人得以未成年子女的法定代理人身份，请求损害赔偿或返还财产。

第二，为增加财产的价值，亲权人得对未成年子女的财产为加工、改良。如财产为易腐变或其他贬值可能者，得变卖处理以保存价款。财产系钱款者，应为储蓄等方法以增加其利息。

亲权人行使管理权应以何种注意为之，国外立法采两种立法例：一是应负善良管理人的注意；二是应与处理自己事项为同一的注意。本书认为，负善良管理人的注意要求过高，亲权人稍有疏忽，即违背亲权管理权的要求，而使其丧失亲权，承担相应的民事责任。相比之下，负与处理自己事务的同一注意较为公允。例如，亲权人以其未成年人的财产为投资、炒股，其目的是增加财产的价值，因投资、炒股的风险性极大，造成损失者，不为侵害子女的权益；反之，用子女的财产赌博，则为非法行为，构成对子女财产权的侵害，为管理权的滥用。因而，亲权人对子女财产未尽与处理自己事务为同一的注意，使子女财产受到损害者，负有赔偿责任，其管理权亦应宣告停止。①

（三）使用、收益权

亲权的使用、收益权，是指亲权人在不毁损、变更未成年子女享有的物或权利的性质的前提下，有支配、利用财产和获取天然孳息或法定孳息的权利。

行使该种权利的目的，是维护未成年子女的财产权益。亲权人行使使用收益

---

① 史尚宽. 亲属法论. 台北：荣泰印书馆，1980：604.

权，应从有利于保护未成年子女的合法财产权益出发，对未成年子女的财产为使用和收益。

在历史上，亲属法均承认亲权的财产使用收益权，但唯认该权利为父专有，收益亦为父享有。现代立法先确认此权利为未成年子女的父母共同享有，渐次对收益确认为归子女所有。

依照《民法典》的规定，在我国，对未成年子女的财产使用、收益的规则是：

1. 父母共享

父母共同享有这一权利，但被剥夺或丧失亲权者除外。父母一方死亡时，另一方独自行使这一权利。父母离婚的，由享有亲权的一方行使此权利。

2. 使用、收益均可

行使此权利，亲权人可以使用，也可以收益。为使用者，系亲权人为一定目的而利用未成年子女财产的使用价值。使用可能使财产的价值降低，如一定程度的折旧。为收益者，是利用此财产而创造新的价值。对未成年子女的财产进行使用和收益，是该权利的具体内容。亲权人以与处理自己事务为同一注意而行使权利，造成损失的，亦不负赔偿责任。如果未尽此义务，造成损失者应予赔偿。

3. 收益的归属

使用、收益权行使后的收益，应归属于何人？我国实务中可采以下原则：

第一，未成年子女财产的收益，原则上应归该子女所有。

第二，亲权人对未成年子女财产的收益，应先用于清偿财产管理费用，然后用于支付该子女的养育费用。如果收益用于该子女的养育有不足，则不足部分仍应由亲权人支付。

第三，支付该未成年子女的养育费用后仍有剩余的收益，可用于该子女的兄弟姐妹的扶养，但须以公平原则为限；如果父母收入不敷支出时，可用于家庭必要的开支，但父母对无管理权的未成年子女的财产收益，则不得用于此项使用。对父母一方无自养能力的，此项费用可用于养育父母。

第四，对该项收益的最终收益归属于何人，有两种立法例：一种是归子女所有，另一种是归父母所有。依我国立法的精神，以归子女所有为恰当。

父母的收益使用权为亲权的内容，具有身份权的性质，基于法定身份产生，因而不得让与，也不得扣押。已经发生的收益，如分离的果实、已届期的利息，可以为父母的债务而扣押，但以其收益须非为子女教养所不可缺者为限。①

（四）处分权

亲权人对未成年子女的财产，为维护子女的利益的需要，可以为适当的处分。对此，各国的规定均比较严格。

对亲权人的财产处分权的基本限制，在于处分行为必须以子女的利益和需要为目的，不具备此目的，亲权人对未成年人的财产不得为处分。例如，德国法禁止以未成年子女的财产为赠与。日本法规定，利益相反的行为，应请求家庭法院选定特别代理人，超过一定权限的行为应得法院之许可。我国《民法典》第35条第1款规定："监护人应当按照最有利于被监护人的原则履行监护职责。监护人除为维护被监护人的利益外，不得处分被监护人的财产。"即原则上不认的亲权人的财产处分权，只有为子女利益才可以处分其财产。

如何判断财产处分是否为子女利益？史尚宽认为，应斟酌当时的一切情形定之。故亲权人与子女间的行为，为子女对他人为赠与，为继承的抛弃或承认或为限定继承，均应以子女的利益为准。父母如陷于穷困、为子女适当保护及教养之费用而为子女财产的处分，则不能不谓为有利于子女，应在许可之列。与子女利益相反的行为，例如亲权人放弃子女的债权以获自己债务免除的契约，以子女的财产为亲权人债务代物清偿的契约，为亲权人的债务于子女的财产设定抵押权的契约，明为不利于子女的处分。② 总之，应以子女利益为判断标准，有利于子女利益的处分，如增加财产价值、有利于子女的生活、有利于子女长期利益的，为有效处分，否则，只对父母利益有利而对子女利益不利的行为，为法律所禁止。

父母即亲权人实施财产处分行为不利于子女利益时，该行为为无权代理行为，为无效，可以依裁判而予以撤销。造成子女利益损失的，依照《民法典》第36条的规定，监护人怠于履行监护职责，或者无法履行监护职责，且拒绝将监

① 史尚宽. 亲属法论. 台北：荣泰印书馆，1980：606.

② 史尚宽. 亲属法论. 台北：荣泰印书馆，1980：607.

护职责部分或者全部委托给他人，导致被监护人处于危困状态，以及实施严重侵害被监护人合法权益的其他行为，法院根据有关个人或组织的申请，可以撤销其监护资格。

在亲权的财产照护权中有一个特殊问题，即父母双方以法定代理人身份处分用夫妻共同财产购买并登记在未成年子女名下的房屋后，又以违反《民法典》第35条规定损害未成年子女利益为由，向相对人主张该民事法律行为无效的情形。既然父母双方将房产登记在未成年子女名下，就已经将该房产赠与未成年子女，因此，不能违反“禁反言”原则，认为该房产是自己的财产而主张赠与行为无效。对于此种情形，依照《婚姻家庭编解释二》第15条规定，法院不予支持。

第四节　亲权的丧失、中止和消灭

一、亲权的丧失

亲权的丧失，是指亲权人因法定原因而失去行使亲权的资格。亲权丧失的原因有以下几种。

（一）亲权被剥夺

亲权人滥用亲权，违反行使亲权的原则，给子女造成人身及财产上严重损害的，法院可以依法宣告剥夺亲权人的亲权。我国《民法典》虽然没有明文规定亲权的剥夺，但第36条第1款关于“人民法院根据有关人员或者组织的申请，撤销其监护人的资格”的规定，其内容及性质与剥夺亲权的内容及性质相同。

美国家庭法认为，法律力图保护父母与子女之间的关系，因此除非万不得已，不会终止父母的权利。由于父母子女关系的重要价值，以及终止父母权利的严重性和侮辱性，美国联邦最高法院在一系列案件中判定，在这种诉讼中，要求遵守特别的宪法保护。[①] 这些做法值得借鉴。

依照《民法典》第36条和《未成年人保护法》第16条、第118条的规定精

① ［美］哈里·D. 格劳斯，大卫·D. 梅耶. 美国家庭法精要. 陈苇，等译. 北京：中国政法大学出版社，2010：133，134.

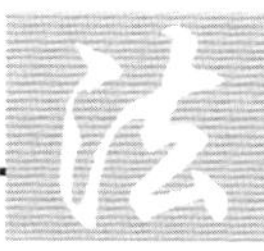

神，不履行亲权义务、侵害未成年子女的合法权益、虐待、遗弃未成年子女的，均为剥夺亲权的法定理由。但仅有这些规定尚不完备，剥夺亲权的法定事由应当包括以下几点。

1. 亲权人对未成年子女实施犯罪行为

这些犯罪行为严重地侵害了未成年子女的人身权利，已经表明其不具有亲权人的资格，应当剥夺其亲权，以保护子女的合法权益。虽未直接对子女实施犯罪行为，但为犯罪的共谋者或帮助犯的，亦应剥夺其亲权。例如，虐待、遗弃、强奸、奸淫未成年子女的，均应当依法剥夺其亲权。

2. 教唆、引诱未成年子女犯罪或与未成年子女共同犯罪

我国《刑法》和《未成年人保护法》均规定，教唆、引诱未成年子女犯罪的，应当依法从重处罚。教唆、引诱未成年子女犯罪，或者与未成年子女共同犯罪，是对未成年子女合法权益的最大侵害，应当剥夺亲权人的亲权，以预防或制止未成年子女的犯罪行为。

3. 侵害未成年子女的人身权利、财产权利

亲权人侵害未成年子女的人身权利、财产权利，构成侵权行为的，除应承担侵权责任以外，还应当被剥夺亲权。

4. 不履行亲权义务达到严重程度

亲权人一般地不履行亲权义务的，应当责令其履行，不履行义务达到严重程度，给子女造成损害的，各国均认其为剥夺亲权的法定理由。我国立法对此有规定，应在实务中实行。

5. 滥用亲权造成一定后果

滥用亲权，必然会对未成年子女造成损害，不利于保护未成年子女的合法权益，应当剥夺其亲权。

6. 亲权人有显著劣迹

亲权人有赌博、吸毒、卖淫、流氓等显著劣迹或犯罪行为的，为预防未成年子女受其影响，应当剥夺其亲权。

剥夺亲权，须依一定的法律程序，由法院依审判确定。应当设立专门的亲权剥夺程序，性质为形成之诉，应由亲权人一方、未成年人的其他亲属、负有监护义务的组织或检察院向法院起诉，由法院判决。这是因为，亲子关系及亲权不仅是亲子间的私法关系，还是为国家所保护的公法关系，关乎国家的利益，国家有权干涉。

值得关注的是全国首例民政部门申请撤销监护人资格案的民事判决，这是一个非常重要的民事判决，它依照关于民政部门在监护制度中的地位的规定，保护了未成年人的合法权益。

该案①的案情是：邵某某和王某某结婚后，于2004年10月18日生育一女邵某。邵某未及2周岁，二人发生矛盾，邵某某独自带邵某回原籍地生活。邵某某长期殴打、虐待邵某，致其头部、脸部、四肢等多处严重创伤。2013年因强奸、猥亵邵某，邵某某被判处有期徒刑11年，剥夺政治权利1年。王某某自2006年后未看望过邵某，亦未支付抚养费，与他人组建家庭育有两名幼子。2014年6月，公安机关曾将邵某无人照料等情告知王某某及家人，但王某某及家人对邵某不闻不问，致邵某流离失所、生活无着，被张某某收留，一直随张某某生活至今。王某某为肢体三级残疾，其父母、弟、妹均不愿意抚养邵某。邵某身材较同龄人偏矮小，头部、唇部、手部存在陈旧性伤疤，至今未入学就读

依照法律规定，政府的民政主管部门在监护制度中有两项重要职责：一是其为无民事行为能力人和限制民事行为能力人的监护的监督主管机构，监督无民事行为能力人或者限制民事行为能力人的监护人依法履行监护职责；二是在无民事行为能力人或者限制民事行为能力人的监护人缺位时，可以作为其监护人，履行监护职责。本案的铜山区民政局履行监护监督职责，对邵某的监护人侵害被监护人合法权益、不尽监护职责，甚至遗弃被监护人的行为依法进行监督，在检察院的建议下，申请法院撤销邵某某和王某某的监护人资格，申请自己作为邵某的监护人，被法院判决支持，指定为邵某的监护人，履行监护职责。这两项民政部门的法定职责，在本案的民事判决中都得到了实现。

未成年人是祖国的未来、民族的希望。保护未成年人的合法权益，未成年人的父母有责任，社会有责任，国家更有责任。邵某的父母都是丧失人伦、情理的人，不仅对未成年子女不善尽抚养义务，甚至遗弃、性侵未成年子女，丧失了监护人的资格，不仅损害了自己子女的利益，还损害了国家的、民族的利益。张某某看到被遗弃的邵某，主动进行照管，为其提供生活保障，体现了社会对祖国未

① “全国首例民政部门申请撤销监护人资格案例”. 最高人民法院微信公众号. 2015-02-16.

来的关心和期盼，是特别值得赞赏的行为，应当受到鼓励和支持。

民政部门是政府专司社会救助、监护监督等职责的部门，肩负着保护未成年人、残障人合法权益的重任，职责包括民间组织管理、优抚安置、救灾救济、基层政权和社区建设、行政区划、地名和边界管理、社会福利和社会事务，以及有关人民的行政事务，包括婚姻登记、救灾救济、优抚安置、拥政爱民、区划地名、老龄工作、低保、福利、慈善、殡葬、救助等社会事务，职责繁多，但其对无民事行为能力人和限制民事行为能力人的监护监督以及补充监护人缺位的职责，具有更重要的意义。铜山区民政局在本案中，积极履行职责，监督未成年人监护人的监护行为，发现问题，及时申请法院撤销监护人的监护资格，自己申请担任其监护人，展现了政府的担当。同样，当地检察机关发现问题，向民政局提出检察建议，并且出庭进行法律监护，也表现了对祖国和人民尽职尽责的精神。

在上述撤销监护人监护资格的行为中，剥夺邵某某和王某某的亲权，指定民政局对邵某行使的权利，才是监护权。剥夺亲权包括剥夺全部亲权和剥夺部分亲权。

部分剥夺亲权，亲权人仍享有未被剥夺的部分亲权。剥夺亲权应当对亲权人个人剥夺，即剥夺有法定剥夺亲权事由的一方亲权人的亲权，他方亲权并不一并被剥夺，未被剥夺的一方亲权人仍得行使亲权。父母双方均受亲权剥夺宣告的，双方共同丧失亲权。

（二）亲权被移转

亲权转移，是指亲权，因协议或法院的宣告，由亲权人处转移给他人或社会救济机构行使。亲权转移使原亲权人丧失亲权，由受转移人取得亲权或监护权。

亲权转移的主要事由是：

1. 送养和收养未成年子女的协议

依照法律规定，一般的送养、收养行为，依协议为之。当送养人与收养人就未成年子女的收养达成协议时，收养法律关系成立，送养父母的亲权即时消灭，收养人取得亲权。

2. 父母协商

父母双方协议将一方的亲权移转给另一方行使，该方亲权人的亲权丧失。这种情况与日本法的亲权辞退有类似之处，须有不得已的原因。

3. 亲权人将亲权转移给社会救济机构

亲权人如因不得已的原因，又无其他可事抚养的近亲属，可以与社会救济机构协议，将亲权移转给社会救济机构，亲权人丧失亲权，受转移机构取得监护权。

二、亲权的中止和消灭

（一）亲权的中止

亲权的中止，是指亲权人因事实上的原因或法律上的原因不能行使亲权时，法院依法宣告停止其亲权，当其停止亲权的原因消灭时，仍恢复亲权的制度。

亲权人行使亲权，是为了维护其未成年子女的合法权益。当亲权人因故不能行使亲权时，如果不及时停止其亲权，另设监护人，必然影响或损害未成年子女的合法权益，因而设置亲权中止制度。

亲权的中止须有法定原因，这种法定原因包括事实上的原因和法律上的原因。事实上的原因也被称为行使亲权的事实障碍，包括父母患重病、长期外出等；法律上的原因也被称为行使亲权的法律障碍，包括父或母被宣告为无民事行为能力人或限制民事行为能力人。

当亲权人有上述行使亲权的障碍出现时，中止其亲权。在法律障碍出现时，无须经法院判决，因为无民事行为能力或限制民事行为能力之宣告，即已确定其亲权的中止。事实障碍出现时中止亲权，应经法院判决。被停止亲权的父或母，在亲权停止期间不得行使亲权。离婚时获得亲权的父母一方，当其亲权中止时，应将亲权转移给另一方。

（二）亲权的消灭

亲权的消灭，是指亲权因一定事由而不复存在。亲权消灭的事由有事实原因和法律原因。

事实原因，一为未成年子女已经成年，子女脱离亲权关系而自立，二为子女

死亡。这两种情况使亲权自然消灭。

法律原因为收养关系解除，养父母的亲权自然消灭。

（三）关于离婚一方的亲权问题

传统民法理论认为，亲权消灭被分为绝对消灭与相对消灭。子女已成年的亲权消灭，为绝对消灭，永不恢复。因亲权人离婚，未成年子女由一方抚养，亲权由该方父或母行使，他方父或母的亲权自然消灭，为相对消灭，可依一定事由而恢复，如亲权转移、对方亲权被剥夺或中止，而使无亲权的父母一方恢复享有亲权。离婚的父母复婚的，无亲权的一方因复婚而恢复亲权。在离婚的父母之间并没有消灭亲权，消灭的只是监护权；如果认为离婚使未抚养子女的一方亲权消灭，则无法解释探望权的权利根源。离婚仅仅使亲权处于一种特定的休眠状态，待对方亲权被剥夺或者中止，或者离婚父母复婚，则亲权完全恢复。

第五节　亲权的民法保护

一、侵害亲权的救济方法

对亲权损害的救济，主要适用侵权责任，同时应强制违反抚养义务的主体履行抚养义务。

（一）侵权请求权的损害赔偿

第一，侵害亲权造成财产损失的，应当承担财产损害赔偿责任，依照《民法典》第 1184 条规定确定赔偿数额。

第二，侵害亲权造成人身伤害的，应当承担人身损害赔偿责任，依照《民法典》第 1179 条规定，参照其他法律、法规、司法解释的规定，确定赔偿数额；同时造成抚养权损害的，还应当承担抚养损害赔偿责任。

第三，造成精神性人格权损害的，应当依照《民法典》第 1183 条及其他法律、法规及司法解释的规定，赔偿精神利益的损害。

第四，侵害亲权造成精神痛苦、精神创伤的，应当赔偿精神损害抚慰金。

（二）身份权请求权的救济方法

对侵害亲权者，还应当依据实际情况，行使身份权请求权，主张承担除去侵害的非财产民事责任方式，责令侵权人承担停止侵害、恢复名誉、消除影响、赔礼道歉等责任。

亲权人拒不履行抚养义务，应责令其履行义务，仍不履行的，强制其继续履行，可以采取扣发工资、扣押物品等方法强制其履行义务。

抢夺亲权人抚养的子女的，应强制侵权人交还子女给亲权人。

（三）刑法救济方法

亲权遭受侵害，可以用各种法律手段进行法律救济，如亲权人虐待、遗弃未成年子女，构成犯罪的，应依刑法制裁，予以刑罚处罚。

二、侵害亲权责任的构成

侵害亲权的侵权责任，应具备侵权责任构成的一般要件。

（一）侵害亲权的违法行为

侵害亲权的行为必须违反法律，这是构成侵权责任的必备要件。其判断的标准是违反国家关于保护亲权的法律规定。

由于亲权法律关系具有绝对性和相对性的双重属性，侵害亲权的行为主体既包括侵害亲权的第三人，也包括侵害亲权关系相对人合法权益的亲权人。第三人侵害亲权，是违反不得侵害亲权的法定不作为义务，行为方式基本为作为的方式。亲权人侵害亲权，实际是亲权人违背亲权人教养、保护未成年子女的合法权益的义务，以作为或不作为的方式侵害未成年人的合法权益。

（二）侵害亲权的损害事实

亲权受到损害表现为两种形式：一是狭义的亲权损害事实，体现为亲权人亲权的损害，如亲权人行使亲权受到阻碍，使亲权人未能对未成年子女行使亲权。例如，引诱子女脱离家庭，劫夺未成年子女作为人质，迫使未成年子女从事某种

职业，伤害亲权人以至无法履行抚养义务，以及非法剥夺亲权等，使亲权人行使亲权受到阻碍。二是广义的亲权损害事实，表现为亲权关系相对人的合法权益遭受损害，如亲权人不履行义务而使未成年子女丧失生活条件，亲权人滥用管教权而使未成年子女遭受伤害或死亡。亲权人侵害未成年人的特有财产而使财产利益遭受损失等，是财产损害事实。

亲权损害事实的形态有三种：一是财产利益的丧失，如第三人非法剥夺亲权人的财产管理权而造成收益的损失，亲权人侵害未成年子女的财产收益而造成的财产损失，以及第三人侵害亲权人的人身而使亲权相对人丧失抚养供给等。二是健康权、生命权的损害，如亲权人滥用管教权而造成未成年子女人身伤害、死亡。据报道我国曾经发生多起父母因子女学习成绩不好而将其责打致死的事例。三是精神利益及精神痛苦的损害，如非法剥夺亲权人的亲权而造成的精神利益损害，致伤、致死亲权人而给未成年子女造成的丧失父母的精神创伤和精神痛苦。

（三）侵害亲权的因果关系

由于亲权关系及侵害亲权行为的复杂性，侵害亲权的因果关系不限于直接因果关系，还包括某些间接因果关系。在第三人直接以亲权作为侵权对象的场合，以及亲权人侵害未成年子女合法权益的场合，违法行为与损害事实之间一般为直接因果关系。在第三人非以亲权作为侵权对象而客观造成亲权损害的场合，为间接因果关系而不是直接因果关系。

（四）侵害亲权的过错

侵害亲权的民事责任构成，以侵权人主观上有过错为必要，故意、过失均可构成。在实务中，侵害亲权以故意居多，但过失同样可以构成侵害亲权的责任。例如，亲权人管理未成年子女的财产、代理未成年子女的身上事项，均应负与处理自己事务同一的注意，违反该义务而造成损害即为过失。

三、具体的侵害亲权行为

具体的侵害亲权行为分为两类：一是第三人侵害亲权的行为，二是亲权人侵害未成年子女合法权益的行为。

（一）第三人侵害亲权的行为

第三人侵害亲权的行为，是狭义的侵害亲权行为，也是典型的侵害亲权行为。侵权人以亲权为侵害对象，实施侵害行为，即为此种侵权行为。具体的行为方式有四种。

1. 非法剥夺亲权

亲权非因法定事由及法定程序不得剥夺。第三人非法剥夺亲权人的亲权，构成侵权责任。非法剥夺亲权既包括非法剥夺全部亲权，也包括非法剥夺部分亲权。例如，某女行为与常人有异，但非精神病患者，其单位宣告其无自主行为能力，而将其子送交孤儿院养育。这是非法剥夺亲权人的全部亲权。非法剥夺部分亲权者，如非法宣告其不具有对亲子财产的管理权等。非法剥夺亲权行为是最严重的侵害亲权行为，给亲权人以严重的精神损害。

2. 侵害亲权权利

与非法剥夺亲权行为不同，侵害亲权权利的行为不是从整体上或部分上将亲权人的亲权予以剥夺，而是以作为的行为方式对亲权的权利进行非法侵害。可以是针对亲权的整体而为，也可以是针对亲权的具体内容而实施。无论是侵害亲权整体还是侵害亲权的具体内容，都是侵害亲权的行为，应当承担侵权责任。例如，离婚的母方为亲权人，抚养未成年子女，男方及其亲属以非法手段抢走该子女，就是对亲权实施的侵害行为。拐卖、劫夺、藏匿未成年子女，诱骗未成年子女脱离亲权人，是严重的侵害亲权行为，应当治罪。引诱未满 16 周岁的子女参加职业，未经其亲权人同意的，为侵害职业许可权；未经亲权人同意而诱使未成年人处分其特有财产，为侵害亲权财产照护权的行为。

3. 侵害亲权人的人身，致其未成年子女的抚养来源断绝

这种行为本为侵害身体权、健康权或生命权的行为，由于受害人具有亲权人的特定身份，同时构成侵害亲权的行为，侵权人应该承担侵害亲权的赔偿责任。

4. 非法使被监护人脱离监护，导致亲权受到严重损害

《精神损害赔偿司法解释》第 2 条规定的行为，也是一种侵害亲权的行为。

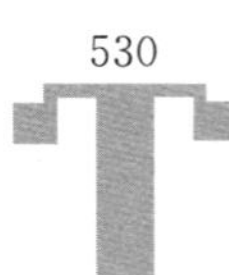

按照《民法典》的规定，被监护人或者是未成年人，或者是精神病患者，其中对未成年人进行监护的，多数是由亲权人行使监护权利。非法使未成年人脱离监护，而监护人又是由亲权人担任的，这种行为就构成侵害亲权的侵权行为。

以上四种侵害亲权的行为中，前两种行为的主体主要是第三人，包括自然人和法人、非法人组织，同时共同亲权人的另一方也可以构成此种行为的主体，例如亲权人一方非法剥夺另一方的亲权，或者侵害另一方亲权人的亲权权利。至于被剥夺亲权、中止亲权及消灭亲权的人侵害他方亲权人的亲权，视为第三人侵害亲权，因其虽有亲子关系，但毕竟为非亲权人。

（二）亲权人侵害未成年子女合法权益的行为

亲权人侵害未成年子女合法权益的行为比较复杂，既包括典型意义的侵害亲权行为，即狭义的侵害亲权行为，也包括既侵害亲权，又侵害未成年子女的人身权利或财产权利的行为。这些广义上的侵害亲权行为由于发生在亲权关系领域，因而被纳入侵害亲权行为的系统中。

亲权人侵害未成年子女合法权益的行为，主要包括以下两种。

1. 违背法定义务

亲权人违背法定的抚养义务，断绝未成年子女的生活来源者，为不作为的侵害亲权行为。这是狭义的侵害亲权行为，因为抚养义务既是亲权人的法定义务，又是未成年子女的权利，亲权人拒不履行亲权的抚养义务，就是侵害了未成年子女的抚养权利。

2. 滥用亲权

滥用亲权既指滥用人身照护权的行为，也指滥用财产照护权的行为。滥用亲权是以行使亲权的名义为亲权人自己谋私利，以及虽为行使亲权的目的但因未尽义务而致未成年子女遭受损害。前者为故意滥用亲权，后者为过失滥用亲权。

确定滥用亲权应采客观标准，即是否有利于维护未成年子女的利益。在财产照护权领域，不当处分子女财产，使子女负担不当债务，利用子女财产从事不当甚至非法经营或者用于非法活动，以子女名义借款，用子女财产设置抵押等，均为对财产管理权的滥用，因为这些行为的动机、目的或用途，对亲子的共同生活

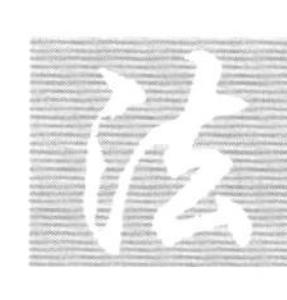

及子女的利益有害。在人身照护权领域，最显著的是对管教权的滥用，超出适当范围而管教子女，造成身体、健康损害的，既侵害了子女的身体权或健康权，又构成对亲权关系的侵害。其他诸如滥用人身事项及身份行为的代理权而侵害未成年子女的利益，滥用职业许可权而指定子女从事违法职业等，均为违背子女利益的目的，构成侵害亲权的行为。

第六节　探望权及其执行

一、探望权的概念和性质

（一）幕后和台前的探望权

《民法典》第1086条规定了离婚后不直接抚养子女的父或者母享有对子女的探望权，即："离婚后，不直接抚养子女的父或母，有探望子女的权利，另一方有协助的义务。""行使探望权利的方式、时间由当事人协议；协议不成时，由人民法院判决。""父或者母探望子女，不利于子女身心健康的，由人民法院依法中止探望；中止的事由消失后，应当恢复探望。"这是在《婚姻法》的基础上规定的探望权规则。

在修改《婚姻法》之前，2001年法律没有规定离婚后的探望权，但在实际生活中是有这个权利的。夫妻离婚以后，独生子女只能由一方抚养；有两个以上的子女的父或者母，也有可能将孩子交由一方抚养；即使是对几个子女分别抚养，父或者母也有探望不归自己抚养的子女的必要。离婚只能消灭配偶关系，并不能消灭血缘关系，也不能消灭父母子女之间的亲情，因此，不论法律是不是有明文规定，夫妻离婚后，都是要探望自己的子女的。《婚姻法》对此没有规定，当事人离婚时要进行约定，出现争议要调解或者请求判决。2001年修订《婚姻法》，规定了这个权利，使它从幕后走到了前台，成为名正言顺的法定权利。它的后果就是确定，探望子女，在一方是权利，在另一方就是义务，不履行义务

者，就要承担法律责任。

（二）探望权的概念界定

所谓探望权，是指夫妻离婚后，不直接抚养未成年子女的父或母享有的探望子女的权利。直接抚养子女的一方有义务协助非抚养一方行使探望的权利。《民法典》颁布后，有学者提出对探望权的概念界定应当创新，认为探望权是指未成年子女和不直接抚养未成年子女的父或母一方或者法律规定的其他主体（如祖父母、外祖父母）等基于自然血亲或拟制血亲身份关系而依法享有的在一定时间、地点，以一定的方式与未成年子女进行沟通交流、短期共同生活等探望的权利和义务。[①] 这个定义中，增加未成年子女作为探望权的主体是有道理的，增加其他主体如祖父母、外祖父母作为探望权主体也是在编纂《民法典》时提出过的立法意见，但是立法没有采纳，故《民法典》第1086条没有包含这两个内容。

在《婚姻法》修正草案中，对这个权利不叫探望权，而是叫探视权。修正案正式通过后，改为现在这个称谓。有人问：为什么不叫探视权而叫探望权？这是因为在法律上，探视经常用在对在押人犯的探望上，在生活中，对探望在医院就医的患者也叫作探视。为了避免在概念上的混淆，也不至于将对子女的探望与对在押人犯和患者的探视混为一谈，而改叫探望权。《民法典》仍然还叫探望权。

探望权在国外通称为探视权，起源于英美法系，为处理离婚后父母探视子女提供了法律依据，为各国立法和法理所接受。确立探视权符合世界婚姻家庭制度发展的潮流，如《德国民法典》规定，无人身照顾权的父或母，保留与子女个人交往权，请求告知子女的个人情况权（以符合子女的利益为限），以及对子女财产利益必要时承担财产照顾权之全部或一部，还规定无人身照顾权的父或母和人身照顾权人不得为任何损害子女与他人的关系或造成教育困难的事由。

把探望权规定为非抚养子女一方父或母对子女亲权中的一项基本权利，同时规定了抚养子女的一方负有协助的义务，弥补了我国婚姻法探望权的缺失，是婚姻立法上的一大进步。

规定探望权的意义在于，保证夫妻离异后非直接抚养一方能够定期与子女团

① 曹思婕.《民法典》视野下探望权属性探析. 现代法学，2022（3）.

聚，有利于弥合家庭解体在父母子女之间造成的感情伤害，有利于未成年子女的健康成长。探望权不仅可以满足父或母对子女的关心、抚养和教育的情感需要，保持和子女的往来，及时、充分地了解子女的生活、学习情况，更好地对子女进行抚养教育，还可以增加子女和非直接抚养方的沟通与交流，减轻子女的家庭破碎感，有利于子女的健康成长。《民法典》规定，子女从出生一刻起就有自己的权利，其中包括获得父爱、母爱的身份权利，这些权利是他们健康成长的必要条件，更是社会未来安定的重要因素，规定探望权有利于保护子女受关爱的权利，并对社会道德起到重要的导向作用。

（三）探望权的性质

探望权究竟是什么性质？是监护权、配偶权还是其他权利呢？本书认为，这个权利既不是监护权的内容，也不是配偶权的内容，而是亲权的内容。设定一个前提，被探望的对象只能是未成年子女，因为已经成年的子女对接不接受探望识别能力，可以自己作出决定，只有未成年子女才是被动地接受探望。既然这个前提是成立的，那么，父母对未成年子女的权利就是亲权，是对未成年子女的人身照护权的内容。

探望权就是亲权这种身份权中的具体内容，是亲权的派生身份权，即亲权的具体内容。

探望权不可能是监护权，因为没有直接抚养未成年子女的父或者母，既然没有直接抚养，当然就没有监护权。

同样，它也不会是配偶权的内容，因为这是对子女的权利，不是对配偶的权利，况且享有探望权的人的配偶关系已经消灭，所以探望权不能成为配偶权的内容。

身份权都是法定权利。夫妻离婚后，基于婚姻关系的各种身份权、财产权归于消灭，但是离婚并不能消灭父母和子女间的身份关系。父母离婚后，子女还是父母的子女，父母和子女的身份关系并没有改变。父母子女之间的身份关系，不仅是父母对子女有抚养、教育和保护权利和义务的基础，还是非抚养方对子女的探望权的法律基础。只要父母子女之间的身份关系存在，探望权就是非抚养子女

一方的法定权利，非有法定理由不得限制或剥夺。

因此，在离婚的当事人之间，应当按照法律的规定，对探望权的行使进行约定，并且应当遵守协议，不得违反。正如《民法典》第1086条第2款规定的那样："行使探望权利的方式、时间由当事人协议，协议不成时，由人民法院判决。"当事人在协议离婚或者在诉讼离婚时，应当对此协商出一致的结果，约定好探望的时间、地点、次数等。如果在协议离婚或者诉讼离婚中，对此协商不成，则应由法院依法判决。

约定探望权内容的协议的性质是合同。在身份关系上，直接视为合同法律关系，似乎不完全合适。其实，约定探望权的协议，约定的是怎样行使探望权，而不是依约定产生了探望权。

二、探望权的主体、内容以及行使方式

（一）探望权的主体与内容

探望权是与直接抚养权相对的一种权利。父母离婚后，如果未成年子女由一方直接抚养，抚养方就成为该子女的主要亲权人，取得直接抚养权。非直接抚养一方的亲权则受到一定的限制，与此同时，也自然享有对子女的探望权。这就是说，探望权并不是产生于父母之间的协议，也不需要法院判决确认。只要直接抚养权一确定，探望权就同时成立，非直接抚养一方的父或母自动取得探望权。因此，探望权的主体是非直接抚养子女一方的父或母，直接抚养方的父或母是探视权的义务主体，负有履行协助探望权人实现探望权利的义务。

直接抚养方负有的协助义务包括：直接抚养一方的父或母应该本着方便探望人的原则，协商确定合理的探望时间、方式，或者按照法院判决安排探望时间。当子女拒绝探望时，直接抚养一方的父或母应该进行说服工作。直接抚养子女的一方不得设置障碍，拒绝非直接抚养一方的父或母探望子女，否则就侵害了非直接抚养一方父或母的探望权利，应该承担侵权责任。根据探望权的立法意旨，探望子女是基于亲子关系衍生的权利，不仅是父母的权利，还是未成年子女的权

利，探望权的行使应出于有利于子女身心健康发展的考虑，而不是以父母的利益为出发点。因此，虽然法条对此无明确规定，但就法理来说，基于未成年子女身心健康发展的目的，未成年子女也可以向法院请求与不直接抚养的父或者母会面。

（二）探望权的行使方式

探望权是法定权利，与直接抚养权同时成立，因此不存在确权的问题。尽管在实践中，当事人往往都是在协议中约定，但是，这种协议约定的是权利行使的方式和方法，而不是约定有没有这样的权利。行使探望权，涉及直接抚养一方和子女的利益，因此有必要确定探望的时间、方式。《民法典》规定了确定探望的时间、方式的两种途径，即父母协议和法院判决，并且确定协议优先原则。

按照协议优先原则，父母应该通过协商确定探望的时间和方式。父母应该本着有利于子女身心健康成长的基本原则，根据夫妻双方的实际情况，确定具体的探望时间和方式。父母是探望权的利害关系人，直接抚养方是子女的监护人，由父母协议，可以有效平衡父母和子女三方面的权益，妥当地安排探望的时间和方式，父母通过平等协商达成的协议也容易得到执行。与法院判决比较起来，父母协议确定探望时间、地点的成本最小，给探望的利害关系人造成的影响也最低，因此相对于法院判决具有优先性。

但是，在实际生活中，由于父母是因感情破裂解除婚姻关系，父母在协商时可能会过多考虑自己的利益，故意提出不合理的探望时间、方式，有些直接抚养一方甚至拒绝就探望的有关问题进行协商。如果父母通过协商不能达成协议，或者直接抚养一方拒绝协商，探望权人可以向法院提起诉讼，要求法院依法确定探望的时间和方式。解决探望权的争议，可以在双方当事人的离婚诉讼的判决中一并判决，也可以依照《婚姻家庭编解释》第65条关于“人民法院作出的生效的离婚判决中未涉及探望权的，当事人就探望权问题单独提起诉讼的，人民法院应予受理”的规定处理。法院受理探望权人的请求，应当依法就探望的时间和方式作出判决。

可以将探望的方式区分为看望式探望和逗留式探望。看望式探望是指非抚养

一方父或母以看望的方式探望子女。逗留式探望是指在约定或判决确定的探望时间内，由探望人领走并按时送回被探望子女。两种探望方式各有优点和缺点。看望式探望，一般时间较短、方式灵活，但是不利于探望人和子女的深入交流。而逗留式探望，时间较长，有利于探望人和子女的深入了解和交流，但是直接抚养人则要承担不能和子女一起生活的不利后果。逗留式探望对探望人的要求也更高。探望人不仅应当具有较好的居住和生活条件，还要有良好的生活习惯，如不得有酗酒、赌博、吸毒等不良嗜好。如果有酗酒、赌博、吸毒等不良嗜好，或者居住、生活条件差，不利于子女的身心健康发展，应该避免适用逗留式探望。逗留式探望还要求子女有比较充裕的时间，一般只有在子女寒、暑假或其他假期才能适用。法院应根据有探望权父母的实际情况，根据子女的年龄、身体状况等情况，根据不同探望方式的特点，本着对孩子身心健康有利的原则来确定具体探望方式、时间和地点。对探望权的安排因情况不同而有所区别，主要是周末探望和假日探望。如每周或每隔一周的周末，从周五晚到周六，或者每月一次；暑假或寒假的一段期间；重大节日或子女生日等特殊日子。法院在判决中应对探望权的安排作出明确规定，增强可操作性，以免当事人在执行时发生争议。

国外对探视权的法律规定也多是概括性的，法官在审理探视权案件时，确定具体探视方式的依据是案件的具体情况——是否对孩子有益，其实质是考察父母的资格。父母的人品状况、健康情况、经济条件、居住环境、有无烟酒嗜好、有无不良行为记录，甚至交友都是法官判断其能否及如何行使探视权的依据。比如是一周探视一次还是一月探视一次，每次探视时间是1小时还是允许带走过夜。

赋予法官在有关探望权案件上的自由裁量的权力，是非常必要的，因为每个孩子不同，每个父母的情况也不同，这类案件的判决就需要由了解案情的法官作出，而不能只依照一个抽象的法条，作出一刀切的判决。

还应该指出的是，探望权人按照协议或法院判决确定具体探望方法时，还应该考虑子女的意志。如果子女在约定或判决的探望时间不同意探视，探望权人不得强行探望。

三、探望权的中止和恢复

（一）探望权的中止与终止

探望权的中止，是指探望人符合探望权中止的法定理由时，由法院判决探望权人在一定时间内中止行使探望权的法律制度。

探望权是探望权人的法定权利，法律应该保护探望人的探望权，但是探望权也涉及直接抚养方和子女的利益，可能损害相关人尤其是子女的合法权益，因而有必要从立法上加以限制。

探望权中止，就是通过中止探望权人在一定时间内行使探望权，来保护相关人的权益。但是，探望权毕竟是探望权人的一项重要的派生身份权，中止探望权的行使对探望权人影响巨大，法律也应该从制度上保障探望权人的探望权不被任意剥夺。我国《民法典》为平衡两者利益，通过立法的方式规定了探望权中止的法定理由和方式。

探望权是亲权的内容，具有专属性，不得以协议或判决的方式予以剥夺，因此探望权不存在终止，只能被限制，中止就是限制探望权行使的一种方式。

所谓中止，在这里是指由于出现了法定不能行使探望权的情形，探望权人应暂时停止探望。探望中止只是要求探望权人在法定理由存在期间暂时不得行使探望，在法定理由消灭后，就应该恢复探望权人的探望，因此，探望中止不是探望权终止，更不是剥夺探望权。

（二）探望权中止的法定理由

《民法典》第 1086 条第 3 款规定："父或者母探望子女，不利于子女身心健康的，由人民法院判决依法中止探望……"故不利于子女身心健康，是探望权中止的法定理由。当父母的探望行为不利于子女身心健康时，经法院判决，探望权才能被中止行使。如果父母的探望行为造成的是其他损害，但是没有不利于子女身心健康，法院就不能判决探望权中止。探望权中止的法定理由既是法院判决的法律依据，又限制了法院的自由裁量权，保证了探望权人的探望权不被任意剥

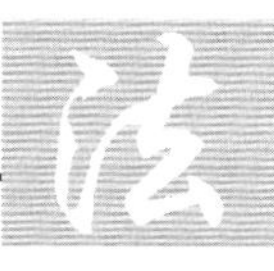

夺。《民法典》把“不利于子女的身心健康”作为探望权中止的唯一法定理由，体现了保护未成年子女身心健康的立法意旨。法院应严格按照这一法定理由作出判决，不得任意中止探望权人的探望。

不利于子女身心健康，包括不利于子女的身体、精神、道德或感情的健康。一方不负担子女抚养费或者未按期给付抚养费，不是中止探望权的条件，不能作为中止探望的法律依据。

《民法典》第 1086 条第 3 款采取了概括主义的立法模式，没有列举“不利于子女的身心健康”的具体情形，有待司法实践积累经验后作出司法解释。法院在审理请求中止探望权的案件时，应本着保护子女身心健康的原则，根据具体的案情审慎作出判决。如果通过审理确认父或母探望子女不利于子女身心健康，探望就应该被中止。如行使探望权的父或母一方吸毒、赌博、酗酒、品行不端，有严重的传染病、精神疾病，对子女有暴力倾向或利用探望机会将子女藏匿起来等情形，应该中止探望。父母因犯罪被收监并不是中止探望的必然原因，被监禁的父母与自己子女的权利义务关系也并不因入狱而消除，除非父母是因对子女有犯罪行为而入狱。

（三）请求中止探望的主体和方式

《婚姻家庭编解释一》第 67 条规定，未成年子女、直接抚养子女的父或者母以及其他对未成年子女负担抚养、教育、保护义务的法定监护人，有起诉的原告资格，有权向法院提出中止探望的请求。

中止探望对探望权人影响巨大，也可能影响到未成年子女的身心健康，所以《民法典》规定中止探望的主体只能是法院，其他个人、组织或机关都不得中止探望人的探望权。《婚姻家庭编解释一》第 66 条规定：“当事人在履行生效判决、裁定或者调解书的过程中，一方请求中止探望的，人民法院在征询双方当事人意见后，认为需要中止探望的，依法作出裁定；中止探望的情形消失后，人民法院应当根据当事人的请求书面通知其恢复探望。”

法院中止探望权必须通过审理，以判决的形式作出，调解达成协议的，应当在调解书中予以确认。把中止探望权的主体限制在法院，就可以避免直接抚养方

以及其他个人、组织和行政机关干涉探望权人的探望行为。法院在作出判决时，必须通过审理查明事实，确认探望权人的探望行为是否符合法定理由。探望权人可以在审理中为自己辩解，维护自己的探望权。在一审之后，还可以上诉。通过诉讼制度中止探望，可以更有效地维护探望权人的利益。但是中止探望的判决一旦生效，就具有法律的强制力，探望权人必须遵守。直接抚养人子女一方也可以基于有效判决要求法院强制探望权人在法院判决的时间内不得为探望行为。

要注意的是，探望可以中止，但不得由对方当事人决定。对方当事人禁止或者妨碍以至于宣告"中止"当事人行使探望权的，构成侵权行为。对此，虽然《民法典》没有规定，但是可以依据法理，确定侵害亲权的精神损害赔偿责任。

探望中止的事由消失以后，被中止的探望恢复。探望的恢复，可以由当事人协商，也可以由法院书面通知。当事人协商不成的，在探望中止的原因消灭以后，法院应当书面通知探望恢复。

四、侵害探望权的损害赔偿

探望权是一种民事权利，是亲权的具体内容，侵害探望权是否构成侵权行为？能否适用损害赔偿的民事责任？《民法典》对此没有规定。

我国某地法院有一份关于探望权案件的判决书，很能说明问题。该案双方当事人原有婚姻关系，并育有一子，嗣于 1996 年 9 月 6 日协议离婚，并已办妥离婚户籍登记。依离婚协议书约定，婚生子由被告监护，原告得每周探视一次，唯应于每周五以前与被告确定探视时间为周六或周日。探视时段自上午 10 时起至下午 8 点止，时间届至，乙方应立即交还子女与甲方，履行地为甲方之住所地，甲方无正当理由不得拒绝乙方之探视。而自 1997 年 5 月 30 日起至同年 7 月 11 日原告起诉时止，原告已有 6 次未能探视该子。据此，原告诉请被告履行协议，保障探望权的行使，并按照约定承担 6 次未能行使该权利的违约金。

法院判决，准原告与双方当事人所生之子会面交往，被告应于每周六或周日上午 10 时整将该子交付原告探视至该日下午 8 点止。关于违约金，法院认为这

项约定为有理由，但是约定的数额过高，应予削减，遂作相应改判。

这份判决的借鉴意义是，不尽探望权的法定义务的义务主体应承担赔偿责任。但是，这种赔偿的性质究竟是违约还是侵权，应当认真斟酌。

对法定权利履行的约定。不是合同问题，违反约定不履行义务，不能依照违约责任确定；如果需要进行救济，应当按照侵权法的规定，以侵权损害赔偿责任的形式承担责任，更为准确。因此，如果将未能探视子女的违约金改为侵害亲权的精神损害赔偿金，可能更适合实际情况。

因此，对探望权义务人侵害探望权的行为，应当认定为侵权行为，可以依照《民法典》第1165条的规定，适用侵权损害赔偿方法进行救济。

在确定侵害探望权的行为是侵权行为的基础上，认定探望权的义务主体在不履行法定义务构成侵权责任时，应当遵循侵权责任构成的一般要求，按照损害事实、违法行为、因果关系和主观过错的要件，判断这种行为是否构成侵权责任。符合侵权责任要件要求的，认定为侵害探望权的侵权行为，加害人应当承担侵权责任，反之，则不构成损害赔偿责任。

赔偿的内容主要是精神损害赔偿。对此，应当依照《民法典》第1183条第1款规定，以及《精神损害赔偿司法解释》的规定，确定加害人承担精神损害抚慰金的赔偿责任。

五、探望权的强制执行

（一）法律规定的变化

对探望权的强制执行，立法有很大的变化，应当特别注意。

《婚姻法》第48条规定，对拒不执行扶养费、抚养费、赡养费、财产分割、遗产继承、探望子女等判决或裁定的，由人民法院依法强制执行，有关个人和单位应负协助执行的责任。法律通过这条规定，对探望权赋予了提起强制执行的效力。

但是，《民法典》婚姻家庭编没有这样的规定《婚姻家庭编解释一》第68条规定："对于拒不协助另一方行使探望权的有关个人或者组织，可以由人民法院依法采取拘留、罚款等强制措施，但是不能对子女的人身、探望行为进行强制执行。"

这是因为，依照《婚姻法》的规定，探望权案件的强制执行存在较多的困难，主要有三个。

第一，执行标的模糊。其他民事案件的执行有明确的执行标的，要么是金钱、物，要么是具有某一物质性结果的一定的行为，如加工、修缮；而探望权纠纷案件的执行内容是探望权及其行使方式，具有抽象性，因而没有明确的执行标的。

第二，执行内容的长期性。其他民事案件的执行，除定期支付抚养费的离婚案件外，往往是一次执行完毕，当事人之间的权利义务即行消灭；而探望权纠纷案件的执行内容具有长效性。

第三，执行结果的事后性。探望权纠纷案件执行发生的原因在于出现了与子女共同生活的一方阻碍未与子女共同生活的一方探望子女情形，执行的目的在于使与子女共同生活的一方今后不再阻碍未与子女共同生活的一方探望子女。这就决定了探望纠纷案件的执行结果具有事后性的特点。

正因为上述这些问题，《民法典》没有规定探望权的强制执行，最高人民法院的司法解释作了上述规定。

（二）对拒不履行探望权义务者的制裁

对探望权的执行不能采取强制执行措施，将未成年子女交付给享有探望权的当事人，因为这样就涉及对人身执行的问题。民事强制执行的标的只能是财物和行为，不包括人身。对未成年子女的人身强制执行，既不人道，又不利于双方当事人矛盾的解决，更不利于未成年子女身心健康。

探望权是一方的权利，另一方负有协助的义务。美国有些州的法律规定，有监护权的一方不允许有探视权的一方探视，情节轻微的，法院可以增加判决内容或执行条件，以保证将来对探视权判决的执行。对拒不执行判决、具有藐视法庭情况的，可以处以罚金或监禁，也可以在规定时间内进行变更监护权的听证，取

消监护权人的监护权。美国对干涉探视权的救济总体包括蔑视法庭诉讼、强制执行探视权诉讼以及变更监护权诉讼。

根据司法实践，在探望权案件的执行中应注意以下几点。

第一，执行时把思想教育和法治宣传工作贯穿始终，切实做好疏导教育工作。法院要开展疏导教育工作，使当事人认识子女和父母的关系不因父母离婚而消除，另一方有探望子女的权利，阻碍、拒绝对方行使探望权的行为是违法行为。同时，探望权的实现也是保证子女身心健康所需要的，使当事人能够为子女的健康成长创造适宜的氛围，主动履行协助义务，从而使案件得到圆满解决。

第二，主要适用拘留、罚款等强制措施。法院在执行这类案件中，对那些经常无故阻挠、刁难甚至隐匿子女、拒绝对方当事人行使探望权的人，应当采取强制措施，例如训诫、罚款、拘留等惩罚，督促义务人履行保障探望权行使的义务。

第三，适当适用“对拒不履行判决者可追究其刑事责任的”法律威慑性规定，也可以确保这类案件得以执行。但应当慎重适用，因为对直接抚养子女一方予以刑事处罚，会影响未成年子女的利益。

第四，如果是未成年子女拒绝探望，应区分情况对待。探望不仅是父母的权利，也是未成年子女的权利。法院应根据未成年子女的年龄和鉴别能力，正确判断未成年子女拒绝探望的原因，分析未成年子女能否独立作出拒绝父母一方探望的意思表示，确定究竟是未成年子女自己不愿意接受探望，还是受直接抚养的父或母的挑唆而不愿接受探望。如果未成年子女的年龄较大，有判断能力，不愿接受探望，就不能归咎于直接抚养人；如系后者，则应根据情节对直接抚养一方采取批评教育甚至是拘留、罚款等强制措施，勒令其改正错误行为。

第八章
亲属权

第一节　亲属权概述

一、亲属权的概念和特征

（一）亲属权的概念

亲属权也叫其他亲属权[①]，是指除配偶、未成年子女与父母以外的其他近亲属之间的基本身份权，表明这些亲属之间互为亲属的身份利益为各自所专属享有和支配，其他任何人均不得侵犯。如果不使用亲属权的概念，就要使用“其他家庭成员的关系”[②]，或者使用“祖孙和兄弟姐妹关系”[③] 这样复杂的概念。

① 官玉琴. 亲属身份权理论与实务. 厦门：厦门大学出版社，2007：214.

② 孟令志，曹诗权，麻昌华. 婚姻家庭与继承法. 北京：北京大学出版社，2012：211.

③ 房绍坤，范李瑛，张洪波. 婚姻家庭继承法. 7版. 北京：中国人民大学出版社，2022：138－141. 张力主编. 婚姻家庭继承法学. 4版. 北京：群众出版社，2021：156－161.

（二）亲属权的特征

亲属权具有以下法律特征。

1. 亲属权是独立的身份权

亲属权与配偶权和亲权三位一体，共同构成完整的亲属身份权。亲属权具有身份权的一切特点，绝对权、专属权、支配权等均为亲属权的基本属性。

2. 亲属权的客体是亲属身份关系中的特定身份利益

除近亲属之外的其他亲属虽为亲属，但无明显的亲属身份利益，只具有法律上的亲属地位，法律并未赋予其特定的权利义务关系。在近亲属中，配偶的身份利益由配偶权调整，未成年子女与父母的身份利益由亲权调整，除此以外的近亲属的身份利益由亲属权调整。

3. 亲属权的权利主体较为宽泛

在身份权中，配偶权和亲权的主体范围较为单纯。而亲属权的权利主体范围为，除配偶权和亲权主体之外的其他所有的近亲属，包括父母与成年子女、祖父母与孙子女、外祖父母与外孙子女、兄弟姐妹。

4. 亲属权具有绝对权和相对权的双重属性

亲属权首先是绝对权，表明亲属之间对亲属身份利益的独占权，除特定身份关系的近亲属之外，其他任何人都负有不作为义务。亲属权又是相对权，其他近亲属之间的亲属身份利益，总是存在于相对的亲属之中，权利义务由相对的近亲属享有和承担。离开相对的其他近亲属，就不存在亲属权。

二、亲属权的性质

（一）关于亲属权之性质的不同主张

对亲属权的性质是否为独立的身份权，学说不无争论，主要有三种主张。

1. 肯定说

认为亲属权为独立的身份权，具体是指父母与成年子女、祖父母与孙子女、

外祖父母与外孙子女、兄弟姐妹之间的身份权。[①] 在其他民法学教科书中，有的虽然未明文承认亲属权的概念，但在论述家庭关系中的身份权时，都涉及亲属权的内容。比如认为："我国现阶段的家庭关系中，在一般情况下，除夫妻关系外，就是父母与子女间的关系、祖父母与孙子女间的关系和兄姐与弟妹间的关系。他们之间相互享有身份权。"[②]"有扶养关系的祖父母与孙子女、外祖父母与外孙子女相互之间的人身权，有监护关系的兄弟姐妹或其他近亲属、其他监护人，与被监护人之间的人身权，等等，这些权利均受到我国法律的保护。"[③] 在前一观点中，论述的就是亲属权；在后一观点中，论述的主要是亲属权。

2. 上位概念说

认为亲属权是一种民事权利，但不是独立的基本身份权，而是亲权、配偶权的上位概念，大致相当于亲属法上的身份权概念。如日本法学家认为，亲属权是指"有特定身份关系者间的以身份利益为内容的权利。如亲权、夫权即是。多称为身份权"[④]。这里所说的亲属权，就是指身份权。

3. 否定说

一般的民法著作不认亲属权为独立的身份权，而是只在亲属法中规定扶养的权利义务关系，研究近亲属之间的扶养问题，将其作为亲属之间的权利义务关系。[⑤]

（二）亲属权是独立的身份权

本书赞同对亲属权属性的肯定说，认为亲属权并不是一个抽象的概念，而是身份权的下属概念，其性质是独立的基本身份权。其理由是：

第一，亲属权并不是身份权概念的本身。身份权是各种基本身份权的总称，与人格权一起构成人身权，因而是类的概念。亲属权是部分亲属之间的身份权，

---

① 张俊浩. 民法学原理. 北京：中国政法大学出版社，1991：162.

② 李由义主编. 民法学. 北京：北京大学出版社，1988：573.

③ 马原主编. 中国民法教程. 北京：人民法院出版社，1989：500.

④ ［日］我妻荣，等编. 新版新法律学辞典. 童璠舆，等译. 北京：中国政法大学出版社，1991：527.

⑤ 杨大文主编. 婚姻家庭法. 北京：法律出版社，2003：282 页以下. 王洪. 婚姻家庭法. 北京：法律出版社，2003：291 页以下.

是身份权的下属概念，是基本身份权之一。按照我国《民法典》规定的权利体系，身份权是自然人因婚姻家庭关系等产生的人身权利。身份权与亲属权是从属关系，并不是同一概念或并列概念，不能相互代替或者颠倒。

第二，亲属权是独立的基本身份权。亲属法上的身份关系共分三种，亲属权概括的身份关系为其中一种，具有独立性。在我国，具有法律意义的亲属是指近亲属。近亲属的身份关系分为配偶身份关系、亲子身份关系和其他近亲属身份关系。其中配偶身份关系产生的是配偶权，亲子关系产生的是亲权，这两种权利都是独立的基本身份权。在近亲属中，除配偶身份关系和亲子身份关系以外的其他亲属身份关系，也是一种身份关系，具有特定的身份利益和特定的权利义务关系，与配偶之间和亲子之间的权利义务关系并不相同，具有独立的特征，是一种独立的身份权。

第三，亲属权与配偶权和亲权一道构成完整的身份权体系。亲属权概括的正是与配偶权所反映的配偶身份关系和亲权所反映的亲子身份关系相并列的其他近亲属之间的身份关系，包括父母与成年子女、祖父母与孙子女、外祖父母与外孙子女、兄弟姐妹之间的身份关系。对这种身份关系以亲属权称之，略嫌大词小用，因为配偶与亲子均为亲属，而且除近亲属之外，亲属还包括其他一般亲属，但是，除此之外，再无更合适的称谓。之所以认为许多民法著作有亲属权之实而无亲属权之名，主要是因为没有更准确的概念来称呼它。只有亲属权的严格界定概念，才能准确反映其内涵和外延，不至于与身份权以及其他民事权利相混淆，也不会与亲属的概念相混淆。

三、亲属权的历史沿革和《民法典》规定的亲属权

（一）亲属权的历史沿革

亲属权与亲权有共同的历史渊源，均产生于古代亲属法的家父权和家长权。

在母系社会中，母亲在血缘关系中占支配地位，但这时的亲属身份关系还不具有法律上的意义，因为母系社会大致处于原始社会的早期和中期，还不存在国

家和法律。当原始社会解体，私有制、国家和法律产生时，亲属身份关系已经成为父系血缘关系，家长权随之产生。

在罗马法，家父权有一个逐渐演进的过程。最早的家父权是一个无所不包的概念。这时的家又叫家族，是家父权之下所支配的一切人和物，包括家父、妻、子女、孙子女、儿媳、孙媳、买进来的市民、奴隶和牛、马、土地等。家父权既包括对家属即人的支配权，又包括对奴隶和物的所有权。

随着法律的不断发展，家父权的内容逐渐有所变化，各种权利逐渐从家父权中分离出来。首先是人和物的区分，家父权成为对人的支配权，对家里的物的支配权成为所有权；其次，把奴隶从家父权中分离开，家父对奴隶的权利称为家主权；再次，把妻子从家父权中分离开，成为单独的夫权；最后，把买进来的市民从家父权分离开，家父对买进来的市民叫作买主权。这时的家父权，只剩下对子女、孙子女（包括子媳和孙媳）的支配权。

罗马法上的主要亲属是法亲，亦称为宗亲，完全以男系为标准，以家父权为基础，即家长所生的子孙后裔之间所发生的亲属身份关系。[①] 罗马法的法亲与我国古代的宗亲相似，家父权与我国宗亲中的家长权也很相似。

经过历史的演变和社会、法律文化的不断进步，家长权一分为二，一部分成为亲权，一部分成为亲属权。

《法国民法典》首先将亲权规定为独立的身份权：其第 372 条规定："子女在成年或亲权解除前，均处于父母权力之下。"同时，第 488 条规定："满 21 岁为成年；到达此年龄后，除结婚章规定的例外外，有能力为一切民事生活上的行为。"但处于痴愚、心神丧失或疯癫的状态者，则为禁治产人，亲属（包括血亲和配偶）有权请求宣告其为禁治产人。此为亲属权的内容。

《德国民法典》亦规定了亲权照顾权，同时，对亲属权亦作出明文规定。该法第 1618*a* 条至 1620 条分别规定："父母和子女负有相互帮助和体谅的义务。""以子女隶属于父母的家庭，并由父母教育和扶养者为限，此子女有义务以符合其体力和身份的方式，在家务和业务中向父母给付劳务。""如隶属于父母的家庭

---

① 龙斯荣. 罗马法要论. 长春：吉林大学出版社，1991：53－54.

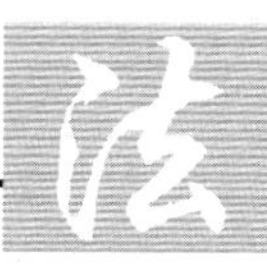

的成年子女，为负担家事费用从其财产中支出或子女为此目的就自己的财产向其父母让与一些财物者，在发生疑问时，应推定为并无请求偿还之意。”该法第1601条对其他亲属的权利义务关系规定为：“直系亲属互负扶养的义务。”

《瑞士民法典》在“子女关系的效力”一章，专节规定了亲权，在“家庭的共同生活”一章，专节规定了家长权，将亲权和亲属权（家长权）分离。

在当代，亲权与亲属权已经完全分离，成为两个独立的身份权。

（二）我国的亲属权

我国《民法典》没有将亲权和亲属权截然分开规定，但在条文的内容中可以看出亲权和亲属权的明显区别。

关于亲权，《民法典》第26条第1款规定：“父母对未成年子女负有抚养、教育和保护的义务。”这显然规定的是亲权。此外，《民法典》第1067条和第1068条规定：一是父母有教育、保护未成年子女的权利和义务；二是未成年子女造成他人损害的，父母应当依法承担民事责任；三是父母不履行抚养义务时，未成年子女有要求父母付给抚养费的权利。

关于亲属权：一是《民法典》第26条第2款规定：“成年子女对父母负有赡养、扶助和保护的义务。”这规定的是成年子女与父母的亲属权。二是第1067条第2款规定，子女对父母有赡养扶助的义务，成年子女不履行赡养义务时，缺乏劳动能力的或者生活困难的父母，有要求子女付给赡养费的权利。第1074条规定，有负担能力的祖父母、外祖父母，对于父母已经死亡或者父母无力抚养的未成年的孙子女、外孙子女，有抚养的义务；有负担能力的孙子女、外孙子女，对于子女已经死亡或者子女无力赡养的祖父母、外祖父母，有赡养的义务。三是第1075条规定，有负担能力的兄、姐，对于父母已经死亡或者父母无力抚养的未成年的弟、妹，有扶养的义务。由兄、姐扶养长大的有负担能力的弟、妹，对于缺乏劳动能力又缺乏生活来源的兄、姐，有扶养义务。

从上述规定看，我国立法亦采亲权与亲属权分立的立法方式，规定亲权和亲属权各为独立的身份权。

第二节　亲属权的内容

一、亲属权的内容

（一）立法规定的内容

对亲属权的具体内容即亲属权的派生身份权，我国《民法典》规定得比较简略，统称为扶养权，根据不同的亲属权主体，分为抚养权、赡养权和扶养权。除此之外，没有规定其他亲属权的派生身份权。

（二）学说的主张

在学说上，有的学者主张，亲属权的内容有以下三种。

1. 父母与成年子女之间的亲属权

在父母与子女之间，亲属权的内容是：第一，父母对无民事行为能力或者限制民事行为能力的成年子女有监护权和抚养权；第二，子女对父母负有赡养义务。

2. 祖父母与孙子女、外祖父母与外孙子女之间

在祖父母与孙子女、外祖父母与外孙子女之间，亲属权的内容是：第一，有负担能力的祖父母、外祖父母，对于丧失亲权保护的未成年孙子女、外孙子女有抚养权和监护权；第二，有负担能力的孙子女、外孙子女，对于子女已经死亡的祖父母、外祖父母有赡养权。

3. 兄弟姐妹之间的亲属权

兄弟姐妹之间亲属权的内容是：第一，有负担能力的兄姐对于失去亲权保护的未成年弟、妹有扶养权和监护权；第二，弟妹对没有生活来源的兄姐有扶养义务。

在内容之外，亲属权还包括相互之间享有的继承权，申请宣告失踪和宣告死亡的权利，以及财产的代管权等。[①]

---

① 张俊浩. 民法学原理. 北京：中国政法大学出版社，1991：162－163.

在上述列举的亲属权内容中，有些是亲属权的内容，如扶养、抚养、赡养权，有些不是亲属权的内容，而是监护权和继承权的内容，因而上述关于亲属权内容的论述不够准确。

（三）亲属权应当具有的内容

我国《民法典》仅规定亲属权包括扶养权，显然过窄，不能涵括亲属权的全部内容即全部派生身份权。但是，将亲属权的范围极力扩大，将监护权和继承权也概括在其中，也不适当，混淆了权利与权利之间的界限。

对此，应当依据我国立法的基础，参照国外的立法例和我国具体的民情、风俗，确定我国亲属权的内容，具体方法是扩展其内容，将现代亲属权的基本内容都包括进去，使之成为名副其实的独立的基本身份权，而不能让亲属权变成亲属扶养权，改变其基本身份权的性质。

根据我国《民法典》的规定，借鉴境外亲属法关于亲属权的规定，本书认为，我国的亲属权包括下述内容：一是尊敬权及孝敬义务，二是相互帮助和体谅的权利和义务，三是祭奠权，四是相互之间的扶养权利与义务。

（四）亲属权的具体内容[①]

1. 孝敬尊重权

孝敬尊重权，包括长辈尊亲属基于其亲属身份而产生的被孝敬的权利，也包括平辈亲属相互之间以及尊亲属对卑亲属基于其亲属身份而产生的被尊重的权利。

孝敬尊重权既是权利又是义务。在尊亲属，享有尊敬权，要求卑亲属必须对自己尊敬、孝敬；在卑亲属，则为义务，对尊亲属必须尽尊敬、孝敬义务。同样，尊亲属也应当对卑亲属予以尊重，平辈亲属应当相互尊重，不得进行人格歧视。

《法国民法典》第371条规定了该种权利：“子女，不问年龄，应尊敬其父母。”不问年龄的规定，使这一权利既为亲权的内容，亦为亲属权的内容。《智利共和国民法典》第219条规定：“正统子女应尊敬和顺从其父与母，但应特别地

① 关于扶养权，由于比较复杂，在下文专列一节进行讨论。

服从于父。”这些立法例及立法理由是有道理的。

我国《民法典》对此没有明确规定，但在现实生活中理应如此。对此权利是否称为孝敬尊重权，颇值得斟酌，因为我国传统封建父权的核心，就是孝悌，谓之“百义孝为先”。在亲属权中强调孝敬权，似有复古之嫌。

尊敬权局限于父母子女之间，不仅父母享有尊敬权，而且举凡尊亲属均享有尊敬权。与此相对应，一切卑亲属均负尊敬的义务。

平辈亲属以及尊亲属对于卑亲属应有尊重的义务。对尊重义务，无论尊亲属、卑亲属还是平辈亲属，均应承担，这是尊重对方的人格，以及维持平等、亲密的亲属身份关系的缘故。

应当重视的是，《老年人权益保障法》第 18 条规定了“常回家看看”条款，规定的就是老年尊亲属对家庭成员享有的尊亲属被探望权。这种探望权的属性，就是亲属权中的孝敬权。本章专设第四节对此进行讨论。

2. 帮助、体谅义务

亲属之间互负帮助、体谅义务，当一方发生困难时，应尽力帮助，并予以体谅，不向其提出过高的要求，共同克服困难。

《德国民法典》第 1618*a* 条是 1979 年增订的新条文，规定：“父母和子女负有相互帮助和体谅的义务。”《瑞士民法典》第 272 条规定：“父母与子女为共同生活的利益互负扶助、关心及尊重的义务。”这些规定中的帮助、体谅、扶助、关心，其基本意思是一致的。这样规定的目的在于建立和睦、亲善的家庭关系，促进社会和谐的人际关系。

亲属权的这项派生身份权的基本含义：一是亲属之间的帮助、扶助，是指物质上的、劳务上的帮助、扶助。当一方亲属在生活中发生困难时，他方应尽力提供经济帮助和劳务帮助。二是亲属间的体谅是精神上的谅解和关心。当一方亲属发生困难、遭遇挫折、遇到麻烦时，他方应在精神上予以关心、同情，使其获得心理上的安慰，同时，应体谅亲属的困难，不向其提出超过其能力的请求或其他过分的要求。

帮助、体谅义务的范围，不应仅局限于父母子女之间，还应扩展到整个近亲

属的范围，祖父母与孙子女、外祖父母与外孙子女之间，以及兄弟姐妹之间，都应当负有该义务。

3. 祭奠权

祭奠权也称为悼念权，是指近亲属之间对亡故亲属的祭祀悼念的意愿和可能，是亲属权的内容。

近年来，不断有祭奠权的纠纷案件诉讼到法院，有的法院支持当事人关于祭奠权的主张，有的法院则驳回当事人的祭奠权诉讼请求，认为它不是一个权利，应随纠纷自消自灭。

本书认为，虽然我国《民法典》没有明文规定祭奠权，但这种权利是存在的。民法调整亲属身份关系，是通过赋予近亲属相互之间享有身份权的方式实现的。在夫妻之间，享有配偶权；在未成年子女和父母之间享有亲权；在其他近亲属之间则产生亲属权。在这三个权利之外，再创造其他新的有关身份的权利，都是不实际、不现实的。祭奠权不是独立的权利，而是亲属权的具体内容，配偶权和亲权也包括这样的内容。三种婚姻家庭法上的身份权，都是近亲属之间的权利义务关系，详细规范了夫妻之间、未成年子女与父母之间以及其他近亲属之间的权利义务关系。祭奠权是近亲属之间对已故共同亲属的祭祀悼念之权，凡是近亲属都享有这种权利。祭奠权产生于亲属权、配偶权和亲权，是亲属权等权利的具体内容，而不是独立的权利。

祭奠权的具体内容，是每一个近亲属对已故近亲属（尤其是尊亲属）进行祭祀的权利，其共同的近亲属相互之间应当尊重对方的这一权利，相互通知、相互协助，使各个近亲属真正享有这样的权利并得以实现。

在法律适用上，没有法律明文规定祭奠权，处理实际的祭奠权纠纷应当按照《民法典》第10条规定的民事法律适用原则，有法律依法律，无法律依民事习惯。没有法律规定祭奠权，应当按照民间习惯予以保护。发生争议，也要按照民间习惯进行裁决。那种认为没有法律规定，就不能对发生的民事争议进行裁决的思想是不正确的。法官应当熟知法律，也应当熟知民事习惯，当民事法律缺少具体规定时，应当按照习惯裁决案件。这才是法律适用的正确方法。例如，夫妻之间和父母子女之间，都有对死去一方的祭奠权，就夫妻之间和父母子女之间的祭奠而言，显然更应当尊重夫妻之间的祭奠要求。这既是亲等关系使然，也是民间习惯的约定俗成。

按照这样的习惯处理祭奠权的争议，就不会出现太大的问题。具体的规则是：第一，祭奠权发生纠纷，应当平等协商解决；第二，不能协商解决的，应按亲属身份关系的远近，亲属身份关系近的亲属优先；第三，亲属身份关系相等的平辈亲属之间，以长者为优先。

二、扶养权

（一）扶养权的概念和特征

1. 扶养权的概念

扶养权，是指一定亲属之间一方接受生活供养，他方应当为其提供生活供养的权利和义务。提供扶养的人为扶养义务人，接受扶养的人为扶养权利人。

扶养权是一个具有双重含义的概念：狭义的扶养权，仅指扶养权利人接受生活供养的权利；广义的扶养权，是指所有的扶养权利义务关系，包括赡养、抚养和扶养关系。笔者在编纂《民法典》时提出过一个建议，就是废除这种将一个概念界定为两种含义的做法，避免概念的混淆，主张把广义的扶养权称为供养，供养的概念之下包含赡养、抚养和扶养，使概念的含义明确，相关概念之间的逻辑关系清晰。不过立法没有接受这个建议。

扶养权是亲属权中最重要的派生身份权，关系亲属一方的生存、健康问题。我国扶养权分为三种：一是抚养权，是父母对子女的权利义务关系和祖父母、外祖父母对孙子女、外孙子女的权利义务关系，即长辈对晚辈的扶养关系；二是赡养权，是子女对父母，孙子女、外孙子女对祖父母、外祖父母的权利义务关系，即晚辈对长辈的扶养关系；三是扶养权，是配偶之间的权利义务关系以及平辈亲属间的权利义务关系，《民法典》规定兄、姐对未成年弟、妹时就使用扶养权概念。学者建议，在法学研究和法律适用中总体上应按广义的扶养来理解，在具体

的亲属关系中则不妨分别指称。①

2. 扶养权的特征

学者认为，人类扶养制度大致经历了四个阶段：一是原始社会以集体为中心的群体性扶养；二是以家长为中心的家族式扶养；三是以扶养人为中心的夫权式、亲权式扶养；四是以被扶养人为重心的保障式扶养。我国目前扶养制度中的扶养权有以下法律特征。②

（1）扶养权具有人身属性。

扶养关系只能发生在一定范围内的亲属之间，是具有特定身份的亲属之间的权利义务关系，因此，扶养权具有身份的属性，只为特定的亲属所享有，不能转让、处分或者抵销。扶养的权利不受一般财产关系的约束，例如，不得成为债权人代位权的标的。

（2）扶养义务的履行具有必要性和条件性。

一方面，扶养权的行使应当有必要性，扶养权人在不能维持生活、无谋生能力时，即可行使；另一方面，履行扶养义务也应当为义务人保留必要的生活条件，不能因为承担扶养义务而使自己陷入生活困境。

（3）扶养权不受诉讼时效约束。

扶养权是请求权，但其行使不受诉讼时效限制，义务人不得以请求权的行使已过诉讼时效期间为由拒绝履行扶养义务。

（二）我国《民法典》规定的扶养权范围

1. 现行规定

我国《民法典》规定的亲属间的扶养义务，包括六项。

（1）父母对无独立生活能力的成年子女。

《民法典》第 1067 条第 1 款规定，父母对不能独立生活的成年子女，仍需尽抚养义务，至其有独立生活能力时为止。目前我国已满 18 周岁的成年人，一部分已经就业，一部分正在求学，对诸如后一部分及与其相似情形的成年子女，父

① 杨大文，龙翼飞主编. 婚姻家庭法. 8 版. 北京：中国人民大学出版社，2020：197.

② 马忆南. 婚姻家庭继承法. 5 版. 北京：北京大学出版社，2023：198.

母应继续提供抚养费和教育费。

父母对未成年子女负有抚养义务，对不能独立生活的子女也有抚养义务。如果父母一方或者双方不履行抚养义务，未成年子女和不能独立生活的子女有权请求支付抚养费，此时抚养义务转变为责任，具有强制性。《婚姻家庭编解释一》第 43 条规定："婚姻关系存续期间，父母双方或者一方拒不履行抚养子女义务，未成年或者不能独立生活的成年子女请求支付抚养费的，人民法院应予支持。"不过，应当界定这里规定的不能独立生活的子女，例如，无民事行为能力或者限制民事行为能力的成年子女、没有独立经济收入在学校就读的成年子女，是否都是不能独立生活的子女，需要研究，否则会增加父母双方或者一方的抚养义务。已经成年但有残疾而不能独立生活的子女，与已经成年上大学甚至在读硕士研究生、博士研究生的子女是不一样的，应当有所区别。[①]

（2）子女对父母的赡养义务。

《民法典》第 1067 条第 2 款规定，成年子女对父母负有赡养义务，条件是有赡养父母的必要，如父母无劳动能力或者生活有困难。此种赡养义务是法定义务，是必须履行的。目前，某些地区实行父母与子女签订赡养合同，并采取公证形式确认合同成立，实际上是以约定义务取代了法定义务。这种经验并不可取。

（3）祖父母、外祖父母对孙子女、外孙子女的抚养义务。

《民法典》第 1074 条第 1 款规定，有负担能力的祖父、外祖父母对父母已经死亡的孙子女、外孙子女有抚养的义务。这种抚养义务有两个条件：一是祖父母、外祖父母有负担能力；二是孙子女、外孙子女的父母已经死亡。不具有这两个条件的，不发生此种抚养义务。

（4）孙子女、外孙子女对祖父母、外祖父母的赡养义务。

依照《民法典》第 1074 条第 2 款规定，该种赡养义务的承担以孙子女、外孙子女有负担能力，祖父母、外祖父母的子女已经死亡为必要条件。不具备这两个条件，不发生此种赡养义务。

---

① 杨立新. 最高人民法院《关于适用〈婚姻法〉若干问题的解释（三）》解读. 东南学术，2012（1）.

（5）兄姐对弟妹的扶养义务。

《民法典》第 1075 条第 1 款规定，以父母已经死亡或者父母无力抚养为选择条件，具备其中之一的发生这种扶养义务，否则不发生此种扶养义务。

（6）弟妹对兄姐的扶养义务。

依照《民法典》第 1075 条第 2 款规定，由兄、姐扶养长大的有负担能力的弟、妹，对缺乏劳动能力又缺乏生活来源的兄、姐，有扶养的义务。

2. 我国法律规定的扶养义务的缺点

我国《民法典》规定的上述扶养义务，基本上符合实际情况，但存在以下缺点：一是就近亲属间各个不同身份分别规定，过于烦琐；二是某些扶养关系的发生分别依据不同的必要条件，过于复杂，不易掌握和操作；三是规定发生抚养关系的必要条件，有的不甚合理，如祖父母、外祖父母与孙子女、外孙子女之间的抚养、赡养关系，只规定须其中间一代亲属死亡，其中间一代未死亡，但无民事行为能力或者无负担能力，亦应如此。而没有规定有无负担能力。而在兄弟姐妹之间的扶养关系，不是规定在必要时互尽扶养义务，而是规定有负担能力的兄姐对父母已经死亡或父母无力抚养的未成年的弟、妹负有扶养义务；由兄姐扶养长大的有负担能力的弟妹，对缺乏劳动能力又缺乏生活来源的兄姐有扶养义务，存在更多的问题。这种将祖孙之间、兄弟姐妹之间的扶养义务规定为补充性的义务，以不严重恶化自己的生活为前提[①]，并且设置必要条件的扶养制度，是有缺陷的。

（三）对扶养权立法的完善

对此，应当借鉴国外的立法例，弥补我国立法的缺陷，完善我国扶养权的立法。

1. 扶养义务人的范围

立法应当明确规定谁有扶养权利、谁有扶养义务。例如，《德国民法典》第 1601 条规定："直系亲属互负扶养的义务。"第 1602 条规定："扶养权利人，只限于不能维持自己生活的人。未成年的未婚子女，虽有财产，以其财产收入和其

① 马忆南. 婚姻家庭继承法. 5 版. 北京：北京大学出版社，2023：204.

劳动所得不足维持生活者为限，仍得向其父母请求扶养。”

2. 扶养义务的要件

立法应当明确规定不具有负担扶养义务要件的扶养义务人，免除其扶养义务。可以参照的立法如《德国民法典》第1603条规定：“考虑由于其所负担的其他义务，以致不损及其适当生活就无法扶养他人者，不负扶养的义务。”“1. 有前项情形时，父母对其未成年的未婚子女负有义务，将全部可处分的金钱平均用于自己的和子女的扶养。2. 如有其他负扶养义务的亲属时，不发生上述义务；对能就自己的财产获得扶养的子女，也不发生此项义务。”

3. 扶养顺序

在扶养人与被扶养人各有数人时，法律应当明确规定义务人和权利人的先后次序。扶养义务人的顺序为：在先者负担，在先者死亡或免除义务者，由后一顺序的义务人负担。

对具体顺序各国规定不同，我国对扶养义务人可以考虑规定如下的顺序：一是父母，二是子女，三是祖父母、外祖父母，四是孙子女、外孙子女，五是兄弟姐妹。而扶养权利人的顺序，以在先者优先接受扶养，如未成年子女优于其他子女，子女先于其他直系卑亲属，直系卑亲属先于直系尊亲属。

4. 扶养程度

扶养程度，是指应给予扶养权利人扶养的水平、标准。扶养程度应当按照扶养权利人的实际需要和扶养义务人的经济能力确定。实际需要是以正当并且必要的需求为标准，经济能力是以能够负担为标准。

各国规定扶养程度，主要有三种不同的方法：一是规定扶养包括供给全部生活的必要费用，包括学会某种职业必需的培训费用，以及需要受教育者的教育费用，医疗、护理费用等；二是作概括规定，没有作具体标准的规定，例如规定以扶养人的生活需要确定义务人的财产给付；三是依协议确定，必要时由法院裁决。

我国《民法典》对扶养程度没有作具体规定，借鉴国外的经验，可以确定以下规则。

(1) 夫妻以及父母子女之间的扶养程度。

扶养义务人对被扶养人应当承担全部的生活必需费用，包括起码的生活费、受教育者的教育费即职业培训费、疾病患者的医疗护理费等，还包括必需的精神的和体力上的扶助。在夫妻同居时，夫妻双方的扶养义务在共同生活中履行，在其他情况下，应当由双方当事人协商决定，协议不成的由法院判决。

(2) 其他近亲属之间的扶养程度。

在其他直系血亲之间，旁系血亲兄弟姐妹之间，依扶养权利人的需要和扶养义务人的能力，经协商决定，协议不成的由法院判决。

5. 扶养方式

扶养方式，是指履行扶养义务的具体方法。各国亲属法规定扶养方式主要有四种：一是共同生活扶养，即被扶养人和扶养人共同居住，进行直接扶养；二是定期金扶养，即以确定期间支付固定的扶养金；三是实物扶养；四是不定期支付扶养金。

我国《民法典》对扶养方式没有作明确规定。确定扶养方式的一般原则是，在父母子女和夫妻关系中，一般以共同生活扶养为主，在其他亲属之间，可以用定期金方式扶养，或者提供实物扶养，或者以不定期支付扶养金的方式进行扶养。

6. 扶养变更

扶养变更，是指扶养义务人、扶养权利人的顺序，以及扶养程度和扶养方式的变动。

扶养变更需要扶养当事人享有扶养变更权。扶养变更权是指扶养当事人的一方或者双方在经济和生活状况发生变化时，当事人双方所具有的请求变更原扶养协议或判决的权利。提出扶养变更的请求，必须以原有的扶养情况发生变化为条件，否则不得提出变更请求。扶养变更请求的内容包括增加、减少或者免除原扶养协议的扶养费的要求，变更扶养方式的要求等。

我国《民法典》对扶养变更没有作明确规定，只作了笼统规定。我国扶养变更的规则如下。

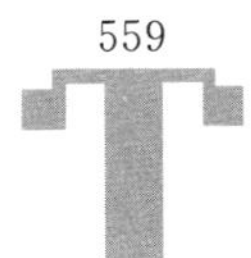

（1）变更的时间。

扶养关系当事人在发生需要变更扶养顺序、扶养程度或者抚养方法等法定事由时，享有扶养变更请求权。

（2）变更的事由。

扶养变更的事由是：第一，社会经济变化，生活必需品费用提高，原定扶养费数额明显不足；第二，被扶养人病重，医疗费用增加，临时增加扶养费；第三，扶养方式因特殊情况需要改变；第四，扶养义务人因重大理由无法继续承担扶养义务，需要对扶养费用进行减免；第五，因其他重大事由，需要变更扶养顺序、扶养程度或者扶养方法。

（3）变更扶养的方式。

原来是扶养协议的，仍然用协议的方式进行变更；协议不成或者无法协议的，由法院裁决。原为裁判确定的，双方当事人也可以协商，达成变更扶养协议，协商不成的，由法院判决。

7. 扶养义务的消灭

扶养义务的消灭，是指在一定的法定原因或者一定事实发生的情况下，当事人之间的扶养关系终止，扶养义务人的义务消灭。扶养义务消灭的原因有三个。

（1）当事人死亡。

不论是扶养权利人还是扶养义务人，一方死亡，扶养即告消灭。如果是扶养权利人死亡，则他或者她的所有扶养义务人的扶养义务都消灭；如果是扶养义务人死亡，则仅消灭他或者她一个人的扶养义务。

（2）当事人身份解除。

扶养义务必须基于一定的身份关系而发生，如果发生扶养义务的身份关系消灭，扶养义务也一定要随之消灭。例如，夫妻离婚，夫妻之间的扶养义务即告消灭。解除养父母子女关系，其相互间的抚养关系也告消灭。

（3）扶养要件消灭。

扶养要件，是指发生扶养权利的法律事实。例如，扶养权利人的扶养要件消灭，不再需要扶养，或者扶养义务人的扶养能力完全丧失，或者未成年子女已经

成年独立生活，扶养关系予以消灭。

第三节　亲属权的民法保护

一、亲属权的民法保护概述

（一）亲属权的民法保护的一般方法

亲属权是自然人的法定身份权，民法采取自己特有的手段，对其进行法律保护。

亲属权与亲权、配偶权一样，既具有绝对性，又具有相对性，因而保护亲属权，既要保护亲属权利人内部关系的权利，又要保护亲属权利人外部关系的权利；既要制裁违背亲属权相对义务人的不履行义务行为，又要制裁亲属权绝对义务人的侵权行为。

亲属权的民法保护方法分为身份权请求权和侵权请求权两种。适用身份权请求权的保护方法，法律依据是第《民法典》第 1001 条；适用侵权请求权的保护方法，法律依据是《民法典》第 1165 条。

（二）对亲属权的身份权请求权保护方法

对亲属权的身份权请求权保护方法，是身份权所包含的身份权请求权。这种请求权是民事权利的固有请求权，亲属权受到妨害、没有造成实际损失的，受害人可以依据《民法典》第 1001 条关于身份权请求权的规定，请求妨害亲属权的行为人承担停止侵害、排除妨碍、消除危险、消除影响、恢复名誉、赔礼道歉以及继续履行等责任，使受到妨害的亲属权得以恢复。

（三）对亲属权的侵权请求权保护方法

违背亲属权绝对义务的违法行为，侵害亲属权造成损害的，为侵权行为。这是因为，亲属权是绝对权，除特定的亲属权的权利人之外，其他任何人都是亲属权的绝对义务人，都负有不可侵的不作为义务。违背这种义务而使亲属权人遭受亲属权损害的，构成侵权行为，应当承担侵权责任。

违背亲属权相对义务的行为，是违法行为，但是否构成侵权行为，应当斟酌。违背亲属权相对义务的行为中，当行为人以故意使权利人遭受亲属利益以外的损害时，可以认该行为为侵权行为；没有造成亲属利益以外的损害的，可以适用《民法典》规定的身份权请求权的规则调整。过失违背亲属权相对义务者，应责令其履行或强制其履行义务，一般不应认定其行为为侵权行为。

二、侵害亲属权的侵权责任构成

侵害亲属权的侵权责任构成，应当具备违法行为、损害事实、因果关系和过错要件，即具备一般侵权行为的构成要件。

（一）侵害亲属权的违法行为

侵害亲属权行为的违法性，表现为违反法定义务。对此，立法有两方面的规定：一是对亲属权内容的具体规定，如《民法典》对亲属之间扶养权利的规定；二是对民事权利主体合法权益予以全面保护的概括规定，即《民法典》第1164条规定。对侵害扶养权利的侵权行为，违法性判断的依据是《民法典》的规定；对侵害尊敬权、帮助体谅权等精神性权利内容的，虽然立法没有具体规定，但可以《民法典》第3条作为判断的依据。

侵害亲属权行为的义务主体，既包括亲属权的绝对主体，即特定亲属身份关系以外的第三人，又包括亲属权关系主体内部的义务人。第三人侵害亲属权，主要的行为方式是作为方式；相对义务人侵害亲权，主要的行为方式是不作为。

（二）亲属权受到损害的事实

亲属权受到损害，在客观上表现为三种方式：一是扶养来源的丧失。扶养来源包括抚养来源、赡养来源和扶养来源，扶养权利人依靠扶养来源而生活，失去扶养来源，将造成扶养权人的生活困难乃至发生危险。扶养来源丧失是亲属权中的扶养权损害的客观事实。二是精神利益的损害。侵害尊重权、帮助体谅权等精神性权利，必然造成亲属权人精神利益的损害，亲情受到破坏。这种损害事实也是亲属权受到损害的客观事实。三是精神痛苦的损害。断绝扶养来源，侵害亲属

权精神利益，可以使权利人遭受精神上的打击，产生精神痛苦和感情的创伤。侵害亲属权的损害事实主要是直接损害事实，但在特殊情况下损害事实是间接损害事实，这主要是指第三人侵害法定扶养义务人健康权、生命权，造成死亡或丧失劳动能力的后果，间接地使扶养权利人丧失扶养来源。

（三）侵害亲属权与损害事实之间的因果关系

侵害亲属权的违法行为与侵害亲属权的损害事实之间须有因果关系。确定这一因果关系，不能以直接因果关系为限，在特定的场合，间接因果关系亦构成。在侵权行为造成扶养权损害时，相对义务人故意违反法定义务者，应为直接因果关系；绝对义务人即第三人违反法定义务者，一般为间接因果关系；只有直接以故意断绝扶养来源的，方能构成直接因果关系。

（四）侵害亲属权者有过错

侵害亲属权者有过错有以下三种不同的情形：一是相对义务人侵害亲属权的，应具备故意的主观心理状态，过失不构成侵权责任。二是绝对义务人侵害亲属权的，在一般情况下，故意、过失均可。三是侵害扶养义务人的健康、生命权，造成扶养权利人丧失扶养来源的，如果是在高度危险作业、动物致害、产品责任、环境污染这四种适用无过错责任原则归责的场合，行为人主观上无过错也构成侵权责任。

三、侵害亲属权的民事责任承担

不论是妨害亲属权还是侵害亲属权，受害人主张身份权请求权或者侵权请求权救济时，最主要的民事责任承担方式有三种。

（一）继续履行

相对义务人违反亲属义务的，无论是构成侵权行为，还是不构成侵权行为，都应当承担继续履行的责任。

继续履行是一种民事责任方式，《民法典》第 179 条第 7 项规定了这种民事责任方式，但一般认为继续履行是违约责任适用的责任方式。其实，在身份权

中，对侵害身份权的行为人也可以适用继续履行的方式令其承担责任，恢复对被扶养人的扶养权利。侵害亲属权的继续履行与违反合同的继续履行有相似之外，其原因在于这两种民事法律关系均是相对性法律关系或具有相对性。但这两种继续履行责任形式从本质上说是不同的。虽然亲属权法律关系具有相对性，但其本质属性是绝对权，其相对的权利义务关系是法定的，而不是约定的。因而，相对义务人违背亲属的继续履行，不能像违反合同的继续履行那样，判决继续履行是否有必要，而是一律要履行，必须履行。

这种继续履行的责任方式是强制性的。当相对义务人不履行亲属义务时，亲属权人有权要求相对义务人继续履行，也可以向法院起诉，由法院判决其承担该种责任。如果相对义务人拒不执行判决，可以依法强制执行其财产。

继续履行的内容，应依相对义务人违反何种亲属义务而定。如果违反的是扶养义务，则应继续履行扶养义务。如果违反的是一般的尊敬、帮助体谅义务，则应继续履行该种义务，必须尊敬尊亲属，与其相互尊重、帮助和体谅。

（二）除去妨碍或者侵害

侵害亲属权除应承担继续履行义务、赔偿损失责任之外，还应当根据具体情况，判令侵权人承担停止侵害、消除影响和赔礼道歉的责任。这些都是非财产性的责任方式，对于维护受害人的精神利益具有重要意义。

（三）赔偿损失

侵害亲属权造成损害的，应当承担损害赔偿责任，主要的赔偿损失有三种。

对侵害扶养义务人健康权、生命权而使扶养权利人丧失扶养来源的，应当赔偿必要的生活费。

第三人以拘禁扶养义务人、剥夺扶养义务人劳动权利等方法故意侵害扶养权利人扶养权的，应当赔偿给扶养权利人造成的全部财产损失。

对侵害亲属权造成精神性权利损害的，侵权人应当承担精神损害赔偿的责任，赔偿受害人的精神利益损害。对此，依照《民法典》第 1183 条第 1 款规定的精神损害赔偿的一般方法，计算损害赔偿金。例如，按照《精神损害赔偿司法解释》第 2 条规定，非法使被监护人脱离监护，导致近亲属的亲属权受到严重损

害，构成侵权的，可以请求精神损害赔偿。这种赔偿金的计算，应按照一般的精神损害赔偿计算办法进行。

第四节　尊亲属被探望权的法理与适用

一、“常回家看看”条款的社会基础和法理依据

2013年7月1日实施的《老年人权益保障法》第18条被称为“常回家看看”条款，其内容是：“家庭成员应当关心老年人的精神需求，不得忽视、冷落老年人。”“与老年人分开居住的家庭成员，应当经常看望或者问候老年人。”“用人单位应当按照国家有关规定保障赡养人探亲休假的权利。”不曾想，这一规定在网络上引起强烈批评，有人质疑：具有传统敬老美德的中国人为什么还需要把孝敬父母作为强制性规定写进法律呢？为此，应当探讨“常回家看看”条款的法理基础，以及在司法实践中的适用方法。

“常回家看看”条款受到网民质疑的原因之一，是对该条款的法理基础没有讨论清楚，或言之，公众对“常回家看看”的法理依据不清楚。

“常回家看看”条款的社会基础和法理依据在于以下几个方面：

（一）尊老敬老、关爱老人的社会现实

毋庸置疑的现实情况是，我国已经进入老年社会。近年来，我国人口老龄化的速度节节攀升，截至2022年末60岁及以上人口为28 004万人，占全国人口的19.8%（其中，65岁及以上人口为20 978万人，占全国人口的14.9%）。与2010年相比，60岁及以上人口的比重上升5.44个百分点。未来10年，我国人口老龄化将日益加重，据估计，到2030年全国老年人口规模将会翻一番，占全部人口的26%左右，达到全国人口的四分之一。与此形成强烈对比的是，老年近亲属的精神关爱和照顾往往被忽略，老年人对近亲属感情的需求不能得到满足。

《老年人权益保障法》关注这一社会问题，力争在这方面迈出重要一步。在修法过程中，对是否增加“常回家看看”条款，多次讨论，几经斟酌，最终认为在当前社会中，空巢老人是一个社会问题，尽管我国目前的绝大多数的老年人并不缺乏物质生活资料，但老年人，特别是空巢老人对精神关怀的需求越来越高，“常回家看看”，探望老年尊亲属，是老年父母甚至祖父母、外祖父母最期盼的事情，对此法律应当立法规范。这样的立法究竟能否得到社会的承认，得到人民群众的支持，也值得斟酌。最终促使立法机关下决心的，是法律应当更注重对老年人的精神关怀，更多地反映老年人的需求。站在老年人的立场上看待“常回家看看”条款，就觉得这样的规定是正确的，因为这个条款表达的是对老年人的关心，把“常回家看看”作为家庭成员对老年人的法定义务规定，提升其法律地位，使其具有强制性以保障老年人的权益，使老年人能快乐安度晚年。

（二）纠正不良社会风气，推进社会道德进步的思想基础

对“常回家看看”条款的质疑之一，是这类行为原本是道德规范调整的对象，不是法律调整的对象。但是问题在于，我国有些社会成员道德水平下降，道德观念背离传统，只关心自己不关心老人，甚至虐待、遗弃老人。

数千年的中国社会发展积累了灿烂的历史文化，也形成了淳朴、善良的社会道德风气。面对一些社会成员的孝道沦丧行为，《老年人权益保障法》必须担负纠偏的重任，通过立法强调孝道，关爱老人，故而将“常回家看看”从道德义务上升为法律义务。

（三）亲属的身份地位和权利义务关系的法理基础

与上述相关，《老年人权益保障法》规定“常回家看看”条款的法理基础，在于法律对亲属身份地位和权利义务关系的基本态度。

人之所以为人，在人与人之结合。人与人结合的最密切、最自然者，厥为以夫妇亲子为中心的亲属团体。[①] 亲属的内涵是以血缘、婚姻为基础的人与人之间的关系，被称为亲属身份关系，这些人互相称为亲属。在自然的意义上，这种关

① 陶汇曾．亲属法大纲．北京：商务印书馆，1928：1.

系当然是无限地扩大，但法律认一定范围内的亲属为法律上的亲属。[①] 因此，亲属是指因婚姻、血缘和法律拟制而产生的人与人之间的特定身份关系，以及具有这种特定身份关系的人相互之间的称谓。[②]

民法之所以关注亲属身份和关系，是因为民法就是人法，就是有关民的法律。[③] 民法调整人与人之间的民事法律关系，规范人的行为，就是为了建立和谐稳定的市民社会秩序。而建立的市民社会秩序的最基础关系，就是亲属关系。家庭关系就是亲属关系，家庭作为社会的最小细胞，关乎社会基础的稳定。亲属之关系，本由自然而成立，非法律所产生。亲子也、夫妇也，各本乎天性与爱情之作用，自能各尽其道，何取乎法律之干涉乎？然亲属间相互之关系，仅持道德之维系，其功用或有时而穷。亲属法者，即明定亲属间身份关系，及其权利义务之所在，俾各晓然预期应尽之职务而无敢或违，将小之于共同生活，固足以维系，大之于社会秩序，亦足以安定。[④] 法学家的上述阐释，将道理说得极为透彻。《老年人权益保障法》站在这个立场上，通过"常回家看看"条款的设置，将其确定为亲属关系的基本内容，不仅在关爱老人、尊老敬老方面会发挥重要作用，还将在建立和谐稳定的市民社会秩序方面发挥重要作用。

有人认为，"常回家看看"条款的内容是道德和伦理的内容，并不是法律应当规定的内容，法律不应当强制规定"常回家看看"。传统的伦理如果上升到强制的程度，就是强迫子女常回家看看父母，如果他没有这个心，"强扭的瓜也不甜"，所以这种规定只是也只能是一种导向。[⑤] 这样的意见不妥。法律的很多规则都是由伦理道德转化而来的。例如，民法的诚信原则就是将伦理道德转化为法律原则。同样，在婚姻家庭领域，很多的法律义务都是由伦理道德的规则转化来的。法律规定遗弃罪、虐待罪，规定赡养义务、抚养义务、扶养义务，哪个不是

① ［日］我妻荣，等编. 新版新法律学辞典. 董璠舆，等译. 北京：中国政法大学出版社，1991：527.

② 杨立新. 家事法. 北京：法律出版社，2013：18.

③ 赵玉，江游. 民法中"民"的诠释. 当代法学，2012（6）.

④ 钟洪声. 中国亲属法论. 上海：世界书局，1933：1.

⑤ 王石川. 热议"常回家看看"入法：传统伦理被强制的无奈. 中国新闻网网页. 2011－01－20.

由道德转化而来呢？因此，强制分开居住的家庭成员对老年尊亲属履行探望义务，并不存在这个问题。百善孝当先，将孝顺和探望规定为法定义务，就是将伦理道德的孝转化为法定义务。尽管法律不能规定人的行为上限，但规定“常回家看看”并不是上限，而是下限，是应当履行孝心的下限。因此，这样的规定既不违反伦理道德，也不违反法律规制的原则。

二、“常回家看看”条款所规定内容的法律性质

《老年人权益保障法》第18条规定的内容究竟是何种法律性质，并没有更多的学理阐释。在网络上有人认为，由于新条款在本质上没有增加任何新的法律上的义务，对那些忽视、冷落父母的子女也暂无任何惩罚措施，因此该条款只是一个倡导性的行为规范，不存在强制执行落实的问题。也有人认为，“常回家看看”条款的内容重在第3款，即“用人单位应当按照国家有关规定保障赡养人探亲休假的权利”。

这样的看法都不全面，也不准确。下文是本书对“常回家看看”条款之法律性质的理解。

第一，“常回家看看”条款规定的是亲属法规范中的行为规范。

“常回家看看”条款规范的是家庭成员对老年尊亲属进行精神关爱的行为。它是从法定义务的角度，规定家庭成员对老年尊亲属负有“应当关心老年人的精神需求，不得忽视、冷落老年人”，以及“与老年人分开居住的家庭成员，应当经常看望或者问候老年人”的法定作为义务。在近亲属之间，相对的两个亲属之间相互享有权利，负有义务。赡养、抚养、扶养是这样，“常回家看看”也是这样。在长辈尊亲属一方，“常回家看看”是一个权利；在晚辈卑亲属一方，“常回家看看”是一个义务；这权利和这义务相对应，构成完整的亲属之间的特定权利义务关系。

“常回家看看”条款对家庭成员负有的法定义务的规定，与2001年修正的《婚姻法》规定探望权的做法是一样的。2001年修正的《婚姻法》第38条增加

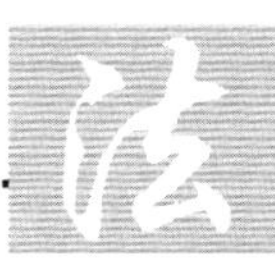

了“离婚后，不直接抚养子女的父或母，有探望子女的权利，另一方有协助的义务”的内容，使探望权成为离婚父母对婚生子女进行探望的权利。回想起来，在规定探望权之始也有很多人质疑，怀疑这样的权利是否能够得到保障。经过实践，这样的规定在实际操作中，不论是在舆论上还是在实际生活中，都取得了良好的效果，得到了司法保障。《民法典》再一次规定离婚父母的探望权是从权利的角度出发的，与此相反，对家庭成员“关心老年人的精神需求，不得忽视、冷落老年人”以及“与老年人分开居住的家庭成员，应当经常看望或者问候老年人”的规定，却是从法定义务的角度规定的。尽管如此，它们的性质仍然是一致的，即离婚父母一方的权利实现，须由直接抚养子女一方履行义务；家庭成员的义务履行是老年尊亲属权利实现的保障。《老年人权益保障法》规定家庭成员必须“常回家看看”，是规定共同居住的家庭成员应当关爱老年尊亲属，分开居住的家庭成员负有经常回家探望老年尊亲属的义务。这样的规定有什么错呢？尽管《老年人权益保障法》对未尽探望义务的家庭成员并未规定制裁方法，但在家庭成员未尽义务的情况下，老年尊亲属可以向法院起诉，要求家庭成员善尽探望义务，法院应当支持。如果家庭成员拒绝履行这样的义务，就构成侵权，可以依据《民法典》侵权责任编的规定，判令其承担责任。一个家庭成员即使被法律制裁，也不履行探望老人的义务，如果造成严重后果，难道不可以追究其遗弃罪吗？这就是亲属之间的法定义务不被履行的法律后果。

第二，“常回家看看”条款规定的是法定义务，附有强制性的法律后果。

民事义务不履行的后果是民事责任，具有法律的拘束力。① 能够发生民事责任的民事义务，是真正的民事义务。在有些情况下，虽然某人依法应当为某种行为（包括作为和不作为），但相对人不能请求其履行，其不履行时，相对人也不能请求其承担损害赔偿等民事责任，而只是使其遭受权利丧失或减损的不利益，这就是不真正义务。② 真正义务也叫“硬”义务，不真正义务也叫“软”义务。“常回家看看”究竟是“硬”义务还是“软”义务，有人认为这个义务并没有强

① 王利明．民法总则研究．2版．北京：中国人民大学出版社，2012：470．

② 王泽鉴．债法原理：第1册．北京：中国政法大学出版社，2001：47．

制性，因此是“软”义务。这样的看法也不妥。近亲属之间的法定义务是“硬”义务，即真正义务。如果近亲属之间的义务是“软”义务，那么，一旦近亲属之一方违反法定义务，就没有强制手段，这样的义务无法得到保障，法律设置这样的义务就是没有意义的。因此，“常回家看看”条款规定的法定义务，与父母有抚养未成年子女的义务、成年子女有赡养父母的义务、夫妻相互之间有对丧失生活能力一方负有扶养义务一样，均有法律责任作为强制性保障。以国家的强制力为基础，保障家庭成员对老年尊亲属的定期探望义务，一旦违反这种义务，老年尊亲属即可行使自己的权利，要求家庭成员探望，或者向法院起诉要求强制履行。只有这样，才能保障老年人的法定权利。

第三，“常回家看看”条款具有倡导性和引导性，更注重鼓励家庭成员自觉履行探望义务。

诚然，“常回家看看”条款规定确实是近亲属之间权利义务的法律规范，是法定义务，但是任何法律规范都具有示范性和倡导性，即使规定法定义务的法律规范，也都在规定强制性法律义务，在作为行为人的行为规范的同时，具有一般的倡导性和引导性。“常回家看看”条款规定家庭成员对老年尊亲属负有探望的法定义务，既是规定义务，又是立法者的一种倡导，希望通过“常回家看看”条款入法，使之成为法律规范，来保障老年人获得更多的关怀和精神慰藉，让家庭成员有意识地去关爱老年尊亲属。通过规定老年尊亲属的被探望权，鼓励负有探望义务的家庭成员自觉履行探望义务，实现更好的社会效果。

应当看到的是，法律规定法定义务，其实都是希望这样的法定义务能被义务人自觉履行。如果法定义务都能自觉履行，权利主体享有的权利就能实现，民事法律关系就能正常流转，市民社会秩序就能得到保障。法定义务只有在义务人不自觉履行时，才能通过国家的强制力保障其履行。“常回家看看”条款通过法律规范的形式，让全社会知悉，让民事主体都能自觉履行，《老年人权益保障法》规定这一法定义务的目的就能更好地实现。

第四，用人单位应当按照国家有关规定保障赡养人探亲休假权利的规定，为义务人履行法定义务提供条件。

“常回家看看”条款第 3 款规定，是法律为义务人履行探望老年尊亲属义务提供必要条件。有人认为，“常回家看看”条款的重点是最后一款对赡养人的用人单位的约束。《老年人权益保障法》修改后，应该尽快修改休假制度，从制度上保障赡养人“常回家看看”义务的履行。大多数赡养人和用人单位尚未注意到该条款真正的司法意义。[①] 这种看法有一定道理，但是强调“常回家看看”条款规定的真正司法意义在于用人单位应当保障义务人履行“常回家看看”义务，是不正确的，因为这个条文的重点在于第 1 款和第 2 款，第 3 款只是保障性规定，并不是立法的重点。不过，“常回家看看”条款确实具有这样的意义，即要求用人单位按照国家有关规定保障赡养人探亲休假的权利。事实上，家庭成员不能履行探望义务，既有主观原因，也有客观原因。而多数客观原因就是工作忙，单位不准假。立法机关为保障义务人履行探望义务而专门规定第 3 款，就是要解决这个问题，任何用人单位都不准借口工作忙或以工作需要为由，侵害赡养人的权利，应保障探亲休假的权利，使赡养人能依照法律规定享受假期，探望自己的尊亲属。这是对用人单位的要求，也是用人单位依法应当履行的义务。这是强制性义务，必须依法履行。

三、尊亲属被探望权法律关系及其要素

“常回家看看”条款规定的家庭成员对老年人负有的探望义务以及老年人享有的被探望权利，实际上构成尊亲属被探望权法律关系。下文先分析这个法律关系的各个要素，再对这个法律关系作出准确的界定。

（一）尊亲属被探望权法律关系的主体

“常回家看看”条款规定这一法律关系的权利主体是老年人，义务主体适用的是“家庭成员”、“与老年人分开居住的家庭成员”、“赡养人”以及“用人单位”的概念。如何理解这四个概念，应当将其回归至亲属法的范畴中进行界定，否则无法确定其准确的内涵。这是因为《老年人权益保障法》的性质是社会法，

---

① 朱巍. 是在门口“看看”老人，法律又能如何. 新京报，2013-08-06.

在一部社会法中规定亲属权利义务关系使用非亲属法的概念，是可以理解的。对此，应当用《民法典》规定的亲属权的规则进行解释。

1. 老年人

《老年人权益保障法》第 2 条规定本法使用的老年人概念，是指 60 周岁以上的公民。这个界定是公法的定义，而不是亲属法的私法定义。在尊亲属被探望权的法律关系中，应当将老年人的概念界定为 60 周岁以上的老年尊亲属。"常回家看看"条款规定的具体内容是，60 周岁以上的老年尊亲属，享有要求其他家庭成员履行探望义务的权利。在亲属权法律关系中，老年人是亲属权的权利主体。

问题是，难道 59 岁以下的尊亲属就不享有这个权利吗？这仍然是该法为社会法属性的局限使然。在婚姻家庭法领域推而广之，凡是长辈尊亲属都享有这个权利，只不过老年尊亲属更需要精神关怀，更需要探望权的保护而已。

因此，在尊亲属被探望权法律关系主体中，权利主体是尊亲属，特别是 60 周岁以上的老年尊亲属。他们都享有这个权利。

2. 家庭成员和与老年人分开居住的家庭成员

对家庭成员这个概念，《民法典》将其定义为"配偶、父母、子女和其他共同生活的近亲属为家庭成员"，但它不是一个严格的亲属法概念。家庭，是以婚姻、血缘关系和共同经济为纽带而组成的亲属团体。[①] 以此推论，家庭成员就是以婚姻、血缘关系和共同经济为纽带而组成的亲属团体中的成员。

从"常回家看看"条款第 1 款和第 2 款规定的内容观察，家庭成员分为与老年人共同居住的家庭成员和与老年人分开居住的家庭成员。所谓共同居住就是同财共居，成为一个家庭实体。这是狭义的家庭。前文对家庭概念的定义，就是对狭义的家庭概念的定义。与老年人分开居住的家庭，是既不同财也不共居的亲属团体，可以是单个的近亲属与家庭分别居住，也可以是同财共居的小家庭与老年尊亲属的家庭分别居住。这样的亲属团体是广义的家庭概念，与狭义的家庭并不相同。

上述两种家庭成员，其实就是亲属法中的近亲属概念。近亲属，分为同财共

① 杨大文主编. 婚姻家庭法. 5 版. 北京：中国人民大学出版社，2012：2.

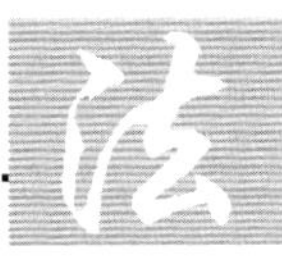

居的近亲属，相当于与老年尊亲属共同居住的近亲属，以及不同财共居的近亲属，即与老年尊亲属分开居住的近亲属。

在上述近亲属中，负有探望义务的义务主体是晚辈卑亲属。长辈尊亲属不存在探望老年尊亲属的问题，平辈近亲属也不需要这样的权利义务关系。因此，该条规定的探望权的义务主体，是共同居住（同财共居）的卑亲属和分开居住（不同财共居）的卑亲属。

3. 赡养人

"常回家看看"条款第 3 款使用了"赡养人"的概念。对此，应当理解为对老年尊亲属负有赡养义务的卑亲属，是亲属权的义务主体。之所以使用这样的概念，是因为该款规定的是用人单位保障赡养人探亲休假的法定义务，卑亲属履行探望义务，需要用人单位对其探亲休假的权利予以保障，进而保障老年尊亲属被探望权的实现。赡养人的概念包括在"分开居住的家庭成员"概念之中。

4. 用人单位

用人单位不是探望权内部的法律关系主体，而是亲属权对外法律关系的义务主体，即绝对权的亲属权的义务主体，负有保障赡养人履行探望义务的义务主体。这样规定的立法初衷在于解决在现代社会中，赡养人因工作繁忙无法探望老人的社会问题，给予赡养人在法定节假日以外专门探望老年尊亲属的时间。同时，该规定又是对用人单位科加一种法律义务，用人单位应该依法为赡养人安排特定的带薪假期。[①] 这样的意见是正确的。

在被探望权中，用人单位作为外部关系的义务主体，在保障赡养人履行探望义务中主要有两种障碍：一是目前实行的探亲假的法律依据是 1981 年施行的《国务院关于职工探亲待遇的规定》，覆盖的是国家机关、人民团体、全民所有制企业和事业单位，其他用人单位不在其调整范围之内；二是用人单位相对于劳动者地位强势，经常借口工作忙而不予准假。对此，所有的用人单位都应当按照这样的规定，未结婚的每年享有 20 天假期，已经结婚的 4 年享有 20 天假期。用人单位应当保障赡养人这种休假权利，保障赡养人能够履行探望义务。

---

① 朱巍. 是否"常回家看看"不该由司法解决. 新京报，2013-08-06.

（二）尊亲属被探望权法律关系的客体

尊亲属被探望权法律关系的客体，是尊亲属与卑亲属之间探望的身份利益。

亲属关系的客体是因亲属关系而享有的一定身份利益。① 在尊亲属与卑亲属之间，存在亲权关系和亲属权法律关系。由于探望权的义务主体是成年卑亲属，因此在亲权关系中不存在探望权，探望权只存在于亲属权法律关系之中。

亲属权法律关系包括成年子女与父母、孙子女外孙子女与祖父母外祖父母以及兄弟姐妹之间的权利义务关系。兄弟姐妹之间属于平辈亲属，不存在探望权法律关系，但在特殊情况下，弟妹需要扶养年老的兄姐时，可以适用探望权的规定，构成探望权法律关系。

尊亲属被探望权法律关系的客体分为广义客体和狭义客体。广义客体，既包括该条第 2 款规定的分别居住的卑亲属对老年尊亲属的探望，也包括第 1 款规定的共同居住的卑亲属关心老年人的精神需求，不得忽视、冷落老年人。狭义客体仅指前者。

尊亲属被探望权法律关系的狭义客体是进行探望的行为。负有探望义务的亲属，应当探望年老的尊亲属，包括去老年尊亲属的住处探望，嘘寒问暖，进行关怀。该种行为应当以作为的方式进行。

法律难以规定卑亲属究竟应当多长时间探望一次。不过，该条款已经提出了一个“经常”的要求，法官并非不能判断。分居国外或者外地，或者就在一个城市居住，都有办法确定“经常”：在同一地区居住的探望义务人应当保证 3 个月探望一次；在外地工作的探望义务人，没有结婚的应当保证 1 年探望一次，已经结婚的最少应当 4 年一次；在国外居住的，应当在适当的时间探望。关于对老年尊亲属经常问候的时间问题，不必按照这个要求解释。

（三）尊亲属被探望权法律关系的内容

民事法律关系的内容，是指民事主体在民事法律关系中享有的权利和承担的义务。② 被探望权法律关系内容的具体表现，是尊亲属与卑亲属之间对探望的身

① 杨立新．民法总则．北京：法律出版社，2013：84．

② 杨立新．民法总则．北京：法律出版社，2013：85．

份利益享有占有和支配。所以，尊亲属被探望权就是尊亲属为实现被探望的身份利益而依法请求义务人履行探望行为的自由。

为了保障老年尊亲属对被探望这种身份利益的支配，与该尊亲属相对应的卑亲属负有为满足被探望权人被探望的身份利益而实施探望行为的义务。这个义务具有法定义务的必要性，只有卑亲属履行这个义务，才能使权利人实现被探望的权利。

（四）尊亲属被探望权的界定及用人单位的保障义务

1. 尊亲属被探望权概念的界定

根据以上对尊亲属被探望权法律关系要素的分析，可以认为，卑亲属对老年尊亲属的探望权法律关系，是指共同居住的卑亲属对老年尊亲属负有的关心精神需求，不得忽视、冷落，以及分开居住的卑亲属对老年尊亲属经常看望或者问候的义务，以及老年尊亲属享有的相应权利。

这样界定尊亲属被探望权法律关系，能与离婚后父母的探望权法律关系相区别，尽管探望的行为相同，但亲属主体和具体内容并不相同。

2. 用人单位对赡养人探亲休假权利的保障义务

用人单位对赡养人探亲休假的保障义务，是探望权外部关系的内容，不是探望权内部法律关系的内容。法律规定将其作为探望义务履行的保障措施，是强制用人单位必须保障作为劳动者的赡养人的休假权利，以使其能够履行探望义务。

这个权利义务关系原则上不属于民法的调整范围，而属于劳动法的范畴。劳动者与用人单位之间的法律关系是劳动关系，属于社会法范畴。它要求劳动者与用人单位之间，就探亲休假这一特定内容，享有权利和负有义务。劳动者是权利主体，用人单位是义务主体，用人单位应当依照国家规定，保障劳动者探亲休假的权利，违反者应当承担相应的法律责任。但是用人单位作为被探望权外部关系的义务主体，又属于《民法典》调整的范围。

四、“常回家看看”条款的司法保障

有人认为，如果有人依照“常回家看看”条款的前两款向法院提起诉讼，要

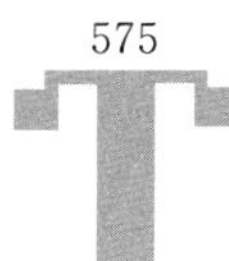

求赡养人尽到探望义务，法院应该以调解教育为主，不宜以判决的方式强制赡养人履行探望义务，毕竟道德层面的义务以法律形式实施很难起到实际作用。[①] 有人认为，由于新条款在本质上没有增加任何新的法律上的义务，对那些忽视、冷落父母的子女也暂无任何惩罚措施，因此该条款只是一个倡导性的行为规范，不存在强制执行的问题。[②] 也有人认为，这个法律条款有点空，不利于真正落实“常回家看看”。法院判决后，如何执行是一个很大问题。回家本来是一个高兴的事，如果强制其回家，就完全达不到回家看望的效果。总之，强制执行的难度很大。[③] 这些看法都不正确，正确的看法应当包括以下方面的理解。

（一）分别居住的卑亲属有条件履行而不履行探望义务的，应当强制其履行

诚然，“常回家看看”条款并没有像《民法典》第1086条那样详细规定探望权行使的方式以及不利于子女身心健康的探望应当中止等内容，但由于“常回家看看”条款规定的是法定义务，而义务不履行的后果就是法律责任，因此，尽管“常回家看看”条款没有明确规定民事责任，也应当依照《民法典》的一般规定，确定探望义务不履行的后果是民事责任。可见，“常回家看看”条款具有法律上的执行力，并非只是一个倡导性条款。

有人认为，强扭的瓜不甜，诉诸法律的威力把子女押送回来，只会破坏人类社会最基本的人伦关系，道德伦理应该归属道德伦理领域，而不是用法律的张力来强制约束，不要神化法律的“完全替代性”，这只会造成本末倒置，适得其反。[④] 其实不然，法律规定，赡养老人是卑亲属的法定义务，不赡养老人就是违法，就应当承担法律责任，甚至承担刑事责任。法律规定“常回家看看”的法定义务，同样须作这样的要求，有条件而不回家探望老年尊亲属的，强制其回家探望老人，不仅对其个人是一种教育，对社会其他成员更是一种警诫。在这样的警

---

① 朱巍. 是否“常回家看看”不该由司法解决. 新京报，2013－08－06.

② 法律规定“常回家看看”公司不给假可依法仲裁. ［2013－08－14］. http://news.cnwest.com/content/2012－12/29/content_8041305.htm.

③ 王楠，等. 法律规定常回家看看公司不给假咋办. 成都商报，2012－12－29（4）.

④ “常回家看看”入法“强扭的瓜不甜”. ［2013－08－16］. http://finance.ifeng.com/roll/20110106/3160587.shtml.

诚下，“常回家看看”义务为社会成员所自觉遵守，就能够维系人类社会最基本的人伦关系，家庭的温馨、老人的天伦之乐就会实现，社会自然就会成为一个健康良性的社会。

“常回家看看”义务的履行，应当分为两种情况：第一种，有条件回家探望的卑亲属，应当经常回家探望老年尊亲属；第二种，没有条件回家探望的，应当经常问候老人。“常回家看看”条款第 2 款规定的内容，分为探望和问候。将探望和问候两个概念并列在一起加以规定，就是为了区分具体情况，作不同的要求。拒绝履行上述义务，即有条件回家探望而不经常回家探望老年尊亲属的，为违背法定义务；没有条件回家探望，也不经常问候老年尊亲属的，亦为违背法定义务。对此，就要责令分开居住的卑亲属承担继续履行的强制措施。例如，在一个城市但与老年尊亲属分别居住的卑亲属，3 个月没有回家看望或者问候老年尊亲属，可以认定其违背义务。既然违背民事义务，就应当以民事责任予以惩戒，令其承担民事责任，强制其继续履行义务。这些问题，就像当年《婚姻法》规定探望权一样，刚开始没有经验，随着司法实践的积累就有了经验，法院判断起来也就没有阻碍了，因此，不必担心这个条文执行的现实性，随着经验的积累，一定会有好的效果。

（二）义务人拒不履行探望义务的，权利主体享有请求权

既然尊亲属享有的被探望的权利是民事权利，当这个权利不能实现时，就需要依法进行保护。按照民法法理，民法对民事权利的保护采用请求权的方式。[①] 对探望权受到侵害或者妨害的老年尊亲属，法律赋予其请求权，有权请求侵害或者妨害其权利行使的人承担法律规定的责任，实现其权利。保护探望权的请求权分为两个体系，一是身份权请求权，二是侵权请求权，分别担负保护探望权的职责。

固有请求权是各种民事权利所固有的权利，保障本权的实现，义务人不履行义务，使权利人权利不能实现的，其可依据该请求权，请求强制义务人履行义务，例如物权请求权、人格权请求权等。老年尊亲属享有的被探望权是身份权的具体权利，身份权请求权是该权利固有的保护权。当其享有的被探望权不能实

① 杨立新. 民法总则. 北京：法律出版社，2013：102.

现，卑亲属不履行探望义务时，老年尊亲属作为权利人，即可行使其享有的身份权请求权，请求分开居住的卑亲属履行探望义务，实现探望权。

侵权请求权更多地针对非卑亲属的法定义务人。根据《民法典》第1165条规定，在权利受到侵害之后，权利人新获得侵权请求权。依据这一规定，被探望权被侵害，权利人也获得侵权请求权，请求作为违法行为人的非卑亲属承担侵权责任，保护被探望权。这种请求权是针对作为绝对权的被探望权的义务人的救济方法。《老年人权益保障法》第18条第3款规定的用人单位不履行义务，老年尊亲属即获得侵权请求权，有权请求不能履行探望义务的卑亲属的用人单位，承担侵权责任，继续履行、赔礼道歉或者赔偿损失。

在上述两个请求权的行使中，后一个请求权具有更重要的意义。目前就业市场仍然是用人单位占据强势地位，用人单位依据其强势地位，强调其特殊性而不履行保障劳动者探亲休假的权利。这样的做法不仅违反劳动法的规定，侵害了劳动者的权利，还侵害了赡养人的老年尊亲属的被探望权，依法应当承担侵权责任。有人认为，仅仅靠《老年人权益保障法》来约束用人单位是不够的，这一法律是倡导子女对老人进行赡养，并不能强制用人单位实行探亲休假制度。[①] 这种看法并不正确。任何法律都具有强制性，《老年人权益保障法》同样具有强制性。该法规定了用人单位保障赡养人探亲休假的权利，就是科加其强制性的义务，该义务不履行，同样应当承担侵权责任。确定探亲休假的权利的依据，就是1981年《国务院关于职工探亲待遇的规定》，已经被该法规覆盖的国家机关、人民团体、全民所有制企业和事业单位，当然按照这一法规确定探亲休假的权利；对不在其内的劳动者，应当参照这一法规的规定，确定其休假的权利。卑亲属依照《老年人权益保障法》第18条第3款的规定，要求用人单位准许其探亲休假，如果单位拒绝，难道不可以对其提出侵权之诉吗？对此，该赡养人的老年尊亲属依照该法的规定以及《民法典》第1165条的规定，有权向用人单位提出侵权请求权，选择适当的侵权责任承担方式，保障其受到侵害的权利得到救济，实现自己

① 探亲规定32年未改"常回家看看"亟待配套保障．［2013-07-12］．http://www.163.com/money/article/93IR56U600254TI5．html．

的被探望权。

（三）法院对这类案件的判决及执行

在关于“常回家看看”条款的争论中，对法院究竟应当怎样处理这类民事争议案件，存在较大分歧。很多人持法院不宜受理这类案件的看法，即使受理也应当进行调解，不宜作强制性的判决。本书不同意这样的看法。《老年人权益保障法》不是软法，“常回家看看”条款规定的义务也不是不真正义务。既然如此，法院为什么不宜受理这类案件？受理这类案件为什么不能作出判决、只能进行调解呢？

典型案例：在 2013 年 7 月 1 日《老年人权益保障法》施行的第一天，国内关于“常回家看看”条款适用的首例判决就在无锡诞生。被告马某的母亲 77 周岁，早些年约定由女儿、女婿负责养老，但相处多年之后，母亲与女儿一家产生矛盾，后更是赌气出走，到儿子家居住。其女儿马某在母亲离家后，从未前往看望。因气不过被女儿如此对待，母亲一怒之下将女儿、女婿告上法庭。江苏无锡市北塘区人民法院依法对本案进行公开开庭审理，判令被告马某除给付原告母亲一定的经济补偿外，还须至少每 2 个月到老人居住处看望问候一次，同时要求在端午节、重阳节、中秋节、国庆节、元旦这些节日中，马某也应当至少安排在 2 个节日期间内对母亲予以看望。① 尽管对这样的判决有不同看法，但多数群众持肯定态度，因为该案判决完全体现了“常回家看看”条款规定的精神，也完全符合本书分析的上述法理。

问题是：这样的判决在执行中是否会造成不欢而散的结果呢？有人认为，强制履行探望义务的判决在执行中会发生尴尬局面，子女要么不探望，要么见面就吵嘴，“常回家看看”变成“常回家吵架”②。任何判决都有发生这种情况的可能，并不奇怪。按照法律，对这类案件，可以拒不执行人民法院生效判决罪惩罚拒不执行的子女。尽管采用这样的方法可能加重双方之间的怨恨，激化矛盾，但这样的强制力必须保留，否则，“常回家看看”条款就会成为一纸空文。

---

① “常回家看看”首案在无锡判决，女儿被判精神赡养. 扬子晚报，2013－07－02.

② 判决“常回家看看”变“常回家吵架”. ［2013－08－15］. http://www.wuhunews.cn/ahnews/2013/08/2013－08－05707677_2.html.

第四编

身份财产关系

第九章
亲属财产关系

第一节　亲属财产关系概述

一、亲属财产关系的概念和特征意义的种类

（一）亲属财产关系的概念和特征

亲属财产关系，是指亲属之间在财产上基于亲属关系而发生的权利义务关系，分为夫妻共有财产关系和家庭共有财产关系，当然也包括家庭成员个人财产。

亲属财产关系具有以下法律特征。

1. 亲属财产关系是发生在婚姻家庭领域的财产关系

亲属财产关系发生在婚姻家庭领域，不是单纯的物权关系、债权关系、知识产权以及股权和其他投资性权利关系，而是亲属之间发生的财产关系，因此，亲属财产关系是以亲属为权利主体发生的财产关系。

2. 亲属财产关系是广义的财产关系

广义的财产关系，包括物权关系、债权关系和知识产权关系。亲属财产关系

跨越物权关系、债权关系和知识产权关系，包括所有的财产关系。因此，在亲属财产关系中，要研究物权关系，例如夫妻共有财产、家庭共有财产；也要研究债权关系和知识产权关系，例如共同债务和共同债权以及共同著作权等。应当看到，亲属财产关系的主要内容是物权关系。

3. 亲属财产关系是以财产所有为基本内容的财产关系

亲属财产关系主要研究的是亲属之间的财产关系，即亲属之间的财产究竟是共同所有还是分别所有。例如，物权的共有或者单独所有，债权和知识产权的准共有或者单独享有。至于构成共有或者单独所有后，其具体的权利行使规则，与物权的共有或者单独所有、债权的准共有或者单独所有以及知识产权的准共有或者单独所有的规则没有区别。

4. 亲属财产关系的法律适用具有双重性

亲属财产关系不是身份权的本身，而是身份权引发的财产权，因此，亲属财产关系具有明显的身份内容，但又不是身份权的本身。在亲属财产关系的法律适用中，必须体现这一特点，既要符合婚姻家庭法的规定，又要符合财产法的规定。

（二）亲属财产关系的意义

在婚姻家庭领域，一般着重研究的是夫妻财产关系，而忽略了对亲属财产关系的研究。夫妻财产关系是亲属财产关系中的主要部分，具有重要地位，但夫妻财产关系是亲属财产关系的一部分，而不是全部。研究婚姻家庭法，应当研究亲属财产关系。

研究亲属财产关系的意义在于：

1. 确定亲属之间的财产归属和利用

财产是社会生活的基础，是亲属共同生活不可或缺的物质基础和财产保障。特别是在市场经济社会，亲属生活更离不开财产作为基础。亲属财产关系是要解决在亲属之间作为共同生活基础的财产的归属关系和利用关系，明确亲属之间的财产权利界限，确定各自的支配利用关系。

2. 保障亲属共同生活的基础

亲属财产关系不仅包括亲属之间财产的所有和利用关系，还包括对亲属财产

的保护。任何亲属对于自己的财产，以及对依法应当共有的财产，都有权寻求法律保护，任何人不得侵害其财产权利。财产权利受到侵害，权利人可依据固有请求权和侵权请求权获得民法的保护，使亲属共同生活的财产基础得到保障。

3. 保障亲属身份权利、义务的享有、履行

在亲属身份权中，很多内容是对财产的权利和义务，其中最主要的是扶养权利和义务。行使这个权利、履行这个义务，都必须有财产支持。保护亲属的财产关系，也是保障身份权利的享有、身份义务的履行的基础，使其实现。

4. 保护交易安全和善意第三人的利益

当代社会是市场经济社会，财产交易频繁，而亲属的共同生活必然要与亲属之外的他人进行交易，发生财产关系。亲属之间实行的是何种财产制，不仅关乎自己的权益，还关乎与其进行交易的第三人的权益。研究亲属财产关系也关涉保护交易安全，涉及保护第三人的合法权益，同样存在善意取得等一系列民法规则的适用。

（三）亲属财产关系的种类

学者认为，随着经济社会的进步，夫妻团体与外部的财产联系变得日益频繁。一方面，夫妻之间以伦理人的身份对内经营家庭共同生活，适用以男女平等、婚姻自由、保护弱势群体等为原则的家庭人身法规范；另一方面，夫妻之间又以“经济人”的角色对外参与社会经济生活，适用以私法自治为圭臬、具有高度形式理性化的物权法、合同法、公司法等一般财产法规则，资源和财富由此在家庭与社会之间形成系统循环。夫妻团体兼具共同体与结合体的双重属性，涉及婚姻法与财产法两大领域，夫妻团体的伦理性价值属性不可避免地会影响夫妻团体财产法律制度的构造，反之亦然，从而形成夫妻团体主义与个人主义的基本矛盾。[①] 在这样的基础上，亲属财产关系尽管发生很大变化，但是基本类型没有变化，仍然分为三种类型。

1. 夫妻财产关系

在亲属财产关系中，最主要的种类是夫妻财产。在亲属中，夫妻虽然各具

---

① 冉克平. 夫妻团体法 法理与规范. 北京：北京大学出版社，2022：20.

独立、自主、平等的人格，但是，对共同生活体的圆满维持应共同负责，所以，夫妻应共同分担家庭生活费用。[①] 而负担共同生活费用、抚育子女、赡养老人等，都必须有财产来源，夫妻的财产来源也构成夫妻财产关系。夫妻财产关系派生于夫妻身份关系和重要法律关系，是实现家庭经济职能的基础性要素。

反映夫妻财产的法律形式是夫妻财产制。在各国亲属法或者物权法中，存在不同的夫妻财产制，诸如夫妻共同财产制、分别财产制和联合财产制等。我国《民法典》将夫妻财产制分为夫妻法定财产制和夫妻约定财产制两种基本形式。

2. 家庭财产关系

在亲属财产关系中，家庭财产关系的地位仅次于夫妻财产关系。家庭财产关系既与夫妻财产关系相联系，又与夫妻财产关系不同。

首先，家庭财产关系通常是以夫妻财产关系为基础，基于夫妻财产关系而发生的财产关系。在通常情况下，夫妻财产关系是家庭财产关系的基础，在夫妻财产关系中加入了其他共居亲属的财产后，才形成家庭财产关系。

其次，家庭财产关系与夫妻财产关系不同，夫妻财产关系是特定的，仅指夫和妻的财产关系，不包括其他亲属的财产，并且夫妻财产关系由夫妻法定财产制或者夫妻约定财产制来调整。而家庭财产关系是基于亲属的共同生活和财产投入而发生，法律对此没有明确的具体规范，应适用财产共有的基本规则。

最后，家庭财产关系和夫妻财产关系通常是混在一起的，家庭财产关系包含着夫妻财产关系。在共同的家庭生活解体后或者夫妻离婚后，需要进行析产，确定家庭财产关系和夫妻财产关系的范围，之后才能分割财产。

家庭财产制的主要形式是共同财产制。如果没有实行共同财产制，而是实行分别财产制，无法成立家庭财产关系。

3. 家庭成员个人财产关系

亲属在一起共同生活，如果没有采取共有财产制，而是约定或者实行个人财产制，则所得财产就是个人财产。同样，即使实行共同财产制，也会存在个人财产。例如，夫妻婚前财产，按照法律规定属于个人财产，由个人所有和支配。

---

① 林秀雄. 夫妻财产制之研究. 北京：中国政法大学出版社，2001：213-214.

二、夫妻财产制

（一）夫妻财产制的概念和法律规范方法

1. 夫妻财产制的概念

夫妻财产制，也叫作婚姻财产制，是指关于夫妻婚前财产和婚后所得财产的归属、管理、使用、收益、处分，以及债务的清偿、婚姻关系解除时财产清算等方面的法律制度。[①] 简言之，夫妻财产制者，婚姻共同生活中，夫妻财产关系之制度也。[②]

夫妻财产制作为调整夫妻财产关系的法律制度，是抚育子女、赡养老人、维续家庭共同体的物质保障，关乎家庭生活的和谐、圆满，因而，在罗马时期就将嫁资制作为法定财产制进行详细规定。现代社会经济快速发展，个人财富的数量和种类都有快速增长，夫妻财产已经延伸到家庭之外，直接影响第三人和社会的利益。[③] 婚姻家庭法深入研究夫妻财产制，具有重要意义。

2. 婚姻家庭法规范夫妻财产制的方法

（1）约定财产制。

约定财产制又称为夫妻财产契约，是夫妻以契约选择财产所有形式的夫妻财产制度。

法律规定夫妻约定财产制的原因在于其更能够体现个体夫妻的财产个性。在现代社会，夫妻财产关系因夫妻的财产状况和家庭经济生活的不同而呈现出多样性和差异性，单一类型的法定财产制不可能适合所有的夫妻。为尊重夫妻的意思以及应对婚姻生活的特殊性和个性，各国法律都承认夫妻约定财产制，同时规定，约定财产制在适用上具有优先于法定财产制的效力。

夫妻约定财产制有两种形式。

---

① 李志敏主编．比较家庭法．北京：北京大学出版社，1988：109．

② 胡长清．中国民法亲属论．北京：商务印书馆，1936：135．

③ 陆静．大陆法系夫妻财产制研究．北京：法律出版社，2011：3．

一是自由式的约定财产制。当事人可以自由约定夫妻财产关系的内容，只要不违反合同的一般禁止性规定，法律就不加以限制，允许自由约定。这种形式更能体现夫妻的个性和特殊性需要，存在的问题是会使夫妻财产制混乱，且对第三人的保护不利，应当通过登记其缔约的形式和内容予以补救。

二是选择式的约定财产制。当事人虽然可以对夫妻财产的约定排除法定财产制的适用，但只能在法律规定的数种典型的夫妻财产制中选择一种，不得全面另行约定其内容。这种方法限制夫妻财产制约定的类型：1）从维护交易安全考虑，使财产约定具有公示性，以更好地保护第三人的利益；2）保护夫妻一方的权益，避免一方利用强势地位或者感情引导他方订立不公平的契约。

（2）法定财产制。

法定财产制，是指依照法律规定而直接适用的夫妻财产制。夫妻之间未约定财产制的，直接适用民法规定的财产制。

法定财产制分为两种。

一是通常法定财产制。通常法定财产制是指夫妻在婚前或者婚后未为夫妻财产约定，或者虽有约定但约定无效或者被撤销，因而适用法律规定的夫妻财产制。目前，各国亲属法规定的通常法定财产制有分别财产制、共同财产制、迟延共同财产制等。

二是非常法定财产制。非常法定财产制是指夫妻在婚姻关系存续期间，因发生特定事由，适用通常法定财产制或者约定财产制难以维持正常的夫妻财产关系时，依照法律的规定或经夫妻一方以及夫妻的债权人的申请由法院宣告，终止原来的财产制而适用分别财产制。设立非常法定财产制的目的，在于保护婚姻关系一方当事人的合法权益，以免因他方的财产行为而受害，同时也是保护第三人的利益和维护交易安全。

实行非常法定财产制需要有法定事由一般的法定事由是：（1）夫妻分居，夫妻一方不履行家庭生活费负担义务，夫或妻的财产不足清偿债务或夫妻共同财产不足清偿夫妻共同债务，夫妻一方对共同财产的管理显有不当或者滥用管理权经请求而不改善；（2）一方无正当理由拒绝对共同财产的通常管理予以应有的协

作，或拒不同意他方为夫妻财产上的处分行为；等等。在具体形式上有两种模式：一是单一的宣告制。二是复合的双轨制，分为当然的非常财产制和宣告的非常财产制。于前者发生法定事由，无须婚姻当事人或者第三人申请及法院的宣告，依法改用分别财产制；于后者当具有法定事由时，须经夫或妻或其债权人的申请，并经法院宣告，始改用分别财产制。

（二）夫妻财产制的类型

在历史上，曾经出现以及现存的夫妻财产制有以下几种类型。

1. 吸收财产制

吸收财产制是指在夫妻财产关系中，除夫的财产为本人专有外，妻携入的财产以及婚后所得的财产的所有权、管理权以及用益权都归属于夫的夫妻财产制度。这是古代的夫妻财产关系，与“夫妻一体主义”相适应，体现的是男尊女卑的特点。在古巴比伦、古印度、古罗马前期以及中世纪的欧洲国家，多数实行吸收财产制。近现代已经不存在这种夫妻财产制了。

2. 统一财产制

统一财产制，是指夫妻可以契约订定，将妻的原有财产估定价额，移转所有权于其夫，妻则保留对此项财产的返还请求权，在婚姻关系终止时，夫须把这笔财产或其折价金额返还给妻或妻的继承人的夫妻财产制。其特点是妻将自己的财产权交于夫而变为债权。这种夫妻财产制较吸收财产制有所进步，对妻的财产权有所尊重，但将妻的财产所有权转变为债权，使女方处于财产的不利地位，带有浓厚的夫权主义色彩。在近现代，这种夫妻财产制已经被抛弃。

3. 联合财产制

联合财产制，是指夫妻结婚后财产仍归各自所有，但将其联合在一起，由夫管理，当婚姻关系终止时，妻的原有财产由妻或妻的继承人收回的夫妻财产制。这种制度产生于中世纪的日耳曼法，被许多资本主义国家的亲属法承继和发展。1900 年《德国民法典》就规定：“妻之财产因结婚而归夫管理及用益”，“妻未得夫之同意而以单独行为处分其携入财产者无效”。联合财产制较统一财产制有明显的进步，但夫妻双方仍处于不平等的地位，所以，在“二战”之后，这一制度被许多国家的亲属法抛弃。

4. 分别财产制

分别财产制，是指夫妻的婚前财产和婚后财产归夫妻各自所有，单独行使管理、用益和处分权利，但一般妻可以通过约定而将其财产交付夫管理的夫妻财产制。创设分别财产制的目的是，使夫和妻各保有财产之所有权、管理权及使用收益权。[①]

这种夫妻财产制发端于罗马万民法中的"无夫权婚姻"，对于保护妻子的财产权较为有利。在英国，1882 年《已婚妇女财产法》规定，已婚妇女有权以其婚前所有的财产及不动产作为分别财产，单独行使所有权及处分权。1935 年《法律改革（已婚妇女与侵权行为人）法》进一步规定，已婚妇女有取得、占有和处分任何财产的能力，有对任何侵权行为、契约、债务、义务主动地或者被动地承担责任的能力，进一步确认了分别财产制。英国法律还规定，夫妻之间未满足婚姻共同生活的抚育子女的需要，可用协议设定婚姻财产，一方用货币或货币价值的方式对他方财产的增加作出了明显贡献的，有权占有该项财产的相当份额。目前，英美法系国家多采用此制，大陆法系国家有的规定其为法定财产制，也有的将其规定为约定财产制。

5. 共同财产制

共同财产制，是指夫妻双方财产的全部或者一部依法合并为共有财产，按照共同共有规则行使权利、承担义务，在婚姻关系终止时加以分割的夫妻财产制。

共同财产制包括一般共同制、动产及所得共同制、劳动所得共同制。

（1）一般共同制。

一般共同制是将婚前财产和婚后财产一律归夫妻共同所有。实行此制，不论是夫妻各自的婚前财产还是婚后所得的财产，也不论是动产还是不动产，一律属于夫妻共同共有，法律有特别规定的除外。对一般共同制设定例外的，就叫"限制的一般共同制"。

（2）动产及所得共同制。

动产及所得共同制，是夫妻在结婚时的全部动产以及婚后所得的财产为夫妻

---

① 钟洪声. 中国婚姻家庭法论. 上海：世界书局，1933：161.

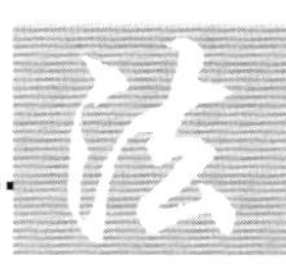

共有，但结婚时的不动产不属于共同所有。

（3）劳动所得共同制。

劳动所得共同制是仅将夫妻在婚姻关系存续期间的劳动收入作为共同财产，其他财产以及婚前财产仍归个人所有。在这种制度下，立法一般会规定属于共有的财产范围，以及不属于共同所有的财产范围，从而加以区分。

6. 延期共有制

延期共有制，是指夫妻对于自己的婚前财产和婚后所得财产，在婚姻关系存续期间各自保留所有权、管理权和使用、收益权以及有限的处分权，在婚姻关系终止时，夫妻双方婚后所取得的财产增值的差额，由归夫妻双方分享的夫妻财产制。

这种夫妻财产制产生于斯堪的纳维亚国家的婚姻份额权制度，二战后被德国、瑞士、法国和奥地利等国移植为法定财产制或者约定财产制的一种。其特点：一是夫妻财产在夫妻关系存续期间所有权分离，各自享有自己的所有权；二是在婚姻关系终止时个人财产的盈余或者净益由双方共享。

这种财产制，既保留了夫妻个人的财产个性，体现了男女平等的原则，又实现了对婚姻存续期间双方共同创造的财产的共同权利，体现了夫妻财产制的多向度的价值追求，是较为理想的夫妻财产制形式。

其计算方法是：

一方的净益财产＝最终财产（财产总值减去债务）－原有财产（财产总值减去债务）；

夫妻的净益差额＝丈夫（或妻子）的净益财产－妻子（或丈夫）的净益财产；

一方的净益补偿债权＝夫妻的净益差额÷2

7. 嫁资制

嫁资制，也称为妆奁制，是指关于妻子陪嫁的财产的提供、所有、管理、收益、处分及返还的夫妻财产制。

嫁资制产生于古罗马社会，妆奁是以补助家庭生活费用为目的，因结婚而由女方带往男方家的财产。罗马法前期，妆奁是妻或者妻的血亲对夫的赠与，婚姻关系已经成立，妻的所有权便转移于夫。

在古罗马后期，虽然妆奁仍由夫管理，但其权利已由所有权转变为一种债权，婚姻关系解除后，夫有返还的义务。在近现代，有些国家继承了罗马法的传统，曾经或者仍然在亲属法中规定嫁资制。

奁产由财产和权利组成，在通常情况下，在世双亲必须为其婚生女儿提供妆奁，如果父母双亡，则女子的妆奁相当于她应得到遗产份额的二分之一；如果女子所有的财产相当于强制份额的一半，则其父母提供妆奁的义务便可免除。奁产有可估价和不可估价之分。可估价的奁产，在婚姻关系存续期间归属于夫，夫承担回复原价值的义务。对不可估价的奁产，妻子仍保留所有权，而丈夫享有用益权。在婚姻关系解除或者无效、因夫无能而将管理权移转给妻子本人，或者根据法院的命令应予返还时，夫应将奁产返还给妻子或者妻子的继承人。[①]

（三）我国夫妻财产制的立法沿革

1. 我国古代夫妻财产制

我国古代法实行家族或者家庭的财产共有制，没有独立的夫妻财产制，妻子没有财产，也没有自己的财产权利。其原因：一是我国封建社会的礼制和法律在夫妻关系上历来实行夫妻一体主义，妻子的人格为丈夫所吸收，既无行为能力，也无财产权利，无须在法律上承认妻子的财产权；二是在宗法家族体制之下，实行“同财共居”的家庭共同财产制，家庭的财产权集于家长一身，法律禁止子妇拥有私产，明确规定祖父母、父母在，子孙不得别籍异财。

2. 我国近代夫妻财产制

清末引进西方的夫妻财产制立法，在《大清民律草案》的“婚姻之效力”一节规定了两个条文，第1357条规定：“夫妇于成婚前，关于财产有特别契约者，从其契约。前项契约，须于呈报婚姻时登记之。”第1358条规定：“妻子成婚时，所有之财产及成婚后所得之财产，为其特有财产。但就其财产，夫有管理使用及收益之权。夫管理妻之财产，显有足生损害之虞者，审判厅因妻之请求，得命其自行管理。”这实行的是分别财产制。

---

① 李志敏主编. 比较家庭法. 北京：北京大学出版社，1988：116－117.

民国《民律草案》专设“夫妇财产制”一款，对夫妻财产实行约定制和法定制。法定财产制实行的是分别财产制。

《中华民国民法》专设“夫妻财产制”一节，规定夫妻可以于结婚前或者结婚后，以财产契约形式在民法规定的约定财产制中，选择其一，作为夫妻财产制。同时规定法定夫妻财产制为联合财产制。

3. 我国现代夫妻财产制

我国现代夫妻财产制自 1950 年开始，经历了较大的变化过程。

（1）1950 年《婚姻法》的规定。

1950 年《婚姻法》规定的是家庭财产，没有明文规定夫妻财产，但其中包括夫妻财产。该法第 10 条规定：“夫妻双方对于家庭财产有平等的所有权与处理权。”家庭财产包括男女婚前财产、夫妻共同生活时所得的所有财产和未成年子女的财产。该法没有规定夫妻约定财产制，但在解释上认为，这样的规定不妨碍夫妻间根据男女权利平等和地位平等原则作出关于任何种类的家庭财产的所有权、处理权与管理权的自由约定，对一切种类的家庭财产问题，都可以用夫妻双方平等的自由自愿的约定方式来解决。①

（2）1980 年《婚姻法》的规定。

1980 年《婚姻法》对夫妻财产关系作了较大修改。规定夫妻财产制的法律条文是第 13 条第 1 款：“夫妻在婚姻关系存续期间所得的财产，归夫妻共同所有，双方另有约定的除外。”这一规定的内容主要包括两方面。

一是夫妻法定财产制为婚后所得共同制。婚姻当事人婚后所得为夫妻共同财产，婚前财产属于个人的财产，保持了婚姻当事人的财产个性。这个规定过于概括，操作性不强，在实践中被“左”的思想进一步限制，出现了“婚前个人财产转化为共同财产”的司法解释，限制了当事人的财产个性，使婚姻当事人的个人财产权利不能得到保护。②

---

① 中央人民政府法制委员会：《关于中华人民共和国婚姻法起草经过和起草理由的报告》。

② 对这个问题，笔者参加了司法解释的起草，后来又做过专门的研究，进行了批判。杨立新. 共有权研究. 北京：高等教育出版社，2003：240－244.

二是准许婚姻当事人对财产制形式进行约定。对婚姻财产可以另行约定，是1980年《婚姻法》的一个进步，但规定的内容过于原则，几乎没有可操作性。在实践中选择约定财产制的婚姻当事人并不多见。1993年《最高人民法院关于人民法院审理离婚案件处理财产分割问题的若干具体意见》第1条规定："夫妻双方对财产归谁所有以书面形式约定的，或以口头形式约定，双方无争议的，离婚时应按约定处理。但规避法律的约定无效。"这一规定的主要还是对约定的形式要求，没有涉及约定的内容，可以将其理解为自由式的约定财产制。

（3）2001年《婚姻法》的规定。

2001年《婚姻法》对夫妻财产制进行了较大的修改。

第一，限制夫妻共同财产范围。2001年《婚姻法》确立的法定夫妻财产制是"限定的婚后所得共同制"。法律规定夫妻共同财产应当具备三个属性：一是，必须是在婚姻关系存续期间双方合法取得的财产，婚前的个人财产、离婚后的个人财产，以及非法所得的财产不属于共同财产；二是，必须是没有被双方约定为个人所有的财产，以及约定无效的婚后所得，凡是通过双方约定被个性化的个人财产不属于共同财产；三是，必须是法定个人特有财产以外的双方婚后所得财产。

第二，强调婚姻当事人的个人财产。2001年《婚姻法》与限制夫妻共同财产范围的立场相适应，突出强调婚姻当事人的个人财产及保护，不仅规定婚前个人财产归个人所有，否定了"转化论"，还将一方因身体受到伤害获得的赔偿金、遗嘱或者遗赠中确定只归一方的财产、一方专用的生活用品、其他应当归一方的财产，都规定为个人的特有财产。这样的规定突出了个人财产的合法性，对保护个人所有权具有重要意义。

第三，明确夫妻约定财产制的内容。2001年《婚姻法》改变了对约定财产制概括规定的做法，明确规定了约定财产制的内容和形式。

首先，约定的内容。夫妻约定财产制的内容是，"夫妻可以约定婚姻关系存续期间所得财产以及婚前财产归各自所有、共同所有或部分各自所有、部分共同所有"。

其次，约定的形式。夫妻约定财产制“应当采取书面形式”。夫妻财产约定的合同应当是要式合同，须有书面合同，口头约定无效。

最后，没有约定或者约定不明确的后果。如果夫妻在婚前或者婚姻关系存续期间对夫妻财产制没有约定，或者有约定而约定不明确的，“适用本法第 17 条、第 18 条的规定”，即依据共同财产的范围和个人特有财产的范围处理。

(4)《民法典》的规定。

《民法典》规定的夫妻共同财产，是在 2001 年《婚姻法》的基础上加以修改而成，其基本内容没有改变，只是增加了部分内容。

一是，在夫妻财产范围上有新的规定，第 1062 条增加规定“劳务报酬”“投资的收益”为夫妻共同财产，从而扩充了夫妻共同财产的范围。

二是，规定夫妻共同债务认定规则。对婚姻关系存续期间夫妻共同债务的认定，引起了社会各界的关注，《民法典》吸收司法解释的意见，规定了第 1064 条：“夫妻双方共同签字或者夫妻一方事后追认等共同意思表示所负的债务，以及夫妻一方在婚姻关系存续期间以个人名义为家庭日常生活需要所负的债务，属于夫妻共同债务。夫妻一方在婚姻关系存续期间以个人名义超出家庭日常生活需要所负的债务，不属于夫妻共同债务；但是，债权人能够证明该债务用于夫妻共同生活、共同生产经营或者基于夫妻双方共同意思表示的除外。”这一规定划清了夫妻共同债务和个人债务的界限，获得好评。

三是，《民法典》第 1066 条规定，在夫妻关系存续期间对夫妻共同财产可以进行部分分割，即：“夫妻关系存续期间，有下列情形之一的，夫妻一方可以向人民法院请求分割共同财产：（一）一方有隐藏、转移、变卖、毁损、挥霍夫妻共同财产或者伪造夫妻共同债务等严重损害夫妻共同财产利益的行为；（二）一方负有法定扶养义务的人患重大疾病需要医治，另一方不同意支付相关医疗费用。”共有的规则是在共同共有关系存续期间不得对共有财产进行分割[①]，在配偶之间，只有一方死亡或者离婚，消灭了共同关系后才可以分割共同财产。不过，这一规定肯定，在实践中出现了婚内分割部分夫妻共同财产的需求，因而采

① 杨立新. 民法思维与司法对策：上. 北京：北京大学出版社，2017：1297－1298.

纳司法解释的意见，实事求是地规定了上述规则。

三、夫妻约定财产制

（一）夫妻约定财产制概述

1. 夫妻约定财产制的概念和性质

夫妻约定财产制，是指夫妻以契约形式决定婚姻关系存续期间所得财产所有关系的夫妻财产制度，是夫妻法定财产制的对称。

对夫妻财产关系的约定属何法律性质，学理上不无争议。其主要障碍，在于婚姻关系性质的确定中否认了婚姻关系缔结的契约性质。既然否认婚姻关系缔结的契约性质，当然就不好再确认关于夫妻财产制的约定为契约。这是一种形而上学的思想方法和研究方法。

（1）婚姻的合意就是婚姻的契约形式。

“结婚是男女双方依照法律规定的条件和程序，确立夫妻关系的行为”[①]，分解“确立夫妻关系的行为”，可以发现这一行为的两个结构：一是男女双方同意缔结婚姻关系的协议，二是婚姻登记机关的登记批准行为。前一个结构是确立夫妻关系行为的基础，是男女双方对在他们之间缔结婚姻关系的合意，没有这种协议，婚姻关系无从发生。我国法律赋予自然人以婚姻自主权，就是保障自然人缔结婚姻关系合意的自由。这种男女双方缔结婚姻关系的合意或协议，无疑具有基于身份关系的契约性质，而这种契约正是由于具有基于身份关系的特点，才与真正的契约即债权合同存在差别。男女双方缔结婚姻关系协议的契约性质，是客观存在的事实，无论采取什么办法都回避不了，因为如果没有这样一个基于身份关系的契约，确立夫妻关系行为的后一个结构，即婚姻登记机关的登记行为，就无由发生。因此，确立夫妻关系行为的第二个结构，乃是对缔结婚姻的契约依法进行审查，对合乎结婚的实质要件和形式要件的婚姻契约予以确认的行为。

在这样分析的基础上，结婚实际上是国家依照婚姻立法对男女双方缔结婚姻

① 杨大文主编．婚姻法学．北京：中国人民大学出版社，1989：115.

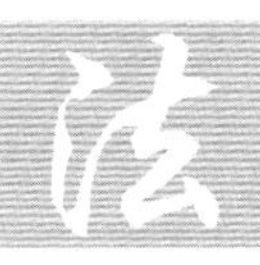

关系的契约进行审查、予以确认的行为，它从男女双方建立感情出发，共同缔结终生共同生活的婚姻契约，最终以国家婚姻机关登记批准而宣告结婚行为的完成。

（2）约定夫妻财产制的协议当然是契约。

在实事求是地确认婚姻契约是结婚行为的初始结构的基础上，再分析夫妻财产约定的性质，就非常清楚了。

第一，夫妻财产约定是确立夫妻财产所有关系的契约。夫妻财产的约定是男女双方在婚前或婚后，对双方在婚姻关系存续期间的财产归谁所有、如何所有的意思表示一致的协议，这种意思表示一致的协议就是一种契约。

第二，夫妻财产约定是婚姻契约的从契约。确立夫妻财产所有关系的契约不能独立存在，只能依附于缔结夫妻关系的婚姻契约，婚姻契约经国家审查批准生效，附随于婚姻契约成立的夫妻财产契约才能生效；婚姻依法成立以后的夫妻财产约定，由于婚姻契约已经生效，当然可以附随生效。只是由于夫妻财产契约是婚姻契约的从契约，它可以在结婚前订立，但不能在婚姻契约生效前生效。

第三，夫妻财产约定是附随身份行为的契约。没有夫妻关系的有效确立，就没有夫妻财产约定的有效。尽管夫妻财产约定的内容是对财产关系的协议，但它的基础仍然是婚姻身份关系。夫妻财产契约不得由他人代理而订立，原则上不得附以条件或期限。

因此，夫妻财产约定其实就是关于夫妻财产制的合同，是指夫妻或者即将成为夫妻的人，就夫妻间之财产关系所订立的合同。①

2. 夫妻财产约定的优先效力

《民法典》第 1062 条和第 1065 条规定了夫妻财产制的两种形式，即夫妻法定财产制和夫妻约定财产制。对这两者究竟是何关系，夫妻约定财产制的法律地位如何，学说上已有定论，即夫妻法定财产制是基本的夫妻财产制，夫妻约定财产制是补充的、特殊的夫妻财产制。在这样的学说指导下，婚姻法理论长期以来对夫妻约定财产制重视不够，没有进行深入、广泛的研究和探讨。随着社会文明

---

① 林秀雄. 夫妻财产制之研究. 北京：中国政法大学出版社，2001：184.

的不断进步和人口素质不断提高，夫妻以契约约定财产所有关系的情况会越来越多，夫妻约定财产制的法律地位将会变得越来越重要。婚姻立法改变过去用除外条款来允许夫妻约定财产制存在而不具体规定其内容的方式来规定夫妻约定财产制，制定了新的夫妻财产约定的内容，适应了社会发展的需要。

立法者将夫妻法定财产制确定为基本的夫妻财产制，将夫妻约定财产制作为特殊的、补充的财产制，尽管两者有性质和地位的不同，但在适用上，夫妻约定财产制有着排斥夫妻法定财产制的效力，只要缔结夫妻财产契约的男女双方协议成立，在他们之间就不再适用夫妻法定财产制。

现在，越来越多的夫妻采用夫妻财产契约约定夫妻财产所有关系，夫妻财产约定的地位越来越重要，将来夫妻约定财产制与夫妻法定财产制在法律上会具有同等地位，成为夫妻财产制上的两大基本制度。法律应予以同样的重视，理论上也应予以同样的重视。无论是在立法上还是在理论上乃至于在实务上，对这两种夫妻财产基本制度采取偏重一方而忽视另一方的态度，都会产生严重后果，都是不正确的。

（二）关于夫妻约定财产制的一般问题

1. 关于夫妻财产约定自由的限制

夫妻财产约定的性质为夫妻财产契约，自应受契约自由原则调整，订立这种契约还是不订立这种契约，订立何种内容的夫妻财产契约，在婚前还是婚后订立这种契约，夫妻财产契约订立后可否变更或撤销，原则上均由当事人自主决定。然而，各国国情不同，是否准许这种自由及自由程度如何，各国立法规定各有不同。

在我国，由于立法采取概括方式，对其中很多问题并无定论，探讨的余地很大。

（1）是否准许自由订立夫妻财产契约。

对此，我国《民法典》予以肯定，准许采取约定的方法确定夫妻财产的所有关系，当事人可以自由行使这种权利。近代曾有一些国家立法不准婚姻当事人自由约定夫妻财产契约，如 1926 年《苏俄家庭法典》等，均采共同制为法定财产制，无契约活动之余地。[①] 现今准许自由约定夫妻财产关系已成通例。

① 史尚宽. 亲属法论. 台北：荣泰印书馆，1980：302.

（2）准许在何时订立夫妻财产契约。

对此，各国的规定存在三种情况：一是准许婚前约定，以契约选定财产制，如法国、比利时、巴西等国；二是准许婚前约定，于特殊情形也允许婚后约定，如意大利；三是既准许在婚前缔结，也允许在婚后缔结，如瑞士。

我国立法对此没有规定。一般认为，夫妻财产约定的时间，可以在结婚前、结婚时或婚姻关系存续期间。① 这种意见是正确的，《民法典》对此没有限制性规定。

（3）对夫妻财产约定的内容是否有限制。

各国立法规定夫妻约定财产制，往往规定数种夫妻财产制，婚姻当事人只能在其中选择，不允许约定法律未规定的夫妻财产制，如《瑞士民法典》第179条第2项规定："婚约人或配偶人缔结夫妻财产契约，应采用本法所规定的财产制中的一种。"

我国《民法典》对财产约定的形式只规定了归各自所有、共同所有或者部分各自所有、部分共同所有，在条文中使用的文字是"可以"，这是弹性规定，并不是只能选择这样的内容进行约定，选择其他所有形式也是可以的。学说上认为，约定的内容不受限制，既可以约定采取何种财产制，也可以约定某物归谁所有；既可以就所有权进行约定，也可以就财产的使用权、收益权、处分权进行约定。在法律没有具体规定的情况下，这样主张是可行的。

（4）约定的夫妻财产契约是否准许变更或撤销。

一些国家规定，在夫妻约定财产以后不得变更或撤销。如《日本民法典》第758条规定："夫妻的财产关系，于婚姻申报后，不得变更。"夫妻财产约定既为契约性质，自应允许变更或撤销，但应有一定的条件和程序。

我国立法没有这种规定，原则上应准许变更或撤销，也没有规定变更或撤销的条件和程序。夫妻财产契约在订立生效后可以被变更或撤销，但变更或撤销必须经夫妻双方意思表示一致方可为之，没有变更或撤销的一致意思表示，夫妻财产契约不能变更或撤销，继续发生效力。就夫妻财产契约的变更或者撤销发生争议的，可以诉请法院裁决。

---

① 杨大文主编. 婚姻法学. 北京：中国人民大学出版社，1989：149.

2. 夫妻财产约定的要件

（1）婚姻关系当事人须有订约能力。

对婚姻当事人缔结夫妻财产契约的能力，德国法称之为一般财产法的行为能力，瑞士法称之为有判断能力，法国法认为有结婚能力者即有订立婚姻财产契约的能力。

在我国，法定婚龄比完全民事行为能力人的年龄为大，从年龄的角度，有婚姻行为能力者即有缔结婚姻财产契约的能力，自无疑义。对精神病人等的婚姻行为能力，我国《民法典》没有明文规定，在禁止结婚的条件中，亦未明确规定不能辨认自己行为的人不得结婚，学说认为，不能完全辨认自己行为的精神病人无婚姻行为能力，不具有缔结婚姻财产契约的能力。不能完全辨认自己行为的精神病人有婚姻行为能力，但在订立婚姻契约时应当经其法定代理人同意，自己订立夫妻财产契约。

（2）订立夫妻财产契约须具备形式要件。

各国通例均认为夫妻财产契约为要式行为，必须具备书面形式，口头约定无效。我国立法规定，夫妻财产契约必须以书面形式为之，口头约定无效。

（3）夫妻财产契约须经申报登记程序确认。

各国规定这一要件有两种方式：一是公证方式，德国、瑞士、法国皆规定夫妻财产契约须在法官前或公证人前订立，由当事人签署；二是登记方式，日本、韩国规定夫妻财产契约应于婚姻申报时进行登记。

我国立法对此没有规定。鉴于夫妻感情的易变性和夫妻财产契约的严肃性，为预防纠纷，建议立法增加夫妻约定财产的登记程序，具体方法可以参照日本法、韩国法的模式，夫妻约定财产，如果在婚前约定，应于婚姻登记的同时对夫妻财产契约的内容予以登记，并将其书面形式附于登记档案中备案；如果是在婚后约定财产契约的，也应到婚姻登记机关登记、备案。

3. 夫妻财产约定的效力

《最高人民法院关于人民法院审理离婚案件处理财务分割问题的若干具体意见》中涉及夫妻财产约定效力的内容有两项：一是“离婚时应按约定处理”，二

是“规避法律的约定无效”。前者涉及夫妻财产约定的对内效力，后者涉及夫妻财产的对外效力。夫妻财产约定效力不仅包含这些内容，还包括其他一些内容。

《民法典》第1065条规定了夫妻财产约定的效力问题：第一，对双方具有约束力；第二，第三人知道该约定的，可以对抗该第三人。这就是夫妻财产约定的两种效力，即对内效力和对外效力。

（1）对内效力。

夫妻财产契约的对内效力，是指该契约对婚姻关系当事人的拘束力。其最基本的效力，在于夫妻财产契约成立并生效，即在配偶间及其继承人间发生财产契约的物权效力，婚姻关系当事人受此物权效力的约束。在夫妻财产契约中，无论是约定分别财产制还是个别财产归一方所有的财产制，乃至就使用权、收益权、处分权的约定，都依其约定发生物权效力。如为变更或撤销，必须经婚姻当事人双方同意，一方不得依自己的意思表示为变更或撤销。

（2）对外效力。

夫妻财产契约的对外效力，是指夫妻对婚姻财产的约定可否对抗第三人。承认其对外效力，即可依约定对抗第三人，不承认其对外效力，则不能依约定对抗第三人。如夫妻约定分别财产制，当夫妻一方与他人实施民事行为发生对外效力时，只以其个人财产承担民事责任；不发生对外效力者，则以夫妻双方共同财产承担民事责任。国外立法通例是，夫妻财产契约已经登记者具有对外效力，未经登记者不发生对外效力。

我国立法规定，第三人知道该约定的，即发生对抗第三人的效力，第三人不知道该约定的，不发生对抗第三人的效力。如果第三人不知道该约定，不发生对抗效力，则应当以双方当事人的财产清偿债务。

在夫妻财产约定上，规避法律的约定无效。婚姻关系当事人为逃避债务等原因采取夫妻财产约定的方法规避法律，当然为无效。不过，仅仅依据这一标准来确定其有无对外效力，尚不足以确定约定的对外效力。应当考虑的是，以公示方式进行登记，才能有效地防止上述规避法律的行为，更有利于保护与约定财产的夫妻进行交易活动的相对方的合法权益。因此，我国也应规定夫妻财产契约经登

记者方产生对外效力，未经合法登记者不产生对外效力。

（三）夫妻财产约定的具体内容

1. 约定内容

对夫妻财产契约约定的内容，各国立法通例是准许配偶人或婚约人采用法律规定的夫妻财产制中的一种，即选择式约定财产制。具体方法是，法律先规定共同财产制、分别财产制、统一财产制和联合财产制等夫妻财产制，婚约人或配偶人从中选择一种约定为该对夫妻的财产所有关系。很多国家立法也准许在采用法定财产制或者约定一种基本的财产制之外，就个别财产的所有关系进行约定，因此，“夫妻财产不必及于全部财产，对于个人部分财产，亦为可能”①。

我国婚姻立法规定的是自由式约定财产制，对夫妻财产约定内容规定的是，婚姻关系存续期间所得财产或者婚前财产归各自所有、共同所有或者部分各自所有、部分共同所有，对其他形式没有限制性规定，学者主张对此不加特别限制。不过，依照《婚姻家庭编解释二》第 10 条规定，企业登记的持股比例不是夫妻财产约定。夫妻以共同财产投资有限责任公司，并均登记为股东，双方对相应股权的归属没有约定或者约定不明确，离婚时，一方请求按照股东名册或者公司章程记载的各自出资额确定股权分割比例的，法院不予支持；当事人有权依照《民法典》第 1087 条请求分割夫妻共同财产。对此应当加以注意，不能将夫妻在企业登记的持股比例作为夫妻财产约定的依据。

我国夫妻财产契约的约定内容，包括以下四点。

（1）对夫妻财产所有关系的选择。

夫妻财产契约约定的主要内容，应当是选择何种夫妻财产所有关系作为该对夫妻全部财产的归属形式。按照《民法典》第 1062 条规定，我国的法定夫妻财产制是婚后所得共同制，因而，准许当事人约定选择除婚后所得财产共同制以外的其他各种夫妻财产制的形式。诸如：一是共同财产制中的一般共同制、动产及所得共同制、劳动所得共同制；二是分别财产制；三是统一财产制；四是联合财产制；五是延期共有制。夫妻可以选择上述财产制形式。约定财产一般采分别财产制、共同财产制或联合财产制，统一财产制对保护女方利益有欠缺，不宜选择。至于夫妻财产契约选择财产制形式是否须以上述内容为限，由于我国立法没有明确

---

① 史尚宽. 亲属法论. 台北：荣泰印书馆，1980：307.

规定，应从宽掌握，不必加以限制。这种约定一经生效，及于夫妻的全部财产。

（2）对部分财产的所有关系的约定。

婚姻当事人在总体上采用法定的婚后所得共同制，仍不妨碍就个别财产的所有关系订立夫妻财产契约，确定所有权关系。例如，夫妻双方各自租有公房，婚后在房改中按政策卖给双方个人。该双方当事人约定，各人买的房子归个人所有，不为夫妻共有财产。这种约定发生夫妻婚姻财产契约的效力，为夫或妻的个人财产，但并不妨碍其他财产仍为夫妻共同所有。

对个别财产的约定，除可约定为分别所有外，亦不妨约定为联合财产制、统一财产制等所有形式。

（3）对部分或全部财产的使用权、收益权、处分权的约定。

在法定财产制的基础上，婚姻当事人也可以就部分财产或全部夫妻财产的使用权、收益权或处分权进行约定，对共同所有的财产如何使用、收益、处分，确定由各方分别行使权利。例如，夫妻双方约定，男方工资收入用于购置家电、家具等大件用品，女方工资用于购买粮油副食等生活消耗物，所有权仍为共同共有。这种约定即为各自工资使用的约定。

（4）夫妻财产契约的约定内容不限于婚后所得财产。

夫妻财产契约的约定内容，不限于婚后所得财产，还可以包括婚前个人财产，约定为个人所有、共同所有、联合所有或统一所有。

2. 约定内容的原则

约定夫妻财产契约的内容时，应当遵守以下三项原则。

（1）自愿原则。

婚约人或配偶在约定夫妻财产契约内容时，必须以自己的真实意志来表示自己的意愿，任何人不得强行要求对方订立夫妻财产契约，不得强迫对方接受自己提出的约定内容。一方采取欺诈、胁迫手段，或者利用对方的某种危险等，强迫另一方接受违背自己真实意志的约定内容，该约定无效。只要双方当事人就夫妻财产所有关系表示的意愿是真实的，任何人和组织不得非法干预。

强调夫妻财产契约内容的约定应遵循自愿原则，并不是说只要双方自愿什么内容都可以约定。夫妻财产契约是约定基于身份的财产关系，不是一个无所不包的法律文件。只能约定夫妻财产的所有关系，涉及夫妻之间的非财产关系，不得在夫妻财产契约中约定。在约定夫妻财产所有关系的内容中，不得加入准许某人

继承或不准许某人继承的内容。

(2) 公平原则。

公平是一种主观评价，总的要求是确立民事法律关系应以公平作为尺度，不承认特权，不承认特殊地位，不准许在民事法律行为中一方当事人借机谋取不公平的利益。在约定夫妻财产契约的内容时，应当遵守这一原则，防止夫妻财产约定中的显失公平。在我国目前的情况下，在夫妻财产契约内容的约定中适用公平原则，更应当着重保护妇女的合法权益，着意保护妻的财产权益。在约定选择夫妻财产所有关系的形式时，要特别防范歧视、侵害妇女财产权益的夫妻财产制，如吸收财产制等，应当限制选择。女方应当注意保护自己的财产权益，社会也有这种责任。

贯彻公平原则，应当着重强调保护婚姻关系双方当事人的合法权益，一方不得借机侵害另一方的利益，不得剥夺一方的权利，也不得免除一方的义务。任何违背公平原则的夫妻财产契约都是无效的。

(3) 合法原则。

约定夫妻财产的合法原则要求婚约人或配偶人在缔结夫妻财产契约时，必须遵守我国法律的规定。这里的法律，主要是指《民法典》婚姻家庭编和合同编，还包括法律、行政法规、地方法规、司法解释中有关婚姻家庭的内容。它不仅要求遵守关于缔结夫妻财产契约的条文规定，还要求遵守《民法典》的其他相关的规定，也必须严格遵守其他民事法律，包括民事法律关系缔结的一般规定。违反法律的夫妻财产约定一律无效。

适用合法原则，要求当事人在夫妻财产契约的内容约定上不得违背公序良俗，任何违背公序良俗的约定均为无效；要求当事人不得违反强行法的规定，凡是违反强行法规定的约定也一律无效；借夫妻财产契约规避法律的约定一律无效。

3. 对约定内容的解释

就夫妻财产契约而言，由于当事人自身的局限性，例如人们认识水平的限制、智力水平的限制、语言使用能力的限制等，常常对内容的约定出现不同的理解，甚至有含混不清的表述，令人无法理解；表述契约内容的语言，契约约定的具体内容，也都会有相当的局限性。尤其是在我国对于夫妻财产约定尚无具体规

定的情况下，这些问题更是无法避免。因此，对夫妻财产契约内容的解释十分必要，应当依照《民法典》规定的合同解释方法进行解释。

对夫妻财产契约内容的解释，是指对夫妻财产契约当事人所约定的财产所有关系内容的含义的理解和阐释。解释的目的是使不明确、不具体的夫妻财产约定内容归于具体、明确，使当事人之间的纠纷得以解决。因此，对夫妻财产契约内容的解释实际上是在当事人发生纠纷后，在纠纷处理过程中，对作为裁判依据的事实所作的权威说明。[①] 对它的解释，实际上只有处理这类纠纷的法院才有权进行。当夫妻财产契约当事人对约定内容的理解发生争议时，应当诉请法院处理，法院依据法律进行解释。

解释的原则，是依据法律探求真意，阐释约定内容的真实含义。例如，援用过去或其他国家的夫妻财产制，可解释为婚姻法理论所称的相当的财产制。夫抛弃管理及收益权，可认为设定特有财产或分别财产；财产契约上此项权利的赋予，可认为就该标的物约定联合财产制。分别财产制与所得共同制结合，可认为依分别财产制分别管理其财产，而收益或其他所得构成共同财产。

夫妻财产契约内容的最终解释原则，是在契约内容无法解释时，依据法定的婚后所得共同制，推定为共同财产。难以确定是个人财产还是夫妻共有财产的，主张权利的一方有责任举证。当事人举不出有力证据，法院又无法查实的，按夫妻共有财产处理。

四、亲属个人财产

（一）夫妻个人财产

1. 夫妻个人财产概述

（1）夫妻个人财产的概念和特征。

夫妻个人财产，是指夫妻在婚姻存续期间于夫妻共同财产之外享有个人所有权的财产。夫妻个人财产具有三个明显特征：一是独立于夫妻共同财产之外；二

① 苏惠祥主编. 中国当代合同法论. 长春：吉林大学出版社，1992：246.

是其权利主体是单个的人，是夫或者妻；三是其权利属于单独所有权，而不是共有权。

（2）确认和保护夫妻个人财产的必要性。

我国《民法典》关于夫妻财产制的发展，是逐渐向着承认夫妻财产个性的立场进步，逐渐摆脱在夫妻财产制上的“左”的思想束缚的过程。在当前，我国《民法典》采取保护夫妻个人财产的立场的必要性有三点。

第一，顺应时代的发展需要。我国现在实行的是市场经济，通行的是市场经济规律，过于强调共有制，在家庭领域完全不保护个人的财产所有权，与社会的市场经济形式不相符合。

第二，适应财产关系的变化。财产法的基本规律体现的是个性化，强调个人权利界限的清晰。在财产法领域，一旦出现财产权利的界限模糊，就会妨害个人创造财富的积极性。婚姻家庭法应当在强调家庭共同生活的共同财产基础的同时，尊重个人的财产权利要求，不能搞“大锅饭”。特别是对于婚前财产，其所有权本就是个人的，如果结婚后，都无法享有自己婚前财产的所有权，显然是在借婚姻的共同生活侵害个人财产权。

第三，保护财产权利人的支配权。在婚姻存续期间，也应当将有些财产确认为个人的财产，予以保护。例如，在赠与和继承问题上，财产所有人明确夫妻一方作为继承人或者受赠人的，应当尊重这种权利人权利支配的意思表示，不能将其作为夫妻共同财产。

2. 夫妻个人财产的范围

《民法典》第 1063 条规定了夫妻个人财产的范围。这个规定总结采纳了司法实践中的做法，确定夫妻的个人财产主要包括六类。

（1）婚前个人财产。

婚前个人所有的货币及一般的生产资料、生活资料归个人所有，不属于夫妻共同财产。

《最高人民法院关于人民法院审理离婚案件处理财产分割问题的若干具体意见》第 6 条曾经有婚前财产转化为共同财产的规定，这是不尊重个人财产所有权

的做法。2001 年《婚姻法》否定了这个规定，无论夫妻共同生活多少年，都不能改变婚前财产的性质，永远归个人所有。如果个人婚前所有的不动产在婚后用共同财产做过修缮等改良行为，增加了价值的，该财产应当包含对方配偶的权利。

（2）一方因人身伤害获得的赔偿或者补偿。

一方因受人身伤害而获得的医疗费、残疾人生活补助费等，是因受到人身伤害而得到的赔偿款和补偿款。该种财产具有人身性质，是用于保障受害人生活的基本费用，须归个人所有，不能作为夫妻共有财产。笔者曾在 1990 年处理过一起人身损害赔偿案件，女方为受害人，受到损害后基本丧失生活自理能力，赔偿金为 40 余万元，在当时全国范围内为最高赔偿数额。受害人为了保障自己的生活，将得到的全部赔偿费隐藏起来，不交给丈夫，其担心丈夫和自己离婚后分割这部分财产。法律将这一部分财产规定为个人所有，就使受害人免受这种担心困扰，将来的生活能得到保障。

（3）遗嘱或赠与合同中确定只归一方的财产。

赠与人或被继承人明确以赠给、继承给个人为条件，赠与或者继承的物品具有鲜明的个人属性，体现了财产所有人支配财产的真实意志，完全是所有权应有的内容，法律应当允许。过去，将这一部分财产一律作为婚后所得成为夫妻共同财产，有的遗嘱人或者赠与人基于这种后果撤销这个行为，或者发生其他争议，有的在财产归属上发生严重分歧造成纠纷，既不利于社会秩序的稳定，又违背了财产所有人的意志。现在规定这种财产为个人所有，不能成为夫妻共同财产，就避免了这些问题的出现，也是公平的。

（4）一方专用的生活物品。

个人衣物、书籍、资料等都是极具个人属性的财产，为个人财产。在离婚纠纷中争夺这些财产的不在少数。比如，夫妻一方是科研人员，积累了很多科研资料和书籍，价值很大，但这些资料对非专业人士毫无意义。离婚时，有的人对这些财产也要争执，也要平均分配，是毫无道理的。确定这些财产归个人所有，能防止这些争执的发生。在生活物品中，应当排除贵重物品和其他奢侈品，因为这

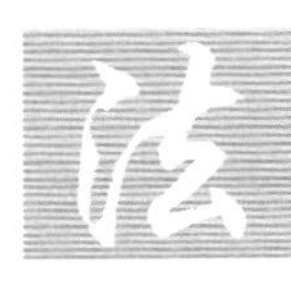

些物品中有些价值极大，完全归一方所有不公平，例如，贵重首饰属于生活用品，价值极大的首饰完全归一方所有的，对对方的权益是有损害的。

（5）其他应当归一方的财产。

其他应当归属于一方所有的财产包括五类：一是婚前个人财产增值部分。婚前个人财产在婚后的增值，应当分为两个部分：经过夫妻共同管理、经营部分的增值，为夫妻共同财产；自然增值和未经共同管理、经营部分的增值，为个人财产。二是复员、转业军人的复员费、转业费、医疗补助费和回乡生产补助费，永远归个人所有。三是夫妻一方的人身保险金。人寿保险金、伤害保险金等具有人身性质，只能作为个人财产。四是其他个人财产。如与个人身份密切相关的奖品、奖金，国家资助优秀科学工作者的科研津贴，一方创作的手稿、文稿、艺术品设计图、草图等，永远为个人所有。五是其他财产。

（6）夫妻之间的借贷。

近年来，出现了夫妻之间的借贷关系，即夫妻双方订立借款协议，约定将夫妻共同财产的一部分借给一方，从事个人经营活动或者用于个人其他事务。对这种借贷关系是否承认其效力，有不同意见。《婚姻家庭编解释一》第 82 条认可这种借贷关系。如果夫妻之间订立借款协议，以夫妻共同财产出借给一方从事个人经营活动或用于其他个人事务的，应当视为双方约定处分夫妻共同财产的行为，发生借贷的效力。从事个人经营活动的一方对于借款享有个人所有权，不认为是夫妻共同财产，但该方当事人对夫妻共同财产负有债务。在离婚时，如果发生争议，可以按照借款协议的约定处理。但这样的协议不能对抗善意第三人。①

（二）其他亲属个人财产

其他亲属个人财产，是指家庭中的其他成员在家庭共同财产之外自己享有所有权的财产。其特征：一是独立于家庭共同财产之外；二是其权利主体是单个的家庭成员，不是夫或者妻，而是夫或妻之外的其他成员；三是其权利为个人单独所有权，而不是共有权。

对其他亲属的个人财产，法律予以保护。除非权利人同意，其他任何人包括

① 杨立新．最高人民法院《关于适用〈婚姻法〉若干问题的解释（三）》解读．东南学术，2012（1）．

家庭成员，都不得侵害其他亲属的个人财产权。这样的规定不是来自婚姻家庭法，而是来自物权法、债权法和知识产权法。

第二节　夫妻共有财产关系

一、夫妻共有财产概述

（一）夫妻共有财产的概念和特征

1. 夫妻共有财产的概念

（1）夫妻共同财产与夫妻共有财产的差别。

在婚姻家庭法学领域，夫妻共同财产与夫妻共有财产互用，被视为同一概念，多使用夫妻共同财产概念。实质上，夫妻共有财产和夫妻共同财产并不完全同一，应当加以区分。

《民法典》使用夫妻共同财产这个概念是指实在的财产形式，即夫妻共有财产的客体，即夫妻所有的财产，而不是指夫妻财产关系。例如，夫妻共同财产范围、夫妻共同财产分割，讲的都是这个意思，而不是说夫妻对共同财产享有的权利和承担的义务。

夫妻共有财产强调的是“共有”，即特别突出财产的所有权形式，而不是所有权的客体，因此，夫妻共有财产指的是所有关系，是基于财产而产生的人与人之间的财产所有权关系。夫妻作为财产所有权的共同主体，享有的是一个共同的所有权，即“夫妻共有”。

于夫妻共有财产要研究的是物权法上研究的共有问题，而夫妻共同财产则是夫妻共有财产的客体，即物的概念。这是两个概念的不同之处。

（2）夫妻共有财产和夫妻共同财产的界定。

夫妻共有财产，是指夫妻在婚姻关系存续期间，经一方或双方取得，依法由夫妻双方共同享有所有权的共有关系。

夫妻共同财产，是指夫妻共有财产权的客体，即夫妻共同共有的财产。例如，夫妻共同财产范围、夫妻共同财产分割中的夫妻共同财产，均为这一概念。

夫妻共有财产这一概念并不是指某种财产，它是指一种夫妻财产制度，以及在该种财产制度下人与人之间的权利义务关系。如果将夫妻共有财产的概念与夫妻共同财产的概念混同，将夫妻共有财产也理解为某种财产，就会使这个概念的含义过于狭小而发生错误。使用“夫妻共有财产”这一概念，是指夫妻共同财产制以及夫妻对于共同财产形成的共有的权利义务关系。夫妻共有财产制包括一般共同制、动产及所得共同制、所得共同制、劳动所得共同制诸种样态。在我国，夫妻共有财产制专指法定的夫妻婚后所得共同制，在这种制度下，夫妻关系缔结后，对双方或一方所得财产，夫妻双方享有平等的共有权，形成共同共有的财产所有权关系。

2. 夫妻共有财产的法律特征

（1）夫妻共有财产的发生以夫妻关系缔结为前提。

夫妻共有财产的发生以夫妻关系缔结为前提，以夫妻没有选择其他夫妻财产制为必要条件，依照法律的规定而产生。任何共同共有关系的产生均须以一定的法定共同关系的存在为依据，夫妻共有财产同样如此。由于夫妻共有财产具有多种形式，法律准许夫妻共同选择法律规定以外的财产制形式，因而，夫妻共有财产不仅要以夫妻关系的缔结为前提，还必须具备夫妻没有选择其他财产制形式的条件，并非存在夫妻关系就必然发生。

（2）夫妻共有财产的权利主体是夫妻二人。

夫与妻是两个权利主体，不是一个权利主体。正因为这样，对财产的所有关系才构成共有关系。有的学者认为，夫妻构成家庭就是一个主体，对外享有一个权利，是一个整体。这是不准确的。诚然，在夫妻共有财产中，夫妻享有的是一个权利，即共有权，但作为它的主体的夫妻却是两个具有独立民事权利能力和民

事行为能力的主体，是独立的人。将夫妻作为一个整体对待有其道理，但因此认为夫妻是一个共同的权利主体则是错误的。

（3）夫妻共同财产的来源为夫妻双方或一方的婚后所得。

夫妻共同财产中，一是婚后所得，二是夫妻双方或者一方所得。在一般情况下是双方所得，但是一方工作获得报酬，而另一方没有工作，对家庭没有实际的财产贡献，同样也构成夫妻共同财产，双方享有共有权。但其他家庭成员成为家庭共同财产的主体，应当向家庭作出财产贡献，否则不能形成家庭共有财产。

（4）夫妻共有财产的性质为共同共有。

在夫妻共有财产存续期间，夫妻作为共有人，不分份额地共同享有夫妻共同财产的所有权，除非夫妻关系消灭，否则共同共有关系不能终止，对共有财产不得分割。

（二）研究夫妻共有财产应当从物权法的角度切入

夫妻共有财产作为婚姻家庭法的概念，受到婚姻法学界的广泛重视，成为婚姻家庭法理论研究的重点问题，尤其在处理离婚时夫妻共有财产分割的实务中，实务界给予其更高的重视。然而，夫妻共有财产作为共有权的一个种类，在物权法上具有重要意义，着重于研究夫妻作为共有主体构成共同共有的权利义务关系，揭示这种共有的内在规律性。

研究婚姻家庭法必须研究亲属的财产关系，也必须研究夫妻的财产关系。一方面，经济是社会的基础，构成人与人之间的关系的基础是财产关系，如果没有财产关系，任何人与人之间的关系都不会存在下去。另一方面，民法的另一个基本内容是对财产关系的调整，如果忽视财产法的调整，民法的两大支柱即人法和财产法就会缺少一个，造成残缺，就不是完整的民法。

亲属身份关系首先是人与人之间的关系，是民法中人法的内容，是关于人本身的权利义务关系。特别是夫妻关系，其是亲属身份关系的基础，是产生其他身份关系的基础。而身份关系是人与人之间最广泛的关系，构成社会关系的基础。同时，就像构成人与人之间关系的基础是财产关系一样，任何身份关系包括夫妻关系，也都是以财产关系作为基础的，基于财产关系生存，基于财产关系发展，没有财产关系，任何亲属身份关系、婚姻关系都将无法维持和延续。在现代社会中，在经济不够发达时，夫妻关系分裂酿成的纠纷多数是由于财产问题；就是在经济已经基本发达的小康社会，基于精神成分酿成的夫妻关系的纠纷增加，但关于经济利益的纷争仍然存在，而且争执的标的额巨大，形成了更重大的财产争议。由此可见，一个社会，一个家庭，应当充分重视人的因素，重视对人的关系中的精神利益调整，但是，决不能因此而忽视对人与人之间财产关系的调整，应重视决定人生存、发展的物质基础关系，依法调整好这种关系。

夫妻关系既涉及婚姻家庭法中的配偶财产关系，又涉及物权法中的共有权。婚姻家庭法包括对夫妻的财产制度。夫妻对共同财产的占有、使用、收益和处分；物权法的共有权包括共同共有和按份共有，夫妻共有是共同共有的一种具体形式。这两个相互融合的关系构成夫妻关系的基本特点，也构成了夫妻共有财产的基本特点。在民法研究中，如何全面地、完整地、科学地揭示这两种关系的渗透和融合，揭示其基本的运行规律，是一个重大任务。

在婚姻家庭法中研究夫妻共有财产是必然的，因为财产关系是夫妻关系的一个重要内容。但是，婚姻家庭法特别重视夫妻之间的身份地位关系，侧重于夫妻之间的精神利益关系。虽然也重视夫妻财产关系，但由于不是纯粹从物权法的角度研究问题，对物权规律的阐释、依循、操作都存在不足，对夫妻共有财产的阐释不一定全面和准确。

因此，有必要在物权法和婚姻家庭法的结合上，加强对夫妻共有财产的研究，深入研究夫妻共有财产的规律和特点。这对全面发展婚姻家庭关系，保障夫妻双方当事人的合法权益，具有重要意义。

二、夫妻共有财产的产生和夫妻共同财产的范围

（一）夫妻共有财产的产生

夫妻共有财产关系的产生，指共同共有依据法律规定而发生的原则，是基于夫妻关系的缔结。但是，仅基于这样一个法律事实并不必然发生夫妻共有关系，

还必须基于另一个法律事实，即缔结夫妻关系的双方未选择其他夫妻财产制。缺少上述任何一个必备要件，都不能发生我国法定的夫妻财产共有关系，即夫妻共有财产。

1. 夫妻关系的缔结

这是发生夫妻共有财产的首要条件。婚姻关系的缔结，依照法律规定，须由缔结婚姻关系的男女亲自到国家婚姻登记机关，表示双方缔结婚姻关系的意愿，经审查符合结婚条件的，以结婚登记的时间作为婚姻关系缔结的时间。夫妻关系一经缔结，即具备产生夫妻共有财产的第一个要件。

2. 缔结婚姻的双方当事人未选择其他夫妻财产制

依照《民法典》规定，缔结婚姻的双方当事人有约定夫妻财产制而排除法定夫妻共有财产制适用的权利。如果双方行使这一权利，另行约定其他夫妻财产制形式，也不发生我国法定的夫妻财产共有关系。只要双方没有约定采取其他夫妻财产所有形式，夫妻共有财产就自婚姻缔结之日起产生，夫妻一方或双方所得的财产均为夫妻共同财产。

（二）夫妻共同财产的范围

在婚后所得共同共有的体制下，确定夫妻共同财产范围，应当一方面确定夫妻共有财产范围，另一方面确定夫妻个人财产范围。

1980 年《婚姻法》规定，夫妻双方在婚姻关系存续期间所得的财产均为夫妻共同财产。这个规定过于原则，无法解决具体问题，也没有区分具体情况，有时会侵害一方的个人财产权利。2001 年《婚姻法》第 17 条规定，夫妻共同财产分为五个部分，只要是夫妻双方在夫妻关系存续期间所得，就直接成为夫妻共同财产。《民法典》在此基础上，又增加了夫妻共同财产的内容。

1. 工资、奖金、劳务报酬

工资、奖金、劳务报酬，均为劳动所得，是指夫或妻一方或者双方从事一切劳动包括脑力劳动、体力劳动所获得的工资报酬、奖金报酬、劳务报酬等。

2. 生产、经营、投资的收益

夫妻关系存续期间一方或双方经营承包、租赁企业、私营企业、个体工商

业、合伙、投资等所获得的收益，均为夫妻共同财产。

3. 知识产权的收益

夫妻共同取得的知识产权，如共同写作的书籍、论文，共同发明的专利等，归夫妻共同享有，其所得经济利益，属于夫妻共同财产。一方取得的知识产权，权利本身属于个人所有，凭借该权利已经取得的经济利益为夫妻共同财产，在夫妻关系存续期间尚未取得的经济利益即预期利益，不属于夫妻共同财产。在现实中，很多离婚的夫妻争议是要求将一方未取得经济利益的知识产权作为夫妻共有财产来分割。例如，一方在婚姻存续期间写作的著作，离婚时还没有得到稿酬，对方要求将该著作权全部或者对其预期的财产权利作为夫妻共同财产进行分割。这种要求是无理的，因为知识产权是权利人的权利，不是权利人就不能获得这个权利；在婚姻关系存续期间获得的财产是夫妻共同财产，还没有获得的著作权的稿酬等，不能作为夫妻共同财产。

4. 继承或受赠的财产

对此，各国立法一般都不认其为夫妻共同财产，但共同受赠、继承的财产，当然为夫妻共有财产。将一方继承、受赠的财产作为夫妻共同财产，显然侵害了继承人或者受赠人的合法权益，也是对被继承人和财产所有人支配财产的意志的不尊重。《民法典》对此作了限制性规定，这就是“遗嘱或赠与合同中确定只归一方的财产”除外，如果遗嘱或者赠与合同明确规定只将遗产或者财产处分给夫妻一方的，他方不享有这项财产的所有权，不作为共同财产。

5. 其他应当归夫妻共同所有的财产

这些财产主要包括两大类。

（1）一方或双方取得的债权：双方取得的任何债权均为预期的夫妻共同财产，一方取得的债权亦属夫妻共同财产。该种债权，既包括各种债权及记载债权的文书即有价证券，也包括这些债权实现所获得的财产利益。如夫或妻一方购买奖券所得资金、购买股票的增值，均为夫妻共有财产。

（2）其他，如获得的资助、捐助等，也为夫妻共有财产。

（三）司法解释对夫妻共同财产的范围的规定

《婚姻家庭编解释一》对夫妻共同财产的范围还作了一些具体的规定。

1. 个人财产的婚后增值

《民法典》尊重婚姻关系当事人的财产个性，对于个人财产在婚后增值的，应当区分具体情形，确定为共同财产或者个人财产。基本规则是该司法解释第26条规定的“夫妻一方个人财产在婚后产生的收益，除孳息和自然增值外，应认定为夫妻共同财产”。其含义是，一方的个人财产在婚后的孳息和自然增值，应当作为个人财产，例如婚前的存款发生的利息，不能认为这是婚后取得的财产因而将其作为夫妻共同财产。

但其他个人财产的婚后收益，应按照婚后所得财产共有制，都作为共同财产。例如，婚前个人财产，婚后投资获得收益，该收益属于婚后所得财产，应作为夫妻共同财产，符合《民法典》规定的原则，也比较符合个人财产没有凝聚婚姻合伙的劳动，应当归属于一方个人所有，反之则应当作为夫妻共同财产的意见。[①]

2. 婚前承租婚后购买的房屋

依照该司法解释第27条规定，由一方婚前承租、婚后用共同财产购买的房屋，登记在一方名下的，应当认定为夫妻共同财产。

3. 一方当事人擅自出售夫妻共有房屋的善意取得

夫妻一方在婚姻关系存续期间，擅自出售夫妻共有房屋，符合善意取得规则的，应当按照《民法典》第311条的规定认定为善意取得，善意第三人取得该房屋的所有权。该司法解释第28条规定：“一方未经另一方同意出售夫妻共同共有的房屋，第三人善意购买、支付合理对价并已办理不动产登记，另一方主张追回该房屋的，人民法院不予支持。夫妻一方擅自处分共同共有的房屋造成另一方损失，离婚时另一方请求赔偿损失的，人民法院应予支持。”这些规定是《民法典》第311条规定的具体落实。

4. 父母为子女购买的房屋等不动产

父母为子女结婚购房和其他不动产有两种情况：一是一方父母出资为子女购买不动产，二是双方父母各自出资为子女购买不动产。该司法解释分情况在第

① 胡苷用. 婚姻合伙视野下的夫妻共同财产制度研究. 北京：法律出版社，2010：141.

29 条规定了两款。

第 1 款规定："当事人结婚前，父母为双方购置房屋出资的，该出资应当认定为对自己子女个人的赠与，但父母明确表示赠与双方的除外。"这是因为，父母出资为自己的子女购买不动产，登记在自己的子女名下，尽管是婚后赠与，但登记在自己的子女一方名下就意味着只赠与自己的子女，这种财产的属性是个人财产，不因为夫妻双方共同使用而改变财产的性质。

第 2 款规定："当事人结婚后，父母为双方购置房屋出资的，依照约定处理；没有约定或者约定不明确的，按照民法典第一千零六十二条第一款第四项规定的原则处理。"双方父母都出资，为双方的子和女购买不动产，但登记在一方名下，这不能改变该不动产的共有财产性质，应当认定为夫妻共有财产。首先，应当遵守的规则是依照协议处理，协议怎样约定就应当处理。其次，没有约定或者约定不明确的，按照《民法典》第 1062 条第 1 款第 4 项规定的规则处理，即受赠的财产原则上是夫妻共有财产，但是，如果赠与合同中确定只归一方所有的，应当作除外处理，认定为个人财产。

5. 夫妻之间赠与的房产

房产是不动产，在婚姻家庭财产关系中属于大宗财产，对双方都具有重要意义。如果夫妻之间在缔结婚姻关系之前，或者在缔结婚姻关系之后，一方将自己所有的房产赠与对方，这样的赠与是否有效，特别是没有实际过户登记的，容易发生争议。对此，该司法解释第 32 条规定："婚前或者婚姻关系存续期间，当事人约定将一方所有的房产赠与另一方，赠与方在赠与房产变更登记之前撤销赠与，另一方请求判令继续履行的，人民法院可以按照民法典第六百五十八条的规定处理。"《民法典》第 658 条规定的内容是："赠与人在赠与财产的权利转移之前可以撤销赠与。经过公证的赠与合同或者依法不得撤销的具有救灾、扶贫、助残等公益、道德义务性质的赠与合同，不适用前款规定。"婚前赠与和婚后赠与房产的行为，只要没有经过公证，就不属于《民法典》第 658 条第 2 款规定的内容，应当适用第 658 条第 1 款规定，赠与方在赠与房产变更登记之前撤销赠与的，撤销行为有效。因为赠与合同是实践性合同，赠与合同在没有正式履行之

前，是可以撤销的。因此，另一方请求判令继续履行的为无理由，应当驳回其诉讼请求。

此外，该司法解释第30条和第31条还规定，军人的伤亡保险金、残疾补助金、医药生活补助费属于个人财产；《民法典》第1063条规定为夫妻一方的个人财产，不因婚姻关系的延续而转化为夫妻共同财产，但当事人另有约定的除外。这些都是排除性的条款，其内容不属于夫妻共同财产。

（四）其他具体问题

确定夫妻共同财产的范围时，还有以下几种具体情况需要讨论。

1. 夫妻分居时所得财产的性质界定

夫妻分居两地分别管理、使用的婚后所得财产，为夫妻共同财产，不能因为分别管理和使用而认为是个人财产。近年来，这种情况大为减少，但还存在。夫妻分居两地，并不影响夫妻的权利义务关系，财产的性质仍然是共有，不会因为夫妻分居两地而改变。对财产的分别管理、使用，是夫妻行使共有权的内容，不是对共有财产的分割，也不会改变财产共有的性质，应当认定其为夫妻共同财产。但这种情况在离婚分割财产时会发生作用。分居两地，财产分别管理、使用的，原则上将自己管理、使用的财产分割给该人，如果财产价值悬殊，可以作价补偿。

2. 已登记结婚但未共同生活时所得的财产的性质界定

已登记结婚但尚未共同生活，一方或双方受赠的礼金、礼物、收入，只要不违背法律规定，应认定其为夫妻共同财产，不能因尚未共同生活而认定其为个人财产。这是因为，既然建立了婚姻关系，没有约定实行其他财产所有形式，当然产生夫妻共有财产，各人所得财产都是夫妻共同财产。如果双方离婚，这些财产应当作为夫妻共同财产分割。

3. 性质难以界定的财产的处理

对是个人财产还是夫妻共同财产难以确定的，主张权利的一方不能证明，法院又无法查实的，按夫妻共同财产处理。这是夫妻共同财产推定。没有证据证明特定财产是夫妻共同财产还是个人财产的，推定为夫妻共同财产，较为公平。离婚时因此发生争议的，按照夫妻共同财产进行分割。

4. 夫妻相互赔偿的可能性

《民法典》规定，由于过错造成离婚的，无过错一方可以请求对方损害赔偿。问题是，很多人主张在实行家庭暴力造成对方损害时，即使没有离婚，受害方也可以请求对方予以损害赔偿。这涉及夫妻共有财产的范围问题。如果发生这种行为的夫妻实行的是夫妻共有财产制，个人又没有自己的个人财产，存在两个问题：一方面是加害人如何支付损害赔偿金，另一方面是受害人赔偿金的收入是否作为共同财产。这两个问题中的后一个容易解决，直接由受害方建立自己的个人财产即可；对前一个问题，如果加害人一方没有自己的财产，是没有办法处理的，只能从共同财产中支付。这种做法是不得已而为之，可能会损害夫妻关系，加速夫妻关系的破裂，因此必须慎重待之。

三、夫妻共有财产的效力

（一）夫妻共有财产权与夫妻权的关系

1. 配偶权是夫妻之间的身份关系

配偶权是夫妻之间的基本身份权，包括的权利都属于基本身份利益，没有财产权的内容。这是因为，配偶权的客体不包括法律明定的财产权利，如财产共有权、相互继承权，这些权利属于《民法典》物权编和继承编调整的范围，不属于人格权、身份权的内容。夫妻共有财产权是夫妻之间最重要的权利之一。只是因为这个权利具有财产权性质，是物权，所以不在身份权中加以规定。

2. 夫妻共有财产权与配偶权是婚姻发生的两个最重要的关系

婚姻一经成立，就在配偶之间发生两个法律关系，一个是配偶的身份关系，另一个是配偶的财产关系。配偶权和夫妻共有财产权，是两项相互依赖、相互配合的权利。尽管它们是性质不同的两个权利，但是不能完全分开。离开了配偶权，夫妻共有财产权就失去了存在的基础；离开了夫妻共有财产权，配偶权就失去了物质依赖，无法保持和发展。只有这两个权利并存，才能保证夫妻关系和谐发展。

（二）夫妻共有财产主体的权利

夫妻共有财产主体的权利义务，原则上与一般共同共有人的权利和义务相同，但仍有其特点。夫妻共有财产权利人即配偶享有如下权利。

1. 平等占有、使用、收益、处分权

这个权利包含两个方面：一方面，配偶对夫妻共有财产享有平等的权利，一律平等地享有所有权，包括占有、使用、收益、处分权，任何一方不得歧视对方；另一方面，每个人的权利都是针对全体夫妻共同财产的，是完整的权利，而不是共有权的某一个部分。平等的权利、完整的权利，构成夫妻共有财产权利的主要内容。

由于夫妻之间可以约定不同于夫妻共有财产的其他形式，因此，双方约定的对财产的不同行使权利方法并不违反法律，而是行使自己权利的行为，是对财产权行使的约定。

2. 共同处理权和单独处理权

配偶对夫妻共同财产均有共同处理权和单独处理权。共同处理权，是针对处分夫妻共同财产重大事务的权利，如变卖夫妻共同财产，在夫妻共同财产上设置他物权，以及其他使夫妻共同财产发生重大变化的事务，均应由配偶共同决定处理，任何人不得独断专行。单独处理权是指对某些具体的、不涉及夫妻共同财产发生重大变化的事务，以及依据日常事务代理权进行的事务，配偶有单独的处理权。

3. 相互代表权

配偶之间相互有代表权。对一般的夫妻共有财产处理，可以代表对方进行，但是重大事项不能代表。

这种相互代表权与配偶权中的日常事务代理权相似。共同财产的平等处理权是共有财产权的具体内容，不包含日常事务代理权。

行使相互代表权应当受到必要限制。对此，可以借鉴《埃塞俄比亚民法典》的规定。该法第 658 条规定："下列事项，必须得到配偶双方一致同意：（1）转让共同的不动产；（2）转让价值超过 5 000 埃塞俄比亚元的动产，或记有配偶双

方之名的有价证券；（3）订立超过 1 000 埃塞俄比亚元的借款合同；（4）进行超过 100 埃塞俄比亚元的赠与或为第三人超过 100 埃塞俄比亚元的债务作保证。”进行这种限制，是保障配偶双方财产权利的重要措施。我国立法和司法也应当建立这样的限制制度。

可以考虑限制的条件为，夫妻处分下列夫妻共同财产，必须得到配偶双方一致同意：一是转让共同的不动产，二是转让价值超过 1 万元人民币的动产或记有配偶双方之名的有价证券，三是订立超过 1 万元人民币的借款合同，四是作出超过 5 000 元人民币的赠与或为第三人超过 5 000 元人民币的债务作保证。

4. 物上追及权

夫妻共有财产受到不法侵害的，配偶双方均享有此权利，可以独自行使停止侵害、排除妨碍、返还原物、赔偿损失的请求权。

（三）夫妻共有财产主体的义务

1. 将夫妻共同财产交付夫妻共同管理使用的义务

《民法典》规定，在实行夫妻共有财产的配偶之间，财产绝大多数是分为两部分的，一部分是夫妻共同财产，一部分是个人财产。这就将俗称的家庭中的“小金库”合法化，配偶一方可以公开享有自己单独的所有权。在这样的体制下，应当严格划清个人财产和夫妻共同财产的界限，同时，明确配偶双方都负有将属于夫妻共同财产的财产集中归配偶共同管理使用的义务，应严格履行义务，按时将自己的所得交付夫妻共同管理使用。违背该义务，应当承担责任。

2. 对夫妻共同财产的维修、保管、改良义务

这项义务为配偶双方的义务，均应承担。具体操作，可以由双方配偶实行，也可以由配偶一方实行，所支出的费用由夫妻共同财产支付。

3. 对所欠债务的连带清偿义务

因家庭共同生活、共同经营所欠债务，为夫妻共同债务，夫妻须负连带清偿义务，配偶为连带债务人。

4. 共同承担赔偿责任的义务

夫妻共同财产致他人损害，或者夫妻一方造成他人损害时，应以夫妻共同财

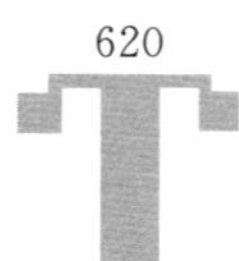

产承担赔偿责任。

5. 保持共有关系的义务

在夫妻共有财产关系存续期间，任何一方不得要求划分份额、分割共有财产、擅自处分共有财产。夫妻双方均须负此义务。

（四）对夫妻共同财产支配权的法律保护

1. 司法实践中提出的问题

在司法实践中，对婚内的夫妻共同财产，法院可否判决一方予以支配，有两种不同的意见：主张夫妻关系没有消灭对共同财产能够分割的，试图说明分割是一种现实的需要；主张夫妻共同财产不能分割的，则强调夫妻共同财产的整体性，如果需要分割，则应当达成分别财产的协议，以此作为分割财产的法律依据。

引发这一争论的案件的简要案情是：原告苟某与被告李某结婚 20 余年，所生子女已成年。二人自 1992 年起外出经营，积蓄由李某掌管。2002 年 8 月后，李某独自去成都，不再顾及苟某。苟某没有经济来源，生活无着，遂向法院起诉，要求使用李某掌管的夫妻共同存款 10 万元中的一半。法院查实李某名下存款 1.5 万元，认为原、被告对此款均享有平等的权利，现原告没有生活来源，被告独占存款的行为剥夺了原告对夫妻共同财产享有的支配、处分的权利，遂判令被告将存款 1.5 万元在判决生效后 1 日内分给原告 8 000 元，由原告自主支配。

2. 法律应当保障对夫妻共同财产享有权利的一方对财产的支配权

夫妻共同财产是共同共有的财产。如果共同共有财产关系发生的原因没有消灭，对共同共有财产就不能分割。

共同共有关系没有消灭之前，不能分割共同共有财产的意义，在于保持共有关系的稳定性和基础，保护共有人的合法权益。如果在共同共有关系没有消灭之前，就分割共同共有财产，将会对共同共有关系的当事人造成损害。例如，本案中，如果认为本案判决是在分割共同共有财产，就不能予以强制，这样将使原告在未来的生活中，无法再继续请求被告为原告支付财产，很可能使原告生活陷入极度贫困。因此，不论是何种共同共有关系，如果要消灭其财产关系，必先消灭其基础关系。这样分割共同共有财产才顺理成章。

夫妻可以约定财产关系。如果本案的原、被告在争议发生之后，约定改变财产所有关系而采用各自所有，这种共同共有的财产关系也会发生消灭，因而发生分割共有财产的后果。但是，本案的当事人没有这样的主张，当然不能适用《民法典》关于夫妻财产约定的规定来分割财产。《物权法》没有颁布实施之前，只能在法律规定和法理的指导下操守本案解决的办法。共有权也是所有权，同样具有占有、使用、收益、处分的权能，这些权能的集中体现，就是所有权的支配权。《民法典》第299条规定："共同共有人对共有的不动产或者动产共同享有所有权。"《民法典》第1062条第2款也规定："夫妻对共同财产，有平等的处理权。"这种平等的权利具有所有权的本质，即对财产的支配权。本案原、被告的共同财产长期控制在被告手中，被告享有事实上的独占支配，而原告无法行使这一权利，使原告生活无着，这已经损害了共同共有关系中其他共有人的合法权利，不符合共同共有权利义务关系的基本规则，违反了《民法典》的规定，构成违法。对此，原告提出自己的权利主张，是完全有道理的。法院依照所有权的支配权原理处理这一案件，确认原告对夫妻共同财产享有同等的支配权利，是正确的，是符合法律和法理的。如果法官的胆子更大一些，完全可以将这1.5万元完全判归原告支配，理由是：既然不是分割所有权，只是解决所有权的支配权争议，完全不必考虑份额；而被告已经长期独自支配共有财产，将这1.5万元交由原告支配，是顺理成章的。况且法院只是查实了这1.5万元，依据常理判断，原、被告的共同财产决不会只有这一点。如果作这样的判决会更有意义：一是避免了没有消灭共同共有关系而分割共有财产的嫌疑；二是保护了需要支持的弱者一方；三是制裁了恶意违反法律损害共同共有人权益的人；四是坚持了法律的规定和法理的精神。

《民法典》第303条为这种情况提供了操作办法，即："共有人约定不得分割共有的不动产或者动产，以维持共有关系的，应当按照约定；但是共有人有重大理由需要分割的，可以请求分割；没有约定或者约定不明确的，按份共有人可以随时请求分割，共同共有人在共有的基础丧失或者有重大理由需要分割时可以请求分割。因分割造成其他共有人损害的，应当给予赔偿。"其中的"有重大理

由”，就包括了这样的情形。《民法典》第 1066 条作了规定。

对夫妻共同财产经过婚内分割后，被分割出来的财产成为个人财产，主张分割的一方对分割所得的部分享有所有权，可以依照自己的意志处分该财产。

四、夫妻共有财产消灭和共同财产分割

（一）夫妻共有财产消灭

夫妻共有财产关系的消灭，应当基于导致婚姻关系消灭的原因事实，包括离婚和夫妻一方死亡。

1. 离婚导致夫妻共有财产消灭

离婚导致婚姻关系消灭，导致夫妻共有财产消灭。离婚分为登记离婚和判决离婚。

离婚的时间是夫妻共有财产终止的基准时间。从这时起，夫妻共有财产不复存在，夫妻共同财产开始分割，成为个人各自所有的财产。登记离婚的时间，应以离婚证上登记的时间为准；裁判离婚的时间，应以调解或判决离婚的法律文书发生法律效力的时间为准。

2. 夫妻一方死亡导致夫妻共有财产消灭

夫妻一方死亡，婚姻关系消灭，导致夫妻共同共有关系终止。死亡包括自然死亡和宣告死亡，二者产生同样的法律后果。对死亡的时间，自然死亡以死亡证开具的时间为准，宣告死亡则以裁判文书发生法律效力时为准。夫妻一方死亡引起的夫妻共有财产终止与离婚引起的夫妻共有财产终止的效力基本相同，只是前者为分出死者的财产为遗产，后者为分割共同财产。

夫妻双方同时死亡，也同样发生婚姻关系消灭和夫妻共有财产消灭的后果，但共同财产成为遗产。

3. 夫妻另行约定其他财产制导致夫妻共有财产消灭

实行夫妻共有财产期间，如果双方配偶共同约定不再实行夫妻共有财产制，重新约定实行分别所有制或者其他财产制，也消灭夫妻共有财产，发生新的财产

关系。

（二）夫妻共同财产分割的原则

夫妻关系一经终止，夫妻共有财产即告消灭，应当对夫妻共同财产进行分割。夫妻共同财产的分割方法分为两种，即一般分割方法和具体分割方法。

一般分割方法是指分割夫妻共同财产的基本方法，即主要是均等分割，辅之以财产的具体情况，照顾子女、女方和无过错方。

1. 均等分割

均等分割夫妻共同财产，是我国司法实务一贯坚持的方法，即确定夫妻共有财产的范围之后，一分为二，平均分成两份。它的依据是《民法典》第 1062 条第 2 款“夫妻对共同财产，有平等的处理权”和《民法典》第 304 条规定。

2. 有所差别

坚持均等分割并非绝对，否则会造成不公平的后果。在坚持均等分割的原则之下，允许在某些条件下适当地有所差别。这就是根据财产的具体情况，照顾子女、女方和无过错方权益的原则分割。

其中的“财产的具体情况”，主要是指夫妻一方在生产、生活上有特别需要，或者财产来源有特别情况。

夫妻一方有生产、生活特别需要的，比如某一方具有使用某种生产资料特别技能，将此种生产资料分给该方不仅对发挥技术特长有利，还对发展社会生产有利。又如夫妻一方生活上有特别需要，生活上需要护理，生活有特别困难，应当适当多分一些财产予以扶助。

作为夫妻共同财产的来源有特别情况的，分为两种：一是作为典型的夫妻共同财产，即直接作为夫妻共同财产的财产，由一方取得，不体现分割的差别会出现特别不公平后果的，如婚姻关系存续期间，一方继承相当数量的财产，一方经营活动有相当数量的收入等；二是作为特别情况的夫妻共同财产，例如，夫妻分居两地分别管理使用的共同财产，已登记结婚尚未共同生活时受赠的礼金、礼物等。它们都有来源特别的共同特点。对此，应当考虑财产来源的具体情况，在分割时适当体现差别。对于夫妻分居两地分别管理使用的共同财产，分割时，各自

分别管理使用的财产归各自所有，如果双方所分财产相差悬殊，差额部分由多得财产的一方以差额相当的财产折抵给另一方。对于已登记结婚尚未共同生活时受赠的礼金、礼物，应考虑财产来源、数量等情况，合理分割；各自出资购置、各自使用的财产，原则上归各自所有。

3. 保护好土地承包经营权的个人权益

由于农村承包土地以家庭为单位，夫妻离婚后，不会因为离婚而再获得新承包地，因此，夫或者妻在家庭土地承包经营中享有的权益等，在分割共同财产时应当依法予以保护，不能使从家庭关系中分离出去的一方受到损害。

（三）夫妻共同财产分割的具体方法

离婚时的夫妻共同财产分割，基本方法是协议分割和裁判分割。

双方当事人达成协议的，依照协议分割最为稳妥。协议不成的，可以请求法院裁判分割。

此外，依据《民法典》第 1092 条规定，离婚后，另一方发现对方隐瞒、转移、变卖、毁损、挥霍夫妻共同财产，或者伪造夫妻共同债务企图侵占另一方财产的，可以向法院起诉，请求再次分割夫妻共同财产。《婚姻家庭编解释一》第 84 条还规定，离婚后，一方以尚有夫妻共同财产未处理为由向人民法院起诉请求分割的，经审查该财产确属离婚时未涉及的夫妻共同财产，法院应当依法予以分割。

《婚姻家庭编解释一》对于协议分割和裁判分割一些具体情况作出了规定。

第一，当事人达成的以协议离婚或者到法院调解离婚为条件的财产以及债务处理协议，如果双方离婚未成，一方在离婚诉讼中反悔的，法院应当认定该财产以及债务处理协议没有生效，并根据实际情况依照《民法典》第 1097 条和第 1089 条的规定判决，即按照《民法典》关于夫妻共同财产分割的规则和夫妻共同债务的规则处理。

第二，当事人依照《民法典》第 1076 签订的离婚协议中关于财产以及债务处理的条款，对男女双方具有法律约束力。登记离婚后当事人因履行上述协议发生纠纷提起诉讼的，法院应当受理，以此为基础依法解决。

第三，夫妻双方协议离婚后就财产分割问题反悔，请求撤销财产分割协议的，人民法院应当受理，审理后，未发现订立财产分割协议时存在欺诈、胁迫等情形的，应当依法驳回当事人的诉讼请求；存在欺诈、胁迫等情形的，依照《民法典》总则编关于民事法律行为效力的规定处理。

（四）具体财产的分割方法

夫妻共同财产的具体分割方法，是对各种具体的夫妻共同财产怎样进行分割的办法，主要针对夫妻共同财产中合伙经营的财产、生产资料、当年无收益的养殖种植业、婚前个人房屋婚后增值的部分、不宜分割的共有房屋等。

对于夫妻共同财产的具体分割方法，《婚姻家庭编解释一》作了具体的规定。

1. 对复员费、自主择业费的分割方法

对于复员转业军人的复员费、自主择业费是否为夫妻共同财产，是否可以分割，该司法解释第71条规定，法院审理离婚案件，涉及分割发放到军人名下的复员费、自主择业费等一次性费用的，以夫妻婚姻关系存续年限乘以年平均值，所得数额为夫妻共同财产。这里所说的年平均值，是指将发放到军人名下的上述费用总额，按具体年限均分得出的数额。其具体年限为人均寿命70周岁与军人入伍时实际年龄的差额。例如，18周岁入伍，30周岁结婚，离婚时为45周岁，婚姻存续期间15年，就是70年－18年＝52年；费用总额10万元/52年＝1923元；1923元×15年＝28845元为夫妻共同财产，其余的为个人财产。

2. 对股票、债券、投资基金份额的分割方法

对于股票、债券或者投资基金份额，该司法解释第72条规定，夫妻双方分割共同财产中的股票、债券、投资基金份额等有价证券，以及未上市股份有限公司股份时，协商不成或者按市价分配有困难的，法院可以根据享有的数量，按比例分配。

3. 以一方名义在有限责任公司的出资额的分割方法

该司法解释第73条规定，法院审理离婚案件，涉及分割夫妻共同财产中以一方名义在有限责任公司的出资额，另一方不是该公司股东的，分两种情形处理。

第一，夫妻双方协商一致将出资额部分或者全部转让给该股东的配偶，其他股东过半数同意，并且其他股东均明确表示放弃优先购买权的，该股东的配偶可以成为该公司股东。

第二，夫妻双方就出资额转让份额和转让价格等事项协商一致后，其他股东半数以上不同意转让，但愿意以同等条件购买该出资额的，法院可以对转让出资所得财产进行分割。其他股东半数以上不同意转让，也不愿意以同等条件购买该出资额的，视为其同意转让，该股东的配偶可以成为该公司股东。

用于证明上述规定的股东同意的证据，可以是股东会议材料，也可以是当事人通过其他合法途径取得的股东的书面声明材料。

4. 在合伙企业中的出资的分割方法

对于以一方名义在合伙企业中的出资，该司法解释第74条规定，法院审理离婚案件，涉及分割夫妻共同财产中以一方名义在合伙企业中的出资，另一方不是该企业合伙人的，当夫妻双方协商一致，将其合伙企业中的财产份额全部或者部分转让给对方时，按以下情形分别处理：

第一，其他合伙人一致同意的，该配偶依法取得合伙人地位；

第二，其他合伙人不同意转让，在同等条件下行使优先购买权的，可以对转让所得的财产进行分割；

第三，其他合伙人不同意转让，也不行使优先购买权，但同意该合伙人退伙或者削减部分财产份额的，可以对结算后的财产进行分割；

第四，其他合伙人既不同意转让，也不行使优先购买权，又不同意该合伙人退伙或者削减部分财产份额的，视为全体合伙人同意转让，该配偶依法取得合伙人地位。

5. 在独资企业中的投资的分割方法

该司法解释第75条规定，夫妻以一方名义投资设立个人独资企业的，法院分割夫妻在该个人独资企业中的共同财产时，应当按照以下情形分别处理：

第一，一方主张经营该企业的，对企业资产进行评估后，由取得企业资产所有权一方给予另一方相应的补偿；

第二，双方均主张经营该企业的，在双方竞价基础上，由取得企业资产所有权的一方给予另一方相应的补偿；

第三，双方均不愿意经营该企业的，按照《个人独资企业法》等有关规定办理。

6. 房屋的分割方法

该司法解释规定的夫妻共同财产中的房屋的分割，规则比较详细，主要有四种情形。

（1）就房屋价值无法达成协议时的分割方法。

该司法解释第 76 条规定，双方对夫妻共同财产中的房屋价值及归属无法达成协议时，法院按以下情形分别处理：

第一，双方均主张房屋所有权并且同意竞价取得的，应当准许；

第二，一方主张房屋所有权的，由评估机构按市场价格对房屋作出评估，取得房屋所有权的一方应当给予另一方相应的补偿；

第三，双方均不主张房屋所有权的，根据当事人的申请拍卖、变卖房屋，就所得价款进行分割。

（2）未取得所有权的房屋分割方法。

该司法解释第 77 条规定，离婚时，双方对尚未取得所有权或者尚未取得完全所有权的房屋有争议，且协商不成的，法院不宜判决房屋所有权的归属，应当根据实际情况判决由当事人使用。

当事人就前款规定的房屋取得完全所有权后，有争议的，可以向法院另行起诉，再作判决。

（3）婚前个人首付购买、婚后共同还贷的房屋分割方法。

对夫妻一方婚前签订不动产买卖合同，以个人财产支付首付款并在银行贷款，婚后用夫妻共同财产还贷，不动产登记于首付款支付方名下的，该司法解释第 78 条规定：离婚时该不动产由双方协议处理；不能达成协议的，法院可以判决该不动产归登记一方，尚未归还的贷款为不动产登记一方的个人债务。双方婚后共同还贷支付的款项及其相对应财产增值部分，离婚时应根据《民法典》第

1087 条第 1 款规定的原则，由不动产登记一方对另一方进行补偿，具体情形有三种。

第一，对一方婚前签订不动产买卖合同，并且以个人财产支付首付款，其余房款为银行贷款，婚后用夫妻共同财产还贷，不动产登记在首付款支付方名下的，离婚时对该不动产的产权归属发生争议，该司法解释第 78 条规定的基本规则是由双方协议处理。这个协议，主要是指离婚时处理夫妻共同财产的协议，特别是指处理该不动产权属的协议。如果协议清楚，双方意思表示一致，按照协议处理即可。如果事先双方就有关于财产归属的协议，该协议当然有效力。后一种协议应当是书面协议。

第二，如果双方不能达成协议，法院可以判决该不动产归产权登记一方，尚未归还的贷款为产权登记一方的个人债务，按照债务关系处理。按照这样的方法处理，并不是简单地计算利息清偿，而是要计算双方婚后共同还贷支付的款项及其对应的财产增值部分，离婚时应根据《民法典》第 1187 条第 1 款规定的原则，由产权登记一方对另一方进行补偿。

第三，应当看到的是，在该司法解释第 78 条第 2 款中规定的是“可以”而不是“应当”。这意味着除将共同还贷作为债务关系处理之外，还有另外的方法，即可以不判决该不动产归产权登记一方，而是判决归双方当事人共有。双方当事人共同还贷的部分已经超过全部不动产价款 50%以上的，就可以认定为共有财产，将一方当事人单独首付的部分作为债权处理，或者作为共有份额予以考虑，离婚时按照夫妻共同财产的分割原则进行分割。这样处理更为稳妥，公众更为欢迎。

（4）房改房屋的分割。

房改房的产权问题是一个特殊问题。对婚姻关系存续期间，双方用夫妻共同财产出资购买以一方父母名义参加房改的房屋，登记在一方父母名下，离婚时另一方主张按照夫妻共同财产对该房屋进行分割的，该司法解释第 79 条规定，法院不予支持。购买该房屋时的出资，可以作为债权处理。

在这个条文之外，如果在婚姻关系存续期间，双方用夫妻共同财产出资购买以一方父母名义参加的房改房，登记在双方当事人的名下的，就应当按照登记的权属确定产权，可以视为一方父母的赠与。

7. 养老金和养老保险金的分割方法

该司法解释第 80 条规定，对养老金和养老保险金作为夫妻共同财产分割的具体方法分两种情况。

第一，离婚时，如果夫妻一方尚未退休、还不符合领取养老保险金条件，另一方请求按照夫妻共同财产分割养老保险金的，因为领取养老保险金的条件还没有成就，当然不能支持。

第二，离婚时，对婚后以夫妻共同财产缴付的养老保险费，一方主张将养老金账户中婚姻关系存续期间个人实际缴付部分作为夫妻共同财产分割的，这个请求是合理的，法院应予支持。但应注意的是，作为夫妻共同财产分割的不是养老保险金，而是个人实际缴付的养老保险费。

8. 继承的遗产的分割方法

夫妻一方在婚姻关系存续期间继承遗产，其财产的权属分为两种情况：一是作为婚后取得的财产，为夫妻共同财产；二是特别约定为个人继承的遗产，为个人财产，不作为夫妻共同财产。该司法解释第 81 条针对的是前一种情况，即婚姻关系存续期间，夫妻一方作为继承人依法可以继承的遗产，在继承人之间尚未实际分割，起诉离婚时另一方请求分割的，人民法院应当告知当事人在继承人之间实际分割遗产后再另行起诉。这是因为，我国民间传统大量存在的情形是，在父母一方死亡之后数个继承人并不立即继承，而是默示共同继承，形成共同继承遗产，遗产成为共同继承人的共有财产；通常在父母双方都死亡之后再分割遗产。这种做法就形成了婚姻关系存续期间一方作为继承人可以继承的遗产尚未实际分割，起诉离婚时另一方请求分割遗产的情形。该司法解释第 81 条尊重民间习惯，并不准许该方当事人在离婚时主张请求分割遗产，而是告知当事人在继承人之间实际分割遗产后，也就是继承人一方已经取得继承的遗产之后，再请求分割这部分共同财产。这一规定完全正确。

9. 夫妻之间的借款的分割方法

对夫妻之间订立借款协议，以夫妻共同财产出借给一方从事个人经营活动或

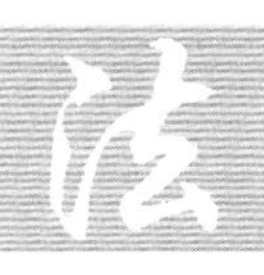

者用于其他个人事务的，该司法解释第 82 条规定，应当视为双方约定处分夫妻共同财产的行为，在离婚时，可以按照借款协议的约定处理。

（五）夫妻共同债务的范围和清偿

学者认为，夫妻共同债务是指在婚姻关系存续期间，夫妻双方基于共同意思表示所负的债务，或者夫妻一方行使夫妻日常家事代理权为家庭日常生活需要所负的债务，或者夫妻一方以个人名义超出家庭日常生活需要而为债权人证明用于夫妻共同生活共同生产经营的债务。① 这个概念采用列举式的方法进行界定，虽然烦琐，但比较准确。也有的学者认为，夫妻共同债务是以夫妻共同财产作为一般财产担保的债务，是在夫妻共有财产的基础上设定的债务，包括夫妻在婚姻关系存续期间为解决共同生活所需的衣、食、住、行、医、履行法定扶养义务、必要的交往应酬，以及因共同生产经营活动等所负之债。②

界定夫妻共同债务的范围，有学者列举了主体要件、原因要件和时间要件。主体要件说的是，夫妻共同债务的清偿者须为夫妻，双方共享债务所得利益，共担债务清偿责任。原因要件是指夫妻共同债务须基于夫妻双方的共同意思表示，或者夫妻一方行使日常家事代理权。时间要件是指夫妻共同债务产生于夫妻关系存续期间，始于结婚登记之时，止于夫妻一方死亡或者双方离婚之际。③

分割夫妻共同债务，首先以夫妻共同财产清偿。例如，《埃塞俄比亚民法典》第 659 条规定的是“配偶的债务”：“（1）配偶一方的债务可以由其个人财产和共同财产清偿。（2）为了家庭的利益发生的债务视为由配偶双方承担连带责任；它可以由配偶各自的个人财产和共同财产清偿。”第 660 条规定的是“为家庭利益发生的债务”：“下列债务视为为家庭利益发生的债务：（1）为保持配偶或其子女的生活发生的债务；（2）为了履行配偶双方或一方的生活保持义务产生的债务；（3）其他由家事仲裁人根据配偶一方或债权人的请求确认为具有此等性质的债务。”

---

① 卢文捷．夫妻债务清偿研究：以离婚为中心的具体展开．北京：人民法院出版社，2020：12.

② 蒋月．夫妻的权利与义务．北京：法律出版社，2001：206.

③ 卢文捷．夫妻债务清偿研究：以离婚为中心的具体展开．北京：人民法院出版社，2020：80－81.

1. 夫妻共同债务的范围

我国《民法典》第 1064 条规定："夫妻双方共同签名或者夫妻一方事后追认等共同意思表示所负的债务，以及夫妻一方在婚姻关系存续期间以个人名义为家庭日常生活需要所负的债务，属于夫妻共同债务。夫妻一方在婚姻关系存续期间以个人名义超出家庭日常生活需要所负的债务，不属于夫妻共同债务；但是，债权人能够证明该债务用于夫妻共同生活、共同生产经营或者基于夫妻双方共同意思表示的除外。"这一条文借鉴有关司法解释的经验，为夫妻共同债务的界定作出了新规定，为夫妻共同债务的认定提供了标准。

依照该条规定，确定夫妻共同债务的规则是：以夫妻双方共同签字或者夫妻一方事后追认等共同意思表示确认的债务，夫妻一方在婚姻关系存续期间以个人名义为家庭日常生活需要所负的债务，以及债务人能够证明该债务用于夫妻共同生活、共同生产经营或者基于夫妻双方共同意思表示的债务，属于夫妻共同债务。这就是《民法典》夫妻债务制度的三重认定标准：共债共签，日常家事代理债权，债权人证明用于共同生活、生产经营。这正是按照"法律行为理论"中意思表示的共同性层次作出的分类。[①]

(1) 以夫妻双方共同签字或者夫妻一方事后追认等共同意思表示承认的债务。

法律准许夫妻双方对财产的所有关系进行约定，包括对债务的负担进行约定，双方约定归个人负担的债务，为个人债务。约定个人债务，可以与财产所有的约定一并约定，也可以单独就个人债务进行约定。举债时没有夫妻的共同约定，在举债之后对方配偶追认是夫妻共同债务的，当然也是夫妻共同债务。

(2) 夫妻一方在婚姻关系存续期间以个人名义为家庭日常生活需要所负的债务。

这包括为保持配偶或其子女的生活发生的债务，为了履行配偶双方或一方的生活保持义务产生的债务。例如，购置家庭生活用品、修缮房屋、支付家庭生活开支、夫妻一方或双方乃至子女治疗疾病、生产经营，以及为其他生活必需而负

① 李洪祥. 夫妻共同债务. 北京：社会科学文献出版社，2021：236.

的债务。为抚育子女、赡养老人，夫妻双方同意而资助亲朋所负的债务，亦为夫妻共同债务。

（3）债务人能够证明的夫妻共同债务。

《民法典》第 1064 条第 2 款规定，对不是基于夫妻共同意思表示、夫妻一方以个人名义超过家庭日常生活需要所负债务，如果债权人能够证明该债务用于夫妻共同生活、共同生产经营的，该债务也属于夫妻共同债务。夫妻共同生活包括但不限于家庭日常生活，需要债权人举证证明的夫妻共同生活的范围，指的就是超过家庭日常生活需要的部分。夫妻共同生产经营的情形非常复杂，主要是指由夫妻双方共同决定生产经营事项，或者由一方决定另一方进行了授权的情形。对此，债权人能够证明的，属于夫妻共同债务，不能证明的，属于举债一方的个人债务。

《婚姻家庭编解释一》规定了五种有关夫妻共同债务认定和清偿的规则。

第一，债权人就一方婚前所负个人债务向债务人的配偶主张权利的，法院不予支持。但债权人能够证明所负债务用于婚后家庭共同生活的除外。

第二，夫妻一方与第三人串通虚构债务，第三人主张该债务为夫妻共同债务的，法院不予支持。

第三，夫妻一方在从事赌博、吸毒等违法犯罪活动中所负债务，第三人主张该债务为夫妻共同债务的，法院不予支持。

第四，当事人的离婚协议或者法院生效判决、裁定、调解书已经对夫妻财产分割问题作出处理的，债权人仍有权就夫妻共同债务向男女双方主张权利。一方就夫妻共同债务承担清偿责任后，主张由另一方按照离婚协议或者法院的法律文书承担相应债务的，法院应予支持。

第五，夫或者妻一方死亡的，生存一方应当对婚姻关系存续期间的夫妻共同债务承担清偿责任。

2. 债务人的自我保护措施

《民法典》第 1064 条规定的规则，有可能被利用逃债。当夫妻一方为经营活动举债，原本对方配偶知情，或者经营活动的所得用于家庭共同生活等，但是债

权人主张债务清偿时，该方配偶主张不知情，或者主张没有将经营活动所得用于夫妻共同生活，因而主张债务是夫妻一方债务，不是夫妻共同债务。对这个问题应当从三个方面解决。

第一，向夫妻一方出借借款，出借人应当对借贷的一方提出要求，即要求对方的配偶签字，需要其承诺借款，避免推脱债务。

第二，出借人应当尽可能地保留夫妻共同债务的证据，例如，将经营所得收入用于夫妻共同生活的证据，以对抗借款人否认夫妻共同债务。

第三，法官审查这类案件应当查清事实，避免借款人借故逃避债务，保护好债权人的权益。

对此，有学者认为，《民法典》关于夫妻共同债务制度的立法已经基本形成以夫妻举债的共同意思表示为核心，以债权人举证用于夫妻共同生活、共同经营为辅助的认定和推定体系，但这一制度并没有达到尽善尽美，仍然有一些需要完善之处，包括举证责任的划分、日常家事代理权的条件、债务清偿的性质等诸多方面。[①] 这样的观点是公允的。

3. 夫妻共同债务的清偿

离婚时的夫妻共同债务，应由夫妻共同财产清偿。在具体清偿时，有两种方法：

一是，从夫妻共同财产中先清偿夫妻共同债务，然后再分割剩余的夫妻共同财产，即先清偿、后分割的办法。清偿时以共同财产为限，清偿后不剩共同财产的不再分割，共同财产清偿债务不足的，剩余的债务消灭。

二是，先分割、后清偿，即先分割共同财产和共同债务，然后各自以各自分得的财产清偿分得的债务。

采用第一种方法，对于保护债权人的利益有利，符合“以共同财产清偿”的立法本意，因而应着重使用第一种方法。

夫妻一方死亡时分割夫妻共有财产，对于夫妻共同债务的清偿，原则上也有以上两种方法，但是侧重于使用第二种办法，即，先从夫妻共同财产中分出一

① 李洪祥. 夫妻共同债务制度. 北京：社会科学文献出版社，2021：242.

半，作为死亡一方的遗产范围，然后再从夫妻共同债务中分出一半，作为死者应负的债务份额，从遗产中清偿其应负的清偿份额。

（六）夫妻个人债务

夫妻关系存续期间发生的不属于夫妻共同债务的债务，是夫妻个人债务，由个人清偿。

夫妻个人债务是与夫妻共同债务相对应的，法律规定的不属于以夫妻共同财产清偿的以一方名义所负的个人债务①，主要包括四类。

1. 夫妻双方约定由个人负担的债务

《民法典》第 1065 条准许夫妻双方对财产的所有方式进行约定，也包括对债务的负担进行约定，双方约定归个人负担的债务，为个人债务。约定个人债务，可以与财产所有的约定一并约定，也可以单独就个人债务进行约定。经过公示的约定债务可以对抗第三人，但以逃避债务为目的的约定，不产生法律上的效力，仍为夫妻共同债务。

2. 一方未经对方同意擅自资助与其没有扶养义务的亲朋所负的债务

没有抚养义务，指的是没有法定的抚养、赡养、扶养义务。没有此种义务，未经对方同意，包括未征得对方同意和对方反对，擅自对亲朋进行资助，所负债务为个人债务。

3. 一方未经对方同意独自筹资从事经营活动，其收入确未用于共同生活所负的债务

这种经营活动属于个人一方的经营活动，所负债务应为个人债务，由个人负责清偿，或由个人遗产清偿。构成此种个人债务须具备三个条件：一是未经对方同意，包括未征得对方同意和对方不同意；二是独自筹资，或者用属于一方所有的婚前个人财产投资，未以夫妻共同财产投资；三是其收入确未用于共同生活。之所以这样严格要求，目的是保护债权人的利益。

4. 其他应由个人承担的债务

这种债务包括：因个人实施违法行为所欠债务，如个人赌博所欠赌资的债

① 胡苷用. 婚姻合伙视野下的夫妻共同财产制度研究. 北京：法律出版社，2010：107.

务；婚前一方所欠债务；婚后一方为满足个人欲望确系与共同生活无关而负的债务等。

五、离婚分割夫妻共同财产诈害债权

对离婚协议可否作为债权人撤销权的标的，实务存有分歧，理论尚欠深入研究。笔者一直对此持肯定态度。《婚姻家庭编解释二》第 3 条规定，夫妻一方的债权人有证据证明离婚协议中财产分割条款影响其债权实现，请求参照适用《民法典》第 538 条或者第 539 条关于债权人撤销权的规定，撤销离婚协议中财产分割条款的，法院应当综合考虑夫妻共同财产整体分割及履行情况、子女抚养费负担、离婚过错等因素，依法予以支持，判决撤销该条款中的相应部分。

学者提出，离婚协议虽属人身行为，其中处理夫妻共同财产的部分，仍可成为债权人撤销权的标的。债权人以债务人诈害债权为由主张撤销的，实系仅就离婚协议中具有财产内容的部分主张部分撤销，而非将离婚协议全部撤销。离婚协议之所以成为债权人撤销权的标的，是因为婚姻当事人借助离婚协议动了债务人责任财产这块“蛋糕”。通过行使撤销权，意在恢复离婚时本应属于债务人的财产。其基本逻辑是：债务人放弃其在夫妻共同财产中的应得份额，构成无偿处分财产；相应地，针对离婚协议主张债权人撤销权的规范基础是《民法典》第 538 条而非第 539 条。①

对这个问题，笔者在 1990 年讨论债权人撤销权时，就基于这种情形提出了民法应当增加规定债权人撤销权的见解。当时研究这个问题的根据，就是在离婚案件中，债务人将自己净身出户，使债权人无法实现其债权，这就是债务人诈害债权的行为。具体案例是，1987 年 2 月 6 日，宋某与王某因工作安排发生争执并厮打，王某夺过宋某手中木杆，将宋某伤害，宋某损失医药费等若干元。王某只负担医药费 380.90 元后，拒绝继续支付赔偿款。1987 年 4 月，王某与其妻协议离婚，王某将夫妻共同财产全部处分给其妻。在受害人提起侵权损害赔偿诉讼

① 韩世远. 离婚协议财产处理与诈害债权. 中国法律评论，2022 (4).

后，王某以自己无财产清偿债务为理由，拒绝承担赔偿责任。一审法院因侵权人无财力而判决对宋某的赔偿请求不予支持。宋某不服上诉，要求二审法院以王某与其妻的共同财产偿还债务。[①]

夫妻离婚分割夫妻共同财产，当事人达成分割财产合意，协议的效力原本应无异议。但是，如果当事人的分割财产协议违反法律、法规的强制性规定，违背公序良俗的，当然无效；分割共同财产的协议规避法律，损害他人合法债权的，受到损害的债权人应当有救济自己债权损害的法律规则，这就是债权人撤销权和债权人代位权的债的保全规则。

离婚协议是解除婚姻关系的协议，本身就属于契约，是解除婚姻关系的合意，包括解除婚姻关系协议、未成年子女抚养协议和分割夫妻共同财产协议。其中解除婚姻关系协议和未成年子女抚养协议是身份关系协议，与配偶的债权人没有财产利益上的利害关系，债权人当然不能行使撤销权；但是，离婚协议中的分割夫妻共同财产协议却是处分财产的合同，与夫妻共同财产的债权人利害相关，尽管须有政府的认可登记始生效力，但离婚协议的夫妻共同财产分割条款具有独立性，只要损害了债权人的债权，即符合《民法典》第 538 条或者第 539 条规定的要求，债权人当然可以对其行使撤销权，恢复夫妻共同财产的原状，保全实现债权的责任财产，保障债权人的债权得到实现。

《婚姻家庭编解释二》第 3 条规定，债权人对处分财产的离婚协议行使撤销权的要件，是符合《民法典》第 538 条或者第 539 条的规定，在此基础上，“综合考虑夫妻共同财产整体分割及履行情况、子女抚养费负担、离婚过错等因素”。具体掌握的要件是：

首先，对债权人行使撤销权的要件，《民法典》第 538 条规定的是无偿放弃财产或者财产权利，影响债权人的债权实现；第 539 条规定的是以明显不合理的价格处分自己的债权，影响债权人的债权实现，对方当事人明知或者应知的。就离婚协议中的处分财产条款而言，主要是前者，但是也不排除存在后者的情形。不论怎样，债权人对离婚协议中的财产处分约定，必须具备这样的要件。

---

① 杨立新. 论债权人撤销权. 河北法学，1990（3）.

其次，符合上述法定要件后，还须综合考虑夫妻共同财产整体分割及履行情况、子女抚养费负担、离婚过错等因素。一是夫妻共同财产整体分割及履行情况，例如无偿地处分部分或者全部财产，或者以不合理的价格将自己的个人财产处分给对方，对方也知道的。二是子女抚养费负担，即行使债权人撤销权是否会影响子女抚养费的负担，有影响的不可以撤销，没有影响的可以行使撤销权。三是离婚的过错情况，按照常理，债权人撤销权的行使并非必须考虑离婚过错，只是如果一方有过错，在分割夫妻共同财产中对方可以适当多分的，对其多分的部分一般不应当行使撤销权。

在符合上述说明的要件要求时，债权人可以对恶意逃债的离婚协议中的财产处分条款行使撤销权，按照《民法典》以及《最高人民法院关于适用〈中华人民共和国民法典〉合同编通则若干问题的解释》的规定处理。

正像当年笔者提出的分析那样，王某与其妻串通，以离婚为手段，将其共同财产的应有份额全部处分给其妻，害及宋某债权。王某的处分行为系无偿行为，符合债权人撤销权的全部构成要件，宋某享有撤销权，应以其债权保全范围为限，依法请求法院撤销王某的无偿处分行为。[①]

第三节　家庭共有财产关系

一、家庭共有财产概述

（一）家庭共有财产的概念和特征

1. 对家庭共有财产概念的界定

家庭共有财产，是指全体或部分家庭成员在家庭共同生活关系存续期间，将共同所得和各自所得的财产约定为共同共有的权利义务关系。

家庭共有财产也叫家庭共同财产，一般认为两者为同一概念。这两个概念是

① 杨立新．论债权人撤销权．河北法学，1990（3）．

有区别的。其区别之处，就在于一个更侧重于法律关系的形式，一个更侧重于法律关系的客体。使用家庭共有财产的概念，是指家庭共有这种权利义务关系；使用家庭共同财产则是指家庭共有财产的客体即共有的财产。

家庭共有财产这一概念的本身，并不是指财产，因为财产只是物权的客体。这一概念不是指某种物权的客体，而是指某种物权形式。因此，界定家庭共有财产的概念，落脚点必须落在所有权上，落在所有权的权利义务关系上。

2. 界定家庭共有财产的概念时应当注意的问题

界定家庭共有财产的概念，应当特别注意以下几个问题。

（1）家庭共有财产的来源。

家庭共有财产是否须为家庭成员共同创造、共同所得的财产？不能认为只有家庭成员共同创造、共同所得的财产方为家庭共有财产。因为共同创造、共同所得，是指成员在一起共同劳动，创造成果，取得收益，其成果和收益均为共同的。如果强调家庭成员虽有不同工作但都在创造成果，获得收益，用共同创造和共同所得来概括显然不合适。绝大多数的家庭共有财产不是共同创造、共同所得，而是各自劳动所得聚集在一起构成的共同财产。

（2）家庭共有财产的产生。

界定家庭共有财产还应当注意一个问题，就是家庭共有关系的产生。家庭共有财产不是法定的财产所有形式，而是家庭成员以某种形式的约定而产生的共同共有关系。只有家庭成员有明确的家庭共有财产的约定，才会发生家庭共有财产。没有共有财产的约定，但事实上家庭成员的所得集中在一起，形成共同财产的，也应当认定为产生了家庭共有财产。

（3）家庭共有财产与家庭财产。

在研究家庭共有财产概念时，应当严格掌握家庭共有财产与家庭财产的区别。1950 年《婚姻法》曾经有过混淆家庭财产与夫妻共同财产的问题，在嗣后的一些司法解释中，也存在这种现象。[①] 近几年，也有混淆家庭共有财产与夫妻共有财产的意见，例如认为，在由夫妻和未成年子女组成的家庭中，家庭共有财

① 1950 年《婚姻法》第 10 条规定："夫妻双方对于家庭财产有平等的所有权与处理权。"这一规定中的家庭财产是指夫妻共同财产。司法解释的混淆请见 1977 年 11 月 7 日最高人民法院的批复．《中华人民共和国法律规范性解释集成》．长春：吉林人民出版社，1990：1136.

产一般以夫妻共有财产的形式存在。① 这种界定，混淆了家庭共有财产和夫妻共有财产的界限。

之所以存在这些问题，都是因为没有真正弄清家庭财产和家庭共有财产的界限。家庭财产实际上包括夫妻共有财产、个人财产和家庭共有财产，家庭共有财产只是家庭财产的一部分。在家庭财产只是由夫妻共同财产构成的情况下，该财产只能被称为夫妻共有财产而不能被称为家庭共有财产。

3. 家庭共有财产的特征

作为亲属财产关系类型之一的家庭共有财产，具有以下明显的法律特征。

（1）家庭共有财产的发生以家庭共同生活关系为前提。

家庭共有财产的发生，以存在家庭共同生活关系为前提，依家庭成员的约定而发生。任何共同共有的产生均须以一定的共同关系的存在为依据，家庭共有财产同样如此。

家庭共有财产并非存在家庭共同生活关系就必然产生，如多数的“共居”并不必然发生“同财”的结果。在很多家庭中，老一辈夫妻和少一辈夫妻在一个家庭共同生活，但并不是一个财产单位，而是少一辈夫妻向老一辈夫妻缴纳生活费，剩余的收入归自己所有。少一辈缴纳的生活费只解决伙食问题，其余的财产不发生共有，将来也不存在分家析产问题。

可见，产生家庭共有财产必须经过家庭成员的协商选择，进行约定，绝不是有了家庭共同生活就自然依照法律产生。

（2）家庭共有财产的主体是对家庭贡献财产的家庭成员。

家庭共有财产的权利主体可以是家庭全体成员，也可以是家庭部分成员。构成家庭共有财产的权利主体：一是对家庭财产要有贡献，即将所得财产交给家庭共有；二是有愿意成为家庭共有财产权利主体的主观意愿。这两个条件实际上是一致的，只有具备“同财”的意愿，又有“同财”的行为，才可以成为家庭共有财产的权利主体。

那种认为所有家庭成员均对家庭财产享有所有权，幼年子女可以和父母共享

---

① 唐德华主编．民法教程．北京：法律出版社，1987：171.

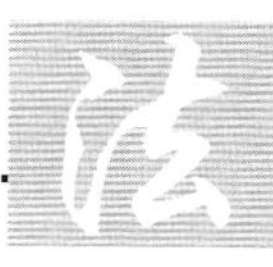

所有权的观点[1]，是不正确的。同样，认为家庭共有关系只依家庭共同生活关系发生，无须经家庭成员约定而发生的观点，也是不正确的。

（3）家庭共有财产的来源为家庭成员的共同所得和各自所得。

形成家庭共同共有的财产包括家庭成员的共同所得，如共同创造的成果、共同经营的收入、共同继承的遗产、共同接受的赠与等；另外，也包括家庭成员个人所得按协议纳入共有的财产，例如，将自己的收入交给家庭共有。在一般情况下，家庭共有财产包括夫妻共同财产，夫妻共同财产是家庭共有财产的主要部分或基本成分。

正因为如此，家庭共有财产呈献复杂的状况，尤其在分家析产时更为复杂。

（4）家庭共有财产的性质为共同共有。

在家庭共有财产关系存续期间，各共有人不分份额，共同享有财产的所有权，共同共有关系不消灭，家庭共有财产不得分割。

（二）家庭共有财产的历史沿革

1. 古代的家庭共有财产

在历史上，家庭财产的共有权是最早出现的共有权。在原始社会解体之初，首先出现了家庭，由家庭掌握私有的财产，因而在私有制刚出现时，就出现了家庭共有财产这种共有权的最初形态。

《汉穆拉比法典》中的“份地”制度，将土地分给各家使用，允许世袭和出卖，将土地作为家庭共有财产的基础，是家庭共有财产较早阶段的共有形态。

在我国古代，家庭共有财产的传统根深蒂固，是中国最重要的封建传统之一。《礼记》作为我国奴隶社会的法典，就规定：“子妇无私货，无私蓄，无私器，不敢私假，不敢私与。”《朱子家礼》也称：“凡为子妇者，毋得蓄私财，俸禄田宅所入，悉归之父母舅姑，当用则请而用之。”其家庭共有权至上，不许子女、儿媳私有。

---

① 佟柔主编．民法原理．北京：法律出版社，1983：168.

2. 现代的家庭共有财产

现代立法关于家庭财产有两种立法例。

(1) 立法明确承认家庭共有财产制。

有的国家立法明确承认家庭共有财产制，并对家庭共有财产关系制定详细的法律条文。例如《瑞士民法典》在“家庭的共同生活”一章中专设“家产”一节，其中专门规定“家庭共有财产关系”，分设立、效力、管理及代理、终止、收益的共有关系等，共13条，确认“家庭成员有权将其继承的财产，全部或部分地作为共有财产保存，或汇集一定财产作为共有财产，该财产即为家庭共有财产”①，规定家庭共有财产使共有人产生平等的权利、义务，这种共有关系因法定原因而终止，并导致该共有财产的分割。

(2) 法律不禁止家庭共有财产。

有的国家法律不禁止家庭共有财产，但亦不明确规定。法律明文规定，夫妻财产由夫妻共有、分别所有或联合所有，子女财产由子女个人所有，父母在子女未成年时依亲权中的财产管理权管理该财产。事实上，未经家庭同意，不可能产生家庭共有财产。这种立法例，更尊重民事主体的独立性和财产的处置权利，更具民主性。目前，立法明确规定家庭共有财产的较少。

(三) 我国家庭共有财产的现状与前景

1. 我国对家庭共有财产的立法和理论研究状况

我国《民法典》对家庭共有财产没有规定，只对夫妻共有财产作了规定，对子女财产权也没有加以规定。最高人民法院曾经作过两个关于家庭共有财产的司法解释。一是1955年10月18日《关于转业军人带回的资助金分家时应如何处理的复函》，明确规定转业军人从部队带回的资助金应归军人所有，在分家时，其他家庭成员不应将该资助金视为家庭共同财产而主张共同分享。二是1979年3月21日《关于复员、转业军人的复员费、转业费、医疗费能否按家庭共有财产处理问题的批复》，亦认为前述财产不属于家庭共有财产。此外，最高人民法院《关于贯彻执行〈中华人民共和国民法通则〉若干问题的意见（试行）》第88条

① 《瑞士民法典》第336条。

至第 92 条关于共同共有的解释，准用于家庭共同共有关系。

在理论上，民法学者在研究共有权时都普遍承认家庭财产的共同共有，有的民法教材和专著还进行了专题论述。

2. 我国家庭共有财产的现实状况

在我国的现实生活中，家庭共有财产大量存在，这是相当普遍的社会经济生活现象，具有相当的复杂性，具体有以下类型。

(1) 同财共居。

同财共居的家庭，包括父母、子女共同生活、共同共有财产，祖父母、父母、子女等共同生活、共同共有财产。这是典型的家庭共有财产关系，在城市已经比较少见，在农村还可见到，如父母组织数名子女、媳妇、孙子孙女等结成大家庭，几代同堂，同财共居。

(2) 同财不共居。

很多家庭的家庭成员虽不一起居住共同生活，但将收入中除留下作生活费的部分外，其余交由家庭作共同共有财产。这种情况在农村多见，如子女在城里工作，家居农村，工资交由家庭共有。在城市，子女在工作单位居住而与父母同财者，也是此种类型的共同共有。

(3) 共居不同财。

这种情况在城市比较普遍，多表现为子女与父母共同生活，但所得收入归子女所有，或者仅向父母交伙食费；子女婚后，与父母共同生活，亦只交生活费，其余财产自己所有。这种情况，并未形成家庭共有财产，所交伙食费或生活费只为支付共同生活所需，在共同生活中消耗。如果严格把握，只有共同的伙食费及为伙食而购买的物品才是家庭共同财产，范围十分狭窄，并且是随着共同生活消耗的。

3. 我国家庭共有财产发展的前景

综上可以看出，我国的家庭共同共有关系还是普遍存在的。与此相比较，国家关于调整家庭共有财产关系的立法，落后于现实生活的需要，有关家庭共有财产的理论研究具有一定的规模，但亦缺乏深度，还应进一步深入发展。随着社会

的进步，家庭共有财产关系可能会逐步弱化和减少，但在一个相当长的历史时期内不会消亡。

因此，应当加强立法，调整好这种财产共有关系。幸而不论立法是不是对家庭共有财产作出了明确规定，对家庭共有财产都可以依照共同共有的法律规定进行调整，只要在理论上加强研究，加强指导，同样可以达到良好的效果。

《民法典》第1153条第2款使用了家庭共有财产的概念，即："遗产在家庭共有财产之中的，遗产分割时，应当先分出他人的财产。"将这一规定与《民法典》关于共同共有的规则结合起来，但为研究家庭共有财产提供了法律依据，而且有具体的规则可以依循。

二、家庭共有财产的发生和家庭共同财产范围

（一）家庭共有财产的发生

1. 家庭共有财产发生的特点

依据共同共有关系依法律规定的共同关系而发生的原则，家庭共有财产关系的发生，是基于家庭共同生活关系的存在。但仅基于家庭共同生活关系这一条件的存在，并不必然发生家庭共同共有关系，还必须有财产的家庭成员就发生家庭共有财产关系协商一致，达成协议，才具备发生家庭共有财产的全部条件。

在这一点上，家庭共有财产与夫妻共有财产发生的条件正相反，夫妻共有财产的发生需要双方不选择其他夫妻财产所有形式，为消极行为构成要件；家庭共有财产需要家庭成员约定采用财产共有形式，为积极行为构成要件。这是两种共有财产关系的一个重要区别。

2. 家庭共有财产发生的要件

在家庭生活中，发生家庭共有财产须具备以下要件。

（1）家庭共同生活关系存在。

没有家庭共同生活关系存在，不发生家庭共有财产。家庭共同生活关系，是指所有家庭成员共同在一起为生存和发展从事各种活动的关系。

家庭共同生活的基本标志是共居一起。对共居应作广义理解，对在外地工作，以家庭为基本生活单位的，也应认为是共居。

共居的家庭成员应是近亲属，包括父母、子女、祖父母外祖父母、孙子女外孙子女、兄弟姐妹。对其他亲属乃至收留他人共同生活，只要在一个户籍登记的，也视为家庭成员。

（2）家庭成员协议实行家庭财产共同共有的约定。

这种约定的内容，是就家庭财产的全部或部分实行共同共有关系。其约定的形式，可以是书面的，也可以是口头的；可以载于书面合同中，也可以由默示行为表现出来。在现实中，全家的成员共同签署一项协议约定财产的共同所有，极为少见，不符合我国国情。多数是在一起共同说明即可，甚至根本不说，在实际行动上表现了愿意共同共有的意愿。例如，子女将其所得交给父母，需用从父母处支出，如果无相反证据，即为默示同意实行家庭共有财产制，成为共有人。正是出于这样的原因，现实中出现的纠纷更多的是既没有约定也没有协议，是否构成家庭共有财产，需要法官根据证据判断。对此，法官要认真审查、核对双方当事人提供的证据，作出准确判断。

至于同意实行家庭共有财产制请求的性质，《瑞士民法典》认其为权利，是正确的，因而是否实行家庭共有财产制，完全由家庭成员自己作主，任何人不得干涉或强迫，更不是由法律强制性规定产生。

3. 家庭共有财产的主体

（1）确定家庭共有财产主体的一般规则。

在一个家庭中，对一个特定的家庭成员究竟是不是家庭共有财产的主体，也需要认真判断。这就是判断确定在一个家庭中，究竟谁是家庭共有财产的权利主体，谁不是家庭共有财产的权利主体，是在谁的身上发生财产共有的权利义务关系。

最简便、最实用的标准，就是确定究竟是谁对家庭共有财产的形成作出了贡献。为家庭共有财产作出过贡献的，就是家庭共有财产的权利主体；没有作出过贡献的，就不是家庭共有财产的权利主体。这是因为，在家庭成员中，并不是每

一个家庭成员都享有对家庭共有财产的共有权，只有将自己的财产加入家庭共同财产之中的，才可以称为家庭共有财产的权利主体。

处理这个问题的一般原则是：

第一，没有财产的家庭成员，不可能成为家庭共有财产的权利主体。没有自己的财产，就没有为家庭共有财产的形成作出贡献，当然不可能成为家庭共有财产的权利主体。

第二，即使有自己的财产，或者是接受赠与、遗赠，或者是自己通过劳动获得，但没有将自己的财产贡献给家庭，对家庭共有财产的形成没有贡献，也不能成为家庭共有财产的权利主体。例如，未成年子女接受了赠与或者遗赠，但是没有把这些财产贡献给家庭，而且也不应当贡献给家庭，因为他们还没有完全的民事行为能力，无法确定自己的行为目的，他们的财产是自己独立所有的财产，所以其不能成为家庭共有财产的权利主体。又如，子女已经通过劳动获得了自己的财产，但他不愿意参加家庭共有财产，或者父母不愿意他们参加家庭共有财产，他们没有向家庭共有财产作出贡献，不能成为家庭共有财产的权利主体。

第三，只有成年的，具有自己的财产的家庭成员，向家庭共有财产形成作出贡献的家庭成员，才能作为家庭共有财产的权利主体。

（2）确定家庭共有财产主体时涉及的具体问题。

值得注意的是，无民事行为能力或者限制民事行为能力的家庭成员，是否可以作为家庭共有财产的主体，这种家庭成员包括未成年子女和成年家庭成员。

对未成年家庭成员的家庭共有财产关系主体，有两种意见：一种意见认为，任何家庭成员都对家庭共同财产享有共有权，未成年子女也不例外；另一种意见认为，未成年子女不能享有对家庭共同财产的共有权，只有那些对家庭共同财产的产生、积累和增值作出过贡献的人，才享有对家庭共同财产的共有权。[①]

从原则上说，未成年人在没有劳动能力之前，不应当成为家庭共同财产的共有人，一方面，他们不具有劳动能力，不能过通过自己的劳动为家庭共同财产作出贡献；另一方面，即使他们有自己的财产，也不宜将他们的财产作为家庭共同

① 王利明．物权法论．北京：中国政法大学出版社，1998：349.

财产的组成部分，而是应当为他们保留这些财产，父母作为他们的亲权人，对这些财产进行照护。如果有特别必要，或者未成年子女与父母共同受赠财产又不宜分割的，当然也可以作为家庭共同财产，使未成年子女成为共有人。在农村，承包的土地经营权是一种财产权，无论是成年人还是未成年人，只要在分配承包土地时作为一个主体参加分配土地，就都是家庭共有财产的主体，因为承包经营权本身就是家庭承包，是家庭共有财产，未成年人也有主体资格。

对已经成年的无民事行为能力或者限制民事行为能力的家庭成员是否为家庭共同财产的权利主体的判断，比较简单，只要有财产，对家庭共同财产作出了贡献，就应当作为家庭共有财产的共有人。

4. 家庭共有财产发生的时间

家庭共有财产发生的时间，与夫妻共有财产发生的时间不同，不是在缔结家庭关系时发生，而是在家庭成员有了财产并愿意成立家庭共有财产关系的约定生效时发生。

实际发生家庭共有财产的过程，往往是先存在夫妻共同财产，然后子女等家庭其他成员有了财产收入，将其收入的财产纳入家庭共同财产中来，发生家庭共有财产。在一般情况下，家庭共有财产中包含着夫妻共有财产。

（二）家庭共同财产的范围

1. 确定家庭共同财产的一般方法

家庭共有财产关系发生之后，家庭共同财产就发生了。从这时起，家庭共同财产的范围就应当是确定了的。但是在现实生活中，不是从这个时间来确定家庭共同财产的范围，而是在纠纷发生之后的处理中，才划清家庭共同财产的范围。在此之前，多数家庭的共同财产并不是清晰的、确定的。

在司法实践中，处理家庭共有财产纠纷案件，最重要的就是依照确定的方法和规则，准确认定家庭共同财产的范围。

确定家庭共同财产范围的基本规则是：

（1）确定家庭共有财产的范围应以共有人的约定为准。

共有人约定全部财产均为家庭共有财产的，应依其约定，将全部家庭财产均

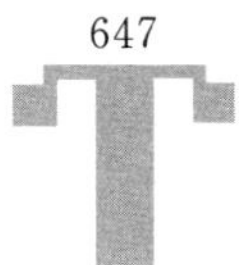

作为家庭共有财产；共有人约定部分财产为家庭共有财产的，则只以约定的这部分财产为家庭共有财产。

（2）按照实际发生的共有财产关系认定。

家庭共有财产共有人对共同财产范围没有约定的，按照实际发生的财产共有部分，认定为家庭共同财产。如果家庭成员对共同财产的范围没有约定（在现实生活中多数是这样的情况）或者约定不明确，但能够确定每个共有人贡献的范围的，以实际发生的贡献给家庭的财产为标准，认定为家庭共同财产。

（3）无法查明是否为共同财产的，推定为家庭共同财产。

通过以上方法无法判明家庭共同财产范围的，如果共有人中有人主张为共同共有，有人主张为个人单独财产的，推定家庭所有的财产为家庭成员共同共有。

（4）按照当事人的一致主张认定。

通过以上方法无法判明家庭共同财产范围的，如果家庭成员一致主张为各自单独所有的，认定为各自所有，没有发生家庭共有财产关系。

2. 夫妻共同财产对家庭共同财产范围的影响

在发生家庭共有财产的情况下，夫妻共同财产是家庭共同财产的主体部分，除非有特别约定，否则全部夫妻共同财产都是家庭共同财产。

按照共同共有的规则，共同共有存续期间共有财产不分份额，为全体共同共有人共同所有。在这时，夫妻共同财产包含在家庭共同财产之中，并且不分应有部分，只是在潜在的意识上，可以计算出潜在应有份额，为共同财产的分割打下基础。

在家庭共同财产中，夫妻共同财产的存在，以及它的潜在应有部分，具有十分重要的影响。这是因为：第一，夫妻共同财产是家庭共同财产的基础，一般家庭共同财产都是在夫妻共同财产的基础上发生的，都是在父母的夫妻共同财产之上，增加子女向家庭共同财产投入的财产，发生家庭共同财产。第二，夫妻共同财产在夫妻关系没有消灭之前是不会消灭的，而家庭其他成员的家庭共有财产权利主体地位是随时可以消灭的，这就是其他成员可以请求分家析产，从家庭共有财产中分离出来，成为独立的所有权主体。第三，夫妻共同财产的潜在应有部分

是等分的，在婚姻关系存续期间不分应有部分，在离婚的时候按照均等原则分割，而其他家庭成员在家庭共同财产中的潜在应有部分是按照贡献大小确定的，分割时，不能分割夫妻共同财产。

3. 共同继承的遗产对家庭共同财产的影响

共同继承的遗产对家庭共同财产也有重要影响，主要的表现在以下方面。

首先，共同继承的遗产是家庭共同财产的重要组成部分。在原来就实行家庭共有财产制的家庭中，共同遗产加入家庭共同财产中，成为家庭共同财产的组成部分。在原来没有实行家庭共有财产的家庭，共同继承了财产以后，也会产生家庭共同财产。

其次，共同继承的遗产是有继承份额的，在将来分割遗产时，还是要对遗产按照遗产继承份额进行分割，因而共同继承的遗产的潜在应有部分十分明显。家庭共有财产关系消灭之后，分割家庭共同财产不是将共同遗产作为家庭共同财产的整体参加分割，而是要将其从家庭共同财产中分割出来，按照《民法典》的规定析产，由各继承人继承，其他的共同财产才按照共同财产分割，因此，共同继承的遗产在家庭共同财产中的地位特殊，具有相当的独立性。

最后，我国的传统习惯是在父母一方死亡后并不立即进行继承，而是由父母中的另一方与其他继承人共同共有这些遗产，直到父母的另一方死亡之后，才开始分割遗产。这也给家庭共同财产范围的界定带来相当的困难。在司法实践中要特别注意共同继承遗产的地位问题和具体分割方法，即使它已经成为家庭共同财产，也还是具有特殊地位，不能混同于一般的家庭共同财产。

4. 划出个人财产

在确定家庭共同财产范围时，在注意了夫妻共同财产和共同继承遗产的影响之后，还要注意属于个人财产的那一部分财产。在一般情况下，下列财产是家庭成员的个人财产，不能计入家庭共同财产的范围。

（1）夫妻个人财产。

夫妻个人财产包括婚前的个人财产和婚后的个人财产。这种财产是个人所有的财产，不计入夫妻共同财产范围，也不应当作为家庭共同财产。除非个人同意

将其加入家庭共同财产，否则永远为个人财产。

这一部分夫妻个人财产包括父母一代夫妻的个人财产，也包括子女一代的夫妻个人财产。这两部分个人财产都不计入家庭共同财产范围，作为个人独立所有的财产。判断夫妻个人财产的范围，应当依据界定夫妻共同财产范围的方法进行，法律标准是《民法典》第 1063 条规定的范围。

（2）子女给付父母的赡养费。

子女向父母给付赡养费，是子女履行法定赡养义务，不是向家庭共同财产作出贡献，而且这种义务的履行具有严格的身份关系要求，因而子女给付的赡养费属于父母个人所有，不能作为家庭共同财产。即使父母以子女给付的赡养费积蓄而购置的财产，也属于父母个人或者共同所有财产，不是家庭共同财产。

（3）父母给付子女的抚养费或赠与子女的财产。

父母给付子女的抚养费和父母赠与子女的财产，都是转移财产所有权的行为，所有权从父母转移到了子女身上，子女享有了该财产的所有权。前者是父母履行抚养义务，后者是赠与财产行为，均转移了所有权，应归于子女个人所有，不再是家庭共同财产。

在实践中，经常出现父母以向子女赠与财产的名义将自己所有的财产登记为子女的财产，一方主张父母已经将财产赠与自己，对方主张只是将财产登记为子女所有并不是真正转移所有权，双方都主张所有权而引起纠纷。处理这样的纠纷，应当依据证据确认。如果能够证明这一项财产确实是家庭共同财产或者夫妻共同财产的，可以认定；如果没有证据推翻登记行为确认的所有权权属证明，则应当按照登记行为证明的权属确认权利，认定为子女所有的个人财产。其他子女主张权属的，也按此办理。

（4）子女的按约定不作为家庭共同财产的劳动收入及其他财产。

劳动收入包括工薪收入、奖金、其他劳动报酬、经营活动的收益等。这一部分财产是否作为家庭共同财产，应当根据约定确定。约定全部不作为家庭共有的，则全部收入均为个人所有；约定部分作为家庭共有的，剩余部分为个人所有；没有约定或者约定不明确的，按照前述的确认家庭共同财产的一般办法认定。

(5) 子女的其他所得。

这一部分财产内容较多，也较为复杂。一是接受继承、赠与、遗赠等而取得的财产，原则上应为子女个人财产，不列入家庭共同财产。有特别约定的除外。二是一方因人身伤害获得的医疗费、残疾人生活补助费，是因受到人身伤害而得到的补偿费，具有人身性质，是用于保障受害人生活的基本费用，须归个人所有，不能作为家庭共同财产。三是一方专用的生活物品，如个人衣物、书籍、资料等，为个人财产，都是极具个人属性的财产，应当归个人所有。四是复员、转业军人的复员费、转业费、医疗补助费和回乡生产补助费，永远归个人所有。五是一方的人身保险金。人寿保险金、伤害保险金等具有人身性质，只能作为个人财产。六是其他个人财产，如与个人身份密切相关的奖品、奖金，国家资助优秀科学工作者的科研津贴，一方创作的手稿、文稿、艺术品设计图、草图等，永远为个人所有。

5. 家庭共同财产的具体范围

(1) 父母的夫妻共同财产。

这是构成家庭共同财产的基础，在构成家庭共同财产之后，成为家庭共同财产的主要部分；在没有分割家庭共同财产之前，由全体家庭共同财产的共有人享受权利，承担义务，不作为夫妻共同财产对待。但是在分割家庭共同财产时这一部分财产将分离出来。

(2) 共同继承的财产。

这一部分财产也作为家庭共同财产的一部分，在成为家庭共同财产以后，由全体家庭共同财产的共有人享有权利，承担义务，不分为特别的共同继承财产。在分割家庭共同财产的时候，这一部分财产要从家庭共同财产中分离出来，作共同继承的遗产分割处理。

(3) 其他家庭成员投入家庭的财产。

除此之外的其他家庭成员向家庭共同财产投入的财产，都是家庭共同财产，由全体家庭共有财产的权利人享有共有权。

(4) 其他被列为家庭共同财产的财产。

其他没有列入上面三项内容的家庭共同财产，也是家庭共同财产的组成部

分，全体家庭共有财产的权利人享有共有权。

三、家庭共有财产的效力

（一）家庭共有财产共有人的权利

家庭共有财产主体即共有人的权利义务，原则上与一般共同共有人的权利义务相同，但仍有其特点。

1. 平等的所有权

家庭共有财产的权利主体即各共有人，对于家庭共同财产一律平等地享有所有权，不得歧视任何共有人。

共有人对于共有财产享有平等的使用、收益权，既可以共同使用共同财产，也可以单独使用共同财产，共同享用共有物产生的收益。尽管家庭共同财产具有明显的潜在应有部分，但共有人不得主张就共同共有财产划分特定的部分。部分家庭成员自己划分自己的应有部分的，是无效的，对其他共有人没有拘束力。

家庭共有财产往往是集合物，由全体共有人占有，对具体的物的占有，可以由个别共有人为之。

2. 共同处理权和单独处理权

处理权实际上就是处分权，但是较之于处分权，处理权的范围似乎更大。每一个共有人对家庭共同财产均享有共同处理权和单独处理权。

共同处理权，是针对处分家庭共同财产的重大事务的权利，如变卖家庭共同财产，在家庭共同财产上设置他物权，以及其他使家庭共同财产发生重大变化的事务，均应由全体共有人共同决定处理，任何人不得独断专行。

单独处理权，是指对某些具体的、不涉及家庭共同财产发生重大变化的事务，以及全体共有人委托的事务的，单个共有人有处理权。这种可以由共有人单独处理的事务，称为普通事务。

应当注意的是，按照共同共有的基本规则，在共同共有关系存续期间，对共同财产不能全部处分，只能处分部分共同财产。共同共有人享有的共同财产处分

权，只及于部分共同财产，不能及于全部共同财产。[①] 在家庭共有财产中，也应当遵守这个规则。

3. 代表权和推举权

在家庭共有财产中，全体共有人可以推举一名共有人作为全体共有人的代表。该代表人享有代表权，在家庭共有关系的范围内行使代理权，并主持家庭共有关系的各项经济活动，处理日常事务。代表权只由代表人一人行使，其他共有人无权代理家庭为民事法律行为。

在实际生活中，代表权一般总是由家庭中的长辈尊亲属行使，同时，其也是家庭共有财产的代表人。这个代表权与过去的家长权相似，但不是家长权。家长权是封建家制的内容，早已经被废除，退出了历史舞台。现在经常在生活中出现的"家长"，早已经不是原来意义上的家长了，而是一种对家庭代表人的称呼，其作为家庭事务的代表者为管理行为。因此，这种意义上的"家长"与家庭共有财产中的代表权有一定的重合。在处理家庭共同财产上的"家长"行使的权利，就是代表权，而在其他方面，即一般家庭管理事务上的"家长"，则不享有这种代表权。

代表权的范围是有限度的，并不能在一切方面都能代表。对家庭共同财产的处分权，属于全体共有人，处分家庭共同财产的重大行为，须经全体共有人一致同意，否则为无效。

4. 物权请求权

物权请求权包括所有物被他人非法侵占时的所有权返还请求权、所有物受到妨害时的妨害排除请求权以及所有物有受到妨害之虞时的所有物妨害预防请求权。当家庭共同财产受到不法侵夺时，任何共有人均享有物上追及权，可以独自行使这一权利，以保全共有物。

行使此种权利，必须为全体家庭财产共有人的利益而行使，不得仅为个人或者部分共有人的利益而行使。

---

① 在这个问题上，《瑞士民法典》有不同规定，认为不能处分部分共同财产的规定不够妥当。

5. 在家庭共同财产上设置负担的权利

行使此权利，应由家庭共同财产的全体共有人协商一致，由有代表权的共有人与他人以法律行为设立，例如，在共有物上设立担保物权、用益物权。这种行为涉及共有物的命运，须经全体共有人同意才能够实施。

6. 共同管理权

家庭共有财产原则上由全体共有人管理，也可以由家庭中具有代表权的共有人代表管理。管理的费用，由家庭共同财产支付。

（二）家庭共有财产共有人的义务

1. 履行约定的义务

家庭成员允诺以自己的财产参加家庭共有财产，成为共有人。家庭共同财产的共有人与其他共同共有人不同，应负有履行约定的义务，即按时将自己的所得按照约定的内容，交付家庭共有财产的代表人，使该财产成为家庭共同财产。例如，在合伙共有关系中，各合伙人的财产都在合伙人全体掌握之中，个人无法取得合伙财产，因此不需承担此项义务。而家庭共有财产的共有人多数是自己通过劳动，取得自己的收入，参加家庭共有财产关系就必须按照约定兑现自己的承诺，向共同财产投入财产。共有人违背该义务，在一定期限内不交付其承诺的财产所得的，可以取消其家庭共有财产共有人的资格，使其无权从家庭共同财产中支付费用。

2. 对共有物的维修、保管、改良义务

这项义务为全体共有人的义务。具体操作时，可由部分共有人负责，支出的费用由共同财产支付。

在实际管理中，维修、保管、改良的行为，由家庭共有财产的代表人实施，或者由代表人委派具体的共有人实施，其后果归于全体共有人，而不能由个人负责。

3. 保持共有关系的义务

按照共同共有的基本规则，共同共有人负有保持共有关系的义务，约束共有人保持共有财产的完整性和统一性，在共同共有关系存续期间，不得分割共同共

有财产或者处分全部共同共有财产。在家庭共有财产关系存续期间，各共有人也应当承担这种义务，不得在共同共有财产中要求划分自己的份额、分割共有财产、擅自处分共有财产。

4. 对所欠债务的连带清偿义务

因家庭共同生活、共同经营所欠债务，为家庭共同债务，各共有人须负连带清偿义务，为连带债务人。债权人可以向任何一个家庭共有财产的共有人要求清偿，清偿债务的财产应从家庭共同财产中支付。

家庭共有财产的共有人承担连带债务，究竟是有限连带责任还是无限连带责任，值得研究。一般认为，家庭共有财产的共有人应当承担有限连带责任。本书认为，家庭共有财产的性质与合伙共有财产性质相同，参照合伙共有财产的做法，家庭共有财产共有人承担连带债务，应当是无限连带责任。家庭共同财产不足以清偿，共有人有其他财产的，亦应清偿。家庭共有财产的共有人没有其他财产的，以家庭共同财产承担债务。

5. 共同承担赔偿责任的义务

家庭共有财产致他人损害，如家庭饲养的动物致人损害，家庭共有的房屋坍塌致人损害等，属于共同财产管理不善造成他人损害，为物的替代赔偿责任①，应以家庭共同财产承担赔偿责任。

家庭成员致人损害，均须由家庭共同财产承担赔偿责任，即从共同财产中支付赔偿金。

这种赔偿责任也是连带责任，应当由全体家庭财产共有人作为连带责任人，任何人都有责任向债权人承担责任。这种连带责任的形式与其他家庭共同责任一样，也是无限连带责任，在家庭共同财产不足以清偿债务时，各共有人有个人财产的，应当以其个人财产清偿。

---

①　在侵权责任法中，特殊侵权责任分为对人的替代责任和对物的替代责任。这种分法，从《法国民法典》的规定就开始了。参见《法国民法典》第1384条的规定。

四、家庭共有财产的终止及家庭共同财产分割

（一）家庭共有财产的潜在应有部分

1. 潜在应有部分的表现

在研究家庭共同财产范围的时候，有一个很重要的现象，就是在家庭共同财产中夫妻共同财产和共同继承财产的特殊地位。

共同共有是基于共同关系而共有一物。各共同共有物的所有权属于共有人全体，而非按照应有部分享有所有权，故对该共同共有物的全部，共有人并无应有部分存在。继承人对应继承财产的应继份，合伙人对合伙财产的股份，是就抽象的总财产而言，而不是对个别的共同共有物，学说上称之为共同共有潜在应有部分。①

这一论述说明了在共同共有关系中，没有应有部分但应有部分又在暗中发挥影响的现象。这就表明，共同共有没有应有部分，但并不是说就绝对地没有任何应有部分。实际上，共同共有既然是财产权，是几个共有人共同享有共有财产的所有权，在市场经济条件下，不可能是绝对的共同所有、绝对的不分份额，那样就没有各个共有人的利益了。

当然，共同共有的这种潜在应有部分是在暗中存在的，不是公开表露出来的。家庭共有财产同样是共同共有，其中必然存在潜在应有部分。不过，家庭共有财产中的潜在应有部分具有特殊之处，它的表现更为明显，起的作用更为突出。尤其表现在家庭共有财产中作为家庭共有财产组成部分的夫妻共有财产和共同继承财产。

2. 潜在应有部分的具体表现

（1）夫妻共有财产的潜在应有部分。

在家庭共有财产中，夫妻共有财产是作为其中的一个组成部分而存在的。尽管夫妻共有财产已经溶化在家庭共有财产中，并不作为独立的形式表现出来，但

---

① 王泽鉴．民法物权：第一册　通则·所有权．北京：中国政法大学出版社，2001：377.

它的潜在应有部分却始终存在，并不随着家庭共有财产的变化而弱化。尤其在家庭共有财产关系消灭，家庭共同财产分割时，夫妻共同财产的潜在应有部分就公开表现出来，成为分割家庭共同财产的份额。

从具体的表现情况看，一方面，夫妻共同财产在家庭共同财产中，潜在应有部分的构成几乎是固定的，是不加改变的。这就是夫妻共同财产始终在家庭共同财产中稳定地存在着，不因为外来的变化而变化，也不因为其他财产的增加减少而变化。另一方面，夫妻共同财产的具体数量也是在变化的，尽管不是根本性的变化，但它随着夫妻财产的增加或减少而不断地增加或者减少，它的具体表现是动态形态的。

（2）共同继承财产的潜在应有部分。

共同继承财产在家庭共同财产中，其潜在应有部分不但始终存在，而且极为稳定，甚至从构成上是完全固定的。在发生继承事实的时候，这部分财产是多少，以后几乎不会有太大的变化，基本维持共同继承时的形态，这一部分财产就保持在家庭共同财产中。

其实，财产总是会变化的。这不仅是指这一部分财产在数量上会随着使用而增值或者折旧、减损，还是指继承下来的财产也不会保持原样。但在观念上，在财产的处理上，人们不让它发生变化，直到分割家庭共同财产时，或者在对共同继承财产析产时，总是要将确定继承财产的界限回溯到继承财产开始时的状况，确定遗产的总额是多少，每个人继承的份额是多少，然后分割析产，分配到每个继承人。正是从这个观念和处理共同继承财产析产的角度上观察，共同继承财产的潜在应有部分具有极为稳定的特点。在家庭共有财产消灭、家庭共同财产分割时就会明显表现出来，并主宰着财产的分割。

（3）家庭共有财产其他组成部分的潜在应有部分。

相较于夫妻共有财产和共同继承财产这两种家庭共有财产的组成部分而言，其他家庭共有财产的组成部分，其潜在应有部分不具有这些特点，是动态的。一方面，它们随着具体的共有人对家庭共同财产的贡献大小而发生变化，并不是一个相对稳定的潜在应有部分；另一方面，它们受夫妻共有财产和共同继承财产的

稳定的潜在应有部分的影响，在比例上不断地变动着，不是固定不变的。

3. 潜在应有部分的具体影响。

正是由于家庭共同财产中不同的组成部分的潜在应有部分的情况不同，从表面上看，它对家庭共同财产的存在并不发生质的影响，但潜在地发生着决定性的影响。这种影响，直到家庭共有财产关系消灭，家庭共同财产分割时，最终表现出来，其潜在发挥的作用变成了实实在在的决定性作用。这就是，在分割家庭共同财产时，应当特别注意构成家庭共同财产的各个部分潜在应有部分的影响，准确分割家庭共同财产，而不是像一般共同共有财产分割那样平均分割。

（二）家庭共有财产的终止

家庭共有财产终止的原因，是家庭共同生活成员请求终止家庭共有财产，致使家庭共同生活关系消灭。只要家庭共同生活关系消灭，就会引起家庭共同共有关系终止，家庭共同财产就要被分割，转变为个人单独所有。

家庭共同生活关系的消灭，可以分为全部消灭和部分消灭。在这一点上，家庭共同生活关系与婚姻关系不同，婚姻关系只能由两个人构成，夫妻双方只要离婚或一方死亡，婚姻关系即行消灭。而家庭关系由父母子女等近亲属构成，一般应当有三人以上，父母离婚或者某一家成员死亡，不可能引起家庭关系的全部消灭，只能引起部分消灭；只有家庭成员剩下一人时，家庭共同生活关系才全部消灭。由于必须具备同财、共居两个条件才产生家庭共有财产，因而并非家庭共同生活关系消灭就一律引起家庭共有财产的终止，只有共居关系消灭，且是由同财的家庭成员的原因而引起时，才使家庭共有财产发生终止的法律后果。

综合起来分析，家庭共有财产关系依下列事实而消灭。

1. 实行家庭共有财产关系的约定完成

家庭共有财产的建立，是在家庭共同生活关系存在的前提下，依约定发生的。当该约定完成时，家庭共有财产关系即行消灭。例如，该约定有一定期限的，以该期限到来为家庭共有财产关系的终期；约定一定条件的，以该条件成就的日期为家庭共有财产的终期。如果该约定未设定共同共有关系消灭的期限或条件，则家庭共有财产的共有人另行约定终止家庭共有财产关系的，依约定而终止

共有关系，使全部共有关系消灭。

2. 家庭共有财产的共有人分出

共有人从家庭共有关系中分出，如果家庭共有财产关系中还有两个以上的共有人，为部分消灭共有关系；如果剩下的两个人是夫妻，也消灭家庭共有财产关系，仅剩下夫妻共有财产关系；如果仅剩一个共有人，则消灭全部共有关系。

共有人从家庭共有中分出，最常见的是已婚子女分家另过。《瑞士民法典》第 344 条第 2 款规定："共有人中一人，在其结婚时，可无须通知终止而请求清算。"这一规定可供参考。

子女调外地工作，虽未成婚但因无共居条件且不同财的，亦为分出，终止共有关系，但约定继续同财的除外。

共有人之一因重大原因请求终止，也是一种分出的情况。这是指在家庭共有财产关系存续期间，共有人因其他重大原因而要求从共有关系中分出，终止共有关系。这种请求当然发生终止共有关系的效力，不必经其他共有人同意。

3. 家庭共有财产共有人死亡

共有人中的一人死亡，部分消灭家庭共有财产关系。如果在共有人之一死亡后，只剩一个共有人，则家庭共有关系全部消灭。

共有人死亡时，如果他的继承人不是共有人，该继承人有权请求分割家庭共有财产，从中析出该共有人的遗产予以继承。如果死亡的共有人遗有有继承权的直系卑血亲时，经其他共有人同意，该直系卑血亲可以代替被继承人，继续保持共有关系，成为新的共有人，或者增加自己在共有财产中的潜在应有部分；也可以要求继承遗产，独立享有所有权。

至于继承人是共有人的，继承的遗产是否仍作为共有财产，依原约定，没有约定的，依继承人的意思表示为之。

4. 其他事由

《瑞士民法典》还规定了如下终止家庭共有关系的事由：一是共有人中一人的共同财产被扣押，且已受作价处分；二是共有人中一人破产时，对此，其他共有人可以开除上述共有人，或替其清偿债务，终止该共有人的共有关系。可以借

鉴这种规定，采纳这种做法或者由家庭共有财产的各共有人协商决定。

家庭共有财产关系全部消灭的，分出的原共有人和尚在一起共同居住的原共有人可以组成新的共有关系，建立新的家庭共有财产。在其他共有人分出，只剩下夫妻以及没有财产收入的子女共同生活时，构成夫妻共有财产，原家庭共有财产应视为全部消灭。部分共有财产消灭，剩余的共有财产继续存在，继续实行共有关系。

（三）家庭共同财产的分割

家庭共同财产的分割也称作分家析产。但是，分家实际上是指家庭共同生活关系的解体和家庭共有财产关系的消灭。析产才是指家庭共同财产的分割。

在我国民间，事实上存在两种分家析产；一种是分割家庭共同财产，即真正意义上的析产，终止家庭共有财产关系；另一种并非分割家庭共同财产，而是父母出于防止子女间在日后发生纠纷的动机，把自己积蓄的财产分给子女或其他家庭成员。这种情况是父母把自己的财产赠与子女或其他家庭成员，并不是分割家庭共同财产。这是两种不同的情况，但在现实生活中往往都交织在一起，应当认真加以区分。

分割家庭共同财产应当遵循以下方法。

1. 确定家庭共同财产范围

这是确定应当分割的财产的范围，如果不能厘清家庭共同财产范围，则可能使分割不完全，或者分割了不属于家庭共同财产的财产。确定家庭共同财产范围：首先，应当确定家庭共有关系终止的时间，以此时间为准，以后的财产不再作为家庭共同财产；其次，应将家庭成员个人的财产分开，防止将个人财产混入共同财产中一起分割而损害个人的财产权益；最后，还应当将混入家庭共同财产的其他财产，如寄托的他人财产、代管的他人财产等，从家庭共同财产中分离出去。

2. 确定家庭共同财产的权利主体

该权利主体即共有人，以为家庭成员和将所得财产归入共同财产为必要条件。在理论研究上和实务中，一般称家庭财产共有人为对家庭共有财产作出贡献的家庭成员，这样说比较形象、具体，可以采用。虽是家庭成员，但如果没有财

产所得，或者有财产所得却未将其纳入共同财产范围，均不是家庭共有财产的权利主体，对家庭共同财产不享有共有权，因而也无分割家庭共同财产的权利。分割家庭共同财产将只在有分割权的共有人中进行。

3. 确定各共有人应当分得的份额

在共同共有中不分份额，家庭共有财产也同样如此。但家庭共同共有与合伙共同共有、夫妻共同共有有所不同：夫妻共同财产没有份额的概念，而家庭共同共有按贡献、合伙共同共有按约定或按出资额，都有潜在应有部分存在，不能忽视这种区别。前文对家庭共同财产的潜在应有部分作出详细阐释，就是为了说明这个问题。因此，当分割家庭共同财产时，原则上是均等分割，但要依各共有人的贡献大小区分差别，即在贡献大小相等的情况下才均等分割；贡献有明显差别时，分割应体现差别。对此，苏联的做法是，在全体成员之间均等划分；此后，由于有劳动能力的成员生产时间短，或者自己投入劳动和资金数量不大，该成员的份额应该减少，减少的部分财产分配给其他成员。① 这种办法不仅烦琐，亦不合理。事实上，父母和子女共同生活，在一般情况下，父母的收入要远远超过子女的收入，完全均等分割是不合适的。

应当结合贡献大小，计算出各共有人的份额，先分出父母的夫妻共同财产，如果有共同继承财产的，还要分出共同继承财产，对遗产在继承人中析产，然后分出其他各共有人的份额。

确定上述份额时，对负担抚养、赡养、扶养其他家庭成员义务的共有人应当适当多分。

具体分割家庭共有财产的办法，应依分割共同财产的一般办法，主要是实物分割、变价分割或者是作价补偿。

---

① ［苏］B. T. 斯米尔诺夫，等．苏联民法：上卷．黄良年，丁文琪，译．北京：中国人民大学出版社，1987：334.

参考文献

一、著作

1. 李谟，汪翰章．民法亲属新论．上海：大东书局，1934.

2. 陶汇曾．婚姻家庭法大纲．上海：商务印书馆，1928.

3. 徐朝阳．中国亲属法溯源．上海：商务印书馆，1930.

4. 阮毅成．中国亲属法概论．上海：世界书局，1933.

5. 钟洪声．中国婚姻家庭法论．上海：世界书局，1933.

6. 郁嶷．亲属法要论．北京：朝阳大学出版部，1932.

7. 徐佩章．民法亲属编．上海：聚魁堂装订讲义书局，1935.

8. 张绅．中国婚姻法综论．上海：商务印书馆，1936.

9. 胡长清．中国民法亲属论．上海：商务印书馆，1936.

10. 陶汇曾．民法亲属论．上海：会文堂新记书局，1937.

11. 曾明群．父母子女之权利义务．上海：商务印书馆，1934.

12. 曹杰．中国民法亲属论．上海：会文堂新记书局，1946.

13. 李宜琛．婚姻法与婚姻问题．南京：正中书局，1946.

14. 罗鼎．亲属法纲要．上海：大东书局，1946.

15. 吴岐．中国亲属法原理．重庆：中国文化服务社，1947.

16. ［苏］T. M. 斯维尔特洛夫．苏维埃婚姻—家庭法．上海：方城，译，北京作家书

屋，1954.

17. 史尚宽．亲属法论．台北：荣泰印书馆，1980.

18. 佟柔主编．民法原理．北京：法律出版社，1983.

19. ［英］梅因．古代法．沈景一，译．北京：商务印书馆，1984.

20. 林菊枝．亲属法专题研究．台北：五南图书出版公司，1985.

21. 杨大文主编．婚姻法学．北京：法律出版社，1986.

22. 摩奴法论．蒋忠新，译．北京：中国社会科学出版社，1986.

23. 王战平主编．中国婚姻法讲义．北京：全国法院干部业余法律大学，1986.

24. 美国法律整编：侵权责任法．台北：台湾司法周刊杂志社，1986.

25. ［美］威廉·杰·欧·唐奈，大卫·艾·琼斯．美国婚姻与婚姻法．顾培东，杨遂全，译．重庆：重庆出版社，1986.

26. 唐德华主编．民法教程．北京：法律出版社，1987.

27. ［苏］B. T. 斯米尔诺夫，等．苏联民法．黄良年，丁文琪，译．北京：中国人民大学出版社，1987.

28. 李志敏主编．比较家庭法．北京：北京大学出版社，1988.

29. 李由义主编．民法学．北京：北京大学出版社，1988.

30. 梁慧星．民法．成都：四川人民出版社，1988.

31. 江平，巫昌祯主编．现代实用民法词典．北京：北京出版社，1988.

32. 杨怀英，赵勇山，等．滇西南边疆少数民族婚姻家庭制度与法的研究．北京：法律出版社，1988.

33. ［英］戴维. M. 沃克．牛津法律大辞典．北京社会与科技发展研究所组织翻译．北京：光明日报出版社，1988.

34. 马原主编．中国民法教程．北京：人民法院出版社，1989.

35. 杨大文主编．婚姻法学．北京：中国人民大学出版社，1989.

36. 巫昌桢主编．中国婚姻法．北京：中国政法大学出版社，1991.

37. 梁慧星．中国民法经济法诸问题．北京：法律出版社，1991.

38. 徐显明主编．公民权利义务通论．北京：群众出版社，1991.

39. 江平，米健．罗马法基础．北京：中国政法大学出版社，1991.

40. 张俊浩主编．民法学原理．北京：中国政法大学出版社，1991.

41. 龙斯荣．罗马法要论．长春：吉林大学出版社，1991.

42. 黄宗乐监修．六法全书·民法．台北：保成文化事业出版公司，1991.

43. ［日］我妻荣，等编．新版新法律学辞典．董璠舆，等译．北京：中国政法大学出版社，1991.

44. 苏惠祥主编．中国当代合同法论．长春：吉林大学出版社，1992.

45. 王战平主编．中国婚姻法教程．北京：人民法院出版社，1992.

46. ［意］彼德罗·彭梵得．罗马法教科书．黄风，译．北京：中国政法大学出版社，1992.

47. 王云霞，等．东方法概述．北京：法律出版社，1993.

48. ［美］E. A. 霍贝尔．初民的法律：法的动态比较研究．周勇译．北京：中国社会科学出版社，1993.

49. 王利明主编．人格权法新论．长春：吉林人民出版社，1994.

50. 孟令志．无效婚姻论．北京：中国社会科学出版社，1996.

51. 梁慧星主编．民商法论丛：第6卷．北京：法律出版社，1997.

52. ［美］理查德·A·波斯纳．法律的经济分析．蒋兆康，译．北京：中国大百科全书出版社，1997.

53. 王利明．物权法论．北京：中国政法大学出版社，1998.

54. 费孝通．乡土中国·生育制度．北京：北京大学出版社，1998.

55. 林显宗．家庭社会学．台北：五南图书出版有限公司，1999.

56. 李宗锷．英汉法律词典．北京：法律出版社，1999.

57. 史尚宽．民法总论．北京：中国政法大学出版社，2000.

58. 张俊浩主编．民法学原理．北京：中国政法大学出版社，2000.

59. 林诚二．民法理论与问题研究．北京：中国政法大学出版社，2000.

60. ［英］巴里·尼古拉斯．罗马法概论．黄风，译．北京：法律出版社，2000.

61. 林秀雄．夫妻财产制之研究．北京：中国政法大学出版社，2001.

62. 林秀雄．婚姻家庭法之研究．北京：中国政法大学出版社，2001.

63. 王泽鉴．法律思维与民法实例．北京：中国政法大学出版社，2001.

64. 刘引玲．配偶权问题研究．北京：中国检察出版社，2001.

65. 蒋月．夫妻的权利与义务．北京：法律出版社，2001.

66. 王泽鉴．民法物权（第一册）通则·所有权．北京：中国政法大学出版社，2001.

67. 王泽鉴．债法原理．北京：中国政法大学出版社，2001.

68. ［意］桑德罗·斯奇巴尼选编．婚姻·家庭和遗产继承．费安玲，译．北京：中国政法大学出版社，2001.

69. 巫昌祯主编．婚姻家庭法新论：比较研究与展望．北京：中国政法大学出版社，2002.

70. 王利明．物权法研究．北京：中国人民大学出版社，2002.

71. 陈棋炎，黄宗乐，郭振恭．民法亲属新论．台北：三民书局，2002.

72. 杨大文主编．婚姻家庭法学．上海：复旦大学出版社，2002.

73. 纳日碧力戈．姓名论．北京：社会科学文献出版社，2002.

74. 马忆南．婚姻家庭法新论．北京：北京大学出版社，2002.

75. 梁慧星主编．中国民法典草案建议稿．北京：法律出版社，2003.

76. 王洪．婚姻家庭法．北京：法律出版社，2003.

77. 中华法学大辞典. 简明版. 北京：中国检察出版社，2003.

78. ［德］卡尔·拉伦茨．德国民法通论．王晓晔，等译．北京：法律出版社，2003.

79. 孙彬，姬新汇主编．婚姻家庭法学．北京：中国人民公安大学出版社，2004.

80. 王利明主编．中国民法典草案建议稿及说明．北京：中国法制出版社，2004.

81. 丘汉平．罗马法．北京：中国方正出版社，2004.

82. 徐国栋主编．绿色民法典草案．北京：社会科学文献出版社，2004.

83. 瞿同祖．瞿同祖法学论著集．北京：中国政法大学出版社，2004.

84. ［美］凯特·斯丹德利．家庭法．屈广清，译．北京：中国政法大学出版社，2004.

85. 万鄂湘主编．婚姻法理论与适用．北京：人民法院出版社，2005.

86. 王利明．人格权法研究．北京：中国人民大学出版社，2005.

87. 林菊枝．亲属法新论．台北：五南图书出版公司，2006.

88. 陈苇主编．家事法研究：2005 年卷．北京：群众出版社，2006.

89. 马特，袁雪石．人格权法教程．北京：中国人民大学出版社，2007.

90. 官玉琴．亲属身份权理论与实务．厦门：厦门大学出版社，2007.

91. 夏吟兰．离婚自由与限制论．北京：中国政法大学出版社，2007.

92. 余延满．亲属法原论．北京：法律出版社，2007.

93. 赵庆杰．家庭与伦理．北京：中国政法大学出版社，2008.

94. 陈苇主编．家事法研究：2007 年卷．北京：群众出版社，2008.

95. 王泽鉴．民法总则．台北：自版，2008.

96. 王薇．非婚同居法律制度比较研究．北京：人民出版社，2009.

97. 李喜蕊．英国家庭法历史研究．北京：知识产权出版社，2009.

98. 姜海顺．中韩家族法的比较研究．北京：法律出版社，2009.

99. 冷传莉．论民法中的人格物．北京：法律出版社，2011.

100. 陈苇主编．家事法研究：2008 年卷．北京：群众出版社，2009.

101. 马俊驹．人格和人格权理论讲稿．北京：法律出版社，2009.

102. 韩国民法典 朝鲜民法．金玉珍，译．北京：北京大学出版社，2009.

103. 戴炎辉，戴东雄，戴瑀茹．亲属法．台北：自版，2010.

104. 瞿同祖．中国法律与中国社会．北京：商务印书馆，2010.

105. 陈苇．中国婚姻家庭法立法研究．北京：群众出版社，2010.

106. 胡苷用．婚姻合伙视野下的夫妻共同财产制度研究．北京：法律出版社，2010.

107. ［德］迪特尔·施瓦布．德国家庭法．王葆莳，译．北京：法律出版社，2010.

108. ［美］哈里·D. 格劳斯，大卫·D. 梅耶．美国家庭法精要．陈苇，等译．北京：中国政法大学出版社，2010.

109. 张文显．法理学．北京：高等教育出版社，北京大学出版社，2011.

110. 陆静．大陆法系夫妻财产制研究．北京：法律出版社，2011.

111. 陈苇．婚姻家庭继承法学．北京：群众出版社，2012.

112. 王森波．同性婚姻法律问题研究．北京：中国法制出版社，2012.

113. 王利明．民法总则研究．北京：中国人民大学出版社，2012.

114. 雷春红．婚姻家庭法的地位研究．北京：法律出版社，2012.

115. 孟令志，曹诗权，麻昌华．婚姻家庭与继承法．北京：北京大学出版社，2012.

116. 高其才主编．当代中国婚姻家庭习惯法．北京：法律出版社，2012.

117. 朱庆育．民法总论．北京：北京大学出版社，2013.

118. ［日］滋贺秀三．中国家族法原理．张建国，李力，译．北京：商务印书馆，2013.

119. 王坤，徐静莉．大理院婚姻、继承司法档案的整理与研究：以民初女性权利变化为中心．北京：知识产权出版社，2014.

120. 王泽鉴．民法学说与判例研究．北京：北京大学出版社，2015.

121. 孙国华，朱景文．法理学．北京：中国人民大学出版社，2015.

122. 杨立新．民法思维与司法对策．北京：北京大学出版社，2017.

123. 李适时主编．中华人民共和国民法总则释义．北京：法律出版社，2017.

124. 杜涛．民法总则的诞生：民法总则重要草稿及立法过程背景介绍．北京：北京大学出版社，2017.

125. ［德］奥托·基尔克．私法的社会任务．刘志阳，张小丹，译．北京：中国法制出版社，2017.

126. 税兵．超越民法的民法解释学．北京：北京大学出版社，2018.

127. ［德］马克思·卡泽尔，罗尔夫·克努特尔．罗马私法．田士永，译．北京：法律出版社，2018.

128. 张鸣起主编．民法总则专题讲义．北京：法律出版社，2019.

129. 杨大文，龙翼飞主编．婚姻家庭法．北京：中国人民大学出版社，2020.

130. 黄薇主编．中华人民共和国民法典总则编释义．北京：法律出版社，2020.

131. 黄薇主编．中华人民共和国民法典人格权编解读．北京：中国法制出版社，2020.

132. 黄薇主编．中华人民共和国民法典婚姻家庭编释义．北京：法律出版社，2020.

133. 薛宁兰，谢鸿飞主编．民法典评注·婚姻家庭编．北京：中国法制出版社，2020.

134. 夏吟兰编著．家事法专论．北京：中国政法大学出版社，2020.

135. 卢文捷．夫妻债务清偿研究：以离婚为中心的具体展开．北京：人民法院出版社，2020.

136. 最高人民法院民法典贯彻实施工作领导小组．中华人民共和国民法典婚姻家庭编继承编理解与适用．北京：人民法院出版社，2020.

137. ［德］卡尔·拉伦茨．法学方法论．黄家镇，译．北京：商务印书馆，2020.

138. 张力主编．婚姻家庭继承法学．北京：群众出版社，2021.

139. 杨代雄．法律行为论．北京：北京大学出版社，2021.

140. 李洪祥．夫妻共同债务制度．北京：社会科学文献出版社，2021.

141. 郭明瑞．家事法通义．北京：商务印书馆，2022.

142. 房绍坤，范李瑛，张洪波．婚姻家庭继承法．北京：中国人民大学出版社，2021.

143. 冉克平．夫妻团体法：法理与规范．北京：法律出版社，2022.

144. 夏吟兰，龙翼飞主编．家事法实务：2021 年卷，北京：法律出版社，2022.

145. ［德］迪特尔·施瓦布．德国家庭法．王葆莳，译．北京：法律出版社，2022.

146. 马忆南．婚姻家庭继承法．北京：北京大学出版社，2023.

147. 夏吟兰，龙翼飞主编．家事法实务：2022 年卷．北京：法律出版社，2023.

二、论文

1. 曾钊新．论家风．社会科学辑刊，1986 (6).

2. 胡平，周学玉．我国当前婚姻登记工作存在的主要问题及对策．现代法学，1989 (4).

3. 韩松．婚姻权及其侵权责任初探．中南政法学院学报，1993 (3).

4. 巫昌祯，李忠芳．民法典婚姻家庭编通则一章的具体设计．中华女子学院学报，2002 (4).

5. 崔建远．绝对权请求权抑或侵权责任方式．法学，2002 (11).

6. 任凤莲．我国婚姻无效与撤销损害赔偿制度探析．西南政法大学学报，2004 (3).

7. 于晶．我国登记离婚制度的完善．中国青年政治学院学报，2006 (5).

8. 夏吟兰．对离婚率上升的社会成本分析．甘肃社会科学，2008 (1).

9. 陆宇佳，施君．试析间接侵害婚姻关系的侵权行为问题．南京理工大学学报，2009 (3).

10. 王贵松．中国代孕规制的模式选择．法制与社会发展，2009 (4).

11. 张盛世，舒雯．日常家事代理权及其相关法律问题探微．法律适用，2009 (7).

12. 王希等．高校男同性恋 QQ 群用户异性婚姻意愿及相关因素．中国心理卫生杂志，2011 (2).

13. 张燕玲．家庭权及其宪法保障：以多元社会为视角．南京大学学报，2011 (4).

14. 霍原，崔东，张衍武．脱离人体的器官和组织之法律属性及其权利归属．医学与哲学，2011 (12).

15. 杨遂全，钟凯．从特殊群体生育权看代孕部分合法化．社会科学研究，2012 (3).

16. 王小英．试论我国无效婚姻立法的缺陷及完善．法学杂志，2012 (5).

17. 刘敏．二次离婚诉讼审判规则的实证研究．法商研究，2012 (6).

18. 赵玉，江游．民法中“民”的诠释．当代法学，2012 (6).

19. 徐国栋．无效与可撤销婚姻中诚信当事人的保护．中国法学，2013 (5).

20. 郭明瑞．人格、身份与人格权人身权之关系：兼论人身权的发展．法学论坛，2014 (1).

21. 谢鸿飞．中国民法典的生活世界、价值体系与立法表达．清华法学，2014 (6).

22. 陈国猛，黄鸣鹤．习惯在司法过程中的适用：以厦门法院的司法调解与判决为分析样本．法律适用，2015 (11).

23. 王彬．法律论证的伦理立场：以代孕纠纷案为中心．法商研究，2016 (1).

24. 曹思婕．我国家事审判改革路径之探析．法学论坛，2016 (5).

25. 丁伟利，李兵．《李某、郭某阳诉郭某和、童某某继承纠纷案》的理解与参照：双方同意人工授精所生子女视为婚生子女．人民司法·案例，2016 (26).

26. 杨翱宇，潘林青．民法典编纂背景下我国收养立法的反思与重构．内江师范学院学报，2017（1）.

27. 金眉．我国“亲属”法律概念的变迁探析．江苏社会科学，2017（1）.

28. 曲超彦，裴桦．论我国夫妻债务推定规则．求是学刊，2017（3）.

29. 夏吟兰．民法分则婚姻家庭编立法研究．中国法学，2017（3）.

30. 金眉．婚姻家庭立法的同一性原理．法学研究，2017（4）.

31. 胡云腾．认真落实“青年发展规划”切实预防青少年犯罪：兼论家庭、家教、家风与青少年犯罪．中国青年社会科学，2017（4）.

32. 王歌雅．变异与矫正：离婚制度的公正抉择．中华女子学院学报，2017（5）.

33. 张婉芬．论代孕子女的父母身份认定：以婚生子女推定为视角．昆明学院学报，2017（5）.

34. 刘征峰．家庭法中的类型法定原则：基于规范与生活事实的分离和整合视角．中外法学，2018（2）.

35. 李英芬，张芳．代孕所生子女亲子关系确认的法律问题研究．内蒙古师范大学学报（哲学社会科学版），2018（2）.

36. 王贞会．家庭监护功能缺位的实践表征及其治理路径．政法论坛，2018（6）.

37. 吕春娟．无效婚姻损害赔偿制度构建初探：以民法典中为契机．陕西理工大学学报（社会科学版），2019（3）.

38. 周友军．我国民法典编纂中收养制度的完善．广东社会科学，2019（4）.

39. 王歌雅．《民法典·婚姻家庭编》的编纂策略与制度走向．法律科学（西南政法大学学报），2019（6）.

40. 冉克平．论《民法典婚姻家庭编（草案）》的体系、内容及其完善．武汉大学学报（哲学社会科学版），2019（6）.

41. 周子琪．代孕背景下母亲身份认定反思．医学与哲学，2019（22）.

42. 白彤东．儒家如何认可同性婚姻?：兼与张祥龙教授商榷．中国人民大学学报，2020（2）.

43. 龙翼飞．编纂民法典婚姻家庭编的法理思考与立法建议．法制与社会发展，2020（2）.

44. 梁茂信．权力与权利的博弈：美国同性婚姻的合法化及其悖论思考．吉林大学社会科学学报，2020（3）.

45. 祁雪瑞．配偶权解析及其立法保护．中州大学学报，2020（3）.

46. 夏吟兰．婚姻家庭编的创新和发展．中国法学，2020（4）.

47. 王歌雅．民法典婚姻家庭编的价值阐释与制度修为．东方法学，2020（4）.

48. 朱晓峰．民法家庭概念论．清华法学，2020（5）.

49. 申晨．民法典婚姻家庭编的回归与革新．比较法研究，2020（5）.

50. 张学军．民法典隐瞒“重大疾病”制度解释论．甘肃政法大学学报，2020（5）.

51. 黄莉．论我国婚内侵权民事法律救济制度．昆明学院学报，2020（5）.

52. 杨立新，李怡雯．论《民法典》规定生命尊严的重要价值．新疆师范大学学报，2020（6）.

53. 张平丽，王晓东，张琼．侵害他人配偶权的责任评价．人民司法，2020（29）.

54. 蒋晓华．价值、类型与规范：《民法典》中的“家庭”构造．判解研究，2021（2）.

55. 陈会林．回避婚约：新中国婚姻立法的历史选择及其因由．政法论坛，2021（2）.

56. 刘征峰．结婚中的缔约过失责任．政法论坛，2021（3）.

57. 冯琦．婚姻关系中“第三者”侵权责任研究．河北农机，2021（5）.

58. 付翠英．《民法典》对身份权的确认和保护．内蒙古社会科学，2021（4）.

59. 金眉．离婚经济补偿的理解与适用研究．江苏社会科学，2021（4）.

60. 李永军．婚姻属性的民法典体系解释．环球法律评论，2021（5）.

61. 车浩．法教义学与社会科学：以刑法学为例的展开．中国法律评论，2021（5）.

62. 王玮玲．新家庭经济学下离婚补偿制度的适用规则．政法论坛，2021（6）.

63. 龙翼飞，赫欣．《民法典》婚姻家庭编最新司法适用准则探析．法学杂志，2021（8）.

64. 田韶华．身份行为能力论．法学，2021（10）.

65. 夏江皓．家庭法介入家庭关系的界限及其对婚姻家庭编实施的启示．中国法学，2022（1）.

66. 匡凯．亲子法理念变迁下代孕子女监护权归属问题研究．湖南大学学报（社会科学版），2022（1）.

67. 张夏希．论第三人侵犯配偶权的法律责任问题．镇江高专学报，2022（2）.

68. 李永军，张兰兰．“亲子合同承担”：收养行为之教义学重构．学海，2022（3）.

69. 张力．我国《民法典》中优良家风条款的规范效力．暨南学报（哲学社会科学版），2022（3）.

70. 曹思婕．《民法典》视野下探望权属性探析．现代法学，2022（3）.

71. 韩世远．离婚协议财产处理与诈害债权．中国法律评论，2022（4）.

72. 温世扬．《民法典》视域下身份权的教义重述．现代法学，2022（4）.

73. 王雷．《民法典》人格权编中的参照适用法律技术．当代法学，2022（4）.

74. 李贝．《民法典》时代隔代探望纠纷的裁判思路：从权利义务向义务进路的转向．法商研究，2022（4）.

75. 张力．与被收买妇女结婚在民法上的定性与处置．浙江工商大学学报，2022（4）.

76. 王国庆．配偶身份利益保护的法典透视：以第三人干扰婚姻为讨论基础．人民司法，2022（5）.

77. 何剑．意思自治在假结婚、假离婚中能走多远?：一个公私法交叉研究．华东政法大学学报，2022（5）.

78. 范佳洋．家庭法中的家庭角色变迁：以国家整合为视角．浙江大学学报（人文社会科学版），2022（6）.

79. 赵玉．家庭财产功能主义的法律范式．中国社会科学，2022（8）.

80. 董浩．此情可待："离婚冷静期"规定对离婚登记数量趋势的影响．社会学研究，2023（1）.

81. 陈爱武．亲子关系确认诉讼的类型化：案例、问题与思考建议：《民法典》第1073条的规定．法学杂志，2023（1）.

82. 张亮．结婚还是分手？流动青年同居者的关系转变研究．当代青年研究，2023（1）.

83. 薛宁兰．自然血亲亲子身份的法律推定．清华法学，2023（1）.

84. 王歌雅．中国婚姻家庭立法70年：制度创新与价值遵循．东方法学，2023（2）.

85. 曹薇薇．后法典时代婚俗引致纠纷司法解决路径的审视和优化．东方法学，2023（2）.

86. 李喜莲．离婚抚养权纠纷中未成年子女意愿适用的司法考虑及程序衔接．法学评论，2023（2）。

图书在版编目（CIP）数据

中国婚姻家庭法研究 / 杨立新著. -- 北京：中国人民大学出版社，2024. 4
（中国当代法学家文库）
ISBN 978-7-300-32720-4

Ⅰ. ①中…　Ⅱ. ①杨…　Ⅲ. ①婚姻法-研究-中国
Ⅳ. ①D923. 904

中国国家版本馆 CIP 数据核字（2024）第 077991 号

“十三五”国家重点出版物出版规划项目
中国当代法学家文库
中国婚姻家庭法研究
杨立新　著
Zhongguo Hunyin Jiating Fa Yanjiu

出版发行	中国人民大学出版社		
社　　址	北京中关村大街 31 号	**邮政编码**	100080
电　　话	010－62511242（总编室）		010－62511770（质管部）
	010－82501766（邮购部）		010－62514148（门市部）
	010－62515195（发行公司）		010－62515275（盗版举报）
网　　址	http://www. crup. com. cn		
经　　销	新华书店		
印　　刷	涿州市星河印刷有限公司		
开　　本	720 mm×1000 mm　1/16	**版　　次**	2024 年 4 月第 1 版
印　　张	42. 5 插页 3	**印　　次**	2025 年 3 月第 2 次印刷
字　　数	626 000	**定　　价**	198. 00 元